Dr. Horst Hartmann
Prof. an der Fachhochschule Kiel

MATERIALWIRTSCHAFT

Organisation
Planung
Durchführung
Kontrolle

Horst Hartmann

Material-wirtschaft

Organisation
Planung
Durchführung
Kontrolle

5. überarbeitete Auflage

DBV DEUTSCHER BETRIEBSWIRTE-VERLAG GMBH

2. Auflage 1984
3. Auflage 1986
4. überarbeitete Auflage 1988
5. überarbeitete Auflage 1990
Satz: Deutscher Betriebswirte-Verlag GmbH, Gernsbach
Druck: Kösel GmbH & Co., Kempten/Allgäu
ISBN: 3-88640-041-7

Inhaltsverzeichnis

Dritter Abschnitt
Vorbereitende und begleitende Funktionen der Materialwirtschaft

Vierter Abschnitt
Materialdisposition

Fünfter Abschnitt
Beschaffungsvorgang

Sechster Abschnitt
Lagerung und innerbetrieblicher Transport

Verzeichnis der Abbildungen

Verzeichnis der Tabellen

Verzeichnis der Formulare/Listenausdrucke

Verzeichnis der Beispiele

Verzeichnis der Abkürzungen

AWF	Arbeitsausschuß für wirtschaftliche Fertigung
BIE	Bundesverband industrieller Einkauf
BME	Bundesverband Materialwirtschaft und Einkauf
cif	cost, insurance, freight
DIN	Deutsche Industrie-Norm
DNA	Deutscher Normenausschuß
EDV	Elektronische Datenverarbeitung
fob	free on board
ISO	International Organisation for Standardisation
MAD	medium absolute deviation
REFA	Reichsausschuß für Arbeitsstudien
RKW	Rationalisierungskuratorium der Deutschen Wirtschaft
VDI	Verein Deutscher Ingenieure
VDMA	Verband Deutscher Maschinen- und Anlagenbau

**Was im Verkauf nicht verdient werden kann,
muß in der Materialwirtschaft gespart werden.**

Vorwort zur fünften Auflage

In der vorliegenden fünften Auflage wurden einige Fehler korrigiert und geringfügige Ergänzungen vorgenommen.

Für weitere Verbesserungshinweise danke ich schon jetzt allen Lesern.

Kiel, Oktober 1989 Der Verfasser

Vorwort zur vierten Auflage

Die dritte Auflage erschien in wesentlich überarbeiteter und ergänzter Fassung. In der nunmehr vorliegenden vierten Auflage wurden zur Verbesserung des Verständnisses einige Unklarheiten behoben und (die offensichtlich unvermeidbaren) Fehler korrigiert. Auch erfolgte eine Vereinheitlichung der Nomenklatur und Schreibweise. Das Stichwortverzeichnis wurde präziser gefaßt.

Allen, die mich durch Kritik und Anregungen unterstützt haben, bin ich zu Dank verpflichtet. Mich würde es sehr freuen, wenn auch diese Auflage wieder auf positive Resonanz stieße und zur sachlichen Kritik einlädt.

Kiel, Februar 1988 Der Verfasser

Vorwort zur dritten Auflage

Nach einem unveränderten Nachdruck der zweiten Auflage ist eine neue Auflage rasch notwendig geworden. Diese erscheint in überarbeiteter und ergänzter Fassung. Der Themenkreis ist durch Ausführungen zur Logistik, zur automatischen Textverarbeitung im Einkauf, zur Einkaufsorganisation, zur XYZ-Analyse, zur Bestelltermin- und dynamischen Bestellmengenrechnung sowie zur Lagerordnung erheblich erweitert worden. Weitere Abbildungen, Text- und Zahlenbeispiele, Tabellen und Formularbeispiele sowie Fragen zur Kontrolle und Vertiefung des Wissens wurden aufgenommen. Dem Anhang hinzugefügt wurden zwei Vertragstexte zu Rahmenabkommen.

Schließlich ist – dem Wunsch mancher Leser entsprechend – in die neue Auflage ein Übungsteil mit Aufgaben und Lösungen einbezogen worden.

Insgesamt habe ich mich bemüht, dem anwendungsorientierten Charakter des Buches weiterhin gerecht zu werden und dem Praktiker wie dem Studenten eine realitätsnahe Übersicht über den materialwirtschaftlichen Problemkreis zu bieten.

Für die vielfältige Unterstützung, die ich vor allem von Praktikern erhielt, danke ich sehr herzlich.

Lüneburg, Oktober 1985 Der Verfasser

Vorwort zur zweiten Auflage

Die erste Auflage des Buches wurde positiv aufgenommen, so daß für die notwendig gewordene zweite Auflage nur einige Korrekturen vorgenommen werden mußten.

Der Verfasser hofft, daß das Buch weiterhin dazu beitragen kann, Studierenden und Praktikern den Stoff der Materialwirtschaft auf verständnisvolle Weise nahezubringen.

Für Anregungen und sachliche Kritik bin ich weiterhin dankbar.

Lüneburg, im Sommer 1982 Der Verfasser

Vorwort zur ersten Auflage

Mit dem vorliegenden Buch habe ich mir zur Aufgabe gemacht, die organisatorischen, planerischen, dispositiven und kontrollierenden Aufgaben, die sich heute jeder Materialwirtschaft stellen, in verständlicher Form darzulegen. Besonders Wert wurde dabei auf eine didaktische Aufbereitung des umfangreichen Stoffes gelegt. So enthält das Buch

- ein detailliertes Inhaltsverzeichnis
- 75 Abbildungen, 36 Text- und Zahlenbeispiele, 14 Tabellen 14 Formularbeispiele
- über 180 Fragen zur Kontrolle und Vertiefung des Wissens
- einen Anhang mit Stellen- und Funktionsbeschreibungen.

Viele Beispiele wurden der Praxis entnommen, um dem Leser den Zugang zur Realität zu erleichtern.

Das Buch will darüber hinaus Ideen und Erkenntnisse vermitteln, die mit dazu beitragen sollen, die der Materialwirtschaft gestellten Rationalisierungsaufgaben zu lösen. Es geht dabei um die Anpassung der Organisation an die dynamische Entwicklung der Märkte und der Technik, um die Verringerung der Kapitalbindung im Lager, um die Vermeidung unwirtschaftlicher Bestellmengen, um die Reduzierung von Kleinbestellungen und um die Vereinfachung der Disposition – um nur einige der Probleme zu nennen, mit denen sich Industrie- und Handelsunternehmen ständig auseinandersetzen müssen. Wenn in diesem Buch zum gleichen Sachproblem oft mehrere und unterschiedliche Lösungsansätze aufgezeigt werden, so verdeutlicht dies die Vielseitigkeit der Problematik.

Bei dem starken Wettbewerb, der heute auf den Absatzmärkten herrscht, muß in der Materialwirtschaft gespart werden, was im Verkauf nicht verdient werden kann. Die dazu in Betracht kommenden Hilfsmittel wie Wertanalyse, Beschaffungsmarktforschung, Normung und mathematisch-statistische Verfahren zur Bedarfsermittlung und Bestellmengenrechnung werden in diesem Buch ebenso beschrieben wie die praktischen Möglichkeiten der Lieferantenbeurteilung und anderer Maßnahmen, die zur Kostensenkung führen.

Die Seitenzahl der Arbeit sollte auf einen sinnvollen Umfang begrenzt bleiben. Es mußte daher auf eine ausführliche Behandlung mancher Fragen – wie die der automatischen Informationsverarbeitung in der Materialwirtschaft und des Vertragsrechtes – verzichtet werden. Literaturhinweise im Text und eine umfangreiche Bibliographie dienen dem Eindringen des Lesers in diese und andere Spezialgebiete.

Das Buch eignet sich insbesondere für Studenten der Fachhochschulen, aber auch für das Grundstudium der Wirtschaftswissenschaften an den Universitäten. Dem lernwilligen Praktiker will das Buch eine Hilfe bei seiner Aus- und Weiterbildung sein. Dem Materialwirtschaftler bietet es vielleicht die Möglichkeit, eine drittbeste Lösung durch eine zweitbeste zu ersetzen.

Den Fachkollegen, insbesondere der Fachhochschule Kiel, sowie den Praktikern und Unternehmensberatern, die mir Gelegenheit zu Gesprächen und die Genehmigung zur Veröffentlichung von Informationen und Unterlagen gaben, danke ich für eine Vielzahl wertvoller Anregungen. Besonderen Dank schulde ich Herrn G. Ebert, der es mit viel Verständnis für die Materie verstand, aus meinen flüchtigen Skizzen einprägsame Abbildungen zu gestalten.

Viel Verständnis für meine Arbeit hat meine Familie aufbringen müssen, da das Buch ausschließlich in Heimarbeit entstand. Ich weiß nicht, wie ich meinen Dank in Worte kleiden soll.

Für Anregungen und sachliche Kritik bin ich dankbar.

Strande, im November 1977 Der Verfasser

Erster Abschnitt

Grundlagen und Grundtatbestände der Materialwirtschaft

Das viele Jahrzehnte gegenüber Produktion und Absatz vernachlässigte Gebiet der Materialwirtschaft ist für die Praxis und Theorie bedeutsam geworden. Beeinflußt wurde diese Entwicklung vor allem durch die Tatsache, daß das Beschaffungsvolumen der meisten Unternehmen weit mehr als die Hälfte des Absatzvolumens ausmacht und die Kosten der Materialbewirtschaftung häufig 20 - 30 % des Warenwertes betragen. Der rationelle Materialeinsatz stellt daher die wichtigste Aufgabe der Materialwirtschaft im modernen Industriebetrieb dar. Das gilt analog auch für den Handel.

Vor diesem Hintergrund erhebt sich die Frage, ob diesem Bedeutungszuwachs zugunsten der Materialwirtschaft in der Praxis hinreichend Rechnung getragen wurde. Offenkundig ist diese Frage zu verneinen.[1] Die Probleme, die sich stellen, sind im wesentlichen darauf zurückzuführen, daß dieser Bereich im Spannungsfeld zwischen Absatz und Fertigung liegt und ihm nicht immer eine in jeder Weise einwandfreie Aufgabenstellung übertragen wird.

Strittig ist in diesem Zusammenhang auch die Frage, wie der Bereich Materialwirtschaft abzugrenzen ist. Zur Klärung erscheint daher eine begriffliche Analyse und eine Analyse der materialwirtschaftlichen Aufgaben und Zielsetzungen angezeigt.

1. Begriff und Objekte der Materialwirtschaft

Es gibt eine Vielzahl von Begriffen

In der betriebswirtschaftlichen Literatur und Praxis gibt es für den Unternehmensbereich, der Gegenstand dieser Arbeit ist, eine Vielzahl von Bezeichnungen. Beispiele dafür sind: Beschaffung, Einkauf, Materialwirtschaft, Warenwirtschaft oder Logistik. Es ist daher sinnvoll, über die inhaltliche Bedeutung dieser Begriffe und ihrer praktischen Nutzanwendung etwas nachzudenken.

1 Vgl. K.H. Strothmann u.a., Beschaffungspolitik im Wandel – Ergebnis einer Primärerhebung, Leinfelden 1976, S. 5 ff.

Zur Beschaffung gehört nicht die Versorgung der Unternehmung mit Kapital, Arbeitskräften und Informationen

Wenn man davon ausgeht, daß der Beschaffungsmarkt aus drei Teilmärkten, dem Waren- und Dienstleistungsmarkt, dem Arbeitsmarkt und dem Geld- und Kapitalmarkt besteht, so könnte man den Beschaffungsbegriff relativ weit fassen und darunter die für den gesamten Leistungsprozeß erforderlichen Investitionsgüter, Roh-, Hilfs- und Betriebsstoffe, Halbfabrikate, Handelswaren, Dienstleistungen, Arbeitsleistungen, Finanzmittel und Rechte (Lizenzen und Patente) verstehen. Diese weite Begriffsfassung ist jedoch aus der Sicht der Praxis abzulehnen. Die Beschaffungsobjekte sind so verschieden, daß die Beschaffungsmaßnahmen anderen Unternehmensbereichen zugeordnet werden. Besonders die Beschaffung von Arbeitskräften und Finanzmitteln wirft arteigene Probleme auf, für deren Lösung der Personalbereich und der Finanzbereich verantwortlich sind.

Dienstleistungen und Investitionsgüter sollten nicht durch beschaffungsfremde Stellen in Auftrag gegeben werden

Dienstleistungen wie Schlosserarbeiten, Instandsetzungen, Transportleistungen u.a., die eine Unternehmung nicht in Gestalt von Eigenleistungen erbringen kann oder will, müssen wie Materialien und Investitionsgüter auch am Markt beschafft werden. Daher ist die Beschaffung von Dienstleistungen eine Aufgabe, die in den Zuständigkeitsbereich der Beschaffung gehört. Allerdings ist hier bisweilen die Mitwirkung der Bedarfsstellen (Anforderer) unumgänglich, so z.B. bei Konstruktions- und Entwicklungsleistungen oder Programmierarbeiten. Als unabdingbarer Grundsatz hat allerdings zu gelten, daß

> kein Dienstleistungsauftrag unmittelbar durch beschaffungsfremde Stellen erteilt wird.

Eine Mißachtung dieses Grundsatzes kann zu erheblichen Mehraufwendungen führen, wie viele praktische Beispiele zeigen.[1]

Auch die Beschaffung von Investitionsgütern wie Maschinen, maschinelle Anlagen, Gebrauchswerkzeugen und -vorrichtungen wirft Sonderprobleme auf, die vom Bedarfsträger zu lösen sind oder deren Lösung vorzubereiten ist. In der Praxis richtet sich die Form der Anforderung und die Art des Geneh-

1 Vgl. A. Boje, Moderne Einkaufs-Organisation, München 1967, S. 16 ff.

migungsverfahrens nach Wert und Dringlichkeit der Investitionsgüterbeschaffung.

Kontaktaufnahme mit Lieferanten, Angebotseinholung, Vertragsabschluß und Bestellabwicklung sind auch hier in jedem Fall Aufgabe der Beschaffung!

Nach der hier vorgenommenen Abgrenzung umfaßt die Beschaffungsfunktion die Versorgung des Betriebes mit Roh-, Hilfs- und Betriebsstoffen sowie Zulieferteilen (Halbfabrikaten)[1] und Handelswaren. Diese Einengung des Beschaffungsbegriffes erscheint sinnvoll, weil die Beschaffung von Dienstleistungen und Betriebsmitteln (Investitionsgütern) nach Prinzipien erfolgt, die für den materialwirtschaftlichen Bereich nicht in der gleichen Weise Gültigkeit haben. Die Beschaffung der Materialien und Handelswaren wirft kontinuierliche oder periodisch wiederkehrende Probleme auf. Sie stehen im Vordergrund dieser Arbeit. Bei der Beschaffung von Dienstleistungen, vor allem aber bei der Anschaffung von Investitionsgütern sind in der Regel aperiodisch oder einmalig Entscheidungen zu treffen.

Definition der Beschaffungsobjekte

Als Beschaffungsobjekte verbleiben also die Roh-, Hilfs- und Betriebsstoffe, fremdbezogene Fertigteile und Handelswaren, die wie folgt zu definieren sind:[2]

(1) Rohstoffe:
Hierzu gehören alle Stoffe, die unmittelbar in das Fertigerzeugnis eingehen und dessen „materiellen" Grundcharakter bestimmen (z.B. das Holz bei der Möbelherstellung). Dabei können die Enderzeugnisse eines Unternehmens Rohstoffe des nachgeschalteten verarbeitenden Unternehmens sein (z.B. Garn für die Weberei, Bleche für die Automobilindustrie).

(2) Hilfsstoffe:
Sie gehen wie die Rohstoffe ebenfalls in das Fertigerzeugnis ein, haben aber nur „akzessorischen" Charakter (z.B. Leim, Nägel, Lack bei der Möbelherstellung). Verpackungsmaterialien (Kartons, Packpapier usw.) rechnen in der Regel zu den Hilfsstoffen.

1 Es handelt sich dabei um die sog. industriellen Einsatzstoffe.

2 Die Unterscheidung interessiert nicht nur von der warenkundlich-technischen Seite her, sondern beeinflußt unter dem Gesichtspunkt der Wertigkeit der einzelnen Materialarten die Beschaffungs- und Vorratspolitik.

(3) Betriebsstoffe:
Diese bilden selbst keinen Bestandteil der Fertigerzeugnisse, sondern werden bei der Herstellung der Erzeugnisse verbraucht (z.B. Schmiermittel, Energie).
Zu den Betriebsstoffen zählen auch Büro- und Betriebsmaterialien aller Art sowie evtl. nicht erzeugnisgebundene Werkzeuge (z.B. Normwerkzeuge wie Spiralbohrer, Fräser, Sägeblätter usw.), auch wenn sie nicht unmittelbar der Leistungserstellung dienen (z.B. Schreib- oder Reinigungsmittel).

(4) Zulieferteile:
Diese haben, soweit sie durch Montage in das Erzeugnis eingehen, im Grunde die Eigenschaft von Roh- oder Hilfsstoffen. Dazu rechnen Normteile (z.B. Schrauben und Muttern, Stifte und Bolzen) oder Spezialteile aus Zulieferbetrieben, die zum Teil einen hohen Reifegrad aufweisen (z.B. Vergaser, Motorblöcke).

(5) Handelswaren:
In Industriebetrieben nehmen Handelswaren unter den zu beschaffenden Gütern eine Sonderstellung ein. Sie dienen der Ergänzung des Angebots und werden unverarbeitet weiterverkauft. Es kann sich dabei um Komplementärartikel, um Zubehör, um sortimentserweiternde oder um völlig fremde Artikel handeln. Die sie betreffenden Dispositionen entsprechen im wesentlichen denen des Handelsbetriebes. Dort erfolgt zumeist eine dispositive Zusammenfassung artgleicher Handelswaren zu Warengruppen (z.B. Lebensmittel, Kurzwaren, Hartwaren usw.).

Diese Güter des periodischen und des laufenden Bedarfs erfordern ein anderes Vorgehen bei der Markterkundung und dem Beschaffungsvorgang als einmalig oder selten zu beschaffende Güter.

Abbildung 1 gibt eine Übersicht über die verschiedenen Arten von Beschaffungsobjekten. In Ergänzung dazu ist noch zu erwähnen, daß Rohmaterialien und Zulieferteile auch zum Begriff „Fertigungsmaterial" zusammengefaßt werden können.[1] Wir werden eine Differenzierung der Materialien (Güter oder Waren) nur dann vornehmen, wenn dies aus Verständnisgründen erforderlich ist.

1 Vgl. BME, Materialwirtschaft heute und morgen – Ziele und Möglichkeiten, Frankfurt o.J. (1976), S. 17.

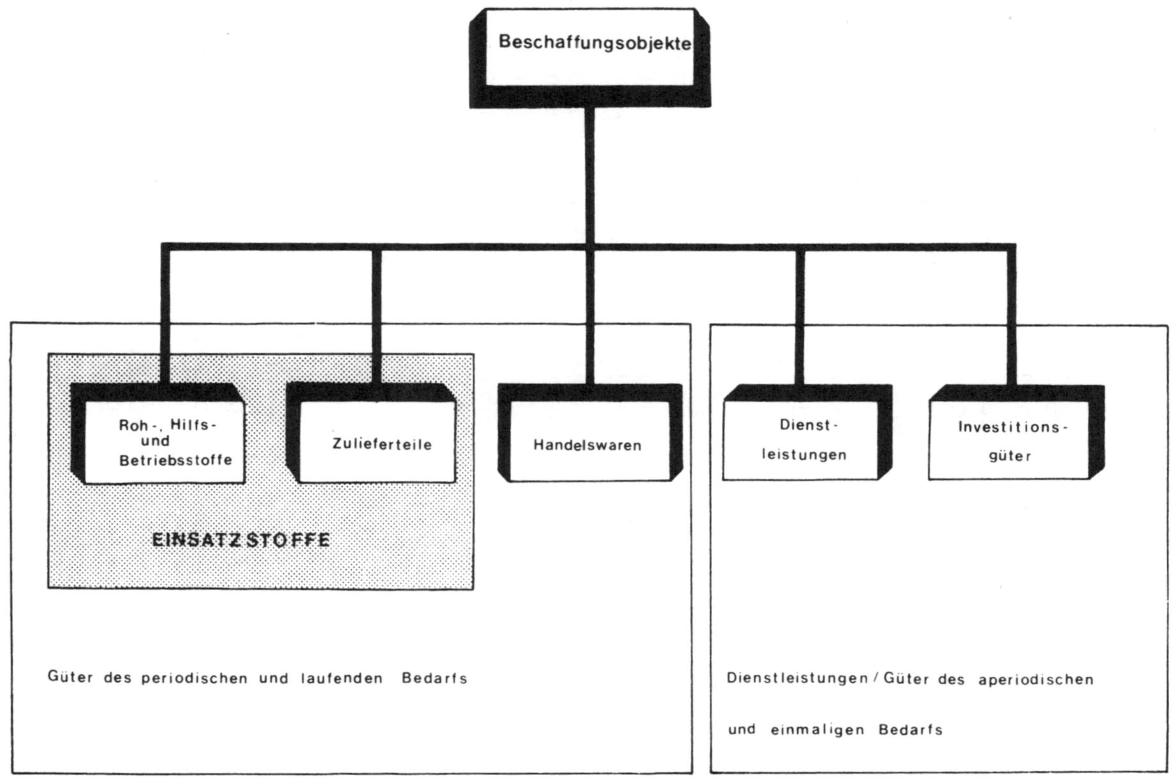

Abbildung 1:
Beschaffungsobjekte

Abgrenzung der Begriffe Einkauf und Beschaffung

Wie sind nun die Begriffe „Einkauf" und „Beschaffung" voneinander abzugrenzen?

Klärend ist in dieser Hinsicht anzumerken, daß sprachlich die Beschaffung ein Oberbegriff ist, der den des Einkaufs mit enthält. Beschaffen bedeutet sprachlich „sich einer Sache versichern" und für den Betrieb „zur Verfügung stellen". Damit ist also nicht nur die Beschaffung auf dem Wege des Einkaufs angesprochen, sondern zu denken ist auch an das „Zurverfügungstellen" durch Leasing, Leihe usw. Allerdings werden wir entsprechend der Häufigkeit des Beschaffens durch Einkauf die Bezeichnungen Beschaffung und Einkauf synonym verwenden, wobei noch zu erwähnen bleibt, daß der Beschaffungsbegriff nur im süddeutschen und schweizerischen Raum – und auch hier nicht uneingeschränkt – Eingang in die Praxis gefunden hat.[1]

Materialwirtschaft als Oberbegriff (enge Begriffsfassung)

Heute werden in Praxis und Theorie die vielfältigen Aktivitäten, die mit der Übernahme von Materialien zusammenhängen, unter dem Oberbegriff Materialwirtschaft zusammengefaßt. Dieser Begriff macht auf das „wirtschaftliche Umgehen mit Material" aufmerksam. In dieser Hinsicht geht der Begriff Materialwirtschaft weiter als die oben besprochenen Begriffe, indem er den ganzen Materialfluß vom Lieferanten über die Warenannahme, Warenprüfung, Lagerung und Transport bis zum Bedarfsträger umfaßt.[2] Diese Begriffsfassung führt zu der Formel:

● Materialwirtschaft = Beschaffung + Lagerung (B)
+ Bewegung (TB)

wobei B = Beschaffungslager und T = Transport bedeuten, TB demnach den innerbetrieblichen Materialtransport vom Werkseingang bis zum Beschaffungslager einschließlich Bereitstellung für die Fertigung kennzeichnet.

Materialwirtschaft – erweiterte Begriffsfassung

Diese beschaffungs- und lagerorientierte Materialwirtschaft hat im allgemeinen nur die Verantwortung für das bezogene Material bis zur Bereitstellung für die Fertigung, ungeachtet der Tatsache, daß materialbezogene Funktionen auch in anderen Bereichen einer Unternehmung ausgeübt werden. Es

1 Siehe H. Arnolds, F. Heege, W. Tussing, Materialwirtschaft und Einkauf, zweite Auflage, Wiesbaden 1980, S. 16.

2 Vgl. E. Heinen, Industriebetriebslehre – Entscheidungen im Industriebetrieb, 7. Auflage, Wiesbaden 1983, S. 273.

überrascht daher nicht, wenn eine Erweiterung des Terminus Materialwirtschaft zur Diskussion gestellt wird. So ist nach Steinbrüchel[1] Materialwirtschaft „jener betriebsmittelorientierte Funktionsbereich einer Unternehmung, der die Probleme von Beschaffung, Verwaltung und Verteilung des Materials durch die Unternehmung umfaßt."

Entscheidendes Merkmal dieser Definition ist die Einbeziehung der Funktionen Materialbewegung – der Bewegung der Materialien im Unternehmen, hauptsächlich zwischen Vorrats- und Fertigungsstellen – und Materialverteilung – der Verteilung der Fertigerzeugnisse an die Abnehmer (Kunden, eigene Abnehmer) – in die Materialwirtschaft. So gesehen entspricht die Begriffsfassung der Version des BME (Bundesverband Materialwirtschaft und Einkauf), die wie folgt lautet:[2]

> „Die Materialwirtschaft ist das Versorgungssystem der Unternehmung vom Lieferanten bis zum Kunden über alle Wertsteigerungsstufen der Unternehmung."

Die Kurzformel für diese erweiterte Begriffsfassung lautet somit:

- Materialwirtschaft (erweitert) = Beschaffung + Lagerung + Bewegung (T) + Verteilung

wobei T = Transport bedeutet.

Materialwirtschaft als Integrationsform

Durch den Zusatz von „T" soll zum Ausdruck gebracht werden, daß die Bewegungsfunktion nur alle Funktionen des physischen Transports von Gütern zwischen den einzelnen Lager- und Fertigungsstellen erfaßt, nicht aber die mengen- und termingemäße Steuerung der Materialbewegung durch die Produktion, für die in einem Industriebetrieb die Fertigungssteuerung zuständig ist. Wenn man – wie weiter unten noch näher ausgeführt – davon ausgeht, daß die Materialwirtschaft gegenüber dem Verkauf oder dem Kunden eine

1 M. Steinbrüchel, Die Materialwirtschaft der Unternehmung, Bern 1971, S. 13. Vgl. auch P. Horvath, Materialwirtschaft, in: K.H. Engel, Hrsg., Handbuch der neuen Techniken des Industrial Engineering, 2. Auflage, München 1972, S. 1125. Ebenso Oeldorf/Olfert, Materialwirtschaft, 3. Auflage, Ludwigshafen 1983, S. 21.

2 H. Schwab, Materialwirtschaft, Aufgaben und Definitionen, Schriftenreihe: wissen und beraten, Heft 6, Hrsg.: Bundesverband Materialwirtschaft und Einkauf, Frankfurt a.M. 1978, S. 10.

hohe Lieferbereitschaft bei geringer Kapitalbindung durch Bestände gewährleisten soll, dann muß man ihr jedoch auch das Instrumentarium der terminlichen Steuerung der Fertigungsaufträge mit der eventuell notwendigen Festlegung der Bearbeitungsfolgen anvertrauen.[1] Es ist daher folgerichtig, wenn man die Funktion der Materialbewegung um die Steuerung des Materials durch die Fertigung erweitert und so zu einer integrierten Materialwirtschaft kommt. Diese neuzeitliche Materialwirtschaft wollen wir definieren

> als die Gesamtheit aller materialbezogenen Funktionen, die sich mit der Versorgung des Betriebes und der Steuerung des Materialflusses durch die Fertigung bis hin zur Auslieferung der Erzeugnisse an die Kunden befassen.

Die Formel für diese Materialwirtschaft lautet :

● Materialwirtschaft (integriert) = Beschaffung + Lagerung + Bewegung (T + F) + Verteilung

wobei F = Fertigungssteuerung bedeutet.

Abbildung 2 verdeutlicht das System der integrierten Materialwirtschaft, wobei drei Lagerstufen angenommen werden, wie sie in einem Industriebetrieb der Normalfall sind. Das Schaubild läßt zugleich klar erkennen, daß diese Konzeption aufbauorganisatorisch die Eingliederung der Fertigungssteuerung und der Warenverteilung (Versanddisposition und -durchführung) in die Materialwirtschaft notwendig macht. Diese neue Form einer **systemorientierten** Organisation und die damit verbundenen Probleme werden im zweiten Abschnitt unter Ziffer 1.1 dargestellt.
Auch wenn wir im Rahmen unserer Darstellung die Materialwirtschaft im wesentlichen der engen Begriffsdefinition entsprechend darstellen,[2] so kann doch nur die umfassende Betrachtungsweise eine vor allem für die Industrie zukunftswei-

1 Vgl. H.F. Busch, Einführung in das Materialmanagement, Hrsg.: BME, Wiesbaden (o.J.), S. 42.

2 Wir halten diese Einschränkung für vertretbar, weil in der Lehre – und dieser Gesichtspunkt muß hier berücksichtigt werden – noch nach Stoffplänen unterrichtet wird, denen die traditionelle betriebliche Funktionsteilung zugrunde liegt.

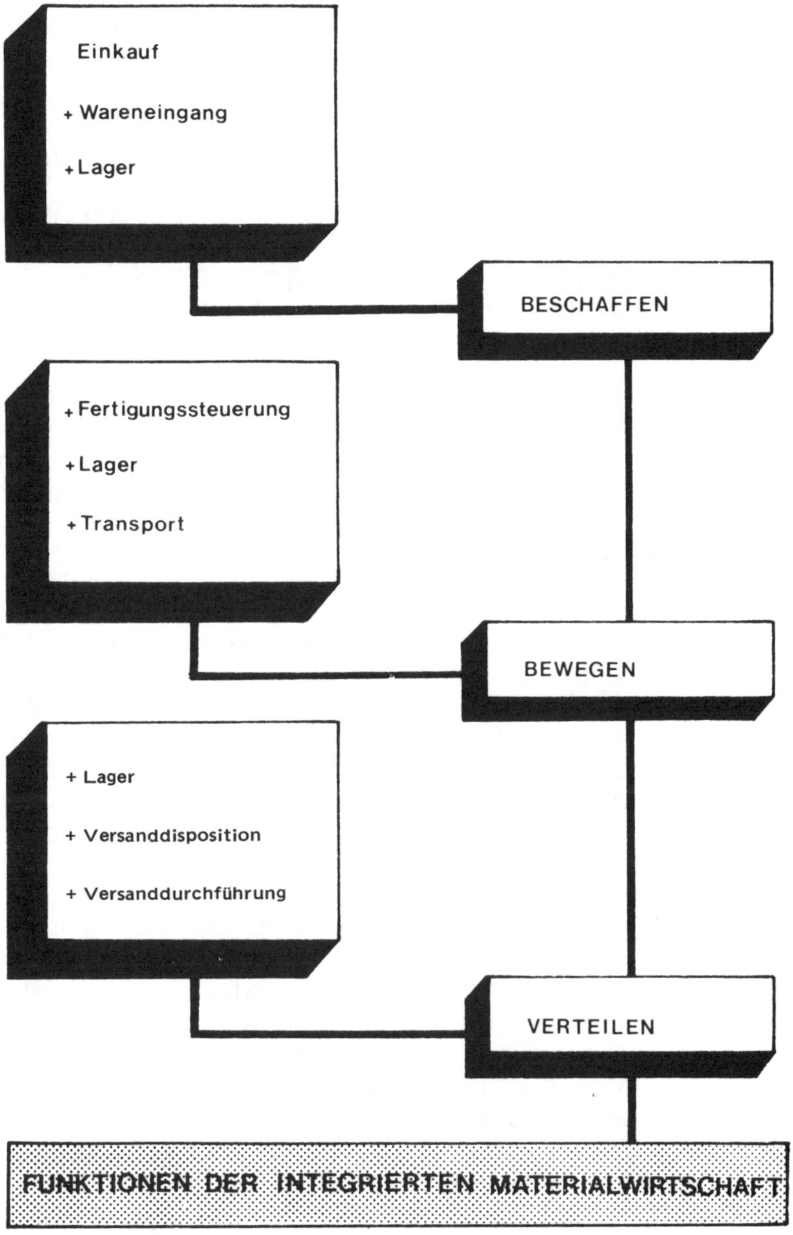

Abbildung 2:
Funktionen der integrierten Materialwirtschaft

sende Orientierung ermöglichen, weil nach unserer Ansicht die Materialwirtschaft als das alle Bereiche überspannende Versorgungssystem **einer** verantwortlichen Leitung unterstellt werden sollte.

Warenwirtschaft ist begrifflich identisch mit Materialwirtschaft

Bedeutungslos ist in diesem Zusammenhang, ob der Begriff Material- oder Warenwirtschaft benutzt wird, wenn man von der praxisnahen Überlegung ausgeht, daß die Aufgaben jeweils „wirtschaftlich" zu erfüllen sind. Trotzdem wird in Industriebetrieben gern der Begriff Materialwirtschaft verwendet, während in Unternehmungen mit überwiegendem Handelsanteil eher der Begriff Warenwirtschaft üblich ist.

Abschließend erscheint es notwendig, zwei Begriffe, die in letzter Zeit immer häufiger in Verbindung mit der Ausweitung der Aufgabenstellung der Materialwirtschaft genannt werden, kurz zu erläutern: Logistik und physical distribution.

Die bereichsübergreifende Logistik steht im Gegensatz zur Teil-Logistik

Der Begriff Logistik (französisch = loger = unterbringen, Quartier machen) bezeichnet einen Teilbereich militärischer Führungsaufgaben: das Nachschub- bzw. Versorgungs- und Transportwesen der Streitkräfte unter Einschluß aller Einrichtungen und Maßnahmen, die der Erhaltung der Schlagkraft der Streitkräfte dienen.[1] Analog zu der militärischen Bedeutung des Wortes versteht man unter Logistik im industriellen Bereich alle Prozesse, die der Raumüberwindung und der Zeitüberbrückung sowie deren Steuerung und Regelung dienen. Logistik ist demnach nicht gleichzusetzen mit dem Lager- und Transportwesen.[2]

Mit dem Begriff Logistik verbindet man nunmehr bereichsübergreifende Konzepte mit einer Zentralisation der im Unternehmen verteilten Logistikfunktionen vom Absatzbereich her kommend bis hin zum Beschaffungsbereich. Alle planenden dispositiven und steuernden Aktivitäten, die einer nach Art, Menge, Zeit und Raum abgestimmten Bereitstellung von Materialien und Erzeugnissen dienen, werden in **einer** Logistikfunktion zusammengefaßt. Dieses Konzept einer Integration aller logistischen Tätigkeiten (Informations- und Material-

1 Vgl. H. Koerdt, Die Logistik in den Streitkräften – Theorie und Praxis, in: Betriebswirtschaftliche Forschung und Praxis, Herne, Januar 1977, S. 49 ff. und die dort zit. Literatur.

2 Vgl. W. Kirsch u.a., Betriebswirtschaftliche Logistik-Systeme, Entscheidungen, Methoden, Wiesbaden 1973, S. 69 f.

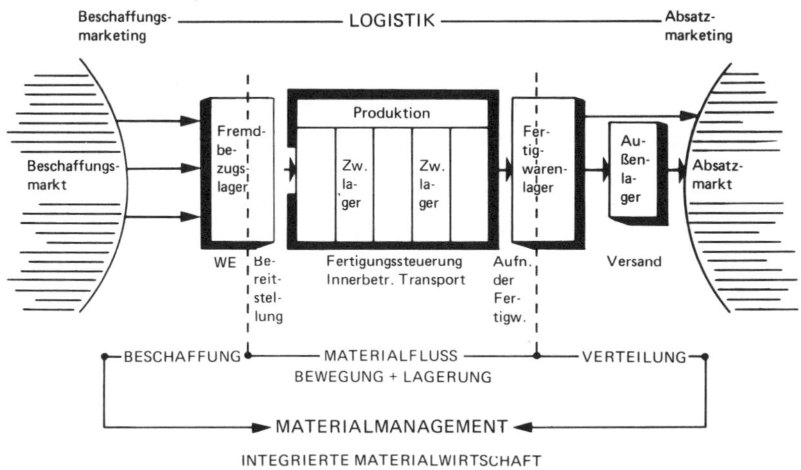

Abbildung 3:
Beziehungssystem zwischen integrierter Materialwirtschaft und Logistik

bzw. Warenfluß) steht damit im Gegensatz zu einer Teil-Logistik, die – wie beispielsweise die Vertriebs-Logistik – die logistischen Zusammenhänge verkennt.[1]

Logistik und integrierte Materialwirtschaft sind nicht gleichzusetzen

Durch die Einführung des Konzepts einer **ganzheitlichen** Logistik sind sachliche und begriffliche Überschneidungen mit dem Begriff Materialwirtschaft unvermeidbar. Da im Gegensatz zur Logistik der Materialwirtschaftsgedanke jedoch aus dem Beschaffungsbereich kommt und noch heute Prioritäten bei der Zusammenarbeit von Einkauf, Disposition und Lager bis hin zur Fertigungssteuerung und Warenverteilung setzt, sollte hier die Einbeziehung der Funktion Einkauf in die (integrierte) Materialwirtschaft vorausgesetzt werden.

Die integrierte Materialwirtschaft vereinigt somit die marktorientierte Aufgabe Einkauf mit der versorgungsorientierten Aufgabe der Logistik.

1 Vgl. P. Köckmann, Logistik kontra Lager, Bad Wörishofen 1982, S. 44 ff.

Der Begriff „physical distribution" wird nicht einheitlich gehandhabt

Abbildung 3 veranschaulicht diese auch in der Organisationspraxis[1] anzutreffende Abgrenzung zwischen integrierter Materialwirtschaft und Logistik. Zugleich macht die Graphik deutlich, daß sich die Logistik mit der Steuerung der Informations- und Materialflüsse zwischen den Märkten zu befassen hat.

Auch für den Begriff „physical distribution" gibt es voneinander stark abweichende Definitionen. Danach kann „physical distribution" als Synonym des Begriffs Logistik verstanden werden. So findet man im Amerikanischen für den Begriff nicht nur die Bezeichnung „material management", sondern auch den Begriff „business logistics".[2] Man versteht also unter „physical distribution" alle Aufgaben der Beschaffung, der Lagerhaltung, des Transports und der Güterverteilung bis zur Auslieferung.[3] Hingegen berücksichtigt die enge Fassung des Begriffs, der wir uns hier anschließen, nur die Warenverteilung im Absatzbereich.[4]

2. Aufgaben und Ziele der Materialwirtschaft

Die Materialwirtschaft umfaßt einen weitverzweigten Aufgabenbereich, der zwangsläufig nur unvollständig abgehandelt werden kann. Folgendes Funktionsschema gibt dazu einen Überblick (Abbildung 4):

1 Vgl. P. Köckmann, a.a.O., S. 237 ff. sowie vom Verf., Materialwirtschaft – aber wie? 15 Praxisfälle von Bedarfsermittlung bis Einkaufen, Nürnberg 1983, S. 105 ff. – Andererseits läßt das Beispiel 8 unter Ziffer 1.2 im zweiten Abschnitt dieser Arbeit erkennen, daß in der Praxis die Organisationsstrukturen trotz gleicher Bezeichnung sehr unterschiedlich sein können.

2 Vgl. W. Schleip, Eingliederung der Beschaffung in die Unternehmensorganisation – Führungsgrundsätze für den Beschaffungsbetrieb, Frankfurt 1972, S. 14.

3 Entsprechend dieser Definition kann auch die Warenverteilung bereichsübergreifend verstanden werden. So z.B. G. Poth, Praxis der Betrieblichen Warenverteilung/Marketing Logistik, Düsseldorf 1970, S. 3 ff.

4 Vgl. P. Horvath, Materialwirtschaft, in: K.H. Engel, Hrsg., Handbuch der neuen Techniken des Industrial Engineering, a.a.O., S. 1162.

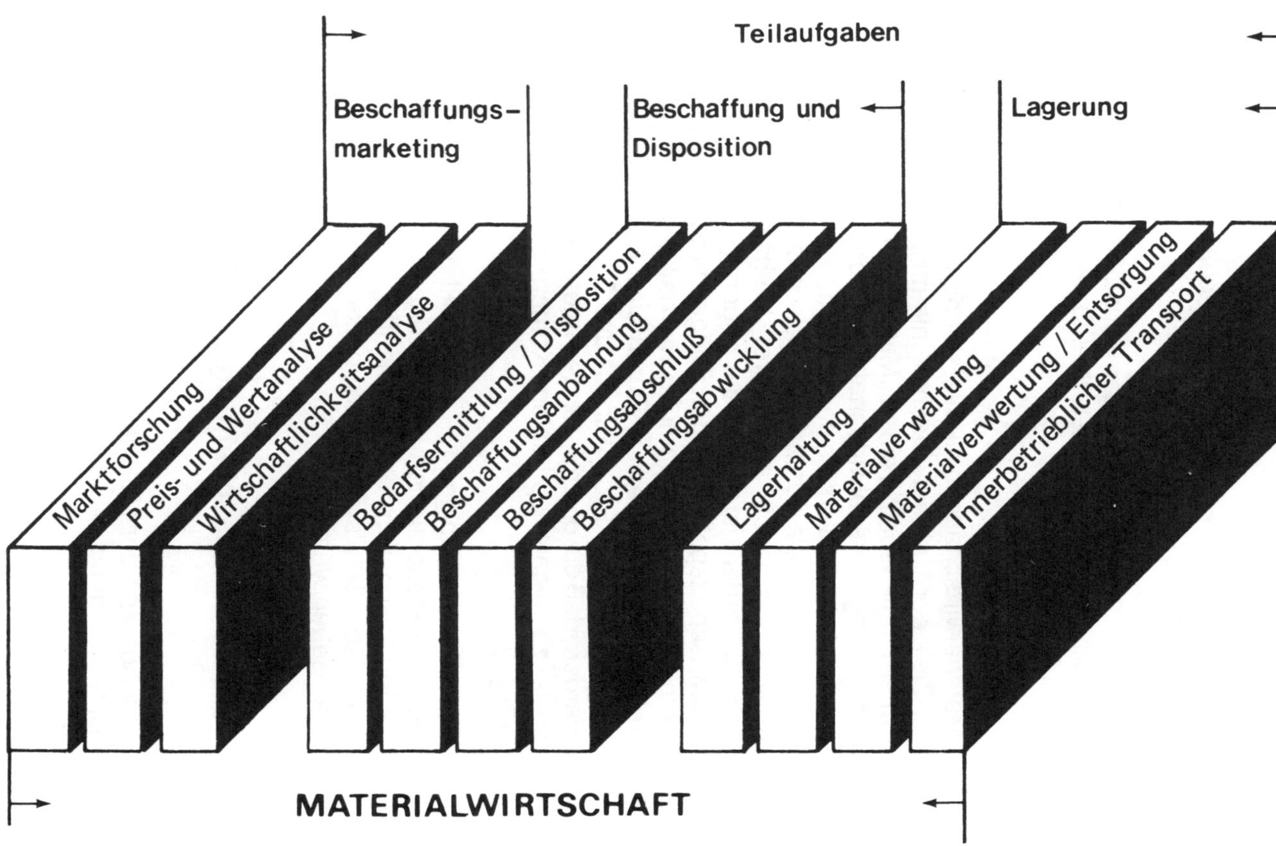

Abbildung 4:
Funktionsschema der Materialwirtschaft

Die Ziele der Unternehmensführung haben den Charakter strenger Nebenbedingungen

Für jede Maßnahme im Bereich der Materialwirtschaft stellen die Ziele der Unternehmensführung strenge Nebenbedingungen dar. Die Ziele können sein:

- Kostenminimierung/Gewinnstreben
- Sicherheitsstreben/Vorratshaltung
- Liquiditätsstreben
- langfristige Sicherung der Rohstoffquellen
- Politik der verlängerten Werkbank (Herstellung im Lohnauftrag)

u.a.m.

Abstimmung mit den übrigen betrieblichen Teilpolitiken

Materialwirtschaftspolitik, verstanden als die Gesamtheit aller Ziele der Materialwirtschaft, nimmt daher in Bezug auf die Unternehmenspolitik einen „Mittelcharakter" an. Bei der Verwirklichung materialwirtschaftspolitischer Zielsetzungen wird man mit dem Dilemma fertig werden müssen, daß die verschiedenen Ziele der Materialwirtschaft in einem sich gegenseitig hemmenden, konfliktären Verhältnis zueinander stehen. Außerdem ist wegen der engen Verknüpfung der Materialwirtschaftspolitik mit den übrigen betrieblichen Funktionsbereichen eine Abstimmung mit den anderen betrieblichen Teilpolitiken erforderlich. Durch eine Abstimmung vor allem mit der Absatz-, Produktions- und Finanzpolitik soll erreicht werden, daß die divergierenden Interessen und Ziele der Ressorts zu einem optimalen Kompromiß zusammengeführt werden.

Es sollen nachfolgend – der Funktionsteilung zwischen einem marktorientierten Einkauf und einer versorgungsorientierten Disposition entsprechend – die Beschaffungs- und Vorratspolitik als Teilpolitiken der Materialwirtschaftspolitik angesehen werden.[1]

2.1 Materialbeschaffung und Beschaffungspolitik

Die Aufgabe der Materialwirtschaft ist in der Versorgung der Unternehmung mit Gütern und Dienstleistungen

1 Eine genaue Definition der Beschaffungspolitik und der Vorratspolitik ist weder in der Literatur noch in der Praxis zu finden. Dies erscheint erklärlich, weil beide „Politiken" in einem Sachzusammenhang zu sehen sind, den man am besten als Ganzes untersucht.

- in zweckentsprechender Art und Qualität
- in der wirtschaftlichen Menge
- bei den geeignetsten Lieferanten
- zum günstigsten Zeitpunkt
- am richtigen Lager- und Einsatzort
- zum günstigsten Preis

zu sehen.

Demnach sind zwei Aufgabenkomponenten zu unterscheiden:[1]

(1) Die originäre technische Aufgabe:
Die benötigten Güter und Dienstleistungen müssen in der erforderlichen
- Art
- Menge und
- Qualität

zur rechten Zeit am rechten Ort bereitgestellt werden.

(2) Die derivative ökonomische Aufgabe:
Die notwendigen Güter sind unter Beachtung des Wirtschaftlichkeitsprinzips zu beschaffen, d.h. die mit der Materialbereitstellung verbundenen Kosten sind zu minimieren.

Die Beschaffungsaufgaben lassen sich in
- „operativ-strategische" und
- „administrative"
Tätigkeiten trennen

Führen wir die Analyse der Beschaffungsaktivitäten weiter, so zeigt sich, daß zwischen „operativ-strategischen", auf den Beschaffungsmarkt ausgerichteten Aktivitäten der Beschaffungsanbahnung und des Beschaffungsabschlusses und den eher „administrativen" Tätigkeiten[2] der Materialdisposition und Beschaffungsabwicklung unterschieden werden kann. Entsprechend findet man bisweilen in Unternehmen eine aufbauorganisatorische Trennung der Beschaffungsfunktion in die beiden Aufgabenkomplexe.

Ein Beispiel aus der Praxis soll diese Art der Aufgabenverteilung erläutern, demzufolge der Einkauf beschaffungsmarktorientiert ist, Fremdkapazität schafft und die Verantwortung

1 Vgl. E. Grochla, Grundlagen der Materialwirtschaft – Das materialwirtschaftliche Optimum im Betrieb, 3. Auflage, Wiesbaden 1978, S. 18.

2 Vgl. K.H. Strothmann, Beschaffungspolitik im Wandel, a.a.O., S. 13. – Wie kaum anders zu erwarten, ließ das Ergebnis der Primärerhebung die Unsicherheiten der befragten Beschaffungsleiter erkennen, eine eindeutige Zuordnung der Beschaffungsaufgaben in die beiden Kategorien vorzunehmen.

für Preise und Qualität der zu beziehenden Güter und Leistungen trägt, während die Materialdisposition versorgungsorientiert ist und die Verantwortung für die Lieferbereitschaft gegenüber den zu versorgenden Stellen hat.

Praxisbeispiel zur Aufgabentrennung der Beschaffungsfunktion

Beispiel 1:
Die STILL FAHRZEUGWERKE GmbH, Hamburg, haben ab 1. Januar 1976 eine Neugliederung der Materialwirtschaft durchgeführt und in diesem Zusammenhang folgende Aufgabengebiete gebildet:

(1) Aufgabengebiet „Einkauf"
- *Beschaffungsmarktforschung*
- *Preis- und Wertanalyse*
- *Kostensenkungsprogramme*
- *Einholung und Auswertung von Angeboten*
- *Lieferantenauswahl*
- *Preisverhandlungen*
- *Abschlüsse*
- *Erfassung und Pflege der Daten in der Preisdatei der Materialwirtschaft*

(2) Aufgabengebiet „Beschaffung und Disposition"
- *Bedarfsermittlung und Disposition*
- *Bestellabwicklung unter Verwendung der Preisdatei der Materialwirtschaft*
- *Terminkontrolle*
- *Reklamation*
- *Bestandsüberwachung*
- *Prüfung und Bearbeitung der Auftragsbestätigung*

Sobald es von der Größenordnung eines Unternehmens her möglich ist, sollte – wie im zweiten Abschnitt unter Ziffer 1.3.1.3 im einzelnen dargestellt – die organisatorische Trennung von operativ-strategischem (= gestaltendem) und verwaltendem Einkauf erfolgen, damit die wichtige Bearbeitung der Beschaffungsmärkte nicht zu kurz kommt.

Beschaffungsmarketing ist als eine auf den Beschaffungsmarkt ausgerichtete Politik zu verstehen

Für eine derartige beschaffungsmarktorientierte Politik hat sich heute der Begriff „Beschaffungsmarketing" eingebürgert. Dieser will verdeutlichen, daß der Einkauf das gesamte ihm zur Verfügung stehende beschaffungspolitische Instrumentarium einsetzen sollte, um die Märkte im Interesse des Unternehmens zu beeinflussen, zu entwickeln und zu formen. Es stehen in diesem Bereich demnach strategische und taktische Entscheidungen und Maßnahmen im Vordergrund, während dispositive Überlegungen eine nur geringe Rolle spielen.

Zu den Aufgaben des Beschaffungsmarketing könnten gerechnet werden:[1]

Die Aufgaben des Beschaffungsmarketing

- Marktforschung
  (Marktanalyse, Marktbeobachtung, Lieferantenanalyse, Lieferantenbeurteilung)
- Produktbewertung
  (Wertanalyse, Normung, Typisierung, Wirtschaftlichkeitsrechnung: Eigenfertigung oder Fremdbezug?)
- ABC-Analyse
- Information und Beratung

Die Beschaffungsmarktforschung als Kerngebiet des Beschaffungsmarketing dient der Vorbereitung der Beschaffung, ohne in diese selbst einzugreifen. Die Aufgaben der Produktbewertung sind im wesentlichen nur in Teamarbeit zu lösen. Die ABC-Analyse hat sehr unterschiedliche Anwendungsgebiete, so daß hier die Aufgabenverteilung im Einzelfall zu regeln ist. Durch die Beratung und Information anderer Unternehmensbereiche kann beispielsweise sichergestellt werden, daß ein Produkt „beschaffungsmarktfreundlich" entwickelt wird, damit später keine Probleme in der Teilebeschaffung auftreten.

Damit der Einkauf eine Richtschnur für seine laufenden Dispositionen und Marketing-Aktivitäten besitzt, werden Beschaffungsrichtlinien festgelegt. In diesen findet, wie das nachfolgende Beispiel zeigt, die Beschaffungspolitik als Teil der Materialwirtschaftspolitik konkret ihren Niederschlag.

In den Beschaffungsrichtlinien findet die Beschaffungspolitik ihren Niederschlag

1 Vgl. BME, Materialwirtschaft heute und morgen – Ziele und Möglichkeiten, a.a.O., S. 26. – Wie in der Schrift betont wird, kann die Aufzählung der Aufgaben weder den Anspruch auf Vollständigkeit noch auf Allgemeingültigkeit erheben. – Die Aufgaben der Beschaffungsmarktforschung, der Wert- und ABC-Analyse werden im dritten Abschnitt behandelt.

Praxisbeispiel für eine „Grundsatzrichtlinie"

Beispiel 2:
In der PFAFF INDUSTRIEMASCHINEN GmbH, Kaiserslautern, sind die Mitarbeiter in den Bereichen der Materialwirtschaft gehalten, folgende Grundsatzrichtlinie zu beachten:

A r b e i t s a n w e i s u n g

Betreff:
Hauptaufgaben der Materialwirtschaft
Kosten senken und Kosten verhindern auf allen Gebieten, die mit der Materialwirtschaft zu tun haben.

1. Disposition, Einkauf, Materialverwaltung, Materialverwertung
 1.1 Einfache Organisation im eigenen Bereich, um Personalkosten niedrig zu halten.
 1.2 Vorschläge machen zur Vereinfachung organisatorischer Vorgänge, die mit anderen Hauptabteilungen zusammenhängen, um Personalkosten zu senken.
 1.3 Dafür sorgen, daß nicht notwendige Kosten verhindert werden.

2. Disposition
 Optimale Vorratshaltung, um hohe Zinskosten zu vermeiden, Wagniskosten zu mindern, Raumkosten zu sparen, Verwaltungskosten zu senken und Bereitstellungskosten niedrig zu halten.

3. Einkauf
 3.11 Den Preis beim bisherigen Lieferanten durch Wettbewerbsangebote überprüfen.
 3.12 Den Lieferanten wechseln.

 3.2 Anregungen geben und Vorschläge machen für mögliche Kostensenkungen durch
  3.21 Materialänderung
  3.22 Ändern der Ausführung
  3.23 Ändern des Fertigungsverfahrens
  3.24 Entfeinern und Abbauen überspitzter Forderungen im Material, in Toleranzen, Oberfläche usw.
  3.25 Vereinheitlichen
  3.26 Normung und Typisierung.

4. Materialverwaltung
Mit niedrigsten Kosten alle Materialien von der Warenannahme über einen Teil des innerbetrieblichen Transports, die Materiallagerung, die Materialabrechnung bis zur Inventur ordnungsgemäß verwalten.
5. Materialverwertung
5.1 Alle Lagerhüter und alle Dinge, die nicht mehr gebraucht werden, aufspüren, erfassen und möglichst wirtschaftlich verwerten.
5.2 „Schwarze" Privatlager aufspüren und beseitigen.

Im Rahmen der Vorratspolitik zu treffende Entscheidungen

Die Vorratspolitik orientiert sich im wesentlichen nach zwei Richtungen, nach der Sicherheit der Versorgung und den Finanzierungsmöglichkeiten der Unternehmung. Die Zielsetzungen der Vorratspolitik sind daher in erster Linie bedingt durch die Festlegung einer dieser beiden Entscheidungskriterien.

Im Rahmen der Vorratspolitik sollte u.a. zweifelsfrei geklärt werden,
- welche Versorgungssicherheit (Lieferbereitschaft) erwartet wird,
- wie die Kosten der Kapitalbindung bei der Vorratshaltung zu minimieren sind,
- nach welchen Dispositionsverfahren die Bestandsergänzung zu erfolgen hat,
- wie unter Beachtung der unterschiedlichen Wertigkeiten der Materialien und der Genauigkeit ihrer Verbrauchsprognosen die Sicherheitsbestände differenziert zu ermitteln sind,
- wie die Bestellmengen zu optimieren sind.

→ Aufgabe 1

2.2 Materiallagerung und Lagerpolitik

Die Tätigkeiten im Lager lassen sich gruppieren in
- Lagerhaltung
- Lagerverwaltung

Zur Materiallagerung zählen – im Sinne der engen Begriffsdefinition der Materialwirtschaft – alle Tätigkeiten, die sich unmittelbar auf die Bevorratung der benötigten Materialien beziehen. Dazu gehört die Entgegennahme und Kontrolle der Einsatzstoffe und Handelswaren, deren Pflege, die Durchführung der Einlagerungsvorgänge mit den Förderprozessen, die Ausgabe der Materialien an die anfordernden Stellen und die Erfassung der Materialbewegungen im Rahmen der Lagerbuchführung sowie die Bestandskontrolle durch Inventur.

Es sind demnach zwei Arten von Lagertätigkeiten ihrem Wesen nach zu unterscheiden:[1]

(1) Die technisch orientierte Lagerhaltung, die das Fördern, Aufbewahren und Pflegen der Lagergüter und gelegentlich eine Materialbehandlung umschließt.

(2) Die Lagerleitung und -verwaltung, die sich hauptsächlich um die rechnerische Erfassung und Überwachung der Materialbewegungen sowie um eine wirtschaftliche Organisation der Lagervorgänge bemüht.

Einzel- und Sonderaufgaben des Lagers

Über diese typischen Aufgaben hinaus kann dem Lager noch für eine Vielzahl weiterer Tätigkeiten die Verantwortung übertragen werden:[2]

- Sammeln, Sortieren und Versenden von Leergut
- Alt- und Abfallmaterialsammlung, -lagerung, -verwaltung (und evtl. -verwertung)
- Sammeln, Lagern, Verwalten (und evtl. Verwerten von überzähligen Roh-, Hilfs- und Betriebsstoffen sowie von Fertigungsausschuß)
- Identifikation (und evtl. Verwertung) von Lagerhütern
- Versandvorbereitung und Versendung defekter Teile
- usw.

1 Vgl. W. Kroeber-Riel, Beschaffung und Lagerung. – Betriebswirtschaftliche Grundlagen der Materialwirtschaft, Wiesbaden 1966, S. 77.

2 Vgl. dazu auch die im Anhang abgedruckte „Arbeitsanweisung zur Verantwortung der Lagerleiter", die der Praxis entnommen ist.

Die Gefährlichkeit mancher Abfallstoffe, verschärfte Gesetzgebung, erhöhtes Umweltbewußtsein und erkannte Wiederverwertungs- oder Erlösmöglichkeiten haben dazu geführt, daß der Entsorgungsfunktion mehr Beachtung geschenkt wird. Darunter versteht man heute alle Tätigkeiten zur Verwertung oder Beseitigung von Abfall- und Überschußmaterial, Schadstoffen und nicht mehr benötigten Anlagegütern, vor allem das Erfassen, Sammeln, Umformen, Aufbereiten, Regenerieren (Recycling), Vernichten, Verwerten und Verkaufen dieser Materialien. Nicht alle diese Tätigkeiten liegen in der Verantwortung der Materialwirtschaft, sondern fallen teilweise in den Kompetenzbereich der Produktion. Es ist daher eine klare Abgrenzung der Teilverantwortung zwischen Materialwirtschaft und Produktion notwendig.

Begriff und Bedeutung der Entsorgungsfunktion

Auch Aufgaben der Disposition (z.B. optische Bestandskontrolle) und der Bestellauslösung (z.B. durch die Führung von Pendelkarten) können in Einzelfällen vom Lager wahrgenommen werden.

Aus der Darstellung der Lageraufgaben ist zu erkennen, daß die Entscheidungen, die die Lagerhaltung betreffen, weitgehend von der Beschaffungspolitik abhängig sind. Die Lagerpolitik hat keine eigenen Mittel und Instrumente, um einen Einfluß auf die zu lagernden und zu verwaltenden Vorräte zu nehmen, was keineswegs die Verantwortung der Lagerleitung für einen rationellen Lagerungsablauf ausschließt.

Beschaffungs- und Lagerpolitik verfolgen letztlich einen gemeinsamen Zweck

> Beschaffungs- und Lagerpolitik sind letztlich auf einen gemeinsamen Zweck, auf die für das Unternehmen wirtschaftlichste Bereitstellung des Materials ausgerichtet.

In jedem Fall zu klären ist im Rahmen der Lagerpolitik u.a.,

Im Rahmen der Lagerpolitik zu treffende Entscheidungen

- nach welchem Verfahren die Ein- und Auslagerungen vorzunehmen sind,
- nach welchem Ordnungssystem die Materialien zu lagern sind,
- welche Transportmittel genutzt werden sollen,
- nach welchen sachlichen, räumlichen und zeitlichen Kriterien die Transportmittelleistungen gemessen werden sollen,

- nach welchen Grundsätzen die Bildung von Transporteinheiten erfolgen soll,
- in welchen zeitlichen Abständen differenziert nach Materialgruppen Bestandskontrollen erfolgen sollen,
- unter welchen Voraussetzungen Lagerhüter zu erfassen und möglichst wirtschaftlich zu verwerten sind.

3. Bedeutung der Materialwirtschaft

Die Bedeutung der Materialwirtschaft kommt im Rechnungswesen der Unternehmung zum Ausdruck, sie ist aber auch eine Frage des Selbstverständnisses, der Frage also, ob man sich als unternehmerische oder nur als dienende Funktion begreift. Nicht erst eine Untersuchung der IHK Koblenz[1] zur Situation mittelständischer Unternehmen hat gezeigt, daß gerade im Bereich der kleinen und mittleren Unternehmen die Materialwirtschaft nach wie vor das Stiefkind ist, obwohl in diesem Bereich erhebliche Rationalisierungsreserven liegen und Leistungsverbesserungen sowie Kostensenkungen in beachtlichem Umfang möglich sind. Volkswirtschaftlich verdienen materialwirtschaftliche Entscheidungen vor allem infolge des „Konjunktur-Gewichts" der gesamten Lagerbestände einer industrialisierten Volkswirtschaft und der preisbildenden Marktmacht des Einkaufs sorgfältige Beachtung.

3.1 Kostenverantwortung und Kostenbeeinflussung durch die Materialwirtschaft

Der Kostenblock, der in die Verantwortung der Materialwirtschaft fällt und – Material- und Materialbewirtschaftungskosten zusammengefaßt – 70 % und mehr der Umsatzerlöse

1 Vgl. „Der vernachlässigte Einkauf-Ungenutzte Gewinnmöglichkeiten in mittelständischen Industrieunternehmen?", eine Untersuchung der Industrie- und Handelskammer Koblenz, März 1977. – So auch E. Grochla u.a., Erfolgsorientierte Materialwirtschaft durch Kennzahlen, Baden-Baden 1983, S. 15 ff. Die Veröffentlichung geht von empirischen Studien mittelständischer Unternehmen aus.

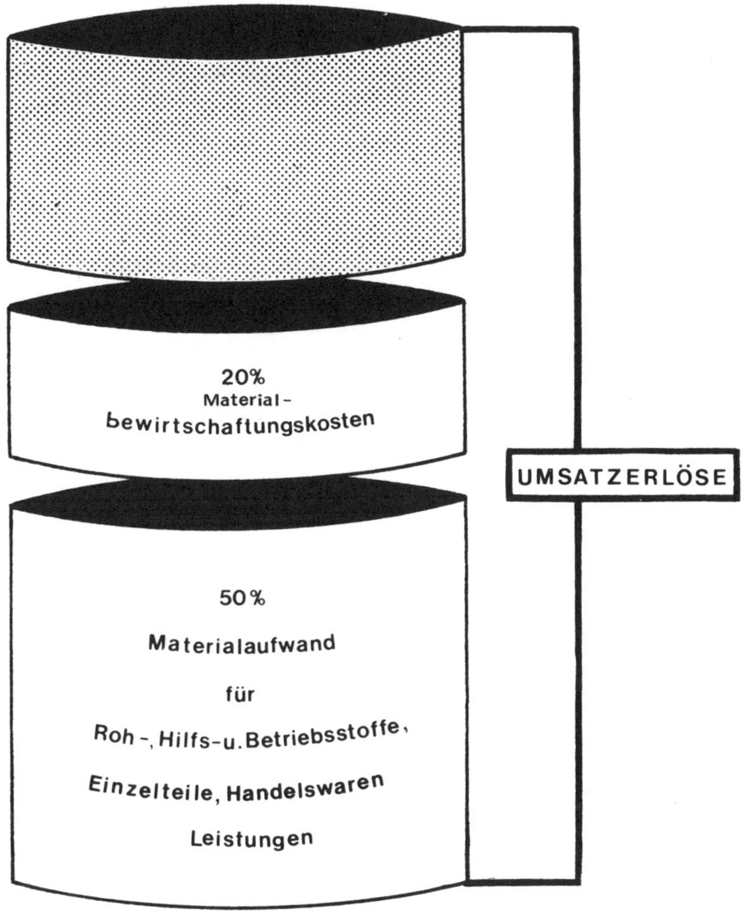

Abbildung 5:
Die Kostenverantwortung der Materialwirtschaft

ausmachen kann, dokumentiert die Chancen von Kosteneinsparungen durch preisbewußten Materialeinkauf und Rationalisierung in allen Kostenstellenbereichen der Materialwirtschaft.

Eine Ergebnis- und Liquiditätsbeeinflussung ist über die
- Material- und
- Materialbewirtschaftungskosten

gegeben

Im Einzelfall wirken Entscheidungen und Aktivitäten in den materialwirtschaftlichen Bereichen in zwei Richtungen erfolgs- und liquiditätswirksam:

(1) Über die Beeinflussung der Materialkosten, die als Aufwendungen an Dritte zu verstehen sind und für die Beschaffung von Material, Dienstleistungen usw. einschließlich der Bezugskosten auftreten. (Investitionen gehen als Abschreibungen in die Kostenrechnung ein.)

(2) Über die Beeinflussung der Materialbewirtschaftungskosten, die als Aufwendungen im eigenen Unternehmen durch die planerische, durchführende oder kontrollierende Ausübung der Funktionen Beschaffen, Lagern, Bewegen und Verteilen verursacht werden.

Der Anteil der Materialkosten an den Umsatzerlösen liegt im Durchschnitt bei 50 %

Zu (1):
In Unternehmen treten die Materialkosten sichtbar hervor, da sie im Durchschnitt 50 % der Umsatzerlöse ausmachen. Als Richtwerte für einzelne Industriezweige der USA sind die in Tabelle 1 zusammengefaßten bekannt.[1]

Pharmazeutische Industrie	26 %
Zementindustrie	40 %
Chemie	50 - 53 %
Maschinenindustrie	45 - 55 %
Unterhaltungs-Elektronik	60 - 63 %
Stahlindustrie	65 %
Ölraffinerien	84 %

Tabelle 1:
Anteil der Materialkosten an den Umsatzerlösen in Industriezweigen der USA

1 Vgl. BME, Materialwirtschaft heute und morgen – Ziele und Möglichkeiten, a.a.O., S. 19. – Siehe auch E. Grochla, Grundlagen der Materialwirtschaft, a.a.O., S. 17 – Im Handel liegen die Prozentsätze natürlich besonders hoch (zwischen 80 % und 95 %), so daß sich dieser Wirtschaftszweig schon seit eh und je entsprechend am Beschaffungsmarkt orientierte.

Aus den Zahlen ist ersichtlich, daß eine Beeinflussung des Unternehmensergebnisses durch Veränderung der Materialkosten direkt und entscheidend möglich ist. Die beim Materialeinkauf erzielten Kosteneinsparungen können zu einer Verbesserung der Kapitalrendite (= Gewinn : Kapital x 100) führen oder einen Ausgleich für stagnierende Umsätze auf der Absatzseite schaffen.

Ein Beispiel soll diese Zusammenhänge verdeutlichen:

Ein Zahlenbeispiel zur Erfolgswirksamkeit von Materialkosteneinsparungen

Beispiel 3:
Angenommen, der Anteil des Materialwertes am Umsatz beträgt 50 % und die Umsatzrendite (= Gewinn : Umsatz x 100) 5 %, dann kommt eine 2 %ige Verminderung der Materialkosten durch preisgünstigen Einkauf einer Steigerung des Verkaufsumsatzes von 20 % insoweit gleich, daß der Gewinn sich bei beiden Maßnahmen um den gleichen Betrag erhöht.

Aus dieser Perspektive findet die Feststellung: „Im Einkauf liegt der Gewinn" oder die in der US-amerikanischen Wirtschaftspraxis gebräuchliche Redewendung: „Purchasing is a profitmaking job" ihre Rechtfertigung.

Die Komponenten der Bewirtschaftungskosten sind:
- Bestellkosten
- Lagerhaltungskosten
- Bewegungskosten
- Verteilkosten

Zu (2):
Die Komponenten der Bewirtschaftungskosten können entsprechend den materialbezogenen Funktionen (Beschaffen/Bestellen, Lagern, Bewegen, Verteilen) definiert werden, wobei darauf hinzuweisen ist, daß eine einheitliche Begriffsbestimmung weder in der Literatur noch in der Praxis zu finden ist:

(1) Bestellkosten, das sind Einkaufs-, Dispositions- und Zugangskosten, unabhängig davon, von welcher Kostenstelle sie verursacht werden.[1]

1 Die Bestellkosten werden auch als Bezugskosten – vgl. E. Kosiol und Mitarbeiter, Einkaufsplanung und Produktionsumfang, Berlin 1956, S. 72 ff. – oder mittelbare Beschaffungskosten – vgl. E. Grochla, Grundlagen der Materialwirtschaft, a.a.O., S. 74 – bezeichnet.

(2) Lagerhaltungskosten: Hierzu rechnen die Bevorratungs-, Lager- und Entnahmekosten einschließlich der Kosten der Kapitalbindung, für welche Vorräte und in welchen Lagern sie auch immer entstehen.[1]

(3) Bewegungskosten: Diese schließen Kosten für den innerbetrieblichen Transport sowie für das Be- und Entladen mit ein, soweit sie für noch nicht verkaufsfähige Produkte anfallen.

(4) Verteil- oder Distributionskosten: Dazu zählen die Kosten der Auftragsabwicklung, des Kommissionierens, der Verpackung, des Versands und der Fakturierung.

Die Höhe der Materialbewirtschaftungskosten kann in der Regel nur durch Spezialuntersuchungen ermittelt werden

Die Kosten der Materialbewirtschaftung sind beachtlich. Schätzungen zufolge betragen sie je nach Branche und Unternehmen zwischen 10 % und 20 % des Umsatzes (vgl. Abb. 5). Dennoch besteht in den meisten Fällen keine klare Vorstellung von ihrer Höhe. Die Materialbewirtschaftungskosten werden kaum detailliert erfaßt, da die üblichen Kostenrechnungssysteme sie nicht transparent machen. Die Ermittlung von Kosten der Materialbewirtschaftung erfordert Veränderungen der üblichen Kostenrechnungssysteme oder Spezialuntersuchungen.

Eine Gesamtkostenbetrachtung ist angezeigt

Herkömmlich werden Versuche, die Kosten zu reduzieren, meist in den einzelnen Teilbereichen der Materialwirtschaft unternommen, ohne daß dabei die Auswirkungen auf die anderen Aufgabengebiete berücksichtigt werden. In vielen Fällen werden dadurch nicht die Kosten der Materialbewirtschaftung reduziert, sondern nur von einem Teilbereich auf einen anderen verlagert oder sogar erhöht. Für die Praxis gilt, daß

> materialbezogene Kosten nicht einzeln, sondern nur in ihrer Gesamtheit betrachtet werden dürfen.

Dazu ein Beispiel:[2]

1 Diese Definition entspricht der integrierten Organisationsform: Das Lagerwesen wird als eine Einheit mit Verantwortung und Kompetenz betrachtet. In der Regel werden die Lagerhaltungskosten nur insoweit erfaßt und analysiert, wie sie sich auf das Beschaffungslager beziehen.

2 Nach G. Poth, Praxis der Betrieblichen Warenverteilung, a.a.O., S. 94 f.

Ein Praxisbeispiel zur Gesamtkostenbetrachtung

Beispiel 4:
Zur Wahl steht die Alternative:

a) ein Zentrallager und damit Direktversand an Kunden

b) mehrere Regionallager, d.h. zweistufiger Versand.

Es ist die optimale Außenlageranzahl zu bestimmen, wobei nur Kostengesichtspunkte zugrundegelegt werden sollen. (Eine Verbesserung des Lieferservice erfordert stets eine erhöhte Anzahl von Außenlagern.)

Bei sonst gleichen Bedingungen sind folgende Kostenabhängigkeiten zu berücksichtigen:

1. *Die Transportkosten vom Lager zum Kunden sinken mit zunehmender Anzahl der Regionallager.*
2. *Die Transportkosten vom Werk zu den Regionallagern steigen mit zunehmender Anzahl der Regionallager.*
3. *Die Lagerhaltungskosten steigen mit zunehmender Anzahl der Regionallager.*
4. *Die Kosten der Auftragsabwicklung (Ausgang Werk → Eingang Regionallager → Ausgang Regionallager) steigen mit zunehmender Anzahl der Regionallager.*

Aggregiert man die entsprechenden Kostenverläufe, dann zeigt sich, daß die Gesamtkosten zunächst abnehmen, weil die Transportkosten zum Kunden anfangs stärker sinken als die Transportkosten zu den Regionallagern und die Lagerhaltungskosten. Von einem kritischen Punkt an nehmen die letzteren aber so stark zu, daß die sinkenden Kosten für den Transport zu den Kunden überkompensiert werden und damit die Gesamtkosten steigen.

Vorteil der Gesamtkostenbetrachtung ist demnach, daß materialbezogene Entscheidungen in ihren kostenmäßigen Auswirkungen für das Gesamtunternehmen gesehen werden. Jedoch erschweren hergebrachte Organisationsformen, mangelnde Aussagefähigkeit der Kostenrechnung und abteilungsbezogenes Denken sehr oft Maßnahmen, die zum Ziel haben,

- nicht notwendige Kosten zu verhindern,
- Kosten zu senken, die bereits entstanden sind.

Dabei ist die Trennung in beeinflußbare und nicht beeinflußbare bzw. vom Materialbereich abhängige Kosten zu beachten.

3.2 Die Materialwirtschaft als Managementfunktion

Der Einfluß der Materialwirtschaft auf die Unternehmenspolitik noch vor dem Beginn des eigentlichen Wertschöpfungsprozesses ist von erheblichem Gewicht

Die Frage, ob die Materialwirtschaft für das moderne Management[1] eine bedeutende Funktion darstellt, wird allein schon durch die Tatsache beantwortet, daß nur selten an einer anderen Stelle des Unternehmens ein so hoher Anteil der Aufwendungen zusammengefaßt ist wie in diesem Bereich (vgl. zur Veranschaulichung Abb. 5). Dabei muß besonders deutlich hervorgehoben werden, daß ein relativ kleiner Kreis von Personen in beträchtlichem Maße die Unternehmensziele und den Erfolg beeinflußt.[2]

Der Entscheidungsspielraum der Materialwirtschaft liegt vor allem im Beschaffungsmarketing

Gleichwohl wird oft behauptet, daß im Bereich der Materialwirtschaft für unternehmenspolitische Entscheidungen kein Platz gegeben sei, da Produktion und Absatz die Entscheidungen über Art, Qualität und Menge der zu beschaffenden Güter vorwegnehmen. Man wird zugeben müssen, daß diese Feststellung weitgehend zutreffend ist; der Dispositionsspielraum ist hier normalerweise stark eingeengt. Allerdings ist das Bild recht uneinheitlich: In Handelsbetrieben können im Rahmen der Beschaffungspolitik relativ unabhängig Entscheidungen über Art und Qualität der Güter getroffen werden, sofern die absatzpolitischen Belange nicht unbeachtet bleiben; Warenhäuser und Discountläden sind sogar ausgesprochen beschaffungsorientiert. Im Gegensatz dazu bilden im Industriebetrieb die Entscheidungen der technischen Leitung für die Materialwirtschaft weitgehend ein Datum.

Aber selbst für den Fall nicht so hohen Materialanteils und ungehemmter Beschaffung[3] bleibt der Materialwirtschaft vor

1 Dabei wird vor allem an das Top- und Middle Management gedacht. Zum Begriff und Arten vgl. E. Grochla, Hrsg., Handwörterbuch der Organisation, Stuttgart 1973, Sp. 951 f. und die dort genannte Literatur.

2 Vgl. F. Straub, Grundsätze der industriellen Beschaffungspraxis, in: G. Brettschneider, Hrsg., Einkaufsleiter-Handbuch, München 1974, S. 18.

3 Bestehen Beschaffungsschwierigkeiten, so wird die Beschaffung zum betrieblichen Engpaß und die gesamte Unternehmensplanung ist dann beschaffungsorientiert. Vgl. K. Mellerowicz, Unternehmenspolitik, Bd. II, Freiburg 1963, S. 225 f.

allem aufgrund ihrer außerbetrieblichen Verflechtung genügend Spielraum für eigenständiges unternehmerisch-schöpferisches Handeln. So eröffnet die internationale Vergrößerung der Märkte neue Beschaffungsmöglichkeiten. Wettbewerbsdruck und wachsende Bedarfsdeckung zwingen zur Ausdehnung systematischer Marktforschung, zumal beim Bestehen eines Wettbewerbsmarktes dem Zukauf in Zukunft häufig der Vorzug zu geben sein wird, um die Fixkostenbelastungen aus der eigenen Produktion zu vermeiden. Beschaffungsinformationen für die Unternehmensführung werden daher in Zukunft einen Schwerpunkt bilden.

Der Innovationsprozeß zwingt die Materialwirtschaft innerbetrieblich zu verantwortungsbewußtem Handeln

Für die Materialwirtschaft stellen sich aber auch innerbetrieblich mit der Entwicklung der EDV, der Lager- und Vorratstechnik und der Transport- und Verpackungsmethoden sowie der Anwendung mathematisch-orientierter Vorhersageverfahren neue Aufgaben, die grundsätzliche Entscheidungen notwendig machen. Einen verantwortungsvollen, in die Zukunft weisenden Einfluß kann die Materialwirtschaft aber nur dann ausüben, wenn ihr sowohl nach innen wie nach außen der ihr gebührende Aktionsradius eingeräumt und die dazugehörige Eigenständigkeit, Verantwortung und Kompetenz zuerkannt wird. Das bedeutet, daß eine organisatorische Unterstellung der Materialwirtschaft unter die Produktion vermieden werden sollte.

3.3 Volkswirtschaftliche Bedeutung der Materialwirtschaft

Die volkswirtschaftliche Bedeutung der Materialwirtschaft liegt in der
- Beeinflussung des Preisgeschehens
- konjunkturanfälligen Vorratshaltung

Die volkswirtschaftliche Bedeutung der Materialwirtschaft zeigt sich – grob skizziert – vor allem in zwei Punkten:

(1) Preisbildung: Wenn man davon ausgeht, daß der Wettbewerbspreis durch Angebot und Nachfrage bestimmt wird, dann beeinflussen die Käufer (Einkäufer) durch ihr Verhalten die Höhe des Preises, bei dem ein Gleichgewicht zwischen Angebot und Nachfrage herbeigeführt wird. Durch Einblick in die Kalkulationen der Lieferanten, durch die Mittel der Preis- und Kostenanalyse sowie durch die Marktanalyse besteht die Möglichkeit einer aktiven Mitgestaltung des Preisgeschehens.

(2) Vorratshaltung: Geplante und ungeplante Lagerbewegungen können sowohl Ursache als auch Folge konjunktureller Schwankungen sein. Infolge dieses „Konjunkturgewichts" der Vorräte sind diese ein besonders empfindliches Konjunkturbarometer, das der sorgfältigen Beobachtung bedarf.

Beschaffungs- und Vorratsdispositionen tragen mehr zur Gestaltung der Konjunktur bei als irgendwelche anderen unternehmerischen Aktivitäten. Deshalb gehört es zur Verantwortung der Materialwirtschaft, sich bei den grundsätzlichen Entscheidungen zu überlegen, welche preisbildenden Kräfte – inflatorische oder deflatorische – dadurch freigesetzt werden.[1]

4. Probleme der Materialwirtschaft

Materialwirtschaftliche Ziele, wie sie in Ziffer 2 dieses Abschnitts definiert sind, bleiben unerreicht, wenn sich nicht eine gesamtunternehmerische Betrachtungsweise der Materialwirtschaft durchsetzt. Eine solche Konzeption wirft jedoch zahlreiche Probleme auf. Am schwersten wiegt, daß traditionell jeder Bereich nur gerade seine Ziele verfolgt, und die Materialwirtschaft im Spannungsfeld dieser konfliktären Interessen angesiedelt ist. Das materialwirtschaftliche Optimierungsproblem findet hier seine eigentliche Begründung.

4.1 Die Materialwirtschaft im Spannungsfeld konfliktärer Bereichsinteressen

Die Überwindung konfliktärer Bereichsinteressen ist das Hauptproblem für eine optimale Materialwirtschaft

Die Optimierung materialwirtschaftlicher Aufgaben verlangt die Überwindung folgender abteilungsbezogener Prioritäten:

- Der Absatz möchte jeden Kundenwunsch sofort erfüllen. Er verlangt 100 %igen Lieferservice, unabhängig von optimalen Losgrößen, Rohstoffbeschaffung, Lagerkapazität usw.

1 Vgl. E. Falz, Einkauf als unternehmerische Aufgabe, in: A. Degelmann, Hrsg., Einkaufsleiter-Handbuch, München 1965, S. 64.

- Die Fertigung verlangt hochwertige Stoffe von gleichbleibender Qualität und erwartet, daß das Beschaffungslager jederzeit jede Bedarfsanforderung erfüllen kann.

- Die Instandhaltung möchte für jeden möglichen Schaden alle Reserveteile am Lager haben.

- Die Finanzabteilung verlangt wegen der Kapitalbindung und der in Anspruch genommenen Liquidität eine möglichst geringe Lagerhaltung.

Das wichtigste Problem für eine optimale Materialwirtschaft liegt in der Notwendigkeit einer Überwindung der vorhandenen Interessenkonflikte. Ausgangspunkt für organisatorische Überlegungen, die in diese Richtung zielen, sollte die Tatsache sein, daß Materialprobleme bei der Beschaffung, in der Fertigung und beim Absatz entstehen. Sie sind nicht isoliert zu betrachten. Das völlig getrennte Arbeiten führt zu Fehlleistungen und damit zu „unnötigen" Kosten (Fehlleistungskosten).

Der Faktor „Zeit" als problemauslösendes Moment

Außer der Zielbe- und -abstimmung wirken der Festlegung der Zeit, die zur Abwicklung der Aktivitäten benötigt wird, bedeutende Schwierigkeiten entgegen. Einmal haben die Bedarfsstellen die Tendenz, die Einzelheiten ihres Materialbedarfs nicht früher festzulegen, als nach ihrem Urteil unbedingt notwendig ist, um die Zahl der nachträglichen Änderungen niedrig zu halten. Andererseits kommen vom Absatz- und Beschaffungsmarkt verursachte Abweichungen, deren Auswirkungen in der Beschaffungsphase auszugleichen sind.

Ist die Materialwirtschaft einem derartigen Problemkreis nachgeordnet, wird man sie immer als „Dienstleistungsfunktion" ansehen, mit der Vorstellung, daß Dispositionsschwierigkeiten, die an anderer Stelle nicht gelöst werden konnten, durch die Materialwirtschaft gelöst werden müssen. Die Materialwirtschaft gewinnt dann Ähnlichkeit mit einer Betriebsfeuerwehr, die nur gerufen wird, um die Folgen von Fehlleistungen in anderen Bereichen „auszubaden". Es liegt auf der Hand, daß auf diese Art und Weise niemals eine optimale Lösung der materialwirtschaftlichen Aufgaben möglich wird.

4.2 Das materialwirtschaftliche Optimierungsproblem

Optimierungsformel

Im Interesse einer gesicherten Bereitstellung kann die Aufgabe der Materialwirtschaft nicht auf die rein originäre technische Aufgabe beschränkt bleiben. Vielmehr läßt sich ihre Aufgabenstellung in die Optimierungsformel kleiden:

- Sicherstellung einer hohen Lieferbereitschaft[1]
- bei geringster Kapitalbindung
- bei minimalen Kosten

Optimierungsproblem

Die Lieferbereitschaft ist ein Maß für die Verfügbarkeit der Waren. Hohe Lieferbereitschaft wird mit hohen Sicherheitsbeständen, d.h. hoher Kapitalbindung und hohen Lagerkosten bei gleichzeitiger Verringerung der Fehlmengenkosten[2] erkauft. Die Materialwirtschaft steht hier also vor einem Optimierungsproblem. Machen wir uns die Konfliktsituation an einem einfachen Beispiel klar:

Ein allgemeines Beispiel zum Optimierungsproblem

Beispiel 5:
Ein Lagerleiter versucht, durch ausreichende Vorratshaltung eine Abdeckung aller Bedarfsanforderungen zu erreichen. Das führt zu der Anweisung der Geschäftsleitung, die durch die hohen Sicherheitsbestände verursachte Kapitalbindung abzubauen, um Liquidität freizusetzten und die Kosten der Lagerhaltung zu senken. Nach dieser Maßnahme stellt der Lagerleiter sehr bald ein Absinken der Liefer- bzw. Abgabebereitschaft fest. Nunmehr versucht er, das Risiko gegen Unterdeckungen durch häufigere Bestellungen von kleinen Mengen zu vermindern. Damit steigen aber die Bestellkosten.

Ein Lager kann also einerseits eine hohe Lieferbereitschaft garantieren, aber andererseits erhebliche Mengen an Kapital binden. Hohe Lieferbereitschaft und geringe Kapitalbindung sind nur schwer miteinander zu vereinbaren.

1 Die Lieferbereitschaft ist eine Komponente des sog. Lieferservice, das als Maß für die Güte eines Warenverteilungssystems angesehen werden kann.

2 Siehe dazu auch S. 337 ff.

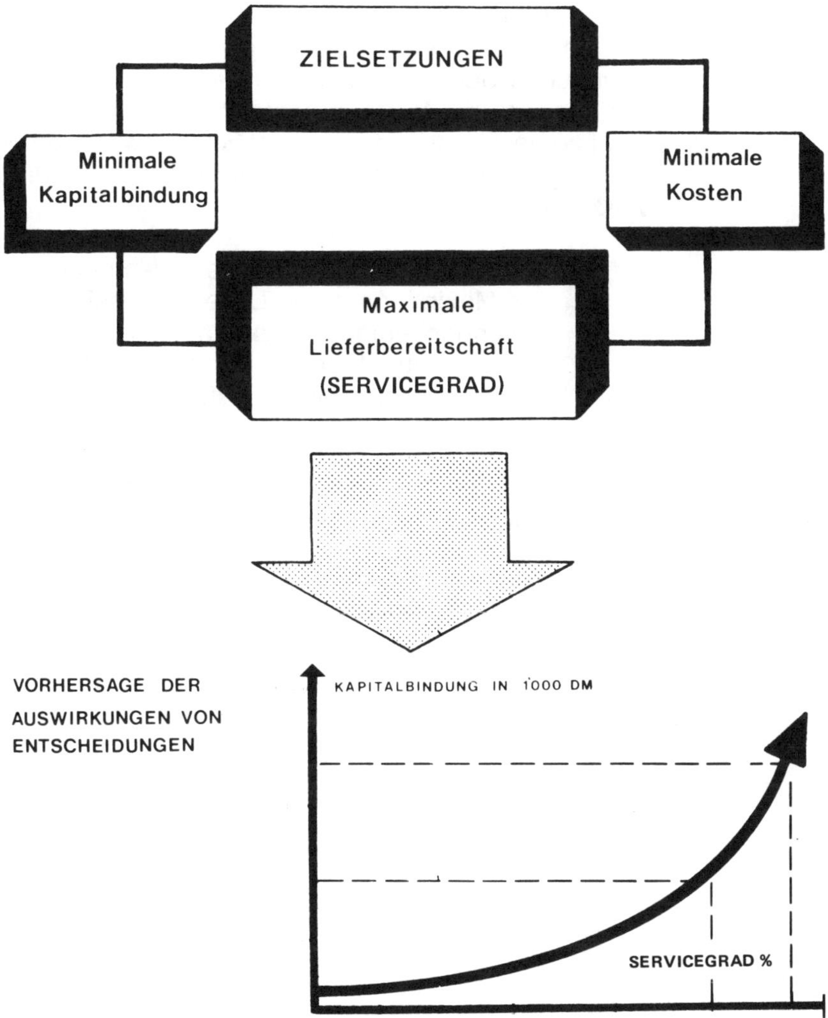

Abbildung 6:
Materialwirtschaftliches Optimierungsproblem

Kostenminimierung ist nur bei festgelegtem Lieferbereitschaftsgrad realisierbar

Eine größere Lieferbereitschaft ist demnach normalerweise mit höheren Kosten und größerer Kapitalbindung verbunden. Aufgabe der Materialwirtschaft muß es sein, diesen Konflikt durch eine Minimierung des Bestandsniveaus zu lösen. Aber auch bei einer Bestandssteuerung mit Hilfe der EDV[1] bleibt es weiter in der Verantwortung der Unternehmensführung oder des Material-Managements, den Grad der Lieferbereitschaft zu bestimmen, der aus der Sicht des Marketing-Managers möglichst hoch angesetzt werden sollte. Daraus ist zu schließen:

> Es besteht eine Antinomie zwischen marktbedingter Maximierung der Lieferbereitschaft und unternehmensbedingter Kostenminimierung. Das Kostenminimum läßt sich nur bei einem festgesetzten Grad der Lieferbereitschaft realisieren.

Die Verwirklichung dieses Ziels der Gesamtkostenminimierung verlangt ein Zusammenwirken aller Materialfunktionen mit geringstem Aufwand und setzt zweckdienliche Kompetenzverhältnisse voraus.

1 Allerdings stellt die Möglichkeit, mit Hilfe geeigneter EDV-Programme eine Auskunft über die Zusammenhänge zwischen Servicegrad und Kapitalbindung zu erhalten, eine wichtige Entscheidungshilfe dar.

FRAGEN ZUR SELBSTKONTROLLE UND VERTIEFUNG

1. Der Begriff Materialwirtschaft wird in Theorie und Praxis nicht einheitlich verwendet. Welche Bedeutung hat die Begriffswahl für die Darstellung materialwirtschaftlicher Probleme?

2. Wie ist das System der integrierten Materialwirtschaft zu definieren und von der ganzheitlichen Logistikfunktion abzugrenzen?

3. Mit welchen Gütern befaßt sich die Materialwirtschaft? Warum sollten auch Dienstleistungsaufträge über die Materialwirtschaft abgewickelt werden?

4. Ein Leitsatz der amerikanischen Beschaffungspolitik sagt: „Buy it, only if you can't buy it, make it". Erläutern Sie diese Maxime und die Rolle, die der Einkauf bei Herstellung-oder-Kauf-Entscheidungen spielen sollte.

5. Welche Aufgaben der Materialbeschaffung sind zu unterscheiden?

6. Warum kann sich eine Aufteilung des Aufgabenkomplexes „Beschaffung" in marktorientierten Einkauf und Materialdisposition (einschl. Beschaffungsabwicklung) als sinnvoll erweisen?

7. Was ist unter Beschaffungsmarketing zu verstehen?

8. Warum empfiehlt es sich, die Beschaffungspolitik klar und eindeutig festzulegen?

9. Welche Tätigkeiten sind zum Aufgabenbereich der Material- oder Lagerverwaltung zu rechnen?

10. Warum wird in Unternehmen der Entsorgungsfunktion erhöhte Beachtung geschenkt?

11. Nennen Sie im Rahmen der Lagerpolitik zu treffende Entscheidungen!

12. Unter bestimmten Voraussetzungen ist die Zuordnung der Materialverteilung zur Materialwirtschaft zweckmäßig. Welche Aufgaben sind diesem Bereich zuzuordnen?

13. Müssen Beschaffungs- und Lagerpolitik mit der Unternehmenspolitik abgestimmt werden?

14. Es heißt: „Im Einkauf liegt der Gewinn". Erläutern Sie diese Aussage anhand konkreter Zahlen!

15. Nennen und erläutern Sie die Kostenkomponenten der Materialbewirtschaftungskosten!

16. Erläutern Sie das Gesamtkostenprinzip!

17. Aus welchen Gründen kann die Durchführung von Kostensenkungsprogrammen im Bereich der Materialwirtschaft scheitern?

18. Mit welchen Argumenten ist der Behauptung zu widersprechen, daß in der Materialwirtschaft für unternehmenspolitische Entscheidungen kein Platz gegeben sei?

19. Kennzeichnen Sie das Optimierungsproblem!

20. Wie ist aus der Zielsetzung einer Kostenminimierung die Forderung nach einer zweckdienlichen Kompetenzregelung abzuleiten?

Die Antworten ergeben sich aus vorstehendem Abschnitt!

Zweiter Abschnitt

Organisation der Materialwirtschaft

Zur Erfüllung der verschiedenen Aufgaben der Materialwirtschaft müssen Aktionseinheiten geschaffen und untereinander sowie mit den übrigen Stellen und Abteilungen des Unternehmens in einen Beziehungszusammenhang gebracht werden, d.h., die Materialwirtschaft bedarf einer Organisation. Da die betriebswirtschaftliche Organisationslehre dabei zwischen Aufbau- und Ablauforganisation unterscheidet, ist eine Klärung dieser Begriffe sinnvoll, bevor wir die Möglichkeiten einer optimalen organisatorischen Gestaltung der Materialwirtschaft untersuchen.

Begriff und Beziehungszusammenhang von Aufbau und Ablauforganisation

Die Aufbauorganisation einer Unternehmung „ergibt sich aus der Zuweisung analytisch gewonnener Teilaufgaben und der gegebenenfalls zu ihrer Erfüllung notwendigen Kompetenzen an die einzelnen Aufgabenträger sowie aus der Festlegung der Beziehungszusammenhänge zwischen den verschiedenen Organisationseinheiten".[1] Mit der Verteilung der Aufgaben und der Abgrenzung der Zuständigkeiten der Instanzen (Kompetenzregelung) hat das Unternehmen seinen organisatorischen Aufbau, seine Struktur, erhalten.

Die Erfüllung der so festgelegten Aufgaben erfordert aber zusätzlich eine zeitliche und räumliche Regelung der Tätigkeitskomplexe in der Unternehmung. „Diese auf eine rhythmische und terminliche Abstimmung von Arbeitsabläufen gerichtete Strukturierung stellt die Ablauforganisation dar" (Schwarz).

Diese Unterscheidung in Aufbau- und Ablauforganisation ist nur gedanklich zu vollziehen. Bei der praktischen Organisationsarbeit haben aufbauorganisatorische Maßnahmen meistens auch Konsequenzen für den Ablauf, wie umgekehrt ablauforganisatorische Veränderungen meist auch Veränderungen im Aufbau bewirken.

Ein Beispiel soll diesen Beziehungszusammenhang verdeutlichen:[2]

1 H. Schwarz, Betriebsorganisation als Führungsaufgabe, 5. Auflage, München 1972, S. 22 ff.

2 Nach A. Boje, Moderne Einkaufs-Organisation, a.a.O., S. 34.

Praxisbeispiel zum Beziehungszusammenhang zwischen Aufbau- und Ablauforganisation

Beispiel 6:
Zur Salamander AG, Kornwestheim, gehören 3 Werke in Kornwestheim und 8 Werke weit verstreut in der Bundesrepublik. Nach umfangreichen und gründlichen Kalkulationen entschloß man sich, in Kornwestheim ein Zentrallager für sämtliche Artikel aller Werke einzurichten. Bis auf ein kleines Sicherheitslager werden hier alle Roh-, Hilfs- und Betriebsstoffe zentral gelagert. Die Werke fordern ihren Bedarf in Kornwestheim an. Hier erfolgt eine zentrale Bestandsüberwachung, zentrale Disposition und zentraler Einkauf.

Die Umstellung auf ein Zentrallager war eine aufbauorganisatorische Maßnahme, die ablauforganisatorische Veränderungen (zentrale Bestandsüberwachung, zentrale Disposition usw.) nach sich zog (Umstellung des Informationsflusses).

Daß wir zwischen Aufbau- und Ablauforganisation trennen, darf also keineswegs als ein Vorgehen praktischer Organisationsarbeit angesehen werden, bei der es letztlich darum geht,

- den organisatorischen Rahmen für eine optimale Lösung aller Aufgaben zu schaffen, die sich aus der Unternehmenspolitik ergeben.

Organisationsmittel sollen dabei den Bereichen der Materialwirtschaft die Information in die Hand geben, die sie für eine zweckgerechte Bewältigung der Aufgaben benötigen.

1. Die Aufbauorganisation der Materialwirtschaft

Einflußfaktoren auf die Art der Aufbauorganisation

Die aufbauorganisatorische Gestaltung der Materialwirtschaft kann sehr unterschiedlich sein und hängt u.a. von folgenden Faktoren ab:

- Unternehmensgröße
- Wirtschaftszweig
- Fertigungsverfahren
- Materialintensität

Es kann daher im Rahmen dieses Abschnitts weder ein vollständiger Überblick gegeben noch eine optimale Organisationsform angeboten werden, zumal in einigen Grundfragen die Meinungen in der Theorie und in der Praxis weit auseinandergehen. Allerdings sollten Rentabilitäts- und Liquiditätsgesichtspunkte die Unternehmungen veranlassen, den aufbauorganisatorischen Ist-Zustand von Zeit zu Zeit kritisch zu prüfen, um zwischen weitestgehender Kontinuität und jeweils vollständiger Anpassung an die sich fortgesetzt wandelnden Datenkonstellationen einen optimalen Weg zu finden.

Problemkreise der Aufbauorganisation

In diesem Zusammenhang sind vor allem folgende Problemkreise zu analysieren:

(1) Die Abgrenzung der Materialwirtschaft (Kompetenzbereich der Materialwirtschaft)

(2) Die hierarchische Eingliederung der Materialwirtschaft in die Unternehmensorganisation

(3) Möglichkeiten einer Stellengliederung in den materialwirtschaftlichen Bereichen

(4) Zentrale oder dezentrale Organisationsform der materialwirtschaftlichen Bereiche

1.1 Kompetenzbereich der Materialwirtschaft

Die Materialwirtschaft steht, wie schon erwähnt, in vielfacher Weise in Beziehung zu anderen Bereichen der Unternehmung. Um so wichtiger ist eine klare Abgrenzung der Kompetenzen, damit Überschneidungen, Reibereien und Doppelarbeit vermieden werden, ohne daß die heute für optimale Entscheidungen unerläßliche Teamarbeit der Abteilungen durch organisatorische Trennlinien unterbunden wird.

Es ist selbstverständlich, daß die Kompetenzabgrenzung der Materialwirtschaft entscheidend beeinflußt wird von dem Wandel in der Aufgabenstellung. Zwar findet man den „Einkauf als Bestellbüro" auch heute noch in zahlreichen Unter-

Die Möglichkeiten der Kompetenzabgrenzung reichen vom „Einkauf als Bestellbüro" bis zur integrierten Marktwirtschaft

nehmungen sogar mittlerer Größenordnung.[1] Immer häufiger aber führt der Einkauf die Bestellfunktion nicht nur nach Anweisung der fachlichen Stellen als Routine aus. Vielmehr wird ihm die volle kaufmännische Verantwortung mit der Beschaffungsmarktforschung, der Beschaffungsanbahnung, dem Abschluß, der Terminsicherung und der Kontaktpflege mit den Lieferanten übertragen. Die Zusammenfassung der Beschaffungs- und Lagerfunktion unter einer Leitung führt dann zur Materialwirtschaft im klassischen (engeren) Sinn.

Ausgehend von dieser Organisationsform der Materialwirtschaft mit der Verantwortung für die Lagerung und Materialverwaltung im Rahmen der Vorratswirtschaft (Beschaffungslager), kann der Kompetenzbereich der Materialwirtschaft durch die Einbeziehung der Materialverteilung weiter vergrößert werden.[2] Der Regelfall in der Praxis allerdings ist, daß der Aufgabenkomplex Materialverteilung nicht in die Verantwortung der Materialwirtschaft fällt, sondern Teil der Abteilung Verkauf ist.

Auch die integrierte Organisationsform der Materialwirtschaft ist, ebenso wie die ganzheitliche Logistik, in Unternehmungen noch relativ selten anzutreffen, aber keineswegs mehr ein Einzelfall.

Nachfolgend sollen die Organisationsformen der Materialwirtschaft (vgl. Abb. 7), die man grundsätzlich auseinanderhalten muß – wobei es, wie Beispiel 7 auf Seite 64 zeigt, natürlich Zwischenlösungen gibt – diskutiert werden, d.h.,

1 Vgl. Erwin Grochla u.a., Erfolgsorientierte Materialwirtschaft durch Kennzahlen, Baden-Baden 1983, S. 17.

2 Vgl. v. Verf. „Materialwirtschaft – aber wie? 15 Praxisfälle von Bedarfsermittlung bis Einkaufen", Nürnberg 1983, S. 40 ff. – Es wird hier ein Beispiel aus der Praxis dargestellt.

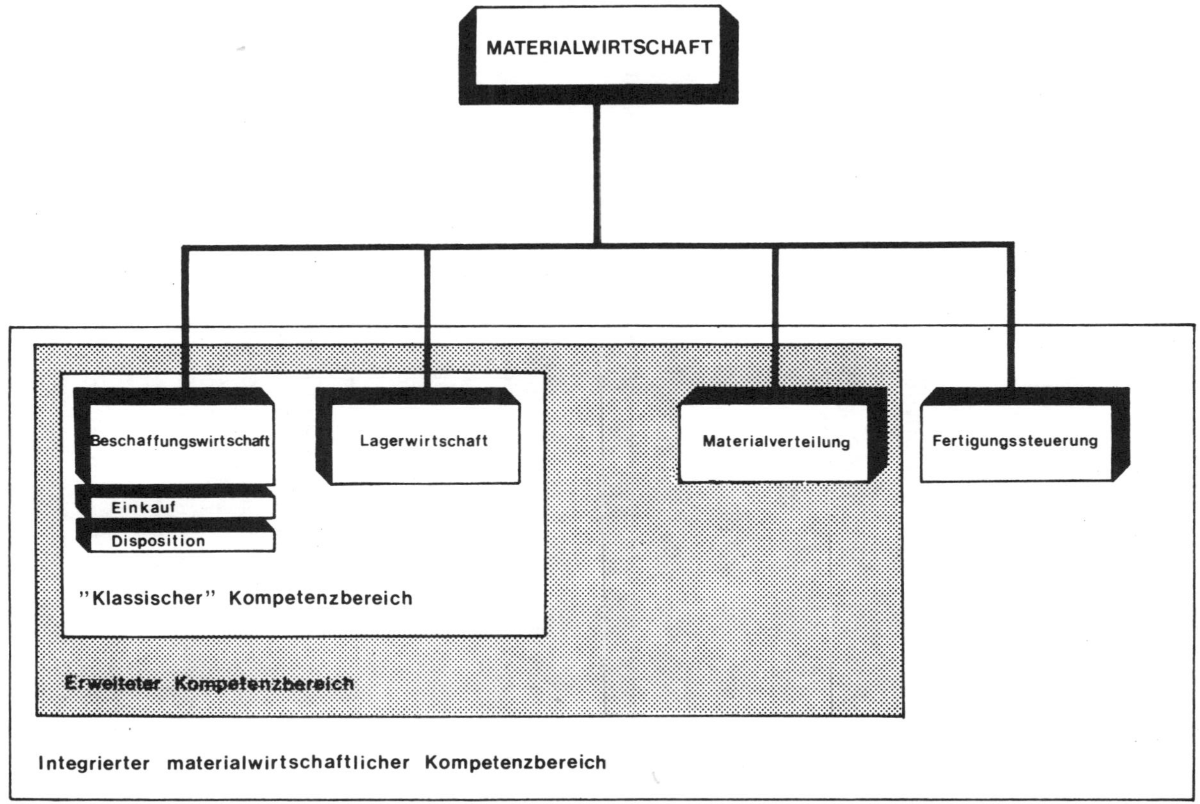

Abbildung 7:
Möglichkeiten der materialwirtschaftlichen Kompetenzabgrenzung

(1) die Materialwirtschaft als Kompetenzbereich der Beschaffungs- und Lagerwirtschaft („klassisches" Modell)

(2) die Materialwirtschaft als Kompetenzbereich der Beschaffungs- und Lagerwirtschaft plus Warenverteilung („erweitertes" Modell)

(3) die Materialwirtschaft als Kompetenzbereich der Beschaffungs- und Lagerwirtschaft plus Warenverteilung plus Fertigungssteuerung („integrierte" Form)

Die Koordination der Beschaffungs- und Lagerwirtschaft wird am besten durch Zuweisung der Zuständigkeit und Verantwortung an die Materialwirtschaft erreicht

Zu (1):
Eine zufriedenstellende Bewältigung der materialwirtschaftlichen Aufgaben setzt zumindest eine straffe Koordination der Beschaffungs- und Lagerwirtschaft voraus. Diese Lösung führt dazu, daß beide Aufgabenbereiche unter einheitlicher Leitung integriert sind.

In der Praxis wird die Trennung von Beschaffung und Lagerwesen in zwei Bereiche mit eigenen Kompetenzen und eigener Verantwortung zuweilen damit begründet, daß das Lagerwesen ein Gegengewicht zur Beschaffung bilden muß.

Trotz der Verschiedenheit der Beschaffungs- und Lagerfunktion lassen sich auch viele Verknüpfungen erkennen, die es meist geraten erscheinen lassen, für die Beschaffung und für das Lagerwesen zwei Abteilungen zu bilden, diese jedoch zu einer Hauptabteilung Materialwirtschaft zusammenzufassen.[1]

- Entscheidender Vorteil dieser Lösung ist, daß die oft divergierenden Interessen der beiden Bereiche ausgeglichen und auf eine gemeinsame Zielsetzung hin ausgerichtet werden können.

Die Dreiteilung der Aufgaben in
- Einkauf
- Disposition
- Lager

kann als optimale Organisationsform der „klassischen" Materialwirtschaft angesehen werden

Wesentliche Rationalisierungseffekte im Materialflußsystem werden dadurch noch nicht erreicht.

Zweckmäßig ist in diesem Zusammenhang eine stärkere funktionale Herausbildung der Materialdisposition, wenn dieser Bereich von großer Bedeutung ist. Die Aufbauorganisa-

1 Vgl. Krähe, Unternehmungsorganisation – Aufgaben und Abteilungsgliederung in der industriellen Unternehmung, Köln 1963, S. 50.

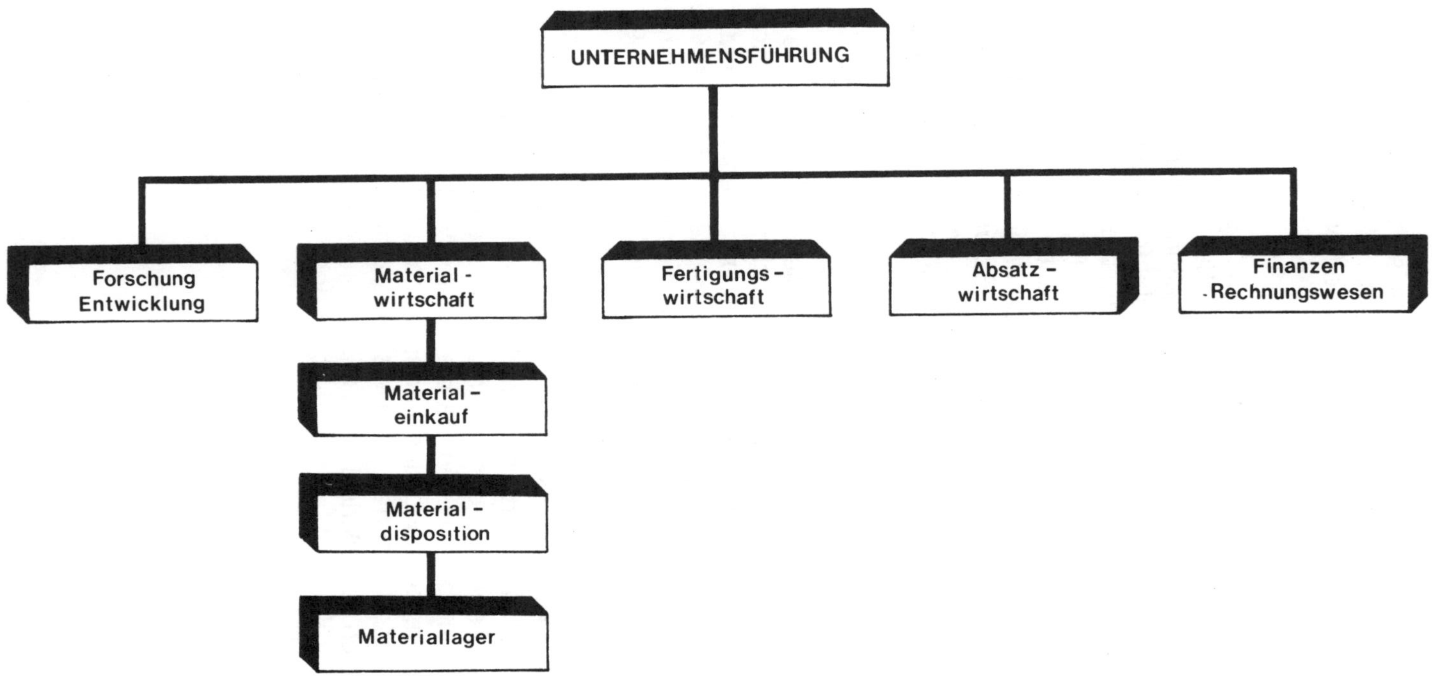

Abbildung 8:
Zentrale Leitung der Materialwirtschaft

tion der Materialwirtschaft könnte sich dann wie in Abb. 8 darstellen. Montageindustrien wie die Elektro- und Fahrradindustrie sind gute Beispiele für diese Form der Aufbauorganisation.

Wird keine übergeordnete Instanz geschaffen, so kann sich die Frage stellen, ob die „Beschaffung" oder die Materialdisposition die übergeordnete Leitung übernimmt und ob diese gegebenenfalls neu zu schaffen ist. In diesen Fällen spricht zugunsten der Gesamtzuständigkeit der Beschaffung die Tatsache, daß dieser Funktionsbereich in der Regel den besseren Kontakt zu den Lieferanten hat und eine genauere Kenntnis der Beschaffungsmärkte besitzt.[1] Damit sind günstige Voraussetzungen für die Bearbeitung und Steuerung materialwirtschaftlicher Vorgänge gegeben. Die Konsumgüterindustrie und der Handel bieten hierfür viele Beispiele.

Man stößt aber auch auf Unternehmen, die der Forderung nach Einheit des Funktionskomplexes Beschaffungs- und Lagerwirtschaft nicht folgen. In diesen Fällen ist die Organisationsform dadurch gekennzeichnet, daß die Koordinierungsfunktion mehreren Instanzen zugeordnet wird, die jeweils für einzelne Aufgabenbereiche der Materialwirtschaft zuständig sind. Ein Beispiel für dieses Leitungssystem, das als „dezentrale Leitung" bezeichnet wird, gibt Abb. 9.

Es ist einzusehen, daß ein derartig strukturiertes Leitungssystem eine umfassende Koordination sämtlicher Aufgaben in der Materialwirtschaft erschwert. Zudem ist eine eindeutige Aufgliederung der Leitungsfunktionen in getrennte Zuständigkeiten schwierig, da die materialwirtschaftlichen Vorgänge Beschaffung und Lager durchlaufen. Unter diesen Umständen können Fehlleistungskosten, die üblicherweise durch das „Wirtschaften mit Material" entstehen, nicht auf ein vertretbares Maß reduziert werden.

1 Vgl. E. Falz, Einführung in die Probleme der Versorgung/Vorratshaltung, in: H. Baumgarten u.a., Rationelle Vorratshaltung, Frankfurt 1975, S. 14.

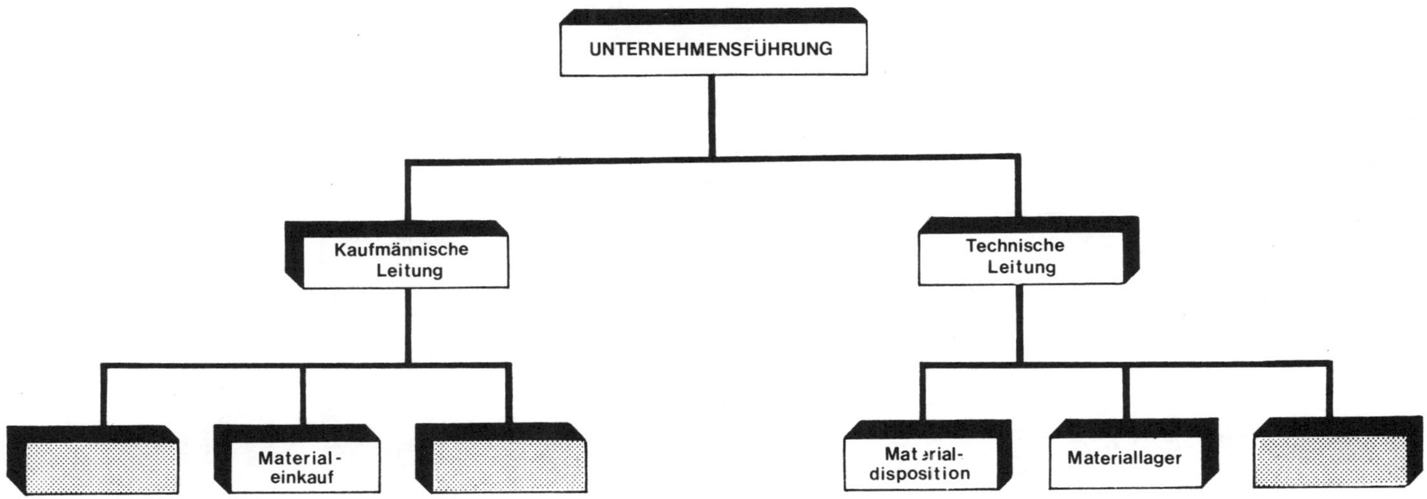

Abbildung 9:
Dezentrale Leitung der Materialwirtschaft

In der Regel wird die Materialverteilung nicht als ein geschlossenes Gesamtsystem betrachtet

Zu (2):
Die nach dem Prozeßprinzip gestaltete Gliederung der Materialwirtschaft in Materialbeschaffung, Materialverwaltung und Materialverteilung ist stark umstritten.[1] In der Praxis findet man selten befriedigende organisatorische Lösungen, da in der Regel die Materialverwaltung, das heißt die Lagerhaltung und der innerbetriebliche Transport, nicht als ein geschlossenes Gesamtsystem betrachtet wird. In den meisten Unternehmungen werden diese Aufgaben in verschiedenen Abteilungen wahrgenommen, ohne daß eine Koordination erfolgt.[2] Ein typisches Beispiel dafür ist: Die Beschaffung ist für das Rohstofflager, die Fertigung für das Bereitstellungslager, der Absatz für das Außenlager, die Verwaltung für den Fuhrpark zuständig.

Die vertikale Anordnung der Materialwirtschaft in der Matrixorganisation ist bei Einbeziehung der Materialverteilung in ihre Zuständigkeit die an sich einzig zweckmäßige Lösung

Wird die Materialwirtschaft über die Versorgungsfunktion hinaus um die Zuständigkeit für die Materialverteilung an die Abnehmer der Fertigerzeugnisse erweitert, dann übernimmt sie eine typische Querschnittsaufgabe zentral für alle Bereiche der Unternehmung.[3]

● Es ist dann an sich gar keine andere organisatorische Lösung möglich als ihre Aufnahme in die vertikale Anordnung der Matrixorganisation.[4]

Das Charakteristische dieser Organisationsform veranschaulicht Abb. 10: Es besteht darin, daß der Leiter einer Abteilung zwei weisungsbefugte Vorgesetzte hat, nämlich

	Darstellung im Organigramm
– einen mit Linienbefugnissen (sachlich, disziplinär) und	________________
– einen mit Fachbefugnissen unterschiedlicher Stärke.	– – – – – – –

1 So vertritt der Beirat „Vertrieb und Beschaffung" im Rationalisierungs-Kuratorium der Deutschen Wirtschaft (RKW) die Auffassung, daß es dem Unternehmungszweck kaum dienlich ist, die Aufgaben der Beschaffung und des Vertriebs über eine Funktion „Gesamtmaterialwirtschaft" miteinander zu verbinden. Vgl. E. Falz, Einführung in die Probleme der Versorgung, in: H. Baumgarten u.a., Rationelle Vorratshaltung, a.a.O., S. 15.

2 Vgl. G. Poth, Praxis der betrieblichen Warenverteilung, a.a.O., S. 84 und die in dieser Schrift abgedruckten Ergebnisse einer Umfrage.

3 Bereiche mit „Querschnittsfunktion" sind nicht nur für einen Bereich der Unternehmung, sondern für mehrere oder sogar für alle Unternehmungsbereiche tätig.

4 Vgl. W. Schleip, Eingliederung der Beschaffung in die Unternehmungsorganisation, a.a.O., S. 22.

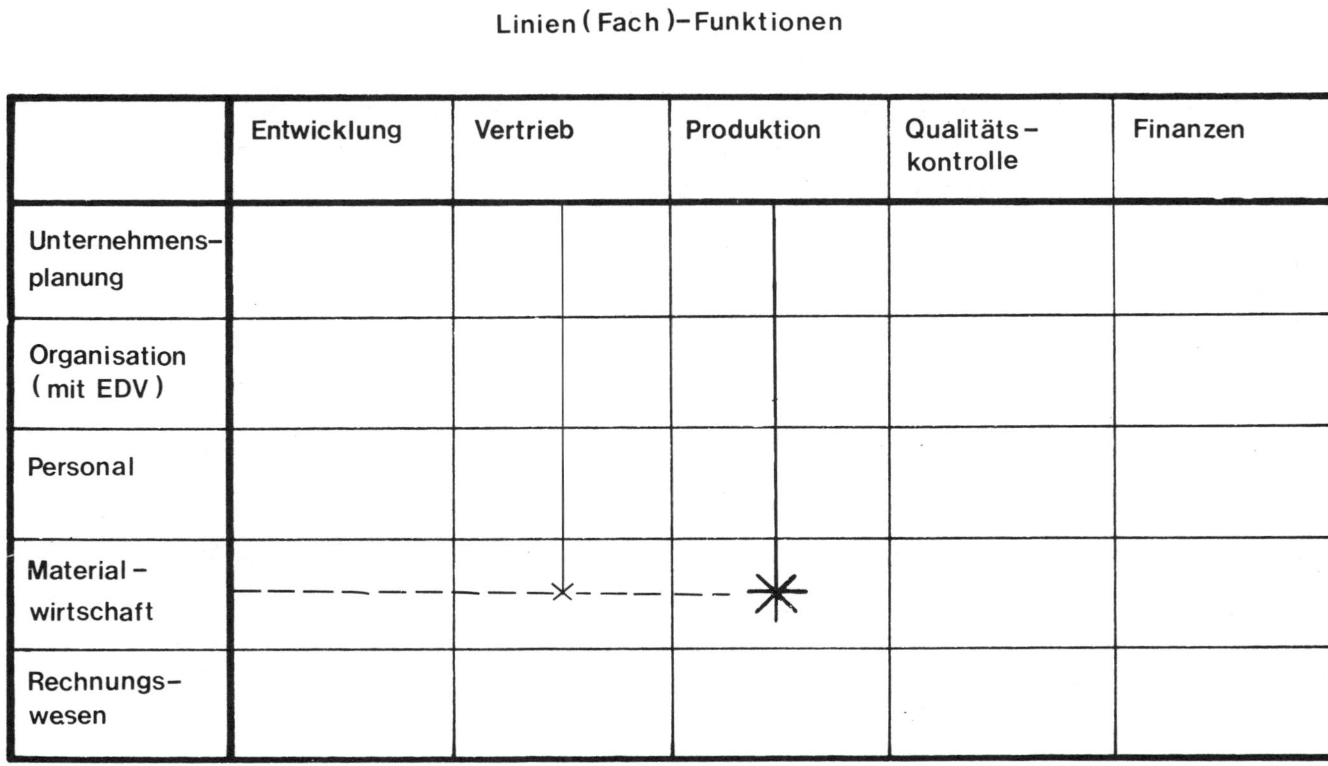

Abbildung 10:
Die Materialwirtschaft in der Matrixorganisation

Dem Bereich Materialwirtschaft wird es in einer Matrixorganisation möglich sein, die Funktionsbereiche – wie beispielsweise die Entwicklung, den Vertrieb und die Produktion – in Fragen der Materialwirtschaft zu beraten und bei deren Entscheidungen die materialwirtschaftlichen Zielsetzungen mit der größtmöglichen Effizienz zu verfolgen. Dies kann bei durchorganisierten Unternehmen so weit gehen, daß die Materialwirtschaft Richtlinien bzw. Anweisungen für die Bewältigung der Linienaufgaben erteilt.[1]

Dieses System eignet sich in besonderem Maße für Großunternehmen mit voll- oder teilautonomen Geschäftsbereichen oder Werken (vgl. Beispiel 8, Seite 67 ff.). Es setzt kooperatives Führungsverhalten und Teamgeist voraus. Die entstehenden Konflikte müssen nach sachlichen Gesichtspunkten gelöst werden.
Allerdings hält man in den meisten Fällen bei Einführung der Matrixorganisation daran fest, die Materialwirtschaft horizontal als Linienfunktion fortzuführen.[2]

Es ist selbstverständlich, daß eine solch starke Position der Materialwirtschaft in der Gesamtorganisation der Unternehmung – und dies gilt in noch stärkerem Maße für die nachfolgend beschriebene integrierte Materialwirtschaft – die entsprechende personelle Besetzung der Management-Positionen voraussetzt.

Die integrierte Materialwirtschaft koordiniert alle Funktionen, die mit „Material wirtschaften"

Zu (3):
Die weitestgehende Form innerbetrieblicher Koordination aller Funktionen, die mit „Material wirtschaften", stellt die integrierte (ganzheitliche) Materialwirtschaft dar.[3] Da von der Leitung der Materialwirtschaft nicht nur alle Aufgaben der Beschaffung und Lagerhaltung koordiniert und geführt, sondern auch der Materialfluß durch die Produktion und die Auslieferung der Fertigerzeugnisse an die Kunden gesteuert werden, wird damit zugleich eine andere Kompetenzabgrenzung erforderlich. Diese führt dazu, daß die Bereiche Produktion und Absatz einen Teil ihrer Kompetenzen an die Materialwirtschaft abtreten müssen.

1 Vgl. R. Kowarik, Organisation der Materialwirtschaft, Wiesbaden o.J., S. 18.

2 Es ist daran zu erinnern, daß auch die Materialwirtschaft im „klassischen" Sinne nicht nur für einen Teilbereich tätig ist, sondern für den gesamten Fremdbezug die Verantwortung trägt.

3 Vgl. P. Köckmann, Integrierte Materialwirtschaft, a.a.O., S. 5 ff.

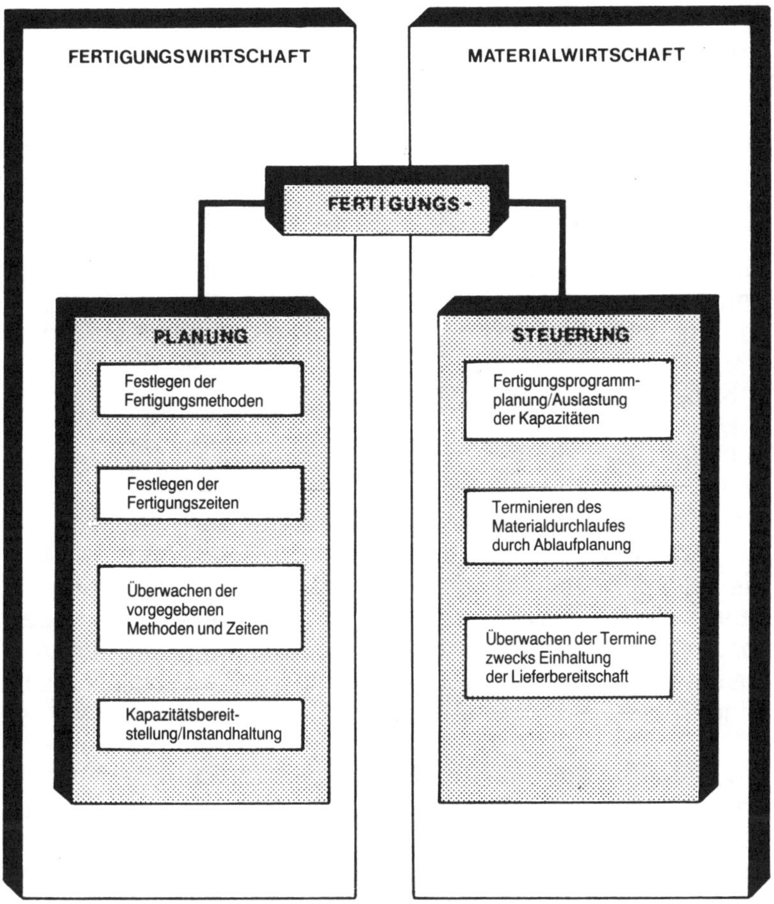

Abbildung 11:
Funktionstrennung der Arbeitsvorbereitung zwischen Fertigungs- und Materialwirtschaft

Die Aufteilung der Arbeitsvorbereitung – und darin liegt der entscheidende Unterschied zu der unter Punkt (2) erörterten Aufbauorganisation – in Fertigungssteuerung, die dem Material-Management unterstellt wird, und der Fertigungsplanung, die dem Produktions-Management verbleiben wird, stellt Abb. 11 dar.

Die integrierte Materialwirtschaft setzt eine Neuordnung der Kompetenzen gegenüber Absatz und Produktion voraus

Die Kompetenzabgrenzung sieht demnach vor, daß das Produktions-Management verantwortlich ist für

– Fertigungsmethoden
– Fertigungszeiten
– Produktqualität

Sie gibt vor, wie und innerhalb welcher Zeit „Qualität produziert wird" (Köckmann) und trägt die Verantwortung für die Fertigungskapazität und deren Instandhaltung.

Die Fertigungssteuerung, die dieser Konzeption zufolge zum Verantwortungsbereich der Materialwirtschaft gehört, ist versorgungsorientiert und muß gleichzeitig optimal gestalten:

– Kapazitätsauslastung
– Materialdurchlauf
– Lieferbereitschaft

Sie koordiniert die Auslastungswünsche der Produktion mit den Absatz- und Beschaffungsmöglichkeiten und ermittelt, wieviel, wann und wo gefertigt werden kann. Die Produktion kann sich damit voll und ganz auf den Verarbeitungsprozeß konzentrieren und die technischen sowie menschlichen Voraussetzungen schaffen, um ein Höchstmaß an Qualität zu erbringen.

Die Aufgabenabgrenzung des Absatzbereiches, wie sie in Abb. 12 veranschaulicht wird, folgt den gleichen Überlegungen: Die mit Materialbewegungen verknüpften Tätigkeiten einschließlich der Lagerung von Halb- und Fertigfabrikaten sollen der Materialwirtschaft zugeordnet werden und den Regelkreis dieses Bereiches schließen. Hauptaufgabe des Absatzes bleibt die Auftragsgewinnung im Sinne der Marketing-Konzeption, während die Kundenauftragsverwaltung und -abwicklung von der Materialwirtschaft verantwortet werden sollte, um so die Auftragserfassung mit der gleichzeitigen Auftragserfüllungskontrolle – wie z.B. die Einplanungsmöglichkeit der Kundenaufträge in die Fertigung – zusammenzuführen. Dieses Zuordnungskriterium erhält bei Unternehmungen mit einem hohen Anteil an standardisierten Erzeugnissen ausschlaggebende Bedeutung.

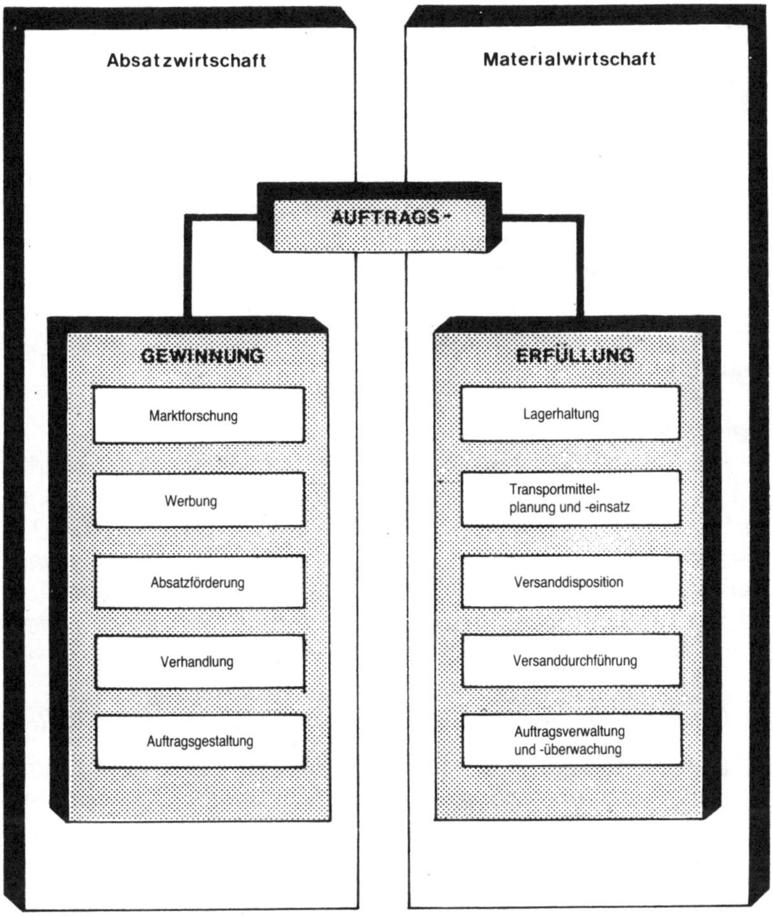

Abbildung 12:
Funktionstrennung des Verkaufs
zwischen Absatz- und Materialwirtschaft

Nur die integrierte Materialwirtschaft führt zum absoluten materialwirtschaftlichen Kostenminimum

Das skizzierte System der integrierten oder ganzheitlichen Materialwirtschaft bedeutet die Abkehr von traditionellen Organisationsformen, in denen die materialwirtschaftlichen Systemelemente zum großen Teil separat gesehen und gesteuert wurden. Das durch Ressortgrenzen begünstigte sequentielle Arbeiten führte oft nicht zum bestmöglichen Unternehmensergebnis.

Vor diesem Hintergrund sind die sich verstärkenden Bemühungen vieler Unternehmungen und des BME[1], um neue ganzheitliche Organisationsformen zu sehen. Man erkennt offensichtlich in zunehmendem Maße, daß

- ein „absolutes" materialwirtschaftliches Kostenminimum nur erreicht werden kann, wenn die Verantwortung für **alle** materialwirtschaftlichen Aufgaben **einem** Fachbereich übertragen ist.[2]

Ein Beispiel aus der Praxis soll diese Organisationsform verdeutlichen.

Praxisbeispiel zur Organisationsform einer integrierten Materialwirtschaft

Beispiel 7:
Die H. KUHNKE GMBH & Co. KG, Malente, ist ein mittelständisches Unternehmen, das vor allem für die Investitionsgüterbranche im Maschinenbau tätig ist. Eine im Jahre 1980 in diesem Unternehmen durchgeführte Ist-Aufnahme ergab, daß sich die Zuständigkeiten für materialwirtschaftliche Aufgaben auf mehrere, in der Unternehmenshierarchie unterschiedlich eingestufte Abteilungen verteilten:

- *Der Einkauf war der Geschäftsleitung direkt unterstellt.*
- *Die Disposition war als Funktionskreis der Fertigungssteuerung gegenüber dem Bereichsleiter Technik verantwortlich.*
- *Der Wareneingang gehörte zur Disposition.*
- *Die quantitative und qualitative Wareneingangskontrolle fiel in die Zuständigkeit einer Kontrollabteilung.*
- *Die Disposition war verantwortlich für das Teilelager.*
- *Die Auftragsabwicklung oblag dem Vertrieb.*
- *Die Produktionsplanung (Wochenplanung) sowie die Verantwortung für das Fertigwarenlager oblag einer dem kaufmännischen Geschäftsführer zugeordneten Stabsstelle.*

1 So der BME mit seiner Vortragsveranstaltungsreihe zum Thema „Integrierte Materialwirtschaft – eine unternehmerische Herausforderung für Heute und Morgen", Frankfurt 1983.

2 Im Gegensatz dazu kann die Materialwirtschaft im „klassischen" Sinne nur auf ein „relatives" materialwirtschaftliches Kostenminimun hinzielen, relativ, weil die Kompetenzen begrenzt und damit die Möglichkeiten des Einflusses von Störfaktoren größer sind.

In der inzwischen realisierten Neukonzeption sind alle erwähnten Funktionen (außer der Wareneingangskontrolle) zu einer Hauptabteilung Materialwirtschaft zusammengefaßt worden. Der Bereich ist der kaufmännischen Geschäftsleitung direkt unterstellt.

Auch durch die Einführung einer **ganzheitlichen** Logistik werden Reibungsverluste an den Schnittstellen reduziert, die oftmals in der Praxis zu Fehlinformationen, Fehlplanungen und heimlichen Beständen führen. Dabei sind der Logistik folgende Subsysteme zuzuordnen: Bedarfsplanung, Disposition, Terminsicherung und -überwachung, Bestellerteilung nach Abschluß (evtl. Abrufe), Materialfluß, Lager, Auftragsabwicklung, Transport und Verkehr, Verteilung.

In der ganzheitlichen Logistik werden alle stark interdependenten Aktivitäten der Mengen- und Terminerfüllung zusammengefaßt

- Damit ist die Logistik allein verantwortlich für die Termin- und Mengenerfüllung.

Die ganzheitliche Logistik betrachtet das Unternehmen als ein sich ständig wandelndes System, dessen Ziel die Erhaltung der wirtschaftlichen Leistungsfähigkeit und die Bewältigung der Anpassungsprozesse ist. Als Querschnittsfunktion arbeitet sie eng mit dem Einkauf, der Produktion und dem Verkauf zusammen, die sich nun auf ihre eigentlichen Aufgaben konzentrieren können: Kapazitäten zu sichern im Beschaffungsmarkt, Absatzmarkt und im eigenen Unternehmen.[1].

Durch die ressortübergreifende Betrachtungsweise logistischer Aufgabenstellungen soll die teilweise noch stark arbeitsteilige Organisationsstruktur überwunden werden, die zwar für den Vollzug von Routinearbeiten durchaus geeignet war, jedoch nicht eine optimale Lösung der miteinander konkurrierenden materialwirtschaftlichen Zielsetzungen – hohe Lieferbereitschaft bei gleichzeitig minimalen Beständen und niedrigen Materialbewirtschaftungskosten – ermöglichte.

Organisations- und Personalentwicklung

Als besonders erfolgreich bei dieser Organisationsentwicklung hat sich in der Praxis die Projektarbeit erwiesen. Sachliche und zeitliche Umstellungsverluste werden so auf ein Minimum reduziert. Da Organisationsentwicklungen auf Dauer jedoch nur erfolgreich sein können, wenn sie mit Personalentwicklungen vernetzt werden, ist auf die Vermittlung der erforderlichen Fach- und Methodenkompetenz für funktionsübergreifende Tätigkeiten besonders Wert zu legen.

1 Vgl. P. Köckmann, Logistik kontra Lager, a.a.O., S. 49 ff.

1.2 Hierarchische Eingliederung der Materialwirtschaft in die Unternehmungsorganisation

Die hierarchische Stellung der Materialwirtschaft muß ihrer Verantwortung entsprechen

Für die hierarchische Einstufung der Materialwirtschaft in die Unternehmensorganisation ist das Ergebnis der Aufgaben- und Kompetenzabgrenzung von Bedeutung. Aus den dargelegten Gründen erscheint im Regelfall ein einheitliches Aufgabengebiet Materialwirtschaft unter einheitlicher Leitung als die wohl zweckmäßigste Lösung.

- Damit einhergehen sollte das unternehmerische Bestreben, diesem Bereich eine Rangstellung in der Unternehmenshierarchie zuzuordnen, die einer schöpferisch tätigen „Produktiv-Instanz"[1] im Sinne der definierten Optimierungsaufgabe entspricht.

Die Betriebsgröße ist ein entscheidendes Kriterium für die Rangeinstufung

Zwischen der „Materialwirtschaft auf Vorstandsebene" und dem „Bestellbüro" liegen zahlreiche Varianten. Gleichwohl wird die unternehmerische Entscheidung, aus der Fülle der Möglichkeiten die für das Unternehmen zweckmäßigste zu finden, ganz offensichtlich von der Betriebsgröße stark mitbestimmt, unabhängig davon, ob dafür als Maßstab die Zahl der Beschäftigten, die Mitarbeiterzahl innerhalb der Materialwirtschaft oder das Beschaffungsvolumen herangezogen werden.[2] So liefert nach Boje[3] die in Abb. 13 dargestellte Beschaffungsanteilsregel (= Anteil des Materialwerts an den Umsatzerlösen) für die Mehrzahl aller Unternehmungen eine brauchbare Entscheidungshilfe, wobei die Breite des Beschaffungssortiments zu einer Verschiebung in die nächst höhere oder nächst niedrigere Stufe führen muß.

Praxisbeispiel zur Einstufung entsprechend dem Beschaffungsanteil

Zwei Beispiele aus der Praxis sollen zeigen, daß es sich bei der Beschaffungsanteilsregel um eine durchaus brauchbare Faustformel handelt.

1 Vgl. A. Boje, Moderne Einkaufsorganisation, a.a.O., S. 13.

2 Vgl. H. Strothmann, Beschaffungspolitik im Wandel, a.a.O., S. 7.

3 A. Boje, Moderne Einkaufs-Organisation, a.a.O., S. 14.

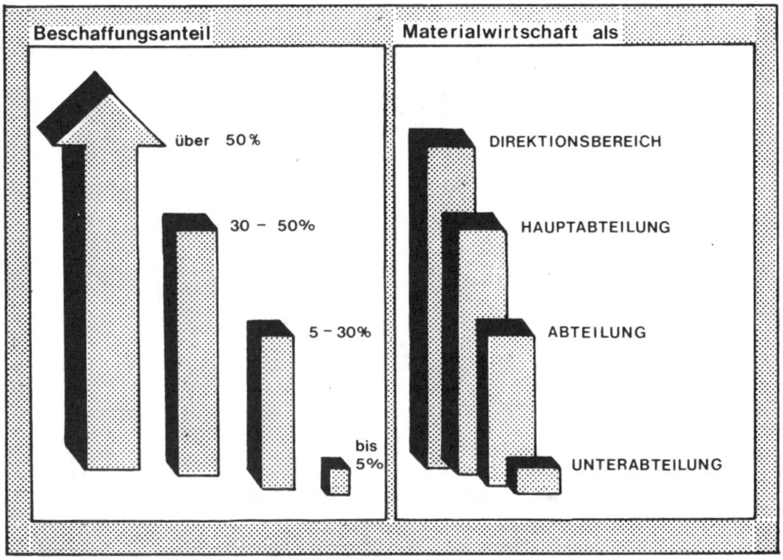

Abbildung 13:
Richtwerte für die hierarchische Einordnung der Materialwirtschaft

Praxisbeispiel für die Gliederung des Vorstandsbereiches „Einkauf und Logistik"

Beispiel 8:
In der VOLKSWAGEN AG, Wolfsburg, besteht der Vorstand unter dem Vorsitzenden – ohne AUDI – aus 8 Bereichen:

Vertrieb
Produktion
Qualitätssicherung
Forschung und Entwicklung
Einkauf und Logistik
Personal- und Sozialwesen
Finanz- und Betriebswirtschaft
Recht, Revision und Volkswirtschaft

Der Wert der Roh-, Hilfs- und Betriebsstoffe sowie der bezogenen Teile lag dem Geschäftsbericht 1982 zufolge – berichtigt um die AUDI-Werte – bei 55,3 % der Gesamtleistung.

Die Gliederung des Vorstandsbereiches „Einkauf und Logistik" in der VOLKSWAGENWERK AG veranschaulicht Abb. 14.

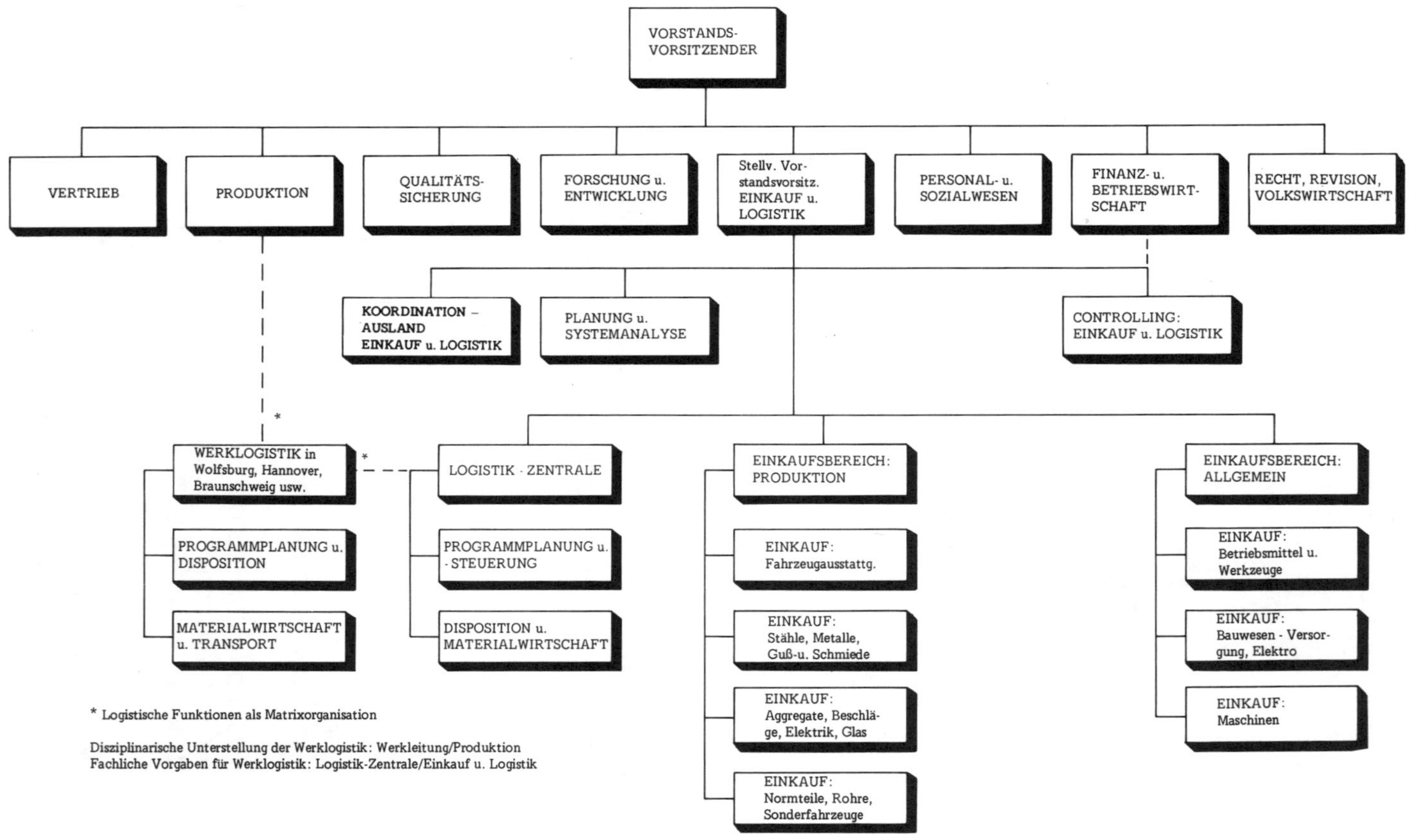

* Logistische Funktionen als Matrixorganisation

Disziplinarische Unterstellung der Werklogistik: Werkleitung/Produktion
Fachliche Vorgaben für Werklogistik: Logistik-Zentrale/Einkauf u. Logistik

Abbildung 14:
Übersichtsgrafik der Volkswagen AG (ohne AUDI) mit Untergliederung von Einkauf und Logistik bis zur Hauptabteilungsebene

Beispiel 9:
In der Gliederung einer Versicherungsgesellschaft steht der Einkauf erst in der dritten Ebene als Referat nach Abteilung und Vorstand. Verwaltende Funktionen sind in einer Abteilung zusammengefaßt, wie Abb. 15 zeigt.

Der Einkauf ist zuständig für die Beschaffung von Gegenständen der Büro- und Geschäftsausstattung, Schreibmaterial, Heizöl, Getränke, Reinigungs- und Pflegemittel, deren Gesamtwert weit unter 5 % der Leistung liegt.

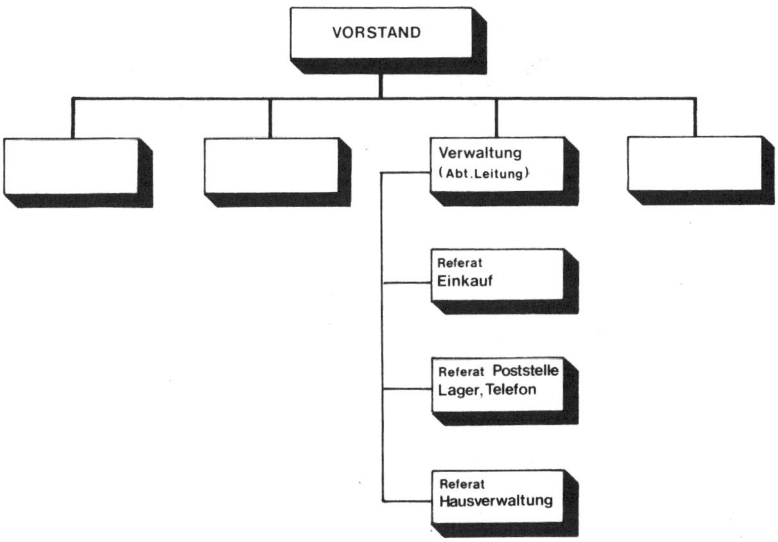

Abbildung 15:
Der Einkauf in der Gliederung einer Versicherungsgesellschaft

1.3 Bereichsspezifische Aufgabenanalyse und Stellenbildung

Grundsätzlich kann – analog zur Aufgabenanalyse – die Aufgabensynthese (Stellenbildung) nach folgenden Kriterien erfolgen:

Sachliche und formale Kriterien der Aufgabenanalyse und -synthese (Stellenbildung)

(1) Objekt:
Dabei werden verschiedene Arten von Tätigkeiten zusammengefaßt, die sich auf das gleiche Objekt Material- oder Warengruppe, Projekt, Werk, Beschaffungsmarkt im In- und Ausland[1] beziehen.

(2) Verrichtung oder Funktion:
Dabei erfolgt die Stellenbildung für gleichartige Tätigkeiten im Sinne einer Verrichtungsspezialisierung (z.B. Materialdisposition, Angebots- und Auftragsbearbeitung, Terminsicherung).

(3) Rang:
Das Gliederungsmerkmal Rang stellt darauf ab, die entscheidungsspezifischen Merkmale einer Sachaufgabe von den rein ausführenden Verrichtungen zu trennen, da es für die Stellenbildung sehr wichtig ist zu wissen, welche Funktionen welche Entscheidungsnotwendigkeiten mit sich bringen. So ist ein Beschaffungsvorgang nicht nur durch eine Vielzahl von Verrichtungen gekennzeichnet, sondern er löst auch vielfältige Entscheidungen aus, z.B. welche Menge, in welcher Qualität, zu welchem Termin und bei welchem Lieferanten einzukaufen ist.

(4) Phase:
Dabei wird jede Tätigkeit in die zu ihrer Erfüllung notwendigen Schritte Planung, Durchführung und Kontrolle gegliedert. Diese Unterscheidung ist in erster Linie sachlicher, nicht zeitlicher Natur. So ist vor Einführung eines Lieferantenbewertungssystems zunächst zu planen, welche Auswahlkriterien mit welchem Gewicht in Betracht gezogen werden sollen, wie die erforderlichen Informationen zu gewinnen und zu verarbeiten sind. Nach Einführung sind die Ergebnisse und Kosten einer kritischen Überprüfung zu unterziehen.

(5) Zweck:
Im Rahmen der Zweckanalyse wird versucht, die durch eine Primäraufgabe hervorgerufenen Verwaltungsaufgaben zu verdeutlichen. So ist beispielsweise die Primäraufgabe des Einkaufs, nämlich Bestellungen zu tätigen, mit einer Fülle von Verwaltungsaufgaben (Sekundärauf-

1 Vgl. H. Benz, Rationeller Einkauf – optimale Lagerhaltung; Leitfaden zur Beschaffungsplanung, Frankfurt 1970, S. 20.

gaben) verbunden, wie Bestellschreibung, Festlegung der Bestellnummer, Verteilung evtl. Kopien, Ablage, Postversand.

In der Organisationspraxis sind die sachlichen Gliederungsgesichtspunkte (1) und (2) durchaus geläufig und sollen auch nachstehend vorrangig beachtet werden. Im Vergleich dazu wird in der Praxis den formalen Analysekriterien Rang, Phase und Zweck nicht die erforderliche Aufmerksamkeit geschenkt.

1.3.1 Gliederung des Einkaufs

1.3.1.1 Gliederung nach dem Funktions- und Objektprinzip

In der Praxis wird das Objektprinzip bevorzugt

Erfolgt die Organisation der Beschaffungsabteilung nach dem Funktionsprinzip, so werden die einzelnen Aufgaben der Beschaffungstätigkeit zur Stellenbildung herangezogen. Man kommt z.B. zur folgenden Gliederung der Abteilung:

- Beschaffungsmarktforschung
- Angebotsbearbeitung
- Bestellwesen
- Terminüberwachung
- Materialeingangskontrolle
- Rechnungsprüfung
- Einkaufsstatistik

Die mit einer Bestellung zusammenhängenden Tätigkeiten sind demnach auf die gesamte Abteilung verteilt.

● Die dadurch verursachte Unübersichtlichkeit überwiegt den sich aus der Funktionsspezialisierung ergebenden Rationalisierungseffekt.

Dem Stelleninhaber wird es aufgrund der Vielzahl der zu beschaffenden Materialien kaum möglich sein, sich eine entsprechende Produktkenntnis anzueignen. Gerade dies ist jedoch bei der Angebotsbearbeitung von besonderer Bedeutung.

Es überrascht daher nicht, wenn Untersuchungen in einer großen Anzahl von Industrieunternehmen zu dem Ergebnis führten, daß in fast allen Fällen die Gliederung nach Materialgruppen bevorzugt wird.[1] In diesem Fall führt jeder Einkäufer alle wichtigen Tätigkeiten für die Beschaffung bestimmter Materialien selbst durch.

- Die Gliederung nach dem Objektprinzip ermöglicht den Überblick über alle mit der Beschaffung einer Materialart zusammenhängenden Fragen und verschafft dem Stelleninhaber ein hohes Maß an technischem Know-how.

Nachteilig dabei ist, daß sich der Einkäufer nicht auf die wichtigsten Aufgaben konzentrieren kann, sondern auch routinemäßige Tätigkeiten ausführen muß (z.B. Terminüberwachung).

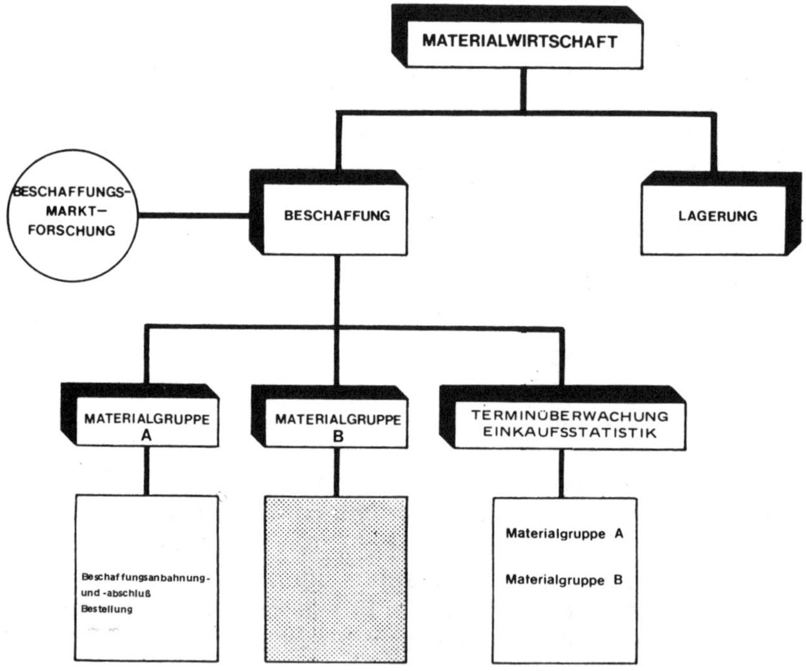

Abbildung 16:
Stellen- und Abteilungsgliederung der Beschaffung nach objekt- und verrichtungsorientierten Gesichtspunkten

1 Vgl. A. Boje, Moderne Einkaufs-Organisation, a.a.O., S. 14.

In der Praxis ist daher auch die Kombination der beiden Prinzipien anzutreffen. In erster Linie wird das Objektprinzip angewandt. Dabei werden vor allem einfache Funktionen wie Terminüberwachung oder Einkaufsstatistik zu Stellen zusammengefaßt.

In vielen Fällen ist das Funktions-Objektprinzip als optimale Organisationsform anzusehen

Insgesamt kann man bei der Funktions-Objekt-Kombination eine Verbesserung der Einkaufsleistung erwarten. Allerdings muß diese Art der Gliederung noch nicht das Optimum für die innere Organisation einer Einkaufsabteilung darstellen. Vielmehr sollte es wichtigster Gesichtspunkt sein, daß der Einkäufer, soweit das möglich ist, von jeder Routinearbeit freigestellt wird, damit er sich auf seine eigentlichen einkäuferischen Tätigkeiten voll konzentrieren kann.

1.3.1.2 Gliederung nach gestaltenden und verwaltenden Aufgaben

Um der Forderung nach Verbesserung der Einkaufsleistung zu entsprechen, ist es notwendig, alle in einer Einkaufsabteilung vorkommenden Tätigkeiten zu erfassen, zu beurteilen und nach Routine-Tätigkeiten und Nicht-Routine-Tätigkeiten zu trennen. Die Routine-Tätigkeiten sind dem verwaltenden, die Nicht-Routine-Tätigkeiten dem gestaltenden Einkauf jeweils **objektorientiert** (vgl. Abb. 17) zu übertragen. Dem gestaltenden Aufgabenteil im Einkauf werden demnach alle Vorgänge zugeordnet, die mit der täglichen Routinearbeit nichts zu tun haben.

Die Aufgabenteilung in den operativ-gestaltenden und den verwaltenden Einkauf ist für ein Unternehmen von größtem Nutzen

- Grundsätzlich ermöglicht die Aufteilung der Beschaffungsaufgaben in gestaltende und verwaltende Tätigkeiten eine konsequente Abwendung von der traditionellen Funktion des reinen „Bestellbüros" hin zu einer Einkaufsabteilung, die durch gezieltere und speziellere Einkaufstechniken gekennzeichnet ist.

Der wichtigste Vorteil einer Funktionstrennung in verwaltende und gestaltende Aufgaben liegt in der Entlastung des Einkäufers (als kreativen Teil) von Verwaltungs- und Routinearbeiten, die erfahrungsgemäß bis zu 60 Prozent der verfügbaren Arbeitszeit in Anspruch nehmen können. Der dabei entstehende Arbeitsfreiraum gibt dem Einkäufer die Möglichkeit, sich auf seine eigentlichen einkäuferischen Tätigkeiten zu konzentrieren, sich verstärkt den analytischen Aufgaben zuzuwenden. Der Einkaufssachbearbeiter kann – nunmehr als Facheinkäufer und Spezialist seines Beschaffungsmarktes – den erhaltenen Arbeitsspielraum zu qualitativ hochwertigen und unmittelbar ergebnisbeeinflussenden Aktivitäten nutzen.

Angesichts der dargestellten Vorteile erscheint es verwunderlich, daß in der Praxis bislang in den Unternehmen die Verantwortlichen für den Beschaffungsbereich nur zögernd bereit sind, sich von routinemäßigen Arbeiten zu lösen und sich dadurch mit mehr Zeit dem Beschaffungsmarkt intensiver zu widmen. Die mit der Durchführung einer solchen funktionsorientierten Aufteilung verbundene notwendige Neustrukturierung des bestehenden Organisationssystems und die daran evtl. anschließenden qualitativen Personalveränderungen sollten allenfalls kurzfristig die Realisierung verzögern, da der allgemeine Rationalisierungsdruck auch am Einkauf nicht vorbeigehen kann.

> Der Einkauf muß – wie aufgezeigt – organisatorisch so verändert werden, daß die Arbeitszeit für verwaltende Tätigkeiten im gestaltenden Einkauf nur eine untergeordnete Rolle spielt.

EDV-gestützte Abwicklung im verwaltenden Einkauf

Die Vorzüge hinsichtlich des zentralen, administrativen Einkaufsbereichs liegen darin begründet, daß verwaltende Aufgaben zusammengefaßt werden, die sich ihrerseits wieder – aufgrund ihres eher gleichförmigen Arbeitsablaufs – optimal in entlastende, EDV-gesteuerte Abwicklungen integrieren lassen. Durch eine Stapel- oder Dialogverarbeitung[1] anfallender Beschaffungsarbeiten – von der Anfrage bis hin zur Bestell- und Lieferplanschreibung und der damit verbundenen Datenpflege – wird im administrativen Einkaufsbereich eine nicht unerhebliche Freisetzung von Arbeitskapazität erreicht. Der verwaltende Einkauf kann sodann evtl. noch verbliebene Routineaufgaben aus dem operativen Aufgabenbereich des Einkaufs übernehmen, wie beispielsweise

- Abwicklung von Routinebestellungen (z.B. Bestellungen für C-Teile)
- Bestellungen aus Lieferverträgen (Abruferteilung)

1 Vgl. B. Grupp, Bildschirmeinsatz im Einkauf, Stuttgart, Wiesbaden 1981, S. 17 ff. sowie vom Verf. „Materialwirtschaft – aber wie?", a.a.O., S. 166 ff. (Praxisfall).

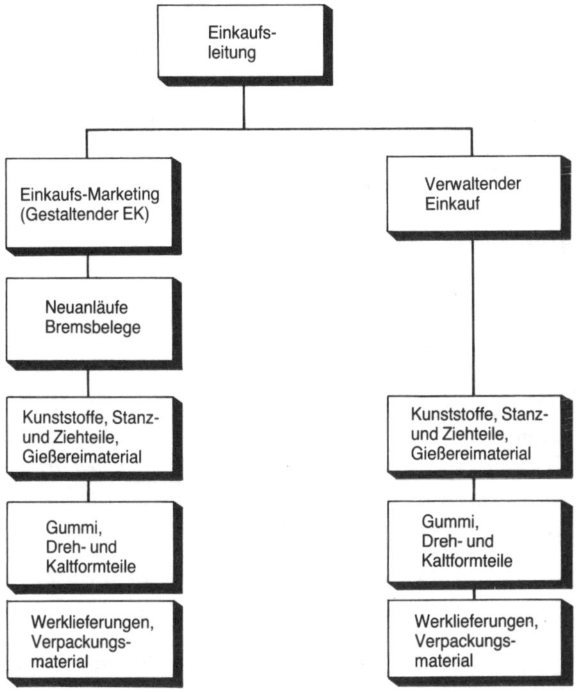

Abbildung 17:
Objektorientierte Stellengliederung des gestaltenden und verwaltenden Einkaufs in der Alfred Teves GmbH, Werk Rheinböllerhütte

Wie im einzelnen zwischen den operativ-gestaltenden und verwaltenden Tätigkeiten des Einkaufs getrennt werden kann, soll das nachfolgende Praxisbeispiel veranschaulichen. In diesem Anwendungsfall hat man sinnvollerweise bei Hilfs- und Betriebsstoffen, Dienstleistungen und Investitionsgütern auf eine Aufgabenteilung verzichtet.

Praxisbeispiel zur Gliederung im gestaltenden und verwaltenden Einkauf

Beispiel 10:
In der Alfred Teves GmbH, Werk Rheinböllerhütte, ist der Einkauf – wie in Abb. 17 dargestellt – gegliedert. Der Einkaufsleiter hat die Rangstufe eines Abteilungsleiters mit Handlungsvollmacht; er ist dem Leiter der in diesem Unternehmen integrierten Materialwirtschaft direkt unterstellt. Der gestaltende und der verwaltende Einkauf liegen jeweils in der Verantwortung eines Gruppenleiters. Der gestaltende Ein-

kauf ist mit 4, der verwaltende mit 3 Sachbearbeitern besetzt. Das Sachgebiet „Neuanläufe/Bremsbelege" (vgl. Abb. 17) wird vom Gruppenleiter des verwaltenden Einkaufs betreut.

Bei Produktionsmaterial und Produkt-Neuanläufen ist die Aufgabenverteilung wie folgt geregelt:

Gestaltender Einkauf

Bei Produktionsmaterial

- *Besuch beim Lieferanten zusammen mit Abt. Qualitätssicherung zwecks Beurteilung der zu erwartenden Produktqualität.*
  (Erstellung einer schriftlichen Lieferantenbeurteilung durch die Qualitätssicherung mit Angabe über Eignung als Lieferant von Sicherheitsteilen)
- *Erteilung eines Probeauftrages/Werkzeugbestellung*
- *Vorstellung der Erstmusterteile mit Erstmusterprüfbericht*
- *nach positiver Beurteilung der Erstmuster durch die Qualitätssicherung sowie evtl. notwendiger Tests in den Versuchsabteilungen einschließlich der Vorstellung dieser Teile beim Kunden.*
- *Erstellung der Rahmenabschlußvereinbarung.*

Bei Produkt-Neuanläufen

- *Bei Neuteilen Marktuntersuchung aufgrund von Anlaufplanungen, Stücklisten (Mengengerüst) und*
- *Beachtung der jeweiligen Konstruktions-Freigabestufen der Zeichnungen*
- *Neben Preisvereinbarungen für Werkzeuge Definition der jeweiligen Werkzeugkapazität, Standzeit und Eigentumsverhältnisse*
- *Koordination mit anderen Stellen des Hauses zur Sicherstellung des Anlauftermines*
- *Nach Erstellung von Rahmenabschluß und erfolgter Freigabe der Erstmuster durch Qualitätssicherung Übergabe der Aktivitäten an verwaltenden Einkauf.*

Verwaltender Einkauf

- *anhand von mit EDV-Programmen ermittelten optimalen Bedarfen werden Produktionsteile von Fremdlieferanten und Teves-Werken disponiert und beschafft (Die Dispositionen bei den jeweiligen Lieferanten erfolgen mittels Abrufformular auf Basis des mit den Lieferanten getätigten Rahmenabschlusses)*

- *Terminverfolgung bis zum Lagerzugang der vom Qualitätswesen freigegebenen Teile und der Wiederbeschaffung der vom Qualitätswesen gesperrten Teile*

- *Mitarbeit an Produkt-Neuanläufen und Teilnahme an den Neuanlauf-Teamsitzungen.*

Wesentlich für die Sicherstellung des Erfolges bei Verwirklichung dieser konsequenten Aufgabentrennung im Einkauf ist, daß

Voraussetzungen für die Sicherstellung des Erfolges sind räumliche Nähe und Einkaufserfahrungen der Beschaffergruppe

- eine gute und sich ergänzende Zusammenarbeit zwischen Einkäufer- und Beschaffergruppe durch die räumliche Nähe gewährleistet ist und

- auch die Mitarbeiter der Beschaffergruppe aufgrund ihrer vorherigen Einkäufertätigkeit über ausreichendes Wissen von Lieferanten und Produkten verfügen.

Sodann können sich mögliche Vertretungsvorteile ergeben, wobei jedoch die Gefahr besteht, daß ein Lieferant auf zwei Ansprechpartner trifft.

1.3.1.3 Stabsstellen im Einkauf

Stabsstellen dienen der Entlastung von Linienstellen

Praktische Erwägungen können auch dazu führen, daß Aufgaben, die mehr grundsätzlicher und beratender Art sind (z.B. die Entwicklung strategischer Konzepte, Beschaffungsmarktforschung, Wertanalyse) von einer Stabsstelle wahrgenommen werden (vgl. Abb. 16). Stabsstellen sind in der Zusammenarbeit immer eng an die Entscheidungsträger des Liniensystems gebunden. Sie besitzen selbst keine Weisungsbefugnis. Ihre Effizienz ist davon abhängig, ob der Informationsaustausch mit den Linienstellen funktioniert. Dies kann durch Gesprächsrunden und Abstimmungen geschehen.

In der täglichen Praxis wird die Möglichkeit, Stabsstellen einzurichten, nur selten beachtet.

→ Aufgabe 2

1.3.2 Gliederung des Lagerbereichs

Für den Wareneingang, die Lagerverwaltung und den innerbetrieblichen Transport bietet sich die Gliederung nach Funktionen, für die Lagerhaltung die objektorientierte Gliederung an

Die interne Gliederung des Lagerbereichs kann wie in Abb. 18 dargestellt erfolgen.

Bei der Stellengliederung im Bereich Wareneingang sollte die enge Verknüpfung zwischen Materialannahme und Materialprüfung dadurch Berücksichtigung finden, daß in den Aufgabenkomplex der Wareneingangsstellen die Quantitätskontrollen einbezogen werden. Gegen die mögliche Einbeziehung der Qualitätsprüfung der Materialien spricht in vielen Fällen der Umstand, daß diese in der Regel besondere technische Kenntnisse verlangt und die Verwendung spezieller und hochwertiger Apparaturen erfordert.

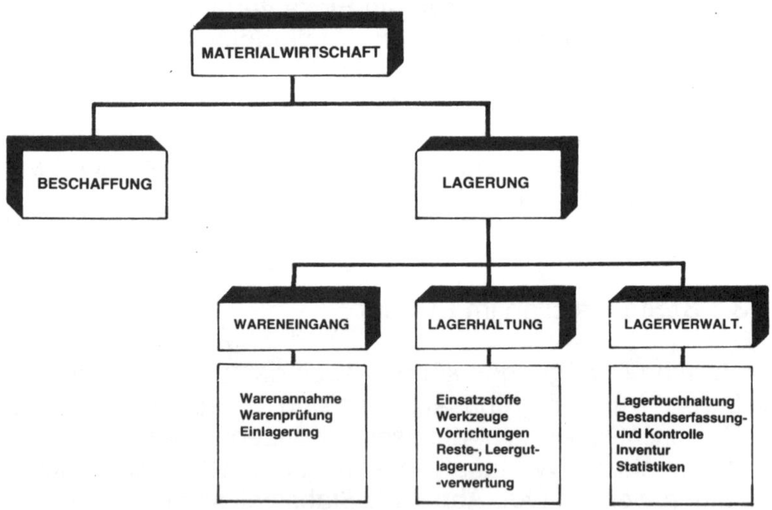

Abbildung 18:
Stellen- und Abteilungsgliederung der Lagerwirtschaft nach objekt- und verrichtungsorientierten Gesichtspunkten

In Klein- und Mittelbetrieben ist im allgemeinen eine organisatorische Verselbständigung der Wareneingangsstellen wirtschaftlich nicht zu rechtfertigen; die jeweiligen Stelleninhaber wären kaum auszulasten. Daher faßt man hier die Aufgabenkomplexe des Wareneingangs und der Lagerhaltung zusammen. Im Gegensatz dazu besteht in Großunternehmen eine eindeutige Tendenz zur organisatorischen Trennung dieser Aufgabenbereiche. Für eine solche Regelung spricht vor allem die damit verbundene Vereinheitlichung der Aufgabenstellung in der Eingangsbearbeitung und Mengenprüfung.

Während sich für die Bereiche des Wareneingangs und der Lagerverwaltung sowie für das innerbetriebliche Transportwesen eine funktionelle Gliederung anbietet, wird für den Bereich der Lagerhaltung meist eine Objektgliederung bevorzugt. Eine nach Verrichtungsgesichtspunkten durchgeführte organisatorische Verteilung von Lagerungsaufgaben erweist sich nur in großen Zentrallagern als zweckmäßig.

1.3.3 Gliederung der Materialverteilung

Grundsätzlich kommt auch hier eine Gliederung der Stellen nach funktions- oder objektorientierten Gesichtspunkten in Betracht. Wählt man eine Gliederung nach dem Verrichtungsprinzip, so ist z.B. eine Aufteilung in Kommissionieren, Verpacken, Versand und Transportwesen möglich.

1.4 Zentrale oder dezentrale Organisationsform der materialwirtschaftlichen Bereiche

Zentralisation und Dezentralisation als Grundprinzipien der Stellen- und Abteilungsbildung

Die Koordination der verschiedenen Aufgaben und die Ausrichtung der einzelnen Aktivitäten der Stellen auf die gemeinsame unternehmerische Zielsetzung hin, erfordert die Bildung eines durch die Merkmale der Über- und Unterordnung gekennzeichneten Leitungssystems. Von besonderer Bedeutung ist in diesem Zusammenhang die Frage, nach welchen Grundprinzipien der Aufgabensynthese die Stellen- und Abteilungsbildung durchgeführt wird. Diese Grundprinzipien sind:

(1) Zentralisation:
Bei der Zentralisation werden Aufgaben, die hinsichtlich eines Merkmals gleichartig sind, in einer Stelle zusammengefaßt.

(2) Dezentralisation:
Bei der Dezentralisation erfolgt eine Verteilung gleichartiger Aufgaben auf mehrere Stellen.

1.4.1 Zentrale oder dezentrale Beschaffung

Definition der zentralen Beschaffung

Zentrale Beschaffung heißt, daß alle Beschaffungsvorgänge innerhalb einer Unternehmung über eine Abteilung abgewickelt werden. Es tritt demnach nur der Einkauf nach außen hin auf und ist befugt, Kaufverträge abzuschließen. Diese Organisationsform ist in Unternehmungen mit nur einer Fertigungsstätte die Regel.

Kriterien der Dezentralisation

Die Dezentralisierung der Beschaffung erfolgt in der Praxis hauptsächlich nach folgenden Gesichtspunkten:

(1) Objektorientiert, wenn voneinander völlig unabhängige Aufgabeneinheiten geschaffen werden, die nur für bestimmte Warengruppen zuständig sind (besonders häufig in Großunternehmen mit Spartenorganisation).[1]

(2) Geographisch, wenn weit voneinander getrennt liegende Betriebsstätten (Werke, Tochtergesellschaften usw.) unabhängig voneinander einkaufen.

Gekennzeichnet ist die dezentrale Beschaffung dadurch, daß die einzelnen Beschaffungsbereiche eigenverantwortlich handeln.

Vor- und Nachteile der zentralen Beschaffung

Als Vor- und Nachteile einer zentralen Beschaffungsorganisation sind im wesentlichen anzusehen:

(1) Vorteile:
(a) Kostengünstige Beschaffung: Die Zusammenfassung des gesamten Bedarfs führt zu größeren Be-

1 Ein Beispiel dafür ist auch die Teilung des Beschaffungswesens in einen kaufmännischen und technischen Bereich, wobei letzterer für die Beschaffung sämtlicher Investitionsgüter und Dienstleistungen zuständig ist (sog. Technischer Einkauf).

stellmengen und damit in der Regel auch zu einem günstigeren Einkaufspreis infolge der möglichen Ausnutzung von Mengenrabatten. Der Großabnehmer kann allgemein bessere Konditionen durchsetzen. Auch legen sich die Bezugskosten auf eine größere Bestellmenge um.

(b) Materialvereinheitlichung: Durch die Zusammenfassung unterschiedlicher, aber angleichungsfähiger Bedarfsfälle wird die innerbetriebliche Vereinheitlichung des Materials (Normung und Typisierung) gefördert.

(c) Verminderte Lagerhaltung: Nicht nur die Standardisierung des Materials durch Normung, sondern auch die Überschaubarkeit der Bedarfsplanung ermöglicht die Verringerung der Lagerbestände, da man insgesamt gesehen mit niedrigeren Sicherheitsbeständen auskommt und individuelle Überdispositionen vermieden werden können.

(d) Verbesserung der Personalstruktur: Die Konzentration der Aufgaben ermöglicht weitergehende Spezialisierung des Personals und damit den Einsatz qualifizierter Mitarbeiter.

(e) Einheitliche Steuerung und Überwachung der Beschaffung.

(f) Klare Abgrenzung der Zuständigkeiten.

(2) Nachteile:

(a) Verlängerter Instanzenweg: Die Kommunikationswege zwischen den Bedarfsstellen und der zentralen Beschaffungsabteilung verlängern sich, da die Einschaltung von Zwischeninstanzen erforderlich wird. Die Informationsübermittlung erfordert mehr Verwaltungsarbeit (mit der Tendenz zur Bürokratisierung).

(b) Schwerfälligkeit: Die längeren Kommunikationswege und die damit verbundene langsamere Informationsübermittlung können bei dringendem Bedarf zu Anpassungsschwierigkeiten führen.

(c) Erhöhung der Transportkosten: Muß das zentral bestellte Material auch noch zentral angeliefert werden, so entstehen durch Transportumwege und mehrmalige Ein- und Auslagerungen kostenmäßige Nachteile.

Wegen des größeren Gewichts der Vorteile sollte die Beschaffung soweit wie möglich zentralisiert sein

Es ist zu erkennen, daß

- die größere Zahl und das größere Gewicht der Vorteile auf der Seite der Zentralisierung liegen.

Die Nachteile können bei entsprechender Qualität des Personals und der Ablauforganisation weitgehend abgebaut werden.

- In der Praxis ist daher anzustreben, im Bereich der Materialwirtschaft das Aufgabengebiet Beschaffung so weit wie nur möglich zu zentralisieren.

Aufgrund der

- Unternehmensgröße
- Anzahl räumlich getrennter Werke
- Entfernung der Werke zueinander
- Zusammensetzung und Breite des Erzeugnisprogramms

Kombinationsformen von zentraler und dezentraler Beschaffung sind in der Praxis häufig

kann aber auch eine stärkere Dezentralisierung wirtschaftlich sein. Am häufigsten findet man daher Kombinationsformen von Zentralisierung und Dezentralisierung, wobei der Grad der Dezentralisierung sehr unterschiedlich ist und vom örtlichen Einkauf bis zur „Dezentralisierung mit Ausnahmen"[1] reicht. Derartige Mischsysteme können aber nur funktionieren, wenn die Zuständigkeiten klar gegeneinander abgegrenzt sind und die zentrale Beschaffungsstelle die Richtlinienkompetenz behält.

Allgemein formuliert sollte sich die Praxis nach den Entscheidungsregeln ausrichten:

- Zentralisierung soweit wie möglich,
- Dezentralisierung soweit wie nötig!

1.4.2 Zentrale oder dezentrale Lagerhaltung

Entscheidungskriterien für zentrale oder dezentrale Lagerhaltung

Die Entscheidung, ob die Lagerhaltung zentral oder dezentral zu organisieren ist, sollte in erster Linie vom Ausmaß der aufzuwendenden Kosten (Aufwand an Transportmitteln, Ar-

1 Vgl. A. Boje, Moderne Einkaufs-Organisation, a.a.O., S. 29 f.

beitsstunden usw.) abhängen. In vielen Fällen bedarf es hierzu einer sehr tiefgehenden Betriebsanalyse. Generell kann gesagt werden,[1] daß

- das Zentrallager überall dort zweckmäßig sein wird, wo geringe Mengen je Artikel nicht laufend angefordert werden,

- das dezentrale Lager normalerweise in Frage kommen wird, wenn
  - große Materialmengen umzuschlagen sind
  - die Entnahmehäufigkeit hoch ist
  - die Wege innerhalb des Zentrallagers oder dorthin im Werksgelände zu weit sind.

Zentrale und dezentrale Lagerhaltung werden of miteinander kombiniert

Auch hier bietet sich oft eine kombinierte Lösung an. So können z.B. Rohstoffe und Normteile zentral (Hauptlager) und alle übrigen geringwertigen Hilfs- und Betriebsstoffe sowie Einzelteile dezentral (Nebenlager, Handlager), d.h. möglichst nahe am Verwendungsort, gelagert werden. Dabei ist es durchaus möglich, auch räumlich getrennte Lager zentral zu verwalten. Die Bestandsrechnung (Materialrechnung) und -überwachung sollte jedoch stets von zentraler Stelle erfolgen.

1.4.3 Zentrale oder dezentrale Materialverteilung

Die Materialverteilung wird in der Regel in zentralisierter Form durchgeführt, kann bei einer Spartengliederung aber auch dezentralisiert werden

Die absatzmarktorientierten Fertigwarenlager, die unmittelbar dem Industrieunternehmen angegliedert sind, werden in der Regel mit Rücksicht auf einen zusammengefaßten Versand zentralisiert.

Spezielle Probleme treten bei Großunternehmen auf, die eine Spartengliederung besitzen. Hier muß im Einzelfall untersucht werden, ob die Materialverteilung zentral oder dezentral in den Sparten organisatorisch verankert werden soll. Im allgemeinen wird man eine Zentralisierung des Gesamtbereiches wohl kaum in Betracht ziehen. Sinnvoll kann es hingegen sein, bestimmte Aufgaben der Materialverteilung einer zentralen Leitung zu übergeben. Ein typisches Beispiel aus der Praxis ist die Zentralisierung des inner- und außerbetrieblichen Transportwesens, insbesondere wenn ein eigener Fuhrpark vorhanden ist.

1 Vgl. H. Lahde, Neues Handbuch der Lagerorganisation und Lagertechnik, München 1967, S. 52.

2. Die Ablauforganisation der Materialwirtschaft

Die Darstellung der möglichen Formen der Aufbauorganisation kann nur ein unvollständiges Bild der organisatorischen Problematik vermitteln, da sie losgelöst ist von Raum und Zeit. Dieser Aspekt wird durch die Behandlung ablauforganisatorischer Fragen erfaßt.

Ablauforganisatorische Aufgaben und Gestaltungsbereiche

Eine Ablauforganisation muß

- die zweckmäßigste Unterteilung des Gesamtablaufs vornehmen
- die optimale Ablauffolge festlegen
- Vorgänge, die gleichzeitig möglich sind, parallel schalten.

Zum Gesamt-Ablauf-System einer Unternehmung sind zu rechnen

- der Materialfluß
- der Informationsfluß und -rückfluß
- der Energiefluß
  (technische und menschliche Arbeit)

Der Energiefluß gehört nicht zum Thema dieser Arbeit, um so mehr aber die materiellen und informellen Prozesse. Eine solche Trennung ist vor allem bei Industriebetrieben sinnvoll. Der Materialfluß hebt sich hier sehr viel deutlicher von der Erfassung und Verarbeitung von Informationen ab als es bei Handelsbetrieben der Fall ist.[1]

2.1 Der Materialfluß

Definition des Materialfluß-Begriffs nach VDI

Materialfluß gilt als Sammelbegriff für einen geordneten Ablauf sämtlicher Transport-, Förder- und Lagerungsvorgänge. Nach VDI-Richtlinie 3300 ist Materialfluß definiert als „die Verkettung aller Vorgänge beim Gewinnen, Be- und Verar-

1 Vgl. E. Grochla, Grundlagen der Materialwirtschaft, a.a.O., S. 194.

beiten sowie bei der Verteilung von stofflichen Gütern innerhalb festgelegter Bereiche". Dazu gehören im einzelnen: Handhaben, Transportieren, Prüfen, Aufenthalte und Lagerungen.

Sowohl der außerbetriebliche Transport vom Lieferwerk als auch der innerbetriebliche Transport vom Werkseingang bis zur Abgabe an die Fertigungsstellen sind nach den modernen Erkenntnissen der Materialflußingenieure als integriertes Glied der ganzheitlichen Materialflußkette vom Lieferanten über Beschaffungslager und Produktion bis zum Kunden zu betrachten.

Abb. 19 veranschaulicht die Ablaufkette vom Beschaffungsmarkt bis zum Versand.[1]

Grundanforderungen an die Materialfluß-Gestaltung

Die individuellen betrieblichen Verhältnisse lassen unterschiedliche Möglichkeiten der Materialflußgestaltung zu. Gewisse Grundforderungen sollten bei den Entscheidungen beachtet werden:[2]

- Die Materialflußgestaltung beginnt bereits bei der Beschaffung. Lieferverzögerungen führen zur Materialflußunterbrechung.

- Die Fertigungsplanung muß die Transportoperationen berücksichtigen, da der Materialtransport häufig unmittelbar in den Fertigungsprozeß hineinreicht.

- Der Materialfluß sollte gradlinig und strömungsgünstig sein. Die Forderung der Gradlinigkeit des Materialflusses kann den Grundsatz der größtmöglichen Verkürzung des Transportweges durchbrechen, bedeutet aber größere Übersichtlichkeit, größere Sicherheit und einfachere Durchführung des Transports.

- Eine möglichst enge Anordnung der Arbeitsplätze ist anzustreben.

1 In Anlehnung an P. Köckmann, Integrierte Materialwirtschaft, a.a.O., S. 7.

2 Vgl. A. Fackelmeyer, Materialfluß – Planung und Gestaltung, Düsseldorf 1966, S. 82 ff.

- Förderwege sollten mechanisiert werden, wobei die Grenzen der Wirtschaftlichkeit zu beachten sind.

- Transportmittel und Ladeeinheiten sind gegenseitig anzupassen; die Transportmittel müssen auf die Ladeeinheiten zugeschnitten sein.

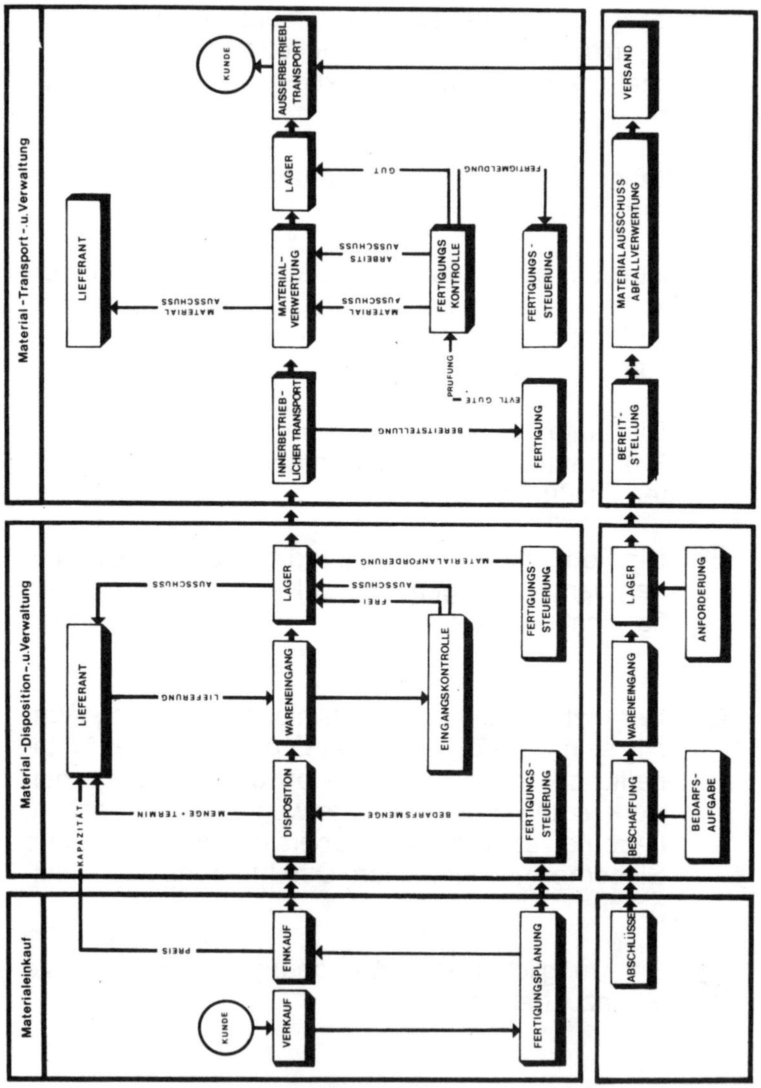

Abbildung 19:
Materialfluß vom Werkseingang bis zum Werksausgang

2.2 Der Informationsfluß

Mit dem Materialfluß eng verzahnt ist – wie Abb. 20 veranschaulicht – der Informationsfluß, der ablauforganisatorisch so zu gestalten ist, daß der Informationsbedarf jeder Stelle (Einkauf, Lager, Arbeitsvorbereitung, Rechnungswesen, Unternehmensführung usw.) gedeckt ist. Dabei ist es Aufgabe des Informationssystems, die den materiellen Vorgängen (Materialfluß) zugrundeliegenden Ereignisse zu erfassen, zu speichern, zu analysieren und zu interpretieren.

Der Informationsfluß ist mit dem Materialfluß verknüpft

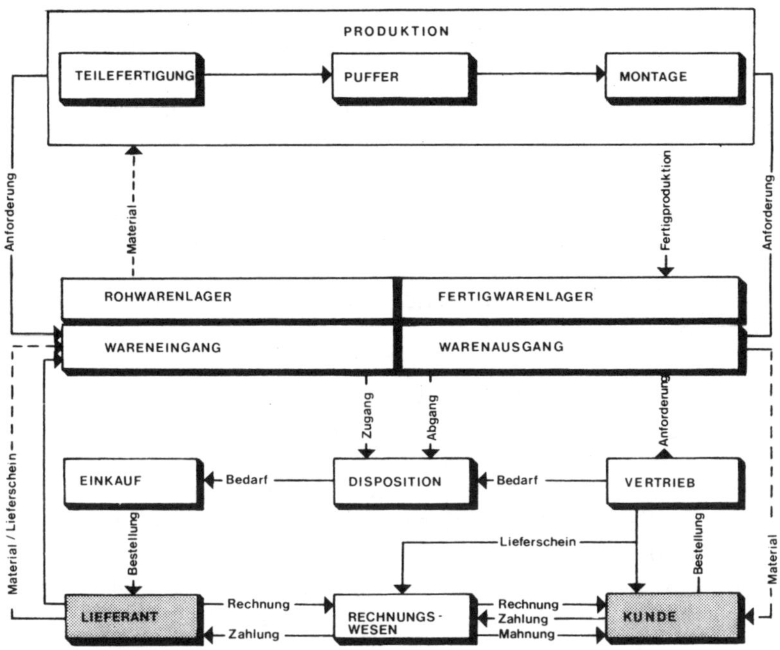

Abbildung 20:
Die Verknüpfung von Material- und Informationsfluß

Ein Beispiel soll das verdeutlichen.

Beispiel 11:
In einer Kleiderfabrik werden die Entnahmen an Oberstoffen, Futterstoffen, Zutaten usw. (materielle Vorgänge) als Abgangsbuchungen maschinell verarbeitet (Informationserfas-

Praxisbeispiel zu den Aufgaben eines Informationssystems

sung und -speicherung). In regelmäßigen Abständen liefert die Datenverarbeitung eine Liste „Materialbewegung". In dieser sind nicht nur die Materialzu- und -abgänge sowie die Bestände enthalten, sondern gleichzeitig auch der Bedarf und die vom Einkauf zu bestellende Menge (Informationsanalyse und -interpretation). Diese Informationen führen wiederum zu materiellen Prozessen (Bestellung und Warenlieferung).

Informationsfluß und -rückfluß sind Voraussetzung für die Erfüllung materialwirtschaftlicher Zielsetzungen

Die vielgestaltigen Aufgaben der Materialwirtschaft konzentrieren sich letztlich immer auf die Erfüllung der Zielsetzung „Sicherheit der Versorgung zu niedrigen Kosten und minimaler Kapitalbindung". Entsprechend werden die ersten Entscheidungen für die Bedarfsplanung getroffen. Durch Störfaktoren aus dem Markt-, Fertigungs- und Finanzbereich ergeben sich im Ablauf der Maßnahmen zur Verwirklichung der Planung Differenzen zwischen den geplanten („Soll") und tatsächlichen („Ist") Ergebnissen. Diese Abweichungen müssen der Unternehmensführung ständig rückgemeldet werden, um im Sinne der Erkenntnisse der Kybernetik durch Steuerungsmaßnahmen eine Anpassung der Bedarfsplanung an die sich verändernden Verhältnisse vornehmen zu können.

Aus Abb. 21 geht hervor[1], welche bedeutende Rolle ein lükkenloses und möglichst schnell funktionierendes Informationssystem für eine modern geführte Materialwirtschaft spielt. Während Bedarfsrechnung, Disposition und Einkauf als reine Prozesse der Informationserfassung und -verarbeitung dem Materialfluß vorgelagert sind, knüpft der Informationsfluß bei der Material(kontroll)rechnung an den Bewegungen (Zu- und Abgängen) der Einsatzstoffe an.

Um zu erkennen, auf welche Informationen die einzelnen materialwirtschaftlichen Stellen zurückgreifen müssen, wird man in der Praxis im Rahmen der vorzunehmenden Untersuchung für jede Stelle in Form von Informationsdiagrammen die für sie notwendigen Informationen definieren und eine Zuordnung vornehmen.

1 Vgl. E. Grochla, Hrsg., Handwörterbuch der Organisation, Stuttgart 1973, Sp. 982.

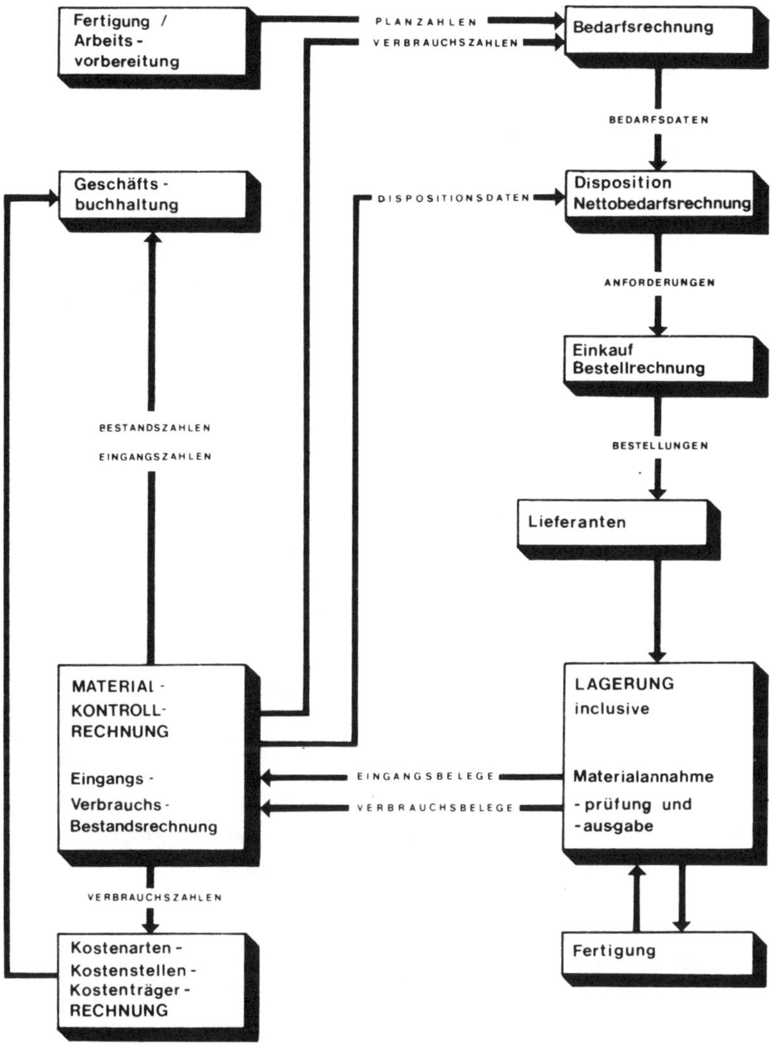

Abbildung 21:
Die Materialkontrollrechnung im Datenfluß der Materialwirtschaft

Dazu ein kurzgefaßtes Beispiel:[1]

Allgemeines Beispiel zur Definition notwendiger Informationen

Beispiel 12:

Stelle	*Aufgabe*	*notwendiger Info-Bedarf*
Disponent	*Mengen- und termingerechte Bedarfsermittlung*	*Verbrauch in der Vergangenheit*
		Lagerbestand
		Bestellbestand
		Sicherheitsbestand
		Lagerhaltungskosten
		Teilespezifikation
		ABC-Kriterium
		Vorratspolitik
	usw.	*usw.*
Einkäufer	*Preisverhandlungen*	*Gültiger Preis*
		Zuverlässigkeit des Lieferanten
		Preise anderer Lieferanten
		Teilespezifikation
		ABC-Kriterium
		Lieferantenumsatz
	usw.	*usw.*

Die Datenpflege muß schnell, sicher und wirtschaftlich sein

Die sicherlich unvollständige Übersicht macht deutlich, daß eine Stelle oft auf Informationen (Daten) zurückgreifen muß, die an anderer Stelle entstanden sind. Es ist daher darauf zu achten, daß

- die Informationen konsequent an ihrem Ursprungsort erfaßt und für alle weiteren Verarbeitungen verwendet werden,
- bereits einmal erfaßte Daten durch andere Stellen nicht neu erfaßt oder verarbeitet werden und
- die stellenorientierte Aufbereitung der Daten schnell, sicher und kostengünstig vorgenommen wird.

1 In Anlehnung an R. Kowarik, Organisation der Materialwirtschaft, a.a.O., S. 31. – Im Hinblick auf den notwendigen Informationsbedarf vgl. auch die im Text enthaltenen Formularbeispiele.

Der manuellen Datenpflege beim Einsatz konventioneller Organisationsmittel sind natürliche Grenzen gesetzt, zumal der Informationsfluß noch weitaus komplexer ist, als es Abb. 21 darzustellen vermag. In den meisten Fällen dürfte auch in Klein- und Mittelbetrieben der Beleganfall in den materialwirtschaftlichen Bereichen so groß sein, daß der Einsatz kleinerer Dialogcomputer und Softwarepakete lohnend erscheint. Eine bildschirmorientierte Material- oder Warenwirtschaft in Industrie- oder Handelsunternehmen läßt sich jedoch nicht „nebenbei" von heute auf morgen mit Erfolg realisieren, sondern stellt „ein EDV-Projekt dar, das sich mit seiner Vielzahl von Einzelfunktionen und Verflechtungen meist über mehrere Jahre erstreckt."[1] Dabei ist zu beachten, daß der erhoffte Rationalisierungserfolg nicht erreicht wird, wenn nicht gleichzeitig die Ablauforganisation verbessert und auf die EDV-gestützte Organisation ausgerichtet wird.

Der manuellen Datenbewältigung sind Grenzen gesetzt

3. Organisationsmittel

Neben der Notwendigkeit zweckentsprechender aufbau- und ablauforganisatorischer Regelungen setzt ein rationeller Arbeitsablauf die Fixierung verbindlicher „Spielregeln" und den Einsatz zweckmäßig gestalteter Karteikarten und Formulare voraus. Sehr viel Verwaltungsarbeit kann bei einer sorgfältigen Nummerung der Materialien und bei der Verwendung von Normteilen eingespart werden.

3.1 Richtlinien, Arbeitsanweisungen, Stellenbeschreibungen

Unter Richtlinien und Arbeitsanweisungen sind alle internen Vorschriften zu verstehen, die von den Mitarbeitern in den materialwirtschaftlichen Funktionsbereichen zu beachten

Richtlinien und Arbeitsanweisungen sind verbindliche „Spielregeln" für die Mitarbeiter

1 B. Grupp, Materialwirtschaft mit Bildschirmeinsatz, Wiesbaden 1983, S. 13.

sind.[1] Es geht darum, diesen eine verläßliche Grundlage für ihr Handeln an die Hand zu geben, da sie darüber informiert sein müssen,

– was sie zu tun haben,
– was sie nicht tun dürfen,
– was sie zu berichten haben,
– wen sie zu informieren haben.

Eine Stellenbeschreibung läßt erkennen, was am einzelnen Arbeitsplatz geschieht

Eine genaue Definition der Aufgaben und ihrer Durchführung kann auch durch eine Stellenbeschreibung erleichtert werden, die darüber hinaus die Möglichkeit gibt, die Über-, Gleich- und Unterordnungsverhältnisse der Stelle und ihre Beziehungen zu anderen Abteilungen zu verdeutlichen. Als Muster für eine Stellenbeschreibung – auf die im einzelnen nicht eingegangen werden kann – soll im Anhang ein Beispiel dienen.

Handelt es sich nun um ein weitverzweigtes Aufgabengebiet, in dem eine große Zahl von Mitarbeitern an verschiedenen Stellen unterschiedliche Aufgaben zu erfüllen haben, so ist eine Arbeitsanleitung in Handbuch-Form sinnvoll.

Das Einkaufshandbuch als Führungsinstrument

Ein solches Handbuch für den Einkauf – es ist dieses der „klassische" Bereich eines jeden Handbuchs – ist ein Führungsinstrument, das die Grundlage für eine einheitliche und zweckentsprechende Durchführung der materialwirtschaftlichen Aufgaben schafft. Es soll die Mitarbeiter zum Mitdenken, zum Mithandeln und zur Mitverantwortung anregen. Infolgedessen hat der Leiter der Materialwirtschaft seinen gesamten Verantwortungsbereich zu durchdenken, zu gliedern und zu regulieren. Im kritischen Überdenken der eigenen Führung liegt ein entscheidender Vorteil, der mit der Erstellung eines Handbuchs verbunden ist.

Einzelanweisungen und Richtlinien, die wie in der Praxis vielfach der Fall – für einzelne Tätigkeiten oder bei gerade anstehenden Fragen – erlassen werden, vermögen nicht das gesamte Geschehen zu erfassen wie ein Einkaufshandbuch, das den Gesamtkomplex zum Gegenstand hat.

1 Vgl. dazu Beispiel 2 (Seite 28). Dort haben wir eine Arbeitsanweisung aus dem Hause Pfaff. Industriemaschinenbau GmbH, Kaiserslautern, wiedergegeben. Eine weitere „Arbeitsanweisung zur Verantwortung der Lagerleiter" befindet sich im Anhang dieser Arbeit.

„Mit einem Einkaufshandbuch wird ein Hilfsmittel geschaffen, auf das der Einkäufer jederzeit als Nachschlagewerk zurückgreifen kann, das ihn zu einem ständigen Durchdringen der Einkaufsprozesse und der damit verbundenen Teilprozesse, ihrer Durchführung und etwaiger Verbesserungen anregt".[1]

Seinen Zweck kann ein Einkaufshandbuch nur erfüllen, wenn

Das Einkaufshandbuch muß immer wieder auf seine Funktionstüchtigkeit überprüft werden

- es durch einen funktionsfähigen Änderungsdienst stets auf dem neuesten Stand gehalten wird,
- alle wichtigen Fragen mit der notwendigen Ausführlichkeit und Klarheit behandelt werden,
- zugleich aber nicht vom Formalismus beherrscht wird, sondern die Einkaufsgestaltung im Rahmen einheitlicher Prinzipien unterstützt.

Insofern stellt das Einkaufshandbuch ein nicht unwichtiges Instrument der Personalführung und der Aus- und Fortbildung dar. Es kann neu eintretenden Mitarbeitern zur Durcharbeitung übergeben werden und beschleunigt damit den Eingliederungsprozeß.

Das Einkaufshandbuch als Informations- und Schulungsgrundlage

Ein Handbuch nutzt aber nur etwas, wenn auch danach gearbeitet wird. Um das zu erreichen, müssen drei Voraussetzungen erfüllt sein:[2]

Der „Erfolg" eines Einkaufshandbuchs ist an bestimmte Voraussetzungen geknüpft

(1) Die Stelleninhaber, die danach arbeiten, müssen von der Zweckmäßigkeit überzeugt sein. Es empfiehlt sich daher, die einzelnen Abschnitte (Arbeitsanweisungen) mit den Mitarbeitern zu erarbeiten, die später danach arbeiten sollen.

(2) Bei der Einführung ist eine Unterweisung der Mitarbeiter, nach der Einführung von Zeit zu Zeit eine Überprüfung notwendig, ob noch danach gearbeitet wird.

1 W. Dörsch, Das Einkaufshandbuch, in: Der Graduierte Betriebswirt, Wiesbaden, Juli 1976, S. 360.

2 Vgl. J. Sell, Erfolgschancen im Materialbereich – Anregungen aus der Praxis, Bad Wörishofen 1972, S. 74.

(3) Beseitigung systembedingter Fehler, die durch eine Überprüfung der angewandten Arbeitsverfahren aufgedeckt werden. Die Überprüfung sollte zweckmäßigerweise von einer unbeteiligten bzw. neutralen Person oder Instanz (z.B. von der internen Revision) erfolgen.

Welchen Inhalt sollte das Handbuch haben?

Auf diese Frage kann es keine allgemeingültige Antwort geben. Dazu sind die zu erläuternden und zu regelnden Tätigkeiten von Unternehmen zu Unternehmen zu unterschiedlich. Um in dieser Beziehung eine Vorstellung zu vermitteln, geben wir nachfolgend das Inhaltsverzeichnis für das Einkaufshandbuch der IBM wieder:

Praxisbeispiel zum Einkaufshandbuch

Beispiel 13:
Das Einkaufshandbuch der IBM, DEUTSCHLAND GmbH, Sindelfingen, enthält Richtlinien zu folgenden Punkten:

Die Grundsätze des IBM Einkaufs	*101-1*
Zeichnungsberechtigung im Einkauf	*305-1*
Verkauf von IBM Teilen	*314-1*
Angebotseinholung	*315-1*
Mitgliedschaften in Berufsverbänden	*320-1*
Kapazitätsauslastung bei Lieferanten	*322-1*
Werkzeuge	*326-1*
Versicherungen	*327-1*
Weisungen gegenüber Lieferanten	*330-1*
Vergabe von Dienstleistungen	*332-1*
Urheberrechtsvermerk	*336-1*
Internationale Beschaffung	*407-1*
Workload Buffer	*503-1*
Geschenke von Lieferanten	*504-1*
Vertrauliche Informationen	*506-1*
Kontakte zu IBM Wettbewerbern	*513-1*
Bedarfsänderungen	*515-1*
Ausfallmuster von Lieferanten	*516-1*
Empfehlungen von Lieferquellen	*524-1*
Verwendung von IBM Teilen und Einrichtungen	*550-1*

Einkauf zu Sonderkonditionen *603-1*

Zentrale Erfassung von Vereinbarungen und Verträgen *720-1*
Einkauf mit Einkaufszettel *721-1*

Ein Einkaufshandbuch sollte u.a. regeln:
- Beschaffungspolitik
- Beschaffungsorganisation
- Beschaffungsverfahren

Unabhängig von den betriebsindividuellen Erfordernissen sollte jedes Einkaufshandbuch konkrete Aussagen über folgende Komplexe enthalten:[1]

(1) Beschaffungspolitik:
Das Kapitel „Beschaffungspolitik" oder „Grundsätze des Einkaufs" bildet die Grundlage für die Erfüllung der Beschaffungsaufgabe. Es sollte eindeutig geklärt werden,
- ob die Lieferbereitschaft an erster Stelle steht oder der Gewinnbeitrag beim Einkauf,
- ob grundsätzlich im freien Wettbewerb gekauft wird oder Einschränkungen zu machen sind (z.B. Beeinflussung der Beschaffungsentscheidungen durch Gegengeschäftsüberlegungen),
- ob selbständig Marktchancen wahrgenommen werden können, auch wenn diese zu höheren Lagerhaltungskosten und zum Liquiditätsentzug führen,
- ob Geschäftsbeziehungen mit bewährten Lieferanten aufrechtzuerhalten, unabhängig davon aber neue Lieferquellen zu erschließen sind,
- ob Partnerschaft der Lieferanten anzustreben ist, um deren Forschung und Entwicklung zu aktivieren und sich zunutze zu machen,
- ob Fremdbezug als Regelfall angesehen werden kann und
- unter welchen Voraussetzungen Eigenfertigung zu bevorzugen ist,
- welche Mindest- und Höchstanforderungen an die Qualität gestellt werden müssen,
- unter welchen Voraussetzungen Abweichungen von der optimalen Bestellmenge zulässig sind,

usw.

1 Vgl. G. Bretschneider, Das Einkaufshandbuch, in: G. Bretschneider, Hrsg., Einkaufsleiter-Handbuch, München 1974, S. 547 ff.

(2) Beschaffungsorganisation:
In einem weiteren Kapitel bedürfen Fragen der Beschaffungsorganisation unter aufbau- und ablauforganisatorischen Gesichtspunkten einer eingehenden Regelung. Dazu gehört die Beschreibung und Erläuterung folgender Punkte:
- Stellen- und Arbeitsgliederung
- Stellenbeschreibung (Aufgaben, Verantwortung, Kompetenzen)
- Arbeitsabläufe
- Hilfsmittel (Formulare, Vordrucke, Karteien)
  usw.

(3) Beschaffungsverfahren:
In einem dritten Kapitel sind die Vorgänge und Tätigkeiten zu regeln, die in unmittelbarem Zusammenhang mit dem Beschaffungsvorgang stehen, wie
- Form und Anzahl der Anfragen/Wertgrenzen
- Angebotsprüfung und Angebotsvergleich
- Auswahl des optimalen Lieferanten, Lieferantenbeurteilung und -bewertung
- Verhandlungen und Vertragsabschluß
- Terminsicherung und -verfolgung
- Wareneingang und -prüfung
- Rechnungsprüfung

(4) Nebentätigkeiten und Sonderaufgaben:
Einer Erläuterung und Regelung bedürfen auch die Tätigkeiten, die mittelbar durch die Beschaffungsfunktion ausgelöst werden. Dazu gehören z.B.:
- Aktenführung
- Ablage
- Führung von Karteien
- Abfassung von Besprechungsnotizen
- Verwaltung (Postdienst, Schreibdienst, Übersetzungen, Ausbildung, Behördenkontakt).
- Datenpflege

An Sonderaufgaben kommen u.a. in Betracht:
- Beschaffungsplanung
- Beschaffungsmarktforschung
- Mitwirkung an wertanalytischen Untersuchungen
- Kosten- und Preisanalysen
- Wirtschaftlichkeitsberechnungen
- Vorschlagswesen (z.B. Verwendung von Normteilen)

(5) Lieferantenbeziehungen:
Ein weiterer Abschnitt müßte sich mit den Beziehungen zu Lieferanten befassen. Der Verhaltenskodex sollte u.a. Regeln vorsehen für
- Gegengeschäfte, sofern diese im Grundsatz in Betracht kommen
- Lieferantenbesuche in der eigenen Unternehmung
- Besuche bei Lieferanten
- Annahme von Geschenken und sonstigen Vergünstigungen von Lieferanten
- Benutzung von Fahrzeugen der Lieferanten
- Zulieferungen an Lieferanten
- Kapazitätsauslastung bei Lieferanten (z.B. die Regelung, nicht mehr als maximal 35 % der Kapazität eines Lieferanten zu belegen)
- Weitergabe von Informationen an Lieferanten

(6) Spezielle Geschäftsvorfälle:
Weiter empfiehlt es sich, in einem gesonderten Kapitel spezielle Geschäftsvorfälle zu behandeln, die zwar mit zum Aufgabengebiet der Beschaffung rechnen, aber nicht in den normalen Rahmen passen.
Dazu gehören:
- Reklamationen
- Zollabwicklung
- Versicherungen
- Anfragen der öffentlichen Hand
- Verkauf von Abfällen und Altmaterialien
usw.

Dazu kann auch die Vergabe von Dienstleistungsaufträgen und die Beschaffung von Investitionsgütern zählen, sofern hierfür nicht wegen der Besonderheiten, die bei der Beschaffung dieser Objekte zu beachten sind, ein eigenes Einkaufshandbuch erstellt werden sollte.

Das Einkaufshandbuch muß u.U. zum Handbuch der Materialwirtschaft erweitert werden

Ein Einkaufshandbuch, das die bisher angeschnittenen Fragen eindeutig regelt und in eine logische Ordnung bringt, bildet zwar schon eine recht brauchbare Arbeitsgrundlage, läßt aber die Fragen der Lagerhaltung außer acht. Wenn Beschaffungs- und Lagerwirtschaft unter einer Verantwortung und einer Führung zusammengefaßt sind, müßte der Katalog noch in jedem Fall um folgende Abschnitte erweitert werden: Materialannahme und -kontrolle, Materialausgabe, Materialverwaltung, Lagerhüter, Lagerkontrolle, Transport usw.

Eine Ergänzung des Einkaufshandbuchs um Vertragsregelungen kann sinnvoll sein

Als ein sehr zweckmäßiger Bestandteil des Einkaufshandbuchs kann sich schließlich noch ein Abschnitt über das Vertragswesen erweisen. Man kann aber auch darauf verzichten, Regelungen zur Vertragsgestaltung mit den Richtlinien für die Beschaffungsarbeit zu verbinden.

Aufgrund der Verschiedenartigkeit der Beschaffungsobjekte und der damit zusammenhängenden Vertragsfragen sind in der Praxis häufig

- allgemeine und
- spezielle Vertragsbedingungen

vorzufinden. Während die allgemeinen Bedingungen generell für alle Beschaffungsvorgänge gelten, können spezielle Vertragsbedingungen für einzelne Materialgruppen, für die Beschaffung von Investitionsgütern und Dienstleistungen usw. verfaßt werden. Dabei ist darauf zu achten, daß sich die Vertragstexte nicht überschneiden.

Zweckmäßigerweise werden die Vertrags-, Geschäfts- oder Einkaufsbedingungen – auf deren rechtlichen Inhalt im Rahmen dieser Arbeit nicht eingegangen werden kann – bei Neueröffnung von Geschäftsverbindungen den Lieferanten als Vertragsgrundlage übersandt.

3.2 Karteien und Formulare

Die Anzahl der Karteiarten ist auf ein sachlich gerechtfertigtes Minimum zu beschränken

Karteien, Dateien und Formulare speichern bei manuellen Organisationssystemen alle Informationen, die an die Bereiche der Materialwirtschaft von innen und von außen herangetragen werden. Zu nennen sind:[1]

(1) Preiskarten werden für alle Materialien geführt, die laufend bezogen werden. Sie enthalten neben der Materialbezeichnung (und der Materialnummer) alle in Frage kommenden Lieferanten mit ihren Angeboten, insbesondere den geltenden Beschaffungspreisen.

1 Es soll hier nur ein kurzer Überblick über die gebräuchlichsten Karteien gegeben werden.

(2) Lieferantenkarten geben Auskunft, wer was geliefert hat und enthalten Detailinformationen über alle in Frage kommenden konstanten und variablen Lieferantendaten. (Vgl. Formularbeispiel im fünften Abschnitt).

(3) Material- bzw. Artikelkarten enthalten genaue Angaben über jedes gekaufte Material, insbesondere eine genaue Materialbeschreibung und Informationen über die vom jeweiligen Lieferanten bezogenen Mengen, den Jahresumsatz, aufgetretene Mängel usw.

(4) Bestellkarten dienen der Bestell- und Terminüberwachung. Sie entstehen zumeist durch Ablage der Bestellkopien nach Bestellnummern.

(5) Lagerkarten halten sämtliche Zu- und Abgänge fest, wobei zwischen der Lagerfachkarte, Lagerbestandskarte und Lagerdispositionskarte zu unterscheiden ist. (Vgl. Formularbeispiele im sechsten Abschnitt).

Karteien sind ein Ordnungsmittel und eine Entscheidungshilfe zugleich. Sie verfehlen ihren Zweck, wenn sie nicht

- übersichtlich,
- aktuell und
- zugriffsschnell

geführt werden.

> Ein rationell geführtes Karteiwesen setzt darüber hinaus die Reduzierung der Karteiarten auf einen sachlich begründeten und wirtschaftlich gerechtfertigten Umfang voraus.

Erfahrungsgemäß ist der Beschaffungs- und Lagerbereich für eine inflatorische Ausweitung des Karteiwesens besonders anfällig.

Der Einsatz der EDV bringt Vorteile

Bei Einsatz der EDV werden die oben erwähnten Karteien auf Datenträger abgespeichert und so zu Dateien umgewandelt. Hierdurch wird eine schnellere und genauere Pflege und Bearbeitung der Informationen erreicht. Außerdem wird die

Integration des Datentransfers zwischen den materialwirtschaftlichen Funktionsträgern und allen übrigen Unternehmensbereichen sichergestellt. Die Auslösung und Vorbereitung von Bestellentscheidungen ist gewährleistet. Die Funktionen der Bestell- bzw. Terminkartei können durch entsprechende Programmierungen ersetzt werden.

Formulare spielen als Informationsträger zwischen den einzelnen Ablaufstationen des Beschaffungsvorgangs eine wesentliche Rolle

Nicht nur Karteien, sondern auch Formulare (z.B. Bedarfsanforderungen, Bestellformulare, Wareneingangsscheine) müssen so gestaltet sein, daß sie mit der Hand oder maschinell leicht auszufüllen sind und alles für den Vorgang Wesentliche enthalten. Ihr Einsatz in den Funktionsbereichen der Materialwirtschaft wird dadurch gefördert, daß ein großer Teil der hier erstellten Daten einen hohen Standardisierungsgrad aufweist.

3.3 Normung und Nummerung

Normung und Nummerung führen durch Vereinheitlichung zur Rationalisierung

Wesentliche Voraussetzung für einen rationellen Informations- und Materialfluß sowie eine Verringerung der Verwaltungsarbeit in der Materialwirtschaft ist die Vereinheitlichung. Einerseits muß versucht werden, verschiedene Dinge unter einem Begriff zu vereinigen, andererseits nur so viele verschiedenartige Dinge wie unumgänglich notwendig im Betrieb zuzulassen.

Neben der technischen Normung von Einzelteilen trägt auch die Nummerung zur Vereinheitlichung bei. Im folgenden soll daher eine kurze Einführung in diesen Themenkreis gegeben werden, wobei es uns darauf ankommt, die Vorteile herauszuarbeiten, die sich aus entsprechenden organisatorischen Maßnahmen für die einzelnen Bereiche der Materialwirtschaft ergeben.

3.3.1 Normung

Begriffsdefinition

Normung ist die Vereinheitlichung von Einzelteilen durch das Festlegen von Größe, Abmessung, Form, Farbe, Qualität und Bezeichnung.

Statt Normung wird häufig der Begriff Standardisierung verwendet. Wir wollen darunter die Vereinheitlichung von Teilen (Normung) und Endprodukten (Typung) verstehen, d.h., ihn als Oberbegriff gebrauchen. Man spricht aber auch von Mengenstandardisierung. Dabei handelt es sich um die „Normung" des Materialverbrauchs unter Einbeziehung des Materialverschnitts, der z.B. beim Zuschneiden und Stanzen von Materialien unvermeidbar ist.[1] Auch ein Geschäftsbrief kann standardisiert sein, wenn er nach einer Vorlage (Muster) abgefaßt ist.

Standardisierung als Oberbegriff für Normung und Typung

In Abb. 22 ist zusammengestellt, welche Normen unterschieden werden können. Dabei haben die Werksnormen den engsten Gültigkeitsbereich. Sie werden entweder eigenständig von der Normungsabteilung eines Unternehmens festgelegt oder auf der Grundlage der DIN-Normen entwickelt, um diese den betrieblichen Erfordernissen anzupassen.

Werksnormen

Normen mit nationaler Geltung werden in fast allen Industriestaaten von nationalen Normenorganisationen erarbeitet. Für die Bundesrepublik Deutschland ist der „Deutsche Normenausschuß" (DNA) das für die Normung maßgebliche Organ. Zu seiner Aufgabe gehört die Herausgabe aller Normblätter (über die Beuth-Vertrieb GmbH). Die spezifische Normungsarbeit wird in zahlreichen Fachnormen- und Arbeitsausschüssen, Kommissionen und Normenstellen geleistet. Die genormten Teile tragen das vom DNA herausgegebene Verbandszeichen DIN (Deutsche Industrie-Norm).

Nationale Normen:
- DIN-Normen
- Verbandsrichtlinien

Neben den DIN-Normen gibt es in Deutschland noch eine große Zahl von Richtlinien und Bestimmungen, die Verbände eigens für ihren Tätigkeitsbereich entwickelt haben und die mit Normen gleichzusetzen sind. Als Beispiele sind die VDI-Richtlinien (Verein Deutscher Ingenieure), die VDMA-Einheitsblätter (Verband Deutscher Maschinen- und Anlagenbau) und die VDE-Bestimmungen (Verband Deutscher Elektrotechniker) zu nennen.[2]

1 Vgl. Oeldorf/Olfert, Materialwirtschaft, a.a.O., S. 51 f.

2 Für weitere Beispiele siehe: Refa, Methodenlehre der Planung und Steuerung, Teil 1, München 1974/5, S. 96.

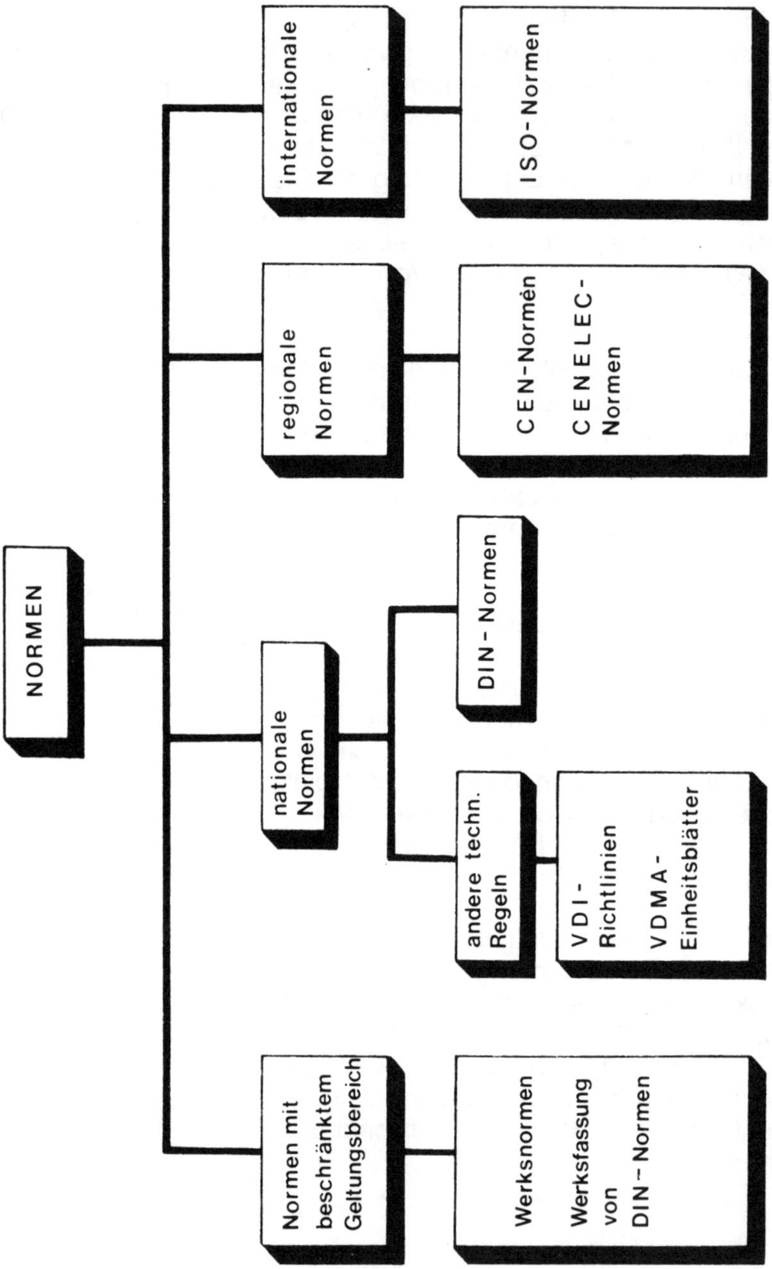

Abbildung 22:
Normenarten

Eine Norm mit regionaler Geltung ist eine Norm, die für einen geopolitisch beschränkten Raum erarbeitet wird und in diesem gilt.

Regionale Normen

Eine internationale Norm ist eine Norm mit weltweiter Geltung. Solche Normen gehören in den Geltungsbereich der ISO (International Organisation for Standardisation), die ihren Sitz in Genf hat. Ihr gehören zur Zeit 70 Mitgliedsländer an. Im Maschinenbau sind z.B. die ISO-Normen für Passungen bekannt. Außerdem gibt die IEC (International Electronique Commission) weltweit geltende Normen heraus.

Internationale Normen

Grundsätzlich können nationale und internationale Gremien nur Empfehlungen erarbeiten. Die regionalen und weltweiten Normierungsvorschläge erhalten national erst ihre Gültigkeit, wenn sie in die DIN-Normen aufgenommen sind.

Regionale und internationale Normen haben Empfehlungscharakter

Fragen wir uns nun nach der Bedeutung der Normung für die Materialwirtschaft, so sind im wesentlichen folgende Vorteile herauszustellen:

Vorteile der Normung für die Materialwirtschaft

- Vereinfachte Beschaffung durch klare Vereinbarungen nach „Norm" (allzuoft sind zwischen Einkauf und Arbeitsvorbereitung auf der einen sowie Lieferanten und Einkauf auf der anderen Seite Rückfragen wegen nicht eindeutiger Materialspezifikation nötig, die zusätzlichen Zeitaufwand und Lieferverzögerungen zur Folge haben).

- Verkürzte Lieferzeit durch eindeutig bestimmtes Material und Vorratshaltung beim Lieferanten.

- Niedrigere Preisstellung des Lieferanten infolge der Fertigung von hohen Stückzahlen.

- Größere Bestellmengen, die zu Preisvorteilen durch Mengenrabatte und zu günstigeren Frachtkostensätzen führen (bei Beachtung der Lagerhaltungskosten).

- Vereinfachte Materialprüfung, da infolge der eindeutigen Materialspezifikationen auch die Prüfgeräte standardisiert werden können.

- Reduzierung der Kapitalbindung und Lagerhaltungskosten durch Verringerung der Lagervorräte, vor allem der Sicherheitsbestände.

- Vereinfachte Warenverteilung und dadurch geringerer Kostenanfall.

Die Praxis beweist[1], daß

> konsequent arbeitende Arbeitsvorbereitungen in Zusammenarbeit mit den anderen technischen Abteilungen und dem Einkauf durch strikte Einhaltung der Normenbestimmungen klarere und übersichtlichere Beschaffungs-, Transport-, Lager- und Fertigungsverhältnisse erreicht haben, die gleichzeitig auch erhebliche Kosteneinsparungen ermöglichen.

Dabei muß die Einhaltung der eingeführten Normen vorausgesetzt werden.

Der Rationalisierungseffekt kann erhöht werden, wenn innerhalb der Normung Vorzugsabmessungen herausgearbeitet werden, die das Sortiment der zu beschaffenden und zu lagernden Normteile noch weiter einschränken.

Vorschläge zur Normung sollten auch vom Einkauf kommen

Der Einkauf ist aufgrund seiner Marktübersicht in der Lage, Anregungen für mögliche Kostensenkungen durch Normung zu geben. Dabei kann sich die Einrichtung eines Normbuchs für alle Lagermaterialien als wirksames Mittel zur Unterrichtung der technischen Abteilungen (Konstruktion, Betriebsleitung, Normenstelle) und des Lagers erweisen. Gleichzeitig sollte der Einkauf bzw. die Materialwirtschaft immer wieder darauf drängen, daß bei Neukonstruktionen und Umbauten nach Möglichkeit Normteile verwendet werden.

1 Vgl. H. Rump, Zusammenarbeit zwischen Arbeitsvorbereitung und Einkauf, Frankfurt 1975, S. 11.

3.3.2 Nummerung

Begriffsdefinition der Nummerung

Neben der Normung kommt der Nummerung eine große Bedeutung als Mittel der Organisation und Rationalisierung zu. Dabei wird unter Nummerung „das Bilden, Erteilen, Verwalten und Anwenden von Nummern für Nummerungsobjekte verstanden".[1]

Nummerungsobjekte

Nummerungsobjekte sind z.B. die Rohstoffe, Einzelteile sowie Gruppen und Erzeugnisse, aber auch Zeichnungen, Pläne, Belege, Personen u.a.m. Man spricht daher auch von Sachnummern, Unterlagennummern, Personalnummern usw.

Nummernarten

Eine Nummer besteht in der Regel aus mehreren Stellen, die zu Nummernteilen zusammengefaßt werden können. Im einzelnen lassen sich die in Abb. 23 genannten Nummernarten unterscheiden.

Anforderungen an eine Nummer

Die Nummern müssen folgende Voraussetzungen erfüllen:

- Sie sollen systematisch aufgebaut und für zukünftige Entwicklungen erweiterungsfähig sein (sonst besteht die Gefahr des „Platzens" von Nummerungssystemen).
- Sie sollen einheitlich für alle Nummerungsobjekte gelten.
- Sie sollen eindeutig, leicht erfaßbar und einprägsam sein.
- Sie sollen manuell und maschinell angewendet werden können.
- Sie sollen Ähnlichkeiten von Nummerungsobjekten erkennen lassen.
- Sie sollen Schreib- und Lesefehler sowie unnötige Schreibarbeit vermeiden helfen.

Mit dem Benummern soll ein Nummerungsobjekt eindeutig beschrieben und seine Identifikation ermöglicht werden.

> Dieser Tatbestand weist auf die große Bedeutung der Materialschlüsselung hin, wenn ein rationeller Informations- und Materialfluß erreicht werden soll.

Für den Einsatz der EDV ist die Nummerung eine unerläßliche Voraussetzung.

1 Vgl. Refa, Methodenlehre, Teil 1, a.a.O., S. 214 ff.

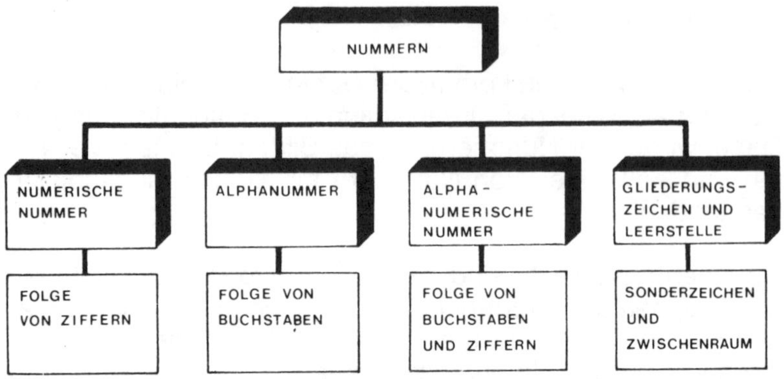

Abbildung 23:
Nummerungsarten nach DIN 6763

Man unterscheidet die in Abb. 24 genannten Aufgaben von Nummern:

Aufgaben der Nummern in Anlehnung an DIN 6763

(1) Identifikation:
Ein Nummerungsobjekt ist identifiziert, wenn es mit Hilfe seiner Nummer eindeutig und unverwechselbar erkannt, bezeichnet oder angesprochen werden kann.

(2) Klassifikation:
Ein Nummerungsobjekt ist klassifiziert, wenn es mit Hilfe seiner Nummer in eine Gruppe (Klasse) eingeordnet werden kann, die nach vorgegebenen Gesichtspunkten gebildet worden ist.

(3) Prüfung:
Eine Prüf- oder Kontrollnummer ist ein an eine Nummer angehängtes Zeichen zum Prüfen ihrer Richtigkeit.

Besondere Verbreitung haben Prüfnummern beim Einsatz der EDV gefunden. Man verwendet dort selbstprüfende Nummern oder Prüfzeichen.

Nummernplan

Die Bildung von Gruppen oder Klassen – als Voraussetzung für die Vergabe von Klassifizierungsnummern – geschieht mit Hilfe eines Nummernplanes. In diesem wird die Bedeutung von klassifizierenden Nummernteilen im voraus festgelegt.

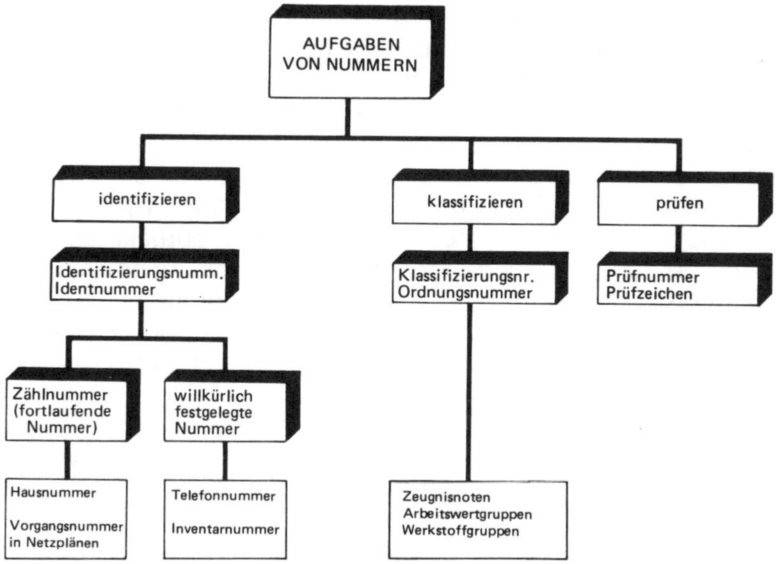

Abbildung 24:
Aufgaben von Nummern nach DIN 6763

Nummernsysteme müssen logisch durchdacht sein

Die meisten Nummern, die in der betrieblichen Praxis zur Identifizierung und Klassifizierung von Nummerungsobjekten verwendet werden, bestehen aus einer größeren Zahl von Stellen und verschiedenen Nummernteilen; sie werden auch Nummernsysteme genannt.

Von besonderer Bedeutung bei der Wahl des Nummernsystems ist die Auswirkung auf die manuelle Tätigkeit. Die Bearbeitung der Eingabebelege wie auch der ausgedruckten Listen oder das Zurechtfinden im Lager kann durch das gewählte Nummernsystem erleichtert oder erschwert werden. Dabei spielt auch die Länge der Nummer eine Rolle.

Geht man davon aus, daß die Merkfähigkeit im allgemeinen bei der 6- bis 8stelligen Nummer aufhört, so sollten Aufbau und Schreibweise diesem Tatbestand Rechnung tragen.

Erhöhung der Praktikabilität klassifizierender Nummernsysteme durch
- alphanumerische Schlüssel und
- Parallelverschlüsselung

Bei konventioneller Ablauforganisation werden deshalb gerne alpha-numerische Schlüssel gewählt, die bestimmte Informationskriterien nicht in Zahlen, sondern in Buchstaben ausdrücken. Eine andere Möglichkeit bietet die Parallelverschlüsselung. Hierbei erhält jeder Artikel zunächst eine Identnummer, die es einwandfrei bestimmt. Auf sie wird bei Routinearbeiten (Bedarfsmeldung, Bestellung, Terminüberwachung, Wareneingangsmeldung usw.) zurückgegriffen. Der Identnummer nebengeordnet oder von ihr vollständig losgelöst werden in einer Klassifizierungsnummer wichtige Informationen verschlüsselt, die für verschiedene Betriebsbereiche (Arbeitsvorbereitung, Disposition, Lager usw.) wichtige Zusatzinformationen enthalten.[1]

Beispiele für Nummernsysteme aus der Praxis

Auf die verschiedenen Nummernsysteme und die Vielzahl der Klassifizierungsmöglichkeiten können wir im Rahmen dieser Arbeit nicht eingehen. Zwei Beispiele aus der Praxis sollen zeigen, wie Nummernsysteme im Handel (Abb. 25) und in der Industrie (Abb. 26) aufgebaut werden können.

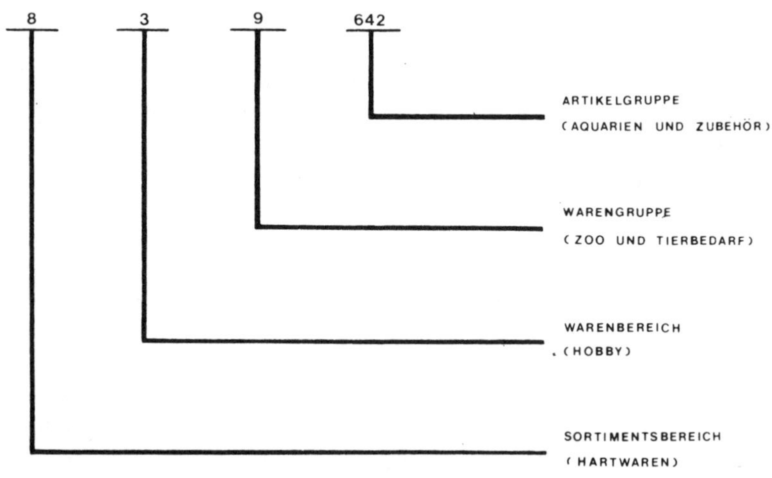

Abbildung 25:
Nummerungssystem eines SB-Marktes

1 Vgl. Arnolds, Heege, Tussing, Materialwirtschaft und Einkauf, a.a.O., S. 258.

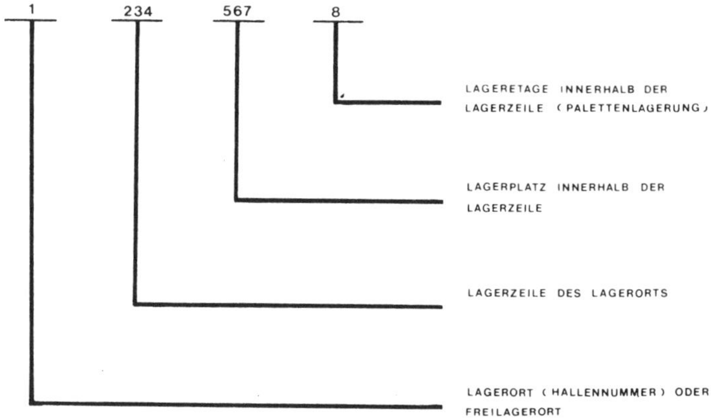

Abbildung 26:
Nummerungssystem einer Werft

3.4 Automatische Textverarbeitung im Einkauf

Im Gegensatz zur Disposition, Fertigungssteuerung oder Stücklisten- und Arbeitsplatzverwaltung hinkt oft der Einkauf in der Ausstattung mit modernen EDV-Hilfsmitteln hinterher. Die Gründe dafür sind häufig die Gegenargumente der Einkäufer selbst, die sich für ihre scheinbar individuellen und komplizierten Beschaffungsvorgänge eine EDV-Unterstützung kaum vorstellen können. Doch auch im Einkauf wird sich bei näherer Untersuchung herausstellen, daß eine immense Fülle der täglichen Schreibarbeit besser und schneller von einem EDV-System erledigt werden kann.

Was spricht gegen die Ausstattung des Einkaufs mit EDV-Hilfsmitteln?

Ein Beispiel aus der Praxis zeigt die zeitliche Inanspruchnahme des Einkaufs bei konventioneller Schriftguterstellung.

Beispiel 14:
Die Ist-Aufnahme im Einkauf eines Unternehmens des Anlagenbaus ergab, daß drei Sachbearbeiterinnen für die reine Schreibarbeit (ohne Rückfragen, Kuvertieren usw.) pro Tag insgesamt ca. 9 Stunden benötigen. Das sind pro Sachbearbeiterin im Durchschnitt ca. 3 Stunden am Tag.
In etwa die gleiche Zeit wurde für die Diktierarbeit (einschließlich Durchsicht und Unterzeichnen der Schriftstücke) der drei Einkäufer ermittelt.
Im einzelnen ergab die Schriftstückanalyse folgendes Bild:

Praxisbeispiel zur Schriftgutanalyse

	Ø Anzahl pro Tag	Anteil in %	Ø Zeit in Min. pro Erstellung	Ø Zeit/Stck. x Anzahl		Gesamtzeit in Min.
Anfragen						
Telefon	8	40				
Telex	6	30	7,5	7,5 x 6	=	45,0
Brief	6	30	6,5	6,5 x 6	=	39,0
Bestellungen						
Telefon	5	10				
Telex	5	10	9,5	9,5 x 5	=	47,5
Brief	36	80	8,5	8,5 x 36	=	306,0
Lieferanmahnungen						
Telefon	6	45				
Telex	2	15	6,5	6,5 x 2	=	13,0
Brief/Karte	5	40	1,0	1,0 x 5	=	5,0
Reklamationen						
Brief	4	100	7,5	7,5 x 4	=	30,0
Mängelrüge						
Brief	3	100	7,5	7,5 x 3	=	22,5
Versandanzeigen-anforderung						
Karte	1	100	4,0	4,0 x 1	=	4,0
Kundenlieferschein						
Brief	4	100	6,5	6,5 x 4	=	26,0
					=	538,0

Tabelle 2:
Zeitaufwand bei konventioneller Schriftguterstellung

Besonders bei hohem Schreibaufwand im Einkauf sind die sachlichen Gründe, die für eine Vereinheitlichung der Arbeitsabwicklung und Rationalisierung der Schreibarbeit durch standardisierte Texte sprechen, vielfältig. So lassen sich als Vorteile einer Speicherung wiederkehrender Einkaufstexte (= Textbausteine) vor allem folgende Punkte nennen:[1]

Rationalisierungseffekt bei Speicherung wiederkehrender Einkaufstexte

- Wesentliche Einsparung an Diktier- und Schreibarbeit.
- Geringere Fehleranzahl aufgrund der Verwendung gespeicherter Texte.
- Beschränkung auf erwünschte Alternativen, die gespeichert sind.
- Eindeutigkeit der Aussage aufgrund durchdachter Einzelschritte.

Vor allem wird aber auch die Informationsbasis für operativstrategische Einkaufstätigkeiten verbessert, so daß der Einkäufer nunmehr in stärkerem Maße die Möglichkeit hat, das Kosteneinsparungspotential auszuschöpfen. Stichpunktartig seien die hierfür vor allem in Betracht kommenden Aktivitäten und die sich daraus ergebenden Kosteneinsparungsmöglichkeiten aufgeführt:

Einkaufsvorteile durch bessere Informationsbasis

Intensiver anfragen	→	Materialkosten senken (nicht nur über Preise!)
Termine vorbeugend sichern	→	Fehlmengenkosten senken
Bestellabwicklung beschleunigen	→	Lagerbestände senken

Die insgesamt in etwa zu erwartenden Einsparungen sind in einem Kosten-Nutzen-Vergleich zu berücksichtigen.
Als Kostenfaktoren kommen in diesem Zusammenhang in erster Linie in Betracht: Miete bzw. Kauf der Hardware, Kauf der Software, Anpassung der Software, Eigenaufwand, Wartung des Systems.

Kosten-Nutzen-Vergleich

1 Vgl. B. Grupp, Bildschirmeinsatz im Einkauf, a.a.O., S. 48.

Arten von Einkaufstexten/ Textsystematik

Da sich die Einkaufstexte vor allem auf

- Lieferanten
- Artikel
- Anfragen und Bestellungen
- Auftragsänderungen
- Terminsicherung

beziehen können, ist es zweckmäßig, eine Textdatei nach diesen Textgruppen zu unterteilen und sie entsprechend zu gestalten.
Demnach könnte sich folgende Textsystematik ergeben:

- Lieferanten
  - Versandbedingungen
  - Zahlungsbedingungen
  - Sonstiges
- Artikel
  - Technische Angaben
  - Preise
  - Sonstiges
- Anfragen und Bestellungen
  - Bezugnahme
  - Preisstellung
  - Konditionen
  - Termine
  - Vertragsstrafen
  - Verpackung und Versand
  - Zahlungsbedingungen
  - Anlagen
  - Sonstiges
- Auftragsänderung
  - Menge
  - Termine
  - Preise
  - Technische Daten
  - Artikel
- Terminsicherung
  - 1.-3. Erinnerung
  - Überschreitung
  - Verzugsetzung

Eine Erstausstattung an Texten sollte für ein dialogorientiertes Einkaufssystem von einem Projektteam zusammengestellt werden. Weitere Texte können später bei Bedarf in die Textdatei über ein Dialogprogramm am Bildschirm einge-

CIBA - GEIGY	EIS/BBS BENUTZERHANDBUCH

STANDARDSÄTZE

001 AUFGRUND IHRER PREISLISTE VOM *Einfügung 1: Datum*

002 AUFGRUND IHRER OFFERTE VOM *Einfügung 1: Datum*

003 AUFGRUND DER TEL. OFFERTE IHRES HERRN *Einfügung 2: Name*

004 AUFGRUND DER TEL. OFFERTE IHRER FRAU *Einfügung 2: Name*

005 AUFGRUND DER BESPRECHUNG MIT HERRN *Einfügung 2: Name*

006 AUFGRUND DER BESPRECHUNG MIT FRAU *Einfügung 2: Name*

007 B E S T A E T I G U N G

UNSERER TEL. BESTELLUNG VOM *Einfügung 1: Datum*

008 WIE VEREINBART MIT IHREM HERRN *Einfügung 2: Name*

009 WIE VEREINBART MIT IHRER FRAU *Einfügung 2: Name*

010 ZUSAETZLICH ZU UNSERER BESTELLUNG VOM *Einfügung 1: Datum*

011 GEMAESS BEILIEGENDER SPEZIFIKATION
Soll der Hinweis nach einer Position erfolgen, dann muss bei der Position im Feld S ein J eingegeben werden.

012 GEMAESS BEILIEGENDEM MUSTER
Verlangt Beilagesatz 402: Beilage: Muster

013 BESTAETIGUNG UNSERES TELEX VOM *Einfügung 1: Datum*

014 UNTER BEZUGNAHME AUF UNSER ABSCHLUSS VOM *Einfügung 1: Datum*
Bezieht sich nicht auf einen unter einer Nummer gespeicherten Vertrag. Wird ein solcher Vertrag im Feld VER angerufen, dann kommt automatisch der Text: "Wir bestellen gemäss unserm Vertrag Nr. XX/XX.XXXX".

015 GEMAESS WERKVERTRAG VOM *Einfügung 1: Datum*

016 DIE VERRECHNUNG ERFOLGT NACH AUFWAND ZU DEN UNS BEKANNTEN ANSAETZEN VOM *Einfügung 1: Datum*

017 DER BAUHERR, VERTRETEN DURCH DIE BAULEITUNG (ZID-BAUWESEN), UEBERTRAEGT DEM UNTERNEHMER DIE UNTEN AUFGEFUEHRTEN ARBEITEN ZU DEN EINHEITS- UND PAUSCHALPREISEN DES BEREINIGTEN LEISTUNGSVERZEICHNISSES VOM *Einfügung 1: Datum*

018 I N T E R N E B E S T E L L U N G

STANDARDSÄTZE STANDARDSÄTZE STANDARDSÄTZE STANDARDSÄTZE

Abbildung 27: Textbausteine

speichert werden. Neben den Standardtexten sollten nach wie vor Besonderheiten in der gewünschten Weise durch individuelle Texte hervorgehoben werden können.[1]

Texthandbuch und Textmasken

Ein Text- bzw. Benutzerhandbuch muß zur Verfügung stehen und der Textsystematik entsprechend gegliedert sein. Durch die hierarchische Unterteilung lassen sich – wie Abb. 27 als Praxisbeispiel zeigt – leicht die gewünschten Textbausteine finden. Bei umfangreicher Verwendung wiederkehrender Standardtexte kann es sich lohnen, dem Sachbearbeiter die benötigten Alternativtexte als abrufbare Bildschirmmaske zu bieten.

Textverarbeitungsorientierte Formulargestaltung ist erforderlich

Neben den vorhandenen Datenbeständen ist die Formulargestaltung eine wichtige Voraussetzung für die automatische Textverarbeitung.

Hierbei ist darauf zu achten, daß bei Ausdruck verschiedener Formulararten (Anfrage, Bestellung, Mahnung usw.) erhebliche Probleme durch eine aufwendige Druck-Formularsteuerung auftreten können. Dieses Problem kann dadurch umgangen werden, daß die im Einkauf eingesetzten Formulare nur als ein Einheitsformular verwendet werden. Auf diesem vorgedruckten Formular sind die wichtigsten firmenspezifischen Angaben und Ansteuerungsfelder enthalten, die jeweils durch die eingegebenen Masken und Texte ausgefüllt werden.

Das Formular kann somit für

- Anfragen,
- Bestellungen,
- Mahnungen

usw.

verwendet werden.

Die Anzahl der Formular-Durchschläge ist davon abhängig, inwieweit die getätigten Anfragen, Bestellungen usw. gespeichert werden. Stehen allen an dem Materialkreislauf angeschlossenen Stellen Bildschirmterminals zur Verfügung, kann die Anzahl der Durchdrucke gering gehalten werden.

1 Vgl. vom Verf. „Materialwirtschaft – aber wie?", a.a.O., S. 166 ff.

In Hinblick auf die neuen Technologien, wie Teletext, Bildschirmtext usw., sollten Hard- und Software für die zukünftige Textverarbeitung entsprechend ausbaufähig sein.

FRAGEN ZUR SELBSTKONTROLLE UND VERTIEFUNG

1. Von welchen Faktoren wird die Kompetenzabgrenzung der Materialwirtschaft entscheidend beeinflußt?

2. Charakterisieren Sie die grundsätzlich bestehenden aufbauorganisatorischen Möglichkeiten der Kompetenzabgrenzung!

3. Warum ist (zumindest) eine Koordination der Beschaffungs- und Lagerwirtschaft anzustreben?

4. Wann erscheint eine stärkere funktionale Herausbildung der Materialdisposition zweckmäßig?

5. Aus welchen Gründen stößt die Zuordnung der Materialverteilung zur Materialwirtschaft in der Praxis auf Schwierigkeiten?

6. Erläutern Sie den Kompetenzbereich einer integrierten Materialwirtschaft!

7. Nennen Sie Bestimmungsgründe für die hierarchische Eingliederung der Materialwirtschaft in das Leitungssystem einer Unternehmung!

8. Nach welchen Prinzipien kann die Stellenbildung in der Materialwirtschaft erfolgen? Erläutern Sie Ihre Antwort an Beispielen aus dem Einkauf!

9. Welche Vorteile sind bei einer Trennung in gestaltenden und verwaltenden Einkauf zu erwarten?

10. Warum findet man im Lagerbereich häufig eine Kombination der zur Wahl stehenden Gliederungsprinzipien?

11. Bedingt eine Dezentralisation nach Objekten eine Dezentralisation der Entscheidung? Nennen Sie ein Beispiel aus dem Lagerbereich!

12. Welche Vorteile bringt eine zentrale Beschaffung?

13. Warum sind in der Praxis häufig Kombinationsformen von zentraler und dezentraler Beschaffung zu finden?

14. Wann ist die dezentrale Lagerhaltung dem Zentrallager überlegen?

15. Was ist im Rahmen der Ablauforganisation unter Material- und Informationsfluß zu verstehen?

16. Welche Grundforderungen sind bei der Entscheidung über die Materialflußgestaltung zu berücksichtigen?

17. Kann in den Bereichen der Materialwirtschaft auf Arbeitsanweisungen oder Richtlinien verzichtet werden? Nennen Sie Beispiele, die Ihre Aussage unterstreichen!

18. An welche Voraussetzungen ist der „Erfolg" eines Einkaufshandbuchs geknüpft?

19. Machen Sie Vorschläge, wie ein Einkaufshandbach zu einem „Handbuch der Materialwirtschaft" erweitert werden kann!

20. Nennen Sie Beispiele für Karteien, die in den Bereichen der Materialwirtschaft verwendet werden können! Auf welche dieser Karteien kann auch bei Einsatz von EDV nur schwerlich verzichtet werden?

21. Welche Bedeutung hat die Normung für die Materialwirtschaft?

22. Unterscheiden Sie die verschiedenen Normen entsprechend ihrem Geltungsbereich!

23. Welche Forderungen werden an ein Nummernsystem gestellt?

24. Wann ist ein Nummerungsobjekt identifiziert, wann klassifiziert?

25. An welche Voraussetzungen ist die automatische Textverarbeitung im Einkauf geknüpft?

Die Antworten ergeben sich aus vorstehendem Abschnitt!

Dritter Abschnitt

Vorbereitende und begleitende Funktionen der Materialwirtschaft

In der Materialwirtschaft ist es aufgrund der Vielzahl der zu bewirtschaftenden Materialien notwendig, Schwerpunkte zu setzen und die Beschaffungsaktivitäten auf die Materialgruppen zu konzentrieren, die aufgrund ihres hohen Anteils am Gesamtlagerwert und dem Grad ihrer Vorhersagegenauigkeit nach eine vergleichsweise exakte Bearbeitung verlangen. Entscheidungshilfen zur Analyse wirtschaftlicher Materialbeschaffung, Materiallagerung und Materialverteilung sind die ABC- und XYZ-Methode.

Die Verwirklichung des materialwirtschaftlichen Optimums setzt aber auch eine lückenlose und genaue Information über die Beschaffungs(teil)märkte voraus. Nur so kann die Aufmerksamkeit auf die günstigsten Bezugsquellen gelenkt, das Beschaffungsrisiko verringert und zugleich der Lieferservice erhöht werden.

Es handelt sich hier um das Aufgabengebiet der Beschaffungsmarktforschung, über das der Einkauf von den für seine Dispositionen wichtigen Marktdaten Kenntnis erlangt. Einen weiteren Anhalt für seine Entscheidungen findet der Einkauf in der Beschaffungsplanung, die auf der Grundlage der intern und extern gewonnenen Daten sowie bestimmter Annahmen und Prognosen den Rahmen abstecken soll, innerhalb dessen er sich bewegen kann.

In der modernen Materialwirtschaft sind die Beschaffungsmarktforschung und die Wertanalyse als Teil des Beschaffungsmarketing sowie die Beschaffungsplanung unerläßliche Voraussetzung für alle Beschaffungstätigkeiten. Sie sollten unter dem Gesichtspunkt der Schwerpunktbildung stetig und systematisch betrieben werden, den Dispositionen über die Beschaffung von Material vorausgehen und sie begleiten.

1. Verfahren zur Arbeitsanalyse

Als analytische Methoden, die zum Ziel haben, einen Maßstab für die wirtschaftliche Bedeutung von Rationalisierungsmaßnahmen zu finden, kommen

(1) die ABC-Analyse
und
(2) die XYZ-Analyse

in Betracht. Die Ergebnisse beider Verfahren können miteinander kombiniert werden und so eine wichtige Entscheidungshilfe für die Wahl des jeweils zweckmäßigsten Dispositionsverfahrens geben.

1.1 ABC-Analyse

Die ABC-Analyse ist eine wichtige Voraussetzung für jede erfolgreiche Rationalisierungsmaßnahme

Die ABC-Analyse ist ein wichtiges Mittel zur Rationalisierung und läßt sich in Unternehmen jeder Art und Größe in allen Funktionsbereichen anwenden. Sie hilft,[1]

- das Wesentliche vom Unwesentlichen zu unterscheiden,
- die Aktivitäten schwerpunktmäßig auf den Bereich hoher wirtschaftlicher Bedeutung zu lenken und gleichzeitig den Aufwand für die übrigen Gebiete durch Vereinfachungsmaßnahmen zu senken,
- die Effizienz von Management-Maßnahmen durch die Möglichkeit eines gezielten Einsatzes zu erhöhen.

In der Materialwirtschaft sollten vor allem folgende Größen und Abhängigkeiten mit Hilfe dieses Verfahrens untersucht werden:

- Anzahl und Wert der beschafften Materialpositionen (bzw. Materialgruppen)
- Anzahl und Wert der verbrauchten Materialpositionen (bzw. Materialgruppen)
- Anzahl und Wert aller Bestellungen
- Anzahl und Wert der Lieferantenrechnungen
- Anzahl der Lieferanten und Umsatzwert der Lieferanten
- Anzahl und Wert der Einzelteile der im Rahmen der Wertanalyse zu untersuchenden Erzeugnisse.

1 Vgl. H. Benz, ABC-Analyse und optimale Bestellmenge, Frankfurt 1970, S. 111.

Für die Bestandsanalyse ist die ABC-Analyse von besonderer Bedeutung, weil durch eine differenzierte Beschaffungs- und Lagerhaltungspolitik erhebliche Kosteneinsparungen erreicht werden können.

Die Durchführung einer ABC-Analyse soll anhand eines Beispiels dargestellt werden.[1]

Praxisbeispiel zur Durchführung einer ABC-Analyse

Beispiel 15:
Eine Großhandelsgesellschaft hat ein Lager mit 10.988 Artikeln und einen Jahresumsatz von DM 33.047.690,–. Tabelle 3 zeigt einen Auszug aus der Artikel-Umsatz-Statistik dieses Betriebes. Die Liste wurde auf folgende Weise gewonnen:

1. *Errechnung des Jahresumsatzes für jeden Artikel durch Multiplikation des Einstandspreises mit der Anzahl der jährlich verkauften Mengeneinheiten.*
2. *Wertmäßige Sortierung aller Positionen in fallender Reihenfolge.*
3. *Fortlaufende Nummerierung der Artikel in der Liste unabhängig von der Artikelnummer. Kumulierte Aufrechnung der Jahresumsätze. (Der 110. Artikel in der Liste hat daher die lfd. Nr. „110" und zeigt die aufgelaufene Summe des Jahresumsatzes für die ersten 110 Artikel in der entsprechenden Spalte).*
4. *Berechnung und Ausdrucken folgender Prozentsätze:*
   a) %Satz der lfd. Nr. von der Gesamtzahl der Artikel;
   b) %Satz des aufgelaufenen Jahresumsatzes. (Diese Prozentsätze werden nicht für alle Artikel benötigt und können auch von Hand berechnet werden).

1 Vgl. IBM, IMPACT – Wirtschaftliche Lagerhaltung mit wissenschaftlichen Methoden, Sindelfingen, 1963, S. 11 f.

Artikel Nr.	Lfd.-Nr.	%	Umsatz/ Jahr ME	Einzel- preis	Umsatz/ Jahr DM	Aufgelaufener Umsatz/Jahr DM	%
T 7061	1	.01	51,553	3.077	158,629	158,629	.48
S 6832	13	.12	243,224	.317	77,102	1,652,385	5.0
S 7036	43	.39	98,406	.470	46,251	3,304,769	10.0
G 9655	81	.74	6,768	4.876	33,001	4,957,154	15.0
T 3320	93	.85	4,250	7.369	31,318	5,254,583	15.9
K 8946	99	.9	44,560	.675	30,078	5,618,107	17.0
K 5322	110	1.0	8,680	3.286	28,522	5,882,489	17.8
K 2026	132	1.2	27,581	.930	25,650	6,609,538	20.0
16267	176	1.6	3,428	5.900	20,228	7,600,969	23.0
H 1981	209	1.9	52,765	.379	19,998	8,261,923	25.0
G 9282	308	2.8	1,105	14.676	16,217	9,914,307	30.0
N 8565	330	3.0	23,908	.640	15,301	10,443,070	31.6
G 9034	352	3.2	2,690	5.475	14,728	11,004,881	33.3
G 9102	538	4.9	11,378	.980	11,150	13,219,076	40.0
S 5678	549	5.0	244,690	.045	11,011	13,252,124	40.1
H 9339	626	5.7	22,224	.450	10,001	14,276,602	43.2
G 9109	879	8.0	7,391	1.054	7,790	16,523,845	50.0
2620	978	8.9	2,089	3.540	7,396	17,184,799	52.0
S 5251	1099	10.0	56,304	.115	6,475	18,209,277	55.1
M 7868	1352	12.3	9,934	.556	5,551	19,828,614	60.0
S 5843	1648	15.0	3,756	1.234	4,635	21,414,903	64.8
H 3762	1747	15.9	21,683	.205	4,445	21,844,523	66.1
S 5634	1835	16.7	23,796	.181	4,307	22,042,809	66.7
S 5799	2055	18.7	33,743	.113	3.813	23,133,383	70.0
S 6121	2198	20.0	7,239	.490	3,547	23,662,146	71.6
K 2018	2615	23.8	3,571	.840	3.000	25,050,149	75.8
P 9986	2747	25.0	14,774	.190	2,807	25,413,674	76.9
M 6621	3198	29.1	1,500	1.650	2,475	26,438,152	80.0
G 2374	3296	30.0	1,212	1.876	2,274	26,834,724	81.2
N 3501	3659	33.3	9,967	.209	2,083	27,429,583	83.0
M 2643	3747	34.1	1,138	1.720	1,957	27,793,107	84.1
S 7822	4395	40.0	3,509	.450	1,579	29,015,872	87.8
46381	4802	43.7	243	5.729	1,391	29,445,492	89.1
K 2174	4934	44.9	1,042	1.256	1,309	29,742,921	90.0
S 5904	5494	50.0	2,337	.475	1,110	30,403,875	92.0
G 2601	5791	52.7	2,857	.350	1,000	30,536,066	92.4
S 6219	6593	60.0	15,360	.050	768	31,395,306	95.0
K 2068	7329	66.7	3,494	.176	615	31,891,021	96.5
G 7413	7692	70.0	1,904	.282	537	32,122,355	97.2
H 3772	8790	80.0	2,842	.120	341	32,618,070	98.7
N 9773	9098	82.8	2,439	.123	300	32,717,213	99.0
T 6613	9241	84.1	2,670	.103	275	32,783,308	99.2
M 2613	9889	90.0	3,750	.048	180	32,915,499	99.6
G 2605	10,439	95.0	198	.505	100	32,998,118	99,85
T 6562	10,900	99.2	210	.143	30	33,034,471	99.96
S 6132	10,966	99.8	0	.062	0	33,047,690	100.0
M 3742	10,988	100.0	0	.073	0	33,047,690	100.0

Tabelle 3:
Artikel-Aufstellung einer Großhandelsgesellschaft nach absteigenden Umsätzen

Aus der Tabelle 3 kann man erkennen, daß eine geringe Anzahl von Artikeln einen sehr großen Anteil am Jahresumsatz hat. Tabellarisch kann man das Ergebnis wie in Tabelle 4 zusammenfassen. Graphisch wird das Ergebnis durch die Lorenzkurve dargestellt (Abb. 28).[1]

Wertgruppe	Anzahl der Artikelpositionen	%-Anteil an den gesamten Positionen	Jahresumsatzwert in Mill. DM	%-Anteil am Gesamtwert
A	2 198	20	24	71.6
B	4 395	40	7	23.4
C	4 395	40	2	5.0
Gesamt	10 988	100	33	100

Tabelle 4:
Ergebnis der ABC-Analyse in einer Großhandelsgesellschaft

1 Die Kurven der ABC-Verteilung werden nach M.C. Lorenz, der 1905 mit Hilfe solcher Kurven die Unterschiede in der Einkommensverteilung graphisch darstellte, auch Lorenz-Kurven genannt.

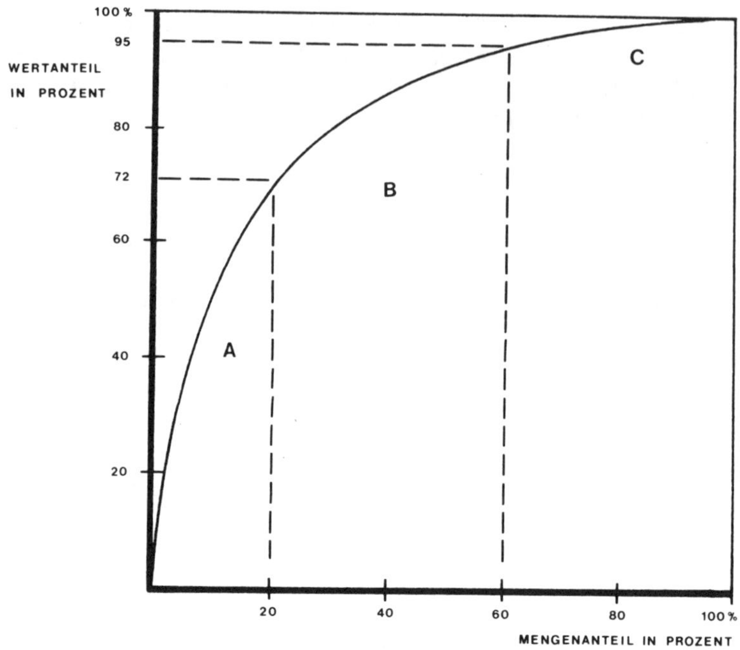

Abbildung 28:
Ergebnis der ABC-Analyse in einer Großhandelsgesellschaft (Lorenzkurve)

Die typische Verteilung nach dem ABC-Schema

Die Zahlen mögen zunächst überraschen. Man wird aber derartige Verhältnisse in sehr vielen Fällen antreffen, wenn auch je nach den Gegebenheiten in der einzelnen Unternehmung ABC-Analysen sehr unterschiedliche Ergebnisse zeigen. Der Grundtatbestand, daß es eine kleinere Anzahl umsatzstarker Artikel und eine große Zahl umsatzschwacher Artikel gibt, ist überall anzutreffen und tritt – wie in dem auf Seite 276 ff. dargestellten Anwendungsfall (Beispiel 30) – in Industrieunternehmungen besonders deutlich hervor.

Empirische Untersuchungen haben für verschiedene Branchen charakteristische Kurven ergeben (vgl. Abb. 29). Dabei fällt auf, daß diese Kurven um so flacher verlaufen, je näher das Unternehmen dem Konsumenten ist. Es gibt mehrere Gründe für diese Erscheinung. Ist z.B. das Lager ausschließlich auf den Konsumenten ausgerichtet (Einzelhandel), so wird man sich auf die stark zufallsbedingte Nachfrage der

Verbraucher durch ein breites Angebotssortiment einstellen müssen. Im Gegensatz dazu erreichen technische Artikel nur zu einem geringen Teil einen sehr hohen Umsatz, während ein sehr großer Teil der Artikel überhaupt nicht verlangt wird.

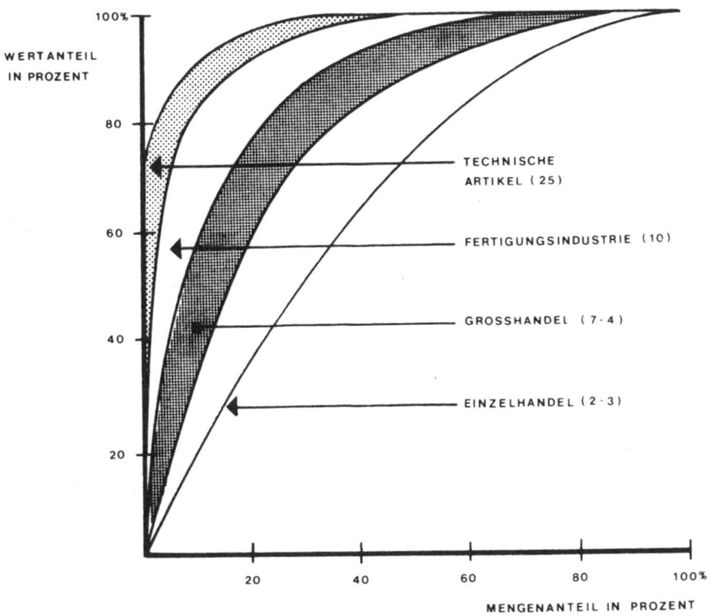

Abbildung 29:
Lorenzkurven für verschiedene Branchen

Die Lagerkonstante – ihre Ermittlung und Bedeutung

Als Maß für die Beziehungen zwischen den beiden divergierenden Faktoren, nämlich einer geringen Anzahl von Artikeln und einem hohen Umsatzanteil, ist die Lagerkonstante[1] entwickelt worden, die man näherungsweise unter Verwendung von Abb. 30 ermitteln kann. Man benötigt hierzu lediglich den Prozentsatz des aufgelaufenen Umsatzes an den oberen 20 % der Artikel.

1 Vgl. IBM, IMPACT – Wirtschaftliche Lagerhaltung, a.a.O., S. 13 f.

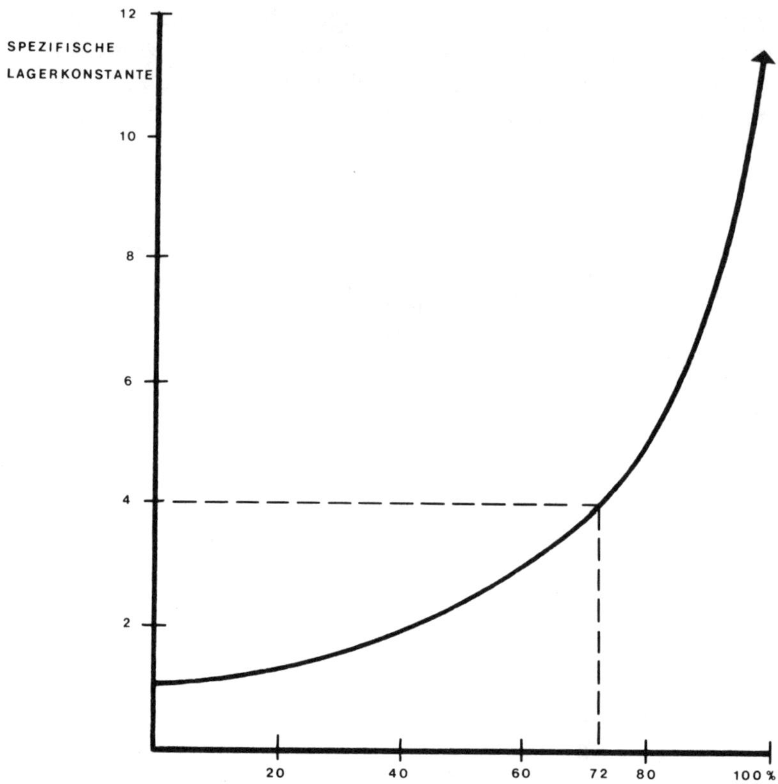

Abbildung 30:
Anteil der umsatzstärksten 20 % aller Artikel in Prozent
(aus Artikel-Umsatz-Statistik)

Im Beispiel 15 sind 20 % der Artikel an 72 % des Gesamtumsatzes beteiligt (vgl. Tabelle 4). Geht man in Abb. 30 bei 72 % von der horizontalen Achse senkrecht nach oben bis an die Kurve, so schneidet man diese bei einer Lagerkonstante von etwa 4, die man auf der vertikalen Achse abliest. Die branchentypischen Lagerkonstanten sind in Abb. 29 jeweils in Klammern hinter den Branchenbezeichnungen eingetragen.

Die Lagerkonstante hat zweifache Bedeutung. Sie gibt Aufschluß darüber,

- welche Rationalisierungsreserven das Unternehmen besitzt, wenn die betriebsindividuelle Lagerkonstante unter der branchentypischen liegt,
- in welchem Maß sich der Lagerwert bei Entscheidungen der Unternehmensführung ändert, wenn z.B. der Servicegrad erhöht oder gesenkt wird.

In der Praxis bedient man sich der ABC-Analyse oft und mit großem Erfolg. Dabei gibt es in Hinblick auf die gewählten Wertgrenzen, Bezugsgrößen und Anzahl der Gruppen erhebliche Unterschiede. So kommen in Betracht:

Es gibt für die Durchführung der ABC-Analyse keine starren Prinzipien

(1) Als Wertgrenzen:
   - Für A-Positionen 60-85 %
   - Für B-Positionen 10-25 %
   - Für C-Positionen 5-15 %

(2) Als Bezugsgrößen:
   - Der Wertanteil, d.h., das Produkt aus Menge mal Preis, wobei es sich um den mengenmäßigen Materialverbrauch laut Lagerbuchführung (in Industriebetrieben) oder um den mengenmäßigen Abgang (Absatz) laut Umsatzstatistik (vor allem in Handelsbetrieben) handeln kann. (Diese Bezugsgrößen sind in der Praxis am häufigsten.)
   - Flächenbelastung, wenn man ermitteln will, durch welches Material der Lagerraum besonders in Anspruch genommen wird
   - Entnahmehäufigkeit, wenn es um die Wahl des kostengünstigsten innerbetrieblichen Standortes für die Lagerung der Artikel geht
   - Beschaffungsschwierigkeiten
   - Verderblichkeit/Ausschußhäufigkeit
   - Deckungsbeitrag
   u.a.m.

(3) Als Anzahl der Materialgruppen:
   - Zwei Gruppen (z.B. bei nur geringfügigen Wertunterschieden der Materialpositionen)
   - Drei Gruppen (in der Praxis am häufigsten)
   - Vier Gruppen (z.B. durch eine Kombination der genannten Wertigkeitsregeln: Neben der Gruppierung der Materialdisposition gemäß ihrem Wertanteil in A,B und C-Kategorien werden alle Artikel, deren Beschaf-

fung (wie bei Importgütern) auf besondere Probleme stoßen können, in eine vierte Gruppe (z.B. R-Artikel) zusammengefaßt oder es wird zwecks weiterer Differenzierung eine D-Artikelgruppe gebildet.[1]
- u.a.m.

Auswertung der ABC-Analyse-Ergebnisse:
- bevorzugte Behandlung der A-Materialien
- Arbeitsvereinfachungsmaßnahmen bei den C-Materialien

Wie auch immer die ABC-Analyse angelegt ist: Die Ergebnisse überraschen stets durch die klare Aussage, daß eine übermäßig große Zahl von Materialpositionen die Wirtschaftlichkeit der Materialwirtschaft über Gebühr belasten. Aus dieser Tatsache sind die entsprechenden Konsequenzen zu ziehen:

● A = hochwertige und/oder umsatzstarke Materialien sind besonders sorgfältig und intensiv zu betreuen, und zwar
  - durch Markt-, Preis- und Kostenstrukturanalysen;
  - durch gründliche Bestellvorbereitung;
  - durch aufwendige, exakte Dispositionsverfahren;
  - durch genaue Bestellterminrechnung;
  - durch kleine Abrufmengen;
  - durch genaue Bestandsführung und -überwachung;
  - durch genaue Festlegung der Sicherheitsbestände;
  - durch bevorzugte Anwendung der Wertanalyse.

● C = niedrigwertige und/oder umsatzschwache Materialien sind nach dem Prinzip der Arbeitsvereinfachung und Aufwandsreduzierung zu behandeln. Wegen der großen Zahl, aber geringen Werte liegt hier der Schwerpunkt der Rationalisierung bei der Senkung der Bestellkosten vor allem
  - durch vereinfachte Bestellabwicklung (z.B. durch Sammelbestellungen, durch Verwendung verkleinerter Bestellsätze mit weniger Kopien, durch telefonische Bestellaufgabe, durch Vereinbarung monatlicher Rechnungsstellung);
  - durch vereinfachte Lagerbuchführung (z.B. durch gleichzeitige Buchung von Materialzu- und Materialabgängen oder ohne Abgangsbuchung und Verbrauchsermittlung durch Inventur);

1 Vgl. vom Verf. „Materialwirtschaft – aber wie?", a.a.O., S. 73 ff.

- durch vereinfachte Bestandsüberwachung und Disposition (z.B. durch Sichtkontrolle oder nach der sog. Zwei-Behälter-Methode[1]) bei großzügiger Festlegung von Sicherheitsbeständen und tendenziell großen Bestellmengen.

- B = mittelwertige Materialien mit mittlerem Umsatz. Hier erscheint eine vergleichsweise differenzierte Vorgehensweise im Einkauf und in der Disposition zum Beispiel hinsichtlich der Anfrageintensität, der Höhe der Sicherheitsbestände usw. sinnvoll.

Beispiele der Praxis zeigen deutlich, daß bei konsequenter Anwendung der ABC-Analyse erhebliche Rationalisierungserfolge zu erzielen sind. Umgekehrt sollten bei Kostensenkungsmaßnahmen Prioritäten nach den Erkenntnissen der ABC-Analyse gesetzt werden. Ein vereinfachtes Beispiel soll zeigen, welche Art von Entscheidungen mit dem Ziel der Kostensenkung getroffen werden können.

Allgemeines Beispiel zur Anwendung der ABC-Analyse

Beispiel 16:
Es sollen folgende Annahmen über den Lagerbestand gelten: Der Lagerbestand besteht aus 6.000 Teilen (Artikeln) mit einem Jahresverbrauchswert von DM 6.000.000,–. Jedes Teil wird viermal jährlich bestellt, wobei die Bestellmenge dem Verbrauch von drei Monaten entspricht. Daraus ergeben sich 24.000 Aufträge pro Jahr.

Nimmt man einen gleichbleibenden Verbrauch an, ist der durchschnittliche Lagerbestand die Hälfte des Wertes der Bestellmenge bzw. 1/8 des Jahresverbrauchswertes. Diese Angaben sind im oberen Teil der Tabelle 5 zusammengefaßt.

Eine Untersuchung der Teile ergab eine Aufteilung in die Klassen A, B und C, wie sie im unteren Tabellenteil ausgewiesen wird. Die Bestellpolitik wurde so abgeändert, daß alle A-Teile zwölfmal jährlich, B-Teile viermal jährlich und C-Teile nur einmal jährlich bestellt werden.

Durch die Bestellplanung nach ABC geht der durchschnittliche Lagerbestand von DM 750.000 auf DM 462.500 herunter, während gleichzeitig die Zahl der Bestellungen von 24.000 auf 16.200 reduziert wird.

1 Das „Zwei-Behälter-System" wird im vierten Kapitel unter Ziffer 4.2 erläutert

Insgesamt führt diese Maßnahme „rechnerisch" zu einer Kostensenkung von DM 213.500,–, wobei die Kosten je Bestellung DM 20,– und der Lagerhaltungskostensatz 20 % betragen sollen. Auf diese Kostenwerte kommen wir bei der Besprechung der Bestellmenge zurück (vierter Abschnitt).

Der Sicherheitsbestand wird in diesem Beispiel vernachlässigt.

Gleichmäßige vierteljährliche Bestellplanung						
Klasse	Anzahl der Teile		Jahresverbrauchswert		Bestellungen	Lagerbestandswert
	Stück	%	DM	%	4 x / Jahr	1/8 Jahresverbrauch
alle	6000	100	6 000 000	100	24 000 x DM 20,-	750 000 x 20 %
				Kosten →	= 480 000,-	150 000,-
						630 000,-
Bestellplanung nach ABC						
					Bestellhäufigkeit	Lagerbestandswert
A	600	10	4 800 000	80	12 x 600 = 7 200	200 000
B	1 200	20	900 000	15	4 x1200 = 4 800	112 500
C	4 200	70	300 000	5	1 x4200 = 4 200	150 000
					16 200	462 500
				Kosten →	324 000	92 500,-
						416 500,-
				Kostensenkung →		213 500,-

Tabelle 5:
ABC-Analyse und Bestellplanung

Ein auf dem „Papier" errechnetes Kostensenkungsergebnis bedarf natürlich einer gründlichen Analyse der einzusparenden Bestell- und Lagerhaltungskosten im Hinblick auf ihren Kostencharakter und der damit verbundenen Abbaufähigkeit sowie nach Vollzug der sich aus der ABC-Analyse ergebenden Maßnahmen einer permanenten Überprüfung. Darüber hinaus ist die ABC-Verteilung gründlich zu beobachten. Preissteigerungen, veränderte Lieferzeiten, Lieferantenwechsel, Veralterung des Lagermaterials sowie Veränderungen in der Produktion oder Nachfrage wirken sich auch auf die Materialbewirtschaftung aus.

Ergebnisprüfung und ständige Beobachtung der ABC-Verteilung sind notwendig

→ Aufgabe 3

1.2 XYZ-Analyse

Die Bestimmung der Verbrauchsanteile einzelner Materialpositionen am gesamten Verbrauch durch die ABC-Analyse genügt noch nicht für die Bestimmung der jeweils geeignetsten Bereitstellungsmaßnahme. Betrachtet man nämlich den Verbrauch der einzelnen Materialarten über einen längeren Zeitraum, so ist festzustellen, daß es einerseits Materialien gibt, die in relativ konstanter Menge verbraucht werden, andererseits Stoffe, deren Verbrauch bestimmten Schwankungen unterliegt und schließlich Materialien mit völlig unregelmäßigem Verbrauch. Die nach dem ABC-Verfahren gewichteten Materialien könnten demnach entsprechend der Vorhersagegenauigkeit ihres Verbrauchs geordnet werden. Dabei bedeuten die Klassifizierungssymbole:[1]

Die XYZ-Analyse ist eine Methode zur Gewichtung der Materialien nach ihrer Verbrauchsstruktur

- X = Verbrauch ist konstant bei nur gelegentlichen Schwankungen; hohe Vorhersagegenauigkeit.
- Y = Verbrauch unterliegt stärkeren Schwankungen, ist trendmäßig steigend oder fallend oder unterliegt saisonalen Schwankungen; mittlere Vorhersagegenauigkeit.
- Z = Verbrauch verläuft völlig unregelmäßig; niedrige Vorhersagegenauigkeit.

1 Grochla benutzt hier die Symbole R, S, U. Vgl. E. Grochla, Grundlagen der Materialwirtschaft, a.a.O., S. 31 – Wir wollen der u.W. inzwischen üblich gewordenen X, Y, Z-Kategorisierung den Vorzug geben.

Erfahrungswerte, wie sie in der Praxis gewonnen wurden, werden in Abb. 31 dargestellt. Dabei ist die XYZ-Verteilung abhängig von den im Einzelfall festgelegten Grenzwerten.

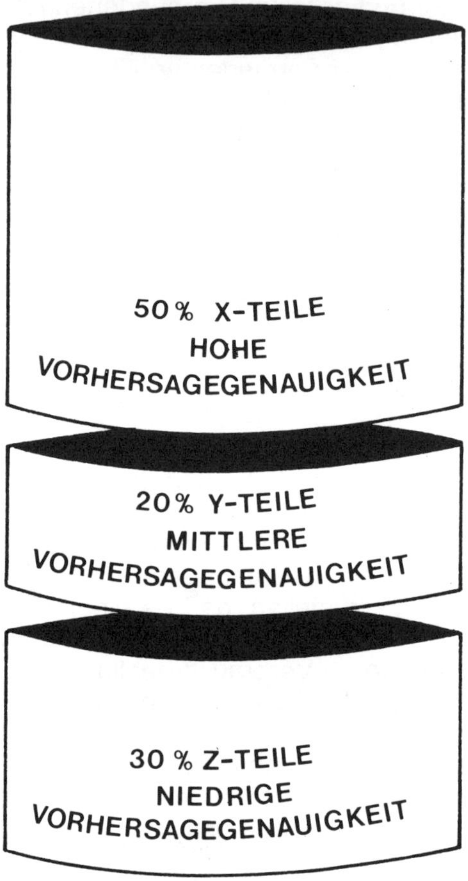

Abbildung 31:
XYZ-Analyse: Klassifizierung der Materialien nach der Vorhersagegenauigkeit des Bedarfs

Der Schwankungskoeffizient als Kennzahl für die Vorhersagegenauigkeit

Als Kennzahl für das Verbrauchsverhalten einer Materialposition, deren Bedarf stochastisch (vgl. S. 217 ff.) ermittelt wird, kann der Schwankungskoeffizient SQ herangezogen werden. Dieser reagiert sehr empfindlich, wenn plötzlich Bedarfseinbrüche nach oben oder unten erfolgen. Er ist bei jedem Rechnerlauf neu zu errechnen. Dabei kann folgende Formel verwendet werden:[1]

1 Vgl. zur Anwendung vom Verf. „Materialwirtschaft – aber wie?", a.a.O., S. 86 ff. Die Formel hat nicht Anspruch auf mathematische Allgemeingültigkeit. Es sind auch andere Verfahrensregeln denkbar und in der Praxis anzutreffen.

Formel für die Berechnung des Schwankungskoeffizienten

$$SQ_i = \frac{n \cdot SQ_{i-1} + SF \cdot \left| 1 - \frac{T_i}{V_i} \right|}{n + 1}$$

Dabei bedeuten:

SQ_{i-1} = bis zur iten Periode fortgeschriebener SQ-Wert
n = Intervalle innerhalb einer Periode[1]
SF = Sicherheitsfaktor
T = tatsächlicher Verbrauch
V = Vorhersagewert
i = laufende Periode

Der Quotient $\frac{T_i}{V_i}$ gibt Auskunft über das Verbrauchsverhalten einer Materialposition in der laufenden Periode. Dieser Quotient wird mit einem Sicherheitsfaktor, der dem angestrebten Servicegrad entspricht und einer Tabelle – vgl. Tabelle 15 auf Seite 344 – zu entnehmen ist, bewertet. Das Verbrauchsverhalten der laufenden Periode wird nunmehr abgeglichen mit dem bisher ermittelten Verbrauchsverhalten. Damit liegt für alle Teile eine geglättete, vergleichbare Kennzahl des Verbrauchsverhaltens vor.

Verfahren der Zuordnung zu den Klassifizierungen X, Y und Z

Um die Materialpositionen entsprechend ihrem Verbrauchsverhalten als X-, Y- oder Z-Teil klassifizieren zu können, werden die ermittelten Schwankungskoeffizienten wie bei der ABC-Analyse in absteigender Reihenfolge sortiert[2] und Parameter für die Zuordnung festgelegt. Diese könnten beispielsweise wie folgt gewählt werden:

X-Teil: SQ $\leq$ 1
Y-Teil: SQ $>$ 1 $\leq$ 5
Z-Teil: SQ $>$ 5

Als Einteilungskriterium kann auch – wie im Praxisbeispiel 30, S. 278 – die absolute Abweichung zwischen dem alten SQ-Wert und dem neu errechneten SQ-Wert herangezogen werden.

Die XYZ-Analyse als Entscheidungshilfe bei der Wahl der Bereitstellungsmaßnahmen

Wird die XYZ-Analyse nur für sich als Entscheidungshilfe herangezogen, so könnte es für einen Industriebetrieb zweckmäßig sein, für die Materialgruppe X die fertigungssynchrone Beschaffung, für die Gruppe Y die Vorratsbeschaffung und für

1 Die Variable n wird zumeist mit dem Wert 1 angenommen, da es nur sehr selten der Fall ist, daß eine Periode – z.B. 1 Monat in 3 Dekaden – unterteilt wird.

2 Vgl. v. Verf. „Materialwirtschaft – aber wie?", a.a.O. S. 90 und 100.

Vorhersagegenauigkeit \ Wertigkeit	A	B	C
X	hoher Verbrauchswert hoher Vorhersagewert	mittlerer Verbrauchswert hoher Vorhersagewert	niedriger Verbrauchswert hoher Vorhersagewert
Y	hoher Verbrauchswert mittlerer Vorhersagewert	mittlerer Verbrauchswert mittlerer Vorhersagewert	niedriger Verbrauchswert mittlerer Vorhersagewert
Z	hoher Verbrauchswert niedriger Vorhersagewert	mittlerer Verbrauchswert niedriger Vorhersagewert	niedriger Verbrauchswert niedriger Vorhersagewert

Tabelle 6:
Kombination der ABC- mit der XYZ-Analyse

die Gruppe Z die Beschaffung im Bedarfsfall vorzusehen. Doch sinnvoll ist die Kombination von ABC- und XYZ-Analyse, die zu insgesamt neun Klassifizierungsgruppen (Entscheidungsfeldern) führt (vgl. Tabelle 6).

Anhand dieses Schemas kann dann z.B. entschieden werden, welche Dispositions- und Einkaufsaktivitäten für einzelne Kombinationen (z.B. für die besonders „kritische" Kombination AZ) zu entwickeln sind.

Die Kombination von XYZ- und ABC-Analyse erleichtert die Verwirklichung des materialwirtschaftlichen Optimums

Nicht zu bestreiten ist, daß

> solche nach einem mehrdimensionalen Kriterium festgelegten Bereitstellungsverfahren zur Lösung der materialwirtschaftlichen Zielkonflikte einen größeren Beitrag leisten als die herkömmlichen, nur eindimensional aufgebauten Systeme.

2. Die Beschaffungsmarktforschung

Lange Zeit wurde der Begriff Marktforschung mit Absatzmarktforschung gleichgesetzt. Es wurde übersehen, daß Rendite und Liquidität der Unternehmung auch durch die Leistungen des Beschaffungsbereichs ganz entscheidend beeinflußt werden können. Nur zögernd setzte sich die Überzeugung durch, daß Erfahrung und Intuition des Einkäufers nicht mehr als Grundlage für optimale Kaufentscheidungen ausreichen, sondern eine lückenlose und genaue Information über den Beschaffungsmarkt voraussetzen, die nur durch eine systematische Beschaffungsmarktforschung möglich wird.

Was aber ist konkret unter Beschaffungsmarktforschung zu verstehen? Welche Aufgaben hat sie und welcher Methoden bedient sie sich? Mit diesen und weiteren Fragen befaßt sich die nachstehende Darstellung[1], wobei nochmals darauf hinzuweisen ist, daß Beschaffungsmarktforschung und Wertanalyse als Teilfunktion des Beschaffungsmarketing angesehen werden können, Beschaffungsmarketing also der Oberbegriff ist.[2]

1 Für Einzelheiten siehe F. Blom, Beschaffungsmarktforschung, Wiesbaden 1982 und M. Rembeck/G.P. Eichholz, Leitfaden für die industrielle Beschaffungsmarktforschung mit Beispiel, Frankfurt 1967.

2 Vgl. im ersten Abschnitt unter Ziffer 2.

2.1 Aufgaben der Beschaffungsmarktforschung

Ziel der Beschaffungsmarktforschung ist die Schaffung von Markttransparenz

Die Entwicklung neuer Wirtschaftsgebiete, das differenzierter gewordene Angebot an Waren sowie das Auftauchen neuer Rohstoffe mit neuen chemischen und physikalischen Eigenschaften haben den Beschaffungsmarkt immer unübersichtlicher gemacht. Eine erfolgreiche Durchführung der Beschaffungsaufgaben setzt somit umfassende Information über die Beschaffungsmärkte voraus. Aufgabe der Beschaffungsmarktforschung ist es, derartige Informationen systematisch zu sammeln und auszuwerten, um

- durch Schaffung von Markttransparenz die Voraussetzungen für optimale Beschaffungsentscheidungen zu schaffen.

Beschaffungsmarktforschung dient der Vorbereitung der Beschaffungstätigkeit

Innerhalb des Beschaffungsbereichs verkörpert die Beschaffungsmarktforschung die Vorbereitung der Beschaffungstätigkeit, ohne in diese selbst einzugreifen. Konkret bedeutet dies, daß sie losgelöst ist von den täglichen Problemen der Materialversorgung, die überwiegend Mengen- und Zeitprobleme sind. Sie darf sich nicht in solche Einzelheiten vertiefen, die im Rahmen der Beschaffungsanbahnung zu beachten sind und für die bei Einsatz der EDV wirkungsvolle Entscheidungshilfen zur Verfügung stehen.

Beschaffungsmarktforschung ist nicht nur „anfragen"

Die moderne Beschaffungsmarktforschung unterscheidet sich von der bisher bestenfalls betriebenen Beschaffungsmarktforschung durch die wissenschaftliche Systematik und durch gesteigerte Aktivitäten. Man begnügt sich nicht damit, zufällig von außen herangetragene Informationen zu sammeln oder über Besuche bei Lieferanten Aufzeichnungen zu machen. Auch ist die marktforscherische Tätigkeit nicht mit der ohnehin gewohnten Anfragetätigkeit zu verwechseln.[1] Vielmehr setzt richtig betriebene Beschaffungsmarktforschung folgendes voraus:

- Klare Zielsetzung und Definition der Beschaffungs- bzw. Vorratspolitik

1 Vgl. H. Strache, Preise senken – Gewinn einkaufen. Das Handbuch für Einkauf und Materialwirtschaft, 3. Auflage, Lage 1975, S. 179.

- Planmäßiges und systematisches Sammeln, Sichten, Ordnen und Aufbereiten sowie Analysieren und Bewerten von Daten und Informationen
- Darstellung, Auswertung und Archivierung sämtlicher erarbeiteter Ergebnisse

Die Beschaffungsmarktforschung kann bedarfsabhängig oder kontinuierlich betrieben werden. Bedarfsabhängige Beschaffungsmarktforschung beruht in der Regel auf externen Anlässen (vgl. Abb. 32).[1] Im allgemeinen wird Beschaffungsmarktforschung jedoch kontinuierlich durchzuführen sein.

Beschaffungsmarktforschung muß schwerpunktmäßig betrieben werden

Angesichts der Vielzahl der in einem Unternehmen zu beschaffenden Materialien ist es ausgeschlossen, daß für sie alle kontinuierlich Beschaffungsmarktforschung betrieben wird. Zweckmäßig ist es, mit Hilfe der ABC-Analyse oder anderer Auswahlkriterien (wie z.B. Qualitätsschwankungen, Engpässe auf dem Beschaffungsmarkt) aus der Gesamtheit der Materialpositionen besonders wichtige Gruppen zu bestimmen. Im allgemeinen kommen für eine Untersuchung nur A-Materialien in Frage.

An die Qualifikation des Beschaffungsmarktforschers werden hohe Ansprüche gestellt

Darüber hinaus ist selbstverständlich zu beachten, daß an die Mitarbeiter, die sich mit der Beschaffungsmarktforschung zu befassen haben, besonders hohe Anforderungen zu stellen sind. Zu der notwendigen Kenntnis der Methoden der Marktforschung muß das Fachwissen über die verschiedenen Beschaffungsmärkte kommen. Sehr oft sind auch technische und technologische Grundkenntnisse erforderlich, die dem Beschaffungsmarktforscher die Beachtung und fachgerechte Auswertung materialkundlicher und verfahrenstechnischer Fragen ermöglichen.

Die Organisation der Beschaffungsmarktforschung hängt von der Unternehmensgröße ab

In den Einkaufsabteilungen kleinerer und mittlerer Unternehmen kann die Beschaffungsmarktforschung aus Personal- und Kostengründen nicht durch einen eigens dafür beschäftigten Beschaffungsmarktforscher vorgenommen werden. Hier bleibt die Beschaffungsmarktforschung dem Einkäufer überlassen, der für sein Produktspektrum bestimmte marktforscherische Arbeiten abzuwickeln hat oder zusätzlich zu diesen Tätigkeiten weitere Aufgaben übertragen bekommt.

1 In Anlehnung an F. Blom, Beschaffungsmarktforschung, a.a.O., S. 25 ff.

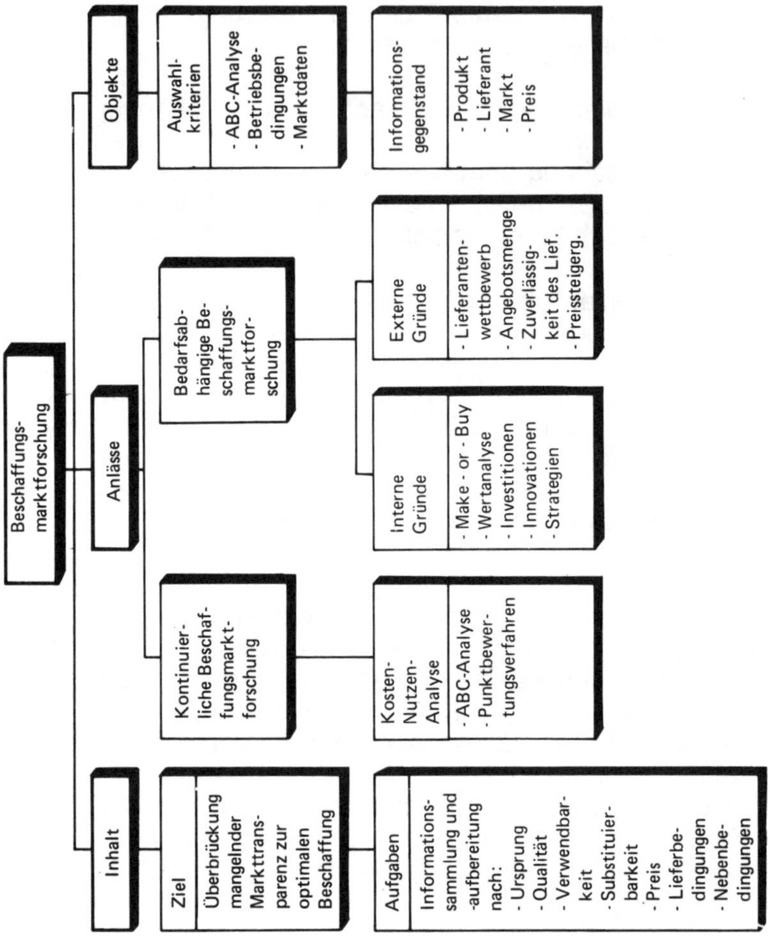

Abbildung 32:
Bausteine der Beschaffungsmarktforschung

2.2 Methoden der Beschaffungsmarktforschung

Die Beschaffungsmarktforschung bedient sich direkter und indirekter Techniken.

Die direkte Informationsgewinnung (Primärforschung) schließt die Anfrage als Mittel der Beschaffungsmarktforschung ein

Die direkte Informationsgewinnung – auch primäre Marktforschung (field research) genannt – stützt sich auf folgende Quellen:

(1) Kontakte mit Lieferanten:
Sie schlagen sich in der Korrespondenz der Beschaffungsabteilung und in Berichten der betrieblichen Kontaktpersonen (Leiter, Sachbearbeiter, Vertreter) nieder. Vor allem die Anfrage bietet durch ihre Streuung die Möglichkeit einer großen Informationsbreite. Anfrageaktionen sind unabhängig vom konkreten Bedarfsfall zu starten.

(2) Kontakte mit Verkäufern:
Sie werden in Aktennotizen festgehalten und beziehen personelle Informationen mit ein.

(3) Besuche von Messen, Ausstellungen:
Sie bieten eine Fülle von Informationen über technische Entwicklungen, Preis und Qualität der Waren. Entscheidend für den Erfolg eines Messebesuches ist seine gründliche Vorbereitung anhand des Messekataloges.

(4) Einkaufsreisen und Betriebsbesichtigungen:
Aus ihnen lassen sich Rückschlüsse auf die Lieferfähigkeit, das technische Leistungsvermögen und auch auf Persönlichkeitsmerkmale der (potentiellen) Lieferanten ziehen.

Die indirekte Informationsgewinnung (= Sekundärforschung)

Die indirekte Informationsgewinnung, die sog. Sekundärforschung (desk research) bedient sich im Gegensatz zur primären Beschaffungsmarktforschung bereits vorhandener Unterlagen. Eine besondere Erhebung wird nicht durchgeführt. Sie ist daher billiger und in der Praxis vor allem üblich.

Als Ausgangsmaterial für die Zwecke einer sekundären Auswertung kommen in Betracht:

(1) Markt- und Börsenberichte:
Sie geben vor allem Aufschluß über die Preisentwicklung wichtiger Rohstoffe.

(2) Zeitschriften, Tageszeitungen, Funk- und Fernsehen:
Sie geben Aufschluß über die politische Entwicklung. Entscheidungsrelevant für den Beschaffungsbereich sind kriegerische Auseinandersetzungen, Streiks, Unruhen, welche die Rohstoffversorgung beeinflussen können sowie Tarifverhandlungen und -vereinbarungen, welche sich auf die Beschaffungspreise auswirken können.

(3) Hauszeitschriften der Lieferanten, der Liefererkonkurrenz, der Wirtschaftsverbände und der Industrie- und Handelskammern. Sie bieten vor allem Informationen über neue Entwicklungen und neue Verfahren.

(4) Angebote in Fachzeitschriften, Katalogen, Broschüren und Prospekten. Sie enthalten Informationen über Qualität und Leistungsfähigkeit der Beschaffungsobjekte.

(5) Branchenadreßbücher, Messekataloge, technische Handbücher. Sie informieren über die in Betracht kommenden Bezugsquellen.

Die von der Beschaffungsmarktforschung erarbeiteten Informationen sind systematisch zu ordnen und zu speichern

Jede Aktion der Beschaffungsmarktforschung hat langfristig nur dann ihren Zweck erfüllt, wenn die gewonnenen Ergebnisse in geeigneter Weise aufbewahrt werden und jederzeit jedem zugänglich sind. Unentbehrlich ist daher ein artikel- oder lieferantenbezogen aufgebautes Archiv. Daneben kann ein Karteikartensystem von Nutzen sein, das aufgrund der verbalen Texte und der häufig unprogrammierten Änderungen zweckmäßigerweise in manueller Form zu führen ist.

Aufbau eines Karteiensystems

Ein solches Karteikartensystem kann so aufgebaut sein, daß in ihm die Daten über Lieferanten und ihre Beziehung zur eigenen Unternehmung enthalten sind (Lieferantenkartei), daß es ein Bezugsquellennachweis für alle Artikel ist (Artikelkartei) und auch der Preisbeobachtung dienen kann (Preiskartei).[1]

1 Vgl. hierzu im zweiten Abschnitt unter Ziffer 3.2

2.3 Beschaffungsmarktanalyse und -beobachtung

Die Beschaffungsmarktforschung kann ihre Aufgabe, Aussagen über den Beschaffungsmarkt zu machen, mit Hilfe der Marktanalyse und der Marktbeobachtung lösen. [1]

Die Marktanalyse zielt auf die einmalige Durchleuchtung eines bestimmten Marktes oder Teilmarktes zu einem bestimmten Zeitpunkt ab, um einen Überblick über die Struktur der Märkte zu gewinnen. Im wesentlichen wird hier eine Antwort auf folgende Fragen gesucht:

Die Beschaffungsmarktanalyse macht die Struktur des Marktes zu einem bestimmten Zeitpunkt sichtbar

- Wer liefert was auf den in- und ausländischen Märkten?
- Wie groß ist die Angebotskonkurrenz?
- Wer von den Anbietern kommt als Lieferant in Frage?
- Wie groß ist die Nachfragekonkurrenz?
- Wer von den Nachfragern kauft wo und warum gleiches Material billiger ein?
- Welche Möglichkeiten der Materialsubstitution bieten sich an? (Für die Beurteilung ist im Sinne der Wertanalyse – vgl. nachstehend Ziffer 3 – vom Nutzen auszugehen, den die Kunden von den erbrachten Leistungen erwarten.)
- Welche Beschaffungswege kommen in Betracht? (Direkter Bezug vom Hersteller, indirekter Bezug über den in- und ausländischen Handel)
- Welche Transportwege (Schiene, Straße, Wasser, Luft) und welche Transportmittel (Bahnwaggon, LKW, Spezialfahrzeuge, Behälter u.a.m.) kommen in Frage?

Ist die einmalige Bestandsaufnahme durchgeführt, so übernimmt die Marktbeobachtung die ständige Überwachung des Beschaffungsmarktes, um die Veränderungen und Entwicklungen sichtbar zu machen. Aufgrund der Aktualität der Informationsgewinnung ist sie für die Beschaffungsplanung von besonderer Bedeutung.

Die Beschaffungsmarktbeobachtung macht das Marktgeschehen transparent

Im Rahmen der Marktbeobachtung werden folgende Punkte besonders untersucht:

1 Grundsätzlich dazu E. Schäfer, Betriebswirtschaftliche Marktforschung, Essen 1955, S. 28 ff.

- Welche Entwicklung der Angebotsmengen und -preise ist zu beobachten und in welche Richtung zeigen die Trends?
- Welche Veränderungen zeigen die Angebots- und Nachfragekonkurrenz?
- Welche Entwicklung der Lieferzeiten ist zu beobachten?
- Kommen neue Substitutionsmöglichkeiten, neue technische Verfahren auf?
- Sind im In- und Ausland politische und wirtschaftspolitische Maßnahmen zu erwarten, die sich auf die Angebotsmengen und -preise auswirken können?
- Wie ist die Zuverlässigkeit der Lieferanten in bezug auf Qualität, Termintreue, Service usw. zu beurteilen?
- Welche Entwicklung der Preise und der Konditionen ist bei den Stammlieferanten zu beobachten?
- Welche Entwicklung nimmt die Fertigungstechnik und der Auftragsbestand bei den Lieferanten?

Die Marktbeobachtung macht durch ihre zeitraumbezogene Betrachtung das Marktgeschehen transparent. Nur so ist es möglich, über die zukünftige Entwicklung des Marktes Prognosen zu erstellen.

3. Produktbewertung

Die Wertanalyse ist ein Mittel zur Kostensenkung

Zur Bewertung von Produkten gehört eine eingehende Analyse ihrer Funktionen und der durch diese verursachten Kosten, um auf diese Weise auf den Preis der hergestellten Produkte und damit auf den Gewinn einer Unternehmung Einfluß zu nehmen.

Als ein besonders wirkungsvolles Verfahren zur Kostensenkung hat sich die Wertanalyse erwiesen, wobei gemäß DIN 69910 unter diesem Begriff „das systematische analytische Durchdringen von Funktionsstrukturen mit dem Ziel einer abgestimmten Beeinflussung von deren Elementen (z.B. Kosten, Nutzen) in Richtung einer Wertsteigerung" zu verstehen ist.

Dabei sind zu unterscheiden:

(1) Wertanalyse in der Planungs- und Entwicklungsphase eines Produktes (value engineering)

(2) Wertanalyse am Fertigerzeugnis (value analysis)

Aufgrund der Ergebnisse wertanalytischer Untersuchungen werden nicht oder nicht unbedingt erforderliche Funktionen bzw. Teile und Materialien eliminiert und für die verbleibenden Funktionen nach Möglichkeit kostengünstigere technische Lösungen getroffen, welche jedoch die Funktionstüchtigkeit des Erzeugnisses nicht beeinträchtigen.

Abgrenzung der Wertanalyse zu den üblichen Kostensenkungsverfahren

Der Unterschied der Wertanalyse zu den bisherigen Kostensenkungsverfahren ist sehr wesentlich. Während man nämlich herkömmlicherweise vom bestehenden Produkt ausgeht und in der Hauptsache die Material- und Lohnkosten untersucht, werden bei der Wertanalyse mit der Analyse der Funktionen auch die Entscheidungen der Konstruktion und der Arbeitsvorbereitung in Frage gestellt.

Bezogen auf die Beschaffung besagt das: Der Einkäufer kauft nicht mehr, was die Technik bestellt. Er läßt sich die Funktionen, die erfüllt werden müssen, nennen und sucht von daher die preisgünstigste Beschaffungsmöglichkeit.[1] Ein Beispiel soll diesen Unterschied zu den konventionellen Aufgaben des Einkäufers klären helfen.

Allgemeines Beispiel zur Wertanalyse

Beispiel 17:
In einer Schuhfabrik muß der Einkäufer, der sich in seiner alten Stellung als „Bestellabwickler" versteht, bestimmte Felle für Winterschuhe beschaffen. Ihm bleibt die Aufgabe, dieses Material zum günstigsten Preis einzukaufen (Feststellung durch Angebotsanalyse).
Der moderne Einkäufer, der sich als „Problemlöser" versteht, kauft nicht bestimmte Felle, sondern funktionsmäßig Kälteschutz ein. Er geht also grundsätzlich davon aus, daß mehrere Materialien die gleiche Funktion ausüben können. Der Funktionswert bestimmt die Beschaffungspolitik (Feststellung durch Wertanalyse).

1 Vgl. J. Sell, Erfolgschancen im Materialbereich, a.a.O., S. 19.

Bei der konventionellen Angebotsanalyse, auf die selbstverständlich nicht verzichtet werden kann, wird von einem strengen Zusammenhang zwischen der Funktion eines Materials und dem Material selbst ausgegangen. Es geht darum, eine Ware, die in allen Einzelheiten spezifiziert ist, möglichst preisgünstig einzukaufen. Mit der Wertanalyse wird dieser strenge Zusammenhang zwischen einem bestimmten Material und der Funktion dieses Materials in Frage gestellt. Es geht nicht mehr um Material und Teile, sondern um die Aufgaben und die Funktionen, die das Material oder die Teile zu erfüllen haben, um auf diesem Weg die Kosten herabzusetzen.

Systematisch betriebene Wertanalyse

Die Wertanalyse ist für jede Betriebsgröße anwendbar. Jedoch können in größeren Unternehmungen mit oftmals mehreren tausend Materialpositionen die wertanalytischen Aufgaben nicht „nebenbei" erledigt werden. Intuition und Erfahrung reichen nicht. Vom Wertanalytiker sind mehr als nur oberflächliche kaufmännische und technische Kenntnisse zu verlangen. Das soll nachstehendes Beispiel aus der Praxis verdeutlichen.[1]

Praxisbeispiel zur systematisch betriebenen Wertanalyse

Beispiel 18:
Die SEMPERIT-Werke AG., Wien, sind ein Unternehmen, das Wertanalyse systematisch betreibt. Dazu ist jeder Einkaufsgruppe jeweils ein Wertanalytiker zugeordnet worden. Dieser erhält seine Aufgaben von der Einkaufsdirektion, die das Analyseprogramm festlegt und die Durchführung und den Erfolg überwacht. Während die anderen Mitarbeiter jeder Einkaufsgruppe die üblichen Einkaufstätigkeiten ausüben, beschäftigt sich der Wertanalytiker ausschließlich mit Kostenanalysen, Beschaffungsmarktforschung, Preisvergleichen, Ersparnisrechnungen. Er versucht durch Normung, Typisierung, Lieferantenwechsel, Qualitätsverbesserung, Materialsubstitution, Mengenkonzentration und anderen Verfahren, die Beschaffungskosten zu senken und die Materialqualität zu erhöhen. Er ist gleichzeitig als Kalkulator ausgebildet, um alle Beschaffungskostenkomponenten zur Beeinflussung freizulegen.

1 Vgl. A. Boje, Moderne Einkaufs-Organisation, a.a.O., S. 102. – Das Beispiel zeigt zugleich, wie fließend die Aufgabenabgrenzung zwischen Beschaffungsmarktforschung und Wertanalyse in der Praxis ist. Auch wenn zwischenzeitlich die SEMPERIT-Werke AG als Spartenorganisation neu gegliedert wurde und damit im Zusammenhang auch die Wertanalyse nicht mehr in dieser institutionalisierten Form existiert, so erscheint dieses Beispiel doch nach wie vor richtungsweisend.

Der Wertanalytiker hat die Kompetenz, in allen betrieblichen Bereichen Informationen zu sammeln und Untersuchungen zu fordern. Da der Einkauf bei SEMPERIT Direktionsbereich auf Vorstandsebene ist, genießt der Wertanalytiker gleichzeitig die Unterstützung des Vorstandes.

Die Wertanalyse wird in Teamarbeit vorgenommen

Es ist zu erkennen, daß die Aufgaben des Wertanalytikers zwar sehr stark im Funktionsbereich Materialwirtschaft eingebunden sind, aber – wie Abb. 33 veranschaulicht – erfolgversprechend nur in Teamarbeit gelöst werden können. Vor allem gilt es, Mitarbeiter der Funktionsbereiche Entwicklung, Fertigung und Marketing zu gewinnen. Um nicht notwendige Kosten im Sinne des „value engineering" zu verhindern, bevor sie entstehen, muß die Initiative von den Bereichen der Technik ausgehen. Der Einkauf sollte aber auch hier aktiv eingeschaltet werden, da er die besten Verbindungen zum Markt hat und dadurch neue Werkstoffe, Herstellverfahren, Forschungsergebnisse, d.h., einen Teil des technischen Fortschritts vermitteln und damit kostenlos einkaufen kann.[1]
In Einzelfällen kann sich, wie nachstehend an einem Beispiel aus der Praxis dargestellt, auch die gemeinsame Teamarbeit mit den Lieferanten als zweckmäßig erweisen. Bei speziellen Fragen müssen auch Mitarbeiter des Rechnungswesens (Betriebsabrechnung, Kalkulation, Statistik) zu Rate gezogen werden. Erst wenn für alle eine Vorschlags- und Mitsprachemöglichkeit besteht, ist auch die Gewähr einer optimalen wertanalytischen Entscheidung gegeben, die gleichzeitig fertigungstechnisch realisierbar und absatzpolitisch vertretbar ist.

1 Vgl. J. Sell, Erfolgschancen im Materialbereich, a.a.O., S. 22.

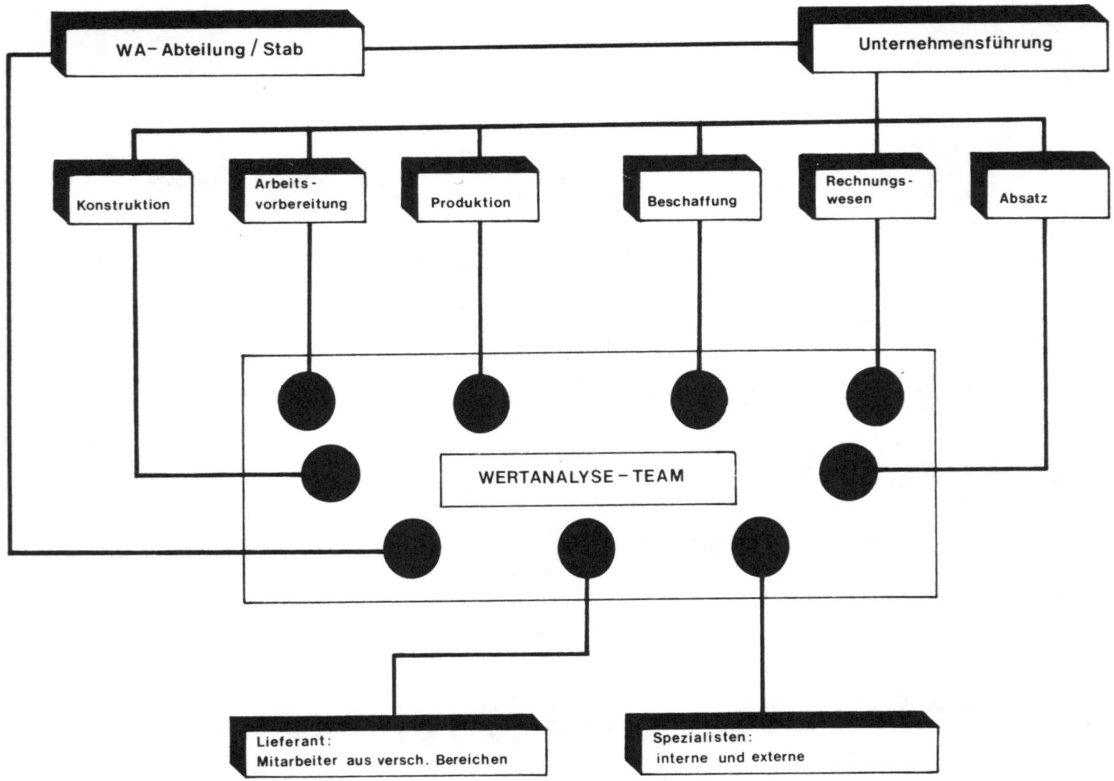

Abbildung 33:
Wertanalyse in Teamarbeit

Beispiel 19:
Erfahrungen eines nachrichtentechnischen Unternehmens mit der Kooperation zwischen Geschäftspartnern (Lieferanten).

Praxisbeispiel zur Wertanalyse mit Lieferanten

Allgemeine Daten		*Beispiel*
- Objektspektrum:	*Erzeugnis, Dienstleistung von gemeinsamem Interesse*	*Produkt (Lot)*
- Objektvolumen:	*0,5 bis ca. 5 Mio DM Volumen/Jahr*	*1 Mio DM*
-Zielvorgabe:	*10-20 % Kosteneinsparung*	*0,2 Mio DM*
- Aufwand:	*ca. 150 Std. je Partner für 4 bis 6 Sitzungen*	*300 Std. 4 Sitzungen*
- Dauer der WA:	*ca. 3 bis 5 Monate*	*4 Monate*
- Realisierungsdauer:	*innerhalb von 12 Monaten*	*8 Monate*
- Erfolgsaufteilung:	*Abnehmer erhält im allgemeinen die volle erreichte Kostensenkung für eine Abnahme (1 Mio DM) Hersteller erhält den Vorteil (18 Mio DM) im allgemeinen für sein meist erheblich größeres übriges Verkaufsvolumen (Gesamt-Produktionsvolumen 100 Mio DM)*	*ca. 1 zu 10*
-Ø Ergebnis	*20 %*	*20,7 %*
- Ausfallrate, Objekte:	*5-6 %*	*0*

Erläuterung des Anwendungsfalls:

Allgemein
Weichlote mit Flußmittelseele (Röhrenlote) werden insbesondere zum korrosionsfreien Weichlöten von Kupfer und Kupferlegierungen in der elektrotechnischen Industrie verwendet.

Verwendungsbeispiel
Zinn-Blei-Weichlot (L-Sn 60 Pb) für das Einlöten von elektrischen Bauelementen bzw. für Drahtverbindungen.
Das Material wird in Ringen oder auf Rollen schutzverpackt geliefert.

WA-Kooperation
Eine 5-köpfige Arbeitsgruppe aus Mitgliedern der Hersteller- und Abnehmerfirma hat in 4 Sitzungen mit einem Aufwand von insgesamt 300 Stunden innerhalb 4 Monaten gemeinsam Verbesserungsansätze mit ca. 21 % Kostenverbesserungspotential erarbeitet.

Lösungsansätze zur Kosteneinsparung (Auszug)

- *Maßnahmen im Materialbereich:*
  Zinnanteil für bestimmte Einsatzbereiche variieren,
  Einsatz von verhüttetem Material,
  Spulengewichte erhöhen,
  Veränderung des Drahtform-Querschnittes.
- *Maßnahmen aus der Verarbeitung, Handhabung:*
  Wickelplätze mit Mehrfach-Wicklung ausstatten,
  Mehrfachverwendung von Einwegspulen,
  Änderung des Materialflusses,
  Veränderung der Verpackungsvorschriften,
  Einführung einer körperlosen Spule.
- *allgemeine Maßnahmen:*
  Veränderung im Verpackungs- und Versandbereich,
  Einsatz eines „Null-Fehler-" und „Kostenverbesserungsprogramms".

Die Praxis zeigt, daß man durch systematisch betriebene Wertanalyse zu großen Einsparungserfolgen kommen kann, die vor allem aus der betrieblichen Zusammenarbeit erwachsen.[1] Dabei kann die Effizienz der Wertanalyse erhöht werden:

- durch Verwendung von Kreativitätstechniken insbesondere von Brainstorming,
- durch rationelle Differenzierung des Wertanalyseprogramms im Sinne des ABC-Prinzips.

Die Effizienz der Wertanalyse ist durch Verhaltens- und Rationalisierungstechniken zu steigern

Eine unbewußt oder von Fall zu Fall betriebene Wertanalyse kann zwar nützlich sein, aber keinen nachhaltigen Erfolg bringen.

1 Vgl. die Beispiele bei A. Boje, Moderne Einkaufs-Organisation, a.a.O., S. 102 ff.

Im Bereich der Materialwirtschaft braucht man für die Wertanalyse ausgebildete und erfahrene Einkäufer, die Untersuchungen für die Materialien und Dienstleistungen durchführen, für die sie zuständig sind, oder an entsprechender Teamarbeit mitwirken. Da die wertanalytischen Überlegungen im Einkauf nicht ohne Beziehung zur Kalkulation und Kostenrechnung durchzuführen sind, muß jeder Einkäufer sich mit allen heute praktizierten Kalkulationsverfahren und Preisbildungsmöglichkeiten auseinandersetzen können. Er muß in der Lage sein, die Kostenrechnung und Kalkulation des Lieferanten nachzuvollziehen.

Der Einkäufer trägt im Wertanalyseteam aufgrund seiner vielfältigen Beziehungen zu den Lieferanten und Märkten eine hohe Verantwortung

Eine Kosten- und Preisanalyse – in Verbindung mit der Wertanalyse ein Aufgabengebiet der Produktbewertung – zielt darauf ab,

- ungerechtfertigte Gemeinkostenzurechnungen aufzudekken
- Fehler bei der Ermittlung der Herstellkosten zu erkennen
- eine Produzentenrente aufgrund sog. Preisführerschaft aufzudecken
- die Anwendung falscher Kalkulationsverfahren nachzuweisen usw.

Die Kosten- und Preisanalyse ist ein Aufgabengebiet der Produktbewertung und zielt auf eine Untersuchung der Einzelbestandteile der Kalkulation des Lieferanten ab

Im Zusammenhang damit muß der moderne Einkäufer Kapazitätsberechnungen anstellen, um beurteilen zu können, ob er von seinem Lieferanten einen Vollkosten- oder Grenzkostenpreis verlangen kann.[1]

Die Wirksamkeit der Kosten- und Preisanalyse, die am zweckmäßigsten in Form einer eigenen Kalkulation durchgeführt wird, hängt natürlich von der Möglichkeit der Informationsbeschaffung ab.

Darüber hinaus aber wird es im Rahmen der Produktbewertung Aufgaben geben, die über die Zuständigkeit des einzelnen Einkäufers hinausgehen. Hierzu gehören Untersuchungen über die Umstellung von Eigenfertigung auf Fremdfertigung, Untersuchungen von Produkten mit einem negativen Deckungsbeitrag, deren Teile von verschiedenen Einkäufern beschafft werden, Untersuchung bestimmter Überseemärkte

1 Vgl. dazu auch im fünften Abschnitt unter Ziffer 2.1.3.1 (materielle Angebotsprüfung).

usw. Organisatorisch zweckmäßig ist es, für derartige Aufgaben einige Mitarbeiter einzusetzen und in einer Gruppe zusammenzufassen, sofern das Ergebnis den Aufwand rechtfertigt, – und das ist bei systematisch betriebener Produktbewertung der Regelfall.

→ Aufgabe 4

4. Die Beschaffungsplanung

Begriff und Inhalt der Beschaffungsplanung

Der oft zitierte Spruch „Wer nicht plant, ist ein Verschwender" gilt auch für die Beschaffung. Dabei ist unerheblich, wie die Beschaffungsplanung inhaltlich definiert wird. Im engeren Sinne beinhaltet sie die mengen- und wertmäßige Festlegung der Vorratsbestände und des Einkaufsplans.[1] Im weiteren Sinne umfaßt sie auch die Planung des Beschaffungsvollzuges, wie die Festlegung der Bereitstellungsprinzipien, der Beschaffungswege, der Beschaffungszeitpunkte u.a.m.[2] Da diese Fragen mit der Mengen- und Ausgabenplanung (Budgetierung) verknüpft sind, sollen sie hier mitbehandelt werden.[3]

Ein modern geführtes Unternehmen kommt ohne Beschaffungsplan nicht aus

Die Beschaffungsplanung ist ein unentbehrliches Instrument des Material-Management zur Verwirklichung der im Rahmen der Beschaffungs- und Vorratspolitik gesteckten Zielsetzungen. Ihr Hauptzweck ist demnach

- die Sicherstellung der Lieferbereitschaft zu niedrigen Kosten und damit Verbesserung der Liquidität und Rentabilität der Unternehmung.

1 So E. Grochla, Grundlagen der Materialwirtschaft, a.a.O., S. 69 ff und S. 101 ff. – Grochla trennt hier zwischen der Planung der Materialbeschaffung und der Planung der Vorratshaltung. So auch H. Stark, Beschaffungsplanung und Budgetierung, Hrsg.: BME, Wiesbaden (o.J.), S. 28 ff.

2 Vgl. E. Heinen, Industriebetriebslehre, a.a.O., S. 277 ff. Eine sehr weite Begriffsfassung liegt auch der Arbeit von Strache zugrunde. Siehe H. Strache, Preise senken – Gewinn einkaufen, a.a.O., S. 37.

3 Man könnte allenfalls die Mengenplanung und Budgetierung als Prognoseplanung und die Planung der Beschaffungswege usw. als Vollzugs- oder Maßnahmenplanung bezeichnen.

Es leuchtet ein, daß Unternehmungen ohne integrierte Beschaffungsplanung[1] dieser Zielsetzung nur bedingt gerecht werden können. Sie bestimmen ihren Bedarf nur von Fall zu Fall oder von Liefertermin zu Liefertermin im voraus und kaufen entsprechend ungünstig ein. Unternehmungen mit integrierter Beschaffungsplanung können Jahresabschlüsse tätigen und damit z.B. die Vorteile von Mengenrabatten ausnutzen. Die Abrufe erfolgen entsprechend der betrieblichen Bedarfssituation im Rahmen des (meist Jahres-) Beschaffungsprogramms, unter dem die Summe aller Einkaufsverträge zu verstehen ist. Die Vorratshaltung wird dadurch auf ein wirtschaftlich vertretbares Mindestmaß begrenzt.

Darüber hinaus ist die Beschaffungsplanung noch ein wichtiges Instrument, um

- Risiken (Engpässe) im Beschaffungssektor vorausschauend zu erfassen und zu streuen.

Sie ist ferner

- Grundlage wirksamer Kontrolle, indem sie den Soll-Ist-Vergleich ermöglicht und damit gleichzeitig die Voraussetzung für eine Kontrolle der Verantwortlichkeit schafft.

Wie wertvoll die Beschaffungsplanung für den Einkauf und die Disposition ist, läßt sich – wie oben schon angedeutet – am ehesten abschätzen, wenn man sich die nachteiligen Folgen fehlender Planung vergegenwärtigt, die sich in Über- oder Minderbeständen äußern. Die Planung wirkt hier stark kontrollierend. Ihre Bedeutung steigt mit der Materialintensität der Produktion.

Im allgemeinen ist nur die Beschaffungsvollzugsplanung originär

Die Beschaffungsplanung ist nur zum Teil originär, nämlich dort, wo es um die Beurteilung der Beschaffungsmöglichkeiten, der Beschaffungswege, der Preise und Lieferfristen geht. Gewöhnlich wird der Mengenplan – zumindest soweit es die hochwertigen Materialien betrifft – aus den Zahlen des Produktions- oder Absatzplans entwickelt. Nur in Aus-

1 Durch den Zusatz „integriert" soll zum Ausdruck gebracht werden, daß die Beschaffungsplanung Teil der Unternehmensplanung ist.

nahmefällen – z.B. bei Verknappungen auf den Beschaffungsmärkten – kann der Beschaffungsplan Vorrang genießen.[1]

Der Beschaffungsplan ist ein Führungsinstrument

Ein Beschaffungsplan kann also als Bestandteil der Unternehmensplanung gesehen werden. Er stellt zugleich ein Führungsinstrument für das verantwortliche Material-Management dar und läßt sich für die einzelnen Teilbereiche getrennt aufstellen und kontrollieren.

Soll der Beschaffungsplan seinen Zweck als Führungs- und Kontrollinstrument erfüllen, so empfiehlt es sich, den Plan mit den leitenden Mitarbeitern zu erarbeiten und dadurch alle Mitarbeiter so genau wie möglich zu informieren. Es ist auch hier die Erkenntnis zutreffend, daß Pläne sich am leichtesten durchführen lassen, wenn die Mitarbeiter von der Richtigkeit der Planziele und der Zweckmäßigkeit der geplanten Maßnahmen überzeugt sind.

Der Grundsatz der Elastizität gilt auch für den Beschaffungsplan

Der endgültige Beschaffungsplan sollte zwar möglichst genau fixiert sein, er sollte aber auch gleichzeitig dem Einkäufer und dem Disponenten einen Ermessensspielraum freihalten.

> Der Grundsatz der Elastizität jeglicher Planung gilt auch im Beschaffungsbereich als wichtige Maxime.

Sprechen wichtige Gründe dafür, so muß auch bei straffen Plänen der Einkäufer von den detailliert festgelegten Einzelheiten abweichen können.

4.1 Mengenplanung und Budgetierung

Die Beschaffungsplanung ist zunächst reine Mengen- und Terminplanung. Eine mögliche Weiterentwicklung liegt in der Bewertung der Mengen mit den erwarteten Einkaufspreisen; sie führt zum Einkaufsbudget. Bezieht man in die Budgetierung auch die ausgabewirksamen Kosten der Beschaffungsabteilung mit ein, so erhält man das Beschaffungsbudget.

1 Vgl. K. Mellerowicz, Planung und Plankostenrechnung, Bd. 1, 3. Auflage, Freiburg 1972, S. 385.

Dieses kann bei Einbeziehung der übrigen Kostenstellenbereiche zum Budget der Materialwirtschaft erweitert werden. (Vgl. Abb. 35, Seite 157).

4.1.1 Mengen- und Terminplanung

Genaue Mengen- und Terminplanung bei plangesteuerter Disposition

Wenn nicht betriebliche Engpässe eine andere Planungsausrichtung erfordern, läuft für die plangesteuerte Disposition (Vierter Abschnitt, Ziffer 3.2) die Mengen- und Terminplanung in folgenden Schritten ab:

(1) Erstellung eines Bedarfsplanes:
Ausgangspunkt einer Mengenplanung ist die Bedarfsplanung, für die in Industriebetrieben der Produktionsplan die Endleistungen nach Art und Menge angibt. Als Unterlagen für die Ermittlung des Materialbedarfs je Leistungseinheit werden Stücklisten, Rezepte o. dgl. herangezogen.

Einzige Informationsquelle in Handelsbetrieben ist der zu erwartende Absatz, der aufgrund vergangener Erfahrungen und einer Vorausschätzung der zukünftigen Entwicklung mehr oder weniger genaue Angaben bietet.

Im Bedarfsplan muß eine Zugabe für Ausschuß usw. berücksichtigt werden.

(2) Erstellung des Lagervorratsplans:
Bevor der ermittelte Bedarf in den Beschaffungsplan übernommen werden kann, ist seine Erhöhung oder Verminderung aufgrund angestrebter Lagerbestandsveränderungen zu berücksichtigen. Sollen die Vorräte abgebaut werden, so sinkt der Bedarf (brutto) unter den Verbrauch der Periode. Eine Bestandserhöhung wird auf zusätzlichen Bedarf für Sicherheitsbestände zurückgehen und auf eine Vorratshaltung für den Bedarf späterer Perioden. Das Ergebnis sind Zu- und Abschläge zu den zunächst im Bedarfsplan errechneten Werten.

Der Vorratsbedarf ist noch zu erweitern um eine rein spekulativ begründete Eindeckung.

(3) Feststellung der zeitlichen Verteilung des Bedarfs:
Die Termine, zu denen oder bis zu denen die Beschaffung zu geschehen hat (Bereitstellungstermine), ergeben sich aus der zeitlichen Verteilung des Verbrauchs entsprechend dem Absatz- bzw. dem Fertigungsrhythmus. Dabei ist zu überlegen, für welchen Zeitraum die Materialien beschafft werden sollen. Für eine zeitliche Disposition ist die Unterscheidung des notwendigen Materials in
- Material mit einer fertigungssynchronen Beschaffung
- Material, das erst über das Lager bereitgestellt wird (Vorratsbeschaffung)
- Material, das nur auftragsbezogen beschafft wird,

von Bedeutung.[1] Erfolgt die Bereitstellung nach dem Prinzip der lagerlosen Sofortverwendung, so erhält man den spätesten Bestelltermin, indem man vom Bereitstellungstermin die Beschaffungszeit zurückrechnet. (In der Praxis sind die Bestelltermine dann oft Termine für den Abruf von Sukzessivlieferungen.[2]

Bei einer Materialbereitstellung über das Lager stehen in der Regel die Bestelltermine in keinem direkten Zusammenhang mit den Bereitstellungsterminen. Sie sind in diesem Fall hauptsächlich davon abhängig, welche Bestellmengen gewählt werden.

Abb. 34 faßt den Ablauf der Beschaffungs(mengen)planung noch einmal zusammen.

Grobe Mengen- und Terminplanung bei verbrauchsgesteuerten Materialien

Wesentlich einfacher läßt sich die Mengen- und Terminplanung für Materialien durchführen, die nach Verbrauch disponiert werden. Absatz- und Produktionsplan geben aber auch hier erste Hinweise auf zu erwartenden Mehr- oder Minderbedarf.

Es empfiehlt sich – sofern eine Planung für verbrauchsgesteuerte Materialien überhaupt zweckmäßig erscheint –, den Beschaffungsplan nach Positionen aufzuteilen:

– die nach Plan beschafft werden (plangesteuerte Disposition),

1 Es handelt sich hier um die sog. Bereitstellungsprinzipien, deren Festlegung Teil der nachfolgend unter Ziffer 4.2 behandelten Vollzugsplanung der Beschaffung ist.

2 Auf die Ermittlung der Vorlaufzeiten wird im vierten Abschnitt unter Ziffer 2.2 eingegagen.

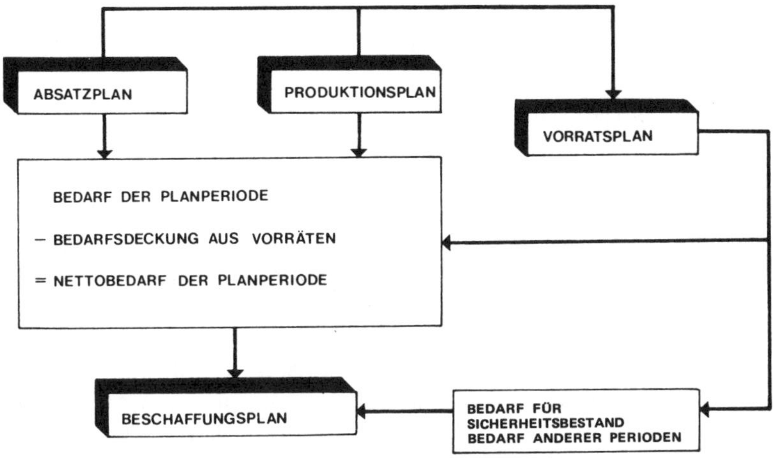

Abbildung 34:
Ablauf der Beschaffungsplanung

– für die aufgrund der Lagerbestandsbewegung bei Erreichen des Meldebestandes eine Bestellung erteilt wird (verbrauchsgesteuerte Disposition).

Im allgemeinen dürfte bei verbrauchsgesteuerten Materialien (C-Artikel) eine grobe Mengen- und Terminplanung für dispositive Zwecke ausreichen.

Der Bedarf an Verpackungsmaterial geht sowohl aus dem Produktions- als auch aus dem Absatzplan hervor. Hier gibt es eine Vielzahl von Möglichkeiten, sich mit den Verpackungsproblemen auseinanderzusetzen und rationelle Lösungen zu suchen.[1] Es sind daher Vergleichswerte der letzten Jahre nicht kritiklos in die Planung zu übernehmen.

Der Bedarf an Verpackungsmaterial muß sorgfältig geplant werden

Fallen Abfallstoffe und Überschußmaterial an, die der Einkauf im Rahmen einer Entsorgungsplanung am Markt abzusetzen hat, so sind diese nach Art, Menge und Verkaufspreisen im Verkaufsplan der Beschaffung niederzulegen.[2]

Für Abfallstoffe und Altmaterial ist ein Verkaufsplan zu fertigen

1 Vgl. H. Strache, Preise senken – Gewinn einkaufen, a.a.O., S. 433 ff.
Vgl. H. Benz, Rationeller Einkauf – optimale Lagerhaltung, a.a.O., S. 44.

4.1.2 Budgetierung

Die Notwendigkeit zur Budgetierung

Die Notwendigkeit zur Budgetierung ergibt sich aus

- der „Gewinn-Verantwortung" des Einkaufs
- aus der Ausgaben- und Finanzwirksamkeit sämtlicher Aktivitäten in den Bereichen der Materialwirtschaft, wobei die finanziellen Mittel und die Finanzkraft der Unternehmung in der Regel als begrenzt anzusehen sind.

Planziele sind festzulegen

Aus diesen Gründen und der generellen Abhängigkeit des Beschaffungserfolges von Marktschwankungen und Marktabhängigkeiten ergibt sich der kontinuierliche Zwang zur Verbesserung oder Sicherung der Leistung in allen Bereichen der Materialwirtschaft. Planziele können z.B. sein:

- Auffangen anerkannter Preiserhöhungen durch gezielte Preisreduzierungen bei anderen Materialien;
- Abbau der Überbestände und Lagerhüter um . . . % oder um DM . . .;
- Reduzierung der Lagerkosten um . . . % oder um DM . . . durch Personaleinsparung;
- Reduzierung der Bestellkosten um . . .% oder um DM . . . durch Rationalisierung (weniger Kleinbestellungen usw.).

Die Struktur des Budgets richtet sich nach den zu budgetierenden Ausgaben

Das Ergebnis der Tätigkeiten in der Materialwirtschaft wäre demnach auf drei Gebieten zu planen:

(1) Beim Einkauf durch eine Bewertung der geplanten Beschaffungsmengen mit den erwarteten Preisen. Um dabei zu annähernd genauen Werten zu kommen, sind Marktanalysen und Marktbeobachtungen wichtige Hilfsmittel.

(2) Bei der Vorratshaltung. Dabei sollten aus Gründen der Vereinfachung die handels- und steuerrechtlichen Bewertungsansätze zugrunde gelegt werden.

(3) Bei den Kosten der Beschaffung und Lagerhaltung. Wieweit diese Kosten aufgegliedert und einzelnen Materialgruppen zugerechnet werden sollten, ist eine Frage der Wirtschaftlichkeit und abhängig von der Transparenz des Kostenrechnungssystems. In der Regel wird man sich

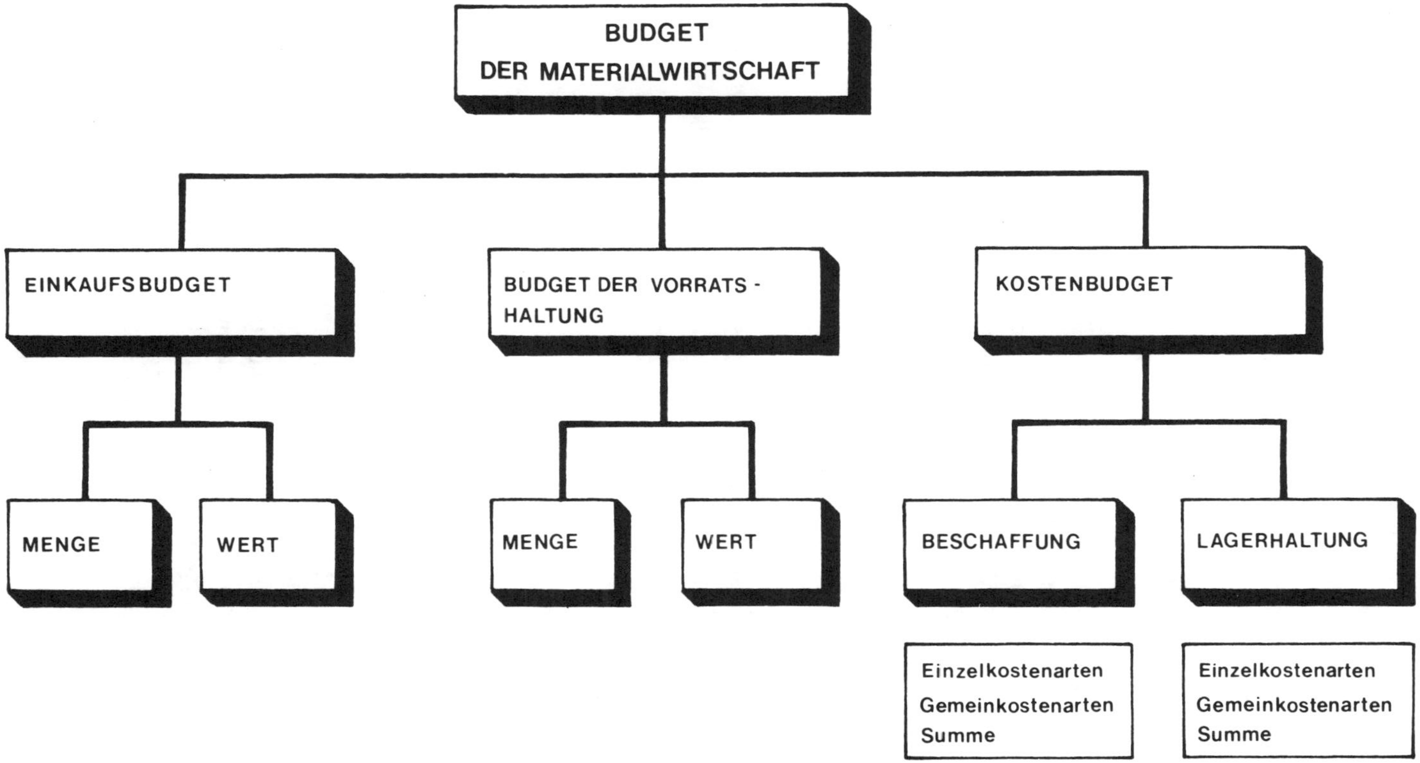

Abbildung 35:
Budget der Materialwirtschaft (schematische Zusammensetzung)

auf die Planung bestimmter Kostenarten – wie z.B. auf die Planung der Personal- und Transportkosten – beschränken.

Abb. 35 zeigt die mögliche Struktur eines Materialwirtschaftsbudgets.

Die Budgetierung bietet wirksame Führungs- und Kontrollmöglichkeiten

Im Vergleich zur Mengenplanung hat die Budgetierung den Vorteil, daß

- sie einen meßbaren Einblick in die Wirksamkeit geplanter Maßnahmen gibt und damit ein sehr viel effizienteres Führungs- und Kontrollinstrument für das Material-Management, aber auch für den einzelnen Mitarbeiter darstellt.

4.2 Beschaffungsvollzugsplanung

Die Planung des Beschaffungsvollzugs umfaßt eine Vielzahl von Problemen, von denen hier nur einige wesentliche Teilfragen einer allgemeinen Betrachtung unterzogen werden.

4.2.1 Planung der Bereitstellungsprinzipien

Grundsätzlich gibt es zwei Möglichkeiten, die Materialbereitstellung zu planen: Bedarfsdeckung ohne Vorratshaltung und Bedarfsdeckung mit Vorratshaltung. Bei der Bedarfsdekkung ohne Vorratshaltung ist zu unterscheiden, ob die Beschaffung unmittelbar durch das Auftreten des Bedarfs ausgelöst oder eine weitgehende Synchronisation von Verbrauchsrhythmus und Bereitstellungsrhythmus durch zweckentsprechende Lieferverträge erreicht wird. Es lassen sich demnach drei Prinzipien der Materialbeschaffung ableiten:[1]

Insgesamt lassen sich drei Bereitstellungsprinzipien unterscheiden

(1) Einzelbeschaffung im Bedarfsfall

1 Vgl. E. Grochla, Grundlagen der Materialwirtschaft, a.a.O., S. 23 ff.

(2) Vorratsbeschaffung

(3) Fertigungs- oder einsatzsynchrone Beschaffung

Da sich die Prinzipien sehr unterschiedlich auf

Die Bereitstellungsprinzipien beeinflussen das materialwirtschaftliche Optimierungsziel auf unterschiedliche Weise

- Lieferbereitschaft
- Kapitalbindung und
- Kosten der Beschaffung und Lagerung

auswirken, sind im Rahmen der konkreten betrieblichen Bedingungen diesbezügliche Maßnahmen genau zu planen.

Vergleichbar mit den Vorteilen der fertigungssynchronen Beschaffung sind die bei der deutschen „Version" des japanischen KANBAN-Prinzips angestrebten

Es soll hier nicht auf das japanische KANBAN-System (KANBAN=Karte) eingegangen werden, da bei diesem Material- und Fertigungssteuerungssystem die Verbindung Kunde-Lieferant nur ein kleiner Baustein ist. Es verlangt in der „reinen" Form letztendlich, daß der Lieferant auch seinerseits das KANBAN-System einzuführen hat, um bei Bedarf des Kunden sofort reagieren und Just-in-Time anliefern zu können. Die modifizierten Pilotprojekte oder Insellösungen deutscher Unternehmen lassen diesen Autonomieverlust der Lieferanten nicht erkennen. Sie setzen nicht voraus, daß sich die Lieferanten die spezifischen KANBAN-Voraussetzungen – Hol- statt Bringprinzip in der Fertigung, schnell umrüstbare Maschinen, Fließfertigung, Null-Fehler-Produktion – schaffen. So wird zum Beispiel nicht auf die in Japan übliche Tageslieferung gegangen, sondern als Abrufmenge ein ungefährer Wochenbedarf zugrundegelegt. Lieferpläne mit einer Vorausschau von mehreren Monaten liegen den Lieferanten vor. Abgerufen wird jedoch erst bei Bedarf.[1] Damit sind die Vorteile des Just-in-Time- oder Produktion-auf-Abruf-Konzepts im wesentlichen mit denen bei der fertigungssynchronen Bereitstellung angestrebten vergleichbar.

4.2.1.1 Einzelbeschaffung

Begriff und Vorteile der Einzelbeschaffung

Bei der Anwendung dieses Prinzips wird der Beschaffungsvorgang erst dann ausgelöst, wenn ein spezifischer, mit einem bestimmten Auftrag verbundener Bedarf vorliegt. Das bedeutet, daß

1 Vgl. die Beiträge in Beschaffung aktuell, Leinfelden, März 1984 sowie von D. Türke, das KANBAN-System aus Japan oder wie man fast lagerlos fertigt, Nürnberg 1983.

- ein Lagerrisiko nicht gegeben ist,
- Liquidität kaum gebunden wird,
- Zins- und Lagerkosten nicht ins Gewicht fallen.

Bestände treten im Bereich der Materialwirtschaft nur dann auf, wenn das Material bei einer längeren Produktionsdauer sukzessiv in Teilmengen an die Bedarfsstellen abgegeben wird. Zu einer kurzfristigen Lagerung kann es auch kommen, wenn eine vorzeitige Anlieferung infolge der Einrechnung einer Sicherheitszeit erfolgte.

Bei Einzelbeschaffung ist die Lieferbereitschaft gefährdet

Problematisch bei der Einzelbeschaffung ist die Terminierung, da sie zwei Risiken unterliegt:

- Risiko der verspäteten oder Nichtlieferung des Materials
- Risiko der Lieferung quantitativer oder qualitativer Fehlmengen.

In beiden Fällen besteht die Gefahr, daß die Lieferbereitschaft nicht mehr gewährleistet bleibt.

Die Einzelbeschaffung findet bei auftragsorientierter Fertigung Anwendung

Zur Anwendung kommt dieses Prinzip bei auftragsorientierter Einzel- oder Kleinserienfertigung. Dabei kann sich die Einzelbeschaffung auf bestimmte Teile beziehen, die nur für einen Kundenauftrag Verwendung finden. Vielseitig verwertbare Normteile werden auch in diesen Fällen nicht einzeln beschafft.

Mehr- und Minderbelastung müssen gegeneinander aufgerechnet werden

Zu beachten ist, daß die Bestellkosten je Bezugseinheit wegen der fehlenden Losgrößendegression bei der Einzelbeschaffung am größten sind. Man muß daher in der Praxis die kostenmäßigen Mehr- und Minderbelastungen gegeneinander aufrechnen und dann, wenn sich günstigere Lagerhaltungs- plus Bestellkosten ergeben, zur Vorratsbeschaffung übergehen. Voraussetzung ist, daß die Materialien im Rahmen der Einzelfertigung mehrfach verwendbar sind, was bei Normteilen und Kleinmaterial in der Regel zutrifft.

4.2.1.2 Vorratsbeschaffung

Begriff und Vorteile der Vorratsbeschaffung

Die Beschaffung auf Vorrat mit zwangsläufiger Lagerhaltung macht die Materialbeschaffung vom Auftragseingang und Fertigungsablauf zumindest kurzfristig unabhängig. Bei Anwendung dieses Bereitstellungsprinzips werden die Materialien im eigenen Betrieb „zur Verfügung" gehalten. Bei Bedarf können sie sofort vom Lager abgerufen werden. Damit wird dem Risiko verminderter Lieferbereitschaft weitgehend Rechnung getragen.

Die Vorratsbeschaffung ist in der Regel mit dem Bezug größerer Mengen verbunden und stellt die größten Anforderungen an die Materialbedarfsplanung, da der Verbrauch der Fertigung sich völlig arhythmisch verhalten kann. Auch sind an die Bestandsüberwachung besonders hohe Anforderungen zu stellen.

Als Vorteile der Vorratsbeschaffung sind zu nennen:

- Verbesserung der Marktposition durch große Abnahmemengen und dadurch Chancen zur aktiven Preispolitik und Erschließung neuer Märkte

- Ausnutzung von Preisvorteilen (Mengenrabatte, Transportstaffelungen) durch den Bezug großer Mengen

- Sicherung der Kontinuität des Fertigungsvollzuges für eine begrenzte Zeitspanne durch Abschirmung gegenüber Marktschwankungen

Diesen Vorteilen stehen als Nachteile

- hohe Lagerrisiken,
- hohe Lager- und Zinskosten sowie
- eine hohe Kapitalbindung

gegenüber.

Vorratshaltung nach „Maß"

Für die Praxis gilt daher die Forderung:

> Die (zeitweilige) Überhöhung der Vorratshaltung zur Ausnutzung von Preisnächlässen und Rabatten oder aus anderen Lagerhaltungsmotiven (saisonaler Ausgleich, Spekulation) sollte nur bei absolut gesicherten Liquiditätsbedingungen in Erwägung gezogen werden.

Gewöhnlich lassen sich bei Verschlechterung des Zahlungseingangs und damit der Liquidität Liquiditätsreserven aus der überhöhten Vorratshaltung nicht kurzfristig freimachen. Im übrigen ist dies wirtschaftlich nur zu rechtfertigen, wenn die erzielten Preisvorteile erheblich höher sind als der Aufwand für die überhöhte Vorratshaltung, da auch das erhöhte Lagerrisiko kalkulatorisch zu erfassen ist.

Minderung der Nachteile durch Abschluß von Sukzessivlieferungsverträgen

Sukzessivlieferungsverträge, die Vereinbarungen über die Abnahme einer Gesamtmenge innerhalb einer bestimmten Zeitspanne enthalten, mildern die Nachteile der Vorratsbeschaffung. Bei einem derartigen Liefervertrag wird eine Gesamt-Abnahmemenge vereinbart, die jedoch nicht auf einmal geliefert, sondern auf Abruf bereitgestellt wird. Besonders zweckmäßig sind Sukzessivlieferungsverträge, wenn der Materialbedarf für einen längeren Zeitraum feststeht, die Verteilung des Bedarfs innerhalb dieses Zeitraums aber noch offen steht. Die Sukzessivlieferungsverträge weisen bereits viel Ähnlichkeit mit dem Prinzip fertigungssynchroner Anlieferung aus.

4.2.1.3 Fertigungssynchrone Beschaffung

Begriff der fertigungssynchronen Beschaffung

Die fertigungs- oder einsatzsynchrone Beschaffung versucht die Vorteile der beiden ersten Prinzipien zu verbinden und deren Nachteile auszuschließen.

Mit Hilfe von Lieferverträgen, die mit hohen Vertragsstrafen bei Lieferverzug verbunden sind, werden die Lieferanten veranlaßt, an festen, durch den Ablauf der Fertigung bestimmten Terminen das benötigte Material zu liefern.

Zur Anwendung gelangt das Prinzip der fertigungssynchronen Beschaffung bei Großserien- oder Massenfertigung, wo die Fertigung nach dem Fließprinzip die Regel ist und aufgrund der genauen Planung des räumlichen und zeitlichen Ablaufs der Fertigung mit der Bestimmung der Ausbringungsmenge auch der Materialeinsatz genau vorbestimmt werden kann. Durch die Fertigung auf Automaten und Transferstraßen oder bei Verfahrenstechniken (z.B. bei der Herstellung von Chemieerzeugnissen) wird die Mengen- und Zeitplanung des Materialeinsatzes praktisch vorweggenommen.

Die fertigungssynchrone Beschaffung findet bei Großserien- oder Massenfertigung Anwendung

Allerdings kann in der Praxis die Materialbeschaffung mit der Fertigung nicht exakt synchron verlaufen, was auch schon rein liefertechnisch nicht möglich ist. Vielmehr wird die Anlieferung auch dann nur in mehr oder minder großen Schüben vor sich gehen. Im Extremfall umfassen dabei die Teilmengen die Anlieferung von „Tagesproduktionsmengen", wie es z.B. in der Automobilindustrie praktiziert wird. Der Anlieferung folgt hier unmittelbar der Einsatz in der Fertigung oder die kurzfristige Bereitstellung. Eine Lagerhaltung mit den kennzeichnenden Merkmalen der Unbestimmtheit der Bedarfsmengen und der Entnahmezeitpunkte findet nicht statt, es sei denn, daß der Bezug von kleinen Mengen (z.B. von Betriebsstoffen) unwirtschaftlich ist oder aber der Bedarf nicht genau vorherbestimmt werden kann. Für die meisten Materialien werden nur noch Sicherheitsbestände für den Fall gelagert, daß aufgrund unvorhersehbarer Ereignisse (z.B. Streiks) der Lieferrhythmus unterbrochen wird.

Die Synchronisierung von Liefer- und Verbrauchsrhythmus ist problematisch

Die fertigungssynchrone Anlieferung führt somit zu

- relativ geringen Zins- und Lagerkosten und
- minimaler Kapitalbindung.

Vorteile der fertigungssynchronen Beschaffung

Es können jedoch durch den Bezug kleinerer Mengen höhere Bestellkosten je Materialeinheit entstehen. Diese Kostenerhöhung wird häufig durch eine zweckentsprechende Ausgestaltung von Lieferverträgen vermieden, die Anlieferungen in geringen Mengen vorsehen, jedoch die Vorteile des Großbezuges gewähren. Die Kontinuität der Materialversorgung kann durch Vereinbarung von Konventionalstrafen oder durch Beteiligung am Lieferunternehmen abgesichert werden.

Minderung der Nachteile durch besondere Vertragsgestaltung

Überwälzung der Beschaffungsaufgaben auf Lieferanten muß beiden Seiten Vorteile bringen

Die Überwälzung der wichtigsten Beschaffungsaufgaben (Bereitstellung der Materialien nach Mengen und Qualität zum Fertigungszeitpunkt) auf den Lieferanten setzt eine relativ starke Marktmacht des Käufers voraus. Nicht zuletzt – und diese Überlegung ist für die praktische Anwendung des fertigungssynchronen Bereitstellungsprinzips entscheidend – wird es von dieser Marktposition abhängen, ob die Abwälzung von Beschaffungsfunktionen auf den Lieferanten eine kostenmindernde Wirkung für den Abnehmer hat. Nicht auszuschließen ist, daß ein Anstieg der Selbstkosten der Lieferanten durch erhöhte Zins- und Lagerkosten zu einer Preissteigerung oder Qualitätsminderung der Materialien führt.

> Das Prinzip der fertigungssynchronen Beschaffung wird nur dann seine vollen Vorteile zeigen, wenn auch der Lieferant aufgrund der gesicherten Abnahme durch kostengünstige Fertigungslose zu Kosteneinsparungen kommt.

Die fertigungssynchrone Anlieferung hat allerdings eine nicht eindeutig definierbare räumliche Begrenzung. Mit der Entfernung der Standorte zwischen Lieferant und Abnehmer wird die Realisierung erschwert. Das gilt insbesondere dann, wenn staatliche Grenzen zwischen den Geschäftspartnern liegen.

4.2.2 Planung der Beschaffungswege

Mögliche Beschaffungswege

Eine weitere wichtige Planungsaufgabe, die vor der eigentlichen Beschaffung zu lösen ist, betrifft die Wahl des Beschaffungsweges. Dabei ergeben sich für den Betrieb grundsätzlich die Möglichkeiten des Direktbezuges vom Hersteller, des Bezuges über den Großhandel und in Ausnahmefällen auch des Bezuges vom Einzelhandel. Diese Wahlmöglichkeiten bestehen nicht, wenn vom Erzeuger ein Direktbezug ausgeschlossen wird oder – der umgekehrte Fall – er nur direkt an die weiterverarbeitende Industrie liefert. Die Wahlmöglichkeit ist eingeschränkt, wenn der Bestellbedarf unter den vom Erzeuger festgesetzten Mindestmengen liegt. Bei Kleinmaterial (C-Artikel, Büromaterial) ist die Wahlentscheidung eindeutig: Die Bezugsquelle am Verbrauchsort oder in unmittelbarer Nähe ist – ob Groß- oder Einzelhandel – im Regelfall die wirtschaftlich günstigste.
Außer der grundsätzlichen Alternative zwischen direktem Bezug vom Hersteller oder dem indirekten Bezug über den Han-

del kommt auch die Beschaffung über Kommissionäre, durch Einkaufsbüros und Einkaufsgemeinschaften (Kooperativer Einkauf) sowie über Importeure im Auslandsgeschäft in Betracht.

Sofern der Betrieb zwischen mehreren Beschaffungswegen wählen kann, wird diese Wahl im wesentlichen von folgenden Faktoren bestimmt:

Bestimmungsfaktoren bei der Wahlmöglichkeit zwischen mehreren Beschaffungswegen

- Materialart (z.B. Normteile oder Spezialanfertigungen)
- Materialmenge
- Materialqualität (z.B. stets gleichbleibende Qualität)
- Preisvorteile (Materialpreis, Rabatt, Transportkosten)
- Lieferfristen
- Zahlungsziele
- Beratung/Service
- Gegengeschäfte

u.a.m.

Der wirtschaftlich günstigste Beschaffungsweg läßt sich erst durch eine eingehende Analyse bestimmen. Zweckmäßig erscheint auch hier die Anwendung der ABC-Methode oder anderer Wertigkeitsregeln (z.B. Lieferfristen).

Anwendung der ABC-Analyse oder anderer Wertigkeitsregeln bei der Bestimmung des optimalen Beschaffungsweges je Materialgruppe

4.2.2.1 Direkter Bezug vom Erzeuger

Der direkte Bezug vom Erzeuger führt zu Preisvorteilen, da durch die Verkürzung der Beschaffungskette Transport-, Umlade- und Zwischenlagerungskosten entfallen. Dazu wird die Information über die speziellen Eigenschaften eines Artikels besonders intensiv sein. Auch gibt es Artikel, die der Handel nicht am Lager führt, wie z.B. Spezialzulieferteile. Zweckmäßig ist der direkte Beschaffungsweg besonders auch dann, wenn das beschaffende Unternehmen eine Belieferung von bestimmten Materialien in stets gleichbleibender Qualität sicherstellen muß.

Vor- und Nachteile des direkten Bezugs

Bei nahem Standort des Erzeugers oder einem seiner Nebenlager (Außenlager) wird die Beschaffungszeit von Standardartikeln nicht (wesentlich) hinter der des Handels zurückstehen.

Zu prüfen ist, ob nicht die Preisvorteile durch zusätzliche Kosten aufgewogen werden. Diese können vor allem durch den Zwang zur Abnahme und Einlagerung von Mindestabnahmemengen, die über den tatsächlich benötigten Mengen liegen, oder durch Mindermengenzuschläge entstehen.

4.2.2.2 Indirekter Bezug über den Handel

Vor- und Nachteile des indirekten Bezugs

Erfolgt die Materialbeschaffung über einen Handelsbetrieb,[1] so ist zu beachten, daß dieser und nicht etwa dessen Einkaufsquelle der Vertragspartner ist. Er muß also so groß, stark, zuverlässig und leistungsfähig sein, daß er auch tatsächlich der optimale Lieferant ist. Er muß nicht nur zu den für den eigenen Betrieb besten Bedingungen liefern, sondern auch für Qualität und Liefertermine haften und für etwaigen Schadenersatz selbst einstehen.

Zugunsten der Beschaffung über den Handel läßt sich die Übernahme von Bereitstellungsaufgaben und Risiken durch den Handel anführen. Beim Bezug von kleineren Mengen können die Preise des Handelsbetriebes niedriger sein als die Gesamtkosten beim Direktbezug, obwohl der Handelsbetrieb mit der Handelsspanne sämtliche Handlungskosten zuzüglich eines Gewinnanteils im Verkaufspreis weiterberechnet. Die Handelsspanne muß sich aber nicht kostenerhöhend auswirken, weil der Handel die Güter in großen Mengen vom Produzenten bezieht und damit Preisvorteile und – durch größere Transporteinheiten – günstigere Transportkosten erzielt. Zudem erlauben die über den Handel möglichen kurzfristigen Lieferungen in kleinen Mengen eine geringe Vorratshaltung; sie verursachen entsprechend niedrige Lagerhaltungskosten und verringern die mit der Vorratshaltung verbundenen Risiken.

Ein Vorteil ergibt sich auch daraus, daß der Handel ein breites Sortiment führt. Damit wird eine gewisse Markttransparenz möglich. Die Beratung bezüglich der einzelnen Materialien wird nicht so intensiv sein, dafür wird aber eine größere Anzahl von Vergleichsmöglichkeiten geboten.

1 Vgl. H. Strache, Preise senken – Gewinn einkaufen, a.a.O., S. 378 f.

4.2.2.3 Beschaffung aus dem Ausland

Materialien aus dem Ausland können vom dortigen Handel oder Erzeuger bezogen werden. Aber nur Großbetriebe werden in der Lage sein, ohne Einschaltung eines inländischen Mittlers (Importeurs) ihre eigenen Interessen im Ausland selbst wahrzunehmen. Das ist in der Regel nur durch die Unterhaltung eigener Auslandsvertretungen gewährleistet.

Bei Großbetrieben überwiegt der direkte Bezug aus dem Ausland

Vertragliche Vereinbarungen mit den ausländischen Herstellern setzen Kenntnis der ausländischen Handelsbräuche, zolltechnischen Bestimmungen und internationalen Handelsvorschriften (Incoterms) voraus. Zudem ist der Materialtransport von ausländischen Märkten, vor allem bei der Beschaffung aus überseeischen Ländern meist mit großen Schwierigkeiten, vielen Risiken und hohen Kosten verbunden. Aus wirtschaftlichen Gründen kommt oft nur ein Bezug in großen Mengen (Schiffsladungen) in Frage. Deshalb entscheiden sich Betriebe – falls überhaupt – für den direkten Beschaffungsweg nur bei Rohstoffen, die sie regelmäßig in großen Mengen verarbeiten und durch deren direkte Beschaffung erhebliche Kostenvorteile zu erzielen sind.

Bei kleineren und mittleren Betrieben überwiegt der indirekte Bezug über den Fachimporteur. Dieser ist auf bestimmte Waren spezialisiert, die er auf Märkten im Ausland zu optimalen Bedingungen beschafft. Ausgezeichnete Waren- und Marktkenntnisse, eine gut organisierte Zusammenarbeit mit Spediteuren, Frachtführern, Lagerhaltern, Einfuhr- und Schiffsmaklern, Reedereien, Versicherungsgesellschaften, Banken und Behörden kennzeichnen seine Tätigkeit. Von Vorteil für den beschaffenden Betrieb ist nicht zuletzt die Übernahme der Einfuhrfinanzierung und der typischen Außenhandelsrisiken (Transport-, Kredit-, Kurs- und Konvertierungsrisiko) durch den Importhändler.

Bei Klein- und Mittelbetrieben überwiegt der indirekte Bezug über den Fachimporteur

4.2.2.4 Kooperative Beschaffung

Die kooperative Beschaffung kann in einer losen Zusammenarbeit zweier oder mehrerer Betriebe liegen, die sich entschlossen haben, die Beschaffung einzelner Güter gemeinsam vorzunehmen.

Die kooperative Beschaffung braucht bestimmte organisatorische Voraussetzungen und soll vor allem zur Stärkung der Position der Partner führen

Die zweite Form der kooperativen Beschaffung besteht in einem festen Zusammenschluß.

In jedem Fall bedarf die Zusammenführung der Partner eingehender Vorbereitung.

Durch den Zusammenschluß soll eine Stärkung der eigenen Marktposition erreicht werden. Die daraus resultierenden Vorteile für Beschaffungspreise, Rabatte, Boni und andere Konditionen kommen vor allem kleineren und mittleren Unternehmungen zugute. Desweiteren wird durch die Kooperation eine breitere Information über den Beschaffungsmarkt erreicht.[1]

4.2.3 Planung der Lieferantenauswahl

Dem Einkäufer bleibt die Qual der Lieferantenwahl

Die auf lange Sicht abgestellte Auswahl der Lieferanten, die in engem Zusammenhang mit der Planung der Beschaffungswege steht, kann niemals so weit gehen, daß damit dem Einkäufer die Qual der Wahl abgenommen wird. Es soll aber verhindert werden, daß der Einkäufer willkürlich an diese Aufgabe herangeht, indem er sich etwa die ihm richtig erscheinenden Partner nach oft recht subjektiven Merkmalen aussucht, oder es vorzieht, ausschließlich mit einem einzigen Lieferanten zu verhandeln, weil dieser „zuverlässig" ist. Auswahl„methoden" dieser Art bringen es mit sich, daß ein Auftrag nicht unbedingt an den günstigsten Lieferanten vergeben wird oder Augenblickserfolge – wie die Lieferung zu „Einführungspreisen" – ein zu großes Gewicht erhalten. Mit anderen Worten:

> Wenn man die Lieferantenauswahl dem Zufall überläßt, wird sie zu einem Risiko für die Unternehmung.

Es muß daher sichergestellt werden, daß

- die Leistung eines Lieferanten objektiv bewertet wird

1 Vgl. H. Strache, Preise senken – Gewinn einkaufen, a.a.O., S. 210.

- der Grundsatz der Lieferantentreue nicht überstrapaziert wird
- die Lieferanten als Partner betrachtet werden.

Die Zusammenarbeit mit dem Lieferanten gipfelt darin, daß Kunde und Lieferant das Produkt des Lieferanten gemeinsam nach wertanalytischen Grundsätzen untersuchen. Da hier viel psychologische Vorarbeit zu leisten ist, kann nur durch sorgfältige Planung Mißtrauen ausgeräumt werden.

4.2.4 Planung der Beschaffungszeit

Die Komponenten der Beschaffungszeit

Unter Beschaffungs- oder Wiederbeschaffungszeit versteht man die Zeitspanne von der Bedarfserstellung bis zur Verfügbarkeit der bestellten Lieferung im Lager:

	Zeit der Bedarfserstellung und -meldung
+	Bestellbearbeitungszeit
+	Auftragsübermittlung
+	Fertigungs- bzw. Lieferzeit
+	Transportzeit
+	Prüfzeit
+	Einlagerungszeit
=	Beschaffungszeit

Die Notwendigkeit zur Planung der Beschaffungszeit ergibt sich, weil eine Bestellung genau eine Wiederbeschaffungszeit vor dem Zeitpunkt erfolgen muß, an dem das Material ausgeht. Dabei kann man zwischen der inner- und außerbetrieblichen Beschaffungszeit unterscheiden.[1]

Inner- und außerbetriebliche Beschaffungszeit lassen sich unterscheiden

Die Komponenten der innerbetrieblichen Beschaffungszeit können aufgrund statistischer Erhebungen ermittelt werden. Zweckmäßigerweise werden Materialien, die ungefähr gleiche Beschaffungsvorbereitungs-, Prüf- und Einlagerungszeiten verursachen, zu Materialgruppen zusammengefaßt und

1 Vgl. E. Grochla, Grundlagen der Materialwirtschaft, a.a.O., S. 96 f. – Diese Unterscheidung ist vor allem für die Bestellterminrechnung von Bedeutung, die unter Ziffer 4 im vierten Abschnitt dargestellt wird.

Gruppenmittelwerte für innerbetriebliche Beschaffungszeiten errechnet. Vor allem zu beachten ist, daß manche Materialien einer besonders langen Zeit der Qualitätsprüfung bedürfen, andere Materialien aus technologischen Gründen vor der Verarbeitung eine bestimmte Zeitspanne gelagert werden müssen (z.B. Holz für die Möbelindustrie).

Bei der außerbetrieblichen Beschaffungszeit fällt die Zeit für die Auftragsübermittlung meist nicht ins Gewicht, es sei denn, einem Lieferanten in Übersee wird der Auftrag erteilt.

Die sich anschließende Lieferzeit (Fertigungszeit) umfaßt den Zeitraum vom Auftragseingang beim Lieferanten bis zur Materialauslieferung. Im allgemeinen liegt hier der größte zeitliche Unsicherheitsfaktor. Man kann diesem dadurch Rechnung tragen, daß im Rahmen der Beschaffungszeitplanung von einer längeren Lieferzeit als der vom Lieferanten angegebenen Frist ausgegangen wird.

● Am weitgehendsten gesichert gegen Lieferverzögerungen ist allerdings das beschaffende Unternehmen, wenn
  - der Lieferant bei ihm ein Konsignationslager unterhält,
  - er Hauptabnehmer des Lieferanten ist,
  - er mit dem Lieferanten für den Fall einer Lieferzeitüberziehung eine Konventionalstrafe vereinbart hat.

Die Transportzeit als weitere Komponente der außerbetrieblichen Beschaffungszeit wird bestimmt durch den Transportweg und die Wahl der Transportmittel.

FRAGEN ZUR SELBSTKONTROLLE UND VERTIEFUNG

1. Erläutern Sie die Grunderkenntnis der ABC-Analyse!
2. Führen Sie anhand eines Zahlenbeispiels eine ABC-Analyse durch!
3. Kann die ABC-Analyse bei allen wichtigen Beschaffungs- und Lagerfunktionen wahrgenommen werden?

4. Würden Sie bei Kostensenkungsmaßnahmen Prioritäten nach den Ergebnissen der ABC-Analyse setzen?

5. Wie ist es zu erklären, daß die ABC-Analyse in der Praxis in sehr unterschiedlicher Weise angewandt wird?

6. Formulieren Sie eine Anweisung für die Bestellabwicklung von C-Artikeln?

7. Im Beispiel 16 wird durch die Bestellplanung nach der ABC-Verteilung eine sehr hohe Kosteneinsparung errechnet. Von welchen Voraussetzungen wird dabei ausgegangen?

8. Ist die XYZ-Analyse nur eine Variante der ABC-Analyse?

9. Grenzen Sie die Aufgaben der Beschaffungsmarktforschung von der eigentlichen Beschaffungstätigkeit ab!

10. Wie ist die Beschaffungsmarktforschung in Klein- und Mittelbetrieben organisiert?

11. Wenn ein Einkäufer gefragt wird, ob er Beschaffungsmarktforschung betreibt, dann wird er diese Frage bejahen. Um darüber Gewißheit zu erhalten, ist eine erläuternde Zusatzfrage zu stellen. Wie lautet diese?

12. Welcher Quelle bedienen sich Primär- und Sekundär-Beschaffungsmarktforschung?

13. Im Rahmen der Marktanalyse versucht man eine Antwort auf die Frage zu finden: Welche Marktstellung nehmen die Anbieter, die als Lieferanten in Frage kommen, ein und wie ist ihre Leistungsfähigkeit zu beurteilen? Wie würden Sie diese Forschungsaufgabe formulieren, wenn als Methode die Marktbeobachtung in Frage käme?

14. Was versteht man unter Wertanalyse und wozu dient sie?

15. Grenzen Sie value analysis und value engineering gegeneinander ab! Beachten Sie dabei auch den Rationalisierungsaspekt!

16. Sollte der Einkauf im Wertanalyseteam vertreten sein?
17. Im Formularbeispiel auf Seite 379 (fünfter Abschnitt) werden die Lieferanten um die Beantwortung einer schriftlich gestellten Frage im Sinne der Wertanalyse gebeten. Schlagen Sie weitere Fragen in diesem Sinne vor!
18. Nennen Sie neben der Wertanalyse weitere Aufgabengebiete der Produktbewertung!
19. Erläutern Sie Begriff und Inhalt der Beschaffungsplanung.
20. Ein modern geführtes Unternehmen kommt ohne Beschaffungsplanung nicht aus. Warum nicht?
21. Beschreiben Sie den Ablauf der Beschaffungsplanung mit Hilfe von Abb. 34.
22. Wie gelangt man im Bereich der Materialwirtschaft von der Planung zur Budgetierung?
23. Zählen Sie auf, welche Festlegungen im Rahmen der Beschaffungsvollzugsplanung zu treffen sind!
24. Grenzen Sie die drei Beschaffungsprinzipien hinsichtlich ihrer Vorteile gegeneinander ab!
25. Von welchen Faktoren kann die Wahl der Beschaffungswege abhängen?
26. Warum wird durch die Planung der Beschaffungswege der Lieferantenkreis eingeengt?
27. Nach welchen Grundsätzen sollte der Einkäufer sein Verhalten gegenüber den Lieferanten bestimmen?
28. Welche Bedeutung hat die Planung der Beschaffungszeit für ein Unternehmen?

Die Antworten ergeben sich aus vorstehendem Abschnitt!

Vierter Abschnitt

Materialdisposition

Um die Produktions- und Absatzpläne erfüllen zu können, ist der Bedarf an Roh-, Hilfs- und Betriebsstoffen, Fertigungsteilen (Halbfabrikaten) sowie Handelswaren rechtzeitig zu ermitteln, damit eine zeitgerechte Bereitstellung der Materialien sichergestellt werden kann. Dabei ist im vorgegebenen Rahmen des kurzfristigen und flexiblen Kapazitätsausgleichs in Abstimmung mit der Produktionsplanung zu entscheiden, inwieweit der Bedarf durch Fremdbezug oder durch Eigenfertigung zu decken ist.
Es soll hier davon ausgegangen werden, daß die dispositiven Aufgaben von einer zentralen Dispositionsabteilung wahrgenommen werden, unabhängig davon, ob es sich um Fremdbezugs- oder Eigenfertigungsteile handelt, auch wenn nachfolgend in erster Linie auf die am Markt zu beschaffenden Materialien Bezug genommen wird. Würden die dispositiven Funktionen vom Einkauf mit erledigt, könnten sie nicht ihrer Bedeutung entsprechend laufend verfolgt und mit den komplexen Dispositionsverfahren bewältigt werden, die zur rationellen Verarbeitung der Fülle der Dispositionsdaten erforderlich wären.

1. Begriff, Ziel, Aufgaben

Begriff und Zielsetzung

Begrifflich bedeutet Disposition „sinnvolles Verfügen". Unter Materialdisposition sind daher alle Tätigkeiten zu verstehen, die notwendig sind, um den Markt oder den Betrieb als Verbraucher mit den erforderlichen Einsatzstoffen oder Handelswaren nach Art und Menge termingerecht zu versorgen. Dabei muß die Disposition

- um eine stetige Optimierung der miteinander konkurrierenden Zielsetzungen bemüht sein, nämlich eine „bestmögliche" Lieferbereitschaft zu erreichen und dabei die Kosten und die Kapitalbindung möglichst niedrig zu halten.

Dieses Problem kann – von der Einrichtung von Konsignationslagern abgesehen[1] – idealtypisch durch eine ferti-

1 Zum Konsignationslager-Vertrag vgl. im fünften Abschnitt unter Ziffer 2.2.2.2, Punkt e).

Die Disposition nimmt bei der Erfolgs- und Liquiditätsbeeinflussung eine Schlüsselstellung ein

gungssynchrone Anlieferung gelöst werden. Auch der Einkauf kann durch zweckentsprechende beschaffungspolitische Maßnahmen dazu beitragen, daß die Disposition das Vorsichtsprinzip maßvoll lockert. Da jedoch immer Versorgungsschwierigkeiten auftreten können, z.B. durch Mehrverbrauch im eigenen Unternehmen, Maschinenausfall beim Lieferanten, Verkehrsstörungen, Ausschußlieferungen usw., setzt eine hohe Lieferbereitschaft stets eine Vorratshaltung voraus. Hier zeigt sich der maßgebliche Einfluß, den die Disposition auf die Liquidität und Rentabilität einer Unternehmung hat. Von ihr werden Bestelltermin, Bestellmenge und Bestellhäufigkeit und damit die Höhe der Lagerbestände maßgeblich bestimmt. Zugleich wird auch hier deutlich, wie notwendig es ist, daß das Material-Management die Ziele der Beschaffungs- und Vorratspolitik entsprechend geplant werden (Vorratsplan). Das hilft den Mitarbeitern der Disposition, die unvermeidbaren Zielkonflikte zu lösen.

Eine erfolgreiche Bewältigung der Optimierungsaufgabe setzt außerdem die Beachtung folgender Bedingungen voraus:
- zuverlässige Bedarfsrechnung oder Bedarfsvorhersage
- genaue Bestandsführung und Bestandsmeldungen
- geeignete Dispositionsverfahren
- richtig bemessene Sicherheitsbestände
- optimale Bestell- bzw. Abrufmengen
- stetige Mengen- und Terminkontrolle
- sinnvolle Anwendung der ABC- und XYZ-Analyse
- ein aussagefähiges Kennzahlensystem

In der Praxis ist das Aufgabengebiet „Disposition" sehr unterschiedlich abgegrenzt. Häufig wird die Materialbedarfsermittlung auch Materialdisposition genannt. Im allgemeinen zählt man dazu aber alle Tätigkeiten, um Art, Menge und Zeitpunkt des Bedarfs festzustellen und umzusetzen in Bestell- bzw. Abrufmengen und Bestelltermine. Dabei sind – je nach Dispositionsverfahren – Lagerbestände, Ausgangsvormerkungen (Bestandsreservierungen), Eingangsvormerkungen (Bestellbestände), Sicherheitsbestände, Beschaffungs- und Durchlaufzeiten, Losgrößen usw. zu beachten. Mit anderen Worten: Bedarfs-, Bestands- und Bestellrechnung wirken zusammen. Auf diesem Zusammenhang beruhen – wie Abb. 36 verdeutlicht[1] – die in der EDV-Praxis zur Anwen-

1 Vgl. ADV/ORGA, Materialdispositionssystem (advor-220), Wilhelmshaven (o.J.), S. 4.

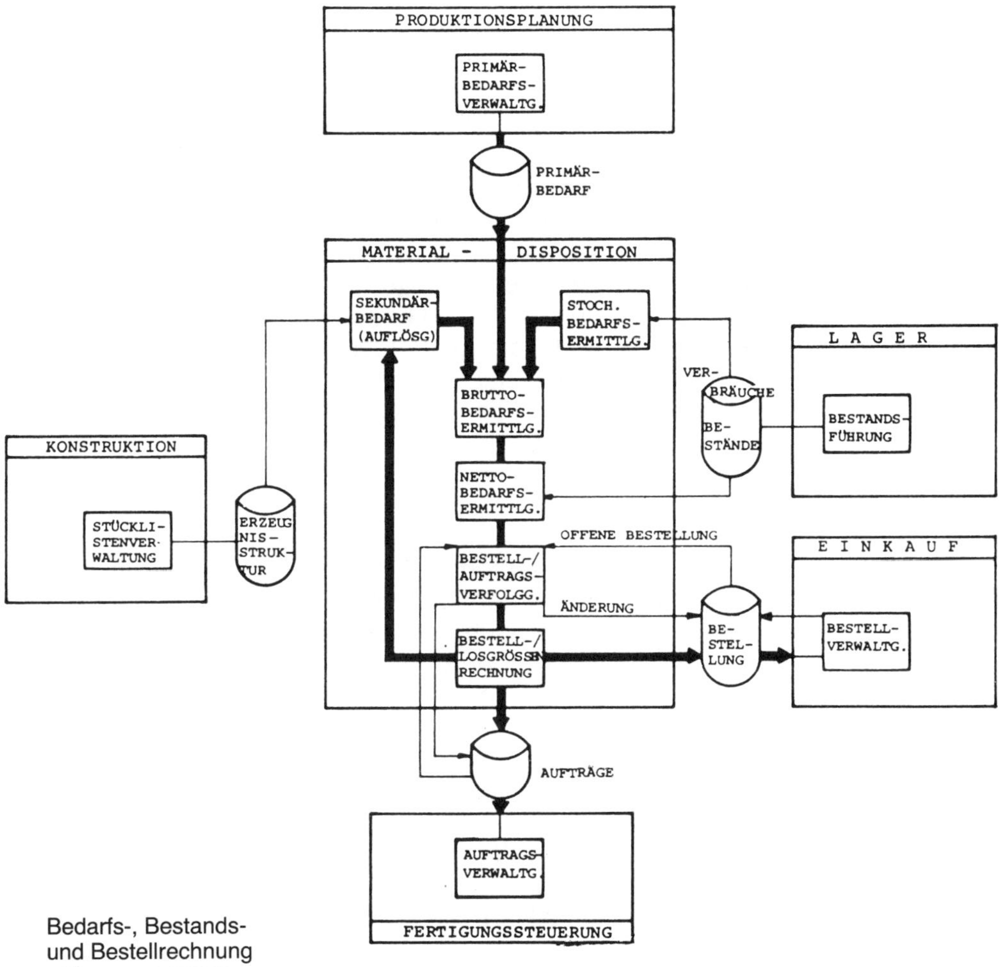

Bedarfs-, Bestands- und Bestellrechnung wirken zusammen

Abbildung 36:
Dispositionssystem mit angrenzenden Informationskreisen

dung kommenden Verfahren. Aber auch bei manueller Disposition ist dieser Zusammenhang zu beachten. Vor allem muß sichergestellt werden, daß alle erforderlichen Bedarfs- und Bestandswerte lückenlos erfaßt und schnellstmöglich verarbeitet werden. Nur unter dieser Voraussetzung führt die konventionelle Materialdisposition mit Hilfe von Karteikarten zu einwandfreien Ergebnissen.

Der Einsatz der EDV stellt bei Anwendung mathematischer Dispositionsverfahren die Durchführung umfangreicher Rechenvorgänge sicher

Allerdings ist das bei manueller Disposition am weitesten verbreitete Verfahren, das Bestellpunktverfahren, nicht ausreichend wirtschaftlich, weil es mit Vergangenheitswerten arbeitet und die Kostenfrage nicht genügend beachtet. Einer kostenoptimalen Bedarfsdeckung kommt man wesentlich näher, wenn mathematisch-statistische Dispositionsverfahren angewendet werden. In diesen Fällen kann jedoch nur durch den Einsatz der EDV die Durchführung der umfangreichen Rechenvorgänge mit ausreichender Wirtschaftlichkeit sichergestellt werden, mit dem entscheidenden Vorteil, daß die errechneten Vorschauwerte eine hohe Genauigkeit aufweisen und sich bei auftretenden Änderungen des Bedarfs rasch anpassen.

Eine permanente Kontrolle der Dispositionsdaten ist erforderlich

Wichtig ist ferner ein laufender Vergleich der vorgegebenen Dispositionsdaten mit den Ist-Daten, da erfahrungsgemäß der tatsächliche Verbrauch vom geplanten Bedarf stark abweichen kann, wenn Änderungen in der Konstruktion der Erzeugnisse oder in der Fertigung selbst sowie Ausschußmengen oder ein Ersatzbedarf zu berücksichtigen sind. Diese Gegebenheiten beeinflussen den Bedarf oft gravierend. Es ist daher eine permanente Bestandskontrolle als Ausgangspunkt für die Vergleichsrechnung notwendig. Diese Rechnungen sind manuell zeitlich kaum durchführbar, so daß hier die EDV als optimales Hilfsmittel für eine einwandfreie und laufende Dispositionskontrolle in Betracht kommt.

Im folgenden wird das Tätigkeitsfeld der Materialdisposition im umfassenden Sinne verstanden, d.h., es schließt alle Aufgaben der Materialbedarfsermittlung und der Bereitstellung der Materialien in der benötigten Menge und zum gewünschten Termin ein. Vorteilhaft ist es, wenn dieser Aufgabenkomplex von einer Instanz wahrgenommen wird, und zwar von einem eigenständigen Dispositionsbereich. Wird die Dispositionsfunktion geteilt – die Arbeitsvorbereitung führt beispielsweise die Bedarfsermittlung durch, alle weiteren Tätigkeiten werden vom Einkauf wahrgenommen – so fühlt sich für die Höhe der Lagerbestände keiner mehr verantwortlich. Kritisch zu beurteilen ist auch die immer noch anzutreffende Organisationsform, nach der die Fertigungsabteilungen (Werkstätten, Meistereien) bestimmen, welche Materialien zu welchem Termin in welchem Umfang gekauft werden sollen. Das führt in der Regel dazu, daß einseitig nach dem Prinzip der absoluten Produktionssicherung disponiert wird, ohne wirtschaftliche Gesichtspunkte hinreichend zu berücksichtigen.

2. Bedarfsermittlung

Eine qualifizierte Bedarfsermittlung ist die Grundlage für die weiteren Dispositionsvorgänge und somit Voraussetzung für eine dem Verbrauchs- bzw. Produktionsablauf angepaßte Materialbereitstellung. Dabei erfordern Bedarfs- und Lieferzeitänderungen eine ständige Überprüfung und Anpassung der Dispositionen.

Zu den Voraussetzungen einer erfolgreichen Bewältigung der Bedarfsermittlungsaufgaben gehört die Anwendung geeigneter Methoden bzw. wirtschaftlich sinnvoller Prognoseverfahren, für deren Einsatz die Bedarfsart mitentscheidend ist.

Zunächst müssen wir uns daher im klaren sein, welche Arten von Bedarf in der Materialwirtschaft zu unterscheiden sind.

2.1 Bedarfsarten

Definition des Materialbedarfs nach REFA

Unter Materialbedarf ist nach REFA[1] die Menge an Material zu verstehen, „die zu einem bestimmten Termin und für eine bestimmte Periode benötigt wird, um ein vorgegebenes Ferti-

1 REFA, Methodenlehre der Planung und Steuerung, Teil 3, München 1974/ 5, S. 48.

gungsprogramm oder vorliegende Aufträge erfüllen zu können; der Materialbedarf läßt sich auch aus dem Verbrauch in der Vergangenheit ermitteln."

Man unterscheidet grundsätzlich zwischen der deterministischen (plangesteuerten) und der stochastischen (verbrauchsgesteuerten) Bedarfsermittlung.

Perioden- oder termingenaue Bedarfsermittlung

Da zumeist der Bedarf einer Planperiode zugeordnet wird, spricht man auch vom Periodenbedarf. Diese planperiodengenaue Zusammenfassung des Bedarfs schließt allerdings die Angabe des Bedarfs zu einem bestimmten Termin aus. Gleichwohl reicht in vielen Fällen – vor allem bei Serienfertigung – die Zusammenfassung verschiedener Bedarfszahlen mit den in die Planperiode fallenden Bedarfsterminen in einer Summe aus. Bei Einzelfertigung ist jedoch eine termingenaue Bedarfsermittlung erforderlich.

Der Periodenbedarf kann sich aus primärem und sekundärem Bedarf zusammensetzen.

Begriff und Bestimmung des Primärbedarfs

Unter Primärbedarf ist der Bedarf an Fertigerzeugnissen, verkaufsfähigen Baugruppen und Teilen, Handelswaren und Ersatzteilen zu verstehen. Ohne eine Vorhersage kommen Unternehmen nur dann aus, wenn sie rein auftragsbezogen fertigen. In der Praxis wird wegen des starken Wettbewerbes und zwecks Verkürzung der Lieferzeiten häufig eine Wiederverwendung und Vorfertigung gleicher Bauteile angestrebt. Für diese ist dann eine Vorhersage erforderlich. Das Risiko einer Fehlschätzung oder ungenauen Bedarfsvorhersage kann durch einen entsprechend hohen Sicherheitsbestand abgedeckt werden. Je zuverlässiger die Bedarfsvorhersageverfahren arbeiten, desto niedriger können die Sicherheitsbestände gehalten werden.

Begriff und Bestimmung des Sekundärbedarfs

Während in Handelsbetrieben der ermittelte Primärbedarf Grundlage der Disposition ist, muß dieser in Industriebetrieben in einen Sekundärbedarf an Baugruppen, Einzelteilen und Rohstoffen zerlegt werden. Ein Beispiel soll den Begriff des Sekundärbedarfs näher erläutern.

Beispiel 20:
Eine Möbelfabrik fertigt einen Unterschrank für eine Einbauküche. Der Unterschrank enthält eine Brotschneidemaschine. Die Brotschneidemaschine wiederum enthält einen Elektromotor.

Allgemeines Beispiel zur Begriffserklärung (Primär- und Sekundärbedarf)

Sowohl der Bedarf an Brotschneidemaschinen als auch an Elektromotoren wird als Sekundärbedarf bezeichnet, weil er aus dem Primärbedarf (Unterschrank) ermittelt werden kann.

Werden die Brotschneidemaschinen oder Elektromotoren auch als Ersatzteile an Kunden geliefert, dann liegt hierfür sowohl ein Primär- als auch ein Sekundärbedarf vor.

Sofern ein Produktionsplan vorliegt, der in seiner mengen- und strukturmäßigen Zusammensetzung fixiert ist, bedient man sich zur Ermittlung des Sekundärbedarfs der Stücklisten bzw. der Teileverwendungsnachweise (deterministische Bedarfsermittlung). Ist eine Bedarfsermittlung auf diese Weise nicht durchzuführen, weil

- Programmunterlagen und/oder Stücklisten fehlen,
- die Jahres- oder Einzelbedarfswerte zu gering sind,

so wird der Bedarf mit Hilfe von mathematisch-statistischen Methoden aufgrund von Verbrauchsdaten vorhergesagt oder geschätzt (verbrauchsgesteuerte Materialien).

Begriff und Bestimmung des Tertiärbedarfs

Der Bedarf an Hilfs- und Betriebsstoffen sowie Verschleißwerkzeugen für die Produktion wird als Tertiärbedarf bezeichnet. Er kann aus dem Sekundärbedarf abgeleitet werden, indem man technologische Kennzahlen (z.B. Energiebedarf je Maschinenstunde) zu Hilfe nimmt (= deterministische Ermittlung). Der Tertiärbedarf kann auch aufgrund mathematisch-statistischer Methoden oder einfach durch Schätzung vorhergesagt werden.

In Abb. 37 sind Primär-, Sekundär- und Tertiärbedarf zusammengefaßt. Um den Überblick über die verschiedenen Bedarfsarten zu vervollständigen, ist außerdem noch zwischen Brutto- und Nettobedarf zu unterscheiden.

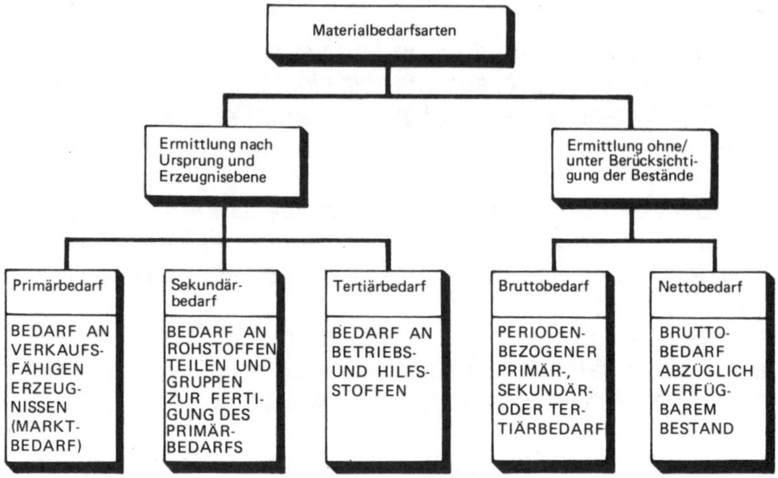

Abbildung 37:
Zusammenstellung der Materialbedarfsarten

Nach REFA[1] ist der Bruttobedarf der periodenbezogene Bedarf an Material ohne Berücksichtigung der Bestände. Der Nettobedarf ergibt sich aus der Differenz von Bruttobedarf und dem verfügbaren Lagerbestand zu einem bestimmten Termin.

Wie diese beiden Bedarfsarten zusammenhängen, soll Beispiel 21 zeigen, wobei der Einfachheit halber angenommen wird, daß der verfügbare Lagerbestand mit dem Lagerbestand identisch ist.[2]

Zahlenbeispiel zur Brutto- und Nettobedarfsrechnung (Einführungsbeispiel)

Beispiel 21:
Für eine Materialposition liegt sowohl Primärbedarf als auch Sekundärbedarf vor. Es handelt sich also um ein Teil, das sowohl für die Eigenfertigung benötigt als auch als Ersatzteil an Kunden geliefert wird. Die Tabelle 7 zeigt, wie sich die einzelnen Periodenbedarfswerte aus dem Primär- und Sekundärbedarf zusammensetzten und wie sich daraus der Gesamtbedarf ergibt.

1 Vgl. REFA, Methodenlehre der Planung und Steuerung, Teil 3, a.a.O., S. 49.

2 Diese Gleichsetzung bedeutet, daß ein Vormerkbestand nicht zu berücksichtigen ist. Vgl. dazu unter Ziffer 3.2. in diesem Abschnitt.

Aus Tabelle 7 ist gleichzeitig zu ersehen, daß von der Materialposition noch 450 Stück am Lager sind, die vom Bruttobedarfswert abgesetzt werden und so den Netto-Gesamtbedarf ergeben. Beim Periodenbedarf wird jeweils höchstens so viel vom Lagerbestand abgesetzt, wie zur Deckung des Periodenbedarfs benötigt wird. Der gesamte Lagerbestand ist im Monat März abgesetzt.

	Jan.	Febr.	März	April	Mai	Juni	Ges.	
Primärbedarf (Ersatzteilebedarf)	90	50	50	40	50	50	330	Gesamt-Primärbedarf
Sekundärbedarf	150	120	180	90	120	160	820	Gesamt-Sekundärbedarf
Brutto-Periodenbedarf	240	170	230	130	170	210	1150	Brutto-Gesamtbedarf
Lagerbestand ./.	450	210	40	0	0	0	450	Lagerbestand ./.
Netto-Periodenbedarf	0	0	190	130	170	210	700	Netto-Gesamtbedarf

Tabelle 7:
Brutto- und Nettobedarfsrechnung

In der Praxis kann sich der Gesamtbedarf durch einen „Zusatzbedarf" zum Bruttobedarf erhöhen. Nachdem der Abgleich mit dem verfügbaren Lagerbestand erfolgt ist, muß außerdem der verbleibende Bedarf noch mit den laufenden Bestellungen abgeglichen werden. Welche Vorteile sich aus dieser Nettobedarfsrechnung ergeben, werden wir später sehen.

Bevor die Verfahren beschrieben werden, die für die Bruttobedarfsermittlung von Bedeutung sind, müssen noch einige weitere Begriffe geklärt werden.

2.2 Durchlaufzeit, Vorlaufzeit, Vorhersagezeitraum

Es geht dabei um die Frage, wieweit in die Zukunft eine Bedarfsvorhersage erforderlich ist. Um hierauf eine Antwort zu geben, müssen die Beschaffungszeiten der Einsatzstoffe und die Durchlaufzeiten für ihre Ver- und Bearbeitung in den einzelnen Bereichen der Fertigung bekannt sein.

Vorlaufzeit des Sekundärbedarfs

Aus Abb. 38 ist zu erkennen, daß der Sekundärbedarf für das Material einer Fertigungsstufe jeweils um die Durchlaufzeit der nachfolgenden Fertigungsstufen zeitlich gegenüber dem Primärbedarf vorgeschoben ist. Anders formuliert: Ein untergeordnetes Teil muß um die Vorlaufzeit früher als das übergeordnete Gruppenteil fertig sein. In diesem Fall beträgt die Vorlaufverschiebung des – der Einfachheit halber nicht weiter aufgelösten – Sekundärbedarfs drei Monate.

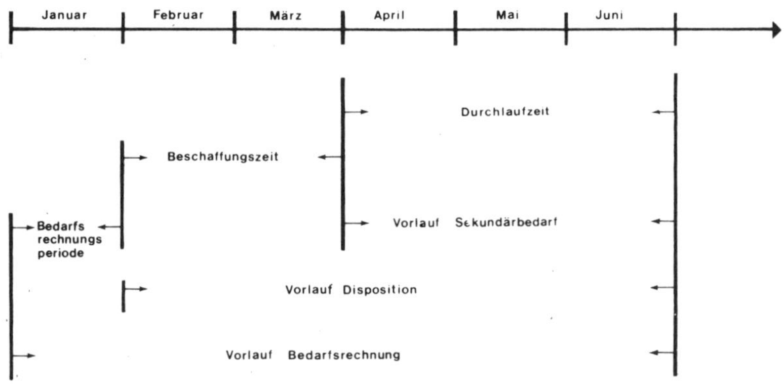

Abbildung 38: Vorlaufzeiten

Die Vorlaufzeit ist in bestimmten Fällen ebenso wie die Durchlaufzeit losgrößenabhängig, vor allem dann, wenn je nach Losgröße unterschiedliche Fertigungsverfahren gewählt werden.

Vorlaufzeit der Disposition

Um den Sekundärbedarf decken zu können, genügt es aber nicht, ihn erst bei seinem Auftreten zu kennen. Vielmehr muß die Disposition um die Beschaffungszeit des jeweiligen Materials früher erfolgen. In Abb. 38 ist die Vorlaufzeit der Disposition fünf Monate (drei Monate Durchlaufzeit + zwei Monate Beschaffungszeit).

Da der Bedarf vorher errechnet werden muß, um disponieren zu können, und die Bedarfsrechnung in der Regel nur in fest vorgegebenen Zeitintervallen durchgeführt wird, muß sie natürlich um diese Zeit vor der Disposition begonnen werden. Andernfalls liegen die Ergebnisse der Disposition nicht rechtzeitig vor. In Abb. 38 ist die Vorlaufzeit der Bedarfsrechnung sechs Monate (drei Monate Durchlaufzeit + zwei Monate Beschaffungszeit + monatliche Bedarfsrechnung). Der Vorhersagezeitraum muß zumindest diese Zeitspanne umfassen.

Vorlaufzeit der Bedarfsrechnung

In der Praxis wird die Bedarfs- und Terminplanung durch Einführung eines Fabrikkalenders anstelle des Gregorianischen Kalenders wesentlich erleichtert. Der Fabrikkalender numeriert fortlaufend alle Arbeitstage und scheidet die arbeitsfreien Tage, an denen normalerweise kein Material verbraucht wird, aus.

Die Materialdisposition wird durch Einführung eines Fabrikkalenders wesentlich erleichtert

Die Länge des Fabrikkalenders wird meistens mit 1.000 Arbeitstagen angenommen. Der Terminbereich geht von 000-999, um dann mit 000 wieder neu zu beginnen. Ein Fabrikkalender umfaßt also in der Regel einen Planungszeitraum von etwa vier Jahren. Es kann aber auch die Einführung eines vierstelligen Fabrikkalenders – wie in Abb. 39 – sinnvoll sein.

KRUPP
ATLAS
ELEKTRONIK

Betriebskalender **1984**

Januar			Februar			März			April			Mai			Juni		
Datum	Arb.-Std.	F-tag.	Datum	Arb.-Std.	F-tag.	Datum	Arb.-Std.	F-tag.	Datum	Arb.-Std.	F-tag.	Datum	Arb.-Std.	F-tag.	Datum	Arb.-Std.	F-tag.
So 1			Mi 1	8	2579	Do 1	8	2600	So 1			Di 1	– 8 –		Fr 1	8	2662
Mo 2	8	2557 1	Do 2	8	2580	Fr 2	8	2601	Mo 2	8	2622 14	Mi 2	8	2641	Sa 2		
Di 3	8	2558	Fr 3	8	2581	Sa 3			Di 3	8	2623	Do 3	8	2642	So 3		
Mi 4	8	2559	Sa 4			So 4			Mi 4	8	2624	Fr 4	8	2643	Mo 4	8	2663 23
Do 5	8	2560	So 5			Mo 5	8	2602 10	Do 5	8	2625	Sa 5			Di 5	8	2664
Fr 6	8	2561	Mo 6	8	2582 6	Di 6	8	2603	Fr 6	8	2626	So 6			Mi 6	8	2665
Sa 7			Di 7	8	2583	Mi 7	8	2604	Sa 7			Mo 7	8	2644 19	Do 7	8	2666
So 8			Mi 8	8	2584	Do 8	8	2605	So 8			Di 8	8	2645	Fr 8	8	2667
Mo 9	8	2562 2	Do 9	8	2585	Fr 9	8	2606	Mo 9	8	2627 15	Mi 9	8	2646	Sa 9		
Di 10	8	2563	Fr 10	8	2586	Sa 10			Di 10	8	2628	Do 10	8	2647	So 10		
Mi 11	8	2564	Sa 11			So 11			Mi 11	8	2629	Fr 11	8	2648	Mo 11	– 8 –	24
Do 12	8	2565	So 12			Mo 12	8	2607 11	Do 12	8	2630	Sa 12			Di 12	8	2668
Fr 13	8	2566	Mo 13	8	2587 7	Di 13	8	2608	Fr 13	8	2631	So 13			Mi 13	8	2669
Sa 14			Di 14	8	2588	Mi 14	8	2609	Sa 14			Mo 14	8	2649 20	Do 14	8	2670
So 15			Mi 15	8	2589	Do 15	8	2610	So 15			Di 15	8	2650	Fr 15	8	2671
Mo 16	8	2567 3	Do 16	8	2590	Fr 16	8	2611	Mo 16	8	2632 16	Mi 16	8	2651	Sa 16		
Di 17	8	2568	Fr 17	8	2591	Sa 17			Di 17	8	2633	Do 17	8	2652	So 17		
Mi 18	8	2569	Sa 18			So 18			Mi 18	8	2634	Fr 18	8	2653	Mo 18	8	2672 25
Do 19	8	2570	So 19			Mo 19	8	2612 12	Do 19	8	2635	Sa 19			Di 19	8	2673
Fr 20	8	2571	Mo 20	8	2592 8	Di 20	8	2613	Fr 20	– 8 –		So 20			Mi 20	8	2674
Sa 21			Di 21	8	2593	Mi 21	8	2614	Sa 21			Mo 21	8	2654 21	Do 21	8	2675
So 22			Mi 22	8	2594	Do 22	6	2615	So 22			Di 22	8	2655	Fr 22	8	2676
Mo 23	8	2572 4	Do 23	8	2595	Fr 23	8	2616	Mo 23	– 8 –	17	Mi 23	8	2656	Sa 23		
Di 24	8	2573	Fr 24	8	2596	Sa 24			Di 24	8	2636	Do 24	8	2657	So 24		
Mi 25	8	2574	Sa 25			So 25			Mi 25	8	2637	Fr 25	8	2658	Mo 25	8	2677 26
Do 26	8	2575	So 26			Mo 26	8	2617 13	Do 26	8	2638	Sa 26			Di 26	8	2678
Fr 27	8	2576	Mo 27	8	2597 9	Di 27	8	2618	Fr 27	8	2639	So 27			Mi 27	8	2679
Sa 28			Di 28	8	2598	Mi 28	8	2619	Sa 28			Mo 28	8	2659 22	Do 28	8	2680
So 29			Mi 29	8	2599	Do 29	8	2620	So 29			Di 29	8	2660	Fr 29	8	2681
Mo 30	8	2577 5				Fr 30	8	2621	Mo 30	8	2640 18	Mi 30	8	2661	Sa 30		
Di 31	8	2578				Sa 31						Do 31	– 8 –				
Arbeitstage		22 (+1)			21 (–)			22 (+1)			19 (–2)			21 (–)			20 (–1)
Arbeitsstd./Mon.		176 (+8)			168 (–)			176 (+8)			152 (–16)			168 (–)			160 (–8)
Bezahlte Feiertagsstd.		–			–			–			16			16			8

84

Die Zahlen in ( ) geben das Mehr oder Weniger gegenüber dem Monatsdurchschnitt pro Jahr an. Arbeitstagedurchschnitt = 21, Arbeitsstundendurchschnitt = 168

Abbildung 39: Fabrikkalender

2.3 Methoden der Bedarfsermittlung

In der Praxis kommen die Methoden der Bedarfsermittlung kombiniert zum Einsatz

Zu den wichtigsten Voraussetzungen einer wirtschaftlichen Materialdisposition zählt die Kenntnis des zukünftigen Bedarfs, der mit Hilfe folgender Verfahren ermittelt werden kann.

(1) Deterministische Bedarfsrechnung:
Basis sind vorliegende festumrissene Kundenaufträge, Produktionspläne und Stücklisten oder Rezepturen.

(2) Stochastische Bedarfsrechnung:
Basis sind mathematisch-statistische Ermittlungen, die sich auf die Verbrauchsentwicklung in der Vergangenheit beziehen und aus diesen Daten den Bedarf für die Zukunft errechnen (vorhersagen).

(3) Subjektive Bedarfsschätzung:
Basis ist die persönliche Meinung einer oder mehrerer Personen.

In Abb. 40 ist eine Gliederung gewählt, die weitere Differenzierungen ermöglicht. Außerdem ist aus dieser Abbildung ersichtlich, woher im wesentlichen die Daten für die Bedarfsermittlung kommen.

> In der Praxis der Bedarfsrechnung kommt man mit einer der drei Methoden nicht aus.

ABC- und XYZ-Analyse als Ausgangspunkt für eine differenzierte Anwendung

Als Ausgangspunkt für die Festsetzung der Berechnungsart sollte eine Materialuntersuchung nach der ABC-Analyse dienen, die durch eine XYZ-Analyse ergänzt werden könnte. Darüber hinaus sind teilespezifische Kriterien (z.B. auslaufendes Teil) zu beachten.

Die Leistungsfähigkeit einer Bedarfsermittlungsmethode muß daran gemessen werden können, inwieweit sie in der Lage ist,

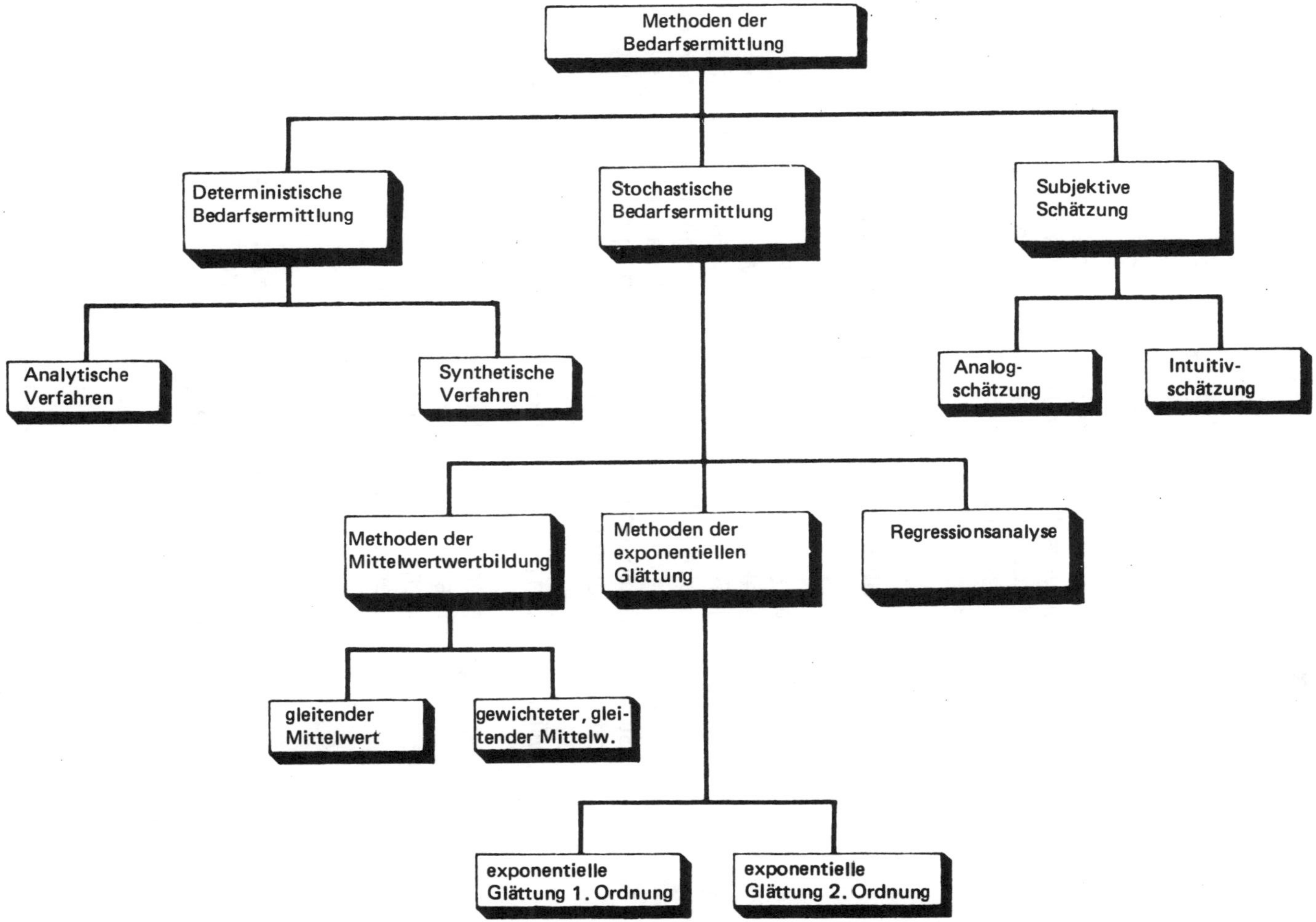

Abbildung 40:
Methoden der Bedarfsermittlung

- einen geforderten Genauigkeitsgrad (z.B. termingenaue Disposition) und

- eine hohe Bedarfstransparenz

bei wirtschaftlich vertretbaren Kosten zu gewährleisten.

Es soll nun ein Überblick über die Voraussetzungen und Grenzen der verschiedenen Methoden der Bedarfsrechnung gegeben werden, bevor ihre Anwendungsgebiete zusammenfassend skizziert werden.

2.3.1 Deterministische Bedarfsermittlung

Definition der deterministischen Bedarfsermittlung nach REFA

Nach REFA[1] besteht die deterministische Bedarfsermittlung in „einer exakten Bestimmung des Materialbedarfs nach Menge und Termin. Sie dient in erster Linie der Ermittlung des Sekundärbedarfs bei bekanntem Primärbedarf." Andere Ausdrücke für eine deterministische Bedarfsermittlung sind: Stücklistenauflösung, Bedarfsplanung, programm-, plan- oder bedarfsorientierte Bedarfsermittlung.

Wichtig für die praktische Handhabe ist die Tatsache, daß die

> deterministische Bedarfsermittlung theoretisch nur für eine Auftragsfertigung anwendbar ist, praktisch jedoch häufig ein prognostizierter Primärbedarf als determiniert angenommen wird.[2]

Ausgangsdaten sind:

(1) Der Primärbedarf an Erzeugnissen oder Baugruppen für bestimmte Perioden (Absatz- oder Produktionsplan) oder für einen Kundenauftrag.

1 REFA, Methodenlehre der Planung und Steuerung, Teil 3, a.a.O., S. 54.

2 Vgl. K. Mentzel, Optimale Lagerhaltung, in: G. Bretschneider, Hrsg., Einkaufsleiter-Handbuch, a.a.O., S. 749.

(2) Der Bedarf je Mengeneinheit, der aus Stücklisten, Rezepturen, Fertigungs- oder Bauvorschriften u.a.m. zu entnehmen ist. Meist enthält auch der Arbeits- oder Fertigungsplan, in dem im Grunde nur die zur Herstellung eines Erzeugnisses notwendigen Arbeitsgänge aufgeführt werden, die zu verwendenden Rohstoffe, Teile, Baugruppen usw. In diesen Fällen übernimmt der Fertigungsplan auch die Funktion der Stückliste. (Zur Vereinfachung wird im folgenden nur von Stücklisten gesprochen.)

(3) Die zeitliche Verteilung des Bedarfs ist aufgrund einer bis ins einzelne gehenden Ablaufplanung zu ermitteln (Fristenplan, Netzplan). Für Dispositionszwecke stehen auch einfachere Verfahren zur Verfügung (s.u.).

Vor- und Nachteile der deterministischen Bedarfsermittlung

Die deterministische Bedarfsermittlung ist besonders rechenintensiv und aufwendig bei Unternehmen, die Erzeugnisse mit stark differenzierten Fertigungsstrukturen in Verbindung mit langen Durchlaufzeiten und Zwischenlagern herstellen. Man muß sich daher der EDV bedienen. Auch ist der Vorbereitungsaufwand zur Durchführung einer deterministischen Bedarfsermittlung erheblich höher als bei einer reinen Bedarfsvorhersage. Allerdings bietet die deterministische Bedarfsermittlung entscheidende Vorteile:

- Es kann mit niedrigen Sicherheitsbeständen, genauen Bestellterminen und -mengen gearbeitet werden.

Grenzen deterministischer Bedarfsermittlung

Die Grenzen deterministischer Methoden bei der Bedarfsrechnung liegen vor allem in folgenden Unsicherheiten begründet:[1]

(1) Änderung des Produktionsprogramms:
Hierunter fallen
– Verminderung der Stückzahlen
– Erhöhung der Stückzahlen
– Aufnahme neuer Erzeugnisse
– Aufgabe alter Erzeugnisse
Ein gewisser Teil der Kundenaufträge ändert sich nach Termin, Menge oder Ausführungsart.

1 Vgl. O. Kleine/W. Melzow, Disponieren in der modernen Beschaffung, Frankfurt 1972, S. 55 ff.

(2) Änderung der Konstruktion:
Hierdurch werden ausgelöst
- Mehrbedarf eines bestimmten Materials
- Minderbedarf eines bestimmten Materials
- Bedarf für ein anderes Material

(3) Änderung der Durchlaufzeit:
Die Vorgabewerte der Durchlaufzeiten können vom Betrieb nicht eingehalten werden. Es können sich auch aufgrund konstruktiver oder fertigungstechnischer Änderungen Abweichungen ergeben.

(4) Änderung der Beschaffungszeit:
Hier fallen vor allem Überschreitungen der Liefer- und der Transportzeit ins Gewicht.

Die nach dem deterministischen Prinzip aufgebauten Verfahren der Bedarfsermittlung berücksichtigen diese Unsicherheiten nicht. Wenn die daraus erwachsenden Risiken für ein Unternehmen nicht mehr überschaubar und kalkulierbar sind, muß es sich der stochastischen Methoden bedienen.

Da für die Anwendung deterministischer Methoden der Bedarfsermittlung als spezielle Unterlagen Stücklisten oder Teileverwendungsnachweise erforderlich sind, sollen diese zunächst kurz erläutert werden. Auf die in Abb. 40 auf Seite 187 dieser Arbeit genannten Verfahren werden wir im Anschluß daran eingehen.

2.3.1.1 Grundlagen der deterministischen Bedarfsermittlung

a) Stücklisten

Zeichnung, Stückliste und Arbeitsplan sind die wichtigsten Arbeitsunterlagen jeder industriellen Fertigung

Die Stückliste gehört neben der Zeichnung und dem Arbeitsplan in Fertigungsbetrieben zu den wichtigsten allgemeinen Datenträgern. Während die Zeichnung in erster Linie die Gestalt des Erzeugnisses dokumentiert, stellt die Erzeugnisgliederung die Struktur dar und die Stückliste zeigt zusätzlich seine mengenmäßige Zusammensetzung aus Gruppen, Teilen und gegebenenfalls Rohstoffen. Die Stückliste und der Arbeitsplan leiten sich aus der Zeichnung ab.

Nach REFA[1] enthält die Stückliste „die Mengen aller Gruppen, Teile und Rohstoffe, die für die Fertigung einer Einheit des Erzeugnisses oder einer Gruppe erforderlich sind." Darüber hinaus kann sie weitere Stammdaten sowie Strukturdaten der Erzeugnisse, Gruppen und Teile enthalten.

Definition der Stückliste nach REFA

Früher verstand man unter Stückliste die Konstruktionsstückliste, die Teil der Zeichnung oder Anlage zur Zeichnung war. Durch die Vergabe einer Nummer war jede Position definiert. Die Verbindung zur Zeichnung wurde durch die Angabe der Stücklistenpositions-Nummer hergestellt.

Es lassen sich drei Grundformen von Stücklisten unterscheiden

Bei den von der Konstruktion erstellten Stücklisten handelt es sich meistens um Mengenübersichtsstücklisten.

Heute geht die Konstruktion in vielen Betrieben dazu über, die Stücklisten nach der Struktur der Erzeugnisse zu gestalten. Die gebräuchlichste Art ist die Baukastenstückliste. Für die Disposition ist die Strukturstückliste ein ideales Hilfsmittel.

In Abb. 41 ist die Gliederung eines Feuerzeuges graphisch dargestellt. Abb. 42 zeigt die dazugehörige Strukturstückliste, wie sie in der Praxis benutzt wird.[2]

1 REFA, Methodenlehre der Planung und Steuerung, Teil 1, München 1974/75, S. 261.

2 Vgl. UNIVAC, UNIS/90; Univac-Industrie-System für die SPERRY UNIVAC Serie 90. Allgemeine Beschreibung, Sulzbach 1974, S. 7 ff.

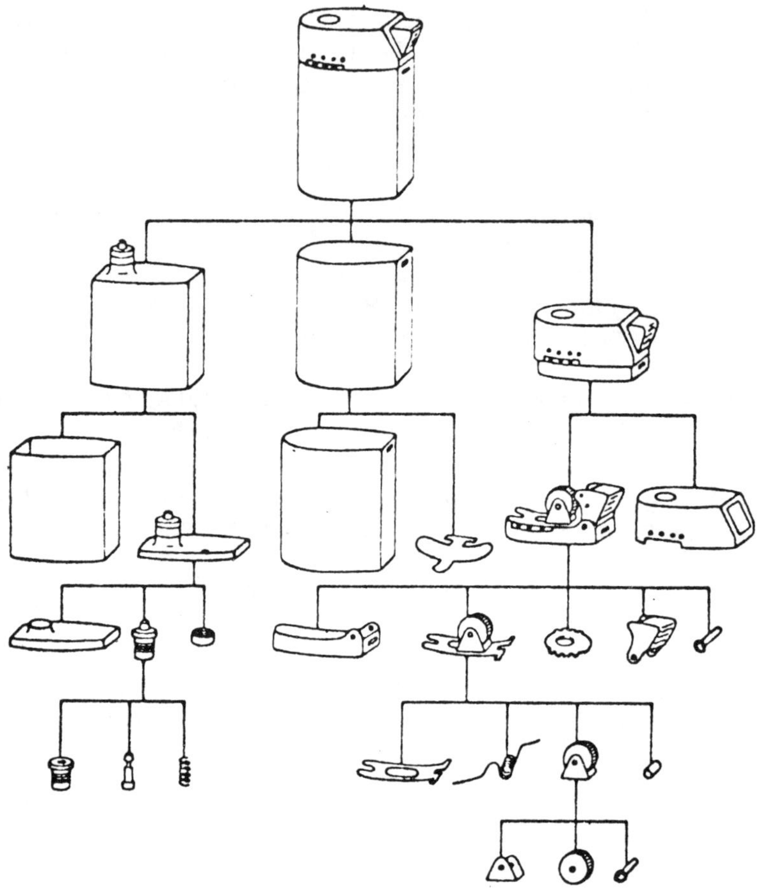

Abbildung 41:
Aufbau eines Feuerzeuges
(Beispiel aus der Praxis)

Es lassen sich demnach drei Grundformen von Stücklisten unterscheiden:

- die Mengenübersichtsstückliste (auch Übersichtsstückliste oder Mengenstückliste)
- die Strukturstückliste
- die Baukastenstückliste

		Strukturstückliste für Feuerzeug 10000000		Datum: Name:	
Bau-stufe	Stücklisten-Nr.	Teile Nr.	Benennung	Menge	Disp-stufe
1	1000 0000	2000 0001	Tank, komplett	1	1
1	1000 0000	2000 0002	Gehäuse, kompl.	1	1
1	1000 0000	2000 0003	Deckel mit Zündm.	1	1
2	2000 0001	2000 2000	Tank	1	2
2	2000 0001	2000 3000	Tankdeckel	1	2
2	2000 0002	3001 0001	Gehäuse	1	2
2	2000 0002	2003 0032	Tankfeder,	1	2
2	2000 0003	4000 0100	Zündmechanismus	1	2
2	2000 0003	3000 1002	Deckel	1	2
3	2000 3000	2000 0400	Platte	1	3
3	2000 3000	2000 0500	Flammventil	1	3
3	2000 3000	2000 0800	Dichtung	1	3
3	4000 0100	4020 000	nalter	1	3
3	4000 0100	3020 0100	Zünder	1	3
3	4000 0100	4030 0000	Flammregulierung	1	3
3	4000 0100	1010 1000	SNIPPER	1	3
3	4000 0100	4030 0002	Niet	1	5
4	2000 0500	2000 7001	Ventilgehäuse	1	4
4	2000 0500	2000 7002	Ventilkegel	1	4
4	2000 0500	2000 7008	Feder	1	4
4	3020 0100	4002 0022	Schuh	1	4
4	3020 0100	3030 0000	Feder	1	4
4	3020 0100	3031 0000	Zündrad, kompl.	1	4
4	3020 0100	3041 0000	Zündstein	1	4
5	3031 0000	4000 3033	Träger	1	5
5	3031 0000	3300 8900	Zündrad	1	5
5	3031 0000	4030 0002	Niet	1	5

Abbildung 42: Strukturstückliste für ein Feuerzeug (Beispiel aus der Praxis)

Die Grundformen sollen anhand einer einfachen Erzeugnisstruktur erläutert werden. Abb. 43 zeigt die Struktur eines Erzeugnisses nach Fertigungsstufen, wobei zwecks Vereinfachung eine schematische Darstellungsweise gewählt wurde. Die dazugehörigen Mengenbeziehungen des Erzeugnisses werden in Abb. 44 mit Hilfe des sogenannten „Gozinto-Graphen" beschrieben.[1] Anhand dieses Beispiels sollen im weiteren die Funktionen der erwähnten Stücklisten beschrieben werden.

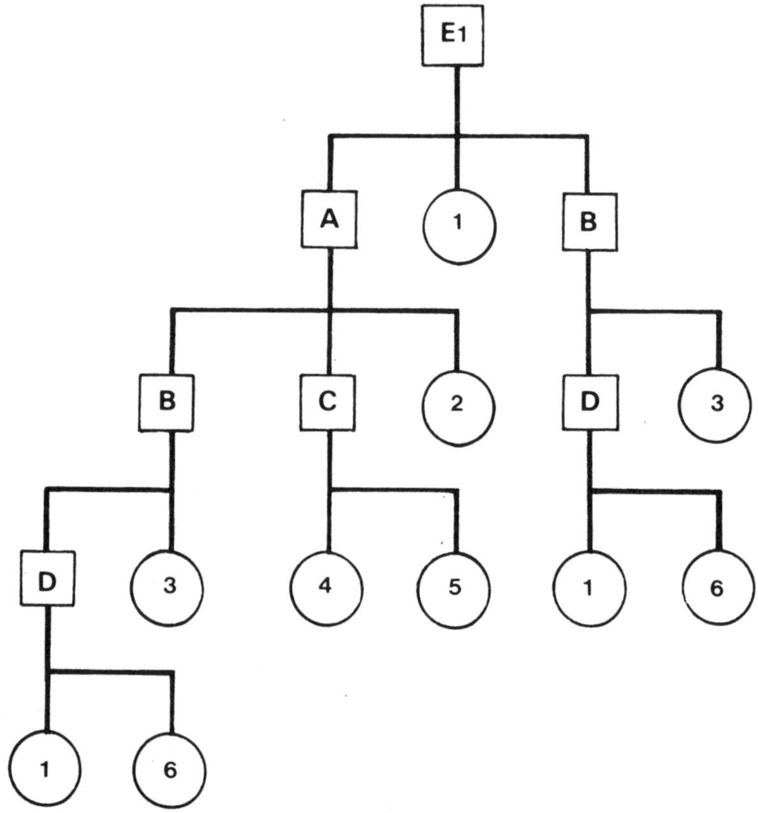

Abbildung 43:
Struktur des Erzeugnisses E1 (schematisch)

1 Neben der Liste und dem Strukturbaum ist der Gozinto-Graph eine davon völlig abweichende Darstellungsform der Mengen- und Stufenbeziehungen zwischen den Elementen eines Erzeugnisses. Die Bezeichnung erklärt sich, wenn man den Namen in englischer Aussprache liest: The-part-that goes-into. – Eine vierte Möglichkeit der Darstellung ist die Matrizenform. – Vgl. W.R. Trux, Einkauf und Lagerdispostition mit Datenverarbeitung, 2. Auflage, München 1972, S. 407 ff.

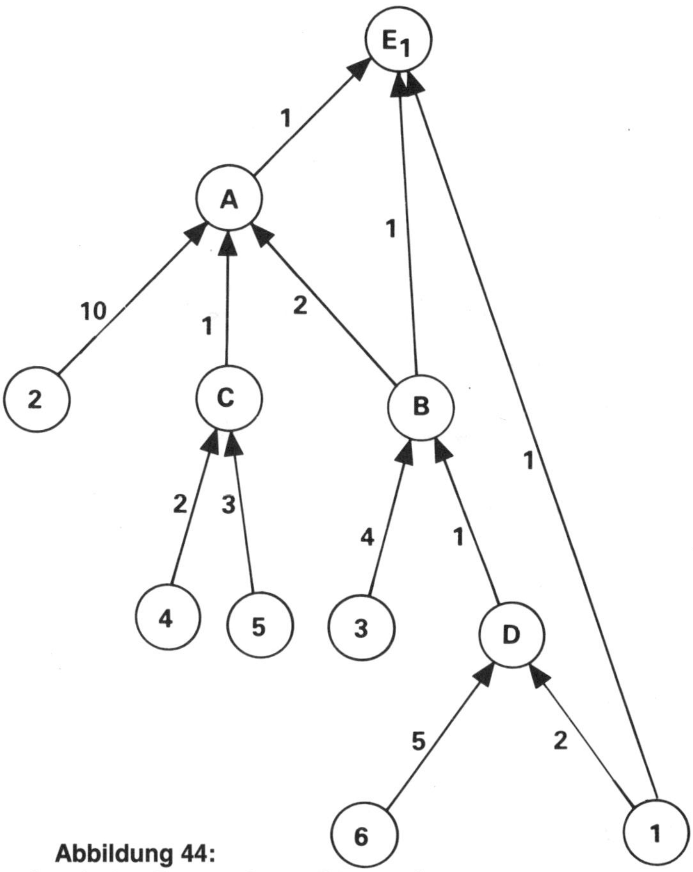

Abbildung 44:
Gozinto-Graph des Erzeugnisses E1

aa) Mengenübersichtsstückliste

Die Mengenübersichtsstückliste ist die einfachste Form der Stücklistendarstellung zum Zwecke der Bedarfsermittlung. Sie gibt Auskunft über die Mengen an Rohstoffen, Einzelteilen und Baugruppen, die für die Fertigung eines Erzeugnisses benötigt werden, zusammengefaßt über alle Fertigungsstufen. Es werden also – und das ist sehr wesentlich – alle Erzeugnisbestandteile ohne Hinweis auf ihre Stellung innerhalb der Erzeugnisstruktur erfaßt.

Die Mengenübersichtsstückliste faßt den gesamten Bedarf an Baugruppen, Einzelteilen und Rohstoffen für ein bestimmtes Erzeugnis zusammen

Ein wesentlicher Vorteil liegt in der übersichtlichen und einfachen Benutzung. Sofern jedoch bestimmte Teilepositionen in

Aus der Mengenübersichtsstückliste geht nicht hervor, wie die verschiedenen Erzeugniskomponenten in das Erzeugnis eingehen

einem Zusammenhang vormontiert werden, ist aus der Mengenstückliste die Gruppenzusammengehörigkeit nicht zu erkennen. Das kann – wie weiter unten noch erläutert wird – ein wesentlicher Nachteil für die Bedarfsrechnung sein.

Die Mengenübersichtsstückliste wird vor allem für die Materialplanung verwendet.[1]

Für das Erzeugnis E1 (Abb. 43 und Abb. 44) ist in Abb. 45 die Mengenstückliste schematisch dargestellt.

ERZEUGNIS E 1		
POSITION	IDENT-NR.	MENGE
1	A	1
2	B	3
3	C	1
4	D	3
5	1	7
6	2	10
7	3	12
8	4	2
9	5	3
10	6	15

Abbildung 45:
Mengenstückliste zum Erzeugnis E1 (schematisch)

1 Vgl. UNIVAC, UNIS/90; Univac-Industrie-System, a.a.O., S. 8.

ab) Strukturstückliste

Im Gegensatz zur Mengenübersichtsstückliste enthält die Strukturstückliste alle Baugruppen und Teile eines Erzeugnisses in strukturierter Anordnung. Sie zeigt übersichtlich die Zusammensetzung des Erzeugnisses auf, wobei allerdings mehrfach verwendete Baugruppen mit allen Einzelteilen wiederholt in der Stückliste erscheinen.

Die Strukturstückliste beschreibt ein Enderzeugnis in seiner konstruktiven und fertigungstechnischen Gliederung

ERZEUGNIS E1		
POSITION	IDENT-NR.	MENGE
1	A	1
2	B	2
3	D	1
4	1	2
5	6	5
6	3	4
7	C	1
8	4	2
9	5	3
10	2	10
11	1	1
12	B	1
13	D	1
14	1	2
15	6	5
16	3	4

Abbildung 46:
Strukturstückliste des Erzeugnisses E1 (schematisch)

Die Struktur kann, wie in Abb. 46, durch Einrücken der einzelnen Baugruppen und Teile, durch Pfeile, durch Kreuze oder, wie im Beispiel aus der Praxis (Abb. 42, Seite 193), durch eine Zuordnung von Ebenennummern (Baustufen) dargestellt werden.

ac) Baukastenstückliste

In der Baukastenstückliste wird jede Gruppe entsprechend dem Baukastenprinzip behandelt

In der Baukastenstückliste werden nur die Teile bzw. Baugruppen erfaßt, die direkt in eine übergeordnete Baugruppe eingehen (einstufige Stückliste). Dabei wird von den Fertigungsebenen ausgegangen. Für ein mehrgliedriges Erzeug-

ERZEUGNIS E1		
POS	IDENT. NR.	MENGE
1	A	1
2	1	1
3	B	1

GRUPPE A		
POS	IDENT. NR.	MENGE
1	B	2
2	C	1
3	2	10

GRUPPE B		
POS	IDENT. NR.	MENGE
1	D	1
2	3	4

GRUPPE C		
POS	IDENT. NR.	MENGE
1	4	2
2	5	3

GRUPPE D		
POS	IDENT. NR.	MENGE
1	1	2
2	6	5

Abbildung 47:
Baukastenstückliste des Erzeugnisses E1 (schematisch)

nis sind bei diesem Stücklistenaufbau immer mehrere Stücklisten erforderlich. Die Mengenangaben werden auch hier auf die übergeordnete Einheit bezogen (vgl. Abb. 47).

Der Vorteil dieser Stücklistenform liegt darin, daß trotz Mehrfachverwendung einer Baugruppe es nur eine Stückliste im Stücklistenbestand gibt. Speicherplatzbedarf und Änderungsaufwand werden damit auf ein Mindestmaß verringert. Durch die Adreßverkettung im Stücklistenprozessor[1] kann bei Einsatz der EDV die genaue strukturelle Zusammensetzung eines Erzeugnisses schnell rekonstruiert werden.

b) Teileverwendungsnachweise

Grundsätzlich handelt es sich bei Teileverwendungsnachweisen um Stücklisten in anderer Sortierfolge („umgekehrte"

Der Teileverwendungsnachweis ist eine „umgekehrte" Stückliste

E1

POSITION	IDENT NR	MENGE
1	A	1
2	B	3
3	C	1
4	D	3
5	1	7
6	2	10
7	3	12
8	4	2
9	5	3
10	6	15

E2

POSITION	IDENT NR	MENGE
1	A	2
2	C	2
3	1	1
4	2	2
5	4	8
6	6	2

E3

POSITION	IDENT NR	MENGE
1	B	1
2	C	2
3	D	1
4	2	10
5	5	4
6	6	8
7	7	12
8	8	2

IDENT NR \ ERZEUGNISSE	E1	E2	E3
A	1	2	
B	3		1
C	1	2	2
D	3		1
1	7	1	10
2	10	2	
3	12		
4	2	8	
5	3		4
6	15	2	8
7			12
8			2

Abbildung 48:
Beziehungen zwischen Stücklisten und Teileverwendungsnachweis

1 Zur Arbeitsweise des Stücklistenprozessors vgl. W.R. Trux, Einkauf und Lagerdisposition mit Datenverarbeitung, a.a.O., S. 413 ff.

Stücklisten). Ein Teileverwendungsnachweis geht nicht von einer übergeordneten Baugruppe aus, sondern gibt Auskunft darüber, in welchen Baugruppen und Enderzeugnissen ein Einzelteil vorkommt. Analog zu den drei Grundformen der Stücklisten lassen sich auch hier Mengenübersichts-Teileverwendungsnachweise, Struktur-Teileverwendungsnachweise und Teileverwendungsnachweise in Baukastenform unterscheiden.

Abb. 48 zeigt die Beziehung zwischen Mengenübersichtsstücklisten und einem entsprechenden Teileverwendungsnachweis.

Für die Bedarfsermittlung bei Lagerfertigung und für den Änderungsdienst bei Wiederholteilen sind Verwendungsnachweise besonders aussagefähige Unterlagen.

2.3.1.2 Verfahren der deterministischen Bedarfsermittlung

Grundsätzlich stehen die analytische und die synthetische Methode zur Bedarfsauflösung zur Verfügung

Mit der analytischen und synthetischen Methode der Bedarfsermittlung stehen unterschiedliche Verfahren der deterministischen Bedarfsrechnung zur Verfügung, die sich durch die Art der verwendeten Hilfsmittel unterscheiden. Dabei ist die analytische Methode besonders geeignet, wenn ein Produktionsplan aufzulösen ist. Für die Bedarfsauflösung eines einzelnen Fertigerzeugnisses wird dagegen das synthetische Auflösungsverfahren bevorzugt.[1] In der betrieblichen Praxis werden sehr häufig beide Verfahren nebeneinander eingesetzt.

a) Analytische Bedarfsauflösung

Die Bedarfsrechnung nach dem analytischen Auflösungsverfahren geht vom Bedarf für Fertigerzeugnisse aus (Primärbedarf), der in einem Produktionsplan festgehalten ist. Schrittweise werden die Fertigerzeugnisse aufgrund der Stücklisten über die verschiedenen Baugruppen bis zu den Einzelteilen und dem Rohmaterial zergliedert. Dabei kann die Auflösung

1 Vgl. J.R. Zeigermann, Elektronische Datenverarbeitung in der Materialwirtschaft, a.a.O., S. 98.

– auf der Grundlage von Mengenübersichtsstücklisten
– nach Bau- bzw. Fertigungsstufen
– nach Dispositionsstufen

erfolgen. Die Auflösung nach Bau- bzw. Fertigungsstufen und die Auflösung nach Dispositionsstufen setzen den Einsatz von Baukasten- bzw. Strukturstücklisten voraus. Beide Verfahren können sowohl zur Bestimmung des Bruttobedarfs als auch zur Ermittlung des Nettobedarfs verwendet werden. Ihre Anwendung ist allerdings sehr aufwendig und nur mit Unterstützung der EDV realisierbar.

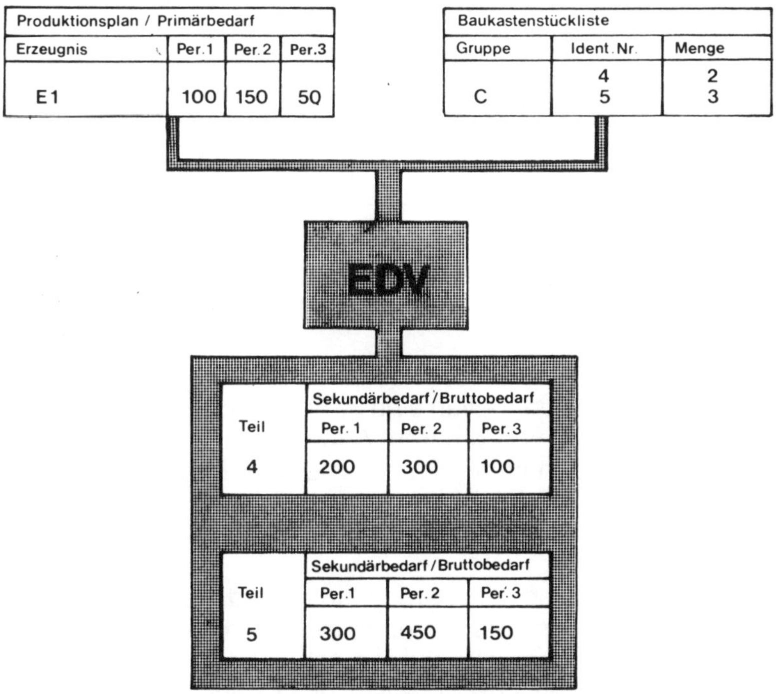

Abbildung 49:
Analytische Stücklistenauflösung mit EDV
(Per = Periode)

In Abb. 49 ist die analytische Stücklistenauflösung über EDV schematisch dargestellt.[1]

1 In Anlehnung an VDI, Elektronische Datenverarbeitung bei der Produktionsplanung und -steuerung IV, Düsseldorf 1974, S. 5.

Die analytische Methode auf der Grundlage von Mengenübersichts-stücklisten ermöglicht unter einschränkenden Bedingungen nur die Ermittlung des Bruttobedarfs

aa) Bedarfsermittlung auf der Grundlage von Mengenübersichtsstücklisten

Bei Verwendung der Mengenübersichtsstückliste (vgl. Abb. 45, Seite 196) sind zur Errechnung des Bruttobedarfs an Baugruppen, Einzelteilen und Rohstoffen jeweils die entsprechenden Mengenangaben der Mengenstückliste mit den Planwerten des Primärbedarfs zu multiplizieren. Wenn beispielsweise der Produktionsplan vorsieht, in der Woche (= angenommene Planperiode) 100 Einheiten des Fertigerzeugnisses E1 zu fertigen, so errechnen sich leicht folgende Sekundärbedarfe für die Planperiode (Periodenbedarfe):

A	B	C	D	T1	T2	T3	T4	T5	T6
100	300	100	300	700	1000	1200	200	300	1500

Tabelle 8:
Materialbedarfsermittlung aufgrund Produktionsplan und Mengenübersichtsstückliste

Mengenübersichtstabellen sind zwar einfach zu erstellen und auch manuell mit vertretbarem Aufwand zu fertigen, ihre Einsatzmöglichkeiten in der Praxis sind aber begrenzt, weil nur der in einem Produktionsplan enthaltene Bruttobedarf errechnet werden kann.

> Eine Dispositionsrechnung, die die zeitliche Verteilung des Bedarfs entsprechend dem Produktionsablauf berücksichtigen soll, ist mit Hilfe der Mengenübersichtsstückliste nicht ohne weiteres möglich.

Machen wir uns diese Problematik an einem Beispiel klar:

Allgemeines Beispiel zur Verwendungs-problematik der Mengenübersichts-stückliste

Beispiel 22:
In Abb. 50 wird das bereits bekannte Fertigerzeugnis E1 in seinem zeitlichen Fertigungsablauf dargestellt. Dabei wird angenommen, daß die Fertigungs- bzw. Beschaffungszeit für das Fertigerzeugnis sowie für die Baugruppen je zwei Perioden und für Einzelteile eine Periode beträgt. Es wird so die

Ermittlung genauer Termine für die Bereitstellung fertiger Baugruppen und Einzelteile möglich und damit die zeitliche Verteilung des Bedarfs erkennbar.

Für das Einzelteil T1 (Beschaffungszeit ein Monat) verteilt sich der Bedarf bereits wie folgt:

Anzahl Einzelteile	*Vorlaufzeit der Fertigung*	*Vorlaufzeit der Disposition*
1	*2 Perioden*	*3 Perioden*
2	*6 Perioden*	*7 Perioden*
2	*8 Perioden*	*9 Perioden*

Periode = 1 Monat

Das stark vereinfachte Beispiel zeigt, daß eine Anwendung der Mengenübersichtsstückliste nur bei einer bis ins einzelne gehenden Ablaufplanung möglich ist. Auch ist unschwer zu erkennen, daß Lager- und Bestellbestände nicht periodengerecht abgesetzt werden können. Allenfalls vertretbar ist ihr Einsatz bei

- Betrieben mit einfachen Fertigungsstrukturen (reine Montagebetriebe)
- Produkten mit kurzen Durchlaufzeiten
- Fertigung ohne Zwischenlager (Bruttobedarf entspricht dem Nettobedarf)
- einem Erzeugnisprogramm mit wenig Mehrfachverwendungen.

Für Betriebe mit stark differenzierten Fertigungsstrukturen, langen und unterschiedlichen Durchlaufzeiten (z.B. Maschinenbau) sowie Zwischenlagern empfiehlt sich eine stufenweise Auflösung der Stückliste.[1]

1 Entgegen der üblichen Terminologie spricht Trux hier von einer Auflösung nach Auflösungsstufen, da genaugenommen die Auflösung nicht der zeitlichen Reihenfolge des Fertigungsablaufs entspricht. – Vgl. W.R. Trux, Einkauf und Lagerdisposition mit Datenverarbeitung, a.a.O., S. 435 ff.

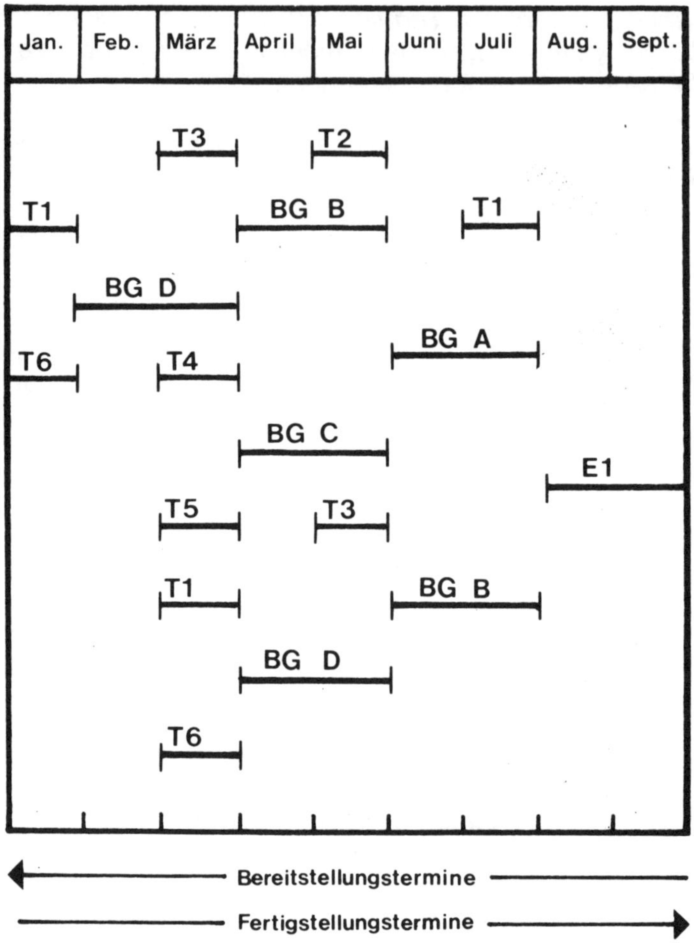

Abbildung 50:
Zeitliche Verteilung des Bedarfs entsprechend dem Fertigungsablauf (schematisch)

ab) Analytische Auflösung nach Fertigungsstufen

Die analytische Auflösung nach Fertigungsstufen wirft beim Vorkommen von Wiederholteilen Probleme auf

Die analytische Stücklistenauflösung nach Fertigungs- bzw. Baustufen geht von einer nach der zeitlichen Reihenfolge des Zusammenbaus gegliederten Erzeugnisstruktur und den dazugehörigen Baukasten- bzw. Strukturstücklisten aus. Die Auflösung erfolgt dann in der Weise, daß die Montage des Endproduktes die Fertigungsstufe Null bekommt (vgl. Abb. 51).

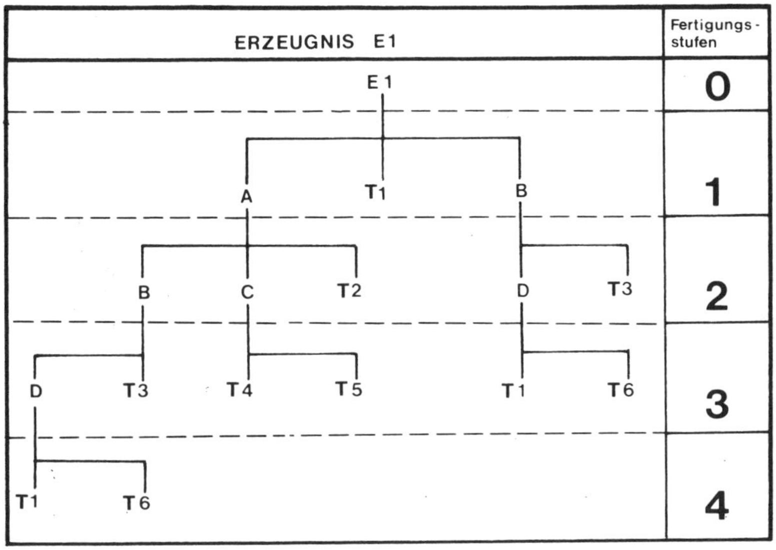

Abbildung 51:
Stücklistenauflösung nach Fertigungsstufen

In der Folge der Fertigungsstufen wird das Erzeugnis schrittweise weiter in seine Baugruppen und Einzelteile zerlegt, bis die niedrigste Fertigungsstufe erreicht ist. Es müssen also alle Baukastenstücklisten herangezogen werden, um die gesamte Erzeugnisstruktur zu rekonstruieren. Das zugehörige Verfahren der Nettobedarfsrechnung – man nennt es Renettingverfahren[1] – ist allerdings zeitaufwendig. Denn die Gegenüberstellung von ermitteltem Bruttobedarf und verfügbarem Bestand muß bei der Auflösung auf jeder Fertigungsstufe erfolgen. Das führt zu einer komplizierten Be- und Entlastungsrechnung, um eine nach Mengen und Terminen richtige Zuordnung der frei verfügbaren Bestände sicherzustellen. Andernfalls würde vom Wiederholteil T1 (vgl. Abbildung 51) der spätere Bedarf auf Stufe 1 zuerst aus einem vorhandenen Bestand befriedigt und der früheste Bedarf auf Stufe 4 zuletzt.

1 Das Renettingverfahren ist in der Praxis weitgehend unbekannt und soll hier nicht weiter dargestellt werden. Vgl. VDI, Elektronische Datenverarbeitung bei der Produktionsplanung und -steuerung IV – Materialbestands- und Bestellrechnung, Düsseldorf 1974, S. 7 f.

Die analytische Auflösung nach Fertigungsstufen erweist sich demnach für die Praxis als ungeeignet, wenn die gleichen Baugruppen oder Teile in verschiedenen Fertigungsstufen eines Erzeugnisses vorkommen.

Treten Wiederholteile auf verschiedenen Ebenen auf, so wird bei der maschinellen Stücklistenauflösung in der Regel das Dispositionsstufenverfahren eingesetzt.

ac) Analytische Auflösung nach Dispositionsstufen

Die analytische Auflösung nach dem Dispositionsstufenverfahren faßt Wiederholteile auf der untersten Stufe der Verwendung zusammen

Auch die Stücklistenauflösung nach Dispositionsstufen beginnt beim Fertigerzeugnis. Es wird hier aber der gesamte Bedarf für eine Materialposition auf der Auflösungsstufe zusammengefaßt, auf der die Position zuletzt vorkommt. Das in Abb. 52 gezeigte Schema für das Erzeugnis E1 verdeutlicht dieses Verfahren.

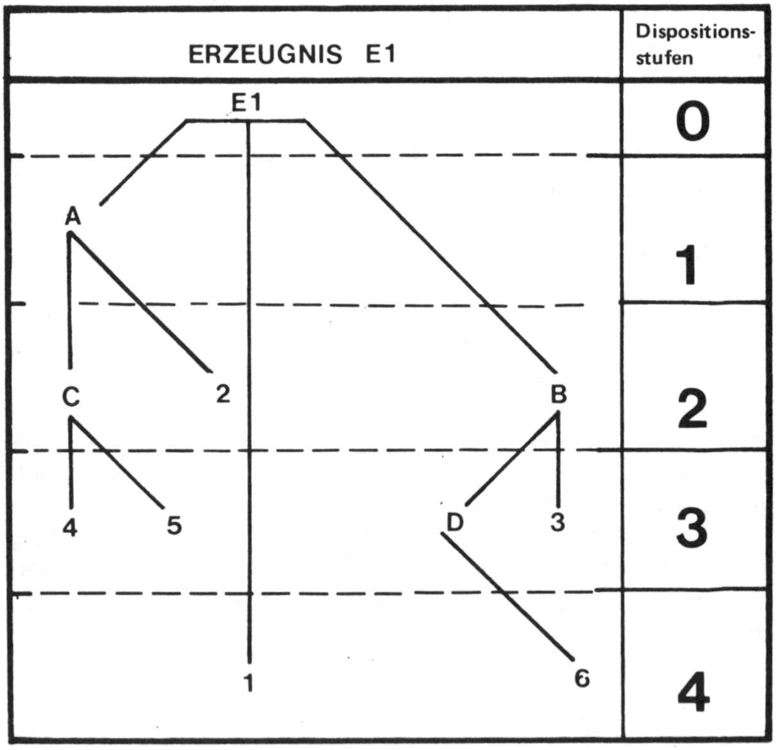

Abbildung 52:
Stücklistenauflösung nach Dispositionsstufen

Beispielsweise erscheint in Abb. 51 das Teil T1 bereits in der ersten Fertigungsstufe. Trotzdem erhält es die Dispositionsstufe 4, da diese die unterste Verwendungsstufe ist. Auf dieser wird der Bedarf zusammengefaßt.

In gleicher Weise wird in Abb. 42 auf Seite 193 in der Strukturstückliste für ein Feuerzeug das Teil Nr. 4030 0002 auf Stufe 5 disponiert, obwohl es auch in der Baustufe 3 vorkommt.

> Unter einer Dispositionsstufe ist demnach die unterste Fertigungsstufe zu verstehen, in der ein Teil innerhalb **aller** Erzeugnisstrukturen vorkommt.

Durch die Einführung der Dispositionsstufe wird erreicht, daß den Bruttobedarfen eines Wiederholteils die Bestände in der richtigen terminlichen Reihenfolge zugeordnet werden. Um eine einfache Handhabung des Dispositionsstufenverfahrens zu ermöglichen, müssen für jedes Produktionsprogramm neue Dispositionsstufen vergeben werden. Das geschieht in einem besonderen Rechengang vor der Bedarfsrechnung. Der Dispositionsstufenschlüssel wird im Teilestamm gespeichert. Durch Änderungen des Produktionsprogramms oder durch technische Änderungen kann sich die Dispositionsstufe ändern.
Die Bedarfsrechnung wird für die Materialposition, für die ein Bedarf vorliegt, nach dem übergeordneten Sortierbegriff der Dispositionsstufe vorgenommen. Die Nettobedarfsrechnung wird dann ausgelöst, wenn die Dispositionsstufe der Materialposition erreicht ist. Handelt es sich bei dem Nettobedarf um eine Baugruppe, so kann er unter Berücksichtigung der Vorlaufzeit zur weiteren Auflösung verwendet werden (Bedarf für Auflösung).
Das Dispositionsverfahren ist einfach und wenig zeitaufwendig. Es hat sich daher als Standardsoftware durchgesetzt.[1]

b) Synthetische Bedarfsauflösung

Die synthetische Bedarfsauflösung geht vom Teileverwendungsnachweis aus

Soll im Gegensatz zur analytischen Bedarfsauflösung festgestellt werden, in welcher Baugruppe oder in welchem Erzeugnis ein bestimmtes Teil oder eine bestimmte Baugruppe verwendet wird, so nimmt man eine synthetische Betrachtung vor. Hilfsmittel dabei sind die Teileverwendungsnachweise in

1 Vgl. B. Grupp, Materialwirtschaft mit Bildschirmeinsatz, a.a.O., S. 151.

den genannten Formen. Die Nettobedarfsrechnung erfordert auch hier die Verwendung von Strukturteileverwendungsnachweisen bzw. von Teileverwendungsnachweisen in Baukastenform, während eine Bruttobedarfsrechnung auf der Grundlage von Mengenübersichtsteileverwendungsnachweisen möglich ist.

Abb. 53 zeigt die synthetische Bedarfsermittlung mit EDV.[1]

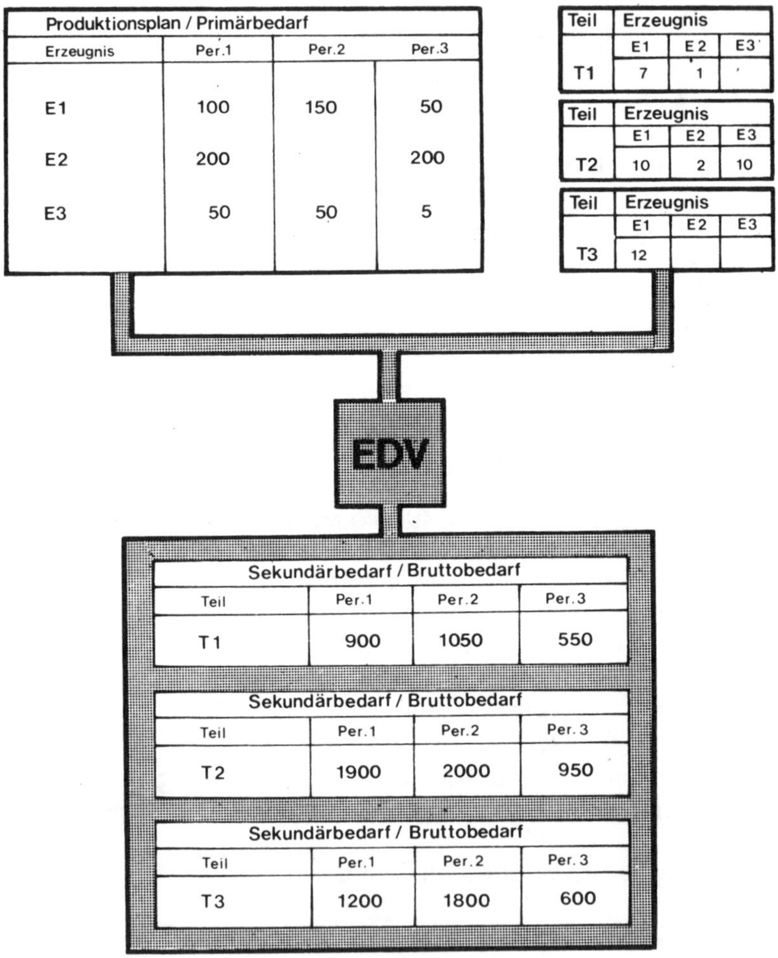

Abbildung 53:
Synthetische Stücklistenauflösung mit EDV
(Per = Periode)

1 In Anlehnung an VDI, a.a.O., S. 6.

Der Hauptvorteil der synthetischen Bedarfsermittlung liegt darin, daß bei Änderungen von mehrfach verwendeten Baugruppen, Einzelteilen oder Rohstoffen sofort der bestehende Bedarf ermittelt werden kann, ohne daß erneut eine analytische Bedarfsermittlung erforderlich wird. Hinsichtlich der Eindeutigkeit der Daten stellt das synthetische Verfahren hohe Anforderungen an die gesamte Datenorganisation und Erzeugnisdokumentation.[1]

→ Aufgabe 5

2.3.2 Stochastische Bedarfsermittlung

Definition und Anwendung der stochastischen Bedarfsvorhersage

Nicht immer erweisen sich in der Praxis deterministische Verfahren der Bedarfsermittlung als zweckmäßige Instrumente der Materialdisposition. Die Gründe dafür können sein, daß

- keine oder noch keine Stücklistenauflösung erfolgt oder aber
- eine genaue Planung den erforderlichen Aufwand nicht rechtfertigt.

In diesen Fällen werden die Bedarfszahlen zu zufallsveränderlichen und damit statistischen Massen. Ihre Ermittlung geht von der Wahrscheinlichkeitstheorie mit der Zielsetzung aus, Wahrscheinlichkeitsverteilungen für jeden möglichen Bedarf anzugeben. Methoden dieser Art nennt man stochastische Verfahren. – Mit anderen Worten: Die stochastische Bedarfsermittlung bedient sich mathematisch-statistischer Methoden, indem mit Hilfe der Wahrscheinlichkeitsrechnung aus den Verbrauchswerten der Vergangenheit auf den zukünftigen Bedarf geschlossen wird. Zusammen mit dem sich anschließenden Verfahren der stochastischen Bedarfsermittlung, die zur Feststellung des Primär-, Sekundär- und Tertiärbedarfs eingesetzt werden können, wird demnach von der Annahme ausgegangen, daß

1 Vgl. REFA, Methoden der Planung und Steuerung, Bd. 3, a.a.O., S. 59.

sich der zukünftige Bedarf genauso entwickeln wird wie in der Vergangenheit. Es wird eine Konstanz bzw. Linearität des Bedarfs unterstellt. Ist diese Voraussetzung nicht zu rechtfertigen, sind Bedarfsvorhersageverfahren in sinnvoller Weise nicht anwendbar!

Um den Verbrauchsverlauf der Vergangenheit eindeutig zu erkennen, müssen Aufzeichnungen der Materialbewegungen und -bestände für eine ausreichende Anzahl von Vergangenheitsperioden vorhanden sein. Diese Voraussetzung verdient deshalb unbedingt Beachtung, weil je nach den Kennzeichen einer Verbrauchszahlenreihe für die Bedarfsvorhersage unterschiedliche Verfahren anzuwenden bzw. Parameter unterschiedlich zu bestimmen sind. Durch den Einsatz der XYZ-Analyse kann man hier – vor allem in der Verbindung mit der ABC-Analyse – wertvolle Unterstützung bei der Entscheidungsfindung erhalten (vgl. Praxisbeispiel 30, Seite 276 ff.).

Für selten auftretende Sonderfälle sind keine geeigneten Verfahren entwickelt worden

Wegen des Mangels an Vergangenheitswerten bilden ausgesprochene Liebhaber- und Schlagerartikel (z.B. Hula-Hoop-Reifen) sowie Mode- und neu am Markt erscheinende Artikel ein Problem für jede Art von Vorhersageverfahren. In solchen Fällen reicht häufig die zur Verfügung stehende Datenmenge nicht aus, so daß statistische Vorhersagemethoden schwerlich mit den intuitiven Verfahren konkurrieren können.[1]

Eine Überwachung der Vorhersage sollte erfolgen

Werden Vorhersageverfahren angewandt, so sollte auch eine Überwachung der Vorhersage erfolgen, um das Ausmaß des Vorhersagefehlers bei Planungsentscheidungen zu berücksichtigen und Strukturbrüche im Verbrauchsverlauf (vgl. Abb. 68, Seite 279) kurzfristig zu erkennen.

2.3.2.1 Grundlagen der stochastischen Bedarfsermittlung

Um eine Extrapolation von in der Vergangenheit gemessenen Werten für einen in der Zukunft liegenden Zeitraum auf mathematisch-statistischer Grundlage durchzuführen, müssen

1 Vgl. IBM, IMPACT – Wirtschaftliche Lagerhaltung mit wissenschaftlichen Methoden, a.a.O., S. 56.

- die Vergangenheitswerte ausreichend und zuverlässig sein,
- die Modelle für den Verbrauchsverlauf eines jeden Artikels ermittelt werden.

a) Hilfsmittel der Datenerfassung

Für die Beschaffung der erforderlichen Daten dienen als Hilfsmittel

- die Aufzeichnungen der Lagerbuchführung (Materialrechnung)
- die Verbrauchsstatistik.

Eine kurze Beschreibung dieser Hilfsmittel erscheint zweckmäßig, bevor wir auf die aus ihnen erkennbaren Verbrauchsverläufe eingehen.

aa) Materialrechnung

Die Genauigkeit der Verbrauchserfassung darf nicht zu Lasten der Wirtschaftlichkeit gehen

In der Materialrechnung[1] müssen in der Vergangenheit die Lagerbewegungen und -bestände lückenlos und genau über einen längeren Zeitraum periodengerecht erfaßt worden sein, um Bedarfsvorhersagen mit hinreichender Genauigkeit zu ermöglichen. Damit der Materialverbrauch der Vergangenheit exakt vorliegt, ist darauf zu achten, daß

- alle Bedarfsanforderungen periodengerecht verbucht werden
- die Zuordnung von Materialrückgaben, nachträglichen Materialausgaben usw. periodengerecht erfolgt
- Quantitätsverluste (Verderb, Diebstahl) und Qualitätsminderungen (z.B. durch Austrocknen, Verrosten) in die Verbrauchswerte einbezogen werden
- Bewegungen aus allen Lagerbereichen (zentral) erfaßt werden
- die „Bereitstellungen" in den Werkstätten und unter den Arbeitstischen der Monteure oder Verkäufer aus den Verbrauchswerten herausgerechnet werden.

1 Die Aufgaben der Materialrechnung werden im sechsten Abschnitt unter Ziffer 3.2 ausführlich behandelt.

Genau ist die Verbrauchserfassung nur dann, wenn der buchmäßige Verbrauch mit dem tatsächlichen übereinstimmt.

Allerdings kann sich oft eine übertrieben genaue Erfassung des Materialverbrauchs – insbesondere des Verbrauchs von Kleinmaterial – als unwirtschaftlich erweisen.

ab) Verbrauchsstatistik

Zeitreihen werden aus Aufzeichnungen über den Periodenverbrauch gebildet

In der Verbrauchsstatistik werden die in der Materialrechnung verbuchten Daten in Mengeneinheiten für Perioden gleicher Länge, z.B. für eine Woche, vier Wochen, einen Monat oder dergl. zusammengestellt. Diese Periodenwerte dienen der Beurteilung der Verbrauchsentwicklung und geben Hinweise auf Abweichungen und Unregelmäßigkeiten. Der Verlauf des Verbrauchs in Abhängigkeit von der Kalenderzeit heißt Zeitreihe.

Abb. 54 zeigt Tabelle und graphische Darstellung einer Zeitreihe.

Periode	ZEIT Jahr	Monat	Verbrauch in Stück
1	1976	Januar	80
2		Februar	100
3		März	90
4		April	110
5		Mai	90
6		Juni	120
7		Juli	130
8		August	110
9		September	140
10		Oktober	130
11		November	150
12		Dezember	140
13	1977	Januar	120
14		Februar	150
15		März	170
16		April	180
17		Mai	130
18		Juni	150
19		Juli	160
20		August	180
21		September	150
22		Oktober	170
23		November	190
24		Dezember	150

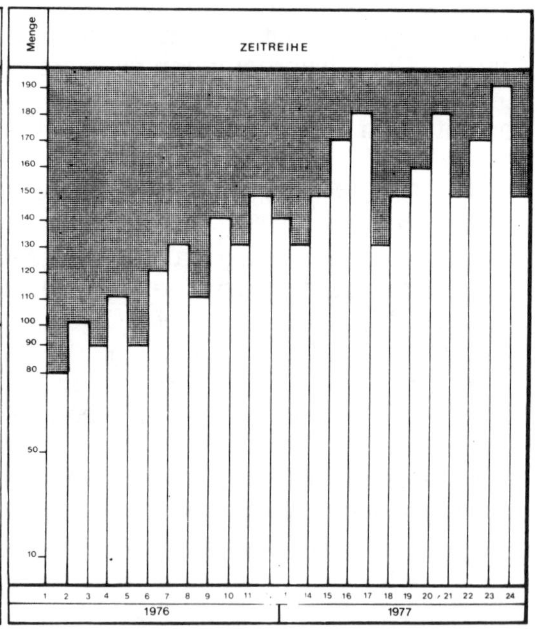

Abbildung 54:
Tabelle und graphische Darstellung einer Zeitreihe

Für den Einsatz von Verfahren der stochastischen Bedarfsermittlung ist es wesentlich, die Komponenten einer Zeitreihe genau zu erkennen. Dabei stellen sich vorab folgende Fragen:

(1) Wie weit sollte man in die Vergangenheit zurückgreifen, um eine gesicherte Basis für die Prognose zu haben?

(2) Welche Größe sollte das Prognoseintervall haben, damit bedeutsame periodische Verbrauchsschwankungen nicht übersehen werden?

Die Qualität einer Prognose ist abhängig von der Wahl
- des Verbrauchszeitraums
- des Prognoseintervalls

Zu (1):
In Abb. 55 stellt die Gerade A eine Trendgerade dar, die lediglich aus den Vergangenheitswerten X und Y entwickelt wurde. Wenn der Datenpunkt Z hinzugefügt wird, ändert sich die Richtung der Geraden entscheidend. Man kann daraus folgern, daß bei wenigen Vergangenheitsdaten wenig Vertrauen in die Richtung besteht, welche die Gerade zur Zeit einschlägt.

Je größer die Verbrauchsdatenmenge ist, desto zuverlässiger ist eine Vorhersage

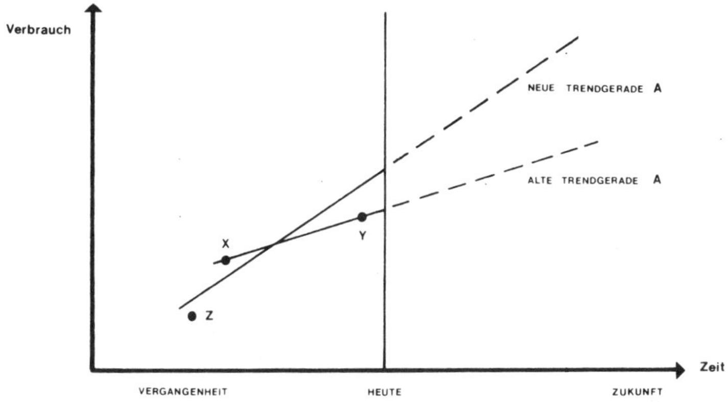

Abbildung 55:
Auswirkungen der Datenmenge auf die Vorhersage

Wieviele Daten tatsächlich benötigt werden, schwankt von Erzeugnis zu Erzeugnis.

- Ein langer Verbrauchszeitraum hat den Vorteil, daß die Prognose nicht durch unbedeutende kurzfristige Schwankungen gestört wird. Es können sich durch die Berücksichtigung sehr weit zurückliegender Perioden aber auch irreführende Werte ergeben.

In der Industrie liegt eine vernünftige Basislänge meist zwischen ein und drei Jahren. Unterliegt ein Erzeugnis saisonalen Schwankungen, läßt es sich im Winter beispielsweise immer besser verkaufen als im Sommer, so werden wenigstens die Daten von zwei Jahren benötigt.

Die Periodenlänge beeinflußt die Qualität der Vorhersage

Zu (2):
Der Verbrauchszeitraum ist in nicht zu kurze oder zu lange Zeitperioden (Prognoseintervalle) zu unterteilen, da sich die Periodenlänge auf das Verbrauchsmodell und damit auf die Qualität der Prognose auswirkt.

In Abb. 54 wurde als Verbrauchsperiode ein Monat angenommen, wie es in der Industrie üblich ist. Aufgrund der Nähe zum Konsumenten sind im Handel kürzere Verbrauchsperioden (wöchentlich oder vierzehntägig) eher geeignet, Verbrauchsschwankungen und deren Richtung sichtbar zu machen.

In jedem Fall ist darauf zu achten, daß die Verbrauchsperiode nicht zu kurz oder zu lang zu wählen ist. Abb. 56 verdeutlicht die damit verbundene Problematik, indem die Auswirkungen der Periodenlänge auf den Verbrauchsverlauf erkennbar werden. Dabei wird von den Zahlen der Verbrauchsstatistik (Abb. 54) ausgegangen. Die entsprechende graphische Darstellung der Zeitreihe ist im Fall A gegeben. Die wirklichen Verbrauchsschwankungen treten deutlich hervor. Im Fall B wurde der Verbrauch für ein Quartal summiert. Der sich ergebende Verbrauchsverlauf ist sehr eben.

> Da die Vorratsplanung zum Teil auf dem Umfang der Verbrauchsschwankungen beruht, muß in der Praxis Sorge getragen werden, die Schwankungen nicht durch Vorhersagen mit zu langen Zeitperioden einzuebnen.

Eine untere Grenze der Periodenlänge ist dadurch gegeben, daß kurze Perioden häufige Prognosen erfordern.

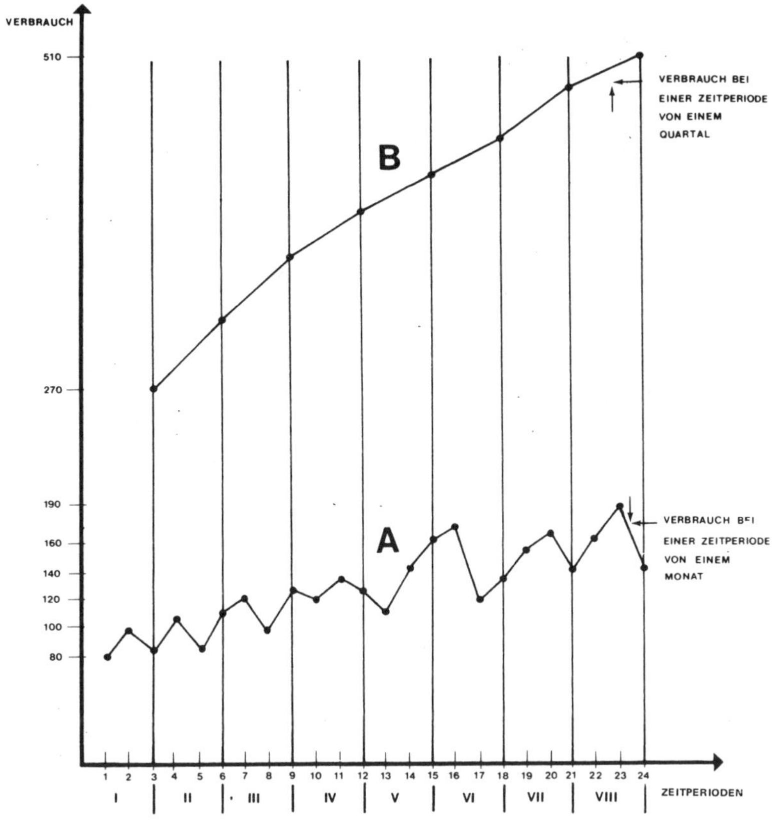

Abbildung 56:
Auswirkungen der Periodenlänge auf die Verbrauchsschwankungen

b) Modelle für den Verbrauchsverlauf

Die Zeitreihen sind in ihre die Entwicklung bestimmenden Komponenten zu zerlegen

Bei der Analyse einer Zeitreihe können sehr unterschiedliche Gesetzmäßigkeiten festgestellt werden. Dabei ist zu beachten, daß sich eine Zeitreihe auch aus mehreren Komponenten zusammensetzen kann. So ist beispielsweise denkbar, daß die zufälligen Verbrauchsschwankungen erheblich größer sind als die aufgrund eines erkennbaren Trends allmählich eintretenden Veränderungen.

In Abb. 57 werden die fünf wichtigsten Verbrauchs- bzw. Bedarfsmodelle, die als Komponenten einer Zeitreihe in Erscheinung treten können, dargestellt. Es ist festzuhalten, daß

- nur die Verbrauchsmodelle „konstant", „trendbeeinflußt" und „saisonabhängig" bzw. Kombinationen von Trend und Saison die Voraussetzungen für einen wirtschaftlichen Einsatz statistischer Vorhersageverfahren erfüllen,

- in der Praxis bei Verfahren der stochastischen Bedarfsvorhersage jedoch in der Regel nur das Konstantmodell zugrunde gelegt wird.

Für die Behandlung der übrigen Fälle ist im allgemeinen die intuitive Methode die wirtschaftlichste Lösung. Auf Strukturbrüche sollte mit Hilfe von Abweichungssignalen (vgl. Abb. 68, Seite 279) die Aufmerksamkeit des Disponenten gelenkt werden.

Definition der Verbrauchsmodelle

Im einzelnen sind die Verbrauchsmodelle wie folgt zu definieren:

ba) Konstanter Verbrauchsverlauf
Ein konstanter oder horizontaler Verbrauchsverlauf liegt vor, wenn die Verbrauchswerte um eine im wesentlichen stabile Verbrauchshöhe schwanken. Der Verbrauchsverlauf ist demnach langfristig konstant und schwankt lediglich kurzfristig. Die einzelnen Abweichungen vom Durchschnittswert unterliegen zufälligen Einflüssen und lassen keine Regelmäßigkeiten erkennen.

bb) Trendbeeinflußter Verbrauch
Von einem trendbeeinflußten Verbrauch ist dann zu sprechen, wenn über einen längeren Zeitraum hinweg – unter Vernachlässigung von zufälligen Schwankungen – der Verbrauch stetig steigt oder fällt. Bei der Entwicklung von Prognosemodellen ist demnach darauf zu achten, daß zufällige Schwankungen nicht als Trend ausgelegt werden.

bc) Saisonabhängiger Verbrauch
Werden in einer Zeitreihe periodisch wiederkehrende Verbrauchsschwankungen festgestellt, so spricht man von Saisonschwankungen mit konstantem Zyklus (z.B. bedingt

durch die Jahreszeiten, jährliche Feiertage, Schulbeginn). Im allgemeinen wird bei Saisonartikeln ein Spitzen- oder Minimalverbrauch zu jährlich wiederkehrenden Zeitpunkten auftreten. Dabei sollte der Spitzenverbrauch den Durchschnittsverbrauch um wenigstens 30 - 40 % übersteigen und erheblich über den zufälligen Verbrauchsschwankungen liegen.[1] Der Spitzenverbrauch muß sich demnach durch eine eindeutige und wiederkehrende Ursache erklären lassen.

Ursache für die Saisonabhängigkeit mancher Erzeugnisse ist das Wetter, dessen zeitlicher Verlauf oftmals von Jahr zu Jahr schwankt. Die Folge davon ist eine Periodenverschiebung dieser Verbrauchskomponenten.

bd) Unregelmäßiger Verbrauch
Ein unregelmäßiger Verbrauch liegt vor, wenn über einen längeren Zeitraum hinweg Gesetzmäßigkeiten nicht zu erkennen sind. Der Verlauf ist unberechenbar. Eine genaue Bedarfsprognose kann nicht erstellt werden.

be) Unstetigkeiten
Unstetigkeiten in der Zeitreihe können ausgelöst werden durch wirtschaftspolitische Maßnahmen (z.B. durch eine Änderung des Wechselkurses, Erhöhung der Rohstoffpreise oder durch Markteinflüsse) und ändern schlagartig die Nachfrage und damit die Zeitreihe in ihrem Verlauf (Strukturbruch).

2.3.2.2 Methoden der stochastischen Bedarfsermittlung

Man unterscheidet im wesentlichen folgende Methoden der stochastischen Bedarfsermittlung:

(1) Methode der Mittelwertbildung

(2) Methode der exponentiellen Glättung

(3) Methode der Regressionsanalyse

1 Vgl. IBM, IMPACT – Wirtschaftliche Lagerhaltung mit wissenschaftlichen Methoden, a.a.O., S. 45.

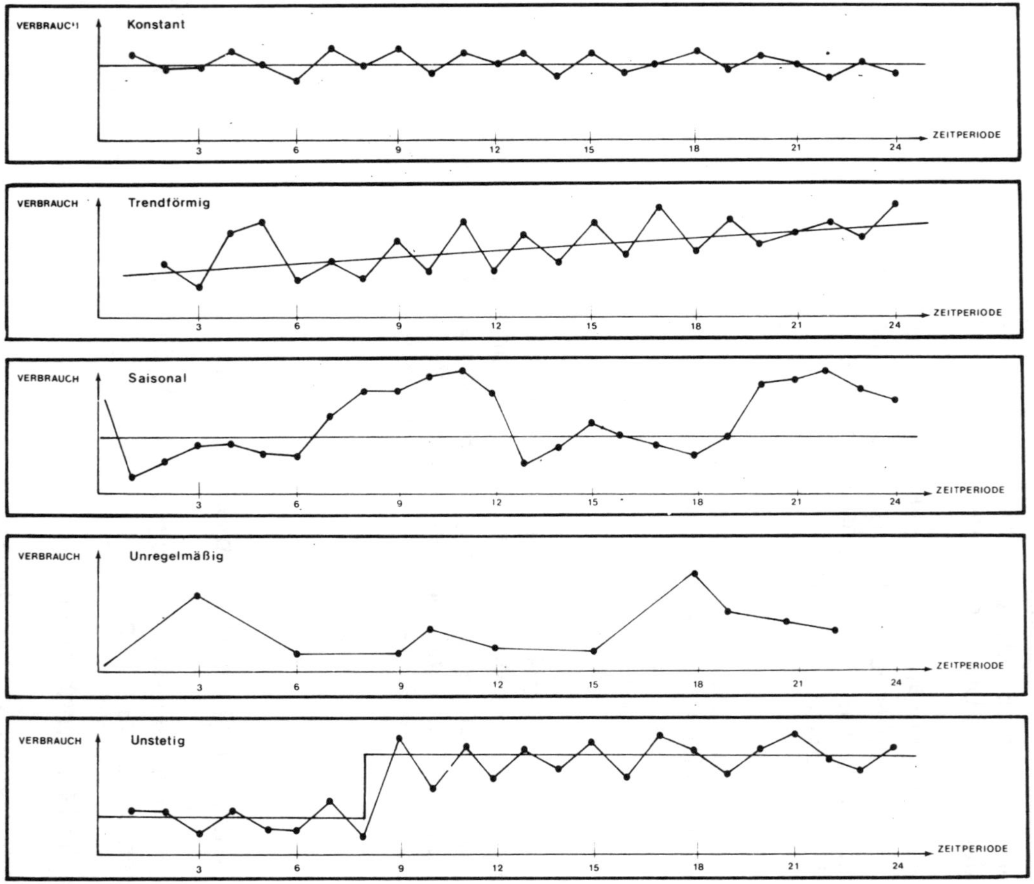

Abbildung 57:
Verbrauchsmodelle

Die Methoden kommen – wie Abb. 40 auf Seite 187 dieser Arbeit veranschaulicht – in verschiedenen Varianten vor. Praxisnah sind vor allem die Verfahren der Mittelwertbildung, die aufgrund des einfachen Rechenvorganges leicht verständlich sind. Die gebräuchlichste Methode bei Einsatz der EDV ist die exponentielle Glättung 1. Ordnung, auch wenn häufig die exponentielle Glättung 2. Ordnung empfohlen wird.[1] In der Praxis kaum verbreitet ist die Methode der Regressionsanalyse, die daher auch nur kurz skizziert werden soll.

Einfache Vorhersageverfahren sind den Verfahren höherer Ordnung vorzuziehen

Grundsätzlich muß zu den Verfahren höherer Ordnung gesagt werden, daß auch diese nicht alle Einflußfaktoren berücksichtigen können. Einfache Vorhersageverfahren liefern daher häufig fast genauso gute Ergebnisse wie die komplexen Verfahren, die in der Regel aufwendiger sind als durch die geringe Erhöhung der Vorhersagegenauigkeit gerechtfertigt ist.[2]

Es empfiehlt sich daher,

- einfache (durchschaubare) Vorhersageverfahren einzusetzen (Methoden der Mittelwertbildung, exponentielle Glättung 1. Ordnung),
- sie durch wirkungsvolle Kontrollen der Vorhersagefehler zu ergänzen, um die Auswirkungen einer Ungenauigkeit der Vorhersagen auf die Materialversorgung zu minimieren,
- korrigierende Schätzungen durch den Materialdisponenten zu ermöglichen.

Das Kennzeichen einer „guten" Vorhersagemethode ist, daß sie auf wirkliche Änderungen in der Verbrauchsentwicklung reagiert, gleichzeitig aber gegenüber zufälligen Schwankungen eine gewisse Stabilität aufweist.[3] Welche dieser beiden

1 Vgl. K. Mentzel, Optimale Lagerhaltung, in: G. Bretschneider, Hrsg., Einkaufsleiter-Handbuch, a.a.O., S. 757.

2 Vgl. IBM, COPICS – Bedarfsvorhersage, a.a.O., S. 12.

3 Vgl. IBM, IMPACT – Wirtschaftliche Lagerhaltung mit wissenschaftlichen Methoden, a.a.O., S. 43.

einander ausschließenden Forderungen das größere Gewicht erhält, ist von den jeweiligen betrieblichen Verhältnissen und den Entscheidungen der Unternehmensführung abhängig.

Ein mit EDV arbeitendes Vorhersagesystem entwickelt nicht nur das anfängliche Vorhersagemodell auf der Grundlage der Vergangenheitsdaten bzw. dem entsprechenden Verbrauchsmodell, sondern berichtigt auch automatisch bei Vorliegen neuer Verbrauchsdaten das Modell in der Weise, daß es die neuesten Tendenzen wiedergibt.

Die Länge des Vorhersagezeitraums unterscheidet sich je nach Verwendungszweck der Vorhersage

Die Anzahl der vorhergesagten Zeitperioden, d.h. die Länge des Vorhersagezeitraums, unterscheidet sich je nach Verwendung der Vorhersage. Da sich die verbrauchsgesteuerte Disposition, auf die wir in diesem Abschnitt unter Ziffer 3.3 eingehen werden, auf die Bedarfsermittlung durch Vorhersage stützt, empfiehlt es sich in diesem Fall, den Prognosezeitraum der Wiederbeschaffungs- und Überprüfungszeit möglichst eng anzupassen.[1] Eine Vorhersage des Primärbedarfs muß zumindest die gesamte Durchlaufzeit für das Erzeugnis abdecken, d.h. von der untersten Fertigungsstufe bis zum Abschluß der Fertigmontage, wie es in Abb. 50 auf Seite 204 dieser Arbeit gezeigt wird.

Ein weiterer wichtiger Gesichtspunkt in diesem Zusammenhang ist, daß Fertigungsunternehmen in der Regel nicht auf den Eingang eines Auftrages warten, um die Fertigung zu starten. Vielmehr werden im Vorgriff auf zukünftige Aufträge Baugruppen und Einzelteile in verschiedenen Varianten gelagert. Der Prognosezeitraum für die Ermittlung zukünftiger Aufträge kann sich in solchen Fällen über Monate und Jahre erstrecken. Wird die Vorhersage für die langfristige Planung verwandt, so kann der Vorhersagehorizont noch weiter in der Zukunft liegen – etwa fünf oder gar zehn Jahre, da er mit dem Planungshorizont übereinstimmen muß.

Ein wichtiger Punkt bei der Festlegung des Vorhersagezeitraumes ist die Spannweite des möglichen Vorhersagefehlers, die um so größer ist, je weiter sich die Vorhersage in die

1 Vgl. IBM, IMPACT – Wirtschaftliche Lagerhaltung mit wissenschaftlichen Methoden, a.a.O., S. 33 f.

Zukunft erstreckt. Es ist daher mit gewissen Risiken verbunden, Trends zu weit in die Zukunft zu projizieren.

Abb. 58 zeigt den langfristigen Bedarf für ein Erzeugnis.[1] Wenn an den angegebenen vier Punkten eine langfristige Vorhersage vorgenommen würde, wäre die Projektion für die Zeitperiode 10 (in Jahren) 3.000 Einheiten im Punkt 1, 10.500 Einheiten im Punkt 2, 5.500 Einheiten im Punkt 3 und 0 Einheiten im Punkt 4. Diese stark voneinander abweichenden Prognosewerte machen erkennbar, daß langfristige Vorhersagen für verschiedene Phasen und Erzeugnisse mittels linearer Trendextrapolation nicht sinnvoll sind.

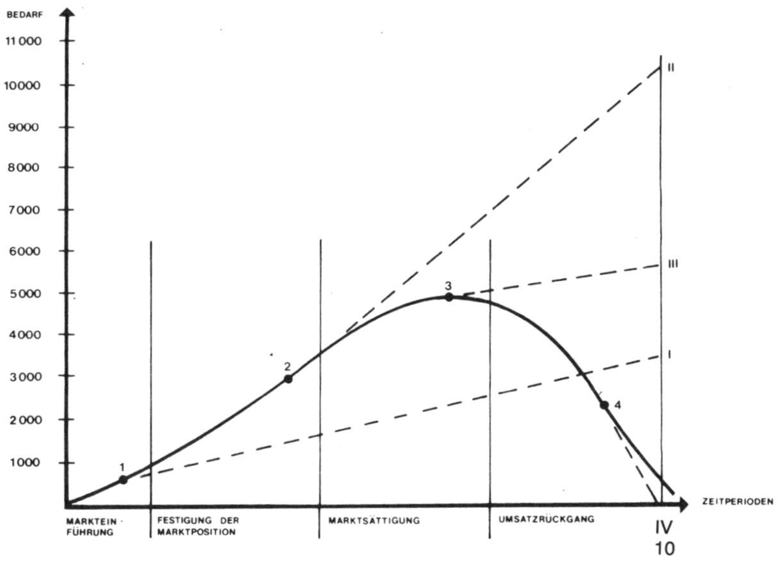

Abbildung 58:
Die Vorhersage in Abhängigkeit von den Lebensphasen eines Erzeugnisses

Die Ausführungen lassen darauf schließen, daß

> Kontrollmöglichkeiten vorzusehen sind, die anzeigen, wenn das Bedarfsvorhersageverfahren nicht mehr zutreffend zu sein scheint.

1 Die zeitliche Länge der Lebenszyklen eines Erzeugnisses und die einzelnen Phasen variieren je nach Erzeugnis sehr stark.

Häufigkeit der Vorhersagen

Im allgemeinen wird eine neue Projektion vorgenommen, wenn neue Verbrauchsdaten zur Verfügung stehen. Das kann, wie bereits erläutert, z.B. wöchentlich oder monatlich sein, wobei die Häufigkeit der Vorhersagen sich nach dem ABC- und XYZ-Schema differenzieren läßt.

a) Methode der Mittelwertbildung

Für einen konstanten Verbrauchsverlauf ist die Bedarfsvorhersage auf der Basis des gleitenden Mittelwertes ein in der Praxis gebräuchliches Verfahren

Die Methode der Mittelwertbildung ist einfach im Ansatz; sie entspricht den Rechenoperationen, die ein Disponent durchführt, wenn er aus den Verbrauchszahlen der Vergangenheit den Durchschnittswert im Kopf ermittelt. Die Methode versagt aber, sobald ein Trend auftritt.

> Die Methode der Mittelwertbildung führt nur bei konstantem Verbrauchsverlauf zu brauchbaren Prognoseergebnissen.

Bei der Mittelwertbildung, für die auch die Bezeichnung „Durchschnittsbildung" gebräuchlich ist, unterscheidet man das

- einfache arithmetische Mittel vom
- gleitenden arithmetischen Mittel und vom
- gewogenen gleitenden arithmetischen Mittel.

Die Methode der einfachen arithmetischen Mittelwertbildung ist problematisch, da alle Vergangenheitsdaten das gleiche Gewicht erhalten und damit die Anpassung an jüngste Bedarfsentwicklungen nur sehr zögernd erfolgt. Mit wachsender Anzahl der zu berücksichtigenden Perioden nimmt zudem der Einfluß jüngster Verbrauchswerte ab.

Um zu vermeiden, daß Vergangenheitszahlen ständig mitgeschleppt werden, verwendet man in der Praxis die Methode des gleitenden Mittelwertes. Dieses Verfahren wird durch die Bildung des „gewichteten gleitenden Mittelwertes" noch verbessert. Es werden nachstehend nur diese beiden Verfahren der Mittelwertbildung näher erläutert.

aa) Methode des gleitenden Mittelwertes

Die gebräuchlichste Art, Mittelwerte zu errechnen, ist das Verfahren der Bildung gleitender Mittelwerte. Dabei wird bei

Vorliegen einer neuen Vorhersageperiode jeweils die älteste Verbrauchszahl durch die jüngste ersetzt.

Den gleitenden Mittelwert berechnet man nach der Formel:

$$M_{i+1} = \frac{1}{n} \sum_{k=i+1-n}^{i} T_k$$

Formel zur Berechnung des gleitenden Mittelwertes

Dabei bedeuten:

M_{i+1} = gleitender Mittelwert = Vorhersagewert für die nächste Periode
T_k = Tatsächlicher Verbrauch der Periode k
i = laufende Periode
n = konstante Periodenzahl, über die gemittelt wird.

Bei monatlicher Datenerfassung und einer konstanten Periodenzahl von vier berechnet sich der gleitende Mittelwert dann wie folgt:

- $M_{Juni} = \frac{T_{Feb.} + T_{März} + T_{April} + T_{Mai}}{4}$
- $M_{Juli} = \frac{T_{März} + T_{April} + T_{Mai} + T_{Juni}}{4}$
- $M_{Aug.}$ = usw.

Das Verfahren dient im allgemeinen der Ausschaltung kurzfristiger Schwankungen und führt – wie Beispiel 23 (s. u.) noch verdeutlichen wird – zur Glättung einer Zeitreihe.

Nachteilig ist, daß die Durchführung der gleitenden Mittelwertbildung recht zeitaufwendig ist und einen hohen Verwaltungsaufwand bzw. sehr große Speicherkapazität erfordert, wenn die Anzahl der zur Rechnung herangezogenen Perioden nicht klein gehalten wird. Andererseits reagiert die Vorhersage auf auftretende Verbrauchsschwankungen um so schneller, je kleiner die Periodenzahl gewählt wird. Daraus folgt:

Die gleitende Mittelwertbildung ist recht aufwendig

Bei der gleitenden Mittelwertbildung sollte die Anzahl der Perioden so gewählt werden, daß kurzfristige Zufallsschwankungen möglichst ausgeschaltet werden und trotzdem die Periodenzahl nicht zu groß wird.

In den meisten Fällen stößt man in der Praxis auf 6 - 12 Monate. Für Teile mit niedrigen Verbrauchszahlen kann sich ein sinnvoller statistischer Verbrauchsdurchschnitt möglicherweise erst bei einem Verbrauchszeitraum von 24 Monaten ergeben.[1]

Innerhalb des gewählten Verbrauchszeitraumes werden die Daten nicht weiter nach der Aktualität gewichtet.

Im folgenden soll die Methode des gleitenden Mittelwertes anhand der Zeitreihe aus Abb. 54 (Seite 212 dieser Arbeit) dargestellt werden. Es wird zugleich – in Vorgriff auf die Ausführungen unter Ziffer 2.4.2, Punkt b) in diesem Abschnitt – eine Fehlerberechnung durchgeführt, wie sie in der Praxis erforderlich ist, um einen Sicherheitsbestand festzulegen, durch den ein möglicherweise höherer Bedarf als der Prognosebedarf abgedeckt wird.[2]

Zahlenbeispiel zur Ermittlung der Gesamtvorhersage auf der Basis der gleitenden Mittelwertbildung

Beispiel 23:
Herangezogen werden die Aufschreibungen der letzten zwei Jahre. Der gleitende Mittelwert wird aus jeweils vier Perioden errechnet. Unter Verwendung der Daten aus Abb. 54 ergeben sich die in Tabelle 9 zusammengestellten Werte.

Erläuterung zur Berechnung:

$$M_{10} = \frac{120 + 130 + 110 + 140}{4} = \underline{\underline{125}}$$

$$MAD_{10} = \frac{22 + 27 + 3 + 27}{4} = \underline{\underline{20}}$$

1 Vgl. B. Grupp, Materialwirtschaft mit Bildschirmeinsatz, a.a.O., S. 136 sowie v. Verf. „Materialwirtschaft – aber wie?", a.a.O., S. 152 u. 169 f. (Praxisfälle).

2 In diesem Zusammenhang ist auch auf die Ausführungen unter Ziffer 6.3.2 dieses Abschnitts zu verweisen.

Periode i	Tatsächlicher Verbrauch T_i	Gleitender Mittelwert M_i	Absoluter Fehler $\lvert T_i - M_i \rvert = \lvert D_i \rvert$	Fehlervorhersage MAD_i	Gesamtvorhersage L_i	Unterdekkung $L_i - T_i = U_i$
1	80					
2	100					
3	90					
4	110					
5	90	95	5			
6	120	98	22	5	111	−9
7	130	103	27	14	138	
8	110	113	3	18	158	
9	140	113	27	14	148	
10	130	125	5	20	175	
11	150	128	22	16	168	
12	140	133	7	14	168	
13	120	140	20	15	178	
14	150	135	15	14	170	
15	170	140	30	16	180	
16	180	145	35	18	190	
17	130	155	25	25	218	
18	150	158	8	26	223	
19	160	158	2	25	221	
20	180	155	25	18	200	
21	150	155	5	15	193	
22	170	160	10	10	185	
23	190	165	25	11	193	
24	150	173	23	16	213	

Tabelle 9:
Gleitende Mittelwertbildung und Ermittlung der Gesamtvorhersage bei einer festgelegten Lieferbereitschaft

Gesamtvorhersage für die Periode 10 bei einer festgelegten Lieferbereitschaft von 97,72 % (Sicherheitsfaktor SF = 2.50 gemäß Tabelle 17, S. 344 unter Ziffer 6.3.2):

$$L_{10} = M_{10} + SF \cdot MAD_{10}$$

$$L_{10} = 125 + 2.50 \cdot 20 = \underline{\underline{175}}$$

ab) Methode des gewichteten gleitenden Mittelwertes

Bei dieser Methode der Bedarfsvorhersage werden die Daten der einzelnen Perioden gewichtet. Dabei wird man in der Regel den Daten aus der jüngsten Vergangenheit ein größeres Gewicht (= G) geben.

Formel zur Berechnung des gewogenen gleitenden Mittelwertes

Den gewogenen gleitenden Mittelwert berechnet man nach der Formel:

- $$M_{i+1} = \frac{T_i \cdot G_n + T_{i-1} \cdot G_{n-1} + \ldots + T_{i+1-n} \cdot G_1}{\sum_{k=1}^{n} G_k}$$

Hier ist bei monatlicher Bedarfsprognose wie folgt zu verfahren:

- $$M_{Juni} = \frac{T_{Feb.}G_1 + T_{März}G_2 + T_{Apr.}G_3 + T_{Mai}G_4}{G_1 + G_2 + G_3 + G_4}$$

- $$M_{Juli} = \frac{T_{März}G_1 + T_{Apr.}G_2 + T_{Mai}G_3 + T_{Juni}G_4}{G_1 + G_2 + G_3 + G_4}$$

- $M_{Aug.}$ = usw.

Beispiel zur Festlegung der Gewichtung

Ein gewogener gleitender Mittelwert für vier Monate kann z.B. aus 45 % des Verbrauchs der soeben abgelaufenen Periode, aus 30 % des Verbrauchs der vorletzten Periode, aus 15 % des Verbrauchs der davorliegenden Periode und aus 10 % des Verbrauchs aus der am weitesten zurückliegenden Periode bestehen. Dabei muß die Summe dieser Prozentsätze 100 ergeben.

Wendet man dieses Verfahren auf das Beispiel 23 an und gewichtet man die Vergangenheitswerte für M_{10}, so erhält man:

$$M_{10} = 120 \cdot 0.10 + 130 \cdot 0.15 + 110 \cdot 0.30 + 140 \cdot 0.45$$

$$M_{10} = 12 + 20 + 33 + 63$$

$$M_{10} = \underline{\underline{128}}$$

Die arbeitsaufwendige Berechnungsweise bei manueller Disposition und der hohe Speicherbedarf bei Einsatz von EDV führt dazu, daß dieses Verfahren in der Praxis kaum angewandt wird. Im übrigen kann die Gewichtung nicht willkürlich erfolgen, sondern erfordert einige Vorbereitungsarbeiten und laufende Kontrolle.[1]

Die gewogene gleitende Mittelwertbildung kommt für den Einsatz in der Praxis kaum in Betracht

b) Methode der exponentiellen Glättung

Die Methode der exponentiellen Glättung (exponential smoothing) wird deshalb so bezeichnet, weil die Vergangenheitswerte nicht gleichmäßig wie bei der gleitenden Mittelwertbildung gewichtet werden, sondern exponentiell abnehmen (vgl. Abb. 59, Seite 232). Auch sie ist in mehreren Varianten anzutreffen, von denen hier im wesentlichen die exponentielle Glättung

- erster Ordnung behandelt wird, die anzuwenden ist, wenn die Vergangenheitswerte um einen Mittelwert schwanken (konstantes Verbrauchsmodell, Abb. 57). Zeitweise können Abschnitte der Zeitreihe Trend- oder Saisoncharakter besitzen, die sich aber in Stärke und Dauer nicht eindeutig ausprägen und daher für die Prognose zu unsicher sind. – Eingegangen wird auch auf die exponentielle Glättung
- zweiter Ordnung, die bei einer stärkeren Trendentwicklung zum Einsatz kommen kann.

ba) Methode der exponentiellen Glättung erster Ordnung

Die Methode der exponentiellen Glättung erster Ordnung ist eine Form der gewogenen gleitenden Mittelwertbildung, die bei gleicher Genauigkeit wie die bisher erörterten Vorhersa-

Die exponentielle Glättung 1. Ordnung ist einfach in der Berechnung, und der Datenanfall ist gering

1 Vgl. J.R. Zeigermann, Elektronische Datenverarbeitung in der Materialwirtschaft, a.a.O., S. 61.

geverfahren rechentechnisch sehr einfach zu handhaben ist und bei Einsatz der EDV nur einen geringen Speicherbedarf verursacht, da nur der laufende Verbrauch und der alte Vorhersagewert gespeichert werden müssen. Die neue Vorhersage wird ermittelt, indem man die Abweichung zwischen altem Vorhersagewert und dem tatsächlichen Verbrauch – also den Prognosefehler – mit einem Glättungsfaktor Alpha (α) multipliziert und den positiven oder negativen Wert zur alten Vorhersage addiert.

Formel für die exponentielle Glättung 1. Ordnung

Die Formel zur Berechnung der neuen Vorhersage lautet demnach

● $V_{i+1} = V_i + \alpha (T_i - V_i)$

Dabei bedeuten:

V_{i+1} = Vorhersagewert für die neue Periode i+1
V_i = Vorhersagewert für die laufende Periode i
α = Glättungsfaktor
T_i = tatsächlicher Verbrauch in der laufenden Periode i

Der neue Vorhersagewert ist also gleich dem alten Vorhersagewert zuzüglich der geglätteten Abweichung des tatsächlichen Verbrauchs von dem alten Vorhersagewert.
Die Formel kann daher auch geschrieben werden:

● $V_{neu} = V_{alt} + \alpha (T_{alt} - V_{alt})$

Der Glättungsfaktor Alpha bestimmt, mit wieviel Gewicht der Vorhersagefehler berücksichtigt wird

Aus dem Vorhersagefehler „lernt" also das System je nach Größe des Alphafaktors, der zwischen den Werten 0 und 1 gewählt werden kann. Dabei ist zu beachten:

> Je höher man den Glättungsfaktor Alpha wählt, desto stärker und schneller passen sich die neuen Vorhersagen dem tatsächlichen Verbrauch an, desto stärker reagiert aber auch die Prognose auf Zufallsschwankungen.

		Glättungsfaktor $\alpha = 0{,}05$					Glättungsfaktor $\alpha = 0{,}2$				
Periode	Tatsächlicher Verbrauch	Vorhersage	Absoluter Fehler	Fehlervorhersage	Gesamtvorhersage	Unterdeckung	Vorhersage	Absoluter Fehler	Fehlervorhersage	Gesamtvorhersage	Unterdeckung
i	T_i	V_i	$\lvert T_i - V_i \rvert = \lvert D_i \rvert$	MAD_i	L_i	$L_i - T_i = U_i$	V_i	$\lvert T_i - V_i \rvert = \lvert D_i \rvert$	MAD_i	L_i	$L_i - T_i = U_i$
1	80										
2	100	80	20				80	20			
3	90	81	9	20	131		84	6	20	134	
4	110	81	29	19	129		85	25	17	128	
5	90	82	8	20	132		90	0	19	138	
6	120	82	38	19	130		90	30	15	128	
7	130	84	46	20	134		96	34	18	141	
8	110	86	24	21	139		103	7	21	156	
9	140	87	53	21	140		104	36	18	149	
10	130	90	40	23	148		111	19	22	166	
11	150	92	58	24	152		115	35	21	168	
12	140	95	45	26	160		122	18	24	182	
13	120	97	23	27	165		126	6	23	184	
14	150	98	52	27	166		125	25	20	175	
15	170	101	69	28	171		130	40	21	183	
16	180	104	76	30	179	1	138	42	25	201	
17	130	108	22	32	188		146	16	28	216	
18	150	109	41	32	189		143	7	26	208	
19	160	111	49	32	191		144	16	22	199	
20	180	113	67	33	196		147	33	21	200	
21	150	116	34	35	204		154	4	23	212	
22	170	118	52	35	206		153	17	19	201	
23	190	121	69	36	211		156	34	19	204	
24	150	124	26	38	219		163	13	22	218	

Tabelle 10:
Exponentielle Glättung 1. Ordnung und Ermittlung der Gesamtvorhersage bei einer festgelegten Lieferbereitschaft

Das nachfolgende Beispiel zeigt sehr deutlich diese Wirkungen des Glättungsfaktors und die wichtige Rolle des Prognosefehlers bei der Festlegung des Sicherheitsbestandes zur Abdeckung des Risikos von Verbrauchsabweichungen während der Beschaffungszeit.[1]

Beispiel 24:

Zahlenbeispiel zur Ermittlung der Gesamtvorhersage auf der Basis der exponentiellen Glättung 1. Ordnung

Zugrundegelegt werden die Daten aus Abb. 54. Werden für Alpha die Werte 0.05 und 0.2 angenommen, so ergeben sich die in der Tabelle 10 zusammengestellten Werte. Gestartet wird hier mit dem tatsächlichen Verbrauch in der ersten Periode als Prognosewert für die zweite Periode. Dieser Initialzündung bedarf es, da es sich um ein periodisches Fortschreibungsverfahren handelt.

Erläuterung zur Berechnung:

Vorhersagewert bei $\alpha = 0.05$

$$V_{i+1} = V_i + \alpha (T_i - V_i)$$
$$V_{10} = 87 + 0.05\,(140 - 87)$$
$$V_{10} = 87 + 3$$
$$V_{10} = \underline{\underline{90}}$$

Vorausberechnung der Fehlervorhersage MAD_i aufgrund der absoluten Fehler mit dem entsprechenden Glättungsfaktor nach der exponentiellen Glättung 1. Ordnung.

$$MAD_{i+1} = MAD_i + \alpha\,(D_i - MAD_i)$$
$$MAD_{10} = 21 + 0.05\,(53 - 21)$$
$$MAD_{10} = 21 + 2$$
$$MAD_{10} = \underline{\underline{23}}$$

Gesamtvorhersage bei einer festgelegten Lieferbereitschaft von 97.72 % (SF = 2.50, Tabelle 17, Seite 344).

$$L_{i+1} = V_{i+1} + SF \cdot MAD_{i+1}$$
$$L_{10} = 90 + 2.50 \cdot 23$$
$$L_{10} = \underline{\underline{148}}$$

Der Glättungsfaktor Alpha bestimmt die Gewichtung der zur Vorhersage herangezogenen Vergangenheitsdaten

Anders als bei einer gewogenen gleitenden Mittelwertbildung kann die Gewichtung der Verbrauchswerte nicht frei gewählt werden. Ihre Gewichtung erfolgt mit der Zeit exponentiell abfallend, und zwar so, daß der jeweils jüngste Wert die stärk-

1 Dazu siehe im einzelnen die Ausführungen unter Ziffer 2.4.2 und 6.3.2.

ste Gewichtung erhält. Der Abfall der Gewichtung wird durch die Größe des Glättungsfaktors bestimmt.

- Für $\alpha = 0.1$ setzt sich der Prognosewert zu 87,84 % zusammen aus Daten der vergangenen 19 Perioden. Die restlichen 12,16 % stammen aus noch weiter zurückliegenden Perioden.
- Für $\alpha = 0.5$ setzt sich der Prognosewert zu 98,44 % zusammen aus Daten der vergangenen 5 Perioden. Die restlichen 1,56 % stammen aus weiter zurückliegenden Perioden.
- Für $\alpha = 1.0$ ist die Prognose identisch mit dem Verbrauch der jüngsten Periode.

Den Einfluß von Alpha auf die Gewichtung und damit auf die Aktualität der Prognose zeigt Abb. 59 für die Werte $\alpha = 0.5$ und $\alpha = 0.1$.[1]

Regeln für die Festlegung des Glättungsfaktors Alpha

Es taucht nun die Frage auf, welchen Wert der Glättungsfaktor einnehmen sollte. Geht man von den oben genannten Überlegungen aus, so lassen sich folgende Entscheidungsregeln für die Festlegung von Alpha herleiten:[2]

- Erscheinen die tatsächlichen Verbrauchswerte annährend normal verteilt, sollten α-Werte zwischen 0.1 und 0.2 gewählt werden. (Es können auch Versuche mit $\alpha = 0.05$ durchgeführt werden, wenn der Vorhersagefehler für $\alpha = 0.1$ übermäßig hoch erscheint.

- Höhere α-Werte (0.3 bis 0.5) sind nur zu nehmen, wenn man Veränderungen der Verbrauchsstruktur erwartet (saisonale Einflüsse, Konjunkturentwicklung, Auswirkungen von Werbekampagnen, Einführung neuer Artikel usw.).

- α-Werte größer 0.5 sollten in keinem Fall gewählt werden, da dann auch statistische Vorbehalte geltend zu machen sind: Es werden zu wenige Perioden in die Rechnung einbezogen, um abgesicherte statistische Aussagen zu gewinnen.

1 Vgl. IBM, IMPACT – Wirtschaftliche Lagerhaltung mit wissenschaftlichen Methoden, a.a.O., S. 48 f.

2 Vgl. A. Mentzel, Optimale Lagerhaltung, in: G. Bretschneider, Hrsg., Einkaufsleiter-Handbuch, a.a.O., S. 753.

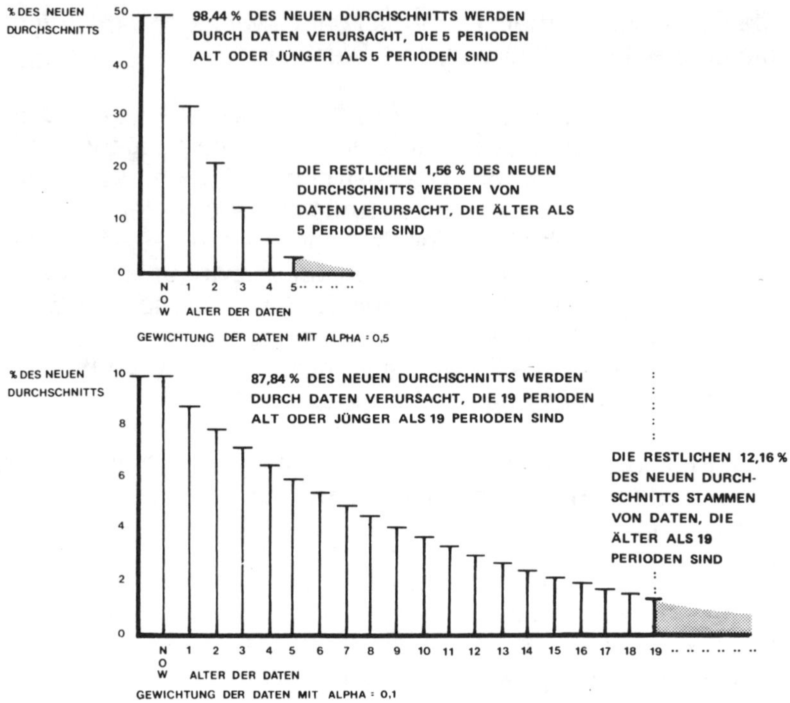

Abbildung 59:
Der Einfluß des Glättungsfaktors Alpha auf die Gewichtung der Vergangenheitswerte

Im Regelfall liegen die Werte für Alpha zwischen 0.05 und 0.3. Dabei wird entweder für alle in die Prognoserechnung einbezogenen Artikel ein gemeinsamer Faktor festgelegt oder nach Artikelgruppen differenziert. Auf alle Fälle sollten höhere Alphawerte nur befristet angesetzt werden.

Periodische Anpassung des Alphawertes an das Verbrauchsverhalten bei Errechnung des Schwankungskoeffizienten SQ

Nun ist nicht nur in der Wahl des richtigen Glättungsfaktors eine Schwachstelle dieser Bedarfsvorhersagemethode zu sehen, sondern auch in dem erheblichen Aufwand, der bei manueller Anpassung von Alpha an das sich verändernde Verbrauchsverhalten eines Teils entsteht. Da sich jedoch der im dritten Abschnitt, Ziffer 1.2, beschriebene Schwankungskoeffizient SQ, mit dessen Hilfe der XYZ-Status aller Teile nach Ablauf einer Verbrauchsperiode per EDV aktualisiert werden kann, umgekehrt proportional zu Alpha verhält, kann bei periodischer Errechnung von SQ auch Alpha periodisch wie folgt neu errechnet werden:

● $$\alpha = \frac{K}{SQ \cdot 100}$$

K ist eine Konstante, die nach oben und unten die Grenzen für den variablen Faktor Alpha festlegt.

Zahlenbeispiel zur periodischen Ermittlung des Alphawertes

Beispiel 25:
Für eine Materialposition sind folgende SQ-Werte errechnet worden:

$$SQ_{alt} = 0{,}632$$

$$SQ_{neu} = 0{,}763$$

K sei mit 20 definiert.[1]

Daraus ergibt sich für

$$\alpha_{alt} = \frac{20}{0{,}632 \cdot 100} = 0.32$$

$$\alpha_{neu} = \frac{20}{0{,}763 \cdot 100} = 0.26$$

Zusammenhang zwischen Alpha- und SQ-Wert

Das Beispiel verdeutlicht nochmals den Zusammenhang zwischen dem Alpha- und dem SQ-Wert:

– Ein hoher Schwankungskoeffizient verlangt einen kleinen Glättungsfaktor Alpha, um das System nicht zu sensibel zu gestalten.

1 So in einem Anwendungsfall. Vgl. vom Verfasser „Materialwirtschaft – aber wie?", a.a.O., S. 88 ff.

- Ein kleiner Schwankungskoeffizient erlaubt einen großen Glättungsfaktor, um einem eventuell auftretenden Trend schneller Folge zu leisten. Jedoch wird das „Nachhinken" nicht verhindert.

Auch bei diesem leistungsfähigen Verfahren der Selbststeuerung der Alphawerte kann auf Abweichungs- oder Kontrollsignale zur Aufdeckung von Strukturbrüchen nicht verzichtet werden (vgl. Praxisbeispiel 30, Seite 279). Erfolgt durch das „Aufleuchten" eines Kontrollsignals der Hinweis, daß Prognosefehler bestimmte Grenzen überschreiten, wird der Disponent immer der Ursache nachgehen müssen.

→ Aufgabe 6

bb) Methode der exponentiellen Glättung zweiter Ordnung

Die exponentielle Glättung 2. Ordnung kann bei trendförmiger Bedarfsentwicklung zum Einsatz kommen

Wie schon erläutert, sind die Verfahren der Mittelwertbildung nur einsatzfähig, wenn die Verbrauchswerte konstant verlaufen. Auch mit der exponentiellen Glättung 1. Ordnung sind keine zuverlässigen Prognosen zu erzielen, wenn die Zeitreihe eine deutliche Trendentwicklung aufweist. Der Prognosewert hinkt sodann hinter der aktuellen und erst recht hinter den zukünftigen Daten her. Es ist daher zu empfehlen, die exponentielle Glättung zweiter Ordnung einzusetzen, wenn die Bedarfsentwicklung einen stark trendförmigen Verlauf zeigt. Bei diesem Verfahren werden zwei Punkte auf der Trendgeraden errechnet und damit die Gerade eindeutig festgelegt.

Bei der exponentiellen Glättung 2. Ordnung sind mehrere Berechnungen anzustellen

Folgende Berechnungen müssen bei der exponentiellen Glättung zweiter Ordnung durchgeführt werden:[1]

(1) Berechnung des Mittelwertes 1. Ordnung:

$$M_i^{(1)} = M_{i-1}^{(1)} + \alpha \, (T_{i-1} - M_{i-1}^{(1)})$$

Dabei bedeuten:

$M_i^{(1)}$ = Exponentiell geglätteter Mittelwert, berechnet aus zurückliegenden Werten, bis hin zur Periode i (die in Klammern hochgestellte Ziffer weist auf den Grad der exponentiellen Ordnung hin).

1 Vgl. J.R. Zeigermann, Elektronische Datenverarbeitung in der Materialwirtschaft, a.a.O., S. 69.

$M_{i-1}^{(1)}$ = Mittelwert der Periode i-1
α = Glättungsfaktor
T_{i-1} = Tatsächlicher Verbrauch in der Periode i-1

Dieser Mittelwert gilt als Prognosewert bei gleichbleibendem Bedarfsverlauf.

Wie Untersuchungen über das sogenannte mittlere Alter der in die Durchschnittsbildung einbezogenen Zeitreihen zeigen, hinkt dieser um einen Zeitraum von $\frac{1-\alpha}{\alpha}$ Perioden gegenüber der Periode i nach. Dieser Mittelwert ist der erste Punkt zur Berechnung der Trendgeraden für die Periode i.

(2) Berechnung des doppelt geglätteten Mittelwertes (Mittelwert der Mittelwerte)

Da der Trend eine langfristige Änderung der Mittelwerte ist, kann er über den Mittelwert 2. Ordnung berechnet werden. Gegenüber dem Mittelwert 1. Ordnung hat er eine weitere Zeitverzögerung von $\frac{1-\alpha}{\alpha}$ Perioden:

● $M_i^{(2)} = M_{i-1}^{(2)} + \alpha\,(M_i^{(1)} - M_{i-1}^{(2)})$

Dabei bedeuten:

$M_i^{(2)}$ = doppelt geglätteter Mittelwert (Mittelwert der Mittelwerte)
$M_i^{(1)}$ = Mittelwert 1. Ordnung.

Dieser Mittelwert ist der zweite Punkt zur Berechnung der Trendgeraden für die Periode i. Er liegt um einen Zeitraum von 2 $\frac{1-\alpha}{\alpha}$ gegenüber der Periode i zurück.

(3) Berechnung des Anstiegs der Trendgeraden

Da sich der Trend ändern kann, berechnet man ihn für jede Periode neu. Die Steigung der Trendgeraden wird durch Berechnung zweier Punkte auf dieser Trendgeraden ermittelt. Dabei entspricht

– der erste Punkt dem Mittelwert 1. Ordnung = $M_i^{(1)}$

– der zweite Punkt dem Mittelwert 2. Ordnung = $M_i^{(2)}$

Dann ist

$$b_i = \frac{\alpha}{1-\alpha}\,(M_i^{(1)} - M_i^{(2)})$$

Dabei bedeuten:

b_i = Anstieg der Trendgeraden für eine Periode

$\frac{1-\alpha}{\alpha}$ = Zeitraum zwischen dem Mittelwert 1. und 2. Ordnung. Da die Differenz zwischen dem Mittelwert 1. und 2. Ordnung durch den Zeitraum dividiert wird, kann man sie auch mit dem umgekehrten Bruch multiplizieren.

$M_i^{(1)} - M_i^{(2)}$ = Differenz zwischen dem Mittelwert 1. und 2. Ordnung.

(4) Berechnung des Mittelwertes der laufenden Periode.

Dieser Wert entspricht dem um den Trend korrigierten Mittelwert 1. Ordnung:

$$M_i = M_i^{(1)} + \frac{1-\alpha}{\alpha}\cdot b_i$$

$$M_i = M_i^{(1)} + (M_i^{(1)} - M_i^{(2)})$$

$$M_i = 2\,M_i^{(1)} - M_i^{(2)}$$

Dabei bedeuten:

M_i = Gesamtvorhersage für die laufende Periode.

(5) Berechnung des Vorhersagewertes für die nächste Periode:

$$V_{i+1} = M_i + b_i$$

wobei

$$M_i = 2\,M_i^{(1)} - M_i^{(2)}$$

Ein Zahlenbeispiel soll den Gang der Berechnung verständlicher machen.

Zahlenbeispiel zur exponentiellen Glättung 2. Ordnung

Beispiel 26:
Es werden die Aufschreibungen der Zahlenreihe (Tabelle 10) zugrunde gelegt. Berechnet werden soll auf der Basis der exponentiellen Glättung 2. Ordnung die Vorhersage für die vierte Periode. Alpha wird mit 0.2 angenommen. Der doppelt geglättete Mittelwert in der 2. Periode wird mit 80 angenommen.

Berechnung:

(1) $M_3^{(1)} = M_2^{(1)} + \alpha\,(T_2 - M_2^{(1)})$

$M_3^{(1)} = 80 + 0.2\,(100 - 80)$

$M_3^{(1)} = \underline{\underline{84}}$

(2) $M_3^{(2)} = M_2^{(2)} + \alpha\,(M_3^{(1)} - M_2^{(2)})$

$M_3^{(2)} = 80 + 0.2\,(84 - 80)$

$M_3^{(2)} = \underline{\underline{81}}$

(3) $b_3 = \frac{\alpha}{1-\alpha}\,(M_3^{(1)} - M_3^{(2)})$

$b_3 = \frac{0.2}{1-0.2}\,(84 - 81)$

$b_3 = \underline{\underline{0.8}}$

(4) $M_3 = 2 \cdot M_3^{(1)} - M_3^{(2)}$

$M_3 = 2 \cdot (84) - 81$

$M_3 = \underline{\underline{87}}$

(5) $V_4 = M_3 + b_3$

$V_4 = 87 + 0.8$

$V_4 = \boxed{\underline{\underline{88}}}$

Die exponentielle Glättung 2. Ordnung reagiert stärker auf Verbrauchsschwankungen als die exponentielle Glättung 1. Ordnung

Die Ergebnisse der Zahlenbeispiele 24 und 26 verdeutlichen, daß im Vergleich zum Vorhersageverfahren mit exponentieller Glättung erster Ordnung bei exponentieller Glättung zweiter Ordnung die Reaktion auf Verbrauchsschwankungen bei gleichem Glättungsfaktor sehr viel stärker ist. Zufallsschwankungen bleiben jedoch auch bei diesem Verfahren als solche unerkannt.

Die exponentielle Glättung höherer Ordnung erlaubt die Vorhersage bei nichtlinearen Verbrauchsverläufen

Das geschilderte Verfahren gilt für einen Bedarfsverlauf mit linearem Trend. Eine Zeitreihe mit einem Trend kann jedoch auch nichtlinear verlaufen. Diese Bedarfswerte werden durch Verfahren der exponentiellen Glättung höherer Ordnung vorhergesagt.[1]

Bei Anwendung der exponentiellen Glättung 2. und höherer Ordnung sind zusätzliche Kontrollen unbedingt vorzusehen

Allerdings sollte bei Vorliegen eines Trendverdachts zunächst die Zweckmäßigkeit einer Erhöhung des Glättungsfaktors aus einfacher Vorhersage überprüft werden.[2]

Die Entscheidung, wann die exponentielle Glättung zweiter Ordnung angewandt werden soll, ist abhängig zu machen von der Überlegung, ob der höhere Aufwand durch die Ergebnisse einer verfeinerten Prognose gerechtfertigt wird.

Da Trendentwicklungen linearer oder nicht linearer Art langfristig nicht so bleiben – ein Erzeugnis durchläuft mehrere Lebensphasen, die durch recht unterschiedliche Verbrauchsverläufe gekennzeichnet sind (vgl. Abb. 58, Seite 221) –, ist bei der Anwendung von exponentiellen Vorhersageverfahren zweiter oder höherer Ordnung in der Praxis Vorsicht geboten. „Der Einsatz zusätzlicher Kontrollen, die Auskunft geben, ob eine Trendentwicklung aus einer aufwärtsgerichteten Phase in eine gleichbleibende oder abwärtsgerichtete Phase umschlägt, ist", wie Zeigermann[3] betont, „dringend erforderlich".

c) Methode der Regressionsanalyse

Zeigen die Verbrauchszahlen einen trendförmigen Verlauf, so liefern vor allem die Verfahren der Regressionsanalyse

1 Vgl. W.R. Trux, Einkauf und Lagerdisposition mit Datenverarbeitung, a.a.O., S. 123 f.

2 Vgl. K. Mentzel, Optimale Lagerhaltung, in: G. Bretschneider, Hrsg., Einkaufsleiter-Handbuch, a.a.O., S. 758.

3 J.R. Zeigermann, Elektronische Datenverarbeitung in der Materialwirtschaft, a.a.O., S. 75 – Nach Zeigermann sollten in EDV-Systemen Vertrauensgrenzen festgelegt werden, deren Überschreitung zu einem Abweichungssignal für den Disponenten führt. Für Einzelheiten siehe ebenda, S. 83 ff. – Auch bei einem variabel gehaltenen Alphawert kann – wie in dem Praxisbeispiel unter Ziffer 3.4 in diesem Abschnitt veranschaulicht – der Einsatz eines Kontrollsignals angezeigt sein, um auf Bedarfssprünge dispositiv rechtzeitig reagieren zu können.

zuverlässige Vorhersagewerte.[1] Die Verfahren beruhen darauf, daß aufgrund einer ausreichenden Anzahl von Vergangenheitswerten die bisherige Verbrauchsentwicklung durch eine mathematische Funktion angenähert, und diese Verbrauchsfunktion in die Zukunft extrapoliert wird.

Die Regressionsanalyse weist erhebliche Nachteile auf, die sie für die Praxis nicht besonders geeignet erscheinen läßt, obwohl sie bei trendförmigen Verbrauchsverlauf zuverlässige Daten liefert

Entsprechend dem Verbrauchsverlauf unterscheidet man zwischen linearer und nichtlinearer Regression.

Aufgrund der Komplexität des Regressionsproblems soll hier auf eine Darstellung verzichtet und auf die Fachliteratur verwiesen werden.[2] Zu erwähnen ist allerdings, daß[3]

- die Regressionsanalyse mit hohem Rechenaufwand verbunden ist
- ein weit höherer Speicherplatzbedarf erforderlich ist als bei einfacheren statistischen Verfahren (beispielsweise der exponentiellen Glättung)
- die größere Aktualität der neuesten Werte gegenüber den weiter zurückliegenden Perioden unberücksichtigt bleibt (Gewichtsproblem).

2.3.3 Subjektive Schätzung

Es gibt im wesentlichen zwei Formen subjektiver Schätzung

Für die subjektive Schätzung gibt es zwei Formen:

(a) Die Analogschätzung:
Es werden die Ergebnisse der Vorhersage für vergleichbare Materialien oder Erzeugnisse auf andere Materialien oder Erzeugnisse übertragen.

(b) Die Intuitivschätzung:
Es werden Meinungen über den mutmaßlichen Bedarf in der Zukunft rein intuitiv abgegeben.

1 Vgl. VDI, Elektronische Datenverarbeitung bei der Produktplanung und -steuerung, a.a.O., S. 23.

2 Eine verständliche Darstellung anhand eines Beispiels findet sich bei W. Schutz, Methoden der mittel- und langfristigen Prognose – Eine Einführung, München 1975, S. 99 ff. – Vgl. auch P. Mertens, Hrsg., Prognoserechnung, a.a.O., S. 131 ff.

3 Vgl. VDI, Elektronische Datenverarbeitung bei der Produktionsplanung und -steuerung IV, a.a.O., 24 f.

Liegen Erfahrungswerte vor, so wird der für die Lagerbestände verantwortliche Disponent seine subjektive Schätzung darauf gründen, sie aber nicht in die Zukunft extrapolieren. Bei neu eingeführten Artikeln im Handel kann die Schätzung lediglich aufgrund von Erfahrungen durch Fachleute erfolgen. Nach Vorliegen erster Erfahrungen können die Schätzwerte korrigiert oder durch Verbindung mit stochastischen Verfahren wesentlich verbessert werden.

Es bleibt häufig keine andere Wahl als die Verwendung subjektiver Schätzverfahren für die Vorhersage

Genau wie bei den deterministischen und stochastischen Methoden der Bedarfsermittlung kann auch die Bedarfsschätzung für den Primär-, Sekundär- oder Tertiärbedarf vorgenommen werden. Als wirtschaftlich sinnvoll erweist sie sich im allgemeinen

- bei Materialien und Erzeugnissen von geringem Wert mit niedrigen Lagerhaltungskosten
- bei der Behandlung sog. Sonderfälle (z.B. Mode- oder Liebhaberartikel), für die keine geeigneten stochastischen Prognoseverfahren entwickelt worden sind.

2.4 Fehlerberechnung

Vorhergesagte Bedarfszahlen sind Wahrscheinlichkeitswerte. Abweichungen vom tatsächlichen Verbrauch müssen erkannt werden

Trotz des Fortschritts bei der Entwicklung von Vorhersageverfahren gibt es keine Möglichkeit, die Zukunft unfehlbar vorauszusagen. Es muß damit gerechnet werden, daß mit einer gewissen Wahrscheinlichkeit der tatsächliche Bedarf von der Vorhersage abweicht. Die wirtschaftlichen Auswirkungen ungenauer Vorhersagen aber sind beträchtlich:

- Ist die Differenz zwischen der Vorhersage und dem Istbedarf positiv, wachsen die Bestände an. Liquiditätsentzug und Anstieg der Lagerhaltungskosten sind die Folge.

- Ist die Differenz zwischen der Vorhersage und dem Istbedarf negativ, wird die Kundennachfrage nicht befriedigt. Als Ergebnis werden die Kunden zu anderen Lieferanten übergehen.

Erfassung und Kontrolle der Vorhersagefehler sind daher unerläßlich, zumal sich – wie Abb. 58 auf Seite 221 dieser Arbeit verdeutlicht – mit dem Alter eines Erzeugnisses die Bedarfsentwicklung entscheidend ändern kann. Ist der Grund für die Abweichung bekannt, so kann entweder durch einen Wechsel des Vorhersageverfahrens oder im Falle der exponentiellen Glättung durch Erhöhung des Alphawertes die Anpassung der Vorhersagen an die neue Bedarfsentwicklung beschleunigt werden.

Die Fehler bei einer Bedarfsvorhersage entsprechen der Normalverteilung

Die Verfahren der Fehlerberechnung gehen von der Erkenntnis aus, daß sich in den meisten Fällen der Umfang eines Vorhersagefehlers um einen Durchschnittswert eines „Null"-Fehlers verteilt, und zwar nach einem Muster, das als Normalverteilung bekannt ist (Gaußsche Glockenkurve).

Aufgrund der Normalverteilung läßt sich vorhersagen, mit welcher Wahrscheinlichkeit Fehler auftreten, die größer sind als ein vorgegebener Wert, und zwar durch die

- Berechnung der Standardabweichung
- Berechnung der mittleren absoluten Abweichung (medium absolute deviation = MAD)

Die Anwendung dieser Verfahren ist ohne Einsatz der EDV nur schwerlich denkbar.

2.4.1 Berechnung der Standardabweichung

Die Formel für die Berechnung der Standardabweichung bei gleitender Mittelwertbildung lautet:

Formel für die Berechnung der Standardabweichung

● $$\sigma = \sqrt{\frac{1}{n} \sum_{k=i+1-n}^{i} (T_k - M_k)^2}$$

Dabei bedeuten:

σ = Standardabweichung
T_k = Tatsächlicher Verbrauch Periode k
M_k = Vorhersagewert Periode k als gleitender Mittelwert über n Perioden
n = konstante Anzahl von Perioden, die als gleitender Zeitraum gewählt wurde
i = laufende Periode

Die Standardabweichung ist ein Maß für die Qualität der Vorhersage

Die Größe Sigma gibt an, wie sich die Abweichungen zwischen Vorhersagen und dem tatsächlichen Verbrauch um den Mittelwert verteilen. Ist Sigma groß, so war die Vorhersage sehr ungenau; die Glockenkurve wird flach. Ist Sigma klein, so wich die Vorhersage nur geringfügig vom tatsächlichen Bedarf ab; die Glockenkurve wird steil.

Die Standardabweichung ist somit ein Maß für die Qualität der Vorhersage, was durch Abb. 60 verdeutlicht wird. Graphisch entspricht sie dabei dem Abstand des Wendepunktes der Glockenkurve vom Mittelwert bezogen auf die x-Achse.

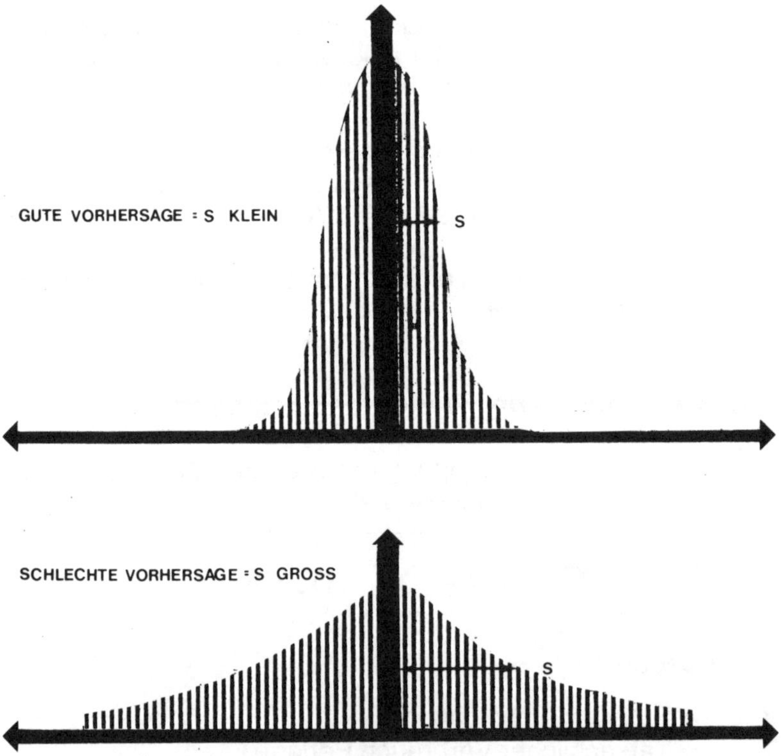

Abbildung 60:
Die Standardabweichung als Maß für die Qualität der Vorhersage

Für die Praxis der Materialwirtschaft ist die Berechnung der Standardabweichung verhältnismäßig rechenintensiv und umständlich. Es wurde daher ein Verfahren entwickelt, das bei EDV-Einsatz nur eine sehr geringe Rechenzeit beansprucht, auch manuell anwendbar ist, sich aber trotzdem für eine Fehlerschätzung als geeignet erweist: Die „mittlere absolute Abweichung" (MAD).

Die Berechnung der Standardabweichung ist verhältnismäßig umständlich

2.4.2 Berechnung der „mittleren absoluten Abweichung" (MAD)

Für die praktische Anwendung bei der Fehlervorhersage wird in der Regel die mittlere absolute Abweichung errechnet. Absolut soll besagen, daß alle Abweichungen als positiv angenommen werden. „Mittlere" ist nur ein anderer Ausdruck für den Durchschnitt der absoluten Abweichungen.[1]

Die „mittlere absolute Abweichung" ist ein wenig aufwendiges Näherungsverfahren zur Berechnung der Standardabweichung

Zwischen der mittleren absoluten Abweichung MAD und der Standardabweichung besteht bei Normalverteilung der Fehler näherungsweise folgende Beziehung:

● $$\sigma = 1.25 \cdot MAD$$

Berechnungen haben ergeben, daß mit dieser Gleichung ein recht guter Näherungswert für Sigma ermittelt wird.[2]

Die Vorhersage der Fehler nach MAD erfolgt bei gleitender Mittelwertbildung nach der Formel

Formel und Zahlenbeispiel für die Berechnung von MAD bei gleitender Mittelwertbildung

● $$MAD_{i+1} = \frac{1}{n} \sum_{k=i+1-n}^{i} |T_k - M_k|$$

Dabei bedeuten:

MAD_1 = Mittlere absolute Abweichung (Fehlervorhersage)
T_k = tatsächlicher Verbrauch Periode k
M_k = Vorhersagewert Periode k als gleitender Mittelwert über n Perioden
n = konstante Anzahl von Perioden, die als gleitender Zeitraum gewählt wurden
i = laufende Periode

1 Vgl. IBM, IMPACT – Wirtschaftliche Lagerhaltung mit wissenschaftlichen Methoden, a.a.O., S. 39.

2 Vgl. W.R. Trux, Einkauf und Lagerdisposition mit Datenverarbeitung, a.a.O., S. 46 ff.

Wenn beispielsweise der mittlere Verbrauch 200 beträgt und der tatsächlich aufgetretene Verbrauch 180, 210, 205, 187 ist, dann ergibt sich für die mittlere absolute Abweichung folgende Berechnung:

$$MAD = \frac{1}{4}(|200 - 180|+|200 - 210|+|200 - 205|+|200 - 187|)$$
$$= (20 + 10 + 5 + 13) : 4 = 12$$

Nach den Zahlen der Tabelle 9 ist

$$MAD_{11} = \frac{27 + 3 + 27 + 5}{4}$$

$$MAD_{11} = 15{,}5 \rightarrow 16$$

Die Standardabweichung erhält man nun durch Multiplikation von MAD mit 1.25.

Wird der Fehler nach der exponentiellen Glättung 1. Ordnung berechnet, so lautet die Formel:

● $MAD_{i+1} = MAD_i + \alpha (D_i - MAD_i)$

Formel und Zahlenbeispiel für die Berechnung von MAD bei der exponentiellen Glättung 1. Ordnung

Dabei bedeutet:

● $D_i = |(T_i - V_i)|$ absoluter Fehler.

Mit Hilfe dieser Formel und auf der Grundlage der Zahlen aus Tabelle 10 ergibt sich z.B. für

$$MAD_{11} = 23 + 0.05 (40 - 23)$$

$$MAD_{11} = 23.9 \rightarrow 24$$

Grundsätzlich kann die Fehlerberechnung bei Anwendung dieses Verfahrens nach derselben Vorhersagemethode erfolgen, die auch für die Ermittlung der Prognosewerte herangezogen wird. Zusammengefaßt kann gesagt werden:

Der MAD ist zwar kein exaktes und optimales, aber praktikables und brauchbares Maß für die Ermittlung der Fehlerprognose.

Auf eine genaue Berechnung der Standardabweichung sollte in der Praxis verzichtet werden, da trotz Mehraufwand die Genauigkeit der Aussage nur unwesentlich verbessert wird.[1] Der MAD ist für die Berechnung des Sicherheitsbestandes ein hinreichend zuverlässiger Wert,[2] vorausgesetzt, daß für die vorliegende Verbrauchsstruktur das richtige Vorhersageverfahren ausgewählt wurde.

3. Dispositionsverfahren

Zusammenhang zwischen Bedarfsrechnung und Dispositionsverfahren

Bevor wir uns unter dieser Ziffer mit den verschiedenen Verfahren der Disposition beschäftigen, ist ein Rückblick auf die dargestellten Methoden der Bedarfsrechnung angebracht, um deren Zusammenhang mit den Dispositionsverfahren aufzuzeigen.

Bisher behandelt wurden die Gesetzmäßigkeiten, aufgrund derer es möglich ist, den Sekundärbedarf deterministisch zu bestimmen. Liegen Kundenaufträge vor, ist selbstverständlich auch eine deterministische Berechnung des Primärbedarfs möglich. Der Primärbedarf kann aber auch ganz oder teilweise stochastisch aufgrund statistischer Daten über den Verbrauch eines Artikels in der Vergangenheit ermittelt werden. Andererseits lassen sich auch – was leicht einzusehen ist – Bedarfsprognosen und subjektive Schätzung auf die Ermittlung des Sekundärbedarfs anwenden. Der Tertiärbedarf, d.h. der Bedarf an Teilen, der nicht in Stücklisten geführt wird, muß zwangsläufig stochastisch errechnet oder geschätzt werden.

1 Vgl. K. Mentzel, Optimale Lagerhaltung, in: G. Bretschneider, Hrsg., Einkaufsleiter-Handbuch, a.a.O., S. 764.

2 Vgl. IBM, Bestandsführung und Bedarfsplanung – Anwendungsbeschreibung. Lizenzprogramm Nr. 5702-M52, Sindelfingen o.J., S. 27. – Der Zusammenhang zwischen der Erfassung des Vorhersagefehlers und der Berechnung des Sicherheitsbestandes unter Beachtung der definierten Lieferbereitschaft ist in Vorgriff auf die Ausführungen unter Ziffer 6.3.2 dieses Abschnitts bereits in den Tabellen 9 und 10 verarbeitet worden.

Doch unabhängig davon, wie der Gesamtbedarf eines Artikels ermittelt wird, es ist damit noch nicht die Frage beantwortet, wie er disponiert wird.

Grundsätzlich wollen wir die in Abb. 61 zusammengestellten Dispositionsverfahren unterscheiden, wobei die auftragsgesteuerte Disposition auch als Sonderform der plangesteuerten Disposition betrachtet werden könnte.[1] Gemeinsames Kennzeichen beider Dispositionsarten ist, daß sie von einem deterministisch ermittelten Primärbedarf ausgehen. Ein wesentlicher Unterschied zwischen beiden Verfahren liegt darin, daß bei auftragsgesteuerter Disposition kein Lagerbestand verursacht wird, also auch keine Nettobedarfsrechnung durchzuführen ist (Normalfall). Die Arbeit des Disponenten beschränkt sich auf die routinemäßige Überprüfung der Bedarfsanforderung.

Gegenüber der zukunftsorientierten Programmdisposition und der Disposition aufgrund von Kundenaufträgen arbeitet die verbrauchsgesteuerte Disposition mit Vergangenheitswerten. Sie stützt sich daher hauptsächlich auf die Bedarfsermittlung durch Vorhersage.

Sowohl bei der verbrauchs- als auch bei der plangesteuerten Disposition geht es darum, Bedarfsmengen und Bedarfstermine in Bestellmengen und Bestelltermine umzuwandeln.

Aus dieser Aufgabe leiten sich die bereits wiederholt genannten Ziele der Materialdisposition ab:

- Sicherstellung einer hohen Lieferbereitschaft (Sicherheitsbestand)
- minimale Kapitalbindung in den Lagervorräten
- niedrige Gesamtkosten für die Materialbereitstellung (Kosten der Beschaffung und Lagerhaltung).

1 Weder in der Literatur noch in der Praxis sind die Dispositionsverfahren eindeutig definiert. So zählt Benz die Einzel- und Sammelbedarfs-Disposition zur verbrauchsgesteuerten Disposition und Boje trifft eine grundsätzliche Unterscheidung in auftrags- und bestandsgesteuerte Disposition. Vgl. H. Benz, Rationeller Einkauf – optimale Lagerhaltung, a.a.O., S. 47; A. Boje; Moderne Einkaufs-Organisation, a.a.O., S. 205.

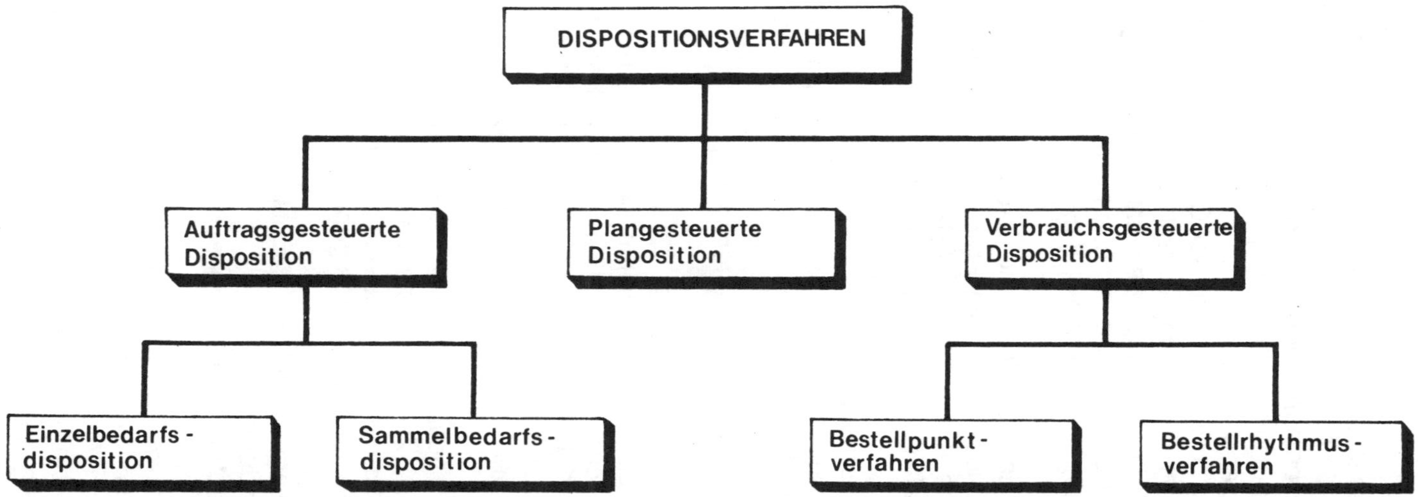

Abbildung 61:
Zusammenstellung der Dispositionsverfahren

Diese Ziele widersprechen sich zum Teil: Eine hohe Lieferbereitschaft (Abgabebereitschaft des Vorratslagers) setzt einen entsprechend hohen durchschnittlichen Lagerbestand (einschließlich Sicherheitsbestand) voraus und umgekehrt. Seltener und dafür mehr auf einmal bestellen, führt zwar zu niedrigeren Bestellkosten, aber dafür zu höheren Lagerhaltungskosten und umgekehrt. Die Lösung dieser Optimierungsaufgabe sollte mit Hilfe der Errechnung wirtschaftlicher Bestellmengen (siehe unter Ziffer 5 dieses Abschnitts) und einer gezielten Festlegung der Sicherheitsbestände (siehe unter Ziffer 6 dieses Abschnitts) angestrebt werden.

Nach Durchführung der Bedarfsrechnung sind Bestelltermine und Bestellmengen zu ermitteln

Im Rahmen der Materialdisposition sind also nach erfolgter Bedarfsermittlung grundsätzlich zwei Fragen zu beantworten, um jederzeit eine ausreichende Materialverfügbarkeit auf möglichst wirtschaftliche Weise zu gewährleisten:

- Wann soll bestellt werden?
  Es ist rechtzeitig die Bestellung aller Lagerartikel sowie der nicht am Lager geführten Artikel zu veranlassen.
  (= Aufgabe der Bestellterminrechnung)

- Wieviel soll bestellt werden?
  Um die Bestell- und Lagerhaltungskosten zu minimieren, sollten Bestellungen in wirtschaftlichen Losgrößen erfolgen, wobei Preis-Mengen-Staffeln zu berücksichtigen sind.
  (= Aufgabe der Bestellmengenrechnung)

Kontrollrechnung laufender Bestellungen während der Bestellterminrechnung

Da im Rahmen der Disposition der Bestellverfolgung große Bedeutung zukommt, sollte ein leistungsfähiges Dispositionssystem anhand der neuesten Bestands- und Bedarfssituation auch eine Antwort auf die Frage geben:

- Ist eine laufende Bestellung nach Menge oder Termin zu verändern?
  (= Kontrollrechnung für vorhandene Bestellungen)

Wenn bei der Bestellterminrechnung nach dem Prinzip der Gegenüberstellung von Soll-Eindeckungszeit und Ist-Eindeckungszeit verfahren und schrittweise für jede Periode verglichen wird, ob der verfügbare Lagerbestand und Bestellbestand gegenüber dem Bedarf ausreicht, kann mit der Erstellung eines neuen Bestellvorschlags eine Kontrolle laufender Bedarfe erfolgen. Das Prinzip beschreiben wir unter Ziffer 4 in diesem Abschnitt.

Bei den genannten Funktionen einer Bestellterminrechnung, Bestellmengenrechnung und Kontrollrechnung handelt es sich um Komponenten der sog. „Bestellrechnung", die entweder nach Bestellpunktunterschreitung oder einer Bedarfsrechnung (stochastisch oder deterministisch) ausgelöst wird.

Die Bestellrechnung im Rahmen der plangesteuerten Disposition (vgl. Ziffer 3.2 in diesem Abschnitt) wird auch Nettobedarfsrechnung genannt.

3.1 Auftragsgesteuerte Disposition

Die auftragsgesteuerte Disposition vermeidet jedes Dispositionsrisiko, da die Bestellmengen jeweils den Bedarfsmengen – evtl. um einen Zusatzbedarf für Ausschuß erhöht – entsprechen.

Bei der auftragsgesteuerten Disposition sind im Normalfall dispositive Maßnahmen ausgeschlossen

- Wird bei auftragsgesteuerter Disposition der Bedarf termingerecht beschafft, so können bei normalem Verbrauchsverlauf weder Überbestände noch Fehlbestände auftreten. Auch Sicherheitsbestände erübrigen sich unter diesen Bedingungen.

Im eigentlichen Sinne des Wortes wird nicht disponiert, sondern die Bedarfsanforderung nur in eine Bestellung „umgesetzt".

Die auftrags- oder auch bedarfsgesteuerte Disposition gibt es in zwei Variationen:

Varianten der auftragsgesteuerten Disposition sind die
- Einzelbedarfsdisposition und die
- Sammelbedarfsdisposition

3.1.1 Einzelbedarfsdisposition

Bei dieser Art auftragsgesteuerter Disposition wird der Bedarf fallweise einzeln beschafft, so daß ein Lagerbestand nicht üblich ist. Es kann sich dabei um den Bedarf an sehr hochwertigem Material für Einzelanfertigung (z.B. Kurbelwellen für Schiffsmotore) oder um auftragsgebundene sperrige oder voluminöse Teile handeln, die schwierig zu lagern sind.

Für die fertigungsablaufgerechte Anlieferung ist eine retrograde Terminplanung durchzuführen. Man geht dabei vom Endtermin des Kundenauftrages aus und rechnet bis zum Beginn der technischen Zeichnungsarbeiten zurück. Für die einzelnen Fertigungsabschnitte (z.B. Stahlbau, Vormontage, Hellingmontage, Ausrüstung im Schiffsbau) sind dabei Zeitstufen vorgesehen. Der Einkauf (Disponent) kann daraus die zeitliche Verteilung des Bedarfs und die für ihn gültigen Bereitstellungstermine eindeutig ablesen. Durch Berücksichtigung der Beschaffungszeit wird der Bestelltermin ermittelt.[1]

Ein weiteres Anwendungsgebiet der Einzelbedarfsdisposition ist bei Sonderbedarf einzelner Abteilungen (z.B. Anforderung von Mikrofilmgeräten durch die Verwaltung) sowie bei Bedarf für Großreparaturen gegeben.

Die Aufgabe des Sonderbedarfs erfolgt mit einer Bedarfsmeldung der betreffenden Abteilung.

3.1.2 Sammelbedarfsdisposition

Anwendungsmöglichkeiten der Sammelbedarfsdisposition

Hier wird der Bedarf für die Fertigung (bzw. den Verkauf) von mehreren (gesammelten) Kundenaufträgen zusammengefaßt.

Wie Beispiele der Praxis zeigen[2], kann die Disposition in regelmäßigen (z.B. wöchentlichen) Intervallen erfolgen, indem

1 Vgl. dazu Ausführungen unter Ziffer 2.2 dieses Abschnitts.

2 Vgl. A. Boje, Moderne Einkaufs-Organisation, a.a.O., S. 223 ff.

der gesamte Materialbedarf für den in diesem Zeitraum zu verzeichnenden Auftragseingang zusammengefaßt wird. Die Sammelbedarfsdisposition kann aber auch in unregelmäßigen Abständen je nach Auftragsanfall durchgeführt werden.

Anwendung findet diese Art auftragsgesteuerter Disposition vor allem bei Fertigung mittlerer und großer Serien (z.B. im Gerätebau, in der Textilindustrie bei modischen Oberstoffen). Wenn auch hier bei termingerechter Beschaffung und störungsfreiem Fertigungsablauf Lagerbestände nicht verursacht werden sollten, so zeigt doch die Praxis, daß dieser Idealzustand ein Ausnahmefall bleibt. Liegen noch frei verfügbare Bestände auf Lager, so sind diese vom Materialbedarf abzusetzen.

3.2 Plangesteuerte Disposition

Voraussetzungen für die Anwendung der plangesteuerten Disposition

Die plangesteuerte Disposition – auch programm- oder bedarfsgesteuerte Disposition genannt[1] – fixiert den Bedarf für eine mittel- oder langfristige Verbrauchsperiode in der Zukunft (= Planperiode). Sie orientiert sich an dem Verbrauch der Vergangenheit, an den Aufträgen der Gegenwart und an dem prognostizierten (geschätzten) Bedarf der Zukunft.

> Plangesteuerte Disposition erfordert die Integration von Absatz-, Produktions- und Beschaffungsplanung.

Dabei stützt sie sich auf die in diesem Abschnitt unter Ziffer 2.3.1.2 beschriebene deterministische Bedarfsermittlung, d.h., der Primärbedarf an Erzeugnissen oder Gruppen wird für bestimmte Perioden als bekannt unterstellt, obwohl er – wie erwähnt – zum Teil auf stochastischen Werten beruhen kann. Durch Auflösen des Primärbedarfs wird in Fertigungsbetrieben der Bedarf an Rohstoffen, Teilen und Gruppen – der sog. Sekundärbedarf – ermittelt. Voraussetzung für die Anwendung dieses Verfahrens ist demnach das Vorhandensein eines periodisch unterteilten Produktionsplans mit den

1 Die auftrags- und plangesteuerte Dispositionen können somit zusammengefaßt als bedarfsgesteuerte Disposition bezeichnet werden.

dazugehörigen Stücklisten. Über die Stücklistenauflösung erfolgt die Errechnung des zeitlich gestaffelten Bruttoproduktionsbedarfs.

Für betriebliche Zwecke ist die Berücksichtigung eines Zusatzbedarfs erforderlich

Die im Rahmen der deterministischen Bedarfsrechnung analytisch oder synthetisch gewonnenen Bruttozahlen sind noch um einen Zusatzbedarf zu ergänzen. Dieser kann durch

- Ausschuß bedingten Mehrverbrauch
- Mehrbedarf für Wartung und Reparaturen (Ersatzteilbedarf)
- Nebenbedarf für Sonderzwecke (ungeplante Entnahmen für Versuche, Ausstellungen)

verursacht sein.

Zusätzlicher Ersatzteilbedarf und regelmäßig auftretender ungeplanter Mehrbedarf kann über eine Prognoserechnung ermittelt und dem Bruttoproduktionsbedarf dazugeschlagen werden. Sofern bei einer Fertigung Ausschuß zu erwarten ist, sollte der um den verfügbaren Bestand korrigierte Bruttobedarf um einen Ausschußfaktor erhöht werden, um Mehrfacherfassungen zu vermeiden.

Der periodenbezogene Gesamtbruttobedarf ist dann – wie in Abb. 62 dargestellt – in einer Nettobedarfsrechnung noch zu korrigieren. Die Weiterrechnung erfolgt dabei ganz oder teilweise nach folgendem Schema:

Schema der Nettobedarfsrechnung

1. Bruttoproduktionsbedarf
2. + Zusatzbedarf

---

3. = Gesamtbruttobedarf
4. – Lagerbestand
5. + Vormerkbestand
6. – Bestellbestand
7. – Werkstattbestand

(4.–6.: **– verfügbarer Bestand**)

= Nettobedarf

Mit Vorliegen einer Unterdeckung wird die Bestellrechnung angestoßen

Bestellungen werden erst notwendig, wenn der Bruttobedarf durch den verfügbaren Bestand nicht gedeckt ist, d.h. wenn eine Unterdeckung auftritt. Eine **Unter**deckung ist demnach identisch mit einem positiven Nettobedarf. Eine **Über**deckung in einer Periode wird zur Deckung des Bedarfs in der nächsten Periode vorgetragen (negativer Nettobedarf).

Mit Vorliegen einer Unterdeckung werden im Rahmen der Bestellrechnung Bestelltermine errechnet (vgl. S. 282 ff.) und geeignete Bestellmengen vorgeschlagen. Dabei treten im Rahmen der plangesteuerten Disposition die dynamischen Bestellmengenverfahren wegen des in der Regel schwankenden Bedarfs in den Vordergrund (vgl. S. 321 ff.).

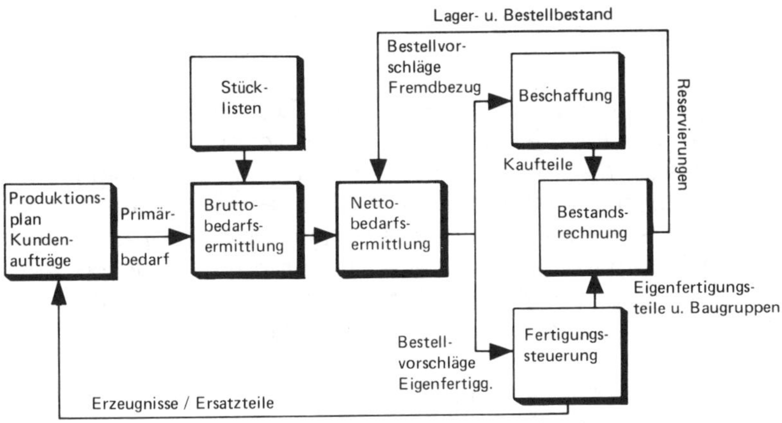

Abbildung 62:
Plangesteuerte Disposition
(Brutto- und Nettobedarfsermittlung)

Definition der bei der Nettobedarfsrechnung berücksichtigten Bestandsgrößen

Je nach der Art der Bestandsführung muß somit die Nettobedarfsrechnung den Bruttoperiodenbedarf um Lager-, Werkstatt-, Bestell- und Vormerkbestände korrigieren. Diese sind wie folgt zu definieren:

(1) Lagerbestand:
Der vorhandene Lagerbestand ist in erster Linie ein Buchbestand, der um die jeweiligen Lagerzu- und -abgänge korrigiert wird. Für die Zwecke der Disposition muß diese Größe aufgespalten werden in denjenigen Teil, über den zwar schon durch Zuteilung für einen bestimmten Fertigungsauftrag verfügt worden ist, der jedoch von der Werkstatt noch nicht abgerufen wurde (= Reservierungen bzw. Vormerkbestand) zuzüglich einem evtl. Sicherheitsbestand, und in jenen Teil, über den noch verfügt werden kann (= verfügbarer Lagerbestand).

(2) Vormerkbestand:
Der Vormerkbestand umfaßt die Bestandsmengen, die bereits für hereingekommene Aufträge (Kundenauftrag, Fertigungsauftrag einer übergeordneten Baugruppe) vorgemerkt und daher nicht mehr verfügbar sind. Die Summe der disponierten Entnahmen (Vormerkungen, Ausgangsvormerkungen, Bestandsreservierungen, verfügte Mengen) wird Vormerk- oder Auftragsbestand genannt.

In Industriebetrieben nimmt die Prüfung der Verfügbarkeit der für die Fertigung erforderlichen Materialkomponenten die Fertigungssteuerung vor. Bei erfolgreicher Verfügbarkeitskontrolle erfolgt die Reservierung und die Freigabe des Fertigungsauftrags. Sind nicht alle Materialkomponenten auf Lager, wird eine Fehlteileliste ausgegeben. Es ist dann Aufgabe der Disposition, das fehlende Material so schnell wie möglich zu beschaffen.

- Vormerkungen für Material erfolgen also, um die Lieferfähigkeit zu einem vorgeplanten Entnahmezeitpunkt sicherzustellen.

(3) Werkstattbestand:
Die Menge, die das Lager zur Weiterverarbeitung verlassen hat und sich in der Werkstatt befindet, nennt man Werkstattbestand. Wird ein Fertigungsauftrag für eine übergeordnete Baugruppe freigegeben, so erhöht sich deren verfügbarer Bestand und der Vormerkbestand des untergeordneten Teils. Mit Fertigungsbeginn reduziert sich der Vormerk- und der Lagerbestand dieser untergeordneten Materialposition, während der Werkstattbestand entsprechend zunimmt. Die Lieferung des Fertigungsauftrags vermindert den Werkstattbestand des untergeordneten Teils und erhöht den Lagerbestand der übergeordneten Baugruppe.

Die Führung von Werkstattbeständen ist vor allem angezeigt, wenn

– ein langfristiger Fertigungsprozeß vorliegt
– Lieferanten unmittelbar an Werkstätten (fertigungssynchron) anliefern.

(4) Bestellbestand:
Unter Bestellbestand ist der Bestand an offenen Bestellungen zu verstehen. Die Bestellungen können interne Fertigungsaufträge für Montage, Teilefertigung usw. oder externe Lieferantenbestellungen sein (Bestellbestand oder Bestellobligo, laufende Bestellungen, Eingangsvormerkungen).

- Ein Bestellbestand besteht für geplante Zugänge und ist – wie der Vormerkbestand – nach Termin zu führen.

Aus diesen Bestandsarten ergeben sich folgende abgeleitete Bestandsgrößen:

Abgeleitete Bestandsarten

- Lagerbestand
  – Vormerkbestand **verfügbarer Lagerbestand**
  \+ Bestellbestand

  = **verfügbarer Bestand**

- Vormerkbestand
  \+ Werkstattbestand

  = **verfügter Bestand**
  Bestellbestand der übergeordneten Materialposition

Der frei verfügbare Bestand (auch dispositiver Bestand genannt) stellt keine besondere Bestandsart dar. Er kann aus anderen Bestandsarten zum Bedarfszeitpunkt errechnet werden. Auch der Sicherheitsbestand wird in keiner besonderen Bestandsdatei geführt, sondern durch Mengen- oder Zeitzuschläge berücksichtigt.

Der Sicherheitsbestand stellt keine besondere Bestandsart dar

Die Abwicklung der Nettobedarfsrechnung wird schematisch in Abb. 63 dargestellt.[1] Es wird im ersten Schritt der bekannte Bruttobedarf um den verfügbaren Lagerbestand gekürzt, der mit Ident-Nr. und Menge von der Bestandsrechnung (Lagerbuchführung) bereitgestellt wird (bei getrennter Angabe des Sicherheitsbedarfs muß dieser zuerst mit dem verfügbaren Lagerbestand abgestimmt werden). Im nächsten Schritt er-

Abwicklung einer Nettobedarfsrechnung unter Berücksichtigung verfügbarer Lager- und Bestellbestände

1 Vgl. VDI, Elektronische Datenverarbeitung bei der Produktionsplanung und -steuerung, a.a.O., S. 59 ff.

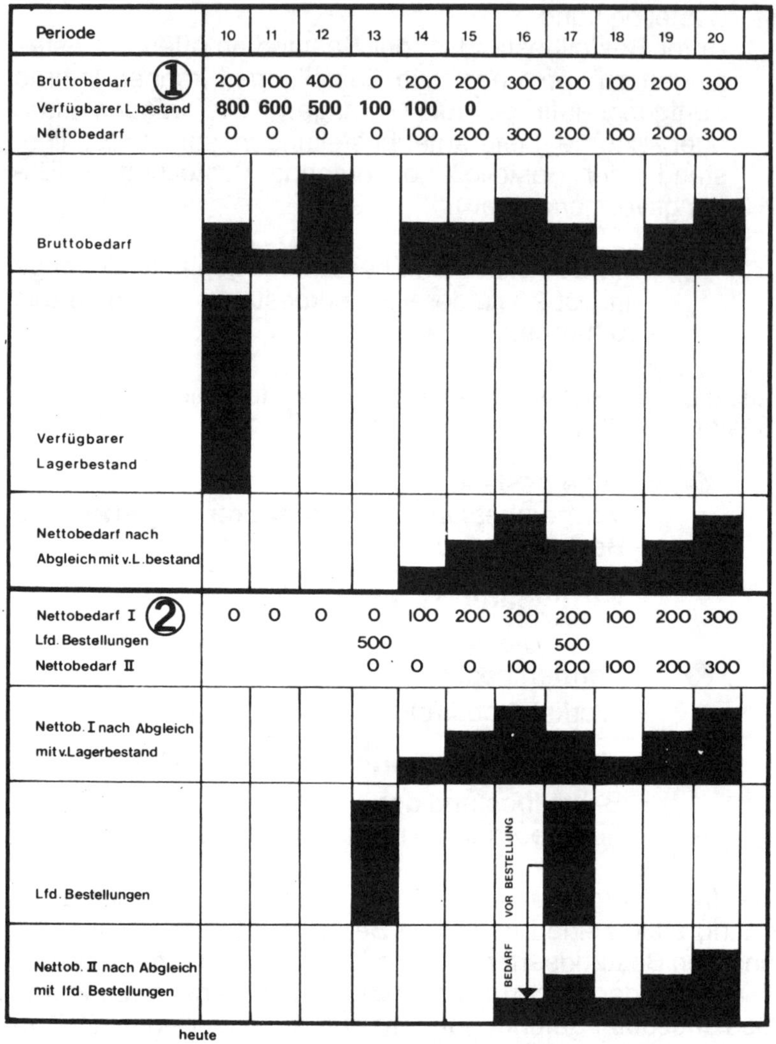

① Abgleich mit verfügbarem Lagerbestand
② Abgleich mit laufenden Bestellungen

Abbildung 63:
Abwicklung der Nettobedarfsrechnung (schematisch)

folgt der Abgleich des verbleibenden Bedarfs mit den laufenden Bestellungen. Die dafür erforderlichen Daten liefert die Bestellrechnung. Die Abstimmung wird hier in der Weise vorgenommen, daß die laufenden Bestellungen den Bedarfsmengen terminlich gegenübergestellt und die Bedarfsmengen, beginnend mit dem frühesten Termin, um die Mengen der laufenden Bestellungen reduziert werden.

Um die Interdependenzen zwischen den einzelnen Bestandsarten über- und untergeordneter Teile eines Erzeugnisses aufzuzeigen, soll noch anhand eines Zahlenbeispiels eine Nettobedarfsrechnung unter Berücksichtigung aller Bestandsarten durchgeführt werden.

Zahlenbeispiel zur Nettobedarfsrechnung für Baugruppe und Komponentenbedarf

Beispiel 27:
Die Baugruppe D des Erzeugnisses E1 und die untergeordneten Teile T1 und T6 sollen disponiert werden. Die Nettobedarfsrechnung soll für Baugruppe D und T1 durchgeführt werden. Teil 1 kommt in D zweimal vor und hat eine Vorlaufzeit von einer Periode. Vor Beginn der 2. Periode wurde ein Fertigungsauftrag erteilt.

Für die erste und zweite Planperiode sind die Werte und Ergebnisse der Nettobedarfsrechnung unter Berücksichtigung der Vorlaufverschiebung in Tabelle 11 zusammengefaßt.

Die sehr aufwendige Datenerfassung und -verarbeitung kann arbeitstechnisch erst bei Einsatz der EDV bewältigt werden

Für die Nettobedarfsrechnung müssen demnach zumindest folgende Unterlagen/Daten zur Verfügung stehen:

- Produktionsplan
- Stücklisten
- Angaben über Dispositions- und Fertigungsstufen
- Angaben aus der Bestandsführung über Lagerbestand, Vormerkungen und Werkstattbestand
- Angaben aus der Bestellabwicklung über Bestellbestand.

Bei der Stücklistenauflösung nach Dispositions- oder Fertigungsstufen werden den Stufenmerkmalen Termine zugeordnet,[1] die in der Regel für dispositive Maßnahmen ausreichen. Für eine genaue zeitliche Verteilung des Bedarfs (= Terminbedarf) ist eine bis ins einzelne gehende Terminrechnung notwendig.

1 Vgl. dazu unsere Ausführungen unter Ziffer 2.3.1.2 Punkt ab) und Punkt ac).

Perioden	1	2	3	4	5	6	
Beginn Periode 1:							Summe
Bruttobedarf Baugruppe D	120	220	120	180	200	240	1080
./. Lagerbestand 400	-120	-220	- 60				- 400
Nettobedarf für D	-	-	60	180	200	240	680
Bruttobedarf Teil 1 (Kommt zweimal in D vor; Vorlaufsverschiebung 1 Periode		120	360	400	480		1360
./. Lagerbestand 200		-120	- 80				- 200
Nettobedarf Teil 1		-	280	400	480		1160 ====
Beginn Periode 2:							
Bruttobedarf Baugruppe D		220	120	180	200	240	960
./. Lagerbestand 280		-220	- 60				280
		-	60	180	200	240	680
./. Bestellbest. 100			- 60	- 40			- 100
Nettobedarf für D			-	140	200	240	580
Bruttobedarf Teil 1			280	400	480		1160
+ Vormerkbestand 200 (Reservierung für Auftrag D)		120	80				200
		120	360	400	480		1360
./. Lagerbestand 200		-120	- 80				- 200
Nettobedarf Teil 1		-	280	400	480		1160 ====

Tabelle 11:
Nettobedarfsrechnung für Baugruppe und Komponentenbedarf

Es ist immer dann neu zu disponieren, wenn sich der Produktionsplan und damit der Bedarf ändert, wenn eine technische Änderung vorgenommen wird oder wenn eine Verlängerung der Beschaffungszeit zusätzliche Bestellungen erforderlich macht.
Die angesprochenen Aufgaben deuten darauf hin, daß die plangesteuerte Disposition ein sehr komplexes und aufwendiges Arbeitsgebiet ist. Die dispositions- oder fertigungsstufenweise Berücksichtigung der lagermäßigen Verfügbarkeit, die Mehrfachverwendung von Teilen in verschiedenen Erzeugnissen, die zeitlich genaue Erfassung der Ausgangs- und Eingangsvormerkungen sind Probleme, die hohe Ansprüche an die Qualität von EDV-Programmsystemen stellen, die diese Datenmengen verarbeiten müssen. Hinein spielen noch Änderungen der Beschaffungszeit, des Produktionsplans und der Konstruktion. Manuell ist diese Datenmenge nicht mehr zu bewältigen.

Zusammenfassend kann gesagt werden, daß

Der mit der Plandisposition verbundene hohe Aufwand führt zur selektiven Anwendung

> die plangesteuerte Disposition in hohem Maße eine genaue Materialbereitstellung ermöglicht, so daß mit niedrigen Sicherheitsbeständen und genauen Bestellterminen und -mengen gearbeitet werden kann.

Das Wirtschaftlichkeitsprinzip erfordert allerdings eine Einschränkung in der Anwendung der Plandisposition:

> Im allgemeinen wird eine Materialdisposition bis ins letzte Detail nur für hochwertige Artikel in Betracht gezogen.

In den meisten Programmpaketen erfolgt unmittelbar nach Auflösung einer Bedarfsstufe (= Nettobedarf der Auflösungsstufe) eine Bestellrechnung nach dem Prinzip der Gegenüberstellung von Soll-Eindeckungszeit und Ist-Eindeckungszeit. Auf dieses Verfahren der Bestellterminrechnung gehen wir unter Ziffer 4 in diesem Abschnitt ein.

→ Aufgabe 7

→ Aufgabe 8

3.3 Verbrauchsgesteuerte Disposition

Eine funktionsfähige Bestandsfortschreibung ist wesentliche Voraussetzung für die verbrauchsgesteuerte Disposition

Die Verfahren der verbrauchs- oder bestandsgesteuerten Disposition[1] (vgl. Abb. 61, Seite 247) sind ohne Bezug zu einem festen Produktionsplan. Ihr Ausgangspunkt ist der buchmäßige Lagerbestand, der für Dispositionszwecke um Vornotierungen und offene Bestellungen (Bestellbestände) zu korrigieren ist.

> Wichtige Voraussetzung für die verbrauchsgesteuerte Disposition ist eine gut funktionierende Bestandsfortschreibung. Sie muß stets aktuell und richtig sein, da auf der Grundlage ihrer Bestandsdaten der Zeitpunkt für die Nachbestellung bestimmt wird.

Die verbrauchsgesteuerte Disposition ist also mit der Lagerbestandsführung gekoppelt.

Die optische Kontrolle kann angewandt werden, wenn die Beschaffungszeit kurz ist und der Genauigkeitsmaßstab nicht zu hoch angesetzt wird

In manchen Fällen kann an die Stelle einer Bestandsfortschreibung eine einfache Sichtprüfung der Bestände mit anschließender Entscheidung über Nachbestellungen treten. Diese Form der verbrauchsgesteuerten Disposition ist oft im Handel anzutreffen, besonders dann, wenn die Beschaffungszeit kurz ist.[2] Aber auch in der industriellen Praxis kann die optische Bestandskontrolle angewandt werden, wenn es sich um kleine überschaubare Lager mit Verbrauchsmaterialien (Hilfs- und Betriebsstoffe) handelt. Das Verfahren ist einfach, der Aufwand ist gering. Allerdings darf hinsichtlich der Genauigkeit kein zu hoher Maßstab angelegt werden.

Ziel der verbrauchsgesteuerten Disposition

Ob die verbrauchsgesteuerte Disposition nun aufgrund einer optischen Bestandskontrolle oder der Bestandsfortschreibung erfolgt, ihr Ziel ist es,

- zur Wiederauffüllung des Lagers eine Bestellung so termingerecht zu erteilen, daß bis zur Verfügbarkeit des neuen Materials jede Bedarfsanforderung abgedeckt ist.

1 Die Terminologie ist nicht einheitlich. Die verbrauchsgesteuerte Disposition kann auch als eine besondere Form der bestandsgesteuerten Disposition angesehen werden.

2 Vgl. O. Kleine u.a., Disponieren in der modernen Beschaffung, a.a.O., S. 45.

Die Verfahren zeigen dem Disponenten demnach nur, **wann** nachbestellt werden muß. Sie lassen die Frage offen, wieviel nachbestellt werden soll. Die verbrauchsgesteuerte Disposition ist – wie Abb. 64 zeigt – eng mit der Bestellmengenfrage verbunden, die in diesem Abschnitt unter Ziffer 5 besonders erläutert wird.

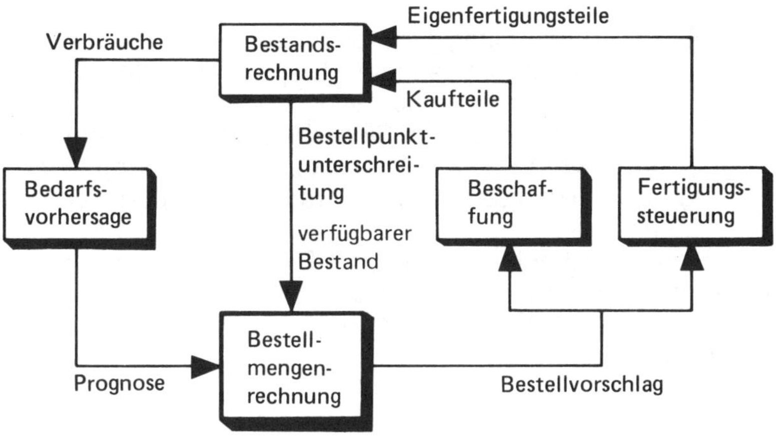

Abbildung 64:
Verbrauchsgesteuerte Disposition und Bestellmengenrechnung

Methoden und Strategien der verbrauchsgesteuerten Disposition

In der Praxis haben sich je nach Art der Überprüfung und Bestellauslösung zwei Methoden der verbrauchsgesteuerten Disposition herausgeschält, die auch als Lagerhaltungssysteme definiert werden:[1]

(1) Das Bestellpunktverfahren (Mengensteuerung)

(2) Das Bestellrhythmusverfahren (Terminsteuerung)

Im Rahmen dieser Verfahren gibt es wiederum mehrere Variationsmöglichkeiten, die durch die Lagerhaltungspolitik vorgegeben[2] und als Lagerhaltungsstrategien gekennzeich-

1 Vgl. E. Heinen, Industriebetriebslehre, a.a.O., S. 337 ff. – Heinen nennt als drittes System das Optionalsystem, das von uns als Lagerhaltungsstrategie (T.B.S.-Strategie) definiert wird (vgl. w.u.).

2 Mertens spricht in diesem Zusammenhang von „Lagerhaltungspolitiken". Vgl. P. Mertens, Industrielle Datenverarbeitung-Administrations- und Dispositionssysteme, zweite Auflage, Wiesbaden 1972, S. 118. – Siehe auch E. Naddor, Lagerhaltungssysteme, Frankfurt 1971, S. 20 f.

net werden können. Im wesentlichen zielen diese darauf ab, eine weitgehende Automatik in der Disposition zu erreichen und eine ausreichende Liefer- bzw. Abgabebereitschaft des Lagers zu minimalen Kosten zu gewährleisten.

Der Sicherheitsbestand ist ein wichtiger Bestandteil der verbrauchsgesteuerten Disposition

Es soll – um Wiederholungen im Text zu vermeiden – schon hier hervorgehoben werden, daß

- die Anwendung verbrauchsgesteuerter Verfahren mit einem nur geringem Dispositionsaufwand verbunden ist. Unsicherheiten in der Materialdisposition können durch Sicherheitsbestände abgefangen werden. Die Kosten dafür sind gering, wenn geringwertige Artikel verbrauchsgesteuert werden.

Der Sicherheitsbestand – auf die Möglichkeiten zu seiner Berechnung kommen wir unter Ziffer 6 noch zu sprechen – ist eine wichtige Komponente der verbrauchsgesteuerten Disposition.

3.3.1 Bestellpunktverfahren

Bei jedem Lagerabgang wird geprüft, ob der Zeitpunkt für die Nachbestellung erreicht ist oder nicht

Das Bestellpunkt- oder Meldebestandsverfahren ist das in der Praxis der manuellen Lagerdisposition am häufigsten eingesetzte Verfahren.[1] Auf den bei manueller Disposition benutzten Karteikarten findet man ebenso wie auf den ausgedruckten EDV-Dispositionslisten Angaben über den Richtbestand oder Bestellpunkt. Fälschlicherweise wird dabei – wie im Formularbeispiel Nr. 1 – für den Meldebestand auch die Bezeichnung Mindestbestand gebraucht.[2]

Wird dieser Richtbestand (z.B. in Stück, Meter, Kilogramm) erreicht oder unterschritten, löst der Disponent eine neue Be-

1 Bei manueller Disposition wird der Bestellpunkt häufig als eine Menge angegeben, nämlich als Meldebestand. (Das Verfahren wird daher auch als Meldebestandsverfahren bezeichnet). Auch bei maschineller Lagerbestandsführung ist ein derartiges Bestellpunktverfahren sinngemäß möglich. Es wird aber hier dem Bestellpunkt als Zeitbegriff der Vorzug gegeben. Vgl. J.R. Zeigermann, Elektronische Datenverarbeitung in der Materialwirtschaft, a.a.O., S. 143.

2 Der Begriff Mindestbestand wird von uns mit dem Sicherheitsbestand gleichgesetzt.

Senkschraube M 6 DIN 961

Einheit: Stück ✗ | Lagerort: 1214/11 | Karte Nr. 3 | Seite 1

Jahr	JAN	FEB	MÄR	APR	MAI	JUN	JUL	AUG	SEP	OKT	NOV	DEZ	Bestellmenge	Mind.-Bestand
1972	2.800	3.350	3.100	2.950	1.850	3.650	2.630						6.000	1.000

Lagervorgang I Tag	Beleg	Ein	Aus	Lagervorgang II Tag	Beleg	Ein	Aus	Bestand I	Bestand II
5.7.	Übertrag		/	17.8.	A 50224		110	2.400	3.880
5.7.	A 34017		100	19.8.	A 50364		450	2.300	3.430
7.7.	A 35124		150					2.150	
12.7.	A 38221		250					1.900	
13.7.	A 40316		150					1.750	
15.7.	A 46204		100					1.650	
16.7.	A 46803		50					1.600	
19.7.	A 46912		50					1.550	
20.7.	A 47032		70					1.480	
21.7.	A 47084		200					1.280	
23.7.	A 47211		50					1.230	
26.7.	A 47298 B 14007		350					880	
27.7.	A 47351		400					480	
27.7.	A 47521		160					320	
27.7.	L 14007	6.000						6320	
28.7.	A 47826		240					6.080	
30.7.	A 47921		310					5.770	
	Verbrauch Juli		2.630						
2.8.	A 48164		180					5.590	
4.8.	A 49216		210					5.380	
5.8.	A 49411		110					5.270	
9.8.	A 49422		320					4.950	
10.8.	A 49482		250					4.700	
11.8.	A 49591		180					4.520	
14.8.	A 49821		210					4.310	
16.8.	A 50092		320					3.990	

dispo-vollsicht-kartei Bestell-Nr. 02520 Nachdruck verboten — Magazin-Karte

Formularbeispiel Nr. 1: Lagerkartei-Karte

stellung aus bzw. wird – bei EDV-mäßiger Programmabwicklung – eine Nachbestellung angestoßen. Die Meldung kann direkt an den Einkauf gehen.

Die erforderlichen Bestandsprüfungen erfolgen unmittelbar nach jeder Entnahme bzw. Verfügung über den Bestand (Vornotierung). Im Normalfall sollte die nächste Lieferung bereits auf Lager sein, bevor der Sicherheitsbestand angegriffen werden muß, damit die Abgabebereitschaft des Lagers auch bei Lieferterminabweichungen oder Bedarfsschwankungen erhalten bleibt.

Definition der Bestellpunktrechnung

Man kann also das Verfahren der Bestellpunktrechnung wie folgt definieren:

> Der Bestellpunkt (BP) ist jene Menge in Einheiten einer Materialposition, die erforderlich ist, um den Bedarf abzudecken, der zwischen der Bestellauslösung und der Bereitstellung im Lager voraussichtlich auftreten wird.

Die neue Lieferung muß am Lager sein, wenn (im günstigsten Fall) der Sicherheitsbestand gerade erreicht wird.

Formel zur Berechnung des Bestellpunktes

Der Bestellpunkt (BP) errechnet sich folglich aus:

● $BP = BM \cdot TBZ + BSI$

wobei

BM = durchschnittlicher Bedarf je Zeiteinheit während der Beschaffungszeit, der durch Fortschreiben der Vergangenheitswerte (bei konstantem Bedarfsverlauf), Prognose oder Schätzung ermittelt wird;
TBZ = Beschaffungszeit
BSI = Sicherheitsbestand.

Zahlenbeispiel zur Bestellpunktrechnung

Beispiel 28:
Beträgt der durchschnittliche Tagesbedarf einer Materialsorte 80 Stück, die Beschaffungszeit 30 Tage und wird ein Sicherheitsbestand für 20 Tage gehalten, dann ist

BP = 80 · 30 + 80 · 20
BP = 2400 + 1600
BP = 4000

Nehmen wir an, daß im obigen Beispiel bei Erreichen des Bestellpunktes stets die Menge Q = 4800 Stück bestellt wird (= errechnete optimale Bestellmenge), dann muß jeweils nach 60 Tagen eine Neubestellung erfolgen (Bestellrhythmus =

Ermittlung des Bestellrhythmus

$$TL = \frac{Q}{BM} = \frac{4800}{80}).$$

Graphisch kann das Bestellpunktverfahren wie in Abb. 65 dargestellt werden. Die Form einer „Sägezahnkurve" ergibt sich, weil konstante Bedingungen für die Lagerzu- und -abgänge sowie gleichbleibende Beschaffungszeiten angenommen werden. Der Abbildung liegen die Zahlen des Beispiels 28 zugrunde.

„Sägezahnkurve" bei konstanten Bedingungen

Diese vereinfachten Bedingungen des Beispiels stellen einen Idealzustand dar, der in der Praxis nur in Ausnahmefällen zutrifft. In der Regel muß der Disponent mit folgenden erschwerenden Umständen rechnen:

In der Praxis muß der Disponent mit erschwerten Bedingungen rechnen

- Der Bedarf schwankt und/oder die Beschaffungszeit ändert sich, so daß der Bestellpunkt, der ja von diesen Größen abhängig ist, berichtigt werden muß.

- Der Sicherheitsbestand wird erhöht oder verringert. Damit wird ebenfalls eine Berichtigung des Bestellpunktes erforderlich, da dieser ja den Sicherheitsbestand einschließt.

Abb. 66 zeigt gleitende Bestellpunkte bei verschiedenem Bedarf je Zeitperiode. Für die Berechnung von BP_2 ist dabei ein durchschnittlicher Bedarf von 100 Stück/Tag, für BP_3 ein durchschnittlicher Tagesbedarf von 120 Stück angenommen worden. Die übrigen Angaben des Beispiels 28 blieben unver-

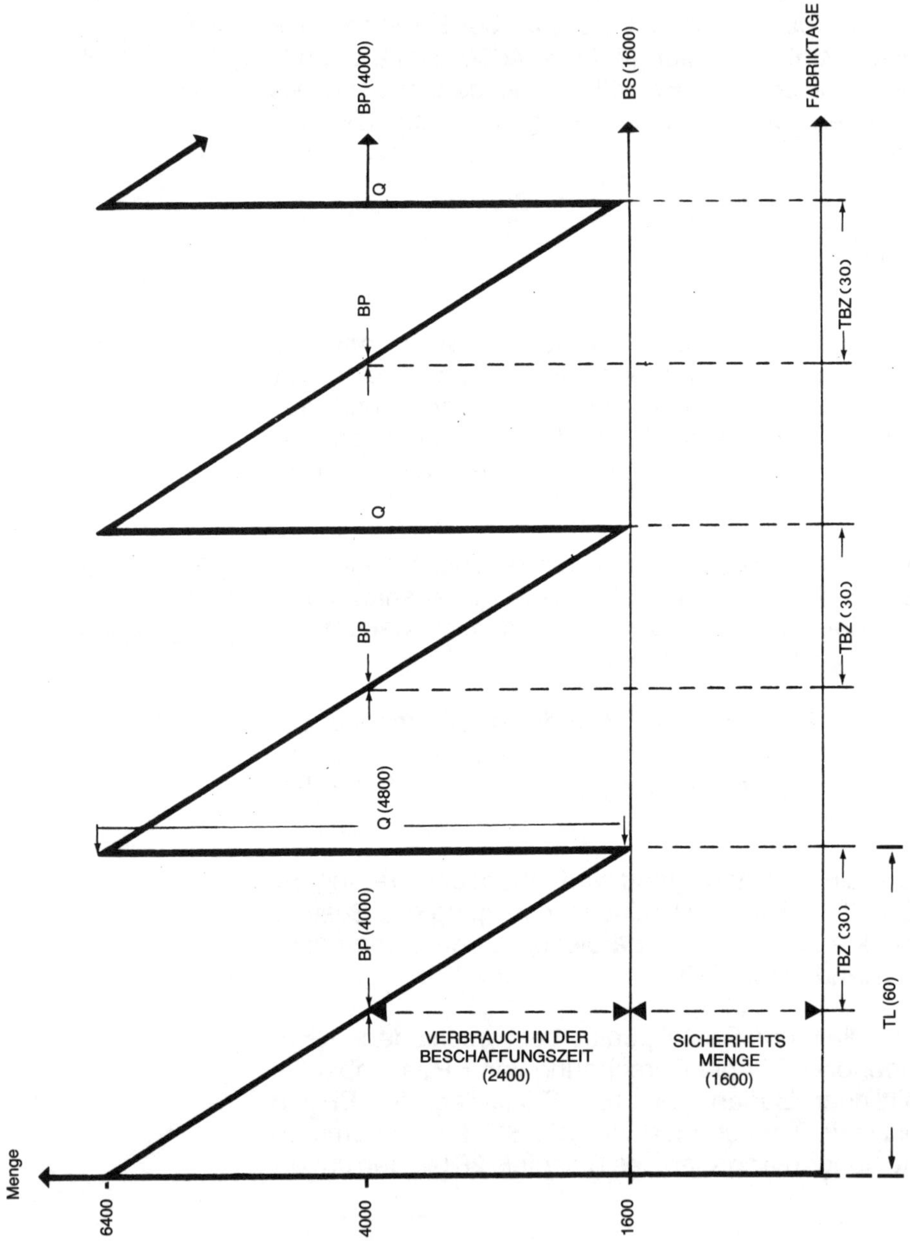

Abbildung 65:
Bestellpunktverfahren unter konstanten Bedingungen
(„Sägezahnkurve")

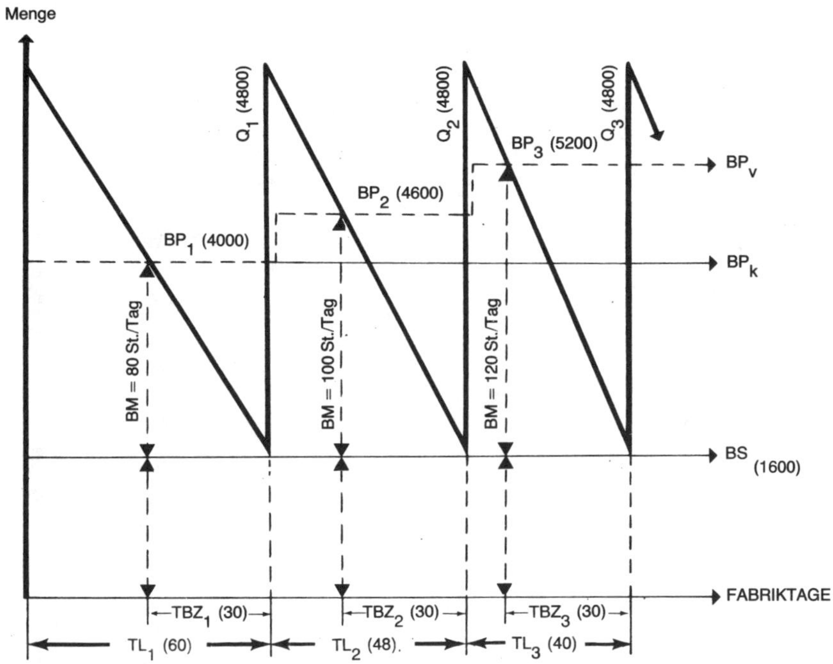

Abbildung 66:
Bestellpunktverfahren bei Bedarfsschwankungen

ändert. Aus Vereinfachungsgründen wurde der Bedarf von Periode zu Periode als schwankend angenommen, nicht aber der Bedarf innerhalb einer Periode.[1]

Regeln für die Bestellauslösung

In manuellen Dispositionssystemen wird der Meldebestand häufig mit dem effektiven Lagerbestand (buchmäßigen oder körperlichen) verglichen.

- Hier kann eine Verbesserung der Disposition dadurch erreicht werden, daß man auch die offenen Bestellungen berücksichtigt.

Im Formularbeispiel Nr. 2 ist entsprechend eine Spalte für den verfügbaren Bestand vorgesehen, der jedoch nur **in einer Summe** dem Bedarf in der Beschaffungszeit gegenübergestellt wird.

1 In dieser Abbildung bedeuten BP_v = variabler Bestellpunktbestand und BP_k = konstanter Bestellpunktbestand.

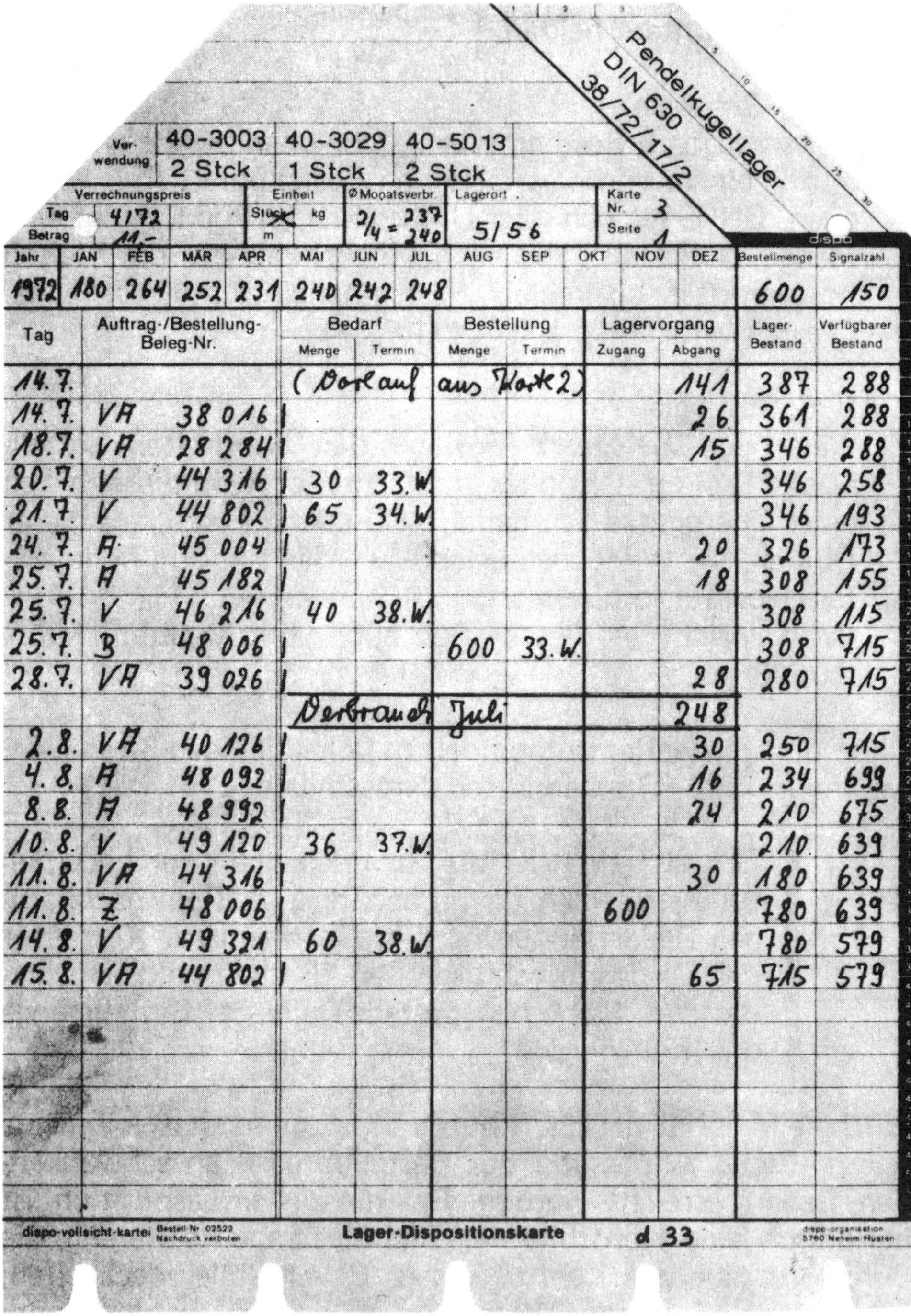

Pendelkugellager
DIN 630
38/72/17/2

Verwendung	40-3003	40-3029	40-5013
	2 Stck	1 Stck	2 Stck

Verrechnungspreis	Einheit	Ø Monatsverbr.	Lagerort	Karte
Tag 4/72	Stück (X) kg	3/4 = 237	5/56	Nr. 3
Betrag 11,–	m	240		Seite 1

Jahr	JAN	FEB	MÄR	APR	MAI	JUN	JUL	AUG	SEP	OKT	NOV	DEZ	Bestellmenge	Signalzahl
1972	180	264	252	231	240	242	248						600	150

Tag	Auftrag-/Bestellung-Beleg-Nr.		Bedarf Menge	Bedarf Termin	Bestellung Menge	Bestellung Termin	Lagervorgang Zugang	Lagervorgang Abgang	Lager-Bestand	Verfügbarer Bestand
14.7.			(Vorlauf aus Karte 2)					141	387	288
14.7.	VA	38 016						26	361	288
18.7.	VA	28 284						15	346	288
20.7.	V	44 316	30	33.W					346	258
21.7.	V	44 802	65	34.W					346	193
24.7.	A	45 004						20	326	173
25.7.	A	45 182						18	308	155
25.7.	V	46 216	40	38.W					308	115
25.7.	B	48 006			600	33.W			308	715
28.7.	VA	39 026						28	280	715
			Verbrauch Juli					248		
2.8.	VA	40 126						30	250	715
4.8.	A	48 092						16	234	699
8.8.	A	48 992						24	210	675
10.8.	V	49 120	36	37.W					210	639
11.8.	VA	44 316						30	180	639
11.8.	Z	48 006					600		780	639
14.8.	V	49 321	60	38.W					780	579
15.8.	VA	44 802						65	715	579

dispo-vollsicht-kartei Bestell-Nr 02522 Nachdruck verboten — **Lager-Dispositionskarte** — d 33 — dispo-organisation 5760 Neheim-Hüsten

Formularbeispiel Nr. 2: Lagerdispositionskarte

Es stellt sich die Frage, welche dispositiven Maßnahmen nach Überprüfung der Bestände ausgelöst werden können. Es sind hier im Rahmen des Bestellpunktsystems folgende Verfahrensregeln zu unterscheiden.[1]

Lagerhaltungsstrategien

(1) B.Q.-Strategie
Der verfügbare Bestand wird – wie oben bereits erläutert – mit einem vorher ermittelten Bestellpunkt (BP) verglichen. Bei Erreichen oder Unterschreiten von BP wird eine Menge (Q) bestellt, die nach Möglichkeit der ermittelten kostenmäßig optimalen Bestellmenge zumindest annäherungsweise entsprechen sollte.

(2) B.S.-Strategie
Wenn der verfügbare Bestand den ermittelten Bestellpunkt (BP) erreicht oder unterschreitet, wird dieser bis zu einer Obergrenze (S) aufgefüllt. Durch die Festlegung dieser Obergrenze (= Höchstbestand) werden unnötig hohe Materialvorräte verhindert.
(Man spricht in diesem Fall auch vom Minimum-Maximum-Prinzip).

Diese und die weiter unten noch zu behandelnden Strategien, werden in Abb. 67 schematisch dargestellt.

Die Kontrolle der Dispositionsdaten ist Voraussetzung für die Zuverlässigkeit der Lagerhaltungsstrategien

> Grundsätzlich ist die Zuverlässigkeit der Lagerhaltungsstrategien davon abhängig, daß bei nachhaltigen Bedarfsänderungen Maßnahmen zur Korrektur der Dispositionshilfsgrößen (Bestellpunkt, Höchstbestand, Sicherheitsbestand) und der Bestellmenge ergriffen werden.

Wird die Materialwirtschaft durch EDV unterstützt, kann über eine maschinelle Bedarfsvorhersage eine automatische Anpassung des Bestellpunktes an schwankenden Bedarf erreicht werden. Bei manueller Disposition ist periodisch eine Kontrolle der Richtbestände notwendig.

Grundsätzlich zu bedenken ist, daß

> das einfache Bestellpunktverfahren einem integrierten System der Verbrauchssteuerung, in dem die Bestellrechnung auf die Ergebnisse einer Bedarfsprognose zurückgreift, unterlegen ist.

1 Vgl. P. Mertens, Industrielle Datenverarbeitung, a.a.O., S. 118 ff.

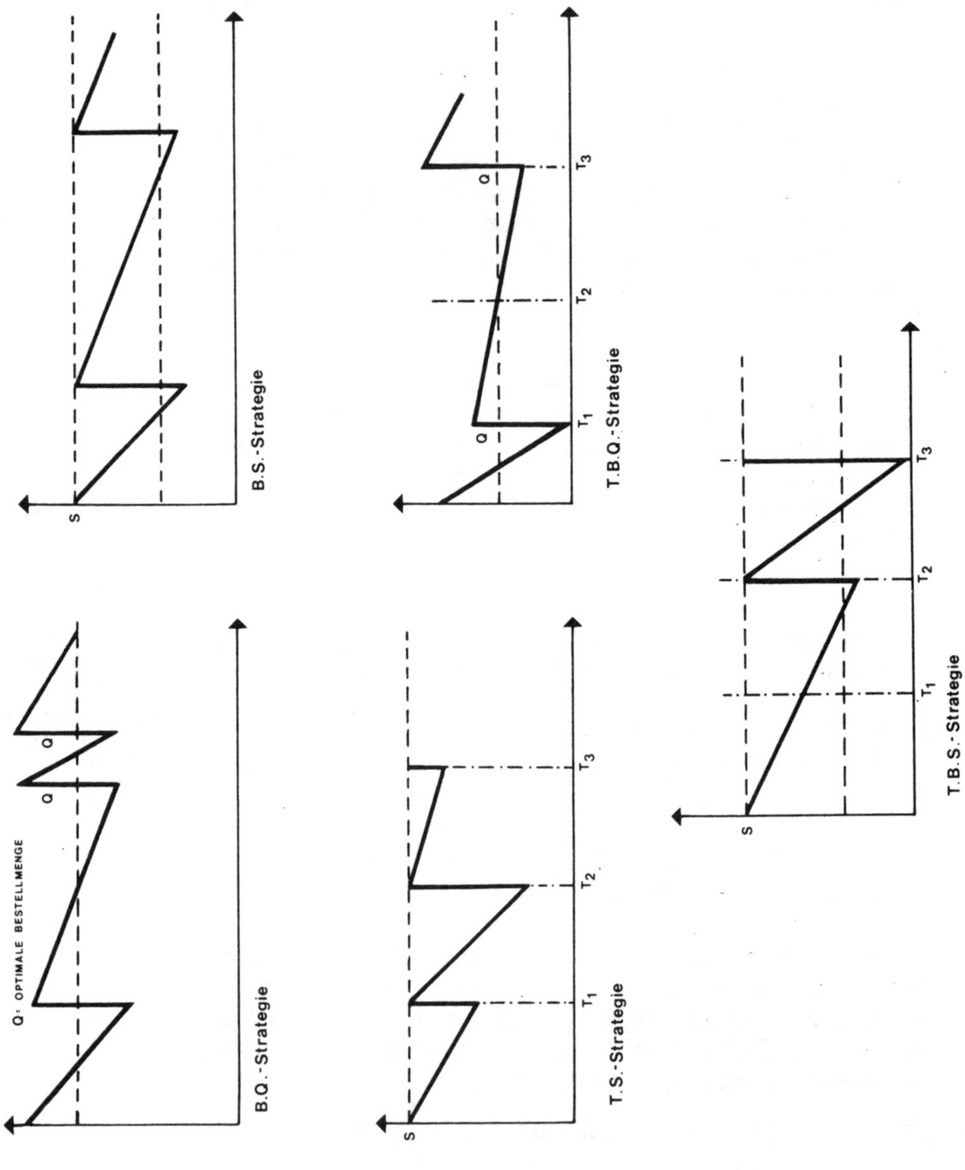

Abbildung 67:
Zusammenstellung der Lagerhaltungsstrategien

Eine in der Praxis anzutreffende Variante des Bestellpunktsystems, die in ihrem Aufbau der B.S.-Strategie entspricht, aber weniger aufwendig ist, stellt das „Zwei-Behälter-System" dar. Bei diesem System werden die Vorräte in Höhe der Bestellpunktmenge einem besonderen Lager zugeführt (Nebenlager), das erst angegriffen wird, wenn die Vorräte des Hauptlagers verbraucht sind. Tritt dieser Fall ein, so ist der Bestellpunkt erreicht und eine neue Bestellung wird aufgegeben. Der weitere Bedarf während der Beschaffungszeit wird aus dem Nebenlager gedeckt. Bei Eingang der Bestellmenge wird das Hauptlager wieder aufgefüllt. Verbleibt ein Rest, so wird dieser dem Nebenlager zugeführt.

Die „Zwei-Behälter-Methode" ist eine besonders einfache Möglichkeit der Bestellauslösung

Zur Überprüfung des Bestandes genügt eine Sichtkontrolle. Die Bestellmenge ergibt sich aus dem Fassungsvermögen der Behälter. Möglicherweise kann noch ein dritter Behälter in Reserve stehen, aus dem bei Überziehen der Beschaffungszeit entnommen wird (Sicherheitsbestand).

„Drei-Behälter-Methode"

Schließlich findet man in der Praxis noch die Mindestbestandsdisposition bei Teilen mit äußerst geringem und unvorhersehbarem Verbrauch. Typische Beispiele sind Ersatzteile für die eigenen Fertigungsanlagen eines Unternehmens. Hier wird ein Mindestbestand zum Beispiel durch die für eine Maschinenreparatur benötigte Menge an Teilen/Werkzeugen definiert. Unterschreitet der Lager- und Bestellbestand den definierten Mindestbestand, wird eine entsprechende Bedarfsmeldung ausgelöst.

Die Mindestbestandsdisposition beim äußerst geringem und sporadischem Verbrauch

→ Aufgabe 9

3.3.2 Bestellrhythmusverfahren

Der Aufwand in der Disposition und im Einkauf läßt sich häufig reduzieren, wenn Überwachungs- oder Bestellzyklen eingeführt werden. Man spricht in diesem Fall vom Bestellrhythmusverfahren.

Beim Bestellrhythmusverfahren erfolgt die Bestandskontrolle oder Nachbestellung in zyklischen Intervallen

Im Unterschied zum Bestellpunktverfahren findet beim Bestellrhythmusverfahren nur in bestimmten Zeitabständen die Überprüfung statt, ob der verfügbare Bestand den Bestellpunkt unterschritten hat.

Die Überprüfung kann z.B. wöchentlich oder monatlich erfolgen. Fehlt der Bestellpunkt als Regulativ, so wird in jedem Fall nachbestellt, wenn Lagerbewegungen stattgefunden haben.

Anwendungsmöglichkeiten des Bestellrhythmusverfahrens

Das Bestellrhythmusverfahren ist in der Praxis zu empfehlen, wenn mehrere Lagerartikel vom selben Lieferanten bezogen werden. Es kann aber auch durch den Lieferrhythmus des Lieferanten oder den Rhythmus der eigenen Produktion eine Nachbestellung nur zu bestimmten vorgegebenen Zeitpunkten möglich sein. Auch die Bestellrechnung kann programmtechnisch in einem bestimmten periodischen Rhythmus erfolgen.

Charakteristisch für dieses Verfahren ist also, daß eine zusätzliche Zeit zwischen dem Zeitpunkt, zu dem eine Lagerposition ihren Bestellpunkt erreicht, und dem Zeitpunkt der Bestellung verstreicht. Wenn die Überprüfungszeit ins Gewicht fällt, ist diese zur Beschaffungszeit hinzuzurechnen. Der Bestellpunkt errechnet sich dann nach der Formel

Formel zur Berechnung des Bestellpunktes beim Bestellrhythmusverfahren

● $BP = BM \cdot (TBZ + TPL) + BS$

Dabei bedeuten:

BP = Bestellpunkt
BM = durchschnittlicher Tagesbedarf
TBZ = Beschaffungszeit
TPL = Überprüfzeit (= Planperiode)
BS = Sicherheitsbestand

Ein Zahlenbeispiel soll die Folgen verdeutlichen, die zu erwarten sind, wenn bei Berechnungen die Überprüfungszeit unberücksichtigt bleibt.

Zahlenbeispiel zum Bestellrhythmusverfahren

Beispiel 29:
Die Überprüfung einer Materialgruppe soll an jedem 20. Fabriktag erfolgen. Wenn die Beschaffungszeit 30 Tage be-

trägt, der durchschnittliche Tagesbedarf 50 Stück und der Sicherheitsbestand 500 Stück, dann ist der Bestellpunkt ohne Berücksichtigung der Überprüfungszeit bei 2.000 Stück erreicht.

Wenn nun der Bestand zum Zeitpunkt einer Überprüfung bei 2.010 Stück liegt, wird keine Bestellung ausgelöst. Während der folgenden 20 Tage – dem Überprüfungsintervall – nimmt der Bestand durch Materialentnahme um 1.000 Stück ab. Mit 1.010 Stück ist der Bestellpunkt nun unterschritten. Jetzt wird eine Neubestellung ausgelöst. Da die Beschaffungszeit aber 30 Tage beträgt, wird nach etwa 20 Tagen der Lagerbestand einschließlich Sicherheitsbestand aufgebraucht sein. (Die Möglichkeit, daß offene Bestellungen eintreffen, bleibt unberücksichtigt).

In diesem Fall wäre der Bestellpunkt mit 3.000 Stück richtig gewesen.

Wie beim Bestellpunktverfahren sind auch hier mehrere Strategien denkbar:[1]

Lagerhaltungsstrategien beim Bestellrhythmusverfahren

(1) T.S.-Strategie:
Es wird in konstanten Intervallen (T) nachbestellt und bis zum Höchstbestand (S) aufgefüllt, wenn Lagerbewegungen stattgefunden haben.

(2) T.B.Q.-Strategie:
Der Bestand wird in konstanten Intervallen (T) überprüft. Ergibt die Überprüfung, daß die Bestellpunktmenge B erreicht oder unterschritten ist, wird die Menge (Q) bestellt.

(3) T.B.S.-Strategie:
Der Bestand wird in konstanten Intervallen (T) überprüft. Ergibt die Überprüfung, daß die Bestellpunktmenge erreicht oder unterschritten ist, so wird bis zum Höchstbestand (S) aufgefüllt.

Abb. 67 (s. Seite 270) veranschaulicht die Lagerhaltungsstrategien.

Wie beim Bestellpunktverfahren führen nachhaltige Bedarfsverschiebungen auch beim Bestellrhythmusverfahren zu Änderungen des Bestellpunktes oder der Bestellperiode.

1 Vgl. P. Mertens, Industrielle Datenverarbeitung, a.a.O., S. 118 ff.

3.4 Anwendung der Dispositionsverfahren

Es erhebt sich die Frage, welchem Dispositionsverfahren in der Praxis der Vorzug zu geben ist.

Entscheidungskriterien

Zwei Entscheidungskriterien lassen sich erkennen:

- Die tatsächlichen Bedingungen lassen nur ein bestimmtes Verfahren zu.
- Wirtschaftliche Gesichtspunkte zwingen zur Wahl einer bestimmten Methode.

Die Anwendungsmöglichkeiten der auftragsgesteuerten Disposition sind begrenzt

Die auftragsgesteuerte Disposition kommt nur bei Unternehmen mit Einzel- oder Kleinserienfertigung (Auftragsfertigung) oder bei Einzelbestellungen im Handel in Betracht, wenn wir einmal vom betrieblichen Sonderbedarf absehen. Es tritt hier das Problem der optimalen Lagerhaltung gar nicht in Erscheinung.

Die Anwendung der plangesteuerten Disposition stößt auf Schwierigkeiten, da die Voraussetzungen nicht immer oder nur auf unwirtschaftliche Weise erfüllt werden können

Ganz anders ist die Entscheidungssituation bei der plangesteuerten Disposition gekennzeichnet. Die Verabschiedung eines Produktionsplanes setzt die Lösung des Interessenkonfliktes zwischen Produktion und Absatz voraus. Solange kein von den einzelnen Aufträgen losgelöster Plan zustande kommt, bleibt nur die Möglichkeit, das Material aufgrund vorliegender Aufträge zu disponieren oder im Wege der Verbrauchssteuerung bereitzustellen.

Nicht immer läßt sich ein Produktionsplan mit wirtschaftlich vertretbaren Mitteln aufstellen. Man denke nur an ein „Büromaterialbeschaffungsprogramm" oder an die Erstellung eines weit gefächerten Produktionsprogramms bei nur gelegentlichem Absatz bestimmter Erzeugnisse.[1]

Die plangesteuerte Disposition ist außerdem an das Vorhandensein von Stücklisten gebunden. Daß die Erstellung von Dispositionsstücklisten unwirtschaftlich sein kann, trifft in weitem Umfang für Hilfsmaterial zu. Es lohnt sich nicht, diese meist geringwertigen Artikel plangesteuert mit Stücklistenauflösung zu disponieren. In diesen Fällen ist es sinnvoll, die verbrauchsgesteuerte Disposition anzuwenden.

1 Vgl. Olaf Kleine u.a., Disponieren in der modernen Beschaffung, a.a.O., S. 48.

Für mittlere und große Unternehmen mit gesamtbetrieblicher Planung kommt die verbrauchsgesteuerte Disposition in jedem Fall für C-Artikel sowie für Hilfs- und Betriebsstoffe in Betracht; da der Aufwand beim einzelnen Dispositionsvorgang erheblich geringer ist als bei der plangesteuerten Disposition. Die durch die ungenauere Bedarfsermittlung bedingten Unsicherheiten können durch größere Sicherheitsbestände aufgefangen werden. Die Lagerhaltungskosten sind bei den dafür vor allem in Betracht kommenden geringwertigen Artikeln und Werkstoffen gering.

In jedem Fall sind Hilfs- und Betriebsstoffe verbrauchsgesteuert zu disponieren

In kleineren Betrieben, die zumeist keine Planung betreiben und bei denen die Voraussetzung einer genauen Bestandsführung gegeben ist, stellt die verbrauchsgesteuerte Disposition immer noch die vorteilhafteste und am häufigsten praktizierte Methode dar. Eine Reduzierung des Dispositionsaufwandes kann unter bestimmten Voraussetzungen durch die optische Bestandskontrolle und durch die Disposition in Intervallen erreicht werden.

Auf der Grundlage der ABC-Verteilung ergibt sich für die Materialdisposition eine einfache Regel, die allerdings nicht schematisch angewandt werden sollte:

- Plangesteuerte Disposition auf der Basis einer Stücklistenauflösung für A-Teile

- Verbrauchsgesteuerte Disposition auf der Basis einer Prognoserechnung oder Schätzung für C-Teile

- Aufteilung der B-Teile auf die beiden Verfahren nach Zweckmäßigkeitsgesichtspunkten

Man sollte annehmen, daß in Mittel- und Großbetrieben nach diesem Prinzip weitgehend verfahren wird. Tatsache aber ist, daß auch hier noch immer viele Unternehmen für die Disposition aller Teile einfache verbrauchsgesteuerte Verfahren einsetzen. Das Ergebnis davon ist, daß sie zumeist das Problem der zu hohen Kapitalbindung im Lager nicht lösen können.[1]

1 Vgl. H.-F. Busch, Einführung in das Materialmanagement, a.a.O., S. 65.

Den größten Rationalisierungseffekt im Bereich der Materialwirtschaft haben in der Vergangenheit solche Unternehmen erzielt, die schrittweise die Realisierung einer EDV-gestützten Materialwirtschaft vorantreiben und gleichzeitig die betriebliche Ablauforganisation auf die maschinelle Organisation ausrichten.

Vorteile eines leistungsfähigen Dispositionsprogramms

Das nachfolgende Praxisbeispiel zeigt die besonderen Vorteile eines leistungsfähigen Dispositionsprogramms, die zusammengefaßt vor allem in folgenden Punkten zu sehen sind:

- Zuordnung und Kontrolle der geeigneten Bedarfsermittlungsart
- Prognoseverfahren mit Sensibilitätsanpassung
- Bedarfstransparenz durch Bedarfsverursachernachweis
- Aussagefähige Kennzahlen und Analysen
- Relativ geringe Computerbelastung (Laufzeit)

Praxisbeispiel zur Auswahl und selektiven Anwendung der deterministischen, stochastischen und Mindestbestandsdisposition

Beispiel 30:
Die Firma Xaver Fendt & Co. in Marktoberdorf fertigt im Jahr 12.500 Schlepper in Serien von 50 bis 400 Stück. Insbesondere in der Ausstattung ist eine hohe Variantenvielfalt gegeben.
Von den ca. 20.000 Eigenfertigungs- und 11.500 Kaufteilen sollen rund 16.000 bzw. 7.500 deterministisch mit stochastischem Anteil nach dem analytischen Dispositionsstufenverfahren und ca. 4.000 Materialpositionen (Sachnummern) stochastisch oder nach dem Mindestbestandsverfahren disponiert werden.
Die individuelle Zuordnung jeder Sachnummer zur geeigneten Bedarfsermittlungsart erfolgt nach folgenden Kriterien:

- *Ist die Sachnummer in einer Stückliste erfaßt?*
- *Welchen Wert hat das einzelne Teil?*
- *Wie hoch ist sein Verbrauchsanteil?*
- *Wie sind seine Verbrauchsschwankungen?*
- *Wie ist die Verbrauchshäufigkeit der Sachnummer im vergangenen Jahr?*

Diese Fragen werden aufgrund per EDV-Programm ermittelter Kennzahlen beantwortet:

– *Der Verbrauchsanteil wird durch die ABC-Zuordnung bestimmt. Es gilt aufgrund der festgelegten Grenzwerte folgendes Klassifikationsschema für Kaufteile:*

Material-gruppe	*Verbrauchs-wertanteil %*	*Materialpositionen (Kaufteile) absolut (ca.)*	*%*
A	*80*	*500*	*4,3*
B	*15*	*2 000*	*17,4*
C	*5*	*9 000*	*78,3*

– *Zur Beurteilung des Verbrauchsverhaltens wird periodisch über den Schwankungskoeffizienten SQ der XYZ-Status ermittelt.*

– *Die Kennzeichen „Stücklistenteil", Wert des Teiles und Verbräuche sind im Teilestammsatz festgehalten.*

Da per EDV-Programm die laufende Überwachung des Verbrauchsverhaltens der Teile sichergestellt ist, wurde es möglich, mit dem Verfahren der exponentiellen Glättung 1. Ordnung ein einfaches Verfahren anzuwenden. Durch laufende Anpassung des Glättungsfaktors Alpha an das Verbrauchsverhalten jedes einzelnen Teiles wird erreicht, daß zufällige Verbrauchsschwankungen die Bedarfsvorhersage nicht ungerechtfertigt stark beeinflussen.

Der Glättungsfaktor Alpha wird von 0.1 bis 0.4 variabel gehalten. Die Grenzen können über Parameter eingegeben werden. Die periodische (monatliche) neue Errechnung erfolgt nach der Formel:[1]

$$\alpha = \frac{K}{SQ \times 100}$$

1 Vgl. dazu die Erläuterungen im dritten Abschnitt, Ziffer 1.2.

Richtwert für K ist in der Einführungsphase 10. Die Parameter für die Klassifizierung als X-, Y- oder Z-Position sind wie folgt festgelegt:

			Grenze SQ	*Abweichung*
X-Teil:	*SQ-ABW*	⩽	*1.00*	*0.30*
Y-Teil:	*SQ-ABW*	⩽	*5.00*	*1.00*
Z-Teil:	*SQ-ABW*	>		

Die XYZ-Analyse dient zur Kontrolle der Dispositionsart und in Verbindung mit dem ABC-Status zur Beurteilung der Dispositionsaktivitäten, die – wie in der nachstehenden Matrix schematisiert dargestellt – zwischen „besonders sorgfältig" (+++) und „Selbstgänger" (– – –) abgestuft und im einzelnen durch Richtlinien festgelegt sind.

	X	*Y*	*Z*
A	+	++	+++
B	– –	+	++
C	– – –	– –	+

Beispiele:

A/Z-Teil (+++)
- *besonders sorgfältig zu prüfen bzw. zu korrigieren, weil*
- *hoher Verbrauchswert und*
- *hohe Schwankungen*

C/X-Teil (– – –)
- *„Selbstgänger", weil*
- *geringe Schwankungen und*
- *geringer Verbrauchswert*

Die Grenzwerte für stochastisch zu disponierende Teile sind ***vorläufig*** *wie folgt festgelegt:*

Wert ⩽ 30,– DM/Stück unabhängig vom Verbrauch
Wert 30-50,– DM/Stück und Verbrauch < 4.500

Vorwiegend handelt es sich dabei um Teile mit C-Status. Ein besonderes Problem besteht in der Tatsache, daß Teile

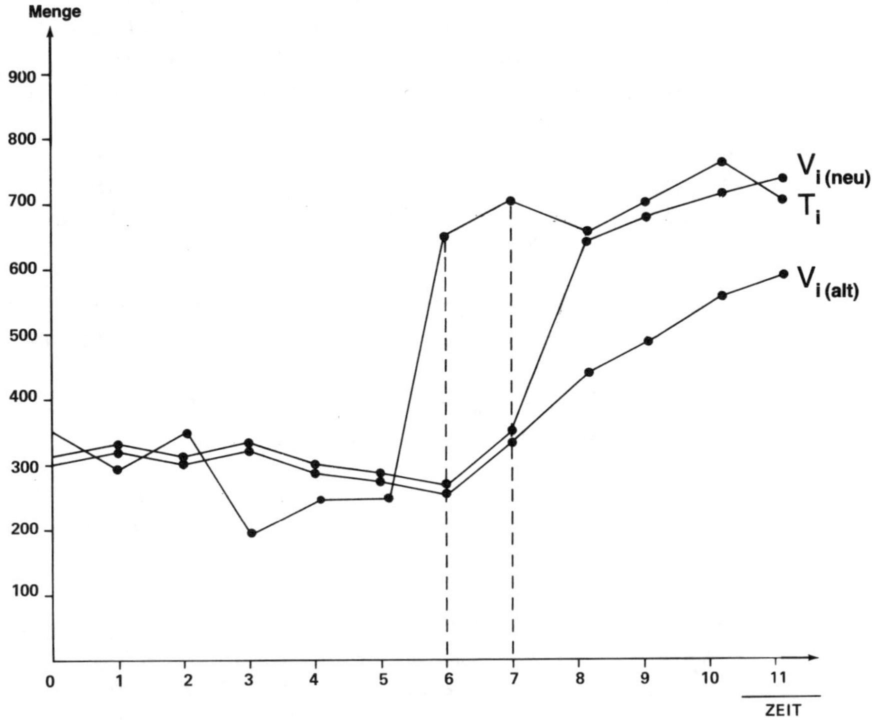

$\alpha = 0{,}2$
S = 50 % = Grenze der Abweichung vom Vorhersagewert
VG = 2 Perioden = Dauer der Abweichung vom Vorhersagewert

Abbildung 68:
Abweichungssignale zum Erkennen von Strukturbrüchen bei stochastischer Bedarfsvorhersage mit Anpassung der Prognose

sprunghaft ihren Bedarfsverlauf (z.B. bei Wegfall eines Bedarfsträgers) ändern können. Mit Hilfe eines Abweichungssignals sollen Strukturbrüche dieser Art erkannt werden. Das Abweichungssignal S ist mit 50 % vom Vorhersagewert über eine – freie wählbare – Anzahl von Perioden definiert (vgl. Abb. 68). Wird es je nach gewählter Anzahl der Perioden hintereinander durch den tatsächlich eingetretenen Bedarf unterschritten, so erfolgt maschinell eine Anpassung der Prognose für die Folgeperiode.

Für die nach dem Mindestbestandsverfahren zu disponierenden Teile sind die Grenzwerte zunächst wie folgt definiert:

Wert 50,– DM bis 150,– DM/Stück und
Verbrauch < 30 Stück/Jahr

Vorwiegend handelt es sich dabei um Teile mit einem äußerst geringen oder unregelmäßigen Verbrauch, der nicht vorhersehbar ist (z.B. Ersatzteile).

Beim deterministischen Verfahren wird der Materialbedarf aufgrund des vorhandenen Produktionsplans mittels Stücklistenauflösung tagesgenau errechnet. Eine hohe Bedarfstransparenz soll in einer späteren Projektphase dadurch erreicht werden, daß das System für alle Teile den Verursachernachweis liefert, das ist der Bedarfsverursacher des nächsthöheren Teils.

In dem als Formularbeispiel Nr. 3 wiedergegebenen Listenausdruck „Bedarfs- und Bestandsanalyse" sind alle Positionen mit den teilespezifischen ABC- und XYZ-Klassifizierungsmerkmalen versehen. In dieser standardmäßig vorgenommenen Auswertung enthält die letzte Spalte einen Hinweis auf die Dispositionsart (1 = deterministisch, 2 = stochastisch, 3 = Mindestbestand, 4 = manuelle Disposition, d.h., das Teil wird wegen fehlenden Verbrauchs nur angezeigt, 5 = kundenauftragsabhängige Disposition).

ADVOR-220 XAVER FENDT & CO B E D A R F S - U. B E S T A N D S A N A L Y S E N 04/04/84 FTAG(999) SEITE 25

TEILE-NUMMER	FA WK	BEZEICHNUNG	T A	B A	D V	B E	ABC	XYZ	ART FAK	PREIS	P M E E	TBZ	TSI	SCHW SQ	GL F.	BEDARFS- VORHERS.	LAGER BSTD.	D.LAG. BSTD.	UM. SCH	DW SU	DW AK	D V
X434813304000	01	NUTMUTTER DIN 70852	1	1		3	C	Y	1,00		0308	40	0	1,25	0,30	0,00	0	0	0,0	3	3	2
X435511130000	01	RADMUTTER DIN 74361	1	1		2	A	X	1,00		0308	45	9	0,43	0,30	15.301,42	36.704	28.222	1,3	3	0	2
X435511130000	03	RADMUTTER DIN 74361	1	1		2	A	Y	1,00		0308	45	0	2,13	0,30	0,00	332	288	0,0	2	0	2
X435721546000	01	BLECHMUTTER NR.11359	1	1		3	C	Y	1,00		0308	40	0	1,25	0,30	0,00	0	0	0,0	3	3	2
X435722046000	01	BLECHMUTTER NR.11427	1	1		3	C	Y	1,00		0408	40	0	1,25	0,30	0,00	0	0	0,0	3	3	2
X435722100000	01	BLECHMUTTER NR.12499	1	1		3	C	Y	1,00		0408	40	0	1,25	0,30	0,00	0	0	0,0	3	3	2
X435722500000	01	BLECHMUTTER NR.11470	1	1		2	C	Y	1,00		0408	45	8	1,07	0,30	4.951,99	11.958	10.867	2,2	7	0	2
X437202281000	01	FLUEGELMUTTER SSN 48	1	1		3	C	Y	1,00		0308	40	0	1,25	0,30	0,00	0	0	0,0	3	3	2
X437202481000	01	FLUEGELMUTTER SSN 48	1	1		3	C	Y	1,00		0308	40	0	1,25	0,30	0,00	0	0	0,0	3	3	2
X437802203000	01	ANPUNKTMUTTER SSN 00	1	1		2	B	Z	1,00		0308	45	9	5,94	0,30	1.595,70	27.387	15.171	9,5	12	2	3
X437802203000	03	ANPUNKTMUTTER SSN 00	1	1		2	B	X	1,00		0308	45	15	0,89	0,30	2.490,31	2.168	1.742	0,7	7	0	2
X437802403000	01	ANPUNKTMUTTER SSN 00	1	1		3	C	Y	1,00		0308	40	0	1,25	0,30	0,00	0	0	0,0	3	3	2
X438202227000	01	4KT.SCHWEISSMUTTER F	1	1		2	C	X	1,00		0308	45	12	0,83	0,30	4.157,49	39.052	21.705	5,2	3	0	2
X438202227000	03	4KT.SCHWEISSMUTTER F	1	1		2	C	X	1,00		0308	45	11	0,90	0,30	4.455,29	4.903	3.198	0,7	4	0	2
X438202427000	01	4KT.SCHWEISSMUTTER F	1	1		2	C	X	1,00		0308	45	9	0,94	0,30	3.853,73	21.153	12.299	3,2	6	0	2
X438202427000	03	4KT.SCHWEISSMUTTER F	1	1		2	C	Y	1,00		0308	45	30	1,22	0,30	469,13	2.010	1.621	3,5	4	0	2
X440919412000	01	NIET DIN 660 6X15-ST	1	1		3	C	Y	1,00		0408	40	0	1,25	0,30	0,00	0	0	0,0	3	3	2
X440919612000	01	NIET DIN 660 6X20-ST	1	1		3	C	Y	1,00		0408	40	0	1,25	0,30	0,00	0	0	0,0	3	3	2
X440927112000	01	NIET DIN 660-8X20-ST	1	1		3	C	Y	1,00		0408	40	0	1,25	0,30	0,00	0	0	0,0	3	3	2
X440927412000	01	NIET DIN 660-8X25-ST	1	1		2	C	Y	1,00		0408	45	6	1,28	0,30	2.515,73	18.252	13.716	5,5	7	0	2
X440927412000	02	NIET DIN 660-8X25-ST	1	1		2	C	Y	1,00		0408	45	9	3,62	0,30	853,66	748	1.249	1,5	10	0	2
X440928012000	01	NIET DIN 660 8X45-ST	1	1		3	C	Y	1,00		0408	40	0	1,25	0,30	0,00	0	0	0,0	3	3	2
X441216612000	01	NIET DIN 661 5X15-ST	1	1		3	C	Y	1,00		0408	40	0	1,25	0,30	0,00	0	0	0,0	3	3	2
X441227503000	01	NIET DIN 661 8X30 ST	1	1		3	C	Y	1,00		0408	40	0	1,25	0,30	0,00	0	0	0,0	3	3	2
X441228012000	01	NIET DIN 661 8X45-ST	1	1		3	C	Y	1,00		0408	40	0	1,25	0,30	0,00	0	0	0,0	3	3	2
X443302776000	01	NIET DIN 7338 C4X6-M	1	1		2	C	X	1,00		0408	45	15	0,48	0,30	1.145,48	19.280	20.816	19,2	2	0	2
X443302776000	03	NIET DIN 7338 C4X6-M	1	1		2	C	X	1,00		0408	45	21	0,89	0,30	1.012,78	158	596	0,6	2	0	2
X443596006000	01	HOHLNIET NN7/NK9-ST.	1	1		3	C	Y	1,00		0408	40	0	1,25	0,30	0,00	0	0	0,0	3	3	2
X444560501000	01	SPREIZNIET 13 195-PA	1	1		2	B	X	1,00		0408	45	8	0,68	0,30	17.050,79	31.590	28.038	1,6	2	0	2
X444560501000	03	SPREIZNIET 13 195-PA	1	1		2	B	Y	1,00		0408	45	0	1,25	0,30	0,00	90	84	0,0	0	0	2
X444566001000	01	SPREIZNIET 12 696-PA	1	1		3	C	Y	1,00		0408	40	0	1,25	0,30	0,00	0	0	0,0	3	3	2

Formularbeispiel Nr. 3:
Listenausdruck „Bedarfs- und Bestandsanalysen"

Erläuterung der noch nicht erklärten Listenabkürzungen:

TA:	*Angabe, ob Lagerteil oder nicht, 1 = Lagerteil*
TB:	*Beschaffungsart (Kauf-/Eigenfertigungsteile)*
ARTFAK:	*Artikelfaktor zur Beeinflussung von Sicherheitsbestand und Lieferbereitschaft ausgewählter Teile und Teilegruppen*
PE/ME:	*Preiseinheit/Mengeneinheit*
TBZ:	*Teilebeschaffungszeit*
TSI:	*Teilesicherheitszeit*
SCHWSQ:	*Schwankungskoeffizient*
GLF:	*Glättungsfaktor (Alpha)*
BEDARFSVORHERS.:	*Bedarf je Periode über eine vorgebbare Anzahl von Perioden*
LAGERBSTD.:	*Lagerbestand am Ende der Periode*
D.LAG.BSTD.:	*Durchschnittlicher Lagerbestand*
UM.SCH:	*Lagerumschlagshäufigkeit*
DWSU:	*Vorschläge Wechsel-Dispositionsart/Gesamtsumme*
DWAK:	*Vorschläge Wechsel-Dispositionsart/aktuell, d.h. der ausgewiesenen Dispositionsart*
BE:	*Bedarfsermittlungsart (= Dispositionsart)*

4. Bestellterminrechnung

Die Bestellterminrechnung nach dem Prinzip der Gegenüberstellung von Soll- und Ist-Eindekkungszeit ist dem Bestellpunktverfahren überlegen

Im einfachsten Fall einer Bestellterminrechnung erfolgt nach Unterschreitung des buchmäßigen oder körperlichen Bestellpunktes bzw. Mindestbestandes die Überprüfung auf eine Nachdisposition. Dieses unter Ziffer 3.3 in diesem Abschnitt beschriebene Verfahren hat den Vorteil, daß auf eine maschinelle Bedarfsvorhersage verzichtet werden kann. Es ist bei manueller Disposition häufig anzutreffen. Bei Änderung des Bedarfs oder der Beschaffungszeit muß der Disponent eine Anpassung des Bestellpunktes vornehmen. Das Bestellpunktverfahren reicht nur für eine einfache Verbrauchssteuerung aus.

Bei einer EDV-gestützten Materialwirtschaft ist zu empfehlen, daß

> eine Bestellauslösung unabhängig von der Art der Bedarfsrechnung (deterministisch oder stochastisch) nach dem Prinzip der Gegenüberstellung von Soll-Eindeckungszeit und Ist-Eindeckungszeit erfolgt.

Bei diesem Verfahren werden Bedarfe und der vorhandene verfügbare Lager- und Bestellbestand periodengerecht gegenübergestellt. Reichen die Bestände nicht aus, ist eine Nachbestellung zu veranlassen. Auf diese Weise kann mit der Erstellung eines neuen Bestellvorschlags eine Kontrolle laufender Bestellungen vorgenommen werden. Auch werden in der Bestellterminrechnung vorgesehene Sicherheitszeiten berücksichtigt (vgl. Praxisbeispiel 33, Seite 290). Die Bestellmengenfestlegung erfolgt im Anschluß an die Bestellterminrechnung.
Für die Berechnungen sollte ein Fabrikkalender (vgl. Abb. 39, Seite 185) zur Verfügung stehen.

4.1 Ermittlung des Soll-Eindeckungstermins

Definition des Soll-Eindeckungstermins

Der Soll-Eindeckungstermin gibt den Tag an, bis zu dem der verfügbare Bestand ausreichen muß, damit Bedarfe, die beim nächsten Rechnerlauf ermittelt werden, als zeitlich normale Bestellungen abgewickelt werden können. Für die Errechnung wird die Formel verwendet:

● TESOL = FHEU + TBZ + TLA + TSI + TPL

Es bedeuten:

TESOL = Soll-Eindeckungstermin
FHEU = Fabriktag/heute
TBZ = Beschaffungszeit
TLA = Prüf- und Einlagerungszeit
TSI = Sicherheitszeit
TPL = Planperiode (Rechnerlaufintervall)

Definition der Beschaffungs- und Einlagerungszeit

In der Beschaffungszeit TBZ ist die Bestellvorbereitungs- und Lieferzeit, aus programmtechnischen Gründen (vgl. weiter unten unter Punkt 4.3) jedoch nicht die Einlagerungs- und Prüfzeit TLA enthalten. In diese sind die Arbeitstage einzurechnen, die beim Eingang einer Lieferung für das Auspakken, Zählen und Einlagern der Artikel und von der Kontrolle zum Prüfen benötigt werden.

Berichtigung bei Auslauftermin

Bei einem auslaufenden Teil muß TESOL durch den Auslauftermin ersetzt werden, wenn dieser zeitlich vor TESOL liegt.

4.2 Ermittlung des Ist-Eindeckungstermins

Definition des Ist-Eindeckungstermins

Der Ist-Eindeckungstermin ist der Termin, bis zu dem der verfügbare Bestand den zu erwartenden Bedarf deckt. Der verfügbare Bestand läßt sich aus dem Lager- und Bestellbestand errechnen. Sofern zusätzlich mit Werkstattbeständen gerechnet wird, sind auch diese – wie in dem Praxisbeispiel 33 w.u. – in den verfügbaren Bestand einzubeziehen.

Formel zur Berechnung des verfügbaren Bestandes und zur Feststellung des Ist-Eindeckungstermins

Für die Ermittlung des verfügbaren Bestandes wird folgende Formel benutzt:

● $VFB_i = VFB_{i-1} - PB_i$

Erklärung der Abkürzungen:

VFB = verfügbarer Bestand
PB = Periodenbedarf
i = laufende Periode

Zur Feststellung des Ist-Eindeckungstermins wird der verfügbare Bestand so lange um den Periodenbedarf verringert, bis er negativ wird, d.h., bis

$$VFB_i < PB_{i+1}$$

Zu beachten ist, daß

> als Ist-Eindeckungstermin das Ende der Periode gewählt wird, deren Bedarf gerade noch gedeckt wird.

Es wird angenommen, daß Periodenbedarf zu Periodenbeginn auftritt

Es wird also angenommen, daß der gesamte Periodenbedarf jeweils zum Periodenbeginn auftritt. Daher muß am ersten Tag einer Planperiode – meistens eine Dekade oder Woche – der Bestand zur Bedarfsdeckung ausreichen.[1]

Ein Bestellvorschlag wird ausgelöst, wenn der errechnete Ist-Eindeckungstermin kleiner ist als der Soll-Eindeckungstermin:

$$\text{TEIST} < \text{TESOL}$$

Die Abb. 69 zeigt einen solchen Fall. Aufgrund eines errechneten Bedarfs ergibt sich ein Ist-Eindeckungstermin, der vor dem Soll-Eindeckungstermin liegt.

4.3 Ermittlung des Soll-Liefertermin

Formel zur Ermittlung des Soll-Liefertermins

Für den Bestellvorgang ist der Soll-Liefertermin zu errechnen, der zum Einhalten der Lieferbereitschaft zu verlangen ist. Er wird bestimmt als

● $\text{TLSOL} = \text{TEIST} - \text{TSI} - \text{TLA}$

Es bedeuten:

TLSOL = Soll-Liefertermin
TEIST = Ist-Eindeckungstermin
TSI = Sicherheitszeit
TLA = Prüf- und Einlagerungszeit

Diese Berechnung soll sicherstellen, daß eine Lagerergänzung zum Zeitpunkt des Ist-Eindeckungstermins erfolgt. Daher wird eine teilespezifische Zeit für die Unsicherheit bei der Beschaffung und für den Einlagerungsvorgang vorgesehen. Um diese wird der Liefertermin vorverlegt, damit Unterbrechungen in der Fertigung vermieden werden.

1 Es sind auch davon abweichende Verfahrensregeln denkbar und in der Praxis anzutreffen. Das gilt auch für die nachfolgenden Rechenregeln.

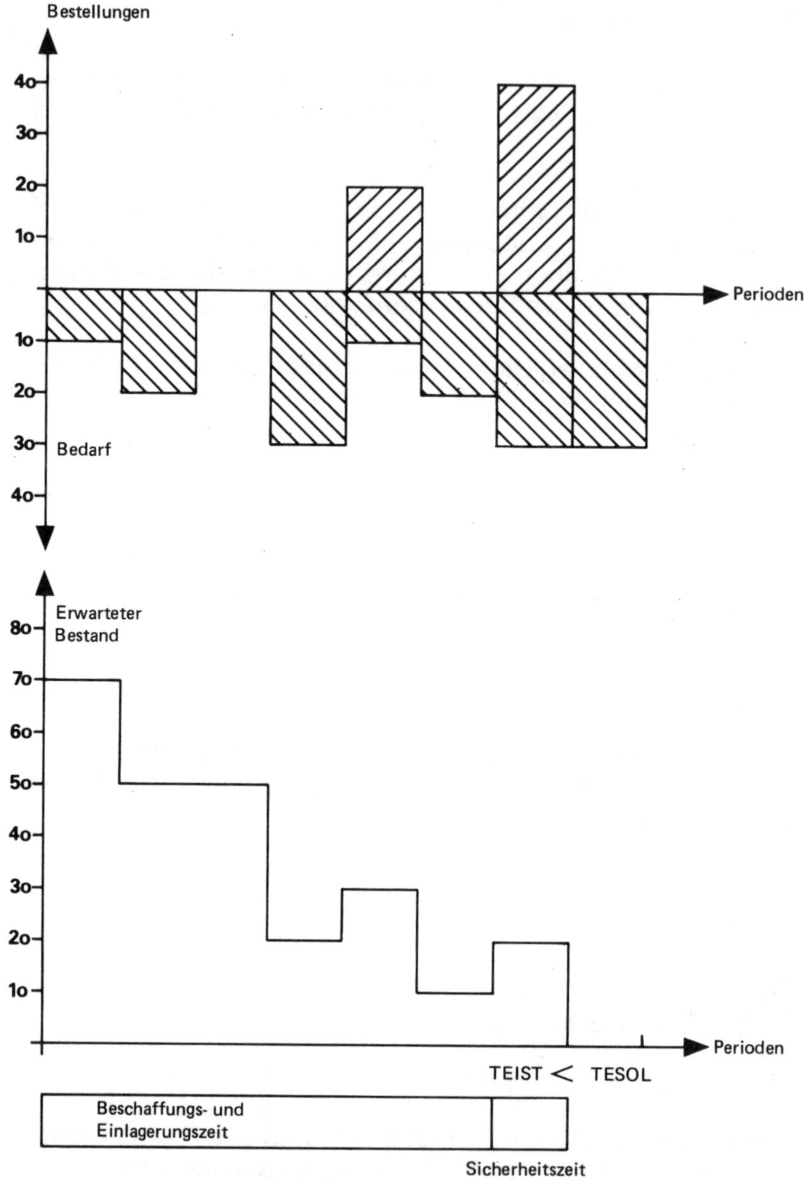

Abbildung 69:
Bestimmung des Soll- und Ist-Eindeckungstermins

Das nachfolgende Rechenbeispiel zeigt den Gesamtzusammenhang.

Zahlenbeispiel zur Bestellterminrechnung

Beispiel 31:

Fabrikkalendertag	*160*
Ist-Eindeckungstermin	*220*
Soll-Eindeckungstermin	*240*
Beschaffungszeit	*50 Tage*
Einlagerungszeit	*10 Tage*
Länge der Planperiode	*10 Tage*
Sicherheitszeit	*10 Tage*

Fabriktage	*160*	*170*	*180*	*190*	*200*	*210*	*220*	*230*	*240*
Bedarf		*1500*	*1500*	*1000*	*1000*	*1500*	*1500*	*1000*	*1000*
Lagerbestand 3000									
Bestellungen			*2000*		*2000*		*1500*		
verfügbarer Bestand		*1500*	*2000*	*1000*	*2000*	*500*	*500*	*- 500*	*- 1500*

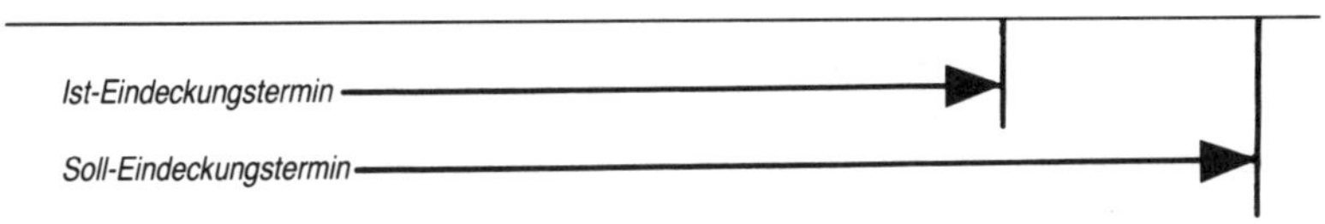

Da der Ist-Eindeckungstermin vor dem Soll-Eindeckungstermin liegt, muß der Soll-Liefertermin ermittelt werden. Dieser ist:

$$TLSOL = TEIST - TSI - TLA$$
$$TLSOL = 220 - 10 - 10$$
$$TLSOL = 200$$

Der errechnete Soll-Liefertermin liegt vor dem Wiederbeschaffungszeitpunkt, dem Fabriktag 210 (160 + 50 = 210). Es stellt sich die Frage, ob eine Eilbestellung erfolgen soll (= Aufgabe der Kontrollrechnung).

4.4 Kontrollrechnungen während der Terminrechnung

Kontrollmöglichkeiten sichern die Bestellverfolgung

Bei der Bestellterminrechnung können per EDV-Programm folgende Punkte überprüft werden:

- Muß eine Bestellung in der Form einer Eilbestellung ausgeschrieben werden?
- Muß für laufende Bestellungen eine Mengen- oder Terminänderung durchgeführt werden?
- Ist ein Vorschlag für eine Stornierung einer Bestellung zu machen?

In Abb. 70 sind diese Kontrollmöglichkeiten schematisch dargestellt.[1]

Eine Eilbestellung wird vorgeschlagen, wenn der errechnete Soll-Liefertermin um mehr als eine im Programm definierte Pufferzeit (PFEIL) vor dem Wiederbeschaffungszeitpunkt zurückliegt. Das Kriterium für Eilbestellungen lautet demnach:

$$\text{TLSOL} < \text{FHEU} + \text{TBZ} + \text{TLA} - \text{PFEIL}$$

Beispiel 32:

Zahlenbeispiel zur Kontrollrechnung

Ausgehend von den Daten des Beispiels 31:

Heutiger Tag	*Fabriktag 160*
Errechneter Ist-Eindeckungstermin	*Fabriktag 220*
Errechneter Soll-Liefertermin	*Fabriktag 200*
Beschaffungszeit	*50 Fabriktage*
Einlagerungszeit	*10 Fabriktage*
Pufferzeit für Eilbestellungen	*10 Fabriktage*

Da

$$200 < 160 + 50 + 10 - 10$$

wird der ermittelte Bestellvorschlag als Eilbestellung vorgeschlagen.

1 Vgl. ADV/ORGA, Materialdispositionssystem, a.a.O., S. 5.

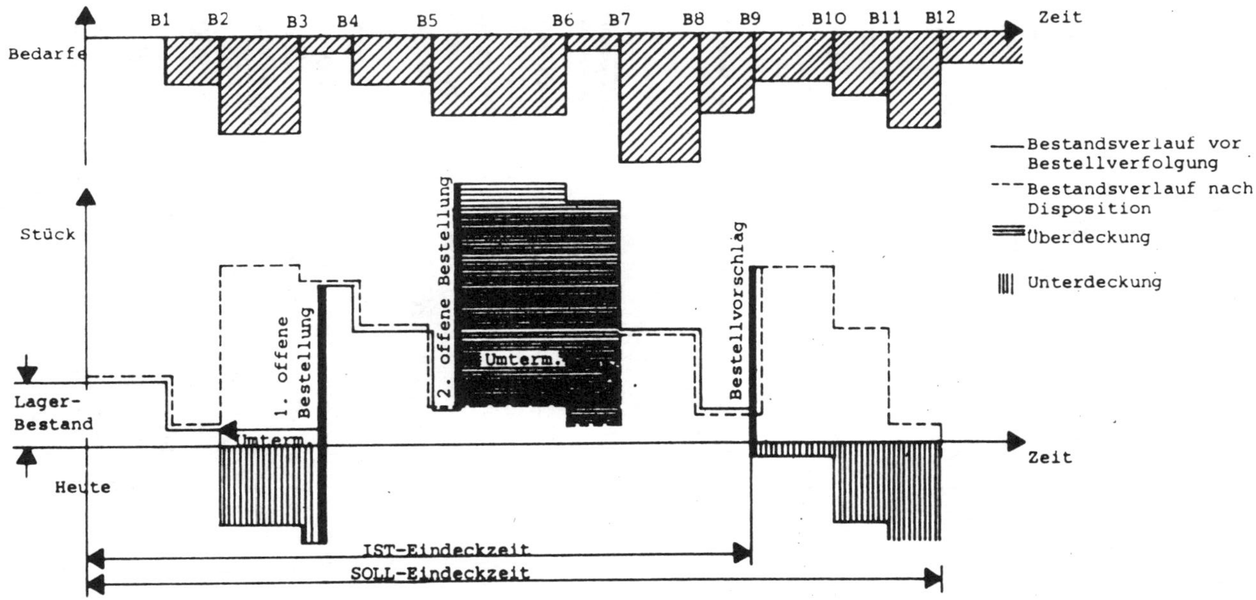

Abbildung 70:
Kontrollrechnungen während der Bestellterminrechnung

Kontrolle laufender Bestellungen

Abb. 70 zeigt, daß durch weitere Vergleiche festgestellt werden kann, ob eine Mahnung einer laufenden Bestellung, eine Umterminierung, eine mengenmäßige Veränderung oder eine Stornierung erforderlich ist. Durch die Verwendung von Konstanten als Parameter wird erreicht, daß nicht jede Änderung zu einem Bearbeitungsvorgang wird.[1]

Festlegung und Überwachung der Toleranzgrenzen für die Kontrollrechnungen bedürfen großer Sorgfalt

Die Unzufriedenheit mit den Ergebnissen eines Dispositionsprogramms ist oft darauf zurückzuführen, daß die Toleranzgrenzen zu groß oder zu klein festgelegt wurden. Sind sie zu klein, führen bereits geringe Bedarfsänderungen oder Überschreitungen des Liefertermins zu Änderungen. Sind die Toleranzgrenzen zu großzügig bemessen, reagiert das Programm zu spät.

> Es gehört daher zu den wichtigsten Aufgaben eines Disponenten, die Toleranzgrenzen als „Stellschrauben" so festzulegen, daß das Programm in der gewünschten Weise reagiert.[2]

Das nachfolgende Beispiel aus der Praxis soll die Zusammenhänge nochmals verdeutlichen.

Praxisbeispiel zur Bestelltermin- und Kontrollrechnung

Beispiel 33:
In der als Formularbeispiel Nr. 4 wiedergegebenen Dispositionsliste ist am Fabriktag 2639 der Ist-Eindeckungstermin für den Filter mit der Sachnummer FN 342-10/05 bei einem verfügbaren Bestand von 297 Stück (Lagerbestand (72) + Werkstattbestand (185) + Bestellbestand (40) mit Fabriktag 2716 errechnet worden. Der Soll-Eindeckungstermin wird mit Fabriktag 2741 ausgewiesen (2639 + 52 (TBZ) + 30 (TLA + TSI) + 20 (TPL)).
Eine Umterminierung der Bestellung 2256623 über 89 Stück wird vorgeschlagen, damit diese zum Termin 2716 zur Verfügung stehen. Der neue Liefertermin ergibt sich unter Berücksichtigung einer Prüf- und Einlagerungs- sowie Sicherheitszeit von insgesamt 30 Tagen (neuer Liefertermin = 2716 − 30 = 2686). Die Lieferung reicht dann bis zum Termin 2800; der Soll-Eindeckungstermin ist überschritten.
Eine Eilbestellung wird nicht vorgeschlagen, da der Wiederbeschaffungstermin mit 2639 + 52 = 2691 zwar zeitlich nach dem neuen Liefertermin, aber noch innerhalb der unternehmensseitig festgelegten Toleranzgrenzen liegt.

1 So ist bei der Umterminierung auf später zunächst das Verhältnis von Lagerhaltungskosten und Umterminierungskosten zu prüfen, die möglichst groß gewählt werden sollten.

2 Vgl. B. Grupp, Materialwirtschaft mit Bildschirmeinsatz, a.a.O., S. 115.

L 06

ATLAS ELEKTRONIK BREMEN

DISPO-LISTE

DISPO 1525

SA BE	Teile-Nr	T A	B A	G B	D V	L O	Benennung	Sachnummer	Dispo-Bemerkung	Gewicht	Datum	F Tag	Blatt
22	504-7038	1	1	1	1	2	FILTER	FN342-10/05		0,00	27,04,84	2639	1

US	Ersatz-Nr.	Lag.-List Anf.-Nr.	HW		GK	SS	Bed Zu-Erm satz	Teile-Faktor	TME	TN	TPZ	TFE	TRZ	F O	Bezugs-Los	TLEN TLZU	Ein-/Auslauf	Preis	FE	MC	Entnahmen vor 2 Jahren	BM SL
		5081	BZ					0,00					052 2			2638		41,70	1	1	32	

Lagerbestand	Bestell-Best.	Werkstattbestand	Mindest-Best.	Ungepl. Bedarf	Min. Bestellmenge	Max.Best.-Mg.	Verpack-Mg.	Lagerwert	Entnahme Lfd. Jahr geplant	Entnahme Lfd. Jahr ungeplant	Entnahme Vorjahr geplant	Entnahme Vorjahr ungeplant
72,00	129	185,00	9,00	5,00	0,00			3003	95	30	140	22

BEDARF Termin	BEDARF Menge	Verfügbarer Bestand	Ist Eindeck-Termin	BESTANDS-BESTELLDATEN Bestell-Menge	Restmenge	Bestell-Nr.	R	Liefer.-Nr.	Lieferant	Ausst.-Datum	Wunsch Termin	Liefertermin Alt	Liefertermin Neu	Dispo-Hinweis	BEDARFSVERURSACHER Teile-Nr	TSO
2639	160,00	257,00	2710											BESTAND		
		297,00	2716	40,00	40,00	2256623		7730380	SCHAFFNER	2570	2631	2631		LFDBST		
		386,00	2800	89,00	89,00	2256623		7730380	SCHAFFNER	2570	2721	2721	2686	UMTER		
2640	9,00															
2640	5,00															
2660	5,00															
2680	5,00															
2700	5,00															
2711	70,00														16-11997	2770
2717	40,00														76-90441	2750
2720	5,00															
2740	5,00															
			2741	TESOL												
2760	5,00															
2780	5,00															
2797	40,00														76-90441	2830
2800	5,00	454,00	2939		68,00								2770	BSTVOR		
2801	60,00														16-11997	2860
2820	5,00															
2840	5,00															
2860	5,00															
2880	5,00															
2900	5,00															
2920	5,00															
2940	5,00	489,00	3079		35,00								2909	BSTVOR		
2960	5,00															
2980	5,00															
3000	5,00															
3020	5,00															
3040	5,00															
3060	5,00															
3080	5,00	524,00	3219		35,00								3049	BSTVOR		
3100	5,00															
3120	5,00															
3140	5,00															
3160	5,00															
3180	5,00															
3200	5,00															
3220	5,00	534,00	3260		10,00								3189	BSTVOR		
3240	5,00															

WERKSTATTBESTAND | GROSSE VORHERSAGEABW.

Formularbeispiel Nr. 4: Dispositionsliste

In der Dispositionsliste werden stochastisch mit 5 Stück/Periode und deterministisch ermittelte Bedarfe ausgewiesen. Ein Sicherheitsbestand (= Mindestbestand) in Höhe von 9 Stück wird berücksichtigt.

→ Aufgabe 10

5. Bestellmengenrechnung

Begrifflich sind zu unterscheiden:
- Bedarfsmenge
- Bestellmenge
- Liefermenge

Wir sind bisher davon ausgegangen, daß die bei einer Disposition zu bestellende Menge dem Bedarf eines Artikels entspricht. Diese vereinfachende Annahme soll nun aufgehoben und begrifflich wie folgt unterschieden werden:

(1) Die Bedarfsmenge als die Gesamtmenge eines in einer Periode zu beschaffenden Artikels.

(2) Die Bestellmenge als die Menge, die bei einem Lieferanten durch einen Auftrag bestellt wird.[1]

(3) Die Liefer- und Bezugsmenge als die Menge, die als geschlossene Lieferung im Betrieb eingeht.

Bestellmenge und Liefermenge sind oft gleich, sie weichen voneinander ab, wenn der Lieferant eine bestellte Menge sukzessiv anliefert. Erfolgt die Anlieferung auf „Abruf",[2] so ist die Bestellmenge identisch mit dem häufig in der Praxis verwendeten Begriff „Abrufmenge".

Wie soll man nun vorgehen, um die Bestellmenge zu errechnen?

1 Erfolgt die Lieferung aus Eigenfertigung, so wird die Bestellmenge in der Praxis häufig als „Losgröße" bezeichnet. Losgröße ist diejenige Menge gleicher Erzeugnisse, die ohne Unterbrechung durch andere Artikel auf einer Maschine oder Maschinenfolge gefertigt wird.

2 Zu den Möglichkeiten der Ausgestaltung von Kaufverträgen vgl. unsere Ausführungen im fünften Abschnitt unter Ziffer 2.2.2.2

Fast alle Unternehmen greifen bei einer EDV-gestützten Materialwirtschaft auf mehrere Möglichkeiten der Losgrößenbildung zurück. Dabei kann grundsätzlich zwischen folgenden Losgrößenfestlegungen gewählt werden:

- Feste Losgröße für eine Materialdisposition
- Diskrete Bestellmenge (Losgröße = Bedarf einer Periode)
- Losgröße für mehrere Perioden (Periodenlänge beispielsweise für den Bedarf von drei Monaten)
- Losgrößen in Abhängigkeit von einer ABC-Klassifizierung (vgl. Beispiel 16, Seite 129 ff.).
- Mindest-Losgröße
- Optimale Losgröße

Über die Bestellmengenrechnung gibt es umfangreiche Literatur

Nur wenige betriebswirtschaftliche Probleme sind in der Fachliteratur so oft und eingehend behandelt worden, wie das Thema optimale Losgröße (= Bestellmenge).[1] Das liegt einerseits daran, daß man sich mehr und mehr der Methoden und Mittel der Unternehmensforschung zur Lösung von Optimierungsproblemen bedient, andererseits beim Einsatz der EDV die Bestellrechnung als ein Baustein der Materialwirtschaft betrachtet wird. Allerdings erweisen sich auch in diesen Fällen relativ einfache Formeln als ausreichende Hilfsmittel zur Ermittlung der kostengünstigsten Bestellmenge. Es sollen hier nur die für die Praxis relevanten Lösungsansätze der Bestellmengenrechnung bei konstantem und schwankendem Bedarf aufgezeigt und gewürdigt werden (vgl. Abb. 71 und Abb. 72).

Dabei wird zunächst die zur Erhaltung der Abgabebereitschaft des Lagers erforderliche Mindest-Bestellmenge berechnet. Ausgehend von den Vor- und Nachteilen der Disposition nach diesem Verfahren wird dann die Berechnung der optimalen Bestellmenge nach der klassischen Methode der Bestellmengenrechnung gezeigt. Daran anschließend soll der Einfluß von Rabatten auf die optimale Bestellmenge untersucht werden. Sodann wird auf die betriebsinternen und -externen Einflüsse (Restriktionen) hingewiesen, die eventuell eine Korrektur der wirtschaftlichen Bestellmenge erfordern. Abschließend werden die praxisgerechten Verfahren

1 Ein ausführliches Literaturverzeichnis enthält die Arbeit von L. Pack, Optimale Bestellmenge und optimale Losgröße, Wiesbaden 1964.

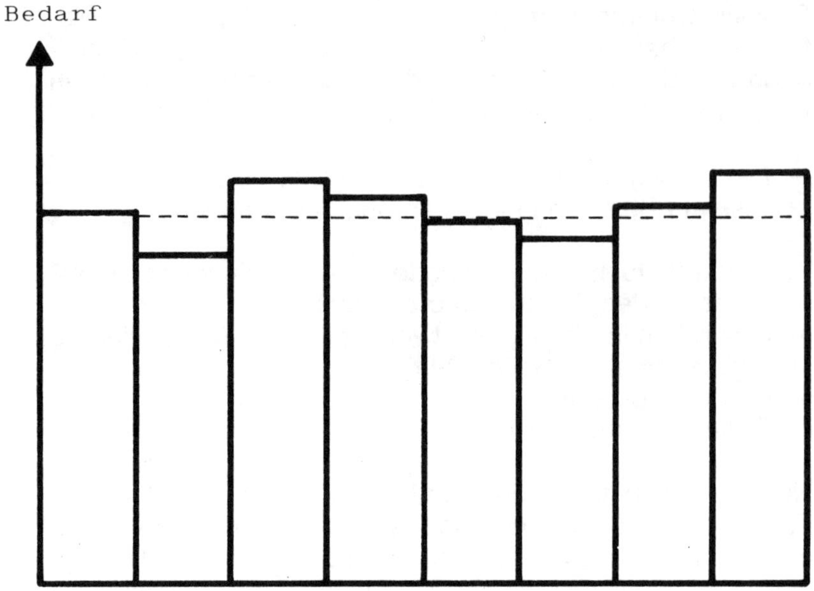

Abbildung 71:
Bedarfsverlauf mit geringen Schwankungen:
Andlersche Losgröße

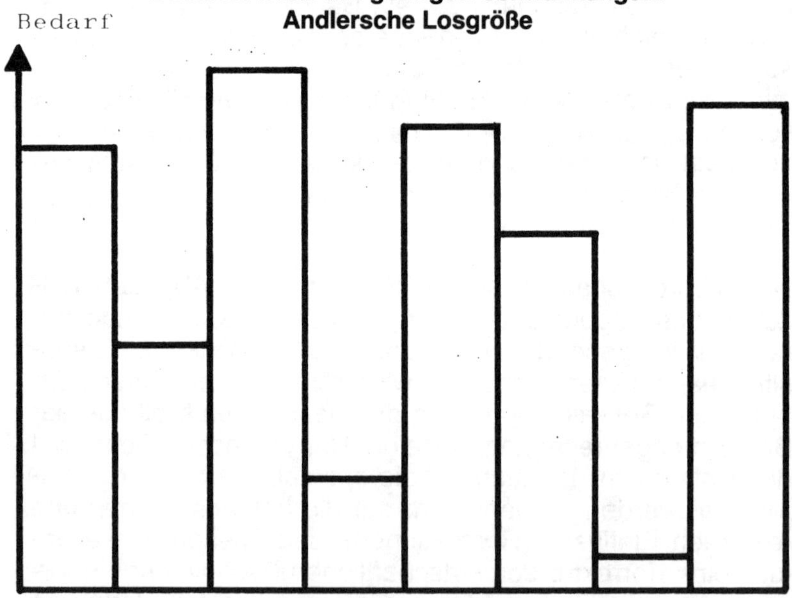

Abbildung 72:
Bedarfsverlauf mit starken Schwankungen:
Dynamische Bestellmengenrechnung

der dynamischen Bestellmengenrechnung erläutert, die die Nachteile vermeiden wollen, die sich bei schwankendem Bedarf durch die Anwendung der klassischen Losgrößenformel ergeben.

5.1 Berechnung der Mindest-Bestellmenge

Definition der Mindest-Bestellmenge

Die Notwendigkeit zur Berechnung der Mindest-Bestellmenge ergibt sich bei Anwendung des Minimax-Prinzips, d.h., bei der Disposition nach der B.S.- oder T.B.S.-Strategie, darüber hinaus aber auch bei der Disposition nach dem T.S.-Verfahren. Die Mindest-Bestellmenge ist demnach zu definieren als diejenige Menge, die zur Auffüllung des Lagers bestellt werden muß.[1]

> Die Mindest-Bestellmenge entspricht jeweils dem Bedarf zwischen dem verfügbaren Bestand und dem Lagerhöchstbestand.

Vorteile des Mindest-Bestellmengensystems

Die Vorteile dieses Bestellsystems ergeben sich im wesentlichen aus der Tatsache, daß der verfügbare Bestand so gering wie möglich gehalten wird und weniger Daten für die Bestellrechnung bereitgestellt werden müssen als es bei der Ermittlung der optimalen Bestellmenge der Fall ist. Im einzelnen sind folgende Vorteile zu erfassen:

- Lager- und Bestellbestand sind nicht höher als zur Aufrechterhaltung der Lieferbereitschaft unbedingt erforderlich. Lagerrisiko und Lagerhaltungskosten sind damit gering.

- Der Aufwand für die Ermittlung der Kosten, die durch Veränderung der Bestellmenge beeinflußt werden, entfällt. Ebenso entfallen die Kosten für die Berechnung wirtschaftlicher Bestellmengen und für den Änderungsdienst.

1 In der englischen Fachliteratur wird dieses Bestellsystem als „order-up-system" bezeichnet, was man mit Auffüllsystem am sinnvollsten übersetzen kann. Vgl. W. R. Trux, Einkauf und Lagerdisposition mit Datenverarbeitung, a.a.O., S. 283.

- Auf eine Bedarfsvorhersage kann verzichtet werden, da das Lager stets „automatisch" bis zum Höchstbestand aufgefüllt wird. (Bei der Berechnung wirtschaftlicher Bestellmengen muß man den Jahresbedarf oder den Bedarf für einen kürzeren Zeitraum kennen.)

Nachteile des Mindest-Bestellmengensystems

Diesen Vorteilen stehen gewichtige Nachteile gegenüber:

- Es fallen sehr viele Bestellungen an, da jeder Artikel mit Entnahmen seit der letzten Bestellrechnung nachdisponiert werden muß. Damit entstehen unter Umständen sehr hohe Bestellkosten.

- Die Aufgabe vieler kleiner Bestellungen führt zum Verzicht auf Kostenvorteile durch größere Bestellmengen (Preisvorteile; Mengenrabatte).

Voraussetzungen für eine zweckmäßige Anwendung des Mindest-Bestellmengensystems

Es zeigt sich, das das Errechnen von Bestellmengen nach dem Auffüllsystem unter folgenden Voraussetzungen zweckmäßig sein kann:

- Die fixen Bestellkosten sind sehr gering.

- Mengenrabatte und Preisvorteile werden nicht gewährt.

- Die Zahl der jährlichen Lagerzugänge unterliegt keiner Restriktion.

Liegen diese Bedingungen nicht vor, so kann der Aufwand für eine Bestellmengenoptimierung sinnvoll sein.

5.2 Die Berechnung der optimalen Bestellmenge

Die Kosten der Beschaffung sollen durch Berechnung der Bestellmenge minimiert werden

In der Praxis bekannt und üblich ist die Ermittlung der optimalen Fertigungslosgrößen mit Hilfe mathematischer Formeln. Weniger bekannt scheint zu sein, daß die gleichen Verfahren auch zur Ermittlung optimaler Bestellmengen dienen können. Im Gegensatz zu den konventionellen Verfahren der verbrauchsgesteuerten Disposition, die losgelöst sind von einer Produktions- und Bedarfsplanung, wird hier auch das Kostenprinzip berücksichtigt mit dem Ziel, ein Minimum an Bestell- und Lagerhaltungskosten zu erreichen. Dieses Ziel kann im klassischen Lösungsfall aber nur verwirklicht werden, wenn der Bedarf eines abgeschlossenen Zeitraums bekannt ist. Als extreme Möglichkeiten der Beschaffung bieten sich dann an:

- Die Bestellmenge entspricht der Bedarfsmenge. Es wird nur einmal zu Beginn der Periode bestellt. Der Periodenbedarf liegt dann am Lager.

- Die Bestellmenge beträgt immer nur eine Einheit des Bedarfs. Der Lagerbestand wird in diesem Fall zu einem Minimum. Die Bestellhäufigkeit ist dagegen ein Maximum.

Wo liegt das Optimum zwischen diesen beiden Extremen?

Um dieses Optimierungsproblem zu lösen, sind zunächst die Kosten zu betrachten, die in ihrer Höhe von der Bestellmenge abhängig sind, da

> Losgrößenformeln nur angewendet werden können, wenn die Ermittlung dieser Grunddaten und ihre laufende Pflege möglich ist, zumal sie als Steuerungsgrößen der Vorratspolitik zum Einsatz kommen.

Die Ermittlung und Pflege der Grunddaten ist erforderlich

Unterschiedliche Festlegungen bei der Losgrößenbestimmung sind zu treffen, wenn unter der Annahme eines ungleichmäßigen Jahresverbrauchs (vgl. Abb. 72, Seite 294) nicht verbrauchsgesteuert, sondern bedarfsgesteuert disponiert wird. So führt die Andlersche Formel nur bei einem recht gleichmäßigen Jahresverbrauch zu sinnvollen Ergebnissen. Diese Voraussetzung läßt sich bei einer Bedarfssteuerung (vgl. Zahlenbeispiel 39, Seite 323) nicht erfüllen. Es kommen dann die Verfahren der dynamischen Bestellmengenrechnung zum Einsatz.

Rüstkosten treten bei Eigenfertigung an die Stelle der Bestellkosten

Auch wenn wir im wesentlichen Fremdbezug annehmen, so sind die Formeln analog auch auf Eigenfertigungsteile anzuwenden.[1] An die Stelle der Bestellkosten treten hier die Rüstkosten und statt des Einstandspreises sind die Herstellkosten zu ermitteln. Die Rüstkosten sind in einen fixen und einen variablen Anteil zu trennen. Der fixe Kostenanteil deckt dabei die in der Auftragsverwaltung (Arbeitsvorbereitung) anfallenden Kosten ab. Der variable Anteil ist über die Rüstzeiten zu errechnen.[2] Diese sind mit einem Stundensatz zu bewerten und decken Lohnkosten und Maschinenstillstandszeiten ab. Allerdings treten zunehmend moderne Fertigungsmethoden (wie beispielsweise Fertigungsinseln) und Steuerungsprinzipien, wie zum Beispiel die „Produktion auf Abruf" (just in time production) als Ziel des japanischen KANBAN-Systems, in den Vordergrund, um damit den Materialbestand zu reduzieren.

5.2.1 Auswirkungen der Bestellmenge auf die Kosten der Beschaffung

Die Bestellmenge beeinflußt die Einstandspreise sowie die Bestell- und Lagerhaltungskosten

Die Bestellmenge beeinflußt die Kosten der Beschaffung in dreifacher Hinsicht, und zwar

(1) die unmittelbaren oder direkten Beschaffungskosten, die durch das bezogene Material selbst bis zu seinem Eintritt in den Betrieb entstehen (Einstandspreise);

(2) die Kosten, die durch die betriebliche Beschaffung entstehen (Bestellkosten);

(3) die Kosten, die durch die Lagerung der Materialien bis zu ihrer Verwendung in der Produktion oder für den Absatz entstehen (Lagerhaltungskosten).

1 Bei Eigenfertigungsteilen berücksichtigt Soom auch die Produktionszeit der „Ware in Arbeit". Vgl. E. Soom, Optimale Lagerbewirtschaftung in Industrie, Gewerbe und Handel, Bern 1976, S. 53 ff.

2 Rüstzeit beinhaltet auch das „Voreinstellen". Es ist ein Rüsten neben der Maschine, parallel zur Bearbeitung eines anderen Auftrages. Hierzu gehört beispielsweise das Bestücken eines Maschinenkopfes mit Werkzeugen, bevor dieser auf die Maschine gesetzt wird.

Bestellkosten werden auch als mittelbare Beschaffungskosten definiert.[1]

5.2.1.1 Bestellmenge und direkte Beschaffungskosten

Berechnungsschema für den Einstandspreis

Bewertungsmaßstab für die direkten Beschaffungskosten sind die Einstandspreise, die wie folgt ermittelt werden:

- Bruttoeinkaufspreis
  − Rabatte

  = Nettoeinkaufspreis
  \+ Bezugskosten

  = Einstandspreis

Abhängigkeit der Einstandspreise von der Bestellmenge

Man muß im allgemeinen davon ausgehen, daß mit zunehmender Bestellmenge die Einstandspreise sinken. Die Gründe dafür sind, daß die Lieferanten größere Aufträge wirtschaftlicher als Kleinaufträge abwickeln können und bereit sind, diesen Vorteil ganz oder teilweise durch günstigere Nettopreise (vorwiegend aufgrund gestaffelter Mengenrabatte) den Abnehmern zukommen zu lassen. Gleichzeitig verbessern sich bei großen Bestellmengen die Chancen, von Lieferanten Preiszugeständnisse zu erhalten.

Beeinflussung der Einstandspreise durch
- Bezugskosten
- Mindermengenaufschläge

Auch die durch den Bezug verursachten Kosten für Materialumschlag und Transport werden bei größeren Mengen fast immer niedriger sein (Transportstaffelungen).

Zu den Bezugskosten sind außerdem noch zu rechnen: Transportversicherung, Entladekosten (Kranwagen), Einfuhrabgaben, Zölle, Sondersteuern (z.B. Importsteuer), Provisionen (sofern sie vom Abnehmer zu zahlen sind). Verändern sich diese Nebenkosten proportional mit den Einkaufspreisen, ergeben sich bei größeren Bestellmengen keine Kosteneinsparungen pro Einheit.

Als kostensteigernde Faktoren kommen Mindermengenaufschläge in Betracht. Diese werden damit begründet, daß bei

1 Vgl. E. Grochla, Grundlagen der Materialwirtschaft, a.a.O., S. 74.

kleinen Mengen die Rüstzeit pro Stück erheblich ungünstiger als bei größeren Mengen ist.

5.2.1.2 Bestellmenge und Bestellkosten

Definition und Komponenten der Bestellkosten

Die Bestellkosten umfassen alle Kosten von der Bestellvorbereitung über den Bestellabschluß bis zur Bestellabwicklung.

Die gesamten Abwicklungskosten einer Bestellung schließen ein:[1]

(1) Einkaufskosten:
Dazu gehören die Kosten der Kaufentscheidung, also: Bezugsquellenermittlung nach dem richtigen Lieferanten; Entscheidungsvorbereitung durch Anfragen; Angebotsauswertung und -vergleich; Vertragsabschluß.

(2) Dispositionskosten:
Dazu gehören die durch Bedarfs-, Bestands- und Bestellrechnung sowie Bestellüberwachung verursachten Kosten.

(3) Zugangskosten:
Der Vollzug der Bestellung führt zum Wareneingang, zur Warenprüfung, Verbuchung der Zugänge, Rückversand der Verpackung, Rechnungsprüfung und Zahlung. Die damit verbundenen Kosten sind in die Zugangskosten einzubeziehen (Kosten für eventuelle Außenabnahmen und Prüfungen).

Die Ermittlung der Bestellkosten muß alle Stellen erfassen, die diesbezüglich Kosten verursachen

Es ist zu erkennen, daß

- Bestellkosten auf Leistungen verschiedener Art beruhen und nicht nur im Einkauf entstehen, sondern darüber hinaus in den Bereichen Disposition, Warenannahme und -prüfung, Lagerbuchhaltung, Transport und Kreditorenbuchhaltung.

1 Vgl. P. Köckmann, Integrierte Materialwirtschaft, a.a.O., S. 34 f.

- Bestellkosten auch dann als solche zu erfassen sind, wenn ein Teil der Aufgaben (z.B. Rechnungsprüfung) nicht in den Kompetenzbereich der Materialwirtschaft fällt.

Eine annähernd genaue Ermittlung der Bestellkosten ist nicht nur mit erheblichem Arbeitsaufwand verbunden, sondern setzt demnach neben eingehenden Kenntnissen der Kostenrechnung Informationen über den Zusammenhang zwischen verschiedenen Kosten im Beschaffungsbereich in Verbindung mit den Beschaffungstätigkeiten voraus.

Quotient für die Berechnung der Kosten einer Bestellung

Um die Kosten einer Bestellung festzustellen, ist die sich ergebende Kostensumme einer Periode durch die Anzahl der Bestellungen zu teilen[1], d.h.,

- $$\text{Bestellkosten pro Bestellung} = \frac{\text{Summe der Bestellkosten/Periode}}{\text{Anzahl der Bestellungen/Periode}}$$

Was kostet nun eine Bestellung?

Jedes Unternehmen muß seine spezifischen Bestellkosten ermitteln

Firmeninterne Ermittlungen und diesbezügliche Untersuchungen führen zu überraschenden Resultaten: Man muß bei einer Normalbestellung für regelmäßig zu beschaffendes Material mit DM 30,– bis DM 120,– pro Bestellung rechnen.

Diese Werte können unter-, aber auch überschritten werden. Auch können die Bestellkosten je Materialgruppe innerhalb des gleichen Betriebes unterschiedlich sein (z.B. bei Normteilen, Massenartikeln und Spezialteilen). Es sei jedoch betont, daß

> eine Differenzierung der Bestellkosten materialwirtschaftspolitisch begründet und wirtschaftlich vertretbar sein muß.[2]

1 Der vorgegebene Quotient ist ein sehr vager Mittelwert. Im allgemeinen werden unterschiedliche Bestellungen unterschiedliche Bestellkosten verursachen. Doch ist eine detaillierte Aufschlüsselung der Bestellkosten unwirtschaftlich, wenn nicht sogar undurchführbar.

2 Vgl. dazu den Anwendungsfall in der Fallstudiensammlung des Verf. „Materialwirtschaft – aber wie?", a.a.O., S. 180 ff.

Die Höhe der Bestellkosten ist unabhängig von der Bestellmenge

Die Bestellkosten sind demnach ihrer Natur nach fix: Ob der Einkauf eine Mengeneinheit einer Materialart bestellt oder zehntausend Mengeneinheiten, die Kosten der Bestellung ändern sich (im wesentlichen) nicht. Das bedeutet, daß die Bestellkosten pro Mengeneinheit um so kleiner werden, je größer die Bestellmenge ist.

> Die Bestellkosten pro Mengeneinheit erreichen ein Minimum, wenn die Bestellmenge ein Maximum wird.

5.2.1.3 Bestellmenge und Lagerhaltungskosten

Definition und Komponenten der Lagerhaltungskosten

Bei der Lagerhaltung entstehen Kosten, die wir als Lagerhaltungskosten bezeichnen wollen. Sie entstehen durch das in den Vorräten gebundene Kapital, die Beanspruchung von Lagerraum, Personal, Arbeitsmitteln und durch sonstigen mit der Vorratshaltung verbundenen Werteverzehr.

Die Lagermaterialkosten sind variabel

Zu den Lagerhaltungskosten sind vor allem zu rechnen:[1]

(1) Die Lagermaterialkosten:
Dazu zählen die Kapital- oder Kapitalbindungskosten, die Kosten für die Versicherung der Vorräte gegen Feuer, Diebstahl, Wasser usw. und die Kosten für Wertminderung durch Verderb, Schwund, Veralterung, die kalkulatorisch als Wagniskosten (Beständewagnis) verrechnet werden.

Die Kapitalbindungskosten entsprechen der Verzinsung des in den Beständen gebundenen Kapitals. Dabei wird als Bestandsmenge meist eine Durchschnittsgröße angenommen. Erfolgt gemäß Annahme eine kontinuierliche Materialentnahme, so kann man als durchschnittliche Bestandsmenge die halbe Bestellmenge zugrundelegen (vgl. Abb. 73, Seite 306). Da der Materialbedarf in der Regel aber nicht kontinuierlich auftritt, liegt in diesem Ansatz eine Fehlerquelle.

1 Gliederung nach H. Benz, Rationeller Einkauf – optimale Lagerhaltung, a.a.O., S. 74 f.

Von erheblicher Bedeutung ist die Höhe des zu verwendenden Zinssatzes. In der Regel kommt der kalkulatorische Zinssatz in Betracht, denn gleichgültig, ob das Lager durch Eigenkapital oder Fremdkapital finanziert wird, es bindet Kapital, das zur Finanzierung alternativer Projekte nicht zur Verfügung steht. Praktikabel ist auch der Ansatz der Gesamtkapitalrentabilität oder der Fremdkapitalzinsen, wenn ein Unternehmen aufgrund seiner gesunden Kapitalstruktur leicht über die Aufnahme von Fremdkapital finanzieren kann. Bei der Grenzkostenbetrachtung sind die Ertragsmöglichkeiten der zusätzlich erforderlichen Finanzierungsmittel in Ansatz zu bringen (Grenzkapitalrentabilität).[1]

In der Regel ist man geneigt, den kalkulatorischen Zinssatz zu verwenden

(2) Lagerraumkosten:
Dazu müssen die Abschreibungen auf Lagergebäude und Lagerinventar, die Beleuchtungs- und Heizungskosten, die Kosten der Versicherung (Feuer, Diebstahl, Wasser usw.), der Lagergebäude und des Lagerinventars sowie die Instandhaltungskosten gezählt werden.

Kurzfristig gesehen ist die Lagerraumgröße (Lagergebäude und Lagerinventar) und damit die Höhe der Lagerraumkosten weniger von der Art und Menge der zu lagernden Materialien als von der festgelegten Lieferbereitschaft abhängig. Es fallen immer die mit dieser Lieferbereitschaft verbundenen Kosten an, gleichgültig inwieweit die Lagerkapazität genutzt wird. Die Lagerraumkosten sind also nicht proportional zur jeweils gelagerten Menge, sondern konstant.

Die Lagerraumkosten sind fix oder sprungfix

Auf lange Sicht handelt es sich um ein Problem der Anpassung der Lagerkapazität an Art und Menge der zu lagernden Materialien. Die Lagerraumkosten werden damit entsprechend der Veränderung der Lagerraumgröße in Intervallen sinken bzw. steigen (sogenannte intervall- oder sprungfixe Kosten).

1 Vgl. J.R. Zeigermann, Elektronische Datenverarbeitung in der Materialwirtschaft, a.a.O., S. 155.

Die Lagerpersonalkosten sind fix oder sprungfix

(3) Lagerpersonalkosten:
Dieses sind die Personalkosten und Personalnebenkosten der Lagerverwaltung einschließlich der Kosten für die Behandlung lagernder Materialien, für die Materialbewegung und Bereitstellung.

Auch die Lagerpersonalkosten können als fix oder sprungfix angesehen werden, da sie kurzfristig mit der Lagernutzung nur unwesentlich schwanken.

Die Lager-Gemeinkosten sind teils variable, teils fixe Kosten

(4) Lager-Gemeinkosten:
Dazu gehören anteilige Verwaltungskosten (Geschäftsleitung, Personal- und Organisationsabteilung, EDV u.a.m.), anteilige Betriebssteuern, Telephonkosten, Transportkosten.

Es handelt sich hier teilweise um fixe, teilweise um variable Kosten.

Bei der Berechnung des Lagerhaltungskostensatzes wird eine Proportionalisierung der fixen Lagerhaltungskosten in Kauf genommen

Es entstehen damit bei der Lagerhaltung Kosten, die fixen Charakter haben oder sprungfix sind. Weitaus am stärksten ins Gewicht fallen die von Menge und Wert der gelagerten Materialien abhängigen variablen Kosten (hier vor allem die Kosten der Kapitalbindung). In der Praxis nimmt man daher – und auch aus Gründen der Vereinfachung – eine Proportionalisierung der fixen Kosten in Kauf und verrechnet die Lagerhaltungskosten insgesamt in Form eines globalen Lagerhaltungskostensatzes. Dieser ist dann

Berechnung des Lagerhaltungskostensatzes

● $LHS = ZS + LS$

Dabei bedeuten:

LHS = Lagerhaltungskostensatz
ZS = Zinssatz des gebundenen Kapitals
LS = Lagerkostensatz

$$= \frac{\text{Lagerkosten/Periode}}{\text{durchschnittlichen Lagerbestandswert}} \cdot 100$$

Beispiel 34:
Es liegen folgende Daten vor:

Zahlenbeispiel zur Berechnung des Lagerhaltungskostensatzes

Der auf ein Jahr bezogene durchschnittliche Lagerbestandswert beträgt DM 1.200.000,–, die Lagerkosten belaufen sich auf DM 180.000,–. Die Verzinsung des investierten Kapitals wurde auf 10 % festgesetzt.

Dann ist

$$LS = \frac{180\,000 \cdot 100}{1\,200\,000} = 15\,\%$$

$$LHS = 10\,\% \cdot 15\,\%$$

$$LHS = \underline{\underline{25\,\%}}$$

Die Schwierigkeiten bei der praktischen Durchführung der Lagerhaltungskostenberechnung liegt auch hier wieder in der Notwendigkeit der kostenrechnerischen Erfassung und Zuordnung der relevanten Kosten. Aus Vereinfachungsgründen wird man dabei auf eine Differenzierung der Lagerhaltungskostensätze nach Materialarten verzichten. Nur wenn einzelne Lagermaterialien sehr unterschiedlich hohe Kosten verursachen, kann es zweckmäßig sein, mehrere Materialgruppen zu bilden und den Lagerkostensatz für jede Gruppe getrennt zu ermitteln.[1] In diesem Zusammenhang ist zu betonen, daß der Sicherheitsbestand nicht in die Ermittlung des Durchschnittsbestandswertes einbezogen wird. Für die Bestellmengenoptimierung ist allein der laufende Bedarf (Periodenbedarf) entscheidungsrelevant.

Probleme ergeben sich bei der kostenrechnerischen Erfassung

Absolut gesehen wachsen die Lagerhaltungskosten mit dem Wert des gelagerten Materials, also steigender Bestellmenge bzw. geringer Bestellfrequenz (Bestellhäufigkeit). Anders formuliert: Entscheidungen über den Umfang der Bestellmengen wirken sich auf die Höhe der Lagerhaltungskosten aus.

Die Lagerhaltungskosten steigen mit dem durchschnittlichen Lagerbestandswert

Abb. 73 zeigt die Beziehungen zwischen dem durchschnittlichen Lagerbestand und der Bestellmenge. Dabei wird angenommen, daß von einem Artikel der gesamte Jahresbedarf (2.400 Stück) zunächst durch zwei Bestellungen abgedeckt wird, so daß jeweils 1.200 Stück auf Lager genommen wer-

1 Vgl. H. Benz, ABC-Analyse und optimale Bestellmenge, a.a.O., S. 141.

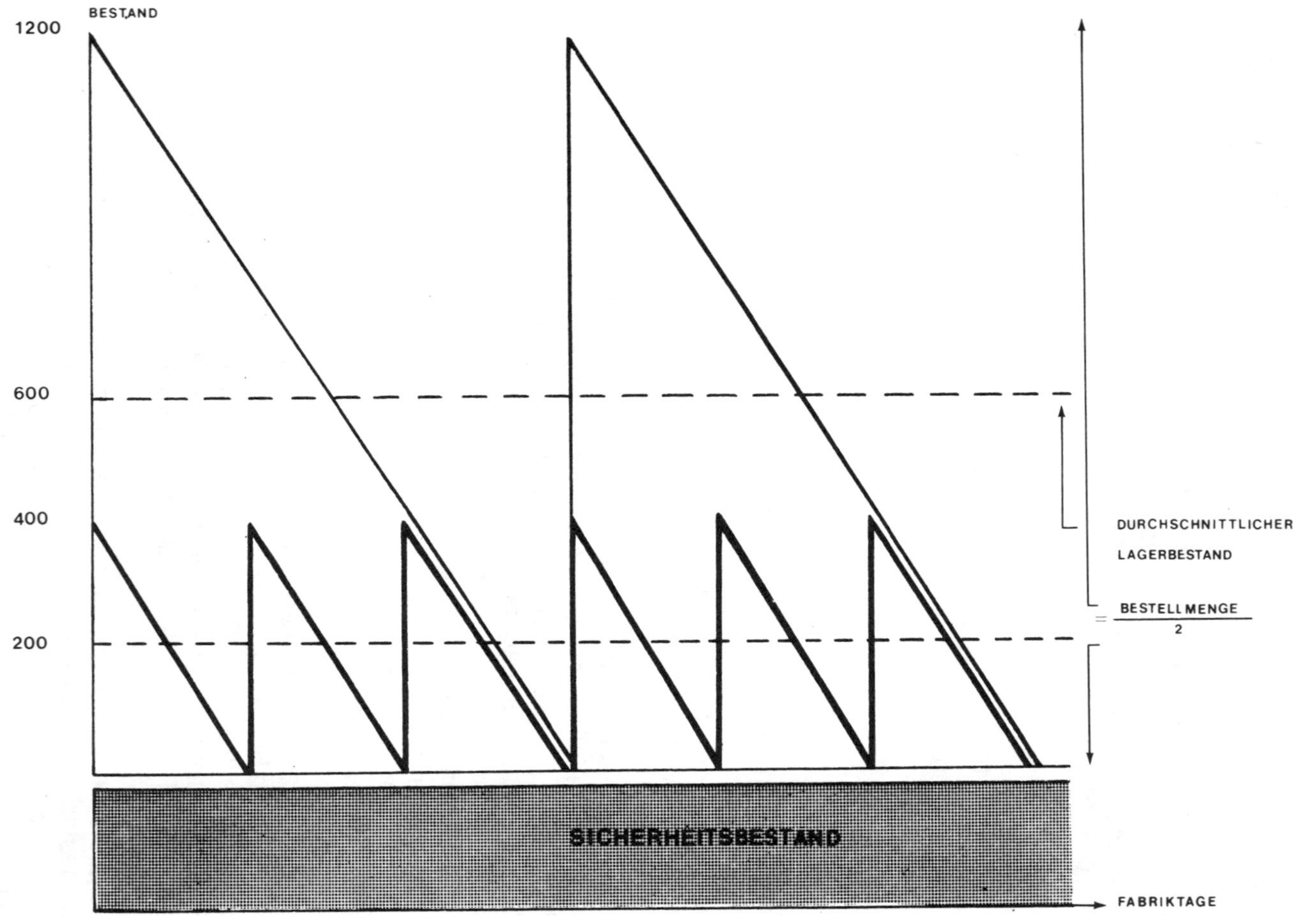

Abbildung 73:
Bestellmenge und durchschnittlicher Lagerbestand

den. Im Jahresdurchschnitt liegen dann – gleichmäßige Materialentnahmen unterstellt – 600 Stück des Jahresbedarfs am Lager. Wird die Bestellmenge auf 400 Stück gesenkt, so erreicht man dadurch eine Herabsetzung des durchschnittlichen Lagerbestandes auf 200 Stück. Auch hier ist wiederum im Jahresmittel die Hälfte der Bestellmenge am Lager. Der Artikel müßte allerdings häufiger nachbestellt werden, wodurch sich die Anzahl der zu bearbeitenden Bestellungen erhöht. Daraus ist zu folgern:

> Die Lagerhaltungskosten werden minimal, wenn die Bestellkosten maximal werden.

Die abschließend noch interessierende Frage lautet: Auf wieviel Prozent des durchschnittlichen Lagerwertes belaufen sich erfahrungsgemäß die Lagerhaltungskosten?

Die Kosten der Lagerhaltung werden häufig unterschätzt

In der folgenden Aufstellung sind Lagerhaltungskosten-Prozentsätze aufgeführt, wie sie normalerweise in Industriebetrieben vorkommen.[1]

Zinsen des gebundenen Kapitals	8	bis	10 %
Alterung, Verschleiß	3	bis	5 %
Verlust, Bruch	2	bis	4 %
Transport	2	bis	4 %
Abschreibung	1,5	bis	2 %
Lagerverwaltung	1	bis	2 %
Steuern	1	bis	2 %
Versicherung	0,5	bis	1 %
Lagerhaltungskostensatz	19	bis	30 %

Auch aus dieser Aufstellung geht hervor, daß die Zinsen für das im Lager gebundene Kapital die gewichtigste Kostenart sind.

1 Vgl. H. Nestler, Materialflußuntersuchungen in Fertigungsbetrieben, a.a.O., S. 47.

5.2.2 Die klassische Losgrößenberechnung

Zwischen den Extremfällen der einmaligen Materialbeschaffung zur Deckung des Gesamtbedarfs einer Planperiode (Minimierung der Bestellkosten je Stück) und der täglichen Beschaffung (Minimierung der Lagerhaltungskosten) bestehen zahllose Möglichkeiten. Die Optimierungsaufgabe liegt darin, die Summe der beiden Kostenkomponenten zu minimieren, d.h., die „optimale" Bestellmenge zu finden.

Definition der optimalen Bestellmenge

Die optimale Bestellmenge ist demnach für den (klassischen) Fall, daß der Jahresbedarf bekannt und – wie in Abb. 71 auf Seite 294 schematisch dargestellt – (relativ) konstant ist, zu definieren als die Menge, bei der die Bereitstellungskosten (Bestell- plus Lagerhaltungskosten) pro Mengeneinheit insgesamt ein Minimum erreichen.

5.2.2.1 Andlersche Formel

Herleitung der Beschaffungsformel (Grundmodell)

Die wirtschaftliche Bestellmenge (optimale Bestellmenge) kann rein rechnerisch mit Hilfe einer Formel ermittelt werden, die für den Einkauf (Beschaffungsformel) bereits 1927 von Stefanic-Altmayer[1] und für die Fertigung (Losgröße 1929 von Andler[2] entwickelt wurde. Zur Erläuterung der Zusammenhänge soll die Formel hergeleitet werden. Es werden dabei folgende Symbole benutzt, die zum Teil schon bekannt sind.

X = Bestellmenge
X_o = die gesuchte optimale Bestellmenge (= Q)
J = Jahresbedarfsmenge
BK = die von der Bestellmenge unabhängigen (festen) Bestellkosten je Bestellung
EP = Einstandspreis je Mengeneinheit (ME) (Nettoverkaufspreis + Verpackungs- und Transportkosten + Spesen u.a.)

1 K. Stefanic-Altmayer, Die günstigste Bestellmenge beim Einkauf, in: Sparwirtschaft, Heft 10, 1927, S. 504 ff.

2 K. Andler, Rationalisierung der Fabrikation und optimale Losgröße, Dissertation, Stuttgart 1929.

ZS = Zinssatz für das während eines Jahres durchschnittlich gebundene Kapital in %
LS = Lagerkostensatz für die während eines Jahres anfallenden Kosten der reinen Lagerhaltung in % des durchschnittlichen Lagerbestandswertes
LHS = Lagerhaltungskostensatz (= ZS + LS) in % des durchschnittlichen Lagerwertes
GK = Gesamtkosten
n = Bestellhäufigkeit ($= \frac{J}{X}$)

Bei Annahme eines gleichmäßigen Lagerabgangs (vgl. Abb. 71) und Vernachlässigung der Materialeinstandskosten lassen sich die Gesamtkosten (GK) wie folgt mathematisch ermitteln:

Bestellhäufigkeit in der Planperiode (1 Jahr)	$= \frac{J}{X}$
Bestellkosten je Bestellung	$= BK$
Bestellkosten in der Planperiode	$= BK \cdot \frac{J}{X}$
durchschnittlicher Lagerbestand	$= \frac{X}{2}$
durchschnittlicher Lagerwert	$= \frac{X}{2} \cdot EP$
Lagerhaltungskosten in der Planperiode	$= \frac{X}{2} \cdot EP \cdot \frac{(ZS + LS)}{100}$

Die Gesamtkosten für die Materialbereitstellung betragen demnach

$$GK = BK \cdot \frac{J}{X} + \frac{X}{2} \cdot EP \cdot \frac{(ZS + LS)}{100}$$

Um sich den Verlauf dieser Kostenfunktion anschaulich vorstellen zu können, ist die Abhängigkeit der Bestell- und Lagerhaltungskosten sowie die Summe dieser Kosten in der Abb. 74 dargestellt.

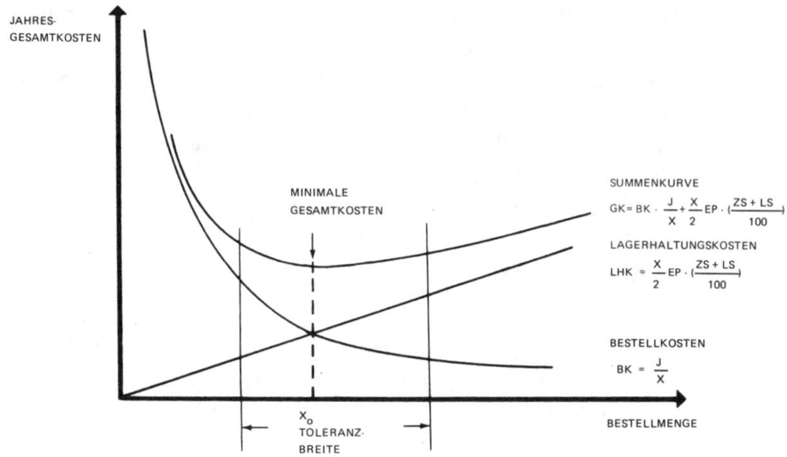

Abbildung 74:
Graphische Darstellung der optimalen Bestellmenge

Das Minimum dieser Kostenfunktion und damit die optimale Bestellmenge erhält man durch Differenzieren nach x:

$$\frac{dGK}{dX} = - BK \cdot \frac{J}{X^2} + \frac{EP \cdot (ZS + LS)}{2 \cdot 100}$$

Setzt man $\frac{dGK}{dX} = 0$ und löst die Gleichung nach x auf, erhält man die klassische Losgrößenformel:

Formel für die Berechnung der optimalen Bestellmenge bei gegebenem Jahresbedarf

$$\bullet \quad X_o = \sqrt{\frac{200 \cdot J \cdot BK}{EP \cdot (ZS + LS)}}$$

Bei dieser Formel wird die Jahresbedarfsmenge verwendet. Wird mit der Monatsbedarfsmenge gearbeitet, lautet die Formel:

Formel für die Berechnung der optimalen Bestellmenge bei gegebenem Monatsbedarf

$$\bullet \quad X_o = \sqrt{\frac{200 \cdot 12 \cdot M \cdot BK}{EP \cdot (ZS + LS)}}$$

wobei

M = Monatsbedarfsmenge.

Aus der Formel der optimalen Bestellmenge ergeben sich durch Umstellungen weitere optimale Werte:

So ist die optimale Bestellhäufigkeit

$$n_o = \frac{J}{X_o}$$

Nach Umstellung gilt daher die Gleichung

- $$\frac{J}{n_o} = \sqrt{\frac{200 \cdot J \cdot BK}{EP \cdot (ZS + LS)}}$$

Diese Gleichung nach n_o aufgelöst ergibt:

Formel für die Berechnung der optimalen Bestellhäufigkeit pro Jahr

- $$n_o = \sqrt{\frac{J \cdot EP \cdot (ZS + LS)}{200 \cdot BK}}$$

Löst man die Grundformel nach $X_o \cdot EP$ auf, erhält man die Formel für den optimalen Bestellwert:

Formel für die Berechnung des optimalen Bestellwertes

- $$X_o \cdot EP = \sqrt{\frac{200 \cdot J \cdot EP \cdot BK}{ZS + LS}}$$

Das nachfolgende Beispiel soll den Zusammenhang zwischen der optimalen Bestellmenge und der optimalen Bestellhäufigkeit veranschaulichen.

Zahlenbeispiel zur Berechnung der optimalen Bestellmenge und Bestellhäufigkeit

Beispiel: 35

Gegeben sind:

Jahresbedarfsmenge J	*= 20000 ME (= Materialeinheiten)*
Einstandspreis EP	*= 12,– DM je ME*
Bestellkosten BK	*= 24,– DM je Bestellung*
Zinssatz ZS	*= 8 %*
Lagerkostensatz LS	*= 12 %*

Dann ist

$$\bullet \quad X_o = \sqrt{\frac{200 \cdot 20.000 \cdot 24}{12\,(8 + 12)}} = \sqrt{400.000}$$

Es läßt sich nun die optimale Bestellhäufigkeit leicht errechnen:

$$n_o = \frac{J}{X_o} = \frac{20\,000}{632} = 31.6 \rightarrow \underline{\underline{32}}$$

Es müßte im Jahr etwa 32 mal bestellt werden, d.h., es wäre (bei 250 Fabriktagen) ein Bestellrhythmus von etwa 7 bis 8 Tagen zu planen.

Die Gesamtkostenkurve verläuft in ihrem Minimum sehr flach. Abweichungen von der optimalen Bestellmenge sind daher zulässig

Werfen wir nochmals einen Blick auf Abb. 74, so fällt eine besondere Eigenschaft der Andlerformel auf, nämlich ihre geringe Sensibilität, d.h., relativ große Abweichungen von der optimalen Bestellmenge verursachen nur eine schwache Reaktion der Gesamtkosten. Die Gesamtkostenkurve verläuft daher in ihrem Minimum sehr flach. Dabei ist zu beachten, daß ein Unterschreiten der optimalen Bestellmenge zu einem größeren Kostenanstieg führt als ein Überschreiten.

Für die praktische Arbeit mit der relativ unkomplizierten klassischen Bestellmengenformel kann daher trotz ihrer zum Teil realitätsfernen Voraussetzung empfohlen werden,

- die Bestellmenge über einen längeren Zeitraum nicht zu verändern und Abweichungen vom Optimum innerhalb des Toleranzbereichs von etwa 30 % nach unten und 50 % nach oben in Kauf zu nehmen.

In Ergänzung dazu ist von Zeit zu Zeit zu überprüfen, ob die in der Beschaffungsformel enthaltenen Einflußgrößen noch Aktualität besitzen.

Insgesamt ist festzustellen, daß

bei Artikeln, die verbrauchsgesteuert disponiert werden, in jedem Fall die wirtschaftliche Bestellmenge errechnet werden sollte. Bei sinnvoller Anwendung der Formel kann eine starke Senkung der Kapitalbindung und Entlastung des Lagers erreicht werden. Erhebliche Kosteneinsparungen sind dann die Folge.

Es erscheint zweckmäßig, durch ein konkretes Beispiel diese Aussage zu bestätigen.

Gegeben sind:			
	Jahresbedarf	J	= 20.000 Stück
	Bestellkosten	BK	= 24,- DM je Bestellung
	Einstandspreis	EP	= 12,- DM
	Lagerhaltungskostensatz	LHS	= 20 % des ∅ Lagerbestandwertes

Bestellhäufigkeit	Bestellmenge	Bestellkosten	∅ Lagerbestand	Lagerhaltungskosten	Gesamtkosten
$\frac{J}{X}$	X	$\frac{J}{X} \cdot BK$	$\frac{X}{2}$	$\frac{X}{2} \cdot EP \cdot LHS$	$\frac{J}{X} \cdot BK + \frac{X}{2} \cdot EP \cdot LHS$
5	4000	120	2000	4800	4920
10	2000	240	1000	2400	2640
15	1333	360	667	1600	1960
20	1000	480	500	1200	1680
25	800	600	400	960	1560
30	667	720	333	800	1520
35	570	840	285	684	1524
40	500	960	250	600	1560
45	444	1080	222	533	1613
50	400	1200	200	480	1680

Tabelle 12:
Tabellarische Ermittlung der optimalen Bestellmenge nach der Andlerformel

Zahlenbeispiel zur Abhängigkeit der Gesamtkosten der Bereitstellung von der Bestellhäufigkeit

Beispiel 36:
Folgende Daten werden einem Kostenvergleich zugrundegelegt:

Jahresbedarfsmenge	*J*	=	*20.000 Stück*
Bestellkosten	*BK*		*24,– DM je Bestellung*
Lagerhaltungskostensatz	*LHS*	=	*20 % des Ø Lager-*
		=	*bestandswertes*
Einstandspreis	*EP*	=	*12,– DM*

Für verschiedene Bestellhäufigkeiten werden die jeweiligen Jahreswerte für die Bestell-, Lagerhaltungs- und Gesamtkosten errechnet. Die optimale Bestellhäufigkeit bzw. optimale Bestellmenge ist zu bestimmen. In diesem Fall (vgl. Tabelle 12) zeigt sich, daß etwa 30 Bestellungen von 667 Stück in der Planperiode die niedrigsten Gesamtkosten ergeben. (Zur genauen Berechnung vergleiche Beispiel 35.)

➡ Aufgabe 11

5.2.2.2 Hilfsmittel zur Bestellmengenrechnung

Zur einfacheren Abwicklung der optimalen Bestellmengenrechnung stehen Hilfsmittel zur Verfügung

In der Praxis besteht oft eine Abneigung gegen die Anwendung mathematischer Formeln. Es sind daher Verfahren und Hilfsmittel zur Ermittlung der optimalen Bestellmenge entwikkelt worden, die auch Disponenten ohne besondere mathematische Vorbildung die Anwendung ermöglichen. So hat sich in manchen Fällen die Anwendung von Tabellen bewährt, aus denen die optimalen Bestellmengen oder die optimalen Bestellhäufigkeiten abgelesen werden können.[1]

Wenn über einen längeren Zeitabschnitt mit konstanten Daten gerechnet werden, kann, ist eine Vereinfachung der Beschaffungsformel zu empfehlen

Eine recht praktische Tabellenform geht von der Zerlegung der Beschaffungsformel aus. Da in vielen Fällen über einen längeren Zeitabschnitt hinweg mit konstanten Bestell- und Lagerhaltungskosten gerechnet werden kann, empfiehlt es sich, aus den konstanten Größen BK, LHS und der ebenfalls konstanten Zahl „200" den Bestellfaktor (Z) zu bilden. Es sind dann:[2]

1 Vgl. A. Boje, Moderne Einkaufs-Organisation, a.a.O., S. 175 f.

2 Vgl. W. Trux, Einkauf und Lagerdisposition mit Datenverarbeitung, a.a.O., S. 292.

$$X_o = \sqrt{\frac{200 \cdot BK}{ZS + LS}} \cdot \sqrt{\frac{J}{EP}}$$

Bestellfaktor

$$Z = \sqrt{\frac{200 \cdot BK}{ZS + LS}}$$

Aus Tabelle 13 können für verschiedene Bestellkosten sowie Zins- und Lagerkostensätze die entsprechenden Bestellfaktoren abgelesen werden.

Da die Bestellfaktoren nur einmal errechnet werden müssen, ergibt sich eine wesentliche Verringerung des Arbeitsaufwandes. Es ist dann nur noch der vereinfachte Wurzelausdruck mit den verbliebenen zwei Variablen bei jeder Änderung von J oder EP neu zu errechnen. Ob auch dafür – mit zweckmäßigen Abstufungen – eine Tabelle geschrieben werden sollte, muß im Einzelfall entschieden werden. Andernfalls muß das Ergebnis der Wurzelberechnung mit dem für den jeweiligen Artikel gültigen Bestellfaktor multipliziert werden.

Ein Zahlenbeispiel soll die Anwendung des Bestellfaktors erläutern.

Zahlenbeispiel zur Berechnung der optimalen Bestellmenge mit Hilfe des Bestellfaktors

Beispiel 37:
Es liegen folgende Angaben zur Berechnung der optimalen Bestellmenge für die Gruppe der C-Artikel vor:

Jahresbedarf	*J*	=	*24000 ME*
Einstandspreis	*EP*	=	*15,– DM je ME*
Bestellkosten	*BK*	=	*10,– DM je Bestellung*
Zinssatz	*ZS*	=	*8 %*
Lagerkostensatz	*LS*	=	*7 %*

Es ist zunächst der Bestellfaktor Z aus Tabelle 13 abzulesen:

$Z = 11.5$

BK (in DM) \ ZS + LS	10	15	20	25	30	35	40
10,-	14,1	11,5	10,0	8,9	8,2	7,6	7,1
15,-	17,3	14,1	12,2	10,9	10,0	9,3	8,7
20,-	20,0	16,3	14,1	12,6	11,5	10,7	10,0
25,-	22,4	18,3	15,8	14,1	12,9	11,9	11,2
30,-	24,5	20,0	17,3	15,5	14,1	13,1	12,2
35,-	26,5	21,6	18,7	16,7	15,3	14,1	13,2
40,-	28,3	23,1	20,0	17,9	16,3	15,1	14,1
45,-	30,0	24,5	21,2	19,0	17,3	16,0	15,0
50,-	31,6	25,8	22,4	20,0	18,3	16,9	15,8
55,-	33,2	27,1	23,5	20,0	19,1	17,7	16,6
60,-	34,6	28,3	24,5	21,9	20,0	18,5	17,3
65,-	36,1	29,4	25,5	22,8	20,8	19,3	18,0
70,-	37,4	30,5	26,5	23,7	21,6	20,0	18,7
75,-	38,7	31,6	27,4	24,5	22,4	20,7	19,4
80,-	40,0	32,6	28,3	25,3	23,1	21,4	20,0

Tabelle 13:

$$\textbf{Bestellfaktoren} = \sqrt{\frac{200 \cdot BK}{ZS + LS}}$$

Mit diesem Bestellfaktor erhalten wir für

$$X_o = 11.5 \cdot \sqrt{\frac{24\,000}{15}}$$

$$X_o = 11.5 \cdot 40$$

$$X_o = \underline{\underline{460}}\ ME$$

Vereinfachte Nomogramme

Die Unterstellung, daß die Bestellkosten und der Lagerhaltungskostensatz während der Planperiode konstant sind, ermöglicht die Anfertigung eines vereinfachten Nomogramms für die Ermittlung der optimalen Bestellmengen.[1] Wie man dieses herstellt, wird ausführlich in der Fachliteratur beschrieben.[2] Mathematische Kenntnisse sind Voraussetzung.

Sonderrechenstab

Ein weiteres Hilfsmittel ist ein besonderer Rechenstab. So hat der Ausschuß für wirtschaftliche Fertigung (AWF), Berlin, einen Sonderrechenstab „Wirtschaftliche Losgröße" herausgebracht. Bei Verwendung dieses Rechenstabes ist zu beachten, daß hier anstatt der Jahresmenge die Monatsmenge zugrunde gelegt wird. Darüber hinaus werden u.a. noch von der Dispo-Organisation, Arnsberg, und dem Rustra-Verlag, Nürnberg, Bestellmengen-Rechner vertrieben.

5.2.2.3 Grenzen der Bestellmengenrechnung

Die Beschaffung genauer Daten wird bezweifelt

Gegen die Grundformel sind in Literatur und Praxis eine Reihe von Bedenken vorgetragen worden, welche die praktische Verwendbarkeit stark in Frage stellen. Zunächst wird bezweifelt, ob die für die Anwendung der Formel notwendigen Daten mit ausreichender Sicherheit beschafft werden können. Sodann scheinen die Voraussetzungen, an die der Einsatz der Beschaffungsformel geknüpft ist, die Grenzen des Modells offenzulegen. Die Voraussetzungen sind:

1 Ein Nomogramm ist eine zeichnerische Darstellung, in der Funktionen durch Kurven und Geraden veranschaulicht werden. Es ermöglicht die zeichnerische Lösung von Rechenaufgaben, die sonst einen großen Aufwand erfordern würden. – Vgl. auch als Beispiel vom Verf. „Materialwirtschaft – aber wie?", a.a.O., S. 178.

2 Vgl. R. Schroeder, Praktische Einführung in die Nomographie, 2. Auflage, München 1965.

Die Prämissen der Beschaffungsformel treffen in vielen Fällen nicht zu, ohne generell ihre Anwendbarkeit in der Praxis auszuschließen

(1) Der Bedarf ist bekannt und konstant

(2) Der Preis ist bekannt und konstant

(3) Der Lagerabgang ist gleichmäßig

(4) Der Lagerhaltungskostensatz ist konstant, d.h., mit zunehmender Lagerdauer ändert sich die prozentuale Belastung des Lagerwertes mit Lagerhaltungskosten nicht

(5) Die Bestellkosten sind für jede Materialart gleich hoch und ändern sich nicht.

Obwohl im allgemeinen diese Prämissen in der Praxis nicht zutreffen, findet die klassische Beschaffungsformel in vielen Unternehmungen entsprechende Anwendung, da sie grundsätzliche Zusammenhänge erfaßt und bei rationalem Einsatz zu erheblichen Kosteneinsparungen führen kann. Berücksichtigt man außerdem, daß Abweichungen von der optimalen Bestellmenge nur eine äußerst geringe Sensibilität der Gesamtkosten verursachen, so schlagen Ungenauigkeiten bei den Parametern und demzufolge auch bei der optimalen Bestellmenge kaum zu Buche. Im übrigen können im vertretbaren Maße die Bestell- und Lagerhaltungskosten nach Materialgruppen überschlägig ermittelt und bestimmt werden.

An Restriktionen sind zu beachten:
- Firmenbedingte
- Lieferantenbedingte
- Transportbedingte

Andererseits sind außer den Prämissen in der Praxis eine Reihe von Restriktionen zu beachten, die letztlich für die Annahme oder Korrektur der berechneten Bestellmengen unmittelbar entscheidungsrelevant sind.

Man kann hier unterscheiden:[1]

(1) Firmenbedingte Restriktionen:
Dazu gehören:
- fertigungs- und ablaufbedingte Gegebenheiten des Produktionsbereiches (die sogenannte technische Höchstbestellmenge)
- Lagerkapazität bei der Eingangskontrollagerung (Lagerung im Wareneingang), der Lagerung im Hauptlager usw.

1 Vgl. VDI, Elektronische Datenverarbeitung bei der Produktionsplanung und -steuerung, a.a.O., S. 74 f.

- kapitalmäßige Ausstattung
- Lagerfähigkeit der Produkte
- Verderblichkeit der Produkte
- Sicherheit bei der Beschaffung
- Konkurrenzsituation
- Wichtigkeit des bestellten Artikels
- Risikobeurteilung

(2) Lieferantenbedingte Bestellmengenrestriktionen:
In Betracht kommen:
- Mindestmengen
- Höchstmengen
- Verpackungseinheiten
- Fertigungseinheiten (Fertigungslose)
- Preisstaffeln

(3) Transportbedingte Bestellmengenrestriktionen und gesetzliche Einschränkungen:
Diese beiden Kriterien hängen in vielen Fällen eng zusammen. Zu nennen sind:
- Vom Gesetzgeber für bestimmte Artikel festgelegte Transportarten auf der Schiene, der Straße und dem Wasser
- Transporteinheiten
- Be- und Entlademöglichkeiten der Transportbehälter

Die unter (1) und (3) genannten Restriktionen sind je nach Branche, Artikel und betrieblicher Eigenart sehr unterschiedlich zu gewichten.

> Unter Beachtung der Beschränkungen kann nach entsprechender Korrektur die Bestellmenge festgelegt und für die Bestellung als verbindlich vorgegeben werden.

Schwieriger wird die Berechnung der optimalen Bestellmenge allerdings dann, wenn die Prämissen der klassischen Beschaffungsformel zum Teil aufgehoben und die dynamische Bestellmengenrechnung durchzuführen ist, auf die wir unter Ziffer 5.2.3 in diesem Abschnitt eingehen werden.

In der dynamischen Bestellmengenrechnung entfällt ein Teil der Prämissen

5.2.2.4 Korrektur der optimalen Bestellmenge bei Rabatten

Mit Hilfe des Mindestrabattsatzes werden Entscheidungen bei Rabatt-Angeboten erleichtert

Die klassische Beschaffungsformel geht von der Annahme aus, daß die Angebotspreise eines Artikels konstant sind. Diese Annahme trifft aber nicht immer zu. Oft gewähren Lieferanten bei Abnahme größerer Mengen Preisnachlässe. Mengenrabatte führen also zu verschiedenen Angebotspreisen eines Artikels. Es stellt sich dann die Frage, ob ein Mengenrabatt-Angebot anzunehmen ist, auch wenn dadurch die optimale Bestellmenge überschritten wird. Mit anderen Worten:

> Es muß der Rabattsatz ausgerechnet werden, ab dem die Einsparungen durch den Rabatt den Kostensteigerungen durch die Abweichung von der optimalen Bestellmenge entsprechen.

Der vom Lieferanten gewährte Rabatt darf diesen Mindestrabattsatz nicht unterschreiten, damit die Ausnutzung des Rabatts sinnvoll ist.

Der Mindestrabattsatz wird nach folgender Formel errechnet:[1]

Formel für die Berechnung des Mindestrabattsatzes

● $$R_{min} = \frac{LHS \cdot X_o}{2 \cdot J} \cdot \left(\frac{X_o}{X_R} + \frac{X_R}{X_o} - 2 \right)$$

Dabei bedeuten:

R_{min} = Rabattsatz, der mindestens erreicht werden muß
LHS = Lagerhaltungskostensatz
X_o = optimale Bestellmenge
J = Jahresbedarfsmenge
X_R = Mindestmenge, ab der der Rabatt gewährt wird.

Beispiel: 38
Der Jahresbedarf eines Artikels beträgt 20.000 Stück. Die wirtschaftliche Bestellmenge ist mit 4.000 Stück ermittelt worden. Für den Lagerhaltungskostensatz sind 20 % anzusetzen. Vom Lieferanten wird ein Rabatt von 3 % bei einer Mindestabnahmemenge von 8.000 Stück angeboten.

1 Vgl. W.R. Trux, Einkauf und Lagerdisposition mit Datenverarbeitung, a.a.O., S. 300.

$$R_{min} = \frac{20 \cdot 4.000}{2 \cdot 20.000} \cdot \left(\frac{4.000}{8.000} + \frac{8.000}{4.000} - 2\right)$$

$$R_{min} = 2 \cdot \left(\frac{1}{2} + 2 - 2\right)$$

$$R_{min} = \underline{\underline{1}}$$

Der Mindestrabattsatz beträgt 1 %. Es lohnt sich, den gewährten Rabatt in Anspruch zu nehmen, da dieser mit 3 % den Mindestrabatt übersteigt.

5.2.3 Dynamische Bestellmengenrechnung bei schwankendem Bedarf

Bei schwankendem Bedarf empfiehlt sich die Anwendung einfacher Verfahren der dynamischen Bestellmengenrechnung

Die Andlersche Formel bietet zwar trotz der eingeschränkten Verwendbarkeit eine ausreichend genaue Möglichkeit, wirtschaftliche Losgrößen zu bestimmen, der zukünftige Bedarf wird aber als exakt vorausberechenbar und als annähernd konstant betrachtet. Trifft diese Voraussetzung nicht zu, darf nicht mehr mit der traditionellen Andlerformel gerechnet werden. An ihre Stelle treten Verfahren, die im Gegensatz zu dieser den Vorteil haben, daß die Parameter als variable dynamische Größen in die Optimierungsrechnung eingehen.

Von den zahlreichen Verfahren der dynamischen Bestellmengenrechnung sollen hier nur die folgenden Verfahren dargestellt werden:

(1) Verfahren der gleitenden wirtschaftlichen Bestellmenge
(2) Kostenausgleichsverfahren
(3) Stückperiodenausgleichsverfahren

Diese Verfahren zeichnen sich wie die Andlerformel durch Einfachheit und Praktikabilität aus. Darüber hinaus haben sie die gleichen Parameter, so daß die Datenbeschaffung nicht schwieriger als beim Andlermodell ist. Das Kostenoptimum wird allerdings nicht exakt auf analytischem Wege errechnet, sondern näherungsweise durch einen schrittweisen (iterativen) Rechnungsprozeß. Wenngleich die zu den Operations Research-Methoden zählenden Optimierungsverfahren genauere Ergebnisse liefern,

> reichen für die Praxis die Näherungslösungen im allgemeinen völlig aus, zumal die größere Genauigkeit mit einem erheblichen Rechenaufwand erkauft werden muß.[1]

EDV-Standardprogramme liegen für die Näherungsverfahren vor. Ihr manueller Einsatz ist wegen der hohen Rechenintensität nicht wirtschaftlich.

5.2.3.1 Gleitende wirtschaftliche Bestellmengenverfahren

Definition des gleitenden Bestellmengenverfahrens

Das gleitende wirtschaftliche Bestellmengenverfahren knüpft an die Eigenschaft der Andlerschen Formel an, daß die jährlichen Gesamtkosten an der gleichen Stelle ihr Minimum aufweisen wie die gesamten Stückkosten (einmalige Bestellkosten und anfallende Lagerhaltungskosten) pro Mengeneinheit. Es wird hier wegen des schwankenden Bedarfs in den Teilperioden (z.B. Monaten) das Minimum der Bereitstellungskosten gesucht (least unit cost-Verfahren). Das Grundprinzip besteht im Vergleich der Stückkosten, die bei der Zusammenfassung der Periodenbedarfe entstehen. Der Rechenvorgang wird so lange fortgesetzt, bis die Stückkosten bei Hinzunahme eines weiteren Periodenbedarfs wieder ansteigen. Es wird dann mit der Berechnung des nächsten Loses begonnen.

- Die optimale Bestellmenge ist bei diesem Verfahren in der Periode mit den geringsten Stückkosten (einmalige Bestell- und anfallende Lagerhaltungskosten) gefunden.

Formel für die gleitende wirtschaftliche Bestellmenge

Formelmäßig kann das Verfahren der gleitenden wirtschaftlichen Bestellmenge wie folgt dargestellt werden:

1 Vgl. G. Olivier, Material- und Teiledisposition, Bonn 1977, S. 211 ff.

- Optimale Bestellmenge = Kumulierter Bedarf bis zu der Teilperiode, für die gilt:

  Minimum von

$$\frac{\text{(Bestellkosten + kumulierte Lagerhaltungskosten)}}{\text{kumulierter Bedarf}}$$

Das folgende Berechnungsbeispiel geht von der Annahme aus, daß während einer Periode ein gleichmäßiger Lagerabgang erfolgt, so daß der halbe Periodenbedarf der ersten Periode am Lager ist.[1] Umfaßt die Bestellmenge nun auch den Bedarf der zweiten Periode, so beträgt dessen durchschnittliche Lagerdauer 1,5 Perioden, das heißt, die ganze erste und die halbe zweite Periode.

Zahlenbeispiel zur Berechnung der optimalen Bestellmenge mit Hilfe des gleitenden wirtschaftlichen Bestellmengenverfahrens

Beispiel 39:
Es liegen folgende Angaben vor:

Einstandspreis	*EP*	=	*10,– DM je ME (Stück)*
Bestellkosten	*BK*	=	*60,– DM je Bestellung*
Lagerhaltungskostensatz	*LHS*	=	*24 % p.a.*
Lagerhaltungskosten pro Stück und Monat			$= \frac{10 \cdot 24}{12 \cdot 100} = 0{,}20$ *DM*

Der für 11 Monate bekannte und schwankende Bedarf, und zwar der Netto- oder Beschaffungs- bzw. Fertigungsbedarf, ist der Tabelle 14 zu entnehmen.

Die Summe der anfallenden Bestell- und Lagerhaltungskosten pro Stück für die einzelnen Perioden berechnet sich wie folgt:

1 Nicht überzeugend ist, daß man in der Literatur und in der Praxis Ansätze findet, die die Lagerhaltungskosten in der Periode, in der die Materialien verbraucht werden, außer Ansatz lassen. So auch kritisch G. Olivier, Material- und Teiledisposition, a.a.O., S. 213. – Auch stößt man auf Algorithmen, die – ganz im Gegensatz dazu – von der Annahme ausgehen, daß im Verlauf einer jeden Periode überhaupt keine Entnahmen stattfinden. Vgl. vom Verf. „Materialwirtschaft – aber wie?", a.a.O., S. 102 f. Theoretisch ist der im Text zugrunde gelegte Ansatz aufgrund seiner Übereinstimmung mit den Prämissen der Andlerformel am ehesten zu akzeptieren. Der Praktiker sollte – ausgehend von den theoretischen Erkenntnissen – seine Entscheidung an der Vorratspolitik orientieren.

1. Periode:

$$\frac{60 + 80 \cdot 0{,}5 \cdot 0{,}2}{80} = \frac{68}{80} \qquad = 0{,}85 \text{ DM}$$

2. Periode:

$$\frac{60 + 80 \cdot 0{,}5 \cdot 0{,}2 + 25 \cdot 1{,}5 \cdot 0{,}2}{80 + 25} = \frac{75{,}50}{105} = 0{,}719 \text{ DM}$$

$$\approx 0{,}72 \text{ DM}$$

usw.

Wie aus der Tabelle 14 hervorgeht, lohnt es sich nicht, auch noch den Bedarf der 5. Periode zu Beginn der ersten Periode einzulagern, weil dann die Stückkosten wieder ansteigen. Somit liegt die optimale Bestellmenge bei 120 Stück, das heißt bei dem bis zu dieser Periode aufgelaufenen Bedarf (80 + 25 + 10 + 5).
Mit der 5. Periode beginnt der Rechenprozeß wieder von neuem, bis das nächste Minimum erreicht ist.

→ Aufgabe 12

5.2.3.2 Kostenausgleichsverfahren

Definition des Kostenausgleichsverfahrens

Das Kostenausgleichsverfahren geht von der zweiten besonderen Eigenschaft der Andlerformel aus, nämlich der Gleichheit von Bestell- und Lagerhaltungskosten im Bestelloptimum. Danach wird die Bestellmenge so lange schrittweise erhöht, bis die kumulierten Lagerhaltungskosten die Bestellkosten überschreiten. Die bis dahin aufgelaufenen Bedarfe werden zusammengefaßt. Der Bedarf, der zur Überschreitung der Lagerhaltungskosten über die Bestellkosten führt, wird zum „Erstbedarf" der nächsten Bestellmenge. Aufgrund dieser Tatsache sind je Bestellmenge die Lagerhaltungskosten in der Regel niedriger als die Bestellkosten.

- Die optimale Bestellmenge ist also dann gefunden, wenn die Lagerhaltungskosten näherungsweise den Bestellkosten entsprechen.

Monat	Bedarf (Stck.)	Bestell-menge (Stck.)	Lager-dauer (Monat)	Lagerhaltungskosten (DM/Monat)	Kum. (DM)	Bestell-kosten (DM)	Bestell- und Lagerhaltungskosten (DM/Stck.)
1	80	120	0,5	80 · 0,5 · 0,2 = 8,–	8,–	60,–	68,– / 80 = 0,85
2	25		1,5	25 · 1,5 · 0,2 = 7,50	15,50		75,50 / 105 = 0,72
3	10		2,5	10 · 2,5 · 0,2 = 5,–	20,50		80,50 / 115 = 0,70
4	5		3,5	5 · 3,5 · 0,2 = 3,50	24,–		84,– / 120 = 0,70
5	40		4,5	40 · 4,5 · 0,2 = 36,–	60,–		120,– / 160 = 0,75
5	40	147	0,5	40 · 0,5 · 0,2 = 4,–	4,–	60,–	64,– / 40 = 1,60
6	2		1,5	2 · 1,5 · 0,2 = 0,60	4,60		64,60 / 42 = 1,54
7	50		2,5	50 · 2,5 · 0,2 = 25,–	29,60		89,60 / 92 = 0,97
8	40		3,5	40 · 3,5 · 0,2 = 28,–	57,60		117,60 / 132 = 0,89
9	15		4,5	15 · 4,5 · 0,2 = 13,50	71,10		131,10 / 147 = 0,89
10	10		5,5	10 · 5,5 · 0,2 = 11,–	82,10		142,10 / 157 = 0,91
10	10	15	0,5	10 · 0,5 · 0,2 = 1,–	1,–	60,–	61,– / 10 = 6,10
11	5		1,5	5 · 1,5 · 0,2 = 1,50	2,50		62,50 / 15 = 4,17

Summe der Lagerhaltungskosten = 24,– + 71,10 + 2,50 = 97,60 DM
Summe der Bestellkosten = 3 · 60,– = 180,– DM

Tabelle 14:
Ermittlung der optimalen Bestellmenge nach dem Verfahren der gleitenden wirtschaftlichen Bestellmengenrechnung

Formel für das Kostenausgleichsverfahren

Formelmäßig kann das Verfahren wie folgt dargestellt werden:

- Optimale Bestellmenge = Kumulierter Bedarf bis zu der Teilperiode, für die gilt:
  kumulierte Lagerhaltungskosten ⟶ Bestellkosten

In der Tabelle 15 errechnet das Kostenausgleichsverfahren Bestellmengen von 160 Stück in der 1. Periode, 117 in der 6. Periode und ein „Zwangslos"[1] von 5 Stück in der 11. Periode. Diese Bestellmengen hätten Gesamtkosten in Höhe von DM 295,20 zur Folge. Sie liegen damit gemäß Tabelle 15 über den entsprechenden Kosten beim Verfahren der gleitenden wirtschaftlichen Bestellmenge (DM 97,60 + DM 180,– = DM 277,60), was auf den unterschiedlichen Ansatz zurückzuführen ist.

Optimale Bedarfszusammenfassung durch eine Look-ahead- und Look-back-Abfrage

Durch eine Look-ahead-Abfrage (Vorschau) werden die Bestellmengen und damit auch die Gesamtkosten verändert. Dabei sind die Lagerhaltungskosten des letzten Bedarfs einer Bestellmenge mit dem darauffolgenden Bedarf zu vergleichen. In dem in Tabelle 16 gezeigten Beispiel sind es die Bedarfe der 6. und 7. Periode. Wird nämlich der Bedarf der 6. Periode noch innerhalb der ersten Bestellmenge bestellt, so verursacht dieser Bedarf Kosten von DM 2,20, während der Bedarf der 7. Periode innerhalb der zweiten Bestellmenge Kosten von DM 5,– verursacht. Eine Erweiterung der ersten Bestellmenge um den Bedarf der 6. Periode bringt damit eine Einsparung an Lagerhaltungskosten von DM 8,– (Differens aus DM 0,20 + DM 15,– gemäß Tabelle 15 und DM 2,20 + DM 5,– gemäß Tabelle 16). Weitere Kosteneinsparungen ergeben sich aus der verkürzten Lagerdauer auch der übrigen Bedarfe.

1 Da im Rahmen dieser vergleichenden Darstellung mit einem geschlossenen Horizont und nur 11 Teilperioden gearbeitet wird, ist das letzte Los stets der kritische Wert. Es muß ein „Zwangslos" gebildet werden, wenn nur noch Restbedarfe zusammenzufassen sind. Bei einem offenen Horizont würde diese Bestellung nicht ausgelöst, da zum Bestelltermin wieder ein Bedarfshorizont bekannt wäre. Es könnte somit erneut eine „volle" (optimale) Bestellmenge ermittelt werden. Damit ist ein Vergleich der Bestellkosten bedeutungslos.

Monat	Bedarf (Stck.)	Bestell-menge (Stck.)	Lager-dauer (Monat)	Lagerhaltungskosten (DM/Monat)	Kum. (DM)	Bestell-kosten (DM)
1	80	160	0,5	80 · 0,5 · 0,2 = 8,–	8,–	60,–
2	25		1,5	25 · 1,5 · 0,2 = 7,50	15,50	–
3	10		2,5	10 · 2,5 · 0,2 = 5,–	20,50	–
4	5		3,5	5 · 3,5 · 0,2 = 3,50	24,–	–
5	40		4,5	40 · 4,5 · 0,2 = 36,–	60,–	–
6	2	117	0,5	2 · 0,5 · 0,2 = –,20	–,20	60,–
7	50		1,5	50 · 1,5 · 0,2 = 15,–	15,20	–
8	40		2,5	40 · 2,5 · 0,2 = 20,–	35,20	–
9	15		3,5	15 · 3,5 · 0,2 = 10,50	45,70	–
10	10		4,5	10 · 4,5 · 0,2 = 9,–	54,70	–
11	5	5	0,5	5 · 0,5 · 0,2 = 0,5	0,5	60,–
Summe der Lagerhaltungskosten				= 60,– + 54,70 + 0,50 = 115,20		
Summe der Bestellkosten				= 3 · 60,– = 180,–		

Tabelle 15:
Ermittlung der optimalen Bestellmenge nach dem Kostenausgleichsverfahren (ohne Look-ahead)

Monat	Bedarf (Stck.)	Bestell-menge (Stck.)	Lager-dauer (Monat)	Lagerhaltungskosten (DM/Monat)	Kum. (DM)	Bestell-kosten (DM)
1	80	162	0,5	80 · 0,5 · 0,2 = 8,–	8,–	60,–
2	25		1,5	25 · 1,5 · 0,2 = 7,50	15,50	–
3	10		2,5	10 · 2,5 · 0,2 = 5,–	20,50	–
4	5		3,5	5 · 3,5 · 0,2 = 3,50	24,–	–
5	40		4,5	40 · 4,5 · 0,2 = 36,–	60,–	–
6	2		5,5	2 · 5,5 · 0,2 = 2,20	62,20	–
7	50	120	0,5	50 · 0,5 · 0,2 = 5,–	5,–	60,–
8	40		1,5	40 · 1,5 · 0,2 = 12,–	17,–	–
9	15		2,5	15 · 2,5 · 0,2 = 7,50	24,50	–
10	10		3,5	10 · 3,5 · 0,2 = 7,–	31,50	–
11	5		4,5	5 · 4,5 · 0,2 = 4,50	36,–	–

Summe der Lagerhaltungskosten	= 62,20 + 36,–	= 98,20
Summe der Bestellkosten	= 2 · 60,–	= 120,–

Tabelle 16:
Ermittlung der optimalen Bestellmenge nach dem Kostenausgleichsverfahren (mit Look-ahead)

Aus dem vergleichenden Zahlenbeispiel kann allgemein gefolgert werden, daß

> es Aufgabe des Look-ahead ist, zu verhindern, daß ein kleiner Bedarf, der nur sehr geringe Lagerhaltungskosten verursacht, das Auslösen einer neuen Bestellung bewirkt

Eine Weiterentwicklung stellt die Ergänzung der Look-ahead-Abfrage durch eine Look-back-Abfrage dar. Dadurch sollen die Bestell- und Lagerhaltungskosten über mehrere Perioden hinweg auf das theoretisch mögliche Minimum gebracht werden.

→ Aufgabe 13

5.2.3.3 Stück-Perioden-Ausgleichsverfahren

Das Stück-Perioden-Ausgleichsverfahren ist eine Variante des Kostenausgleichsverfahrens

Auch das Stück-Perioden-Ausgleichsverfahren[1] (Part Period Balance System) geht von der Erkenntnis aus, daß im Bestelloptimum die Bestell- und Lagerhaltungskosten einander entsprechen. Bei diesem Verfahren werden jedoch – abweichend vom Kostenausgleichsverfahren – zunächst die (spezifischen) Lagerhaltungskosten je Stück und Periode ermittelt. Der Quotient aus Bestellkosten und spezifischen Lagerhaltungskosten liefert den optimalen Part-Period-Wert, der sich als Produkt aus Stück und Periode ergibt.

Nach der Ermittlung des optimalen Part-Period-Werts werden sodann die Stück-Perioden-Werte der jeweiligen Bedarfe solange kumuliert, bis der optimale Part-Period-Wert erreicht ist. Das Verfahren läßt sich formelmäßig wie folgt darstellen, wobei beispielhaft als Periodenwert ein Tag gewählt wird:

Formel zur Berechnung der optimalen Stück-Tage

- spezifische Lagerhaltungskosten

$$\text{SLHK} = \frac{\text{Lagerhaltungskosten (DM)}}{\text{Stück} \cdot \text{Tage}} = \frac{\text{EP}}{\text{Stück}} \cdot \frac{\text{LHS}}{100} \cdot \frac{1}{\text{P (Tage)}}$$

- optimaler Part-Period-Wert (hier: Stück-Tage-Wert)

$$\text{Part-Period-Wert} = \frac{\text{Bestellkosten}}{\text{spez. Lagerhaltungskosten}} = \frac{\text{BK}}{\text{SLHK}}$$

$$= \text{optimale Stück-Tage}$$

Bei einem Part-Period-Wert von beispielsweise 100 Stück-Tage verursachen 20 Stück in 5 Tagen dieselben Lagerhaltungskosten wie 5 Stück in 20 Tagen.

1 Vgl. vom Verf. „Materialwirtschaft – aber wie?", a.a.O., S. 94 ff.

Zahlenbeispiel zur Berechnung der optimalen Stück-Tage

Nachfolgendes Beispiel soll der weiteren Erläuterung dienen:

Beispiel 40:
Es seien für eine Materialposition gegeben:

EP = 250 DM/ME
LHS = 25 %
BK = 120,– DM
Periode = 250 Werktage

Dann ist:

$$SLHK = \frac{250 \cdot 25}{250 \cdot 100} = 0{,}25$$

$$\frac{BK}{SLHK} = \frac{120}{0{,}25} = \underline{\underline{480}} = \text{optimale Stück-Tage-Menge (= Part Period Wert)}$$

Definition der optimalen Bestellmenge nach dem Stück-Perioden-Ausgleichsverfahren

Nach Ermittlung des Part-Period-Wertes – ausgehend vom Zahlenbeispiel – werden sodann die Stück-Tage bei Bestellung des ersten Periodenbedarfs ermittelt. Anschließend wird der Bedarf der folgenden Periode hinzugenommen und die dazugehörigen Stück-Tage bestimmt. Dieser schrittweise Rechnungsprozeß wird so lange fortgesetzt, bis die errechneten und kumulierten Stück-Tage die optimale Stück-Tage-Menge erreicht haben.

- Die optimale Bestellmenge ist also dann gefunden, wenn der zuvor errechnete Part-Period-Wert durch die Hinzunahme weiterer Stück-Perioden überschritten wird.

Auch hier läßt sich durch eine Look-ahead- und Look-back-Abfrage eine sinnvolle Zusammenfassung der Bedarfe erreichen.

Ein Beispiel aus der Praxis soll den Rechenprozeß und die Einsatzmöglichkeiten dieses Verfahrens veranschaulichen, das bei Übereinstimmung der Prämissen zwangsläufig zum gleichen Optimierungsergebnis wie das Kostenausgleichsverfahren führen muß und als eine Variante desselben verstanden werden kann. Es kommt vor allem bei dem in der EDV-Praxis häufig üblichen Rechnen in Fabriktagen zur Anwendung.

Praxisbeispiel zum Stückperiodenausgleichsverfahren

Beispiel 41:
Im technischen Einkauf des schweizerischen Chemieunternehmens CIBA-GEIGY erfolgt die Materialbewirtschaftung in zwei Phasen:

- *In einem monatlich durchgeführten Programm werden die Kenndaten (Bestellpunkt, Losgröße und Sicherheitsbestand)[1] aufgrund der allgemeinen Bewirtschaftungs-Parameter sowie des Verbrauchs- und Bedarfsverlaufs ermittelt.*
- *Wöchentlich werden die Lagerbestände unter Einbeziehung der Bestellungen und Reservierungen mit den Kenndaten verglichen und entsprechende Bestellvorschläge (Dispositionslisten) ausgedruckt.*

Für die Berechnung der Losgröße wird im allgemeinen die Andlersche Losgrößenformel benutzt. Sofern bei einem Artikel jedoch Bestände reserviert sind, erfolgt die Ermittlung mit dem Stück-Perioden-Ausgleichsverfahren. Zur Erläuterung des Ablaufs dient ein Zahlenbeispiel:

Artikelpreis	*100,– sfr*
Bestellkosten	*90,– sfr*
Lagerhaltungskostensatz	*1,5 % Monat*
Bestellpunkt	*30 Stück*
Beschaffungszeit	*3 Perioden*
Sicherheitsbestand	*6 Stück*
Servicegrad	*90 %*

Periode		*1*	*2*	*3*	*4*	*5*	*6*	*7*	*8*
Prognosebedarf		*8*	*8*	*8*	*8*	*8*	*8*	*8*	*8*
Reservierungen						*20*	*10*		*40*
Gesamtbedarf		*8*	*8*	*8*	*8*	*28*	*18*	*8*	*48*
Part-Period-Wert					*0*	*28*	*36*		
Kumulativ PP-Wert						*28*	*64*		
Lagerbestand	*28*								
Bestellmenge	*56 ←*								
Prognostizierte Lagerbestandsentwicklung		*20*	*12*	*4*	*60 ←*	*52 ←*	*24 ←*	*6*	

1 Bei linearem Verbrauch wird kein Sicherheitsbestand errechnet. Dieser entsteht erst bei Verbrauchsschwankungen und wird an Hand des Verbrauchs innerhalb der Wiederbeschaffungszeit unter Berücksichtigung des Servicegrades ermittelt. Der Servicegrad wird nach Artikelgruppen zwischen 51 und 99 % festgelegt.

In der vorliegenden Anwendung ist die Bestellung durch das Unterschreiten des Bestellpunktes (30 Stück) ausgelöst worden. Die Aufgabe des PP-Verfahrens ist, die Bestellmenge zu berechnen. Bekannt ist der PP-Wert mit 60, da die Lagerhaltungskosten sich mit sfr. 1,50/Monat errechnen und 90 : 1,5 = 60 ist.

Die Bestellmenge, die in der ersten Periode bestellt wird, trifft erst in der vierten Periode ein. Die Lagerhaltungskosten werden dann vom fünften Monat an berechnet. Diese Kosten überschreiten im sechsten Monat den PP-Wert. Folglich muß am Ende dieses Monats nur noch ein Lagerbestand in Höhe des Sicherheitsbestandes vorhanden sein. Davon ausgehend wird durch Kumulation der Bedarfe die Bestellmenge berechnet (kumulierte Bedarfe plus Sicherheitsbestand minus Lagerbestand), also $6 \cdot 8 + 10 + 20 - 28 + 6 = 56$ Stück.

→ *Aufgabe 14*

6. Die Berechnung von Sicherheitsbestand und Sicherheitszeit

Funktionen des Sicherheitsbestandes

Bei der Besprechung der Dispositionsverfahren wurde der Sicherheitsbestand zwar erwähnt, aber nicht näher erläutert. Außer der Bildung wirtschaftlicher Bestellmengen muß aber auch überprüft werden, inwieweit Unsicherheitsfaktoren in der Disposition durch entsprechende Sicherheitsmaßnahmen aufgefangen werden müssen. Vor allem aus folgenden Gründen können Abweichungen zwischen geplantem und tatsächlichem Materialzugang und -verbrauch auftreten:

(1) Verbrauchsabweichungen

(2) Lieferterminabweichungen

(3) Abweichungen der Liefermenge von der Bestellmenge (Minderlieferungen und Retouren aufgrund von Qualitätsmängeln)

(4) Fehler bei der Bestandsführung (Istbestand ungleich Buchbestand)

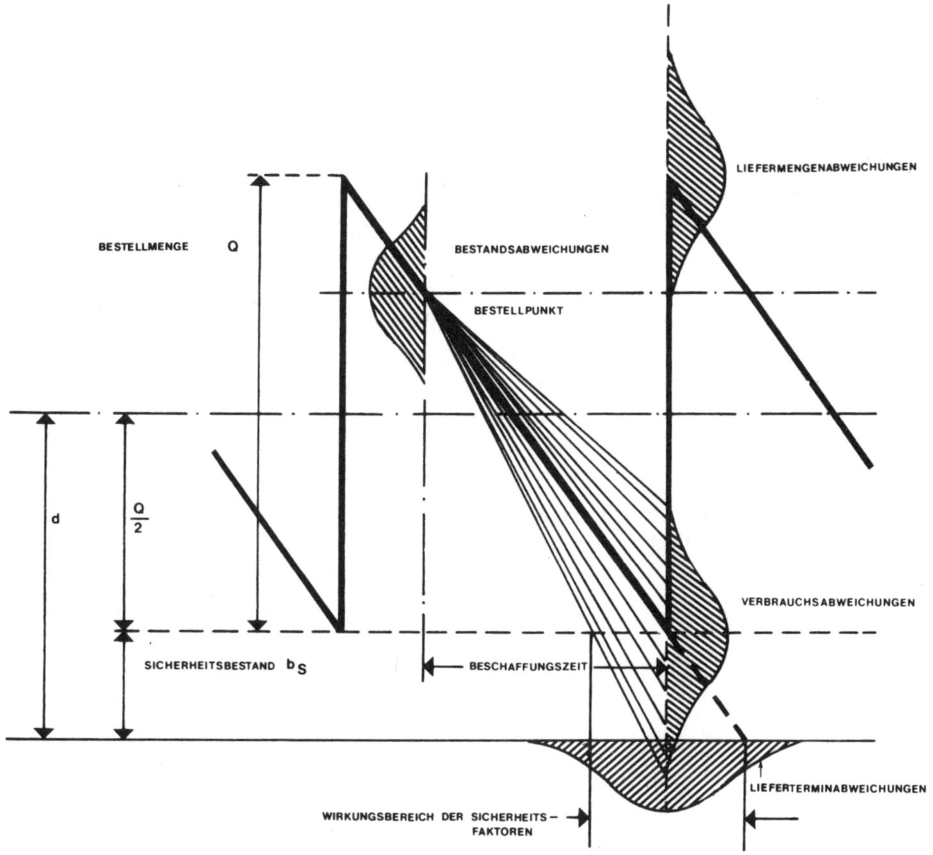

Abbildung 75:
Unsicherheiten in der Materialdisposition[1]

1 Vgl. VDI, a.a.O., S. 83.

Diese Unsicherheiten, die Abb. 75 verdeutlicht, sollen mit Hilfe des Sicherheitsbestandes abgedeckt werden. Es ist vor allem bei stochastischer Bedarfsermittlung mit Abweichungen der Ist-Daten von den Prognose-Daten zu rechnen. Aber auch bei der deterministischen Methode der Bedarfsermittlung können unvorhersehbare Ereignisse die rechtzeitige Bereitstellung von industriellen Einsatzstoffen und Handelswaren in Frage stellen.

Wenn der Sicherheitsbestand – auch Mindestbestand oder „eiserne Reserve" genannt – eine echte Sicherheit bieten soll, d.h. zum Auffangen der genannten inner- und außerbetrieblichen Störungen angelegt wird, dann muß der Bestellpunkt so fixiert werden, daß bei normaler Durchführung des Beschaffungsvorgangs und „planmäßigen" Lagerentnahmen während der Beschaffungszeit die neue Lieferung dann der Fertigung oder dem Verkauf zur Verfügung steht, wenn der Sicherheitsbestand noch nicht angegriffen ist.

Der Bestellpunktbestand (Meldebestand) schließt den Sicherheitsbestand mit ein.[1]

6.1 Der Unterschied zwischen Sicherheitsbestand und Sicherheitszeit

Der Sicherheitsbestand sollte bei Bestandsveränderungen nicht konstant gehalten werden, sondern mit einer Sicherheitszeit gleiten

Wie in Abb. 75 dargestellt ist, wird durch den Einbau von Sicherheiten der gesamte Lagerbestand erhöht. Hier besteht bei Anwendung der Bestellpunktdisposition der durchschnittliche Lagerbestand aus dem Sicherheitsbestand BS und der halben durchschnittlichen Bestellmenge ($\frac{\bar{Q}}{2} = \frac{X}{2}$). Es wird mit einem konstanten Sicherheitsbestand gearbeitet. Dieser unterliegt, wie es in der Praxis vor allem bei manueller Disposition der Fall ist, keinem regelmäßigen Änderungsdienst. Eine Anpassung an den sich ändernden Bedarf erfolgt nicht, obwohl er wegen der zusätzlichen Lagerhaltungs-

1 Vgl. dazu die Formel zur Ermittlung des Bestellpunktes auf Seite 264 dieser Arbeit.

kosten entsprechend den Störeinflussen zu ermitteln wäre. Nach Zeigermann[1] kann

> ein wirtschaftlich vertretbarer Sicherheitsbestand nur als gleitender Sicherheitsbestand geplant werden.

Deshalb ist es besser, mit einer Sicherheitszeit zu rechnen. Diese bewirkt, daß sich der Sicherheitsbestand automatisch den Bedarfsänderungen, einer wichtigen Bezugsgröße, anpaßt, also gleitend wird.

Ein Beispiel soll diesen Unterschied erläutern:

Zahlenbeispiel zum gleitenden Sicherheitsbestand

Beispiel 42:
Die Sicherheitszeit TSI für Unsicherheiten der Bedarfsvorhersage – weitere Störfaktoren finden keine Berücksichtigung – wird mit 20 Tagen festgelegt. (Damit kann ein bis zu 20 Tagen schnellerer Verbrauch aufgefangen werden).

Der durchschnittliche Tagesverbrauch beträgt 80 Stück. Dann ist

BS = Sicherheitsbestand = BM · TSI
BS = 20 · 80 Stück
BS = 20 · 80 = 1600 Stück

Wenn der Verbrauch auf 50 Stück zurückgeht, erfolgt automatisch eine Anpassung des Sicherheitsbestandes an die neue Verbrauchssituation, denn es ist nun

BS = 20 · 50 = 1000 Stück.

Wäre ein fester Sicherheitsbestand vorgegeben worden, so wäre dieser jetzt um 600 Stück zu hoch.

Wie aus dem Beispiel zu erkennen ist, muß bei Planung eines gleitenden Sicherheitsbestandes die Sicherheitszeit nicht geändert werden. Lediglich bei einer Änderung der gewünschten Lieferbereitschaft ist jene neu zu bestimmen, nicht jedoch bei sich ändernden Bedarfszahlen, wie es bei Festlegung des Sicherheitsbestandes erforderlich wäre.

1 J.R. Zeigermann, Elektronische Datenverarbeitung in der Materialwirtschaft, a.a.O., S. 168.

Die Planung eines gleitenden Sicherheitsbestandes ist bei Einsatz der EDV bedeutend einfacher, weil ein zusätzlicher Rechenschritt in der EDV praktisch keine Rolle spielt.[1]

6.2 Bestimmung der Lieferbereitschaft

Der Vorratssicherung sind Grenzen gesetzt

Einer übertriebenen Vorratssicherung sind schon durch die Lagerkapazität sowie durch den höheren Kapitalbedarf, der die Liquidität der Unternehmung vermindert, Grenzen gesetzt. Ansonsten ist der Umfang der Reservehaltung am wirtschaftlichen Erfolg zu beurteilen, d.h. es sind die Lagerhaltungskosten, die durch Sicherheitsvorräte verursacht werden, den Kosten gegenüberzustellen, die bei fehlendem Material entstehen.

> Einerseits unterhält man den Sicherheitsbestand, um einen hohen Grad der Lieferbereitschaft (Servicegrad) zu erreichen, andererseits steigen die Kosten überproportional an, je höher der Grad der Lieferbereitschaft wird.

Die letzten Prozente vor der 100 %igen Lieferbereitschaft verursachen unverhältnismäßig hohe Kosten

In Abb. 76 wird dargestellt, wie der zusätzlich zur Verbesserung der Lieferbereitschaft benötigte Sicherheitsbestand bei höheren Servicegraden unverhältnismäßig stärker zunimmt als der Servicegrad selbst.[2] Dabei rechnet man in der Regel mit einem Servicegrad von 90-95 % oder weniger, d.h. das Lager kann wahrscheinlich in 90-95 von 100 Fällen eine Bedarfsanforderung decken.[3]

1 Vgl. J.R. Zeigermann, Elektronische Datenverarbeitung in der Materialwirtschaft, a.a.O., S. 168.

2 Vgl. IBM, IMPACT – Wirtschaftliche Lagerhaltung mit wissenschaftlichen Methoden, a.a.O., S. 36.

3 Zur Formel für die Berechnung siehe unter Ziffer 6.3.2 in diesem Abschnitt.

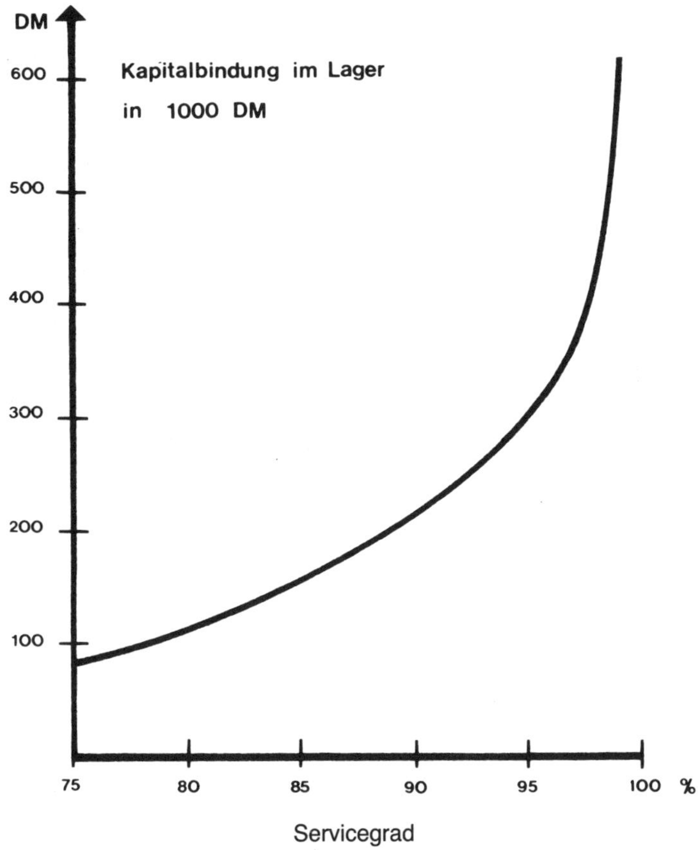

Abbildung 76:
Abhängigkeit der Kapitalbindungskosten vom Servicegrad

Zu beachten ist jedoch, daß die Lagerhaltungskosten nur eine der beiden Kostenkomponenten darstellen, die bei der Festsetzung des Lieferbereitschaftsgrades zu berücksichtigen sind. Eine weitere Einflußgröße sind die Fehlmengenkosten, auch stock-out-costs genannt, die anfallen, wenn ein auftretender Bedarf nicht aus dem Vorrat gedeckt werden kann. Diese Kosten können sein:

Es ist das Optimum aus gegenläufigen Kosten – den Kosten des Sicherheitsbestandes und der Fehlmengen – zu finden

– Mehrkosten bei Stillegung bestimmter Anlagen, die in der Lohnabrechnung gleichzeitig als Wartezeiten (wegen Stockung in der Fertigung) und Überstunden (wegen Nacharbeit des Produktionsausfalls) erkennbar sind.

- Umsatzverluste, wenn aufgrund von Unterbrechungen in der Materialversorgung im Absatzbereich Lieferschwierigkeiten auftreten.
- Imageverluste, die zwar nicht unmittelbar quantifizierbar sind, die auf lange Sicht aber zu Umsatzverlusten führen können, wenn Kunden wegen Lieferterminverzögerungen in Zukunft ihren Bedarf bei der Konkurrenz decken.

Weitaus häufiger als die genannten Fehlmengenkosten sind Kosten, die entstehen, wenn mit Hilfe von Sondermaßnahmen drohende Unterbrechungen in der Materialversorgung verhindert werden sollen. Zu diesen „indirekten" Kosten sind zu rechnen: Erhöhte Schreib- und Telephonkosten im Einkauf, erhöhte Transportkosten (Flug- anstelle Bahnfracht), überhöhte Materialpreise (verlorengegangene Rabatte, wenn Teilmengen auf mehrere Lieferanten verteilt werden müssen, um den dringenden Bedarf zu decken) und schließlich erhöhter Personalaufwand in Einkauf und Disposition zeugen von unzureichenden Sicherheitsvorräten.

Kennzeichnend für diese indirekten Fehlmengenkosten ist, daß sie in der Kostenrechnung untergehen und damit im Einzelfall nicht nachzuweisen sind.

Der optimale Lieferbereitschaftsgrad ist näherungsweise durch Management-Entscheidung zu bestimmen

Wie aber ist der optimale Servicegrad zu bestimmen, bei dem die Gesamtkosten (Lagerhaltungs- und Fehlmengenkosten ein Minimum erreichen?

Der dazu entwickelte mathematische Ansatz erscheint zu kompliziert und aufwendig, um von der Praxis übernommen zu werden. Vorzuziehen ist folgende näherungsweise Fixierung des Servicegrades:

- Der Servicegrad wird durch Management-Entscheidung festgelegt. Dabei werden berücksichtigt:
  - Bedeutung des Artikels für den Fertigungsablauf bzw. Absatz (Sortimentspolitik)
  - Stellung zum Lieferanten, um drohende Unterbrechungen mit Sondermaßnahmen zu begegnen (die allerdings Kosten verursachen)
  - Kontinuität der Verbrauchsstruktur
  - Kosten des Servicegrades (vgl. Abb. 76, S. 337)
  - Wertmäßiger Verbrauch und Lagerfähigkeit der Artikel

Zu berücksichtigen sind Konsequenzen, die eintreten, wenn für untergeordnete Teile ein relativ niedriger Servicegrad geplant wird.

Beispiel 43:
Eine Baugruppe besteht aus drei Teilen, von denen jedes eine geplante Verfügbarkeit von 90 % hat. Diese Baugruppe kann nur in 73 % der Fälle, in der sie benötigt wird, montiert werden. Zu diesem Ergebnis gelangt man, indem man die jeweiligen Verfügbarkeiten multipliziert (0.9 · 0.9 · 0.9).

Zahlenbeispiel zum Einfluß des Servicegrades auf die Verfügbarkeit

Sollte die Baugruppe in 90 % aller Bedarfsfälle montiert werden, so müßte für jedes der drei Teile ein Servicegrad von ca. 97 % aufrechterhalten werden (0.97 · 0.97 · 0.97 = 0.913).

Wenn der Absatz eine hohe Lieferbereitschaft verlangt, kann die Materialwirtschaft einen Kostenvoranschlag erstellen, der die dadurch verursachten zusätzlichen Lagerhaltungskosten ausweist. Nach einer bestimmten Periode, beispielsweise nach einem Jahr, sind die tatsächlichen Kosten zusammenzufassen. Unter Umständen zeigt sich dann, daß eine geringfügig schlechtere Lieferbereitschaft in Kauf genommen werden sollte, damit die Kosten der Vorratshaltung gesenkt werden. Mit diesem sogenannten Abtauschprinzip kann der bestmögliche Kompromiß zwischen Lieferbereitschaft und Kosten angestrebt werden.

Das Abtauschprinzip führt zu praktikablen Kompromissen

Zusammenfassend lassen sich folgende Strategien formulieren:

Strategien für die Festlegung der Lieferbereitschaft

- Der Servicegrad muß für jeden Artikel oder für jede Artikelgruppe differenziert betrachtet werden. Dabei sind besonders kritische Artikel (z.B. Engpaßmaterialien) auszusortieren und außerhalb der ABC- und XYZ-Regeln zu betrachten.

- Von den verbleibenden Artikeln ist für die A-Artikel wegen der hohen Kosten der Kapitalbindung ein niedriger Servicegrad zu wählen. Gleichzeitig ist für diese Artikel eine gesonderte Überwachung sicherzustellen, um drohenden Fehlbedarf frühzeitig zu erkennen.

- Die C-Artikel sollten mit hohem Servicegrad versehen werden, da die angestrebte Sicherheit mit niedriger Kapitalbindung erreicht werden kann.

- Für die Artikel mit einer geringen Vorhersagegenauigkeit (Z-Artikel) ist der Servicegrad besonders sorgfältig zu planen.

6.3 Verfahren zur Bestimmung des Sicherheitsbestandes

Zur Bestimmung des Sicherheitsbestandes gibt es in der Hauptsache folgende Verfahren:

(1) Festlegung eines konstanten Sicherheitsbestandes aufgrund von Erfahrungswerten

(2) Mathematische Bestimmungen des Sicherheitsbestandes

Wegen des hohen Zeitaufwandes kann die mathematische Methode zur Bestimmung des Sicherheitsbestandes bei manueller Disposition nur begrenzt in Frage kommen.

6.3.1 Festlegung eines konstanten Sicherheitsbestandes aufgrund von Erfahrungswerten

Die Festlegung konstanter Sicherheitsbestände erweist sich oft als kostspielig

Wie unter Ziffer 6.1 dieses Abschnitts schon erwähnt, wird in der Praxis bei manueller Disposition in der Regel mit einem festen Sicherheitsbestand (BS) gearbeitet. Es ist dann

- BS = möglicher Mehrverbrauch während der Beschaffungszeit,

wobei dieser aufgrund von Erfahrungswerten festgelegt wird (beispielsweise in Höhe eines Drei-Monats-Bedarfs).

- Dieses Verfahren ist zwar einfach zu handhaben, erweist sich aber oft als kostspielig, weil
  - der Sicherheitsbestand aus übergroßer Vorsicht meist zu hoch angesetzt wird und
  - keinem regelmäßigen Änderungsdienst unterliegt.

Im Einzelfall wird zu prüfen sein, ob die Funktion des Sicherheitsbestandes zu erweitern ist und neben Verbrauchsabweichungen (Prognosefehler und Mehrausschuß), Lieferzeitüberschreitungen, Minderlieferungen und Bestandsabweichungen zu berücksichtigen sind. Bei diesem Konzept ergäbe sich unter Anwendung des Gesetzes über die Fehlerfortpflanzung die Höhe des Sicherheitsbestandes nach der Formel:[1]

Formel zur Berechnung des Sicherheitsbestandes nach dem Fehlerfortpflanzungsgesetz

- $$BS = \sqrt{L^2 + V^2 + M^2 + B^2}$$

Dabei bedeuten:

BS = Sicherheitsbestand
L = Lieferzeitabweichungen
V = Verbrauchsabweichungen
M = Minderlieferungen
B = Bestandsabweichungen aufgrund von Buchungsfehlern, Diebstahl usw.

Die Formel zeigt, daß der Sicherheitsbestand kleiner ist als die Summe der Abweichungen. Würden diese nur addiert, so wären weit überhöhte Sicherheitsbestände die Folge.

6.3.2 Mathematische Bestimmung des Sicherheitsbestandes

Bei der mathematischen Bestimmung des Sicherheitsbestandes bildet der Bestellpunktbestand die Summe aus der durchschnittlichen Bedarfsmenge während der als konstant

1 Vgl. F. de Micheli, Grundlagen und Methoden der Materialwirtschaft, in: K. Brankamp, Hrsg., Handbuch der modernen Fertigung und Montage, München 1975, S. 506. – Dem Fehlerfortpflanzungsgesetz liegt die Erkenntnis zugrunde, daß sich Fehler nicht in der gleichen Richtung fortpflanzen, sondern ihre Wirkung im Gesamtergebnis zu einem Mittelwert tendiert.

Der mathematischen Berechnung liegt die Häufigkeitsverteilung der Verbrauchswerte in der Vergangenheit zugrunde

vorausgesetzten Beschaffungszeit und dem einen bestimmten Servicegrad entsprechenden Sicherheitsbestand. Dabei ist der Berechnung des Sicherheitsbestandes der Verteilungstyp (z.B. Normalverteilung, Exponentialverteilung oder logarithmische Verteilung) zugrunde zu legen, der sich der aus den Vergangenheitswerten ersichtlichen effektiven Häufigkeitsverteilung am besten anpaßt.

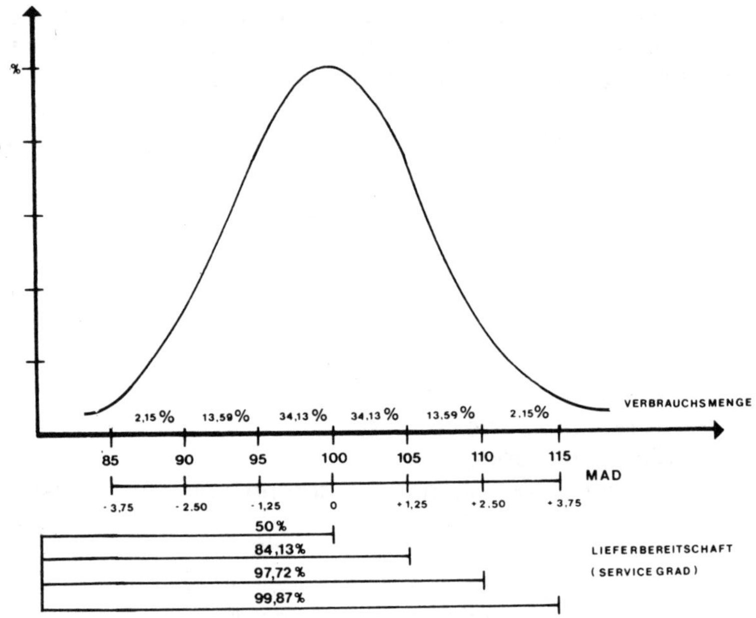

Abbildung 77:
Gaußsche Normalverteilung und MADs'
MAD · 1.25 = SIGMA

Abb. 77, in der eine Normalverteilung dargestellt wird, veranschaulicht, daß ein Disponent, der sich auf den Mittelwert der Vergangenheit als erwarteten Bedarf einrichtet, nur mit 50 %iger Wahrscheinlichkeit damit rechnen kann, daß der tatsächliche Verbrauch – wie in diesem Beispiel – nicht größer als 100 ME ist. Mit einer Wahrscheinlichkeit von 84,13 % ist der tatsächliche Verbrauch nicht größer als 105 ME. Wer also einen Servicegrad von 84,13 % sicherstellen will, muß 5 ME als Sicherheitsbestand auf Lager legen. Analoge Schlußfolgerungen gelten für noch höhere Servicegrade.

Erläuterung der Beziehungen zwischen Wahrscheinlichkeit und Servicegrad

Da der Arbeitsaufwand zur Ermittlung der Standardabweichung[1] verhältnismäßig hoch ist, verwendet man zur Errechnung des Sicherheitsbestandes die mittlere absolute Abweichung (MAD). Da für MAD die gleichen mathematischen Gesetzmäßigkeiten gelten wie für die Standardabweichung, kann unter Verwendung der Glockenkurve der Sicherheitsfaktor für einen gewünschten Servicegrad ermittelt werden.

In Tabelle 17 sind Sicherheitsfaktoren für unterschiedliche Servicegrade zusammengestellt. Die Berechnung des Sicherheitsbestandes erfolgt dann nach der Formel

Formel zur mathematischen Berechnung des Sicherheitsbestandes

● $BS = SF \cdot MAD$

$MAD \cdot 1.25 = SIGMA$

Dabei bedeuten:

BS = Sicherheitsbestand
SF = Sicherheitsfaktor
MAD = medium absolute deviation (mittlere absolute Abweichung)

Durch die Festlegung von SF für MAD – wie in Tabelle 17 geschehen – lassen sich die Multiplikationen vermeiden, d.h. SF wurde bereits um 1.25 korrigiert.

1 Durch die Standardabweichung wird die Form der Verteilung der Abweichungen vom arithmetischen Mittel bestimmt. Vgl. hierzu auch unsere Ausführungen unter Ziffer 2.4.1 in diesem Abschnitt und die dort wiedergegebene Abb. 60.

Servicegrad	Sicherheitsfaktor
50.00	0.00
78.81	1.00
84.13	1.25
94.52	2.00
97.72	2.50
99.18	3.00
99.87	3.75

Tabelle 17:
Sicherheitsfaktoren für unterschiedliche Servicegrade

Die Beispiele 23 (Seite 224) und 24 (Seite 230) illustrieren die praktische Anwendung dieser Formel in Zusammenhang mit der Bedarfsprognose.

Grundsätzlich ist festzustellen, daß

> dieses mathematisch-statistische Verfahren in Verbindung mit der optimalen Bestellmenge weitgehend die Wünsche nach einer fertigungsorientierten Disposition und einer kostenoptimalen Lagerhaltung erfüllt.

Allerdings scheitert das Verfahren bei manueller Disposition am hohen Zeitaufwand. Möglicherweise kann es für eine begrenzte Anzahl von Materialpositionen eingesetzt werden (wichtigste A-Artikel).

→ Aufgabe 15

6.4 Bestimmung der Sicherheitszeit

Die Sicherheitszeit wird in der Regel in Form eines Zuschlagfaktors angegeben, der zu der normalen Beschaffungszeit hinzugefügt wird. Es ist dann

Formel zur Berechnung des Zuschlagfaktors

● BP = BM (TBZ + TSI)

Dabei bedeuten:

BP = Bestellpunkt
BM = durchschnittlicher Bedarf je Zeiteinheit
TBZ= Beschaffungszeit
TSI = Sicherheitszeit

Durch den Sicherheitszuschlag wird zum Ausdruck gebracht, daß der Sicherheitsbestand für einen längeren Zeitraum ausreichen soll als bei normaler Beschaffungszeit berücksichtigt wird. Die Genauigkeit dieses einfachen Verfahrens kann verbessert werden, wenn bei der Bedarfsterminierung die individuellen Beschaffungszeiten der jeweils benötigten Teile mit einem Sicherheitszuschlag versehen werden.

Sollen verschiedene Unsicherheiten in der Sicherheitszeit berücksichtigt werden, so kann diese analog zum Sicherheitsbestand unter Anwendung des Gesetzes über die Fehlerfortpflanzung wie folgt festgelegt werden:

● $$TSI = \sqrt{TLVZ^2 + TV^2 + TM^2 + TB^2}$$

Dabei bedeuten:

TSI = Sicherheitszeit
TLVZ = Sicherheitszeit zur Abdeckung von Lieferzeitverzögerung
TV = Sicherheitszeit für Verbrauchsabweichungen
TM = Sicherheitszeit für die Abdeckung von Minderlieferungen
TB = Sicherheitszeit für die Abdeckung von Fehlbeständen

7. Kontrolle der Materialdisposition

Kontrolle im Rahmen der Materialdisposition heißt nicht Nachprüfung der Dispositionsvorgänge im Sinne einer internen Revision. Vielmehr ist die Möglichkeit zur Steuerung der Vorratshaltung gemeint, für die sich Kennzahlen als wertvolle Hilfsmittel insbesondere dann erweisen, wenn sie als Soll-Größen vorgegeben werden.

7.1 Kennzahlen der Materialdisposition

Die Überwachung der Bestände und ihre Ergänzung kann in der Regel relativ leicht aufgrund der auf den Dispositionsunterlagen vermerkten Angaben über Sicherheitsbestände, Lagerhöchstbestände, Bestellpunktbestände (= Meldebestände) und Bestellmengen erfolgen. Dagegen bedarf es zur Kontrolle der Wirtschaftlichkeit der Vorratshaltung bei gleichzeitiger Sicherung der Lieferbereitschaft der Bildung und regelmäßigen Errechnung von Kennzahlen. Mit anderen Worten: Die Kennzahlen müssen auf die Hauptaufgaben der Disposition abgestimmt sein.

7.1.1 Kennzahlen für die Kontrolle der Lieferbereitschaft

Der Servicegrad ist die gebräuchlichste Kennzahl zur Kontrolle der Lieferbereitschaft

Gebräuchlichste Kennzahl für die erste Hauptaufgabe der Materialwirtschaft – Sicherung der Lieferbereitschaft – ist der Servicegrad. Dieser kann als Bedarfs- und Stückservice ermittelt werden:

- $$\text{Bedarfsservice} = \frac{\text{Anzahl der sofort bedienten Anforderungen/Periode} \cdot 100}{\text{Anzahl der Anforderungen/Periode}}$$

- $$\text{Stückservice} = \frac{\text{Sofort bediente Menge/Periode} \cdot 100}{\text{Gesamtanforderungsmenge/Periode}}$$

7.1.2 Kennzahlen für die Kontrolle der Vorratsbestände

Die wichtigsten Kennzahlen für die Bestandskontrolle sind folgende:

(1) Durchschnittlicher Lagerbestand

(2) Umschlagshäufigkeit

(3) Lagerdauer (Eindeckzeit)

(4) Lagerreichweite

Zu (1):

Der durchschnittliche Lagerbestand gibt die durchschnittliche Kapitalbindung an

- Durchschnittlicher Lagerbestand

$$= \frac{\text{Anfangsbestand} + \text{Endbestand}}{2}$$

(gilt nur bei verhältnismäßig konstanten Zu- und Abgängen)

oder

$$= \frac{\text{Jahres-Anfangsbestand} + \text{12 Monats-Endbestände}}{13}$$

Der durchschnittliche Lagerbestand gibt an, in welcher Höhe Kapital im Durchschnitt einer Periode (Jahr) durch die Lagervorräte gebunden wird. Er kann bei einer gegebenen Jahresbedarfsmenge je nach Höhe der Bestellmenge bzw. der Bestellhäufigkeit sehr unterschiedlich hoch sein und die Kapitalbindung entsprechend beeinflussen.

Die Ermittlung der Lagerumschlagshäufigkeit, der Lagerhaltungskosten und der optimalen Bestellmenge setzt die Berechnung des durchschnittlichen Lagerbestandes voraus.

Zu (2):

- $$\text{Umschlagshäufigkeit} = \frac{\text{Jahresverbrauch}}{\text{Ø Lagerbestand}}$$

Die Ermittlung der Umschlagshäufigkeit sollte nicht pauschal für die gesamten Lagervorräte, sondern getrennt nach Materialgruppen oder Materialpositionen (A-Artikel) errechnet werden. Andernfalls führt die Ermittlung, wie folgendes, bei einer RKW-Untersuchung gewonnenes Beispiel zeigt, zu keinem brauchbaren Ergebnis.[1]

Praxisbeispiel zur Aussagefähigkeit der Umschlagshäufigkeit

Beispiel 44:
Ein Industrieunternehmen wies die durchschnittliche Umschlagshäufigkeit für die Rohstoffe mit 15 und für bezogene Teile mit 12 aus. Die für die einzelnen Materialgruppen ermittelten Umschlagszahlen variieren aber zwischen 1 und 80:

Gußteile	8	Fritten	12
Heizelemente	32	Galvanisierungsstoffe	13
Reglertrafos	20	Verpackung	80
Aggregate	7	Werkzeugstahl	1
Herdmaterial	11	Bleche	20
Schrauben und Muttern	7	Nichteisenmetalle	5
Hilfsmaterialien	3		

zu (3) und (4):

Lagerdauer und Eindeckzeit sind Synonyme

- $$\text{Lagerdauer (in Tagen)} = \frac{\text{Zahl der Tage der Periode}}{\text{Umschlagshäufigkeit}}$$

oder

$$= \frac{\text{Durchschnittlicher Lagerbestand} \cdot 12}{\text{Gesamtverbrauch (pro Jahr)}}$$

1 Vgl. H. Benz, Rationeller Einkauf – Optimale Lagerhaltung, a.a.O., S. 54.

Die Lagerdauer besagt, wie lange eine Materialposition oder eine Materialgruppe durchschnittlich lagert. Zugleich liefert sie eine Aussage darüber, wieviele Verbrauchsperioden ein durchschnittlicher Bestand abdeckt. Der für Lagerdauer als Synonym benutzte Begriff der Eindeckzeit bringt diese inhaltliche Bedeutung klarer zum Ausdruck.

Die Eindeckzeit ist nicht mit der Zeit zu verwechseln, für die ein bestimmter Bestand ausreicht, d.h. für die Reichweite der Vorratsbestände an einem Stichtag.[1]

Die Lagerreichweite ist nicht eindeutig definiert

Ein einfaches Zahlenbeispiel soll diese begriffliche Abgrenzung verdeutlichen:

Beispiel 45:
In seiner einfachsten Form kann der Durchschnittsbestand aus folgenden Angaben errechnet werden:

Zahlenbeispiel zur Berechnung der Eindeckzeit (Lagerdauer) und Reichweite

Anfangsbestand	*480,– DM*
Endbestand	*120,– DM*

$$\text{Durchschnittsbestand} = \frac{480 + 120}{2} = 300,\text{– DM}$$

Es wird ferner angenommen:

Konstanter Verbrauch: *60,– DM/Monat*

Dann ist die

$$\text{Eindeckzeit} = \frac{300\ \text{DM}}{60\ \text{DM/Monat}} = 5\ \text{Monate}$$

Die Dauer der Entnahmemöglichkeit ist dagegen

$$\text{Reichweite} = \frac{480\ \text{DM}}{60\ \text{DM/Monat}} = 8\ \text{Monate}$$

1 Wir folgen hier der begrifflichen Unterscheidung von Kleine und Melzow, die allerdings nicht einheitlich vertreten wird; es wird auch die Reichweite als ein Synonym für Lagerdauer betrachtet. Vgl. O. Kleine/W. Melzow, Disponieren in der modernen Beschaffung, a.a.O., S. 92.

Der Anfangsbestand sichert den Verbrauch von 8 Monaten. Im Durchschnitt wird ein Bestand gehalten, der den Verbrauch von fünf Monaten deckt.

Der Aufwand für die Ermittlung der Kennzahlen muß sich lohnen

Der Aufwand für die Ermittlung der Kennzahlen lohnt sich dann, wenn diese im Zeitablauf beobachtet, mit Kennzahlen gleich oder ähnlich gelagerter Betriebe verglichen und die Ergebnisse im Sinne einer Leistungsverbesserung verwertet werden.

7.2 Standards der Materialdisposition

Standards sind vorgegebene Sollgrößen

Wesentlich stärker als bei den Kennziffern (Ist-Werten) kommt bei der Vorgabe von Soll-Werten – sogenannten Standards – der zukunftsorientierte Charakter der Materialdisposition zur Geltung. In den Standards findet die Beschaffungs- und Vorratspolitik des Material-Management ihren Niederschlag. Der Vergleich mit den Ist-Werten führt bei nennenswerten Abweichungen zu entsprechenden Maßnahmen. Um die Ursachen der Abweichungen zu erforschen, haben sich in der Praxis Prüflisten als zweckmäßig erwiesen.

Bei der Berechnung der Soll-Lagerreichweite sind die Ergebnisse der ABC-Analyse zu berücksichtigen

Der gebräuchlichste Standard der Materialdisposition ist die Soll-Lagerreichweite. Zu seiner Berechnung werden folgende Angaben benötigt:

- Prognose des zukünftigen Bedarfs
- ermittelte Beschaffungszeit
- geplante Sicherheit

Die Ermittlung von Standards für jede Materialdisposition ist zu aufwendig. Aber schon dabei können die Ergebnisse der ABC-Analyse herangezogen und für jede der drei Wertgruppen ein repräsentativer Standard ermittelt werden. Für den laufenden Soll-Ist-Vergleich – etwa monatlich – genügt es dann, die Standard-Lagerreichweiten der Wertgruppen mit den entsprechenden Ist-Lagerreichweiten zu vergleichen, die aus den Zahlen der Bestandsfortschreibung ermittelt werden.

FRAGEN ZUR SELBSTKONTROLLE UND VERTIEFUNG

1. Welche Bedarfsarten werden besonders zu Dispositionszwecken in der Industrie herangezogen?

2. Wo liegen die Grenzen einer kostenoptimalen Bedarfsdeckung?

3. Warum muß die Vorlaufzeit des Sekundärbedarfs ermittelt werden und wie ist dabei vorzugehen?

4. Beschreiben Sie, inwieweit Kundenaufträge und Produktionspläne Grundlage für die Bedarfsermittlung sein können!

5. Erläutern Sie anhand der Abb. 42, Seite 193, Aufbau und Bedeutung der Strukturstückliste! Wodurch unterscheidet sich diese von der Mengenübersichtsstückliste?

6. Warum werden Teileverwendungsnachweise auch als „umgekehrte" Stücklisten bezeichnet?

7. Zeichnen Sie schematisch die Struktur eines Erzeugnisses und den dazugehörigen Gozinto-Graphen! Führen Sie die analytische Bedarfsauflösung nach Fertigungs- und Dispositionsstufen durch!

8. Führen Sie anhand eines Rechenbeispieles die synthetische Bedarfsauflösung durch!

9. Wann bedient man sich der stochastischen Bedarfsermittlung? Kann damit diese Methode auch bei der Festlegung des Produktionsplanes zum Einsatz kommen?

10. Welche Verbrauchsmodelle kann man unterscheiden?

11. Ausgehend von der in Abb. 54, Seite 212, tabellarisch und graphisch dargestellten Zeitreihe, würden Sie in diesem Fall die Methode des gleitenden Mittelwertes für die Bedarfsvorhersage empfehlen? Erscheint Ihnen die exponentielle Glättung 1. Ordnung geeigneter? Greifen Sie bei der Beantwortung auf die in den Tabellen 9 und 10 aufbereiteten Zahlen zurück.

12. Wann würden Sie den Glättungsfaktor Alpha größer als 0.2 wählen? Begründen und erläutern Sie die Vorgehensweise unter Beachtung aller Dispositions- und Kontrollaufgaben!

13. Wovon ist die Genauigkeit einer Bedarfsvorhersage abhängig?

14. Wann muß auch die „beste" Methode der Bedarfsvorhersage versagen?

15. Von welcher Erkenntnis gehen die Verfahren der Fehlerberechnung aus?

16. Würden Sie für die praktische Anwendung der Errechnung der mittleren absoluten Abweichung (MAD) gegenüber der Standardabweichung den Vorzug geben?

17. Berechnen Sie anhand der Zahlen der Tabellen 9 und 10 jeweils den MAD für die Periode $i = 12$!

18. Welche Fragen sind im Rahmen der Materialdisposition grundsätzlich zu beantworten?

19. Erläutern Sie die Varianten der auftragsgesteuerten Disposition!

20. Wodurch unterscheidet sich die plangesteuerte von der auftragsgesteuerten Disposition?

21. Wie ist der Nettobedarf zu ermitteln?

22. Welche Vorteile ergeben sich aus dem Rechnen mit verfügbaren Beständen?

23. Wann sollte man von der plangesteuerten auf die verbrauchsgesteuerte Disposition übergehen?

24. Bei der verbrauchsgesteuerten Disposition erfolgt die Bedarfsermittlung in der Regel aufgrund der Bestandsfortschreibung in der Lagerkartei bzw. -datei. Welcher Nachteil ergibt sich daraus und wie könnte diesem (auch bei manueller Disposition) Rechnung getragen werden?

25. Sind Unterschiede zwischen dem Bestellpunkt-, Meldebestands- und Bestellrhythmusverfahren zu erkennen? Welche sind das?

26. Warum sind die optimale Bestellmenge und der Sicherheitsbestand im Rahmen der verbrauchsgesteuerten Disposition wichtige Dispositionsgrößen?

27. Welche Faktoren bestimmen den Bestellpunkt und welche Unsicherheiten ergeben sich daraus?

28. Nennen Sie die Variablen der Lagerhaltungsstrategien!

29. Inwieweit wird die Disposition durch das Zwei- bzw. Drei-Behälter-System vereinfacht? Nennen Sie weitere Rationalisierungsmöglichkeiten der verbrauchsgesteuerten Disposition!

30. Erläutern Sie graphisch das Minimum-Maximum-Prinzip! Gehen Sie dabei von selbst gewählten Zahlen aus!

31. Stellen Sie für die Materialdisposition eine einfache Dispositionsregel auf! Wann könnte davon abgewichen werden?

32. Was versteht man unter Soll- bzw. Ist-Eindeckungstermin?

33. Wann sollte der bedarfsorientierten Bestellterminrechnung gegenüber der verbrauchsorientierten Bestellpunktrechnung der Vorzug gegeben werden?

34. Erläutern Sie an der Darstellung in Abb. 70 auf Seite 289 die während der Bestellterminrechnung möglichen Kontrollrechnungen.

35. Wie sind Bedarfs-, Bestell- und Liefermenge zu unterscheiden?

36. Warum kann bei dem Mindest-Bestellmengensystem auf eine Bedarfsvorhersage verzichtet werden?

37. Sollte bei C-Materialien die Beschaffungsformel angewendet werden?

38. Welche Einwendungen kann man gegen die optimale Bestellmengenformel nach Andler erheben und gelten lassen?

39. Welche wichtige Schlußfolgerung für die praktische Anwendung der Beschaffungsformel ergibt sich aus dem Verlauf der Summenkurve (Bestell- und Lagerhaltungskosten)? Vgl. Sie dazu Abb. 74, Seite 310.

40. Welche Hilfsmittel zur Bestimmung der optimalen Bestellmenge nach Andler können Sie empfehlen?

41. Warum ist bei stark schwankendem Bedarf nicht die Andlerformel für die Zwecke der Bestelloptimierungsrechnung einzusetzen?

42. Von welcher besonderer Eigenschaft der Andlerformel geht das gleitende wirtschaftliche Bestellmengenverfahren, von welcher das Kostenausgleichsverfahren aus?

43. Grenzen Sie das Kostenausgleichsverfahren vom Stück-Perioden-Ausgleichsverfahren ab!

44. In welcher Beziehung stehen Lieferbereitschaftsgrad, Sicherheitsbestand und Fehlmengenkosten?

45. Angenommen der Sicherheitsbestand wird als konstante Bestandsmenge aufgrund eines Erfahrungssatzes (z.B. Vierwochenbedarf) festgelegt. Wie ist dieses häufig praktizierte Verfahren zu beurteilen?

46. Erläutern Sie anhand eines Beispiels die mathematische Berechnung des Sicherheitsbestandes!

47. Fertigen Sie ein Schaubild an, aus dem deutlich wird, wie durch Verringerung des durchschnittlichen Lagerbestandes Kapital freigesetzt wird!

48. Was ist bei Anwendung der Umschlaghäufigkeit als Kennziffer zu beachten?

49. Wie ist die Lagerreichweite von Materialien zu bestimmen?

50. Was versteht man unter Soll-Lagerreichweite?

51. Erläutern Sie (zusammenfassend) die Verknüpfung von Bedarfs-, Bestands- und Bestellrechnung unter Beachtung der verschiedenen Dispositionsverfahren und aller Dispositionsgrößen. (Fertigen Sie zweckmäßigerweise dazu ein Schaubild an oder stellen Sie die einzelnen Elemente der Disposition tabellarisch zusammen!)

Die Lösungen ergeben sich aus dem vorstehenden Text (vierter Abschnitt)!

Fünfter Abschnitt

Beschaffungsvorgang

Im vierten Kapitel wurde die Erstellung des Mengen- und Termingerüstes für eine kostengünstige Versorgung des Betriebes mit Roh-, Hilfs- und Betriebsstoffen sowie Fertigteilen und Handelswaren dargestellt, wobei die Verwirklichung des materialwirtschaftlichen Optimums entscheidend vom Einsatz des jeweils zweckmäßigsten Dispositionsverfahrens und der Anwendung ökonomisch sinnvoller Optimierungsrechnungen abhängig ist.

Disposition und Beschaffung sind in sich abgeschlossene Arbeitsabläufe

In diesem Abschnitt wird nun behandelt, wie diese dispositiven Informationen weiter verarbeitet werden. Dabei erscheint uns wichtig, zu erkennen, daß Disposition und Beschaffung tatsächlich als in sich abgeschlossene Arbeitsabläufe auftreten. Auch wenn es in kleineren Betrieben üblich ist, mehrere Funktionen einer Stelle zu übertragen, so kann aus funktioneller Sicht doch nur ein Arbeitsgang nach dem anderen bearbeitet werden. In der Praxis kommt es aber immer wieder vor, daß Material beschafft werden muß, bevor die Disposition die in künftigen Perioden erforderlichen Mengen und Termine ermitteln kann, da der Produktions- oder Absatzplan noch nicht vorliegt. Ein Grund für unnötig hohe Materialbestände.

Beschaffungsvorgang bei Eigenfertigung und Fremdbezug: Übereinstimmung in den Grundzügen

Der Beschaffungsvorgang unterscheidet sich bei Eigenfertigung und Fremdbezug in seinen Grundzügen nicht: Ob die Beschaffung von außen oder von innen erfolgt, es müssen stets Aufträge erteilt, Termine gesichert, Materialien geprüft und Preise bzw. Kosten kontrolliert werden. Allein für die Frage der Zuständigkeit können unterschiedliche Regelungen getroffen worden sein.

Es soll hier der Beschaffungsvorgang aus der Sicht des Einkaufs erläutert werden.

1. Begriff, Aufgaben und Zielsetzung

Der Beschaffungsvorgang beginnt mit der Bedarfsaufgabe und endet mit der Rechnungsprüfung

Zum Beschaffungsvorgang sind alle mit der Beschaffungsanbahnung, dem Beschaffungsabschluß und der Beschaffungsabwicklung zusammenhängenden Aktivitäten zu rechnen. Der Beschaffungsvorgang wird durch die Bedarfsaufgabe ausgelöst und umfaßt damit den gesamten Arbeitsablauf von der Bedarfsaufgabe und Anfragetätigkeit, der Angebotsbearbeitung (Lieferantenauswahl), der Vertragsschließung/ Bestellung und Auftragsbestätigung bis hin zur Terminüberwachung und Wareneingangs- sowie Rechnungsprüfung.

Die Abb. 78a, 78b und 78c veranschaulichen den Arbeitsablauf in den einzelnen Abschnitten des Beschaffungsvorgangs nämlich bei der Anbahnung, dem Abschluß und der Abwicklung der Beschaffung. Zusammengelegt vermitteln die Schaubilder einen Überblick über den gesamten Ablauf. Allerdings durchläuft – und das sei ausdrücklich betont – nicht jeder Beschaffungsvorgang diese drei Abschnitte in allen seinen Phasen. So ist die Beschaffungsanbahnung bei Abrufaufträgen ein einmaliger Vorgang, der Abruf aber wiederholt sich entsprechend den vertraglichen Vereinbarungen. Auch können aus Rationalisierungsgründen bestimmte Aufgaben eingespart werden, wie z.B. die Bestellbestätigung und Rechnungsprüfung bei Kleinbestellungen.

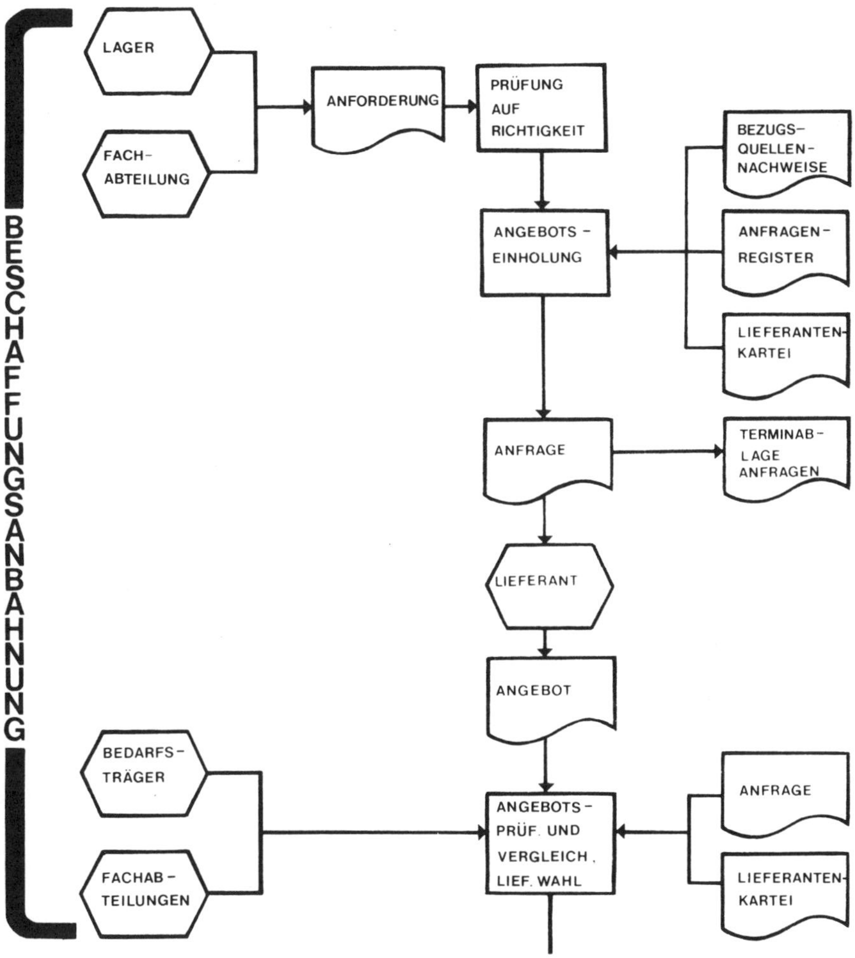

Abbildung 78 a:
Ablauf der Beschaffungsanbahnung

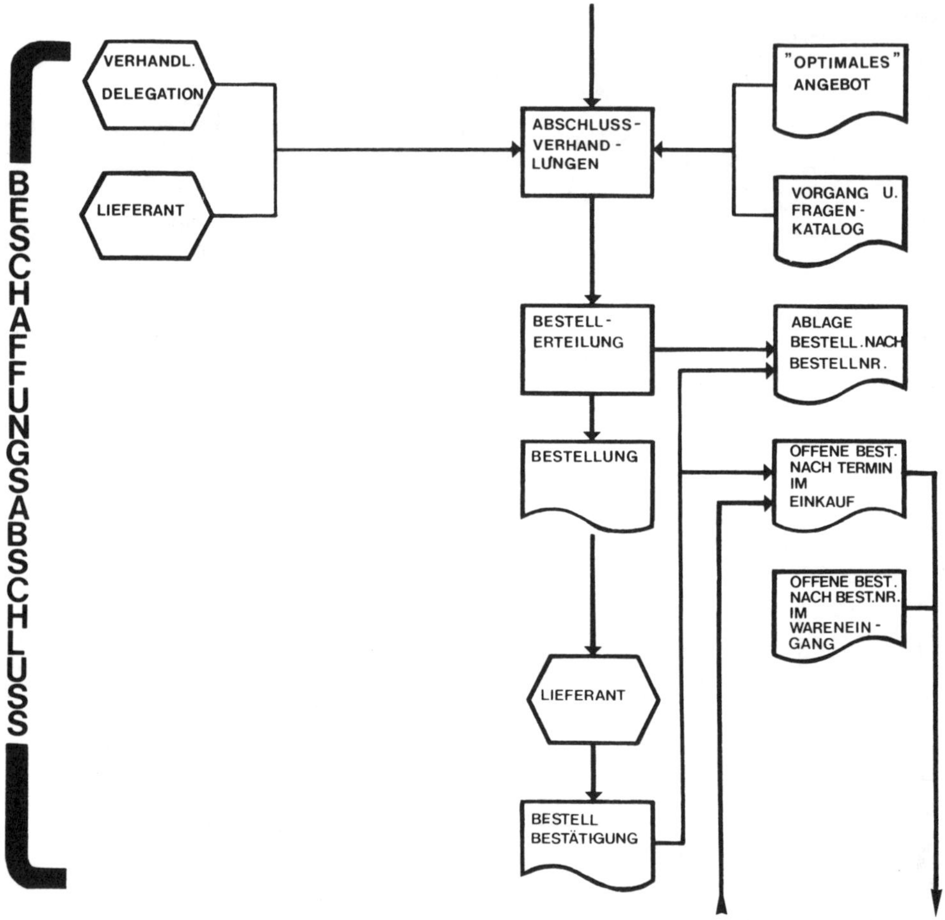

Abbildung 78 b:
Ablauf des Beschaffungsabschlusses

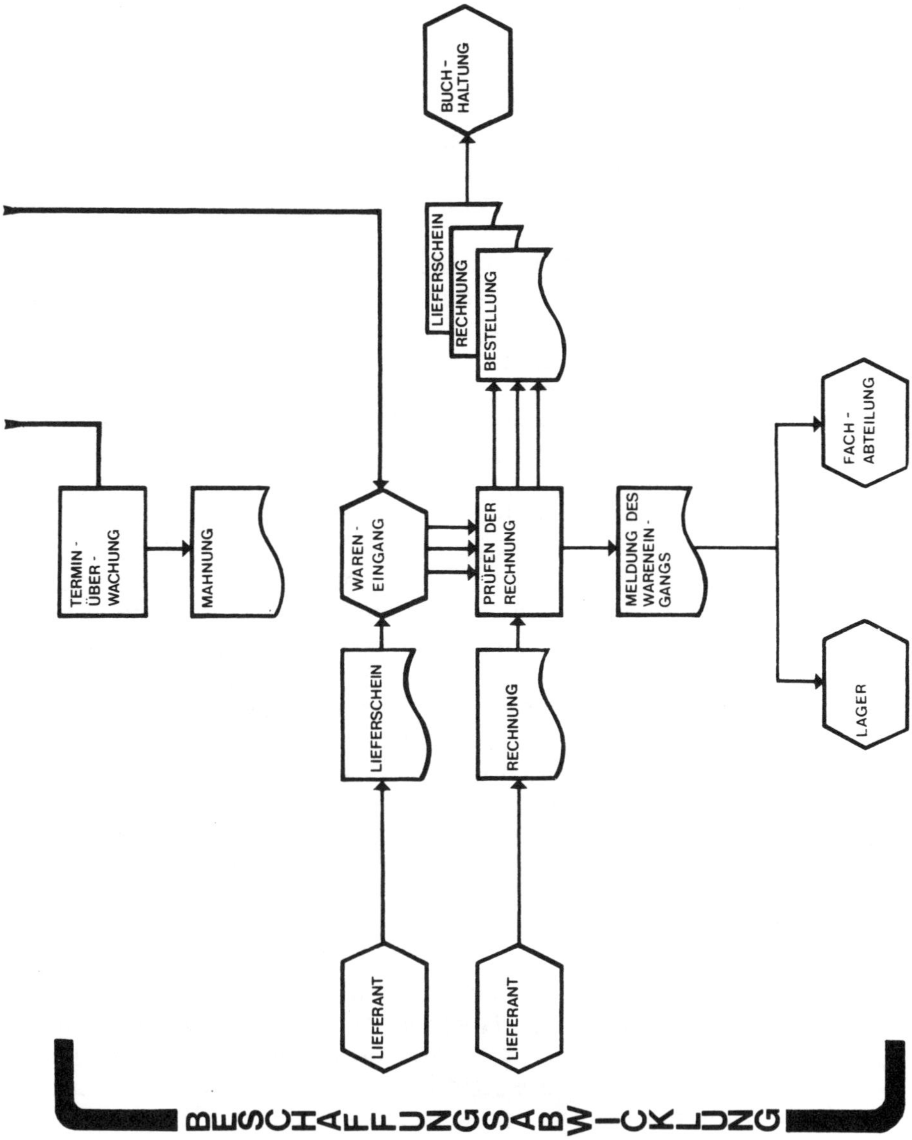

Abbildung 78 c:
Ablauf der Beschaffungsabwicklung

Ziel ist die optimale Erfüllung aller Beschaffungsaufgaben

Wie auch immer die Aufgaben definiert und verteilt sind, Ziel aller am Beschaffungsvorgang beteiligter Stellen ist es,

- die betriebsnotwendigen Materialien und Dienstleistungen zum benötigten Termin in der vorgesehenen Menge und Qualität mit wirtschaftlichem Aufwand zu beschaffen und bereitzustellen.

Die Organisation der Beschaffungsaufgaben ist vom betrieblichen Einzelfall abhängig

Welche der erwähnten Aufgaben vom Einkauf wahrgenommen werden sollten, bedarf im Einzelfall der Entscheidung. Das gilt auch für die Frage, ob die Aufgaben der Beschaffungsanbahnung und des Beschaffungsabschlusses einerseits und die Aufgaben der Beschaffungsabwicklung andererseits innerhalb des Einkaufs in Personalunion, innerhalb dieser Abteilung von mehreren Personen oder von verschiedenen Abteilungen wahrgenommen werden sollten. Wie im zweiten Abschnitt schon zum Ausdruck gekommen ist, hat sich in der Praxis der Trend verstärkt, den Einkauf im wesentlichen nur für die Beschaffungsanbahnung und den Vertragsabschluß verantwortlich zu machen, d.h. also in erster Linie für den „kreativen" Teil des Beschaffungsvorgangs. Die Beschaffungsabwicklung (z.B. die Erteilung von Abrufaufträgen und die Terminüberwachung) liegt hingegen bei der für die Disposition zuständigen Abteilung. Eine solche Aufteilung der Beschaffungskompetenzen ist an wesentliche organisatorische Voraussetzungen geknüpft,[1] wie auch die objektorientierte Funktionstrennung in gestaltenden und verwaltenden Einkauf einer klaren Kompetenzregelung bedarf. Wir haben dazu unter Ziffer 1.3.1.2 im zweiten Abschnitt einige Ausführungen gemacht.

Im Einzelfall werden auch hier Größe und Programmstruktur des Unternehmens, Nutzbarmachung der Datenverarbeitung für Informationszwecke und langfristig von der Unternehmensführung gesetzte Prioritäten einen entscheidenden Einfluß auf die Wahl der Organisationsform haben.

1 Vgl. vom Verf. „Materialwirtschaft – aber wie?", a.a.O., S. 27 ff.

2. Ablauf der Beschaffung

Aufgrund der skizzierten Überlegungen erscheint uns eine Aufteilung des Beschaffungsvorgangs in die erwähnten Tätigkeitsabschnitte sinnvoll. Der Beschaffungsabschluß soll aus Gründen der klareren Systematik nicht als Teil der Beschaffungsanbahnung angesehen werden, obwohl in den meisten Fällen dieser Vorgang ohne weitere Vertragsverhandlungen unmittelbar mit einer Bestellung abschließt, also insofern ein rein formaler Vorgang ist. Verantwortlich für den Beschaffungsabschluß ist – wie schon erwähnt – der Einkauf. Die routinemäßige Bestellung (Bestellauslösung durch Abruf) kann hingegen bei der Disposition liegen.

Praktische und systematische Erwägungen lassen eine abschnittsweise Betrachtung des Beschaffungsvorgangs angeraten erscheinen

2.1 Beschaffungsanbahnung

Die Beschaffungsanbahnung erfolgt zu einem großen Teil durch die Anfragetätigkeit des Einkaufs, der auf diesem Wege den optimalen Lieferanten zu bestimmen versucht. Insofern kann die Beschaffungsanbahnung als Teil der Beschaffungsmarktforschung (Dritter Abschnitt, 2.1) angesehen werden, auch wenn hier das Kriterium der Systematik fehlt. Die Beschaffungsanbahnung vereinfacht sich, wenn Beschaffungsmarktforschung systematisch betrieben wird (z.B. ist dadurch der Kreis potentieller Lieferanten schon eingeengt).

Die Beschaffungsanbahnung (Anfragetätigkeit) ist Teil der Beschaffungsmarktforschung

Grundlage der Beschaffungsanbahnung ist die Bedarfsmeldung, deren Herstellungstechnik und Gestaltung von entscheidender Bedeutung für die Aufgabeform der Anfragen ist.

2.1.1 Bedarfsaufgabe

Die Bedarfsaufgabe wird in der Regel von den Stellen vorgenommen, die den Bedarf ermitteln. Für Fertigungsmaterial kommt vor allem die Disposition oder Arbeitsvorbereitung in

Verfahren und Verantwortung für die Bedarfsaufgabe sind eindeutig zu regeln

Frage, für Hilfs- und Betriebsstoffe die Lagerverwaltung, für Handelswaren der Verkauf.[1] Bei Bevorratung von Fertigungsmaterial und Handelswaren wird es in der Praxis vorteilhaft sein, die Bedarfsmeldungen zunächst über das Lager zu leiten. Damit wird sichergestellt, daß ein Abgleich mit (evtl.) vorhandenen Lagerbeständen erfolgt.[2] Sinngemäß ist bei Einsatz von EDV zu verfahren. Auch ist eine Durchlaufregelung Fertigungsvorbereitung – Lagerverwaltung – Einkauf Voraussetzung für die Führung eines lückenlosen Materialvormerksystems.[3]

Die im Bedarfsfall einzuhaltenden Genehmigungswege sind genau festzulegen, wobei darauf zu achten ist, daß obere Instanzen nicht zu sehr mit Bagatellgenehmigungen belastet werden. Liegt eine klare Kostenstellenrechnung vor, dann ist damit die Verantwortung für die Materialkosten eindeutig abgegrenzt. Einer besonderen Form der Genehmigung bedarf dann nur die Einzelanforderung, deren Instanzenregelung sich am besten an Wertgrenzen der Bedarfsfälle orientiert.

Für die Bedarfsanforderung werden je nach Organisationsgrad, Bedarfsart und Beschaffungsobjekt unterschiedliche Datenträger benutzt

Vordrucktechnisch läßt sich die Bedarfsaufgabe auf unterschiedliche Weise durchführen. Geeignete Träger eines solchen Vorgangs können beispielsweise sein:

(1) Bedarfsmeldungs-Formulare

(2) Pendelkarten

(3) Stücklisten

(4) EDV-Listen

Schon aus dieser Aufzählung ist unschwer zu erkennen, daß der Organisationsgrad einer Unternehmung auf die Wahl des Anforderungsprinzips von Einfluß ist. Ausschlaggebend für die Wahl ist aber auch die Art der Beschaffungsfälle, wobei folgende Unterscheidung zu treffen ist:

1 Es gibt darüber hinaus noch Anforderungen für Investitionsbedarf, Bürobedarf, Bedarf an Verpackungsmaterial usw. – Darauf wird im Rahmen dieser Arbeit nicht speziell eingegangen.

2 Vgl. dazu Abb. 63 im vierten Abschnitt.

3 Vgl. W. Dörsch/F. Rupprecht, Bedarf – Angebot – Kauf, a.a.O., S. 20.

– Einmaliger sporadischer Bedarf

– Wiederholbedarf

Auf die einzelnen Möglichkeiten der Bedarfsaufgabe und ihre speziellen Anwendungsgebiete soll kurz eingegangen werden:

Zu (1): Bedarfsmeldungs-Formular
Das Bedarfsmeldungs-Formular ist die traditionelle Form der Bürotechnik, die bei der Bedarfsaufgabe zum Einsatz kommt. Auf seine Verwendung kann in der Praxis trotz umfassender Rationalisierungsmaßnahmen nicht verzichtet werden.

Das Bedarfsmeldungs-Formular bewährt sich bei Einmal-Bedarf

> Das Bedarfsmeldungs-Formular bewährt sich überall dort, wo der Bedarf nicht regelmäßig, sondern sporadisch oder einmal auftritt.

Es kann sich hierbei um Anforderungen für die verschiedensten Zwecke handeln, wie sie in einem Unternehmen an vielen Stellen entstehen (Investitionsbedarf, Büromittelbedarf, Dienstleistungen u.a.). Bei Betrieben mit typischer Einzelfertigung ist dieses preiswerte Organisationshilfsmittel richtig am Platz, soweit es das auftragsbezogene Bestimmungsmaterial betrifft.

Aus der Bedarfsmeldung wird nach Prüfung durch den Einkauf die Anfrage oder Bestellung hergeleitet. Daher muß bereits bei der formulartechnischen Gestaltung der Anforderung daran gedacht werden, daß in ihr alle Details in zweckmäßiger Anordnung enthalten sind, die in der Anfrage oder Bestellung wiederkehren sollen. Das Formular Nr. 5 ist ein Beispiel für eine rationell gestaltete „Anfrage/Bestell-Anforderung an Einkauf".[1]

Die Bedarfsmeldung ist anfrage- bzw. bestellgerecht zu gestalten

1 Vgl. P. Köckmann, Leistungsverbesserung der Beschaffung durch rationelle Arbeitsmittel, a.a.O., S. 17 f.

Anfrage / Bestell- **Anforderung an Einkauf**		Eingangs/Bearbeitungsvermerke Einkauf Anfrage-Nr. .... Frachtbasis. .... Verpackung .... Liefertermin .... Zahlung .... Bestell-Nr. .... Einkaufs-Nr. ....
Für Kom.-Bedarf Kom-.Nr. .... Kunde. .... Auslieferungstermin.	Für Kostenstellen-Bedarf Kontierung/Inv.-Nr.	
Empfangsstelle Köln/Hannover		
Bedarfstermin		
Vorliegende Angebote sind beizufügen. Bekannte Preise oder Bestellhöchstwerte aus Vorkalkulationen, Investitionsplänen usw. sind unbedingt anzugeben.		Bedarf f. | Wert | Lief.Mo. | Zahl.Mo. | Lief.

Waren-Nr.	Menge	Gegenstand/Werkstoff/Abmessungen	Einzelpreis	Gesamtpreis

Abnahmevorschrift ....

Norm geprüft ja/nein	Letzte Bestell-Nr.	Bestellwert	

Lieferantenvorschlag .... 3 ....

1 .... 4 ....

2 .... 5 ....

Datum	Anfordernde Stelle: Sachbearb.	Abt.-Leiter	geprüft	genehmigt	Bestellung		
					an Lief.-Nr.	Vereinbart am .... Zeichen	Schriftlich am .... Zeichen

Sorgfältig ausfüllen! Die anfordernde Stelle schreibt nur innerhalb des stark umrandeten Teils.

Formularbeispiel Nr. 5:
Anforderung an Einkauf

Die Einzelanforderung kann zur Bedarfsliste mit vorgedruckten Artikeln, die zweckmäßigerweise nach Lieferanten aufgeteilt und in entsprechender Reihenfolge angeordnet sind, erweitert werden. Diese sog. Sammelanforderungen finden in der Praxis vielfältige Verwendung, vor allem bei der Anforderung von Hilfs- und Betriebsstoffen, Büromaterial und ähnlichem.[1]

Die Einzelanforderung kann zur Sammelanforderung erweitert werden

Zu (2): Pendelkarten

Um die Bedarfsmeldung bei Wiederholbedarf auch in einem manuellen Organisationssystem so rationell wie möglich durchzuführen, sollte die Pendelkarte eingesetzt werden, für das Spezialfirmen wie DISPO-Organisation, Amsberg, und WEIGANG, Würzburg, zweckmäßige Organisationsmittel anbieten (vgl. Formular-Beispiel Nr. 6).

Die Pendelkarte bietet rationelle Bearbeitung bei Wiederholbedarf

Das Grundprinzip der Pendelkarte ist es, eine Stammunterlage mit einem einmal genau festgelegten Bestelltext zu schaffen und darauf alle Anforderungen nach Menge und Termin einzutragen. Um diese variablen Daten jeweils ergänzt pendelt sie dann bei jedem auftretendem Bedarfsfall zwischen Bedarfsträger und Einkauf, vielleicht sogar noch zwischen Lieferanten und Einkauf hin und her.[2]

Ihr Einsatzgebiet ist damit schon gekennzeichnet:

> Die Pendelkarte erweist sich bei normalem Wiederholbedarf, der in der Regel auch auf Lager gehalten wird, als ausgezeichnetes Rationalisierungsmittel.

Bei Einführung von Pendelkarten müssen folgende Voraussetzungen erfüllt sein:[3]

Die Einführung von Pendelkarten ist an Voraussetzungen geknüpft

1. Es ist eine normgerechte oder genormte Gegenstandsbeschreibung erforderlich.

2. Es muß gewährleistet sein, daß eine Stelle zentral die Beschriftung durchführt.

1 Vgl. dazu auch im vierten Abschnitt unter Ziffer 3.1.

2 Bei selbstgefertigten Teilen übernimmt die AV-Pendelkarte die Auslösung eines Fertigungsauftrages. Die dazu benötigten Arbeitspläne, Stücklisten und Zeichnungen werden im Kartenkopf angegeben.

3 Vgl. Boris/Nitsche/Weck, Einkaufschancen durch Umstellung auf modernen Arbeitsablauf, Wiesbaden 1971, S. 39.

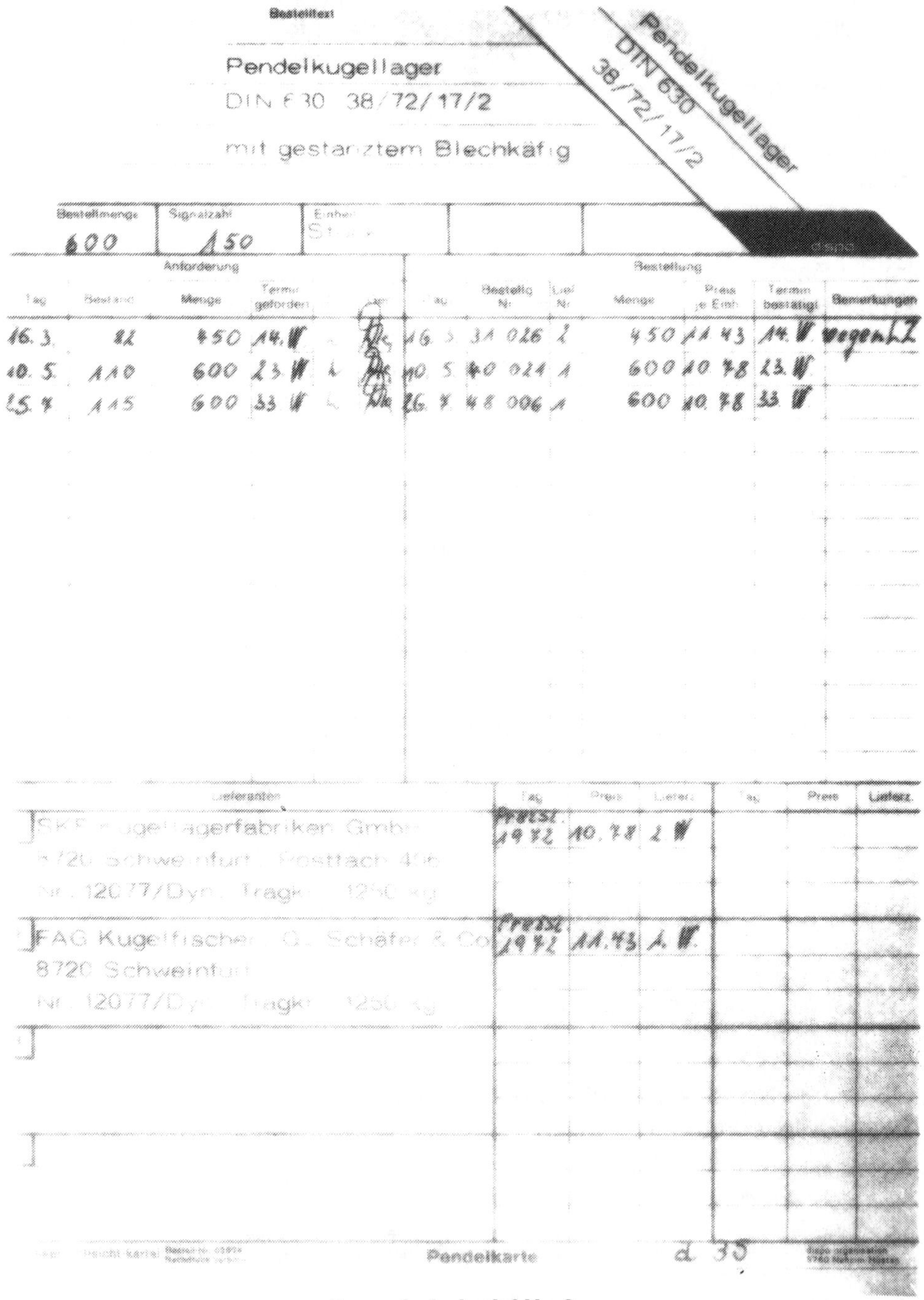

Bestelltext

Pendelkugellager
DIN 630 38/72/17/2
mit gestanztem Blechkäfig

Pendelkugellager
DIN 630
38/72/17/2

Bestellmenge	Signalzahl	Einheit
600	150	Stück

Anforderung					Bestellung						
Tag	Bestand	Menge	Termin gefordert		Tag	Bestellg. Nr.	Lief. Nr.	Menge	Preis je Einh.	Termin bestätigt	Bemerkungen
16.3.	82	450	14. W		16.3.	31 026	2	450	11.43	14. W	wegen L.Z.
10.5.	110	600	23. W		10.5.	40 024	1	600	10.78	23. W	
25.7.	115	600	33. W		26.7.	48 006	1	600	10.78	33. W	

Lieferanten	Tag	Preis	Lieferz.	Tag	Preis	Lieferz.
SKF Kugellagerfabriken GmbH, 8720 Schweinfurt, Postfach 456, Nr. 12077/Dyn. Tragk. 1250 kg	Preisl. 1972	10.78	2 W			
FAG Kugelfischer G. Schäfer & Co., 8720 Schweinfurt, Nr. 12077/Dyn. Tragk. 1250 kg	Preisl. 1972	11.43	2 W.			

Pendelkarte

Formularbeispiel Nr. 6:
Pendelkarte

Die Pendelkarte wird jeweils hinter der Lager-Dispositionskarte abgestellt.[1] Bei Erreichen des Meldebestandes, der bei der Abbuchung automatisch erkannt wird, wird die Pendelkarte – wie oben beschrieben – als Bedarfsmitteilung an den Einkauf verwandt.

Ein Beispiel soll die Verwendung der Pendelkarte als Anforderungsbeleg erläutern. Dabei werden die Eintragungen im Formularbeispiel Nr. 6 zugrunde gelegt, die in Verbindung mit den Eintragungen in der Lagerdispositionskarte (vgl. Formularbeispiel Nr. 2, Seite 268) zu lesen sind.

Praxisbeispiel zur Verwendung der Pendelkarte

Beispiel Nr. 46:
Am 25.7. wird durch eine Materialreservierung von 40 Pendelkugellagern der Bezeichnung DIN 630 38/72/17/2 mit gestanztem Blechkäfig der Meldebestand (Signalbestand) vom verfügbaren Bestand unterschritten. Der Karteiführer (Disponent) trägt daraufhin im linken Kartenteil der Pendelkarte das Anforderungsdatum, den noch verfügbaren Bestand (Vergleich für Anforderungsberechtigung), Anforderungsmenge (600 Stück entsprechend festgelegter Bestellmenge), geforderten Liefertermin ein und versieht die Anforderung mit seinem Zeichen. Mit Genehmigungsvermerk geht die Karte zum Einkauf, dem die Prüfung der Anforderung auf „Angemessenheit", Lieferantenauswahl und Bestellausführung obliegt. Parallel zur Anforderung wird auf der Dispositionskarte die Bestellung eingetragen und die bestellte Menge dem verfügbaren Bestand zugeschlagen. Dieser erhöht sich dementsprechend von 115 auf 715 Stück.

Der Einkauf führt die Bestellung aus und bestätigt durch Ausfüllen des rechten Kartenteils die Erledigung. Die Karte geht an das Lager (Disposition) zurück.

Da in der Pendelkarte der genaue Bestelltext eingetragen ist, muß er bei jeder neuen Anforderung nicht erst wieder geschrieben werden. Dies bringt für den Karteiführer (Disponenten) eine erhebliche Arbeitsersparnis mit sich und bedeutet für den Einkauf eine Erleichterung, da der Text auf der Pendelkarte so vorgeschrieben ist, wie er auf der Anfrage/

1 Da die Pendelkarte in diesem Fall ein etwas größeres Format als die Dispositionskarten haben, kann leicht erkannt werden, wo Pendelkarten fehlen.

Bestellung lauten muß. Fehler bei der Übertragung sind damit ausgeschaltet, die Prüfung der formalen Ordnungsmäßigkeit durch den Einkauf wird überflüssig.

Die Pendelkarte bietet auch hervorragende Informations- und Kontrollmöglichkeiten

Neben der Möglichkeit zur Rationalisierung und Vereinfachung bietet die Pendelkarte noch folgende Vorteile:[1]

- Sie ermöglicht einen sehr guten Überblick über Einkaufs- und Dispositionsdaten (Mengen, Preise, Lieferanten, Lieferzeiten, Bestellhäufigkeit).
- Sie erleichtert damit die Überwachung der Einkaufsleistung.
- Sie stellt ein sicheres Ordnungssystem durch gleichbleibende und gleichlautende Nummerung in der Disposition und im Einkauf dar.

Um die gleichen Aussagen, die sich bei der Pendelkarte auf einen Blick ergeben, bei der traditionellen Bedarfsmeldung zu erreichen, müssen erhebliche manuelle Zusammenstellungen aus den Bestellunterlagen erarbeitet werden.

Die Pendelkarte macht damit die Führung einer Einkaufskartei (Bestellkartei), in die Bestellungen, Bestätigungen und Lieferungen eingetragen werden, überflüssig. Sie ersetzt auch eine Preiskartei. Ihr Standort ist allerdings in der Disposition bzw. im Lager. Besonders günstige Arbeitsbedingungen werden geschaffen, wenn Disposition und Einkauf sehr eng zusammensitzen. Andernfalls kann es sich als zweckmäßig erweisen, daß der Einkauf weiterhin eine Einkaufs- und Preiskartei führt, damit die Pendelkarte bei Besprechungen, Vertreterbesuchen usw. nicht immer erst aus dem Lager oder Dispositionsabteilung angefordert werden muß.

Das Verlustrisiko der Verwendung von Pendelkarten ist gering

Die Befürchtung, daß Pendelkarten verlorengehen – ein häufig vorgebrachter Einwand –, läßt sich leicht wiederlegen: Verluste kommen nach Erfahrungen der Praxis ausgesprochen selten vor.[2] Immerhin gibt es Betriebe, die Pendel-

1 Vgl. J. Schmidt, Einsatz der Pendelkarte zur Bestellanforderung, in: G. Bretschneider, Hrsg., Einkaufsleiter-Handbuch, a.a.O., S. 232 ff.

2 Vgl. vom Verf. „Materialwirtschaft – aber wie?", a.a.O., S. 129.

karten betriebsintern über Entfernungen bis zu 200 km einsetzen.[1]

Die Verwendung von Stücklisten kann im Einzelfall zur Rationalisierung des Beschaffungsvorgangs führen

Zu (3): Stücklisten
Wird der Bedarf mit Hilfe von Stücklisten ermittelt, so können diese unmittelbar für die Bedarfsanforderung beim Einkauf verwendet werden, wenn es sich um einfach strukturierte Beschaffungsfälle handelt und zur Disposition nicht noch der Fertigungsplan benötigt wird. Der Einkauf kann sich in einem solchen Fall das Abschreiben der Materialtexte ersparen, indem er den Bestellungen nach Artikeln und Lieferanten sortierte Zeilenumdrucke oder Lichtpausen beifügt.[2]

Der Bedarfsanforderung in Form von EDV-Listen gehört die Zukunft

Zu (4): EDV-Listen
Die weitestgehende Form der Rationalisierung ist in Betrieben anzutreffen, die in der Materialdisposition EDV eingesetzt haben. In diesen Fällen erhält der Einkauf die Bedarfsanforderung als sog. Bestellvorschlag. Dabei handelt es sich um einen EDV-Ausdruck, in dem alle Materialpositionen aufgeführt sind, die den Bestellpunkt bzw. Meldebestand (im Formularbeispiel Nr. 7 unrichtigerweise als Mindestbestand definiert) erreicht oder unterschritten haben. Die dazu erforderliche Überprüfung führt der Computer nach jeder Buchung oder in zeitlichen Abständen durch. Es werden dabei entweder nur die realen Lagerbewegungen (in der Regel bei geringwertigen Teilen) oder darüber hinaus auch die zukünftigen Lagerbewegungen in Form von Bestellbeständen und Reservierungen (in der Regel bei hochwertigen Teilen) erfaßt.

Wie ein Bestellvorschlag aufgebaut sein kann, zeigt Formularbeispiel Nr. 7.

Der Einkäufer hält die Einkaufsentscheidung

Die Bestellvorschlagsliste wird vom Einkäufer oder Disponenten überprüft. Sie kann bei zu erwartenden saisonbedingten Nachfragesteigerungen, bei sich abzeichnenden Preiserhöhungen oder Preissenkungen und anderen Einflüssen des Beschaffungs- und Absatzmarktes positionsweise abgeändert oder ergänzt werden.

1 Vgl. A. Boje, Moderne Einkaufs-Organisation, a.a.O., S. 287.

2 ebenda, S. 369 f.

B E S T E L L V O R S C H L A G 00099020 — BUCHUNGSKREIS 01 DEUTSCHE SHELL AG — SEITE 1
EINKAUFSGRUPPE 120 HERR VOSS 040/6345811 — DATUM 27/06/85

MAT-NR HIBE	WAGR	DURCHSCHN.PREIS	WAERS	PRO
74.10.75.170.9 RO 10305 DN 80 88,9X 4,0 DIN 2448	7410		DM	1 M

Ze-RTB
03. JULI 1985

ROHR, STAHL- APZ
NACH DIN 2448
NAHTLOS
ENDEN NACH DIN 2559 TEIL 1 BEARBEITET
BIS 3,0 MM KZ 1, BIS 16,0 MM KZ 21,
AB 16,1 MM KZ 3

BESTAND IM W E R K 02 NR. 10 GRASBROOK

				DATUM/MENGE/BEST.-NR. LETZT. ZUGANG		
BESTELLVORSCHLAG	372,000 M			21.05.85	61,950	45096218
VERPACKUNGSEINHEIT	0					
BESTELLMENGENEINHEIT			LAGERORT	DATUM/MENGE/KONTIERUNG LETZTE BEWEG		
AUSGABEMENGENEINHEIT			01	27.06.85	28,000	K420022
BEVORRATUNGSINDEX	S					
LAGERBESTAND	33,450 M					
BESTELLBESTAND EXT.	0,000 M	45096218 13.05.85				
BESTELLBESTAND INT.	0,000 M					
SPERRBESTAND	0,000 M					
RESERVIERT	346,000 M	Überschuss geprüft.				
DISPONIERTE MENGE	0,000 M					
LAGERBEST. KONSI	0,000 M					
BESTELLBEST.KONSI	0,000 M					
LAG-BST UNBEWERTET	0,000 M					
BESTELLVORSCHLAGS-KZ	D					
MELDEBESTAND	30,000 M					
MELD-BEST-FAKTOR	1,0					
HOECHST-BESTAND	60,000 M					
UMLAGERUNGS-BESTAND	0,000 M					
INSPEKTIONS-BESTAND	0,000 M					
VERBRAUCH LFD-MONAT	28,000 M					
VERBRAUCH VOR-MONAT	18,500 M					
VERBRAUCH 2.V-MONAT	18,000 M					
VERBRAUCH 3.V-MONAT	0,000 M					
VERBRAUCH LFD-JAHR	107,460 M					
VERBRAUCH VOR-JAHR	343,030 M					

Formularbeispiel Nr. 7: Bestellvorschlag

Die Bestellschreibung wird dann durch die Eingabe der Dispositionsentscheidung ausgelöst.

Da die Materialdisposition einen automationsfähigen und automationswürdigen Aufgabenkomplex darstellt, werden von hier aus die Folgetätigkeiten in der Beschaffung beeinflußt, so daß dieser Form der Bedarfsaufgabe die Zukunft gehört.

2.1.2 Angebotseinholung

Auslösende Momente einer Lieferantenanfrage sind zahlreich

Die Angebotseinholung aufgrund von Anfragen kann

(1) der Einholung von Informationen (z.B. für die Entwicklungs- und Konstruktionsabteilung),

(2) der Ermittlung des günstigsten Lieferanten bei vorliegender Bedarfsanforderung,

(3) der Kontrolle und Ergänzung der Einkaufsunterlagen im Sinne der Beschaffungsmarktforschung

dienen. In der Hauptsache ist auslösendes Moment einer Lieferantenanfrage der konkrete Bedarfsfall, der durch eine „Anforderung an den Einkauf" belegt wird. Von diesem Anfragegrund soll hier im wesentlichen ausgegangen werden.

Es sei jedoch betont, daß Anfragen nicht immer im Zusammenhang mit einem bestimmten Bedarfsfall gestellt werden müssen. Vielmehr sollte dieses wichtige Informationsinstrument zumindest bei hochwertigen Materialien verstärkt als Mittel der Beschaffungsmarktforschung eingesetzt werden,[1] um die jeweils wettbewerbsfähigsten Anbieter zu ermitteln und in einem besonderen Anfrageregister (s.u.) festzuhalten. Der Rückgriff auf ein solches Verzeichnis im Bedarfsfall kann besonders dann von Vorteil sein, wenn im Augenblick der Anforderung für eine eingehende Marktanalyse nicht mehr

1 Die Anfragetätigkeit im Rahmen der Beschaffungsmarktforschung ist entsprechend der andersartigen Aufgabenstellung an anderer Stelle dieser Arbeit skizziert worden (dritter Abschnitt, Ziffer 2.2).

genügend Zeit bleibt. Daß solche Fälle in der Praxis häufig mehr die Regel als die Ausnahme sind, wird von Einkäufern immer wieder bestätigt.

Erforderliche Organisationsmittel für das Anfrageverfahren:
- Bezugsquellenverzeichnis
- Anfrageregister
- Lieferantenkartei
- Anfragevordruck
- Anfragesammelbogen

Als Organisationsmittel für das Anfrageverfahren sind durchweg erforderlich:[1]

(1) Das Bezugsquellenverzeichnis:
Als Bezugsquellenverzeichnis kommen alle überhaupt registrierten, also auch die noch nicht genutzten Bezugsquellen in Betracht. Es sind in erster Linie Angaben aus Adreßbüchern, Messekatalogen oder aus Berichten und Anzeigen in Fachzeitschriften.

Alle erreichbaren Adreßbücher u.a. sollten als Quellennachweis zur Verfügung stehen

Als Beispiele für Adreßbücher sind zu nennen:
- Das Deutsche Branchen-Fernsprechbuch
- Das 1 x 1 des Einkaufs
- Der Große Hartmann
  Adreßbuchverlag G. Hartmann, Bonn
- Jaeger's Europa-Register
  Deutscher Adreßbuchverlag für Wirtschaft und Verkehr GmbH, Darmstadt
- KOMPASS-Informationssystem
  (erscheint in fast 20 Ländern der Erde)
- SEIBT-Industriekatalog
- WER liefert WAS
  Seibt-Verlag, München
- Die Firmenhandbücher des Deutschen Betriebswirte-Verlages, Gernsbach

Weitere Auskünfte gibt der Verband Deutscher Adreßbuch-Verleger, Düsseldorf

Das Anfrageregister als Verzeichnis der am Wettbewerb „zugelassenen" Lieferanten

(2) Das Anfrageregister:
Das Anfrageregister ist der Lieferantenkartei vorgeschaltet, um alle Anbieter festzuhalten, die bei Anfrageaktionen in günstiger Position lagen. Dabei könnten die gleichen Karten benutzt werden, die später als Lieferantenkarten benutzt werden. Nur sind diese solange durch ein Sichtzeichen als Anfragekarte zu kennzeichnen, bis eine Anfrage zu einem Abschluß führt. Von der Karte des betreffenden Lieferanten wird dann das Anfragekarteizeichen entfernt und die Karte in die Lieferantenkartei umgesteckt.

1 Vgl. H. Strache, Preise senken – Gewinn einkaufen, a.a.O., S. 223 ff.

In der Praxis ist es auch üblich, die am Wettbewerb „zugelassenen" Lieferanten in einer Liste zusammenzufassen. Doch ist diese Organisationsform weniger zweckmäßig, weil sie Doppelarbeit verursacht.

(3) Die Lieferantenkartei:
Die Lieferantenkartei sammelt alle wirklichen Lieferanten und soll optimal Auskunft geben über deren Leistungsfähigkeit. Sie soll ein „Steckbrief" des Lieferanten sein, der die beste Einkaufsentscheidung ermöglicht. Diesem Zweck entsprechend ist der Inhalt aufzubauen, wobei darauf zu achten ist, daß nicht zu viele Nebensächlichkeiten hineingedacht werden. Leistungstypische Fakten, die beurteilenden Wert haben, sind exakt zu erfassen (vgl. nachfolgend unter 2.1.3).

Die Lieferantenkartei soll über organisations- und leistungstypische Fakten der „wirklichen" Lieferanten informieren

Die Lieferantenkarte kann wie das als Muster abgebildete Formular gestaltet werden, das sich als Arbeitsgrundlage in den Einkaufsabteilungen mehrerer, einem großen Konzern zugehörigen Unternehmen bewährt hat (vgl. Formularbeispiel Nr. 8). In diesem Beispiel ist die Rückseite der kartonierten Lieferantenkarte für zusätzliche Angaben freigehalten. Es kann aber auch zweckmäßig sein, auf der Vorderseite organisationstypische und auf der Rückseite leistungstypische Informationen unterzubringen.

(4) Der Anfragevordruck:
Aus Gründen der Rationalisierung werden als Anfragen meist Vordrucke verwendet, die einen standardisierten Anfragetext, Nummernfelder und Spalten für die Kennzeichnung von Materialart, -menge und -preis enthalten. Zu diesen Angaben kommen hinzu: gewünschte Liefertermine, Nebenleistungen, Zahlungs- und Lieferbedingungen sowie ggf. Sondervorschriften und Vermerke zu Zeichnungen, Mustern, Modellen u.a. – Auf der Rückseite der Anfrage sind in der Regel die Einkaufsbedingungen abgedruckt, auf die im Anfragetext Bezug genommen werden muß.

Das Anfrageformular ist zumeist ein Vordruck, der alle „konstanten" Angaben enthält

Als Muster eines Anfragevordrucks geben wir ein Beispiel aus der Praxis wieder (Formularbeispiel Nr. 9). Es wird hier die Anfrage gleichzeitig als ein Instrument der Wertanalyse eingesetzt.

LIEFERANTEN-DATEN

Einkauf	Zentraleinkauf	Anschrift	Telefon:	Telex-Nr.:	Datum-Erstellung:
Lieferanten-Nr.			Telegr.-Anschrift:		
Rahmenabkommen			zahlbar an:	Konzern-Liefer-Nr.	Kunde / Gewksch. / Tarifgeb. / Termin

1976	1977	1978	1979	1980	1981		Lieferant von: bis:	Hausruf	Einkäufer/Sachbearbeiter

EINKAUFSBEDINGUNGEN / HINWEISE

Schlüssel	Zahlung
Schlüssel	Preisstellung:
Schlüssel	Verpackung:

Einkaufsumsätze

Faktoren	1976	1977	1978	1979	1980	1981
TDM						
ABC-Klassif. n. EK-Umsatz						
% v. Lief.-Verk.-Umsatz						
Bemerkungen						

VERKAUFSPROGRAMM

Warengruppe	Produkte	ZE-Bonus

Preisveränderungen

Faktoren	1976	1977	1978	1979	1980	1981
Termin						
± Veränderung %						

Firmen-Interna

Geschäfts-Ltg.
Verkaufs-Ltg.
Vertreter
Sachbearbeiter
Produkt-Ltg.
Kontroll-Ltg.
Einkaufs-Ltg.

Belegschaft – Lohn - Material - GK-Anteil in %

Faktoren	1976	1977	1978	1979	1980	1981
Ges. Belegschaft (1)						
Arbeiter						
% v. (1)						
Angestellte						
% v. (1)						
Lohn Anteil in %						
Material Anteil in %						
Gem.-Kosten " in %						

NIEDERLASSUNG / ZWEIGWERKE – INLAND / AUSLAND

Beurteilung (Punktsystem)

Faktoren	1976	1977	1978	1979	1980	1981
Preis						
Qualität						
Termin						
Service						
Punkt Summe						

Verteiler: Bestellkopien

Form 1328 (9.76)

Formularbeispiel Nr. 8: Lieferantenkarte

Rheinstahl Hanomag, 3 Hannover Postfach

Firma | Lieferanten-Nr.

ANFRAGE

Nr. KE / vom
Ihr Angebot erwarten wir unter Angabe der Anfrage–Nr. und Rückgabe der Anlagen bis zum
Besuchsempfang Einkauf Dienstag und Donnerstag von 8.00-12.00 Uhr. Ausnahmen nur nach Vereinbarung!

Wir bitten um Ihr kostenloses und für uns unverbindliches Angebot für untenstehendes Teil/Material zu unseren umstehenden Einkaufsbedingungen.

VO BA PE Sachnummer Ä.Index	Benennung	Zeichnungsnummer	Datum
Norm und Abmessung	Norm, Werkstoff, Qualitätsangabe und Behandlung Werkstoff		
Werkstücklieferbedingung Datum	Werkstofflieferbedingung		Datum
Bezugshinweise:			

Bestellmenge	Abrufmenge	Best. Maßeinheit	Gewicht je Best.-Menge 1	Bedarfszeitraum	Liefertermin
Verwendungsort		Musteranlieferung vor Liefertermin			
Verpackung					
Preisstellung					
Zahlungsbedingungen					

Geben Sie bitte Ihr Angebot in folgender Reihenfolge ab:

1. Preis je Mengeneinheit
2. Gewicht
3. Betriebsmittel
4. Werkzeugkosten – Amortisation
5. Preisstellung, Fracht, Verpackung
6. Zahlungsbedingungen
7. Lieferzeit/Muster

KOSTENSENKUNG!
Bitte überlegen Sie, wie unsere Ausführung noch KOSTENGÜNSTIGER und ZWECKMÄSSIGER gestaltet werden kann.
Werden bereits gleiche oder ähnliche Teile gefertigt?
Ist eine Anlehnung an bereits vorhandene Fertigungsmethoden möglich?
Ist die Funktion auf weniger aufwendige Weise zu erreichen?

ANLAGEN:

Formularbeispiel Nr. 9: Anfrage

Der Anfragesammelbogen kann – entsprechend ausgestaltet – für die Zusammenstellung der Angebote verwendet werden

(5) Der Anfragesammelbogen:
Der Anfragesammelbogen nimmt die Adressen der angefragten Lieferanten auf. Bei entsprechender Gestaltung bietet er die Möglichkeit, die Angaben der Angebote zu erfassen und die wirklichen Netto-Preise darzustellen (s. Formularbeispiel Nr. 10, Seite 392). Die Auswahl der Lieferanten wird dadurch erleichtert.

Es gibt mehrere vereinfachende Verfahren für die Anfrageherstellung

Für die Herstellung der Anfragen stehen mehrere Verfahren zur Verfügung, um die Schreibarbeit und den Arbeitsaufwand für die Überprüfung des Anfragetextes auf seine Übereinstimmung mit der Anforderung zu reduzieren. Als Beispiele sind zu nennen:

- Der Anfrageschreibsatz: Es ist hierbei die Zahl der Durchschläge individuell zu wählen. Empfehlenswert ist es, das Blatt 2 des Schreibsatzes sofort als Rückantwortblatt des Lieferanten auszustatten und gleichzeitig Blatt 3 als Durchschlag seines Angebotes mitzuliefern.
- Anfrage mit Umdruck: Die Anforderung/Anfrage wird vom Bedarfsträger gleich auf ein Umdruck-Original geschrieben, das an den Einkauf geht. Dieser stellt von der Matrize im Umdruckverfahren die Anfragen her.
- Anfrage als Kopie der Bedarfsanforderung
- Anfrageschreibung mit Schreibautomat (Autotypist)
- Anfrageschreibung mit EDV

Die Anfrageintensität ist mit dem Ziel festzulegen, eine optimale Auswahl der anzufragenden Lieferanten zu treffen

Zeigen das Bezugsquellenverzeichnis, das Anfrageregister und die Lieferantenkarten – sofern sie in regelmäßigen Abständen überprüft und so vor dem Veralten geschützt werden – bei welchen Firmen angefragt werden kann, so stellen sich im konkreten Bedarfsfall die beiden kritischen Fragen:

- Bei welchen Firmen soll angefragt werden?
- Wieviele Anfragen sollen hinausgehen?

Ziel des Auswahlprozesses ist es,

- eine optimale Auswahl der anzufragenden Lieferanten zu treffen.

Auf den Sonderfall des Angebotsmonopols soll hier nicht näher eingegangen werden.[1] In den meisten Fällen wird der verantwortliche Einkäufer nach eigenem Ermessen oder festgelegten Richtlinien auf der Basis der Lieferantenkartei die Auswahl der anzufragenden Lieferanten treffen können. Möglicherweise wird er auch Angebote von Unternehmen einholen, mit denen das eigene Unternehmen bislang noch nicht zu einem Geschäftsschluß gekommen ist. Es gehört zu seinen Aufgaben, das Treue- und Wettbewerbsprinzip bei der Lieferantenauswahl entsprechend den festgelegten beschaffungspolitischen Grundsätzen in sinnvoller Weise zu beachten.[2]

Außerdem ist von Bedeutung, ob dem Bedarfsfall ein laufend wiederkehrender Bedarf oder ein erstmaliger bzw. einmaliger Bedarf zugrunde liegt. Bei Anfragen für bislang noch nicht bezogene Materialien und Handelswaren aller Art muß der Einkäufer auf das Bezugsquellenverzeichnis zurückgreifen. Wenn die Zeit für eine große Anfrageaktion nicht zur Verfügung steht, wird er nach inzwischen verbesserter Marktkenntnis versuchen, mit einem gewählten Lieferanten nachträglich günstigere Konditionen auszuhandeln.

Die Intensität der Angebotseinholung kann zugleich ein Ausdruck der Beschaffungsmarktforschung und der arbeitsmäßigen Belastung des Einkaufs sein. Aus beiden Gründen erscheint es daher zweckmäßig, für die Anzahl und Häufigkeit der Anfragen (= Anfrageintensität) Richtlinien herauszugeben. Hier erweist sich erneut das ABC-Verfahren als Entscheidungshilfe:

Richtlinien, die dem Einkäufer einen Handlungsspielraum lassen, sollten die Anfrageintensität nach dem ABC-System bestimmen

> Die Materialien mit einem hohen Bedarfswert müssen einer intensiveren Anfragetätigkeit unterzogen werden als die mittel- und geringwertigen Beschaffungsobjekte.

1 Auch in einem solchen Fall braucht die Anfrageintensität des Einkaufs nicht völlig zum Erliegen kommen, da Substitutionsgüter sich auf dem Markt befinden können, die vielleicht für den eigenen Betrieb interessant sind und daher einem Informationsbedürfnis unterliegen – Vgl. W. Dörsch/F. Rupprecht, Bedarf – Angebot – Kauf, a.a.O., S. 219 f.

2 Vgl. dazu weiter vorn dritter Abschnitt, 4.2.3.

ANFRAGEN–ANGEBOTE–ABSAGEN

– Mindesanforderungen–

Ware Wertgrenzen	Anfragen	Anzahl Angebote	Absageform
– Wartungsteile kleiner 2.500,-/Jahr übrige Waren-Leistung kleiner 500,-/Jahr	–	0	–
Alle Waren und Leistungen kleiner 5.000,-/Jahr kleiner 1.500,-/Fall	mündlich	1	mündlich
Alle Waren und Leistungen kleiner 5.000,-/Jahr größer 1.500,-/Fall	mündlich Angebot aber schriftlich bestätigen	3 alle 2 Jahre	mündlich
Alle Waren und Leistungen größer 5.000,-/Jahr oder Fall	schriftlich	3 jedes Jahr	schriftlich mit Begründung

- o Corporate Contracts ersetzen weitere Angebote!
- o „No-bid" Antworten gelten nicht als Angebot!
- o Der gesamte Angebotsvorgang ist so zu dokumentieren, daß er jederzeit rekonstruiert werden kann.

Ref.: PM 315

Juli 1975 **IBM DEUTSCHLAND GMBH** **VG Einkauf**

**Abbildung 79:
Richtlinie zur Anfrageintensität**

Als Beispiel dazu eine „Anweisung an den Einkauf" aus der Praxis:

Beispiel 47:
Die IBM DEUTSCHLAND, Sindelfingen, hat die in Abb. 79 wiedergegebene Richtlinie zur Anfrageintensität erlassen. Man hat, was durchaus zweckmäßig ist, auch die Form der Absage den Wertgrenzen entsprechend differenziert.

Praxisbeispiel zur Regelung der Anfrageintensität

Die Dokumentation des Angebotsvorgangs ist für Kontroll- und Revisionszwecke erforderlich.

Nichts spricht dagegen, daß dem Einkäufer hinsichtlich der Zahl der Anfragen bestimmte Richtlinien vorgegeben werden, solange diese keine bindende Vorschrift bedeuten und es dem Einkäufer gestatten, im Einzelfall davon abzuweichen. Je nach der sich im Einzelfall ergebenen Situation ist einmal die Zahl von drei Anfragen völlig ausreichend, ein anderes Mal stellen aber zehn Anfragen das Optimum dar. Die Dringlichkeit des Bedarfs, die Marktsituation, die Marktkenntnis des Einkäufers sind neben Umfang und Wert des Bedarfs Entscheidungskriterien für die Zahl der Anfragen.

Der Vorgang der Angebotseinholung ist jedoch mit der Versendung der Anfragen noch nicht abgeschlossen. Da Verzögerungen im Angebotseingang sich auf die nachfolgenden Phasen des Beschaffungsvorgangs nachteilig auswirken können, ist der termingerechte Eingang der Angebote sorgfältig zu überwachen. Diese wichtige Aufgabe kann sehr einfach dadurch wahrgenommen werden, daß eine Anfragekopie – nach der Anfragenummer oder dem Anfragedatum sortiert – auf Termin gelegt wird.

Die Terminüberwachung des Angebotseingangs gehört zum Anfragevorgang

In dringenden Bedarfsfällen kann eine Angebotserinnerung ca. acht bis zehn Tage vor dem im Angebot genannten Angebotstermin angebracht sein. Es sollte allerdings beim Festlegen des Angebotstermins den Anbietern ausreichend Zeit zur Bearbeitung der Anfrage zugemessen werden.

Angebotserinnerung kann angebracht sein

2.1.3 Angebotsprüfung und Angebotsvergleich

Die Wahl des optimalen Lieferanten ist Ziel der Angebotsauswertung

Nachdem sichergestellt ist, daß alle eingegangenen Angebote lückenlos erfaßt sind, stellt sich für den Einkäufer die Aufgabe, die vorliegenden Angebote zu prüfen und zu vergleichen.

Ziel dieses Prüf- und Auswertungsvorganges ist es,

- das wirklich günstige (optimale) Angebot zu bestimmen.

Mit anderen Worten: Prüfung und Vergleich der Angebote sind nicht auf eine Gegenüberstellung der Preise zu beschränken, sondern müssen den Vergleich nichtpreislicher Faktoren wie Qualität, Liefertermin usw. (s.u.) einbeziehen!

Die Angebotsauswertung erstreckt sich zunächst auf die Prüfung der Einzelangebote, sodann auf den Angebotsvergleich

Um dieses Wahl- und Entscheidungsproblem zu lösen, empfiehlt es sich im Regelfall, in folgenden Schritten vorzugehen:

(1) Angebotsprüfung
  a) Formelle Angebotsprüfung
  b) Materielle Angebotsprüfung

(2) Angebotsvergleich

Will man die Rechtfertigung der Lieferantenauswahl (Bestellvergabe) überwachen oder nachprüfen, so ist die Verwendung klarer und einheitlicher Formulare von Vorteil.

2.1.3.1 Angebotsprüfung

Zweckmäßigerweise ist hinsichtlich der Angebotsprüfung zwischen der formellen und der materiellen Prüfung der Angebote zu unterscheiden.[1]

1 Vgl. W. Dörsch/H. Strache, Einkaufsvorbereitung, Wiesbaden (o.J.), S. 21.

a) Formelle Angebotsprüfung

Die formelle Angebotsprüfung sucht in erster Linie eine Antwort auf folgende Fragen zu finden:

Formell werden die Angebote überprüft auf
- Übereinstimmung
- Vollständigkeit
- Eindeutigkeit

- Stimmt das Angebot mit der Anfrage überein?
- Liegt das Angebot vollständig (z.B. mit entsprechenden Zeichnungsunterlagen, Berechnungen) vor?
- Ist das Angebot eindeutig?

Insbesondere ist im Zusammenhang mit dieser mehr routinemäßigen Prüfung jedes einzelnen Angebotes darauf zu achten, daß tatsächlich die verlangte Qualität angeboten wurde. Ein weiterer wichtiger Punkt ist der Preis. Hierbei ist vor allem zu prüfen, ob der Lieferant die gewünsche Preisstellung (frei Haus, ab Werk, cif, fob) und Preisbasis (Festpreis) seinem Angebot zugrunde gelegt hat. Außerdem muß sich die Prüfung darauf erstrecken, ob die Lieferung der benötigten Materialien in der angefragten Menge und zum gewünschten Termin erfolgen wird. Nicht zuletzt ist darauf zu achten, ob der Lieferant die eigenen Einkaufsbedingungen anerkennt oder sie ganz oder teilweise durch seine Verkaufsbedingungen zu ersetzen versucht.

Zweckmäßigerweise erfolgt diese formelle Prüfung unmittelbar nach dem Angebotseingang. Es verbleibt dann möglicherweise noch Zeit für Rückfragen, falls das Angebot von der Anfrage abweicht, nicht vollständig oder in Einzelheiten unklar ist. In jedem Fall sind Mängel dieser Art, wenn sie nicht mehr geklärt werden, auf dem Angebot zu vermerken, damit sie beim Angebotsvergleich nicht übersehen werden. Sind die Abweichungen gravierend und betreffen sie wesentliche Punkte, so erübrigt sich die Einbeziehung des Angebotes in den materiellen Prüfungsvorgang.

Die formelle Prüfung der Angebote sollte sofort nach ihrem Eintreffen erfolgen

b) Materielle Angebotsprüfung

Der formellen Angebotsprüfung schließt sich als nächster Schritt die materielle Prüfung und Auswertung der einzelnen

Die materielle Angebotsprüfung erstreckt sich auf alle entscheidungsrelevanten Faktoren

Angebote an. Diese erfordert eine eingehende und systematische Untersuchung aller bei der Lieferantenwahl mitentscheidenden Faktoren. Zu nennen sind:[1]

- Preis, Preisgestaltung einschließlich Zahlungsbedingungen
- Qualität und Leistungen
- Lieferzeit
- Lieferbindungen einschl. aller Sonderleistungen
- Standort des Lieferanten
- Sonstige Faktoren

Die Reihenfolge beinhaltet keine Wertung der einzelnen Faktoren. Im Regelfall wird der Einkäufer jedoch zunächst den Angebotspreis analysieren und die Preisgestaltung sowie die Zahlungsbedingungen einer sorgfältigen Untersuchung unterziehen.

Die Preisanalyse vollzieht sich regelmäßig in zwei Stufen:

(1) Ermittlung des Netto-Einstandspreises

(2) Untersuchung der Angemessenheit der Preise

Die Angebote müssen zunächst auf eine einheitliche Preisbasis gestellt werden

Zu (1):
Alle Angebote müssen auf eine einheitliche Preisbasis frei Haus oder Bestimmungsort umgerechnet werden, um ihre Vergleichbarkeit herzustellen (sog. Einkaufskalkulation). Diese Umrechnung ist mit einem erheblichen Arbeits- und Zeitaufwand verbunden, den man sich bei Verwendung standardisierter Anfrageschreibsätze mit Angebotskopie weitgehend ersparen kann!

Es sind im Zusammenhang mit der Einkaufskalkulation alle Bezugs- und Bezugsnebenkosten zu erfassen. Außerdem sind Rabatte und Boni, wenn sie für jeden Warenbezug gewährt werden, zu berücksichtigen. Auch die Zahlungsbedingungen sind zu beachten, sofern diese – was in der Regel zutrifft – Skontoklauseln enthalten. Damit gehen in die Ermittlung des Netto-Einstandspreises folgende Preiselemente ein:

1 Vgl. W. Dörsch/H. Strache, Einkaufsvorbereitung, a.a.O., S. 23.

a) Preis je ME
b) Mindermengenzuschlag
c) Rabatt/Bonus
d) Skonto
e) Frachtdifferenz (ab Werk, frei Haus)
f) Verpackung (einschließlich/ausschließlich)
g) Verpackungsrücksendung
h) Zölle, Gebühren
i) sonstige Kosten

Netto-Einstandspreis
$= a + b - c - d + e + f - g + h + i$

Die Umrechnung kann auf dem Angebot jeweils getrennt für jeden Lieferanten vorgenommen werden oder – was zweckmäßiger ist – auf einem besonderen Angebots-Vergleichsblatt (vgl. Formularbeispiel Nr. 10 unter folgendem Punkt dieses Abschnitts).

Zu (2):
Als nächstes ist die Angemessenheit der Preise zu untersuchen. Dabei bieten sich folgende Möglichkeiten an:

Im Rahmen der Preisanalyse ist in einem zweiten Schritt die Angemessenheit der Preise zu untersuchen

a) Vergleich mit amtlichen Notierungen
b) Zeitlicher Preisvergleich zwischen früheren und heutigen Preisen des gleichen Lieferanten
c) Kalkulationsvergleich

Nur selten ist ein Vergleich mit amtlichen Notierungen (z.B. mit Börsennotierungen, Auktionsergebnissen) möglich. In der überwiegenden Mehrzahl der Fälle wird nur der zeitliche Preisvergleich mit Hilfe der Lieferanten- oder Preiskartei in Betracht kommen. Dabei ist jedoch darauf zu achten, daß die Preise der Vergangenheit auf die gegenwärtige Preisbasis umgerechnet werden. Außerdem sind Preisnachlässe und Mindermengenzuschläge als Folge unterschiedlicher Bezugsmengen zu berücksichtigen, um zu einer richtigen Aussage zu kommen.

Der Preisvergleich mit amtlichen Notierungen kommt selten in Betracht

Der zeitliche Preisvergleich zwischen früheren und heutigen Preisen des gleichen Lieferanten ist zwar wichtig, bewahrt ein Unternehmen aber nicht davor, daß die Preise des Lieferanten überhöht sein können und über einen angemessenen Gewinn hinaus noch eine mehr oder weniger große „Rente"

Der zeitliche Preisvergleich schützt nicht vor überhöhten Preisforderungen des Lieferanten enthalten. Zwar wird in vielen Fällen der Einkäufer in Verhandlungen mit dem Lieferanten Preissenkungen erreichen. Weiß er aber wirklich, wenn er sich zu einem Preis entschlossen hat, ob dieser Preis kostengerecht ist? Die ungefähre Gewißheit darüber kann er sich nur verschaffen, wenn er eine grundlegende Preis- und Kostenanalyse durchführt. Diese Aufgabe stellt an die Fähigkeiten eines Einkäufers erhebliche Anforderungen, die von einem versierten Facheinkäufer aber erwartet werden können. Heißt es doch in einer Fachzeitschrift:

Der Facheinkäufer muß die Fähigkeit zur Preis- und Kostenanalyse besitzen

> „Wer sich ohne fundierte Kenntnisse der Angebote und/oder Preisbestandteile seiner Lieferanten betätigt, der gehört nicht in den Kreis der qualifizierten Facheinkäufer".

Informationen über alle kostenbeeinflussenden Faktoren sind in der Regel notwendig

Folgende Preisbestandteile sind zu analysieren:

- Materialkosten
- Lohn- und Gehaltskosten
- Kapitalkosten
- Energiekosten
- Werkzeugkosten
- Verpackungskosten
- Transportkosten
- Zölle, Steuern, Gebühren

Nun wird der Lieferant nur in Ausnahmefällen zur Offenlegung seiner Kalkulation bereit sein. Der „qualifizierte Facheinkäufer" muß daher versuchen, auf indirektem Wege die Preisobergrenze zu bestimmen, die er beim Kauf zu überschreiten nicht gewillt ist. Dazu braucht er Informationen über alle kostenbeeinflussenden Faktoren:[1]

- Die Tarifsituation auf dem Arbeitsmarkt des Lieferanten
- Den Rohstoffmarkt des gekauften Teils
- Importmöglichkeiten mit allen Nebenkosten
- Die örtlichen Möglichkeiten des Lieferanten in Bezug auf Arbeitskräfte, Zulieferer, Frachtlage, staatliche Vergünstigungen, Zubringerindustrien
- Kenntnisse von Normteilen und genormten Rohstoffen, die bei der Herstellung verwendet werden; Kenntnis der Werkzeugsituation, der Fertigungstiefe usw.

1 Vgl. vom Verf. „Materialwirtschaft – aber wie?", a.a.O., S. 225 ff. – Siehe auch H. Strache, Preisarbeit – Arbeitstechnik für den Einkauf, Nürnberg 1981, S. 19 ff.

Mit Hilfe der eigenen Kostenrechnungsabteilung sollte der Einkäufer eine vollständige Kalkulation aufstellen, wobei es sich empfiehlt, mit Maximal- und Minimalkosten und mehreren Gemeinkostenzuschlagssätzen zu arbeiten. Wegen des Umfangs dieser Arbeit versteht es sich von selbst, daß dieses Verfahren nur bei A-Teilen und bei langfristigen Preisgesprächen anzuwenden ist.

Der Schwerpunkt der Preis- und Kostenanalyse liegt bei A-Teilen

Ein weiterer wichtiger Punkt der materiellen Angebotsprüfung ist die technische und sachliche Beurteilung der angebotenen Qualität sowie der technischen Leistungen durch die Bedarfsträger oder besondere Prüfstellen, sofern der Einkauf nicht selbst dazu in der Lage ist. Diese Prüfung ist insbesondere bei Materialien erforderlich, für die keine allgemeingültigen Qualitätsvorschriften (DIN-, ISO-Normen u.a.) oder Richtlinien (VDI-, VDMA-Richtlinien u.a.) bzw. Güteklassen bestehen.

Die sachliche und technische Beurteilung der angebotenen Qualität ist ein weiterer wichtiger Punkt der materiellen Angebotsprüfung

Qualität ist teuer! Bei der Beurteilung ist daher von der gerade noch erforderlichen Qualität und Leistung auszugehen, der sog. Qualitätsannahmegrenze.[1] Die Entscheidung darüber, ob für Mehrleistungen oder eine höhere Qualität evtl. ein höherer Preis bezahlt werden sollte, darf nicht allein bei den technischen Prüfstellen liegen, sondern muß unter Berücksichtigung der betrieblichen Notwendigkeiten und der Marktgegebenheiten auf der Absatz- und Beschaffungsseite gemeinsam mit dem Einkauf gefällt werden.

Bei der Qualitätsbeurteilung ist von der „Qualitätsannahmegrenze" auszugehen

Ein nicht unwichtiger Punkt ist auch die angebotene Lieferzeit, da in der Regel das Beschaffungsrisiko mit der Länge der Lieferzeit wächst. Lange Lieferzeiten führen regelmäßig auch zu höheren Sicherheitsbeständen. Diese sind wiederum Ursache höherer Lagerhaltungskosten und gesteigerten Lagerrisikos.

Lieferzeit und Termintreue sind weitere wichtige Kriterien der materiellen Angebotsprüfung

Wird vom Lieferanten – wie in der Anfrage gefordert – ein fester Liefertermin zugesagt, so ist seine Termintreue zu beurteilen. Die dazu erforderlichen Informationen kann der Einkäufer bei bekannten Lieferanten aus der Lieferantenkarte gewinnen. Bei einem noch unbekannten Lieferanten muß er sich diese auf anderem Wege (z.B. durch Rückfrage bei einem Kollegen in einem anderen Unternehmen) beschaffen.

1 Vgl. H. Strache, Preise senken – Gewinn einkaufen, a.a.O., S. 254.

Eventuell kann auch die Bereitschaft des Lieferanten zur Übernahme von Konventionalstrafen ein Indiz für die Zuverlässigkeit sein.

In zeitlicher Hinsicht interessieren also besonders folgende Gesichtspunkte:

- Länge der Lieferzeit
- Terminzusage
- Termintreue
- Bereitschaft zur Übernahme von Konventionalstrafen.

Die Liefer- und Zahlungsbedingungen einschließlich aller Sonderleistungen sind ebenfalls im Rahmen der materiellen Angebotsprüfung zu beurteilen

Zu beurteilen sind auch die Zahlungs- und Lieferbedingungen einschließlich aller Sonderleistungen des Lieferanten. Als Beispiele dazu seien genannt:

- Vorauszahlungen und Fälligkeit der Abschlagsraten; Zahlungsziel
- Serviceleistungen (Kundendienst, technische Beratung, Ersatzteillagerhaltung u.a.)
- Gewährleistungsumfang und -dauer
- Bereitschaft zu Änderungen und Sonderanfertigungen sowie zur Anfertigung von Mustern, Versuchsmodellen, Werkzeugen u.a.
- Einrichtung eines Konsignationslagers
- Gewährung von Gebietsschutz

Sonderleistungen dieser und anderer Art werden meist in den Lieferbedingungen festgehalten.

Auch geographische Faktoren spielen bei der Angebotsbeurteilung eine Rolle

Als letzter Gesichtspunkt ist schließlich noch der Standort des Lieferanten zu nennen, der im wesentlichen nach folgenden Kriterien zu beurteilen ist:

- Transportmöglichkeiten (z.B. Bahn, Schiff)
- Entfernung (Transportkosten und -dauer, Transportrisiko)
- Berücksichtigung staatlicher Vergünstigungen (z.B. bei Bezügen aus West-Berlin)
- Zollvorteile (z.B. bei Bezügen innerhalb der EG)

Außer den genannten Punkten sind ggf. bei der Angebotsprüfung noch weitere zu berücksichtigen. So kann die Möglichkeit zum Abschluß von Gegengeschäften von Bedeutung sein. Es können aber auch unternehmenspolitische (z.B. Konzernbindungen), beschaffungspolitische (z.B. Zuverlässigkeit der Stammlieferanten) oder volkswirtschaftliche (z.B. Förderung von Unternehmen in Zonenrandgebieten) eine Rolle spielen.

Gegengeschäfte und andere „politische" Entscheidungen sind evtl. bei der materiellen Angebotsprüfung noch zu beachten

→ Aufgabe 16

2.1.3.2 Angebotsvergleich und Lieferantenbewertung

Die formelle und materielle Angebotsprüfung bildet die Grundlage für den sich daran anschließenden Angebotsvergleich. Um die Preise und die Preiskomponenten in übersichtlicher Form gegenüberzustellen, wählt man am besten einen Vordruck, wie ihn das Formularbeispiel Nr. 10 zeigt. Der Preisvergleich kann aber auch auf der Rückseite der Bedarfsmeldung oder einer Anfragekopie durchgeführt werden.

Der Preisvergleich kann nicht allein über die Lieferantenwahl entscheiden

Es kann aber nicht nur nach dem Preisvergleich eine Lieferantenauswahl erfolgen, sondern es sind noch weitere Kriterien in die Entscheidung einzubeziehen, wie oben bereits dargestellt wurde.

Bei der Gegenüberstellung der Angebote im einzelnen wird sich nun in der Regel herausstellen, daß diese in ihren Vorzügen nicht übereinstimmen. So kann Angebot A im Preis am günstigsten liegen, Angebot B dagegen – bei gleicher Lieferzeit – hinsichtlich der Qualität vorteilhafter sein, während Angebot C wiederum – bei gleichem Preis wie Angebot A und gleicher Qualität wie B – eine überaus lange Lieferzeit hat. Das Problem, vor das sich der Einkäufer gestellt sieht, besteht also darin, die einzelnen Faktoren vergleichbar zu machen und sie – entsprechend ihrer Bedeutung für die Bestellentscheidung im Einzelfall – zu gewichten.

Der Leistungsvergleich setzt die Vergleichbarkeit und Gewichtung der einzelnen Fakten voraus

Angebotszusammenstellung

Anbieter															bisheriger Lieferer:		
Angebotsdatum																	
Fracht / Porto			frei	unfrei	frei	unfrei	frei	unfrei	frei	unfrei	frei	unfrei	frei	unfrei	frei unfrei		
Verpackung			einschl. ausschl.	Leih.-	einschl. ausschl.	Leih.-	einschl. ausschl.	Leih.-	einschl. ausschl.	Leih.-	einschl. ausschl.	Leih.-	einschl. ausschl.	Leih.-	einschl. ausschl. Leih.		
Zahlungsbedingungen																Nach Vergabe ausfüllen	
Lieferzeit																	
Pos.	Menge/Einh.	Material	Preis je Einh.	Wert DM	Preis je Einh.	Wert DM	Preis je Einh.	Wert DM	Preis je Einh.	Wert DM	Preis je Einh.	Wert DM	Preis je Einh.	Wert DM	Preis je Einh.	Veränderung in % +	./.

Formularbeispiel Nr. 10: Angebotszusammenstellung

Dazu sind in der Praxis und in der Theorie verschiedene Methoden entwickelt worden,[1] die im allgemeinen wie folgt aufgebaut sind:

Ein Bewertungssystem erleichtert die Lieferantenbeurteilung

(1) Die Beurteilungskriterien werden – je nach der Lage des Einzelfalls – gewichtet. Die höchste Punktezahl (z.B. 30) wird für das Kriterium von größter Bedeutung, 0 Punkte für das Kriterium von keinerlei Bedeutung vergeben.

(2) Die Angebote werden im einzelnen bewertet, indem jedes Beurteilungskriterium, je nachdem, in welchem Umfang es den gestellten Anforderungen entspricht, eine bestimmte Punktzahl erhält. Die optimale Bewertung kann z.B. der Höchstzahl von 5 Punkten entsprechen.

(3) Durch die Addition der gewichteten Einzelpunkte wird die Gesamtbewertung der Lieferanten A, B, C usw. errechnet.

Die praktische Anwendung zeigt ein bewußt einfach gehaltenes Beispiel, das durch Tabelle 18 verdeutlicht wird.

Allgemeines Beispiel zur Lieferantenbewertung

Beispiel 48:
Es liegen die Angebote der Lieferanten A, B und C vor. Als Beurteilungskriterien sollen in Betracht gezogen werden: Qualität, Netto-Einstandspreis, Lieferzeit, Zuverlässigkeit, Zahlungskonditionen, geographische Lage. – Gewichtung und Bewertung dieser Faktoren im Einzelfall gehen aus Tabelle 18 hervor. – Das Angebot des Lieferanten C entspricht insgesamt den Anforderungen des eigenen Unternehmens am meisten; die Höchstpunktzahl (500) wird in keinem Fall erreicht.

Diese analytische Methode der Lieferantenbewertung stellt zwar keine Patentlösung dar, sie macht es aber leicht, die Leistung eines Lieferanten mit der Leistung anderer auf derselben Basis zu vergleichen. Dem Einkäufer wird damit die Bestellentscheidung erleichtert, doch kann sie ihm auf diese Weise nicht abgenommen werden.

1 Vgl. H. Strache, Preise senken – Gewinn einkaufen, a.a.O., S. 236 ff. sowie W. Dörsch/H. Strache, Einkaufsvorbereitung, a.a.O., S. 26 f. und 34 ff. – Ein Anwendungsbeispiel enthält die Fallstudiensammlung vom Verf. „Materialwirtschaft – aber wie?", a.a.O., S. 239 ff.

Teil-Nr.		Lieferant **A**		Lieferant **B**		Lieferant **C**	
KRITERIEN	GEWICHT	F	G	F	G	F	G
QUALITÄT	30	5	150	4	120	5	150
PREIS	30	5	150	3	90	4	120
TERMINSICHERUNG	15	2	30	4	60	5	75
ZUVERLÄSSIGKEIT	15	3	45	4	60	5	75
KONDITIONEN	5	4	20	5	25	2	10
LAGE	5	4	20	5	15	5	25
SUMME	100		415		370		455

F = FAKTOR (0 = KEINE, 1 = GERINGSTE, 5 = BESTE VORAUSSETZUNGEN)
G = GEWICHT

Tabelle 18:
Lieferantenbewertung

2.1.3.3 Bestellentscheidung (Lieferantenwahl)

Der Leistungsvergleich ist nicht in jedem Fall für die Auftragsvergabe entscheidend

Der auf der Lieferantenbewertung fußende Leistungsvergleich gibt Kenntnis vom günstigsten (optimalen) Angebot. Nicht in jedem Fall wird jedoch das günstigste Angebot über die Auftragsvergabe entscheiden. Vielmehr hat sich die Bestellentscheidung den beschaffungspolitischen Richtlinien anzupassen, die beispielsweise die Pflege der Beziehungen zu Stammlieferanten und damit ihre Bevorzugung vorsehen können (Dritter Abschnitt, 4.2.3).

Auch verdienen die Risiken besondere Aufmerksamkeit, die im Verhalten eines noch nicht bekannten Lieferanten zu suchen sind. Diese Risiken sind nicht nur im Hinblick auf die korrekte Ausführung eines einzelnen Auftrages, sondern auch im Hinblick auf die spätere Fortführung der Geschäftsbeziehungen zu beurteilen. So können Zweifel an der Leistungsfähigkeit eines neuen Lieferanten für den Einkäufer Anlaß genug sein, diesem nicht den Zuschlag zu geben, obwohl sein „Einführungsangebot" im Leistungsvergleich an erster Stelle lag.

Nicht zuletzt können persönliche Beziehungen die Bestellentscheidung beeinflussen, wobei nicht zu übersehen ist, daß durch persönliche Kontakte und Präferenzen Abschluß und Abwicklung eines Auftrages erleichtert werden.

Persönliche Beziehungen erhalten einen leicht „kriminellen" Anstrich, wenn finanzielle Zuwendungen mit im Spiel sind.

Schon aus diesem Grunde erscheint eine knappe schriftliche Begründung (z.B. auf dem Angebots-Vergleichsblatt) für Kontrollzwecke gerechtfertigt.

→ Aufgabe 17

2.2 Beschaffungsabschluß

Auf die Wahl des Lieferanten folgt in den meisten Fällen unmittelbar die Bestellung. Das gilt allerdings nur, wenn keine Verhandlungen mehr zu führen sind, um letzte Unklarheiten zu beseitigen oder eine Verbesserung des Angebots in bestimmten Punkten zu erreichen.

Grundsätzlich vollzieht sich der Beschaffungsabschluß in drei Schritten:
- Vertragsverhandlungen
- Bestellung
- Bestätigung

Grundsätzlich vollzieht sich der Beschaffungsabschluß daher in folgenden Schritten:

(1) Abschlußverhandlung

(2) Bestellung

(3) Bestellbestätigung

Es handelt sich demnach zum Teil um rein formale Vorgänge. Ziel bei der Abwicklung dieser Vorgänge muß es sein

Durch Rationalisierung des Bestellwesens ist der Verhandlungserfolg zu optimieren

- durch Rationalisierung und Organisation den Erfolg der Verhandlungstätigkeit mit geringstem Aufwand sicherzustellen.

2.2.1 Abschlußverhandlung

Die Notwendigkeit von Verhandlungen muß zwingend gegeben und wirtschaftlich gerechtfertigt sein

Über die Notwendigkeit und Zweckmäßigkeit von Verhandlungen vor der Bestellschreibung gibt es keine einheitliche Meinung. Es erhebt sich daher die Frage, unter welchen Umständen Verhandlungen geführt werden sollten. Zwingend erforderlich ist, daß

> Aufwand an Zeit und Geld für Verhandlungen in einem angemessenen Verhältnis zu dem möglicherweise erzielbaren Erfolg stehen müssen.

Völlig überflüssig sind daher Abschlußverhandlungen bei Kleinbestellungen und wenn feststeht, daß eine Verbesserung des Angebotes nicht erreicht werden kann. Allerdings wird oft nur deshalb von Verhandlungen Abstand genommen, weil man glaubt, daß das „äußerste" Angebot vorliegt. Ein solcher Glaube kann ein verhängnisvoller Irrtum sein, der dem Unternehmen sehr viel entgangenen Gewinn kostet, vor dem sich jedoch der qualifizierte Facheinkäufer weitgehend durch eine Preis- und Kostenanalyse der Lieferantenofferten schützen kann.

Völlig anders ist hingegen die Situation, wenn es um sich laufend wiederholenden Bedarf handelt und langfristige Lieferverträge abzuschließen sind oder wenn es um hochwertige Materialien (A-Artikel) geht. Die Verhandlung hat dann das Erreichen von Preiszugeständnissen, von günstigeren Zahlungs- und Lieferbedingungen und/oder kürzeren Lieferzeiten zum Ziel.

Insbesondere sind Verhandlungen dann notwendig, wenn das Angebot des „optimalen" Lieferanten Unklarheiten enthält, die vor der Bestellung bereinigt sein müssen.

Eine erfolgreiche Verhandlung muß sorgfältig vorbereitet sein

Besteht Aussicht auf Verhandlungserfolg und zeigt sich der Lieferant verhandlungsbereit, so ist die Verhandlung sorgfältig vorzubereiten und zu planen.

Zur technischen Vorbereitung der Verhandlungen gehören folgende Punkte:

- Zusammensetzung der Verhandlungsdelegation (sofern der Einkäufer nicht allein die Verhandlung führt)
- Festlegung des Verhandlungstermins und Verhandlungsorts (beim Lieferanten, an einem neutralen Platz)
- Festlegung der Sitzordnung
- Zusammenstellung der Dokumentation (Lieferantenkarte, Beschaffungsvorgang, Aufzeichnungen, Auswertungen)
- Festlegung des Verhandlungsziels und des Vorgehens bei der Verhandlung.

Wesentlich ist neben der technischen Vorbereitung die psychologische Vorbereitung der Verhandlung. Das bedeutet, daß sich der Einkäufer darüber Gedanken machen muß, wie er die Verhandlung eröffnet (z.B. durch ein Vorgespräch) und wie er sie führt (defensiv oder offensiv). Auch Überlegungen zur Verhandlungstaktik – ob z.B. durch ein Zugeständnis zur rechten Zeit das eigene Verhandlungsziel erreicht werden soll – wird der gewissenhafte Einkäufer anstellen.[1] Dabei muß er Persönlichkeit und Naturell seines Verhandlungspartners beachten.

Der Verhandlungserfolg setzt eine geschickte Verhandlungsführung voraus

Eine sorgfältige und bis ins Detail gehende Vorbereitung der Verhandlung ist zweifellos eine entscheidende Voraussetzung für deren möglichen Erfolg. Ob die Verhandlung aber erfolgreich verläuft, hängt wesentlich vom psychologischen Einfühlungsvermögen und Verhandlungsgeschick des Einkäufers ab. Die Einfühlung in die Situation des Verkäufers wird ihm erleichtert, wenn er die Hintergründe des Verkaufsgesprächs, die Verhandlungsstrategie und -taktik beim Verkauf genau kennt. Unternehmen gehen deshalb dazu über, ihre Einkäufer in den Methoden der Verkäufer zu schulen.

2.2.2 Bestellung

Nach Abschluß der Verhandlungen wird die Bestellung erteilt. Diese kann – rechtlich gesehen – sowohl Antrag als auch Annahme sein:[2]

1 Vgl. W. Dörsch/H. Strache, Einkaufsvorbereitung, a.a.O., S. 42 ff. und die dort zit. Literatur.

2 Siehe im einzelnen S. Klamroth, Recht im Einkauf, 2. Auflage, Lage/Lippe 1982.

Der Einkaufsvertrag muß rechtswirksam abgeschlossen sein oder er wird erst durch „schlüssiges" Handeln für beide Seiten verbindlich

(1) Angebot des Lieferanten = Antrag
Bestellung des Kunden = Annahme

(2) Bestellung des Kunden = Antrag
Bestellbestätigung des Lieferanten = Annahme

Stimmen Antrag und Annahme überein, so ist der Kaufvertrag zustande gekommen. Besondere Formvorschriften sind dabei nicht zu beachten. Die Annahme braucht nicht unbedingt ausdrücklich erklärt zu werden, sie kann auch aus einer dem Antrag entsprechenden „schlüssigen" Handlung (z.B. durch Zustellung der bestellten Teile) entnommen oder u.U. durch Stillschweigen (z.B. bei Stammlieferanten) ersetzt werden.

Neben dem „Normal"-Einzelvertrag gibt es noch besondere Vertragsformen

Zusätzlich zu der „normalen" Form eines Kaufvertrages sind in der Praxis noch besondere Vertragstypen zu finden, die hier ebenfalls unter betriebswirtschaftlich relevanten Aspekten skizziert werden sollen. Die mit der Bestellung verknüpften rechtlichen Fragen werden in diesem Zusammenhang nicht weiter vertieft.

Die Kleinbestellung ist ein Sonderproblem

Ein besonderes Problem der Bestellabwicklung ist die Kleinbestellung.

2.2.2.1 Der „Normal"-Einzelvertrag

Grundsätzlich kann die Bestellung schriftlich, fernschriftlich oder mündlich erfolgen

Grundsätzlich lassen sich folgende Arten der Bestellung unterscheiden:

a) die schriftliche Bestellung (Brief, Vordruck)

b) die fernschriftliche Bestellung (Fernschreiben, Telegramm)

c) die mündliche Bestellung (Telefon, persönlicher Besuch)

Nicht immer wird es zu vermeiden sein, daß in besonders dringenden Fällen Bestellungen mündlich oder fernschriftlich aufgegeben werden. Die Regel aber sollte die schriftliche Bestellung sein. Mit ihr sind für das eigene Unternehmen folgende Vorteile verbunden:

- Sicherheit hinsichtlich der Rechtslage
- Sicherheit hinsichtlich der richtigen Übermittlung
- Sicherheit in der Belegorganisation

Wenn gleichwohl aus zwingenden Gründen die Bestellung mündlich oder fernschriftlich aufgegeben werden muß, so kann auf die schriftliche Bestätigung nicht verzichtet werden.

Die schriftliche Bestellung entspricht dem unternehmerischen Sicherheitsbedürfnis

Da die schriftliche Erteilung der Bestellungen mit einem erheblichen Aufwand an Zeit und Geld verbunden ist, müssen die Bemühungen um eine Rationalisierung des Bestellvorgangs in zweifacher Richtung gehen:

(1) Reduzierung der Zahl der Bestellungen

(2) Vereinfachung der Bestellaufgabe

Eine vordringliche Aufgabe ist die Rationalisierung des Bestellvorgangs

Da es bei der Forderung nach einer Reduzierung der Bestellungen in erster Linie um das Problem der Kleinbestellungen geht, wird dieser Rationalisierungsaspekt im Zusammenhang mit der Problematik geringwertiger Bestellungen behandelt.

Um die Schreibarbeit bei der Bestellaufgabe zu verringern, werden in der Regel Vordrucke verwendet. Die Schreibarbeit reduziert sich dann auf die Übertragung der variablen Bestelldaten (Materialbezeichnung und Material-Nr., Menge, Preis je ME, Frachtbasis, Verpackung, Zahlung, Liefertermin usw.).

Mit der Verwendung des als Mehrzweckformular gestalteten Sechsfach-Bestellvordrucks wird das gesamte Bestellwesen außerordentlich vereinfacht

Bei der Verwendung eines Schreibsatzes ist zu beachten, daß dieser auf die rationellste Anzahl von Durchschlägen reduziert werden sollte. Läßt man Sonderfälle der Praxis außer Betracht, so erscheint der Sechsfach-Vordruck im allgemeinen ausreichend, um alle beteiligten Stellen unmittelbar mit einer Kopie zu versorgen und einen mehr oder weniger zeitraubenden Belegumlauf zu vermeiden. Zweckmäßigerweise sollten die Durchschläge verschiedenfarbig gestaltet werden. Dies erleichtert die Zuordnung zu den einzelnen Funktionsbereichen.

Der Sechsfach-Vordruck enthält

- einen Durchdruck als Bestellbestätigung (vom Lieferanten zurückzusenden)
- einen Durchdruck für eine lieferantenbezogene Terminüberwachung
- einen Durchdruck für die Bestellkarte und zur späteren Rechnungsprüfung
- einen Durchdruck für die Warenannahme zum Verbleib
- einen Durchdruck für die Wareneingangsmeldung

Der Schreibsatz „Bestellung" (Formularbeispiel Nr. 11) kann als Mehrzweckformular ausgestaltet werden und damit das gesamte Bestellwesen mit Terminüberwachung, Wareneingang und Rechnungsprüfung vereinfachen.

Die Möglichkeiten der Bestellvereinfachung sind nahezu unerschöpflich

Die zahlreichen, von Boje[1] zusammengetragenen Praxisbeispiele offenbaren, daß es außer der Verwendung eines Bestellschreibsatzes noch etwa 20 verschiedene Möglichkeiten der klassischen bürotechnischen Herstellung von Bestellungen gibt. Als Beispiele sind zu nennen:

- Anforderung als Bestellung
- Angebot als Bestellung
  (Bestellung „lt. Angebot", ohne Wiederholung des gesamten Textes; Angebotskopie mit einem Stempelaufdruck „Bitte liefern" als Bestellung)
- Einkaufsscheck
  (Einkaufsschecks werden von Herstellerfirmen ihren Abnehmern zur Verfügung gestellt. In ihnen sind Artikel, Preis und Betrag vorgedruckt. Bei Bedarf werden sie herausgerissen, mit Datum und Firma versehen, unterschrieben und zurückgeschickt)
- Bestellvordruck des Lieferanten
- AV-Unterlagen als Bestellung
  (Bestellung durch Umdruck von Fertigungsplan-Matrize; Stücklistenumdruck)
- Pendelkarte als Bestellung
- Bestellschreibung mit Schreibautomaten und, sofern eine EDV-Organisation vorliegt
- Bestellschreibung mit EDV oder Textautomaten unter Rückgriff auf gespeicherte Textbausteine.

1 Vgl. A. Boje, Moderne Einkaufs-Organisation, a.a.O., S. 332 ff.

Formularbeispiel Nr. 11:
Schreibsatz „Bestellung"

Das große Schaltschrank Sofort-Programm

RITTAL

RITTAL-WERK
Rudolf Loh GmbH & Co. KG
Auf dem Stützelberg
6348 Herborn
Tel. (0 27 72) 5 05 - 1
Telex 8 73 913

RITTAL-WERK · Rudolf Loh GmbH & Co. KG · Postfach 12 40 · D-6348 Herborn

Siegfried Bastian
Industriestr.

6343 Frohnhausen

B E S T E L L U N G

zu vereinbarten und nachfolgenden Bedingungen

Lieferant-Nr.	Abschluß-Nr.	vom	Bestelltag bzw. Abruftag	Kostenträger	Kostenst.	Ihr Gesprächspartner ist	Unser Zeichen
			18.08.83			Herr Kutschker	ku.kn.

Frachtbasis: frei Haus
Verpackung: incl.

Zahlung:
Empfangsstelle: Werk Herborn

Teile-Nummer	Bestell- bzw. Abruf-Nr.	ME	Bestell-Menge	Wareneingangstag	Warenbezeichnung	Preis Einheit	Preis Schlüss.	Preis per Einheit	
	619193	00	6000	22.08.83	Schließzungen abkanten (ber.telef.bestellt) Die Schließzungen können im Werk Herborn abgeholt werden.	00	01	0.62	Bestätigung: Dieser Auftrag gilt nur, wenn Sie uns das beiliegende Doppel unterschrieben innerhalb 5 Werktagen zurücksenden. Preisschlüssel: 01 = per 1 02 = per 10 03 = per 100 04 = per 1000 Mengen- und Preiseinheitsschlüssel: 00 = Stück 01 = kg 02 = m 03 = qm 04 = cbm 05 = Liter 06 = Tonne

Mit freundlichem Gruß
RITTAL - WERK
Rudolf Loh GmbH & Co. KG

RITTAL-Werk
Rudolf Loh GmbH & Co. KG
Auf dem Stützelberg
D-6348 Herborn · HRA 1317 Herborn
Telefon (0 27 72) 5 05 - 1
Telex 8 73 913, Draht: rita
Fernkopierer (0 27 72) 505 319

Buchhaltung: Telefon (0 27 73) 82 - 1
Telex 8 73 960 (hailo)
Pers. haftend: Elektronik GmbH
6348 Herborn · HRB 141 Herborn
Geschäftsführer: Irene Gilbert-Loh, Friedhelm Loh, Joachim Loh

Banken: Dresdner Bank Dillenburg
903 534 500 (BLZ 513 800 40)
SWIFT: DRES DE FF 513
Deutsche Bank AG Dillenburg
4 130 860 (BLZ 460 700 90)
SWIFT: DEUT DE DK 460

Commerzbank Dillenburg
1 623 420 (BLZ 516 400 43)
SWIFT: COBA DE FF 516
Bezirkssparkasse Haiger
8 5266 (BLZ 516 500 45)
SWIFT: HELA DE FF

Volksbank Dietzhölztal-Ewersbach
724 106 (BLZ 516 613 23)
SWIFT: GENO DE FS 981
SGZ-BANK, FFM
Postscheck: Frankfurt/Main
1443 64 - 606

Bahnsendungen: Werk Herborn: Stückgut Bestimmungsort Herborn · Expreß: Herborn
Werk Rittershausen: Stückgut Bestimmungsort Dietzhölztal-Rittershausen · Expreß: Dietzhölztal-Ewersbach

Aus dieser Aufzählung der in der Praxis am häufigsten anzutreffenden Formen der Bestellaufgabe ist zu erkennen, daß der Organisationsstatus der Unternehmung von Einfluß ist, welche Art der bürotechnischen Herstellung in Frage kommt. Die Möglichkeiten, die Schreibarbeit in der Bestellaufgabe auf ein Minimum zu reduzieren, sind aber – wie bereits im zweiten Abschnitt unter Ziffer 3.4 gezeigt – so vielfältig, daß – unabhängig von betriebsspezifischen Problemen – kaum ein Betrieb berechtigten Grund hätte, über den Anfall von Schreibarbeit im Einkauf zu klagen.[1]

→ Aufgabe 18

2.2.2.2 Besondere Vertragsformen

Es gibt eine Reihe – nachfolgend im einzelnen behandelter – Gründe, die in der Praxis zu besonderen Vertragsformen führen. Als solche sollen hier behandelt werden:

Bei kontinuierlich auftretendem Bedarf kann es zum Abschluß längerfristig bindender Vertragsformen kommen

a) Der Rahmenvertrag
b) Der Kauf auf Abruf
c) Der Sukzessivlieferungsvertrag
d) Der Spezifikationskauf
e) Der Konsignationslagervertrag

Ein besonderes Merkmal dieser Vertragsformen ist darin zu sehen, daß durch sie die Geschäftsbeziehungen zwischen Käufer (Kunden) und Lieferanten auf eine längerfristige Grundlage gestellt werden.

Aus dem Gesagten versteht sich von selbst, daß Verträge dieser Art im Regelfall nur bei kontinuierlich auftretendem Bedarf in Betracht kommen.

a) Der Rahmenvertrag

Während der Dauer eines Rahmenvertrages können Änderungen der Kondition nicht eintreten

Kennzeichnend für Rahmenverträge ist, daß sie bestimmte Kauf- und Verkaufsbedingungen, evtl. auch die Preise für einen Zeitraum oder bis zur Abnahme einer gewissen Gesamtmenge festlegen. Diese Vereinbarungen binden Lieferant und Käufer – wie es im Wesen eines jeden Vertrages begründet ist – an alle im Vertrag festgelegten Punkte.

1 Möglichkeiten des EDV-Einsatzes nennt B. Grupp, Bildschirmeinsatz im Einkauf, a.a.O., S. 99 ff.

Im Rahmenvertrag wird nicht die Abnahme einer bestimmten Menge innerhalb eines bestimmten Zeitraums vereinbart, es sei denn, der Lieferant legt Wert auf die Festlegung maximaler Liefermengen bei Einzelaufträgen innerhalb des Rahmenvertrages.[1]

Der Rahmenvertrag ist im Regelfall nicht an die Abnahme bestimmter Mengen gebunden

Neben der sich aus dem Abschluß von Rahmenverträgen ergebenden Vereinfachung bei der Abwicklung der Einzelbestellungen ist ein vertragstypischer Vorteil darin zu sehen, daß

- während der Vertragsdauer Änderungen der vereinbarten Konditionen nicht eintreten können, was eine sichere Grundlage für die Beschaffungsplanung und -abwicklung schafft.

Es darf aber nicht übersehen werden, daß die Festlegung von Preisen zwar vor Preissteigerungen schützt, den Vorteil von Preissenkungen jedoch ausschließt.

b) Der Kauf auf Abruf

Im Gegensatz zum Rahmenvertrag wird beim Kauf auf Abruf stets die Abnahme einer bestimmten Menge innerhalb eines bestimmten Zeitraums vereinbart. Der Einkäufer behält sich lediglich das Recht vor, den Liefertermin bzw. die Liefertermine (bei Teillieferungen) später festzulegen, d.h., die Ware abzurufen.[2] Es handelt sich also um eine feste Bestellung, bei der lediglich der Zeitpunkt der Ausführung noch offensteht.

Der Kauf auf Abruf verpflichtet zur Mengenabnahme

Der Abschluß eines Kaufvertrages, der den Kauf auf Abruf vorsieht, bietet folgende Vorteile:

Der Abrufauftrag bietet versorgungstechnische und kostenmäßige Vorteile

- Sicherung der Versorgung des Betriebes
- Erreichung eines mengenorientierten Preises (Mengenrabatte)
- Verringerung der Lagerhaltungskosten und des Lagerhaltungsrisikos

1 Siehe hierzu zwei Praxisbeispiele im Anhang.

2 Vgl. H. Rump, Rechtsfragen im Einkauf, in: A. Degelmann, Hrsg., Einkaufsleiter-Handbuch, a.a.O., S. 230.

Für Abrufaufträge können vereinfachte Arbeitsmittel eingesetzt werden

Außerdem ergibt sich auch hier eine erhebliche Vereinfachung der Abwicklung des Auftrages. Als Träger der Abrufmeldung an den Lieferanten bieten sich an:

- Bedarfsmeldung
- Abschlußkopie
- Umdruckabzug vom Abschluß
- Vordruck „Abruf"

Formularbeispiel Nr. 12 zeigt einen Vordruck, der für die Erteilung von Abrufaufträgen verwendet werden kann.[1] Der Vordruck entspricht im Aufbau dem Bestellvordruck für Einzelverträge, enthält jedoch keine Liefer- bzw. Versandvorschriften und Einkaufsbedingungen, weil diese Bestandteil des Abschlußvertrages sind. Auch der im Anhang als Beispiel aus der Praxis abgedruckte „Rahmenvertrag für Produktionsmaterial und Handelswaren" verdeutlicht die Vorteile, die in der vereinfachten Auftragsabwicklung liegen. Dies gilt in besonderem Maße auch für den dort ebenfalls abgedruckten „Rahmenvertrag für Hilfs- und Betriebsstoffe".

Abruf Nr.
zu den Bedingungen unseres Abschlusses an die Ihnen bekannte Versandanschrift:

Ihr Gesprächspartner ist

Abschluß Nr.	vom	Unser Zeichen	Abruftag	Wareneingang

Bedarf für	Wert	Lief.Mo.	Zahl.Mo.	Lieferant-Nr.-Klasse	Material-Gruppe-Klasse

Waren-Nr.	Menge und Gegenstand	Preis	Einheit

Abrufbestätigung: Dieser Abruf gilt nur, wenn Sie uns das beiliegende Doppel unterschrieben innerhalb 5 Werktagen zurücksenden.

Formularbeispiel Nr. 12: Abrufauftrag

1 Vgl. P. Köckmann, Leistungsverbesserung der Beschaffung durch rationelle Arbeitsmittel, a.a.O., S. 28 f.

c) Der Sukzessivlieferungsvertrag

Sukzessivlieferungsverträge sind eine Variante des Kaufs auf Abruf. Während jedoch beim Kauf auf Abruf die Liefertermine nicht vereinbart werden, erfolgen beim Sukzessivlieferungsvertrag im Regelfall Teillieferungen (in meist gleichen Mengen) zu im Vertrag vereinbarten Terminen.

Unter der Voraussetzung genauer Bedarfsplanung kann durch einen Sukzessivlieferungsvertrag ein fester Lieferrhythmus vereinbart werden

Der Abschluß von Sukzessivlieferungsverträgen setzt die Möglichkeit einer genauen Bedarfsplanung von Materialien voraus, die laufend und in größerem Umfang benötigt werden.

Hinsichtlich der Vorteile für den Käufer gilt sinngemäß das gleiche, was über den Kauf auf Abruf festgestellt wurde. An die Zuverlässigkeit der Lieferanten und ihre Termintreue müssen allerdings besonders hohe Anforderungen gestellt werden.[1]

- Hinzu kommt eine Vereinfachung der Bestelltätigkeit durch Wegfall wiederholter Auftragserteilung.

Der Sukzessivlieferungsvertrag bietet in besonderem Maße Vorteile für den Käufer und den Lieferanten

Für den Lieferanten bietet der Sukzessivlieferungsvertrag in besonderem Maße den Vorteil einer sicheren Vorausplanung.

d) Der Spezifikationskauf

Im Gegensatz zum Kauf ab Abruf und dem Sukzessivlieferungsvertrag, bei denen die Art der zu liefernden Ware von vornherein feststeht, wird die Warenart (= Spezifikation) beim Spezifikations- bzw. Gattungskauf erst später festgelegt. Der Käufer ist jedoch verpflichtet, die Ware innerhalb einer bestimmten Frist zu spezifizieren (nach Form, Maß oder Gattung). Kommt er dieser Verpflichtung nicht rechtzeitig nach, ist der Verkäufer berechtigt, von sich aus die Ware zu bestimmen.

Beim Spezifikationskauf wird die Art der Ware nachträglich „spezifiziert"

1 Vgl. W. Dörsch, Einkaufsabwicklung, Wiesbaden (o.J.), S. 9.

Kunde und Lieferant müssen sich den Regeln der Konsignation anpassen

e) Der Konsignationslagervertrag

Im Falle der Konsignation ist über die wechselseitigen Rechtsbeziehungen zwischen dem Kunden und Lieferanten ein Vertrag abzuschließen, der die Rechte und Pflichten der beiden Vertragspartner regelt. Im einzelnen muß der Vertragstext folgende Bestimmung beinhalten:[1]

1. Der Lieferant richtet im Werk des Kunden ein Konsignationslager für .... Qualität/Abmessung/Mindest-Höchstbestand ein.

2. Der Kunde stellt zu diesem Zweck den erforderlichen Platz/Raum kostenlos zur Verfügung und versichert den jeweiligen Lagerbestand gegen Wasser, Feuer und Diebstahl. Der Lieferant kann jederzeit Bestandsaufnahmen vornehmen.

3. Der Kunde ist verpflichtet, die Konsignationsgegenstände von seinen übrigen Waren zu trennen und sie auf seine Kosten mit der erforderlichen Sorgfaltspflicht zu lagern und zu verwalten.

4. Mit der Entnahme ist ein Kaufvertrag zwischen dem Kunden und dem Lieferanten zu den Einkaufsbedingungen des Kunden und zu dem vereinbarten Preis geschlossen.

5. Der Lieferant füllt das Lager bis zum .... jeden Monats auf. Auf allen Lieferpapieren vermerkt der Lieferant „Für Konsignation".

6. Konsignationsware nimmt der Lieferant bei fristgerechter Kündigung in vollem Umfang/bis zum unter Punkt 1 des Vertrages genannten Mindestbestand zurück. Frachtkosten übernimmt der die Vertragsauflösung verursachende Vertragspartner.

Die Vorteile dieser Vertragsregelung für den Käufer sind überzeugend:

1 Vgl. „Muster für einen Konsignations-Vertrag", Sonderveröffentlichung Nr. 1/61 des VDMA, Frankfurt 1969. – Siehe auch H. Strache, Preise senken – Gewinn einkaufen, a.a.O., S. 480 f.

- Arbeitsersparnis im Einkauf (nur eine monatliche Meldung der Entnahmen in Form einer nachträglichen Bestellung)

- Maximale Materialbereitschaft, keine Terminschwierigkeiten

- Minimierung der Bestell- und Kapitalbindungskosten

Aus dem Abschluß von Konsignationslagerverträgen ziehen Käufer und Lieferant Vorteile

Der Lieferant hat folgende Vorteile:

- Arbeitsersparnis in der Auftragsbearbeitung, im Versand und in der Fakturierung
- Frachtvorteil durch Sammelladungen
- Planung fertigungsgerechter Losgrößen
- Vorsprung gegenüber der Konkurrenz, da er durch den Konsignationslagervertrag eine feste Bindung an seinen Kunden hat.

Angesichts dieser Vorteile für beide Vertragspartner überrascht es nicht, daß es in der Praxis häufig zum Abschluß von Konsignationslagerverträgen kommt und Einkäufer angewiesen werden, das Einkaufsmaterial nach Möglichkeiten für Konsignationswaren zu analysieren.

2.2.2.3 Verträge mit Preisvorbehaltsklauseln

Manche Risiken sind – vor allem bei langen Lieferzeiten und langfristigen Verträgen – im Zeitpunkt der Angebotsabgabe oder der Auftragsannahme so unbestimmt, daß der Lieferant nicht in der Lage ist, feste Preise zu vereinbaren. Er versucht meist, durch eine Preisvorbehaltsklausel das Preisrisiko auf den Käufer abzuwälzen.

Durch Preisgleitklauseln zielt der Lieferant auf eine Abwälzung des Preisrisikos ab

Die wichtigsten Arten von Preisvorbehalten sind:

a) Die unbestimmte Preisvorbehaltsklausel
b) Die Tagespreisklausel
c) Die Preisgleitklausel mit festen Ausgangspreisen

Es gibt zwei Gruppen von Preisgleitklauseln: Mit und ohne fester Bezugsbasis

a) Die unbestimmte Preisvorbehaltsklausel

Die unbestimmte Preisvorbehaltsklausel ist vor allem in Angeboten zu finden

Die unbestimmte Preisvorbehaltsklausel ist sehr verbreitet. Sie wird durch den Zusatz „freibleibend" oder „unverbindlich" ausgedrückt.

Klauseln dieser Art finden sich besonders häufig in Angeboten. Es kann daher zu erheblichen Preisabweichungen zwischen Angebot und Auftragsbestätigung kommen, wenn zwischen beiden Vorgängen ein größerer Zeitraum liegt. Wesentlich nachteiliger kann sich aber ein Preisvorbehalt auswirken, den der Lieferant in der Auftragsbestätigung zum Ausdruck bringt.

b) Die Tagespreisklausel

Die Tagespreisklausel versetzt den Käufer in eine ungünstige Position

Die Tagespreisklausel drückt ebenfalls einen unbestimmten Preisvorbehalt aus. Sie wird in den Angeboten und Verträgen meist durch den Zusatz „berechnet wird der am Tag der Lieferung gültige Preis" vermerkt. Dabei sollte angegeben werden, wie der am Tag der Lieferung gültige Preis zu ermitteln ist (z.B. Börsen- oder Marktpreis).

Derartige Preisvorbehalte sind für den Käufer sehr unsicher und versetzen ihn in eine äußerst ungünstige Position, zumal der rechtsverbindliche Auftrag bereits vergeben ist und für den Käufer kaum eine Möglichkeit besteht, aus dem Kaufvertrag ohne Schadenersatz herauszukommen.

c) Die Preisgleitklausel mit festen Ausgangspreisen

Die Preisgleitklausel ist an einen festen Ausgangspreis gebunden

Eine weitere Art des Preisvorbehaltes ist die Preisgleitklausel, die auf festen Ausgangspreisen beruht, während im Gegensatz dazu die unter a) und b) skizzierten Preisgleitklauseln eine solche feste Bezugsbasis nicht enthalten. Folglich geht in diesem Fall der Lieferant zwar von einem festen Basispreis aus, behält sich jedoch bis zur Lieferung Änderungen infolge Materialpreis- oder Kostenerhöhungen vor.

Wenn Preisgleitklauseln – insbesondere bei langfristigen Verträgen – nicht zu vermeiden sind, sollte der Einkäufer in einer solchen Situation versuchen, folgende Vereinbarungen zu erreichen:

Möglichkeiten zur „Entschärfung" von Preisgleitklauseln

1. Eine Preisänderung wird nur in Rechnung gestellt, wenn sie . . .% des vereinbarten Kaufpreises überschreitet. (Meist wird hierbei eine Toleranz von +/– 5 % vereinbart).

2. Der im Angebot genannte oder im Kaufvertrag festgelegte Ausgangspreis wird über einen bestimmten – vertraglich vereinbarten – Zeitraum hinweg konstant gehalten.

3. Preis- bzw. Kostensteigerungen dürfen nur effektiv rein netto weitergegeben werden. (Es kann hier der endgültig zu zahlende Preis mit Hilfe von Indizes festgelegt werden.)

2.2.2.4 Die Kleinbestellung

Allgemein läßt sich sagen, daß es sich bei Kleinbestellungen um Aufträge an Lieferanten handelt, deren Bestellwert relativ gering ist. Im allgemeinen wird es sich dabei um Bestellungen bis zu einem Wert von DM 50,– oder DM 100,– handeln. Wie jedoch das Beispiel der BASF (s.u.) zeigt, kann der Begriff der Kleinbestellung erheblich ausgeweitet werden. Dort gelten Bestellungen bis zu einem Bestellwert von DM 1.000,– als Kleinbestellungen, wobei interessant ist, daß in diesem Unternehmen von ca. 200.000 Bestellungen im Jahr etwa 50 % auf Bestellungen mit einem Wert bis zu DM 1.000,– entfallen.[1] Wenn auch der Anteil der Kleinbestellungen nicht immer so hoch sein wird wie in diesem Fall, so haben wiederholt durchgeführte Untersuchungen in zahlreichen Betrieben der verschiedensten Art doch ergeben, „daß bis zu 25 % der Bestellungen auf Kleinbestellungen entfallen, deren Gesamtwert nicht mehr als 1 bis 2 % vom gesamten Beschaffungsumsatz ausmacht."[2]

Bis zu welchem Bestellwert Aufträge als Kleinbestellungen behandelt werden sollten, unterliegt sehr unterschiedlicher Betrachtungsweise

1 Vgl. A. Boje, Moderne Einkaufs-Organisation, a.a.O., S. 336 f.

2 Vgl. ebenda, S. 331.

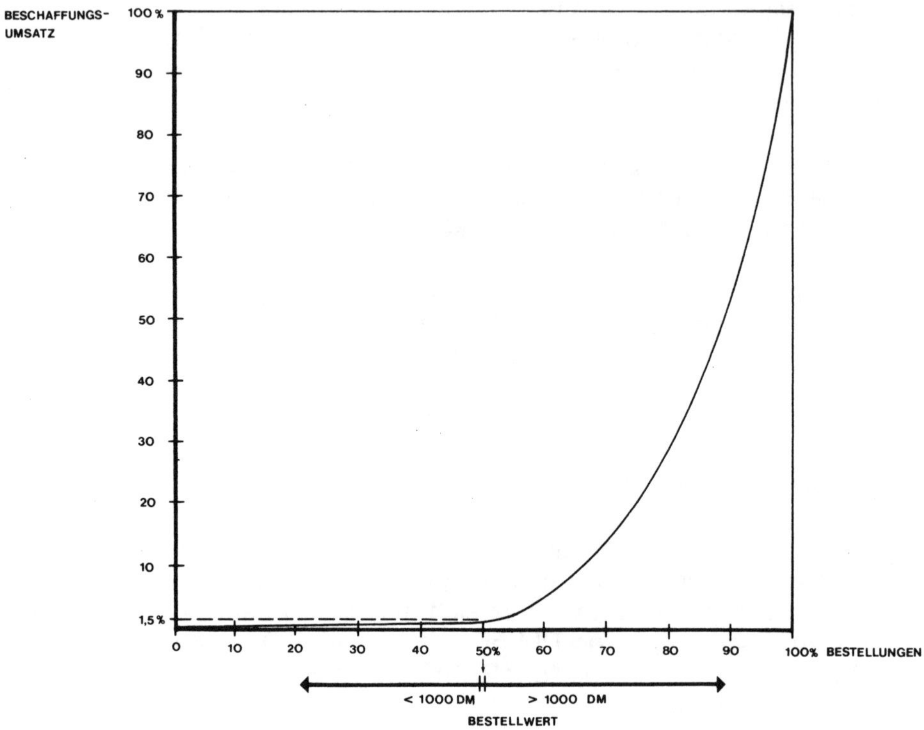

Abbildung 80:
ABC-Verteilung der Bestellfälle

Abb. 80 zeigt das für Kleinbestellungen typische Bild: Ihrem hohen Anteil an den Gesamtbestellungen entspricht ein geringer Anteil am Gesamtbeschaffungsumsatz.[1]

Vergegenwärtigt man sich nun den Tatbestand, daß die Abwicklung einer Bestellung dem Unternehmen zwischen 30,– bis 80,– DM und mehr (bestellfixe) Kosten verursacht, dann muß es Ziel einer jeden Unternehmung sein,

Kleinbestellungen müssen vermieden oder ihre Abwicklung so vereinfacht werden, daß das Verhältnis von Aufwand je Bestellung zum Bestellwert zu vertreten ist

- eine optimale Beschaffung auch bei geringwertigen Bestellfällen durchzusetzen.

Die Möglichkeiten dazu sind vielfältiger Art. Sie lassen sich im wesentlichen nach folgenden wichtigen Ansatzpunkten gruppieren:

(1) Reduzierung der Bestellung durch
- Mengenzusammenlegung in Form von Sammelanforderungen und -bestellungen, durch Konsignationslager
- lieferantenbezogene Bedarfskonzentration

(2) Vereinfachung der Abwicklung durch
- Selbstbeschaffung von Büromaterial, Werkzeugen
- Telefonische Bestellerteilung
- Weniger Kopien des Formularsatzes
- Verwendung von Kleinbestellbüchern (insbesondere bei Abholung durch Boten)
- Bestellausschreibung durch Bedarfsträger (Anforderung = Bestellung)
- Abschlüsse

Ein Abschluß für einen bestimmten Zeitraum oder ein Rahmenvertrag kann sinnvoll sein, wenn bestimmte Materialien in kleinen Mengen vom gleichen Lieferanten mehr oder weniger regelmäßig bezogen werden.[2] Im Rahmenvertrag werden – wie üblich – die Preise und Bedingungen festgelegt, zu denen die einzelnen Bestellungen ausgeführt werden sollen. Die damit verbundene erhebliche Erleichterung wird noch beträchtlich erhöht, wenn die Ausstellung von (monatlichen, vierteljährlichen) Sammelrechnungen vereinbart wird, um zu Sammelzahlungen und Sammelbuchungen zu kommen.

Eine wirtschaftliche Abwicklung von Kleinbestellungen setzt die Ausstellungen von Sammelrechnungen voraus

1 Der Abbildung 80 liegt das BASF-Beispiel zugrunde.

2 Vgl. W. Dörsch, Einkaufsabwicklung, a.a.O., S. 16 f.

2.2.3 Bestellbestätigung

Bestellbestätigungen sind ein äußerst wichtiges Dokument

Ist die Bestellung erteilt, so ist es Aufgabe des Einkäufers, dafür zu sorgen, daß diese in der mit dem Lieferanten ausgehandelten Form auch tatsächlich Geltung erlangt. Die Gewißheit hat der Einkäufer nur, wenn vom Lieferanten eine Bestellbestätigung verlangt wird. Diese ist sodann auf Übereinstimmung mit der eigenen Bestellung zu überprüfen.

Die Prüfung auf Übereinstimmung der Bestätigung mit der Bestellung kann vereinfacht werden

Die Prüfarbeiten nehmen natürlich viel Zeit in Anspruch. Deshalb sind viele Unternehmen dazu übergegangen, auch hier zu rationalisieren. Dabei haben sich bisher zwei Verfahren in der Praxis durchgesetzt:

(1) Es wird ein Bestellformularsatz verwendet, der zusätzlich ein oder zwei Durchschläge enthält, die als „Bestellungsannahme" gekennzeichnet sind. Diese Durchschläge werden der Originalbestellung beigefügt, mit der Bitte an den Lieferanten, eine Kopie unterschrieben zurückzusenden.

(2) Der Lieferant gibt nur eine Kurzbestätigung ohne Wiederholung des Bestelltextes ab. (Diese Möglichkeit bietet sich an, wenn zuvor zwischen Lieferanten und Einkäufer Übereinstimmung in allen Einzelheiten des Vertragsentwurfes erzielt werden konnte.)

Sollte trotzdem eine Lieferanten-Auftragsbestätigung eingehen, so kann eine Reduzierung des Arbeitsaufwandes dadurch erreicht werden, daß nur bei entscheidenden Abweichungen der Auftragsbestätigung von der Bestellung widersprochen wird.

2.3 Beschaffungsabwicklung

Die Beschaffungsabwicklung erstreckt sich auf die Überwachung der Liefertermine, die Warenannahme und -kontrolle sowie die Rechnungsprüfung. Es sind demnach in erster Linie Kontrollfunktionen, die im Rahmen der Beschaffungsabwicklung wahrgenommen werden müssen. Ziel dabei ist es,

Im Rahmen der Beschaffungsabwicklung ist die ordnungsgemäße Vertragserfüllung sicherzustellen

- die reibungslose Abwicklung der Bestellung in allen vertraglich vereinbarten Punkten sicherzustellen.

2.3.1 Terminüberwachung

Termine verfolgen und sichern

Die Terminüberwachung ist von zentraler Bedeutung, denn es muß sichergestellt werden, daß die für einen bestimmten Zeitpunkt zu liefernden Materialien auch termingemäß eintreffen. Eine zu späte Lieferung führt zu Störungen in der Produktion (Industrie) bzw. im Absatz (Handel), während eine zu frühe Anlieferung Nachteile hinsichtlich Liquidität und Kosten der Lagerhaltung sowie ein zusätzliches Lagerrisiko mit sich bringt.

Die Aufgabe der Terminüberwachung besteht daher darin,

- die Lieferanten zu einer rechtzeitigen Auftragsausführung anzuhalten sowie
- voraussichtliche Abweichungen von den vereinbarten Terminen möglichst früh zu erkennen,

damit noch entsprechende Umdispositionen vorgenommen werden können.

Die Mahnung vor dem Termin kann wirkungsvoll sein

Um von einer hinterherhinkenden Termin-„Verfolgung" hin zu einer wirksamen Termin-**„Sicherung"** zu kommen, kann die Mahnung vor dem Termin zweckmäßig sein. Einige Unternehmen gehen entsprechend weit und weisen die Lieferanten vor dem vereinbarten Lieferzeitpunkt auf die Fälligkeit hin.[1]

Im übrigen ist die Terminüberwachung so zu organisieren, daß eine lückenlose Kontrolle der Liefertermine gewährleistet ist und der damit in Zusammenhang stehende Aufwand in einem angemessenen Verhältnis zum Nutzen steht!

1 Vgl. A. Boje, Moderne Einkaufs-Organisation, a.a.O., S. 445.

Vielfältig sind die Hilfsmittel der Terminüberwachung

Als Hilfsmittel für die Terminkontrolle kommen in Betracht:

- Die Bestellkartei
  Offene Bestellungen werden auf der Termin-Sichtleiste der Karteikarten signalisiert.
- Das Belegverfahren
  Eine Kopie des Bestellvordrucksatzes wird als Terminbeleg in einer nach Fälligkeitsterminen geordneten Terminmappe aufbewahrt.
- Die Bestellkopie als Karteikarte
  Das verstärkte letzte Blatt des Bestellsatzes wird entweder als Karteikarte in einer Schrägsicht-Staffelkartei oder in der Mitte als DIN-A-5-Tasche zusammengefaltet und alphabetisch nach Lieferanten auf Termin gelegt.
- EDV-gestützte Terminüberwachung

Erfolgt die Terminüberwachung maschinell, so werden rückständige Bestellungen automatisch ausgewiesen und in einem gesonderten Mahnlauf schriftlich gemahnt. Bei manuellem Verfahren kann man gleich eine Bestellkopie als Mahnung vorsehen oder die Mahnung später schreiben.

Mehrstufiges Mahnverfahren muß mit Entschiedenheit gehandhabt werden

Die Skala der Mahnverfahren ist vielfältig. In aufsteigender Form der Wirksamkeit sind Vordruck, Brief, Fernschreiben, Telefon und persönlicher Besuch zu nennen. Der Brief müßte individuell abgefaßt werden. Rechtlich kommt es darauf an, den Lieferanten – soweit noch nicht geschehen – in Verzug zu setzen. Es sollte jedoch auch für den Vordruck, der als 1. und 2. Mahnung herausgehen kann, eine entschiedene Formulierung gewählt werden, damit der Lieferant nicht etwa annimmt, es handele sich bei der Mahnung um eine Formsache.

Zur Wirksamkeit einer Mahnung gehört die Erfahrung des Lieferanten, daß der Kunde nicht nur pünktlich und in allen Fällen – so auch bei nicht termingetreuer Anlieferung von Hilfs- und Betriebsstoffen – mahnt, sondern auch von möglichen Konsequenzen (z.B. Lieferantenwechsel) nicht zurückschreckt. Der Lieferant sollte auch Kenntnis davon erhalten, daß Terminüberschreitungen gewissenhaft in der Lieferantenkartei festgehalten werden.

Vom Verzug einzelner Lieferanten sind Bedarfsträger, Lagerannahme und Verkauf sofort zu verständigen.

Die Terminüberwachung hat überwiegend Routinecharakter, dem man durch aufbau- und ablauforganisatorische Regelungen Rechnung tragen kann. So wird diese Aufgabe häufig einer zentralen Terminüberwachungsstelle oder im Rahmen einer marktorientierten Einkaufsorganisation – wie im Praxisbeispiel Nr. 10 auf Seite 75 ff. dargestellt – dem verwaltenden Einkauf übertragen. In Unternehmungen, in denen die EDV für die Bestellschreibung und Bestellabwicklung sowie für die Bestands- und Bestellrechnung eingesetzt wird, liegt es nahe, die Terminüberwachung vom Einkäufer bzw. dem Terminjäger auf das Rechenzentrum zu verlagern. Nur in Klein- und Mittelbetrieben wird man aufgrund der Gegebenheiten zur dezentralen Lösung tendieren und dem jeweils für den Vertragsabschluß verantwortlichen Einkäufer auch die Verantwortung für die Terminüberwachung übertragen. Aber auch die Delegation der Terminüberwachung an eine zentrale Stelle (Terminbüro oder Rechenzentrum) entbindet den Einkäufer nicht von seiner Verantwortung für die Terminsicherung. Ist jedoch die Disposition für die mengen- und termingerechte Abruferteilung verantwortlich, so sollte sie auch für die Terminüberwachung zuständig sein (vgl. Praxisbeispiel Nr. 1, Seite 26).

Aufbau- und ablauforganisatorische Regelungen der Terminüberwachung richten sich unter Beachtung des Kongruenzprinzips nach den betrieblichen Gegebenheiten des Einzelfalls

- Grundsätzlich muß im Rahmen organisatorischer Regelungen das Kongruenzprinzip beachtet werden, das heißt, Aufgabe, Kompetenz und Verantwortung für die Terminüberwachung sollten nicht auf mehrere Instanzen verteilt werden.

Die Frage, ob sämtliche Termine überwacht werden sollen oder nur Termine von Bestellungen besonders wichtiger oder kritischer Materialien, ist aufgrund der Gegebenheiten des Einzelfalls zu entscheiden. In jedem Fall ist ein bestimmter Rhythmus für die Terminüberwachung (tägliche, wöchentliche, dekadenweise Überwachung) festzulegen.

2.3.2 Wareneingang

Innerhalb der Bestellabwicklung schließt der Wareneingang den Informationskreis über den Liefervollzug. Er hat die Aufgabe,

Nach der Identitätskontrolle muß der Wareneingang den Einkauf unverzüglich unterrichten

- die Richtigkeit aller in das Unternehmen gelangten Lieferungen und Leistungen zu beurkunden und

- unverzüglich und umfassend den Einkauf bzw. die zentrale Terminstelle sowie (evtl.) die Bedarfsträger über alle Wareneingänge zu unterrichten.

Maßgebend für die Abschreibung eingegangener Lieferungen kann nur die Wareneingangsmeldung sein

Einerseits sollte der Einkauf erst nach Überschreitung des Liefertermins mahnen, andererseits muß bei Terminüberschreitung unverzüglich gemahnt werden. Sämtliche Wareneingänge sind deshalb sofort auf einem Wareneingangsbeleg, dem Wareneingangsschein, festzuhalten, sofern die Identitätsprüfung im Wareneingang nicht Anlaß zur Beanstandung gibt.[1] Mit der Unterschrift auf dem Wareneingangsschein bescheinigt der Warenannehmer die Erfüllung des mit einem Lieferanten abgeschlossenen Kaufvertrages. Damit wird zugleich der Anspruch des Lieferanten auf Zahlung des vereinbarten Kaufpreises begründet.

Eine andere Frage ist es, ob für die Abschreibung der eingegangenen Lieferungen lediglich Terminerfüllung und Vollständigkeit ausschlaggebend sein sollen oder auch Qualität, Preise und Konditionen zu berücksichtigen sind. Da die Qualitätsprüfung oft viel Zeit beansprucht, können Qualitätsreklamationen auch noch einige Zeit nach dem Wareneingang erfolgen. Diese Fristen müssen beim Kauf festgehalten werden, um Reklamationen später mit Erfolg geltend machen zu können. Auch Beanstandungen von Preisen und Konditionen ergeben sich im allgemeinen ebenfalls erst durch den Rechnungseingang. Solche Beanstandungen sind in der Lieferantenkartei und der Bestellkartei festzuhalten, um von der Zuverlässigkeit des Lieferanten ein vollständiges und zutreffendes Bild zu erhalten.

Das Formularwesen kann stark vereinfacht und der Arbeitsaufwand reduziert werden

Ein Optimum der Belegtechnik ist erreicht, wenn der Wareneingang über bereits ausgefüllte Wareneingangsscheine verfügt. Diese Wareneingangsscheine können als Durchdruck oder Kopie gewonnen werden.[2]

1 Es werden hier die Aufgaben des Wareneingangs nur insoweit behandelt, als sie mit der Terminüberwachung und der Rechnungsprüfung in Zusammenhang stehen. Auf Einzelheiten der Identitäts- und Qualitätsprüfung sowie auf andere Fragen der Wareneingangssteuerung wird im sechsten Abschnitt eingegangen.

2 Vgl. dazu auch das Praxisbeispiel im sechsten Abschnitt (Beispiel 51).

Wareneingangs- und Rechnungsbeleg

Befund der Gütekontrolle ☐
Sendung ist in Ordnung ☐
Sendung ist nicht in Ordnung ☐
Ganzprüfung ☐
Teilprüfung ☐
Datum ____________
Unterschrift ____________

Wareneingangsbe...d:
Sendung ist in Ordnung ☐
Sendung ist nicht in Ordnung ☐
Gelieferte Menge
20 | 22 | 23 | 30
am
Unterschrift ____________

Gelieferte Teilmengen:
am
Unterschrift ____________
am
Unterschrift ____________
am
Unterschrift ____________
am
Unterschrift ____________
am
Unterschrift ____________
am
Unterschrift ____________

Ganzlieferung 1 Teillieferung 2

B E S T E L L U N G

Siegfried Bastian
Industriestr.

6343 Frohnhausen

Lieferant-Nr.	Abschluß-Nr.	vom	Bestelltag bzw. Abruftag	Kostenträger	Kostenst.	Ihr Gesprächspartner ist	Unser Zeichen
			18.08.83			Herr Kutschker	ku.kn.

Frachtbasis: frei Haus
Verpackung: incl.
Zahlung:
Empfangsstelle: Werk Herborn

Teile-Nummer	Bestell- bzw. Abruf-Nr.	ME	Bestell-Menge	Wareneingangstag	Warenbezeichnung	Preis Einheit	Preis Schlüss.	Preis per Einheit	
	619193	00	6000	22.08.83	Schließzungen abkanten (ber.telef.bestellt) Die Schließzungen können im Werk Herborn abgeholt werden.	00	01	0.62	Preisschlüssel: 01 = per 1 02 = per 10 03 = per 100 04 = per 1000 Mengen- und Preiseinheitsschlüssel: 00 = Stück 01 = kg 02 = m 03 = qm 04 = cbm 05 = Liter 06 = Tonne

Blatt 2: Wareneingang Ablage nach Lieferanten

RITTAL-WERK
Rudolf Loh GmbH & Co. KG

Formularbeispiel Nr. 13:
Wareneingangs- und Rechnungsbeleg

Das Formularbeispiel Nr. 13 ist so gestaltet, daß alle Daten der Bestellung, des Wareneingangs und der weiteren zeitgerechten Bearbeitung auf diesem Formular enthalten sind.

Es kann aber auch hier durch den Einsatz von Schreibautomaten, der EDV oder einen online-Wareneingang[1] eine wesentliche Vereinfachung der Erfassung des Warenzugangs erreicht werden. In Kleinbetrieben genügt möglicherweise auch der den Sendungen beiliegende Lieferschein den verschiedenen betrieblichen Zwecken.

Die größte Vereinfachung bedeutet es, wenn der Käufer den Lieferanten dazu bewegen kann, die abnehmereigenen Wareneingangsscheinformularsätze auszufüllen und als Lieferschein bzw. Wareneingangsschein zu verwenden. Der Automobilindustrie ist diese Delegierung einer internen Aufgabe auf den externen Lieferanten in erstaunlichem Ausmaß gelungen, was sicherlich weitgehend ein Ausdruck ihrer Marktstärke ist.

2.3.3 Rechnungsprüfung

Die Bearbeitung der Rechnungen muß zügig erfolgen

Da die rasche Bearbeitung der Rechnungen oft notwendige Voraussetzung für die fristgerechte Skontierung ist, muß die Prüfstelle über alle Unterlagen verfügen, vor allem über eine Bestellkopie, den Liefer- bzw. Wareneingangsschein und (evtl.) den Warenbefundbericht. Eine Bestellkopie braucht nicht mehr aufbewahrt zu werden, wenn ein Wareneingangsschein in der Art des Formular-Beispiels verwendet wird. Zu prüfen sind:

Die sachliche Prüfung ist im Gegensatz zur rechnerischen Prüfung eine vergleichende Prüfung

- Die Übereinstimmung der berechneten Menge mit der bestellten und der eingegangenen Menge
- Der Preis je Einheit gemäß Bestellung
- Die Zahlungsbedingungen hinsichtlich der Fälligkeitszeit und des in Betracht kommenden Skontos
- Die Verpackungskosten und die Möglichkeit der Rücksendung von Leihverpackung
- Die Transportkosten (wegen notwendiger Spezialkenntnisse evtl. von einer anderen Seite zu prüfen, so z.B. von der Speditionsabteilung)

1 Vgl. B. Grupp, Materialwirtschaft mit Bildschirmeinsatz, a.a.O., S. 60 ff.

Dieser sachlichen Prüfung schließt sich die rechnerische Prüfung an. Eine umgekehrte Reihenfolge wäre sinnlos, denn der Mangel der sachlichen Richtigkeit wird dadurch nicht beseitigt, daß die sachlich zu beanstandende Rechnung formell (rechnerisch) in Ordnung ist.

Die sachliche Prüfung muß der rechnerischen Prüfung vorausgehen

Wegen des mit der Rechnungsprüfung verbundenen hohen Arbeitsaufwandes hat die Praxis verschiedene Verfahren zur Vereinfachung des Prüfvorgang entwickelt:[1]

Hoher Arbeitsaufwand zwingt zur Vereinfachung

- Sammelrechnungen
- Nichtprüfung von Kleinstrechnungen
- Globale Prüfung
- Stichprobenweise Prüfung
- Bumerangverfahren (Rücksendung einer vom Lieferanten ergänzten Bestellkopie als Rechnung)
- EDV/Bildschirm

Auch hier kann man wieder wertvolle Rationalisierungsmaßnahmen aus dem ABC-System ableiten, indem man die Intensität der Rechnungsprüfung entsprechend dem Rechnungswert abstuft.

Beispiel 49:[2]
In der IBM, Sindelfingen, werden nicht alle Eingangsrechnungen sachlich und rechnerisch in vollem Umfang geprüft. Man hat die Intensität der Prüfung wie folgt abgestuft:

Praxisbeispiel zur wertmäßigen abgestuften Rechnungsprüfung

– *Rechnungen unter 100,– DM*	*nur global*
– *Rechnungen von 100,– DM bis 2.500,– DM*	*in Stichproben ca. 30 - 40 %*
– *Rechnungen von 2.500,– DM bis 5.000,– DM*	*in Stichproben ca. 60 - 70 %*
– *Rechnungen über 5.000,– DM*	*Vollkontrolle*

In jedem Fall vergleicht der Rechnungsprüfer Wareneingang und Rechnung, um festzustellen, ob für die Rechnung überhaupt eine Leistung erfolgte. Außerdem werden alle Rechnungen rechnerisch geprüft. Die Stichprobenauswahl erfolgt nach wechselnden Gesichtspunkten (Menge, Tag, Materialgruppe oder Lieferanten).

1 Vgl. A. Boje, Moderne Einkaufs-Organisation, a.a.O., S. 504 ff.

2 ebenda, S. 512.

An welcher Stelle des organisatorischen Gefüges Unternehmung die Rechnungsprüfung ihren Platz finden sollte, bleibt umstritten. Dies hängt damit zusammen, daß die Aufgaben der Rechnungsprüfung sehr unterschiedlich bestimmt und geregelt werden.

Die organisatorisch richtige Zuordnung der Rechnungsprüfung ergibt sich aus den ihr sachlich zugewiesenen Aufgaben

In der Praxis ist es in den meisten Fällen der Einkauf, der für die Rechnungsprüfung zuständig ist, vor allem in Klein- und Mittelbetrieben. In Großbetrieben ergeben sich sehr unterschiedliche Regelungen. So kann die Rechnungsprüfung in einem Fall eine selbständige Abteilung bilden, im anderen Fall dem Einkauf, dem Rechnungswesen, der Finanzabteilung oder der Revision unterstellt sein. Vielfach wird die Rechnungsprüfung auch arbeitsteilig vorgenommen. Die sachliche Rechnungsprüfung erfolgt dann durch den Einkauf, die rechnerische durch die Buchhaltung.

Die organisatorisch zweckmäßigste Lösung ergibt sich aus den im Einzelfall der Rechnungsprüfung zugewiesenen Aufgaben. Wo sich die Rechnungsprüfung darauf beschränkt, die Rechnungsstellung des Lieferanten zu kontrollieren, gehört sie grundsätzlich genau so zum Einkauf wie die Terminüberwachung auch.[1] Vielfach wird hier die Kontrolle des Lieferanten mit einer Kontrolle des Einkäufers verwechselt. Diese muß selbstverständlich einer neutralen Instanz, z.B. der Revision, vorbehalten bleiben. Grundsätzlich aber sollte Rechnungsprüfung mit der Einkaufsrevision nicht gleichgesetzt werden.[2]

1 Vgl. W. Dörsch, Organisatorische Eingliederung der Rechnungsprüfung, in: G. Bretschneider, Hrsg., Das Einkaufsleiter-Handbuch, a.a.O., S. 539 f.

2 Vgl. W.P. Trautmann, Moderne Einkaufspraxis, Stuttgart 1962, S. 83.

FRAGEN ZUR SELBSTKONTROLLE UND VERTIEFUNG

1. Welche Aktivitäten sind ablauforganisatorisch zum Beschaffungsvorgang zu zählen? (Erinnern Sie sich in diesem Zusammenhang auch an die Definition der Bestellkosten im ersten Abschnitt?!)

2. Warum ist die organisatorische Zuordnung des Wareneingangs in der Mehrzahl der Fälle einheitlich gelöst, die der Rechnungsprüfung aber nicht?

3. Welche Gesichtspunkte sind bei der Regelung des Bedarfsaufgabeverfahrens zu beachten?

4. Nennen Sie die in der Praxis üblichen Formen der Bedarfsaufgabe und kennzeichnen Sie deren besonderen Vorzüge und Einsatzmöglichkeiten!

5. Erläutern Sie anhand eines selbstgewählten Zahlenbeispiels das Pendelkarten-System!

6. Inwieweit ist die Anfrage ein vielseitig zu verwendendes Informationsmittel?

7. Grenzen Sie die Bedeutung des Anfrageregisters und der Lieferantenkartei voneinander ab!

8. Es gibt mehrere vereinfachende Verfahren der Anfrageherstellung. Wodurch unterscheiden sich diese im wesentlichen?

9. Was ist unter dem Begriff der Anfrageintensität zu verstehen? Verwenden Sie zur Erläuterung und Präzisierung Zahlen!

10. Wodurch unterscheidet sich die materielle von der formellen Angebotsprüfung?

11. Wie kann der Einkäufer den mit der Ermittlung der Netto-Einstandspreise verbundenen Arbeits- und Zeitaufwand reduzieren?

12. Warum sollte man es nicht mit der Ermittlung des Netto-Einstandspreises bewenden lassen?

13. Welche betriebliche Bedeutung hat die „Qualitätsannahmegrenze"?

14. Welche Möglichkeiten hat der Einkäufer, die Termintreue eines Lieferanten zu beurteilen, wenn dieser einen festen Liefertermin zusagt?

15. Nach welchen Gesichtspunkten ist die geographische Lage eines Lieferanten zu beurteilen?

16. Erläutern Sie mit Hilfe eines Beispiels die besonderen Probleme, die beim Leistungsvergleich entstehen und zeigen Sie an diesem Beispiel, wie ein Bewertungssystem die Lieferantenbeurteilung ermöglichen kann!

17. Angenommen das günstigste Angebot ist auf der Basis der Lieferantenbewertung gefunden. Muß damit die Auftragsvergabe schon entschieden sein?

18. Würden Sie in allen Bedarfsfällen – unabhängig vom jeweiligen Bedarfs- bzw. Bestellwert – eine analytische Lieferantenbewertung durchführen?

19. Wann halten Sie Abschlußverhandlungen für überflüssig?

20. Geben Sie ein Beispiel für eine Checkliste zur Verhandlungsvorbereitung!

21. Wie ist die grundsätzliche Rechtslage, wenn ohne vorherige Angebotsabgabe des Lieferanten der Kunde (Käufer) diesem eine Bestellung erteilt? Was wäre in diesem Fall eine „schlüssige" Handlung?

22. Aus welchen Gründen ist der schriftlichen Bestellung der Vorzug zu geben?

23. Im Einkauf wird häufig über den Anfall von Schreibarbeit geklagt. Arbeiten Sie einen Rationalisierungsvorschlag aus, der verschiedene Möglichkeiten zur Verringerung der Schreibarbeit in der Bestellaufgabe aufzeigen sollte!

24. Wodurch unterscheiden sich der Rahmenvertrag, der Kauf auf Abruf und der Sukzessivlieferungsvertrag voneinander?

25. Nennen Sie die hauptsächlichen Bestandteile eines Konsignationslagervertrages!

26. Warum gibt es in der Praxis zahllose Beispiele für den Abschluß von Konsignationslagerverträgen?

27. Durch welche Preisvorbehaltsklauseln kann der Lieferant versuchen, das Preisrisiko auf den Käufer abzuwälzen und welche Möglichkeiten der „Entschärfung" hat dieser?

28. Wie kann auch bei geringwertigen Bestellfällen eine optimale Beschaffung sichergestellt werden?

29. Welche Bedeutung hat die Auftragsbestätigung für ein bestellendes Unternehmen? (vgl. auch Frage 21!)

30. Welche praktischen Konsequenzen ergeben sich aus der Umstellung von einer Termin-„Verfolgung" auf eine Termin-„Sicherung"?

31. Erläutern Sie die für die Terminüberwachung in Betracht kommenden Hilfsmittel!

32. Wie kann die Wirksamkeit einer Mahnung erhöht werden?

33. Wann wird man zur Dezentralisierung der Terminüberwachung tendieren?

34. Welche Aufgaben hat der Wareneingang?

35. Erläutern Sie an dem im Text abgedruckten Formularmuster Nr. 13, welche Vereinfachung der Belegtechnik sich hier für den Wareneingang ergibt.

36. Unterscheiden Sie die sachliche und rechnerische Prüfung der Rechnungen und geben Sie ein Beispiel, das Möglichkeiten zur Rationalisierung des Prüfvorgangs aufzeigt.

Die Lösungen ergeben sich aus vorstehendem Text (Fünfter Abschnitt).

Sechster Abschnitt

Lagerung und innerbetrieblicher Transport

Im Rahmen des betrieblichen Umsatzprozesses folgt der Vorgang der Lagerung zeitlich auf den Beschaffungsvorgang. Er beginnt, sobald das vom Lieferanten angelieferte Material übernommen und geprüft ist. Er endet, wenn das an den Kunden zu verteilende Material das Unternehmen verläßt. Zwischen diesen Punkten im Materialfluß muß das Material (in der Regel) gelagert und bewegt werden. Die Aufgaben der Lagerung und des innerbetrieblichen Transportes müssen daher zusammen gesehen werden.[1]

Lagerung und innerbetrieblicher Transport sind zusammenhängende Aufgaben einer integrierten Lagerwirtschaft

In diesem Abschnitt werden im Hinblick auf den großen Umfang des Stoffgebietes der Lagerwirtschaft die Ausführungen zum Teil auf das Wareneingangs- bzw. Beschaffungslager beschränkt. Sie beziehen sich demzufolge auf die Lagerung, die sich unmittelbar dem Beschaffungsvorgang anschließt und mit der Materialbereitstellung für die Fertigung endet. Die Lagerung während und nach der Produktion wird in Einzelheiten nicht erörtert. Es wird nur untersucht, wie sich diese Lagerungsfunktionen in den betrieblichen Ablauf eingliedern.

Doch sei in diesem Zusammenhang nochmals betont,[2] daß betriebswirtschaftlich die Lagerwirtschaft als eine Einheit zu betrachten ist, die der Materialwirtschaft zugeordnet werden sollte. Gegenströmungen in der Praxis sind in erster Linie auf ein übersteigertes Sicherheitsbedürfnis der Bereiche Produktion und Verkauf zurückzuführen.

Die Ausführungen zur Lagerplanung und -kontrolle sind unabhängig von der Art des Lagers von allgemeiner Bedeutung.

Schließlich ist noch darauf hinzuweisen, daß die auf die Vorratshaltung bezogenen Ziele der Lagerpolitik und die daraus resultierenden Entscheidungen nicht Gegenstand dieses Abschnittes sind, sondern im Zusammenhang mit dem Zielsystem der Materialwirtschaft (erster Abschnitt) und der Disposition (vierter Abschnitt) behandelt wurden.

1 Vgl. P. Horvath, Materialwirtschaft, in: H. Engel, Hrsg., Handbuch der Techniken des Industrial Engineering, a.a.O., S. 1142.

2 Vgl. im ersten Abschnitt unter Ziffer 1.

1. Begriff, Arten und Aufgaben der Lager

Eine eindeutige Definition des Lagerbegriffs erweist sich als schwierig

Der Begriff des Lagers wird unterschiedlich gebraucht und kann drei verschiedene Begriffsinhalte umfassen:[1]

(1) Der Raum, in dem die Materialien bevorratet werden.

(2) Die Gegenstände, die gelagert werden.

(3) Die Lagerverwaltung, die für die Lagerung und Abrechnung die Verantwortung trägt.

Alle drei Begriffe sind in der Praxis gebräuchlich; der jeweils zutreffende ergibt sich aus dem Sinnzusammenhang.

Eine eindeutige Definition des Lagerbegriffs erweist sich auch deshalb als schwierig, weil entsprechend unserer weiten Umschreibung der Materialwirtschaft als Lager alle Materialbestände bezeichnet werden, über die eine Unternehmung überhaupt verfügt, also z.B. auch das Material, das in der Produktion bearbeitet wird.[2] Lagern bedeutet demnach nicht notwendigerweise ein Aussondern des Materials an besonderen Lagerstellen, es setzt nicht einmal einen „ruhenden" Zustand des Materials voraus. So befindet sich z.B. das Material bei der Lagerung in Umlaufregalen nach dem Paternosterprinzip in Bewegung.

Im Industriebetrieb lassen sich die Lager nach
- Lagerstufen
- Lagerobjekten
- Lagerfunktion
- Lagerstandort
- Lagerbauart

usw. unterscheiden

Im Industriebetrieb kann man entsprechend dem Materialfluß drei Lagerstufen unterscheiden:

(1) Die zeitlich vor der Produktion befindlichen Roh-, Hilfs- und Betriebsstofflager (= Wareneingangs- bzw. Beschaffungslager)

(2) Die zeitlich mit dem Produktionsprozeß verlaufenden Zwischenlager (z.B. Halbfabrikatelager)

1 Vgl. W. Korndörfer, Allgemeine Betriebswirtschaftslehre – Aufbau – Ablauf – Führung – Leitung, 3. Auflage, Wiesbaden 1974, S. 201.

2 Vgl. BME, Materialwirtschaft heute und morgen – Ziele und Möglichkeiten, a.a.O., S. 19.

(3) Die zeitlich nach der Produktion eingerichteten Lager (Fertigwaren- und Versandlager).

Jede der in Abb. 81 dargestellten Lagerungsstufen hat in einem Industriebetrieb typische Aufgaben zu erfüllen:

Zu (1):
Die zeitlich vor der Produktion befindlichen Lager haben die Aufgabe, einen reibungslosen Ablauf der Fertigung dadurch zu ermöglichen, daß die von der Fertigung benötigten Materialien in genügender Menge und zur richtigen Zeit bereitgestellt werden. Durch den bereits genannten Sicherheits- bzw. Mindestbestand soll der Fertigungsablauf vor unvorhergesehenen Störungen gesichert werden.

Da Bereitstellung und Verbrauch – sieht man einmal von dem Fall einer fertigungssynchronen Anlieferung ab – aus den verschiedensten Gründen in zeitlicher und mengenmäßiger Hinsicht nicht automatisch übereinstimmen, erfüllen die zeitlich vor der Produktion gelegenen Lager in der Überbrückung dieser Spannungen eine sehr wichtige Funktion.

Zu (2):
Zwischenlager im Fertigungsbereich nehmen hauptsächlich Teilfertigerzeugnisse oder fremdbezogene Montageteile und -baugruppen auf.

In die zweite Lagerstufe fallen auch solche Lager, die als ein Teil des Fertigungsprozesses selbst anzusehen sind und durch das Lagern eine qualitative Veränderung der Güter bewirken sollen. Typisch dafür sind Gärungs- und Reifeprozesse bei Bier, Wein und Sekt, Gerbeprozesse beim Leder oder Trockenprozesse beim Holz.

Zu (3):
Die Lagerung nach der Produktion umfaßt die Lager für Fertigerzeugnisse, veräußerliche Halbfabrikate und Handelswaren. Dabei dienen auch diese Lager im wesentlichen dem Auffangen von Spannungen, die in diesem Fall zwischen Produktion und Absatz auftreten. Da meist aufgrund konjunktureller und saisonaler Schwankungen Produktions- und Absatzkurve nicht identisch verlaufen, werden Fertigwarenlager erforderlich.

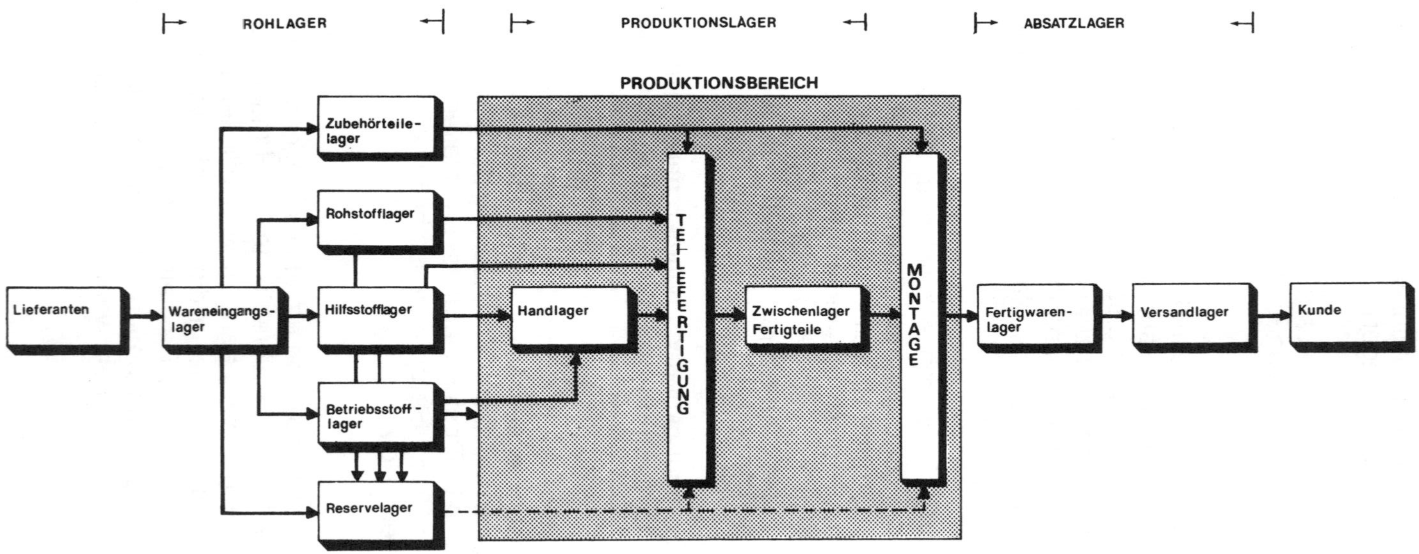

Abbildung 81:
Lagerungsstufen in einem Industriebetrieb

Neben der Unterscheidung der Lager nach Lagerstufen lassen sich in der Praxis eine Reihe weiterer typischer Kriterien für ihre organisatorische Gestaltung feststellen. Zu nennen sind:[1]

- Die objekt- oder stofforientierten Lager, in denen Materialien nach Materialgruppen zusammengefaßt werden, wenn ihre einheitliche Behandlung zweckmäßig erscheint (z.B. die Rohstofflager, die sich unterteilen lassen in Lager für Eisen und Stahl, NE-Metalle usw., die Fertigteilelager, die unterteilt werden können in Lager für Motore und Getriebe, Reifen, Verpackung usw.).
- Die funktionsgebundenen Lager, die der Vorratshaltung für einen bestimmten abgegrenzten Arbeitsbereich dienen. Dazu gehören z.B. das Hand- oder Werkstofflager, das direkt am Arbeitsplatz die Bereitstellung von Kleinmaterialien und Werkzeugen übernimmt, das Reparaturlager, das Werkstattlager.

Die objekt- und funktionsgebundenen Lager können wiederum nach ihrem Standort (z.B. Außenlager, zentrale und dezentrale Lager) und ihrer Bauart (z.B. offen, halboffene und geschlossene Lager) unterteilt werden.

Daneben treten noch Lagerplätze auf, die eine besondere Charakteristik aufweisen, wie die Konsignationslager, die der Lieferant auf seine Kosten beim Kunden unterhält, oder die Zollgut- und Zollaufschublager, die aufgrund des Zollgesetzes und der verschiedenen Zollordnungen anzulegen sind.

Die Lagerfunktion – eine Zusammenfassung

Faßt man die Aufgaben der Lagerhaltung zusammen, so sind im wesentlichen als Lagerfunktionen zu nennen:

(1) Die Sicherungs- und Versorgungsfunktion

(2) Die Ausgleichsfunktion

(3) Die Umformungs- bzw. Produktionsfunktion

1 Vgl. F. Rupprecht/J. Cordts, Das Lager, Frankfurt 1975, S. 96 ff. und W. Korndörfer, Allgemeine Betriebswirtschaftslehre, a.a.O., S. 203. – Soweit uns bekannt, ist bislang nicht der Versuch zur Formulierung einer geschlossenen „Lagertypologie" gemacht worden.

Zu erwähnen bleibt noch:

(4) Die Spekulativfunktion

Spekulativlager können als Folge unternehmerischer Dispositionen Vorräte aufnehmen, die in ihrer Höhe weder sicherungs- noch verbrauchsbedingt sind und auch nicht der Überbrückung zeitlicher oder mengenmäßiger Abweichungen zwischen Beschaffung und Produktion auf der einen oder Produktion und Absatz auf der anderen Seite dienen.

2. Lagerplanung

Die Wirtschaftlichkeit des Lagers hängt weitgehend von seiner funktionsgerechten Planung ab

Könnte man die benötigten Materialien unmittelbar vor der Verarbeitung oder dem Weiterverkauf dem Unternehmen zuführen, so wäre damit ein idealer Zustand erreicht: Die Kosten für Lagerung, Verwaltung und Kapitalinvestition, die Risiken des Veraltens, des Preis- und Umsatzrückgangs sowie der Nachteil der Liquiditätsverknappung würden dadurch weitgehend vermieden. Dieser ideale Zustand läßt sich jedoch in der Praxis nicht verwirklichen. Es wird daher versucht, die Vorratsmenge so niedrig zu bemessen, wie es die Sicherheit erlaubt.

Aber nicht allein die Menge, sondern auch die Art der Lagerung und Bewegung sind Faktoren der Kostengestaltung. Deshalb sind das Lager und – in Abhängigkeit davon – das innerbetriebliche Transportwesen sorgfältig zu planen. Alle Möglichkeiten einer Rationalisierung in diesen Bereichen sollten ausgeschöpft werden, um

- durch Optimierung der erforderlichen Arbeitsabläufe die Sicherung einer ordnungsgemäßen Versorgung bei Minimierung der entstehenden Kosten zu erreichen.

Die dabei zu lösenden Kernprobleme sind:[1]

(1) Planung des Lagerstandortes und der Lagerkapazität

(2) Planung der Lagergestaltung im Hinblick auf
- Bauart
- Einrichtungen
- Lagerordnung

(3) Innerbetrieblicher Transport

Eine optimale Bewirtschaftung des Lagers wird nur dann erreicht, wenn die Wechselbeziehungen zwischen diesen Faktoren und ihre Bedeutung für die Leistungsfähigkeit von Disposition und Verwaltung im Lager erkannt wird.

2.1 Lagerstandort und Lagerkapazität

Die Standortwahl des Lagers wird wesentlich von der Grundsatzentscheidung beeinflußt, ob zentral oder dezentral gelagert werden soll. Die Zentralisierung bietet in der Regel bessere Nutzung von Raum, Transportmitteln und Personal und kommt außerdem dem Bemühen um Vereinheitlichung der organisatorischen Abläufe entgegen. Ein dezentrales Lager kann dann in Frage kommen, wenn die Wege innerhalb eines Zentrallagers oder dorthin im Werksgelände zu weit sind.[2]

Die Entscheidung, ob ein Lager zentral oder dezentral zu legen ist, beeinflußt die Standortwahl

Die Möglichkeiten der räumlichen Einordnung in das Unternehmen und der Gestaltung sind zunächst davon abhängig, ob das Lager „auf der grünen Wiese" geplant werden kann oder Gebäude und Fertigungsanlagen feststehen. Im letzteren Fall wird man versuchen, über die Minimierung der innerbetrieblichen Transportkosten den optimalen betrieblichen Lagerstandort zu finden, wobei darauf zu achten ist, daß niedrige Kosten nicht zur Steigerung anderer Kosten führen,

Für die Wahl des Lagerstandortes sind mehrere Kriterien entscheidend

1 Vgl. P. Horvath, Materialwirtschaft, in: H. Engel, Hrsg., Handbuch der Techniken des Industrial Engineering, a.a.O., S. 1152.

2 Vgl. H. Lahde, Neues Handbuch der Lagerorganisation und Lagertechnik, München 1967, S. 52.

wie z.B. der Kosten für Materialannahme und -ausgabe. Im anderen Fall sind zum Beispiel folgende wichtigen Fragen zu klären:

- Grundstücksverhältnisse (Eigenschaften des Bodens, Tragfähigkeit, Bebauungsplan, Bebauungsweise)
- Verkehrslage (Ein- und Ausfahrtmöglichkeiten, Gleisanschluß, Fahrwege, Parkplätze)
- Gas-, Wasser- und Stromversorgung
- Umweltbedingungen (Abgase, Dämpfe, Staub, Erschütterungen)
- Entsorgung (Lagerung und Abtransport von Produktionsabfällen)

Der optimale Lagerstandort wird durch das Gesamtkostenminimum bestimmt

Nach Abklärung aller dieser Fragen sind die Entscheidungseinflüsse abzuwägen und der Lagerstandort zu bestimmen. Dafür liegen Planungsmodelle vor, in denen zumeist die Transportkosten das entscheidende Kriterium bilden.[1] Doch sollte man beachten, daß

● der optimale Lagerstandort durch das Minimum der Lagerhaltungs- und der Transportkosten bestimmt wird.

Die Standort- und Kapazitätsplanung des Lagers muß auch künftige Veränderungen mit einbeziehen

Problematisch ist die Festlegung der Lagerkapazität im Zeitpunkt der Standortplanung. Sinnvoll erscheint es, in die Planungskonzeption spätere Erweiterungsmöglichkeiten einzubeziehen, damit bei expansiven unternehmenspolitischen Entscheidungen der Lagerbereich nicht zum Engpaß wird, der nur durch zumeist sehr kostspielige Umbauten dem Leistungsquerschnitt der übrigen Unternehmensbereiche angepaßt werden kann. Es ist ratsam, das Lager nicht für „gestern und heute", sondern für „morgen" zu konzipieren, auch wenn die Praxis der Lagertechnik zeigt, daß durch die Entwicklungen auf diesem Gebiet ständig eine Erhöhung des Materialumschlages und eine bessere Raumausnutzung des Lagers möglich wird.

Ausgangspunkt der Kapazitätsberechnung ist der Platzbedarf der einzelnen Materialgruppen unter Berücksichtigung der sich aus der Vorratsplanung ergebenden Lagerbestandszahlen. Hinzu kommt der Platzbedarf für Ein-, Um- und Aus-

1 Vgl. E. Grochla, Grundlagen der Materialwirtschaft, a.a.O., S. 132 ff.

lagerungen, für Kontroll- und Kommissionierungsvorgänge, für Transport und Transportmittel, für Lagereinrichtungen usw. (vgl. dazu w.u. Beispiel 52 zur Berechnung des Raumnutzungsgrades).

Die Kapazitätsberechnung setzt eine genaue Analyse des Materials nach Art und Menge sowie die Ermittlung des nicht nutzbaren Lagerraums voraus

In diesem Zusammenhang ist eine sehr genaue Analyse der zu lagernden Materialien erforderlich und ihre wesentlichsten Charakteristika sind zu erfassen:

- Abmessungen
- Gewichte und besondere Bedingungen (z.B. Empfindlichkeit bei Feuchtigkeit, Kälte, Hitze, Verderblichkeit, Bruchgefahr, Giftstoffe usw.)
- Einheiten als Verpackungs-, Transport- oder Lagereinheiten (Paletten, Behälter, Kolli, Faltschachteln usw.)
- Eingangsmengen je Zeiteinheit und Materialposition
- Entnahmemengen je Zeiteinheit und Materialposition; Entnahmehäufigkeit
  usw.

2.2 Lagergestaltung

Die Planung der Lagergestaltung soll sich hier auf die

- Planung der Lagerbauart
- Planung der Lagereinrichtungen
- Planung der Lagerordnung

erstrecken. Die in diesem Zusammenhang auftretenden technischen Probleme können nur kurz gestreift werden.

2.2.1 Lagerbauart

Hinsichtlich der Lagerbauart kann man unterscheiden in:[1]

(1) Offene Lager (z.B. eingezäunte Lagerplätze)

1 Nach E. Grochla, Grundlagen der Materialwirtschaft, a.a.O., S. 128.

Materialeigenschaften und Materialfluß bestimmen die Lagerbauart

(2) Halboffene Lager (z.B. überdachte Lagerflächen)

(3) Geschlossene Lager (z.B. Gebäude, Hallen)

(4) Speziallager (z.B. Silos, Tanks)

Die zu wählende Bauart wird einmal von den physikalisch-chemischen Eigenschaften der Materialien, zum anderen von der Notwendigkeit eines geradlinigen Materialflusses bestimmt. Entsprechende Entwicklungen der Transportmittelindustrie haben in den letzten Jahren Möglichkeiten geschaffen, auch bei zweigeschossiger Bauweise das Transportgut weiter „fließen" zu lassen (z.B. Abfüllbetriebe).[1] In der Regel wird aber die Forderung nach einem kontinuierlichen Materialfluß – neben den im allgemeinen niedrigeren Baukosten – den Ausschlag für die Wahl eines eingeschossigen Lagers geben.

2.2.2 Lagereinrichtung

Begriff der Lagereinrichtung

Unter der Lagereinrichtung sind alle Hilfsmittel zu verstehen, auf denen Materialien am Stapelort oder während des Transports gelagert werden.

Bei der Planung ist das Ideal der Transportgleichung zu beachten

Bei der Planung sollte der Grundsatz beachtet werden:

Liefereinheit = Transporteinheit = Lagereinheit = Entnahmeeinheit

Eine Reihe von Faktoren beeinflussen die Lagereinrichtung

Bestimmungsfaktoren für die Wahl zweckmäßiger Lagereinrichtungen sind:

- Materialverpackung
- Vorratsmenge
- Raumhöhe des Lagers
- Transportmittel (inner- und außerbetrieblich)

1 Vgl. H. Lahde, Neues Handbuch der Lagerorganisation und Lagertechnik, a.a.O., S. 220 ff.

Für die Lagerung der verschiedenartigen Materialien gibt es eine Vielzahl von Einrichtungen, von denen hier nur die wichtigsten genannt werden können. Dabei kann zwischen festen und beweglichen Lagereinrichtungen unterschieden werden:[1]

Zweckentsprechende Wahl der Lagereinrichtung setzt detaillierte Kenntnis der gebotenen technischen Möglichkeiten und eine Übersetzung der in der Material- und Lageranalyse gewonnenen Erkenntnisse auf die technischen Einrichtungen unter Beachtung ihrer Wirtschaftlichkeit voraus

(1) Feste Lagereinrichtungen:
Hierzu zählen Schränke, Vitrinen und Regale. Als traditionelles Einrichtungsmittel kommt den Regalen die bei weitem größte Bedeutung zu, zumal die oft recht „starren" Regaleinrichtungen der Vergangenheit den auf dem Baukastenprinzip beruhenden „variierbaren" Regalsystemen der heutigen Zeit gewichen sind. Die heutige Regal-Generation ist

- lagernutzungsintensiv und
- materialflußorientiert.[2]

So besteht – um ein Beispiel zu nennen – bei Durchlaufregalen die Möglichkeit, von der einen Regalseite den Vorrat zu beschicken und von der anderen Seite zu entnehmen. Dieses Verfahren hat den großen Vorteil, daß die „Fifo"-Methode („First in – First out") anwendbar ist: Das Material wird in der gleichen Reihenfolge ausgegeben, wie es in das Lager gelangte, so daß keine Lagerhüter oder Wertminderungen an Waren entstehen.

Schränke und Vitrinen werden im Industrie- oder Handelslager kaum verwendet.

(2) Bewegliche Lagereinrichtungen:
Typische Hilfsmittel beweglichen Lagerns sind Lagerbehälter und Paletten. Solche Behältersysteme fassen verschiedenartige Materialien unterschiedlicher Abmessungen zu einer Einheit zusammen. Ihre Vorteile sind in der

- intensiven Nutzung des Lagerraumes durch hohe (Block-) Stapelung (Paletten-Hochregale bis zu 30 m Höhe) und

1 Vgl. H. Lahde, Neues Handbuch der Lagerorganisation und Lagertechnik, a.a.O., S. 343 ff.

2 Vgl. F. Rupprecht/J. Cordts, Das Lager, a.a.O., S. 100.

- Vereinfachung und Beschleunigung der Ein-, Um- und Auslagerung zu sehen.

Die Poolpalette bringt enormen Rationalisierungseffekt

Lagerbehälter wie Stapelkästen, Gitterboxen und (zusammenklappbare) Transportbehälter lassen sich nur von Hand, mit dem Sackkarren oder mit Spezialgeräten transportieren. Dies bedeutet eine Beschränkung des Verkehrs auf den innerbetrieblichen Transport. Eine universelle Verwendung auf dem ganzen Wege der Transportkette, also auch im Rahmen des außerbetrieblichen Transports, ist erst durch die Verwendung der Normenpalette gegeben. Hier gelten die DIN-Normen, insbesondere DIN 15 151 Flachpaletten (Formen und Hauptmaß), 15 146 Vierwege-Flachpaletten aus Holz 800 x 1000 mm, 15 155 Gitterboxpalette 800 x 1200 mm. Davon hat die Holzflachpalette 800 x 1200 mm als europäische Austauschpalette eine internationale Festlegung erfahren. Der Tausch selbst vollzieht sich nach vereinbarten Regeln und Grundsätzen, die ein einheitliches Verfahren für alle Poolteilnehmer gewährleisten. Diese Palette dominiert heute in Industrie und Großhandel.

> Da die Leistung eines Lagers in großem Maße von seiner Einrichtung abhängig ist, sollte versucht werden, durch den Einsatz moderner, zweckentsprechender Einrichtungen eine hohe Lagerleistung zu erzielen.

Die Beschaffung von Lagereinrichtungen kann heute nicht mehr dem Zufall überlassen werden. Es ist vielmehr notwendig, eine funktionsgerechte Einrichtung sorgfältig unter Beachtung des Wirtschaftlichkeitsgesichtspunktes zu planen und dabei die betrieblichen Gegebenheiten und Entwicklungen zu berücksichtigen.

Entscheidungskriterien für oder gegen ein Hochregallager sind:
- Lagerkapazität
- Bodenpreis
- Wegkosten

Die Tendenz geht eindeutig zum automatisierten Palettenhochregal. Dieses Regalsystem bietet – wie das Praxisbeispiel 50, Seite 442 f. zeigt – Unterbringung von mehreren tausend Palettenplätzen und Artikeln unterschiedlicher Spezifikation durch lange und hohe Regale. Die Investition von Millionen DM für diese Lagerart ist oft dadurch gerechtfertigt, daß Grund für ein Flachlager nicht ausreichend bzw. nur zu einem wirtschaftlich nicht zu tragenden Bodenpreis zur Verfügung steht oder von einer bestimmten Lagergröße an die Wege im Lager zu lang werden.[1]

2.2.3 Lagerordnung

Begriff und Prinzipien der Lagerordnung

Unter der Lagerordnung ist die Zuordnung von Lagerraum und Lagergut zu verstehen. Es gibt in dieser Beziehung zwei grundsätzliche Möglichkeiten:[2]

(1) das Festplatz- und

(2) das Freiplatzsystem.

Das letzte wird auch als chaotische Lagerhaltung bezeichnet. Eine rationelle Lagerplatzbelegung sollte durch eine ABC-Belegungsstrategie erreicht werden.

Zur Planung der Lagerordnung gehört auch die sinnvolle Festlegung der internen Materialbezeichnungen (Materialschlüssel).[3]

2.2.3.1 Das Festplatzsystem

Beim Festplatzsystem hat jede Materialposition ihren „Stammplatz"

Das Festplatzsystem ordnet einer Materialposition einen ständigen Lagerplatz zu. Es ist demnach dadurch charakterisiert, daß

> jedes Material seinen festen Stammplatz hat, wobei die Platzgröße, das heißt die Auswahl der Fächer dem erwarteten Bestandsvolumen entspricht.

Der Stammplatz bleibt bis zu seiner eventuellen Aufhebung für ein und dieselbe Ware reserviert, unabhängig davon, ob der Lagerplatz gerade genutzt wird oder nicht.

1 Siehe W. Pahlitzsch, Industrielle Lagerwirtschaft, Wiesbaden (o.J.), S. 130 f.

2 Vgl. P. Horvath, Materialwirtschaft, in: H. Engel, Hrsg., Handbuch der neuen Techniken des Industrial Engineering, a.a.O., S. 1152.

3 Da die Materialnummerung ein Teil des betrieblichen Informationswesens ist, haben wir zu diesem Aspekt im dritten Abschnitt einige Ausführungen gemacht.

Das Festplatzsystem ist trotz seiner Unwirtschaftlichkeit in der Praxis sehr verbreitet

Als Nachteile dieser Lagermethode sind vor allem zu nennen:

- Bedingt durch Platzreservierungen für jedes Material ist ein hoher Lagerraumbedarf erforderlich. Ist die Position nicht vorhanden, dann bleibt das Lagerfach leer. Es wird „zu viel Luft gelagert".

- Die Lagerkapazität je Position ist begrenzt, was bei Mehrbedarf zu einer Umorganisation im Lager führen muß.

- Ausweichplätze müssen regelmäßig geleert werden.

- Da nach Einlagerung und Teilentnahmen von einem Lagerplatz eine Zulagerung erfolgt, befinden sich alte und neue Bestände des gleichen Materials auf dem gleichen Lagerplatz. Das führt dazu, daß das „first in – first out"-Prinzip, demzufolge das zuerst Angelieferte auch zuerst wieder auszugeben ist, nicht sicher gewährleistet werden kann.

Trotz dieser Nachteile stößt man in der Praxis sehr häufig auf diese Lagermethode. Der wohl entscheidende Grund dafür ist, daß sie gestattet, für jede Materialart von vornherein den jeweils günstigsten Platz zu reservieren. So erhalten Artikel mit einer hohen Entnahmehäufigkeit einen vergleichsweise transportgünstigen Lagerplatz.

2.2.3.2 Das Freiplatzsystem

Bei dem Freiplatzsystem erfolgt die Platzreservierung pauschal für das gesamte Lagersortiment

Die Freiplatzlagerung oder chaotische Lagerung ist dadurch gekennzeichnet, daß

> jeder im Lager vorhandene freie Stellplatz zur Lagerung der Materialien zur Verfügung steht.

Es wird also keine feste Platzzuordnung für eine Lagereinheit vorgenommen, sondern die Platzreservierung erfolgt pauschal für das gesamte Sortiment. Das gleiche Material kann sich jedoch in mehreren auseinanderliegenden und ständig wechselnden Lagerplätzen befinden. Dabei darf es nicht vorkommen, daß sich auf einem Lagerplatz verschiedene Materialien befinden.

Unabdingbare Voraussetzung für einen störungsfreien Lagerbetrieb und eine schnelle Zugriffsmöglichkeit zu den Beständen ist eine permanente Aufzeichnung der Belegung der Lagerplätze nach Art und Menge des dort lagernden Materials. Das Auskunftssystem muß, ob manuell oder maschinell verwaltet, so aufgebaut sein, daß es Antwort auf zwei Fragen gibt:

Aufbau des Lagerplatz-Auskunftssystems

- Auf welchem Lagerplatz befindet sich welches Material?
- Welches Material befindet sich auf welchem Lagerplatz?

Nachteilig bei der chaotischen Lagerung wirkt sich unter Umständen die willkürliche Einlagerung von Materialien auf einen gerade freien Lagerplatz hinsichtlich einer Transportwegoptimierung aus, da Materialien mit hoher Entnahmehäufigkeit nicht mehr in jedem Fall auf Lagerplätzen mit den kürzesten Transportwegen lagern. Wenn Materialien mit niedriger Entnahmehäufigkeit auf Lagerplätzen mit den längsten Transportwegen eingelagert werden, nimmt die Ersteinlagerung in einem Lager entscheidenden Einfluß hierauf. Es wird dadurch bewirkt, daß Lagerplätze, zu den gleichen Materialien längere Zeit belegt sind. Materialien mit einer hohen Entnahmehäufigkeit verursachen einen häufigen Platzwechsel.

Die Einlagerung sollte am nächstliegenden geeigneten freien Platz erfolgen

Im Idealfall sollte die Platzwahl nach den Kriterien

- materialgerechte Fachgrößen
- kürzeste Entfernung vom Lagereingang

unter Beachtung von ABC-Belegungsstrategien (s.u.) erfolgen.

Ein Beispiel aus der Praxis soll das System der chaotischen Lagerordnung verdeutlichen.

Praxisbeispiel zur chaotischen Lagerordnung

Beispiel 50:
Ein Hersteller von kosmetischen und pharmazeutischen Produkten im süddeutschen Raum hatte seine Produkte in gemieteten Produktionshallen untergebracht. Für die Palettenlagerung der Verpackungsmaterialien und Rohstoffe standen relativ niedrigere Holz-Lagerhallen zur Verfügung. Vorratsmengen wurden teilweise in einem entfernt liegenden Außenlager untergebracht.
Die Paletten wurden in Blockzeilen gestapelt. Einige Holzregale standen für Restmengen und leichte Verpackungsmaterialien in Großkartons zur Verfügung.
Firmenwachstum und beschränkte Erweiterungsmöglichkeiten am vorhandenen Standort führten zur Neuplanung eines Fertigungsbetriebes mit Hochregallager auf einem in der Nähe gelegenen Industriegebiet.[1]
Das Hochregallager (HRL) wurde wie folgt dimensioniert: Vier Regalgänge mit zwei Zeilen, elf Stockwerken und 37 Fächern, also 4 x 2 x 11 x 37 = 3256 Palettenstellplätze insgesamt. Von diesen sind 31 aus Sicherheitsgründen gesperrt, so daß 3225 frei verfügbar sind. Neben dem Hochregallager sind noch über 1000 Abstellplätze vorhanden, die durch Bodenmarkierungen festgelegt sind und genutzt werden. Es werden ca. 1800 Rohstoffe (Chemikalien, Duft- und Farbstoffe usw.) und Verpackungsmaterialien (einschließlich Ventile, Kappen usw.) sowie etwa 490 Fertigerzeugnisse chaotisch gelagert. Die Lagerleistung liegt 3 Monate nach Bezug des HRL bei durchschnittlich 110 Ein- und 75 Auslagerungen pro Tag. Der Flächenüberschuß des Fabrikneubaus führte dazu, daß im Augenblick noch ein beachtlicher Teil der Ware neben dem Hochregallager vorbeifließt. Umlagerungen im HRL erfolgen nur bei Stoßbelastungen und Rückbuchungen infolge von Auftragsänderungen durch Kunden.
Der Wareneingang wird am Terminal erfaßt, wobei ein Mikrocomputer für jede eingegangene Palette einen freien Stellplatz sucht und Etiketten mit Klartext (in Übergröße) sowie Barcode-Informationen für die Palettenkennzeichnung und für die Belegablage ausdrucken läßt.
Nach Kennzeichnung der Palettenstirnseite mit den sehr gut lesbaren Etiketten bringt ein Staplerfahrer die einzelnen Pa-

1 An der Lagerplanung war Dipl.-Ing. Diether Sieghart der APR-Unternehmensberatung Moosburg/Isar beteiligt. Die nachfolgend beschriebene mehrstufige ABC-Belegungsstrategie wurde ebenfalls von dieser Unternehmensberatung empfohlen, gilt aber generell für alle Lagerbereiche des Unternehmens – nicht nur für das Hochregallager.

letten zu den am Etikett ersichtlichen Bereitstellungsplätzen in der Kopfzone des Hochregallagers.
Das Regalförderfahrzeug nimmt dort die Paletten auf. Der im Fahrkorb stehende Mitarbeiter liest beim Losfahren mit dem Lesestift die Barcode-Nummer des Palettenstellplatzes ein, fährt in Stufe 1 noch manuell diesen Stellplatz an und justiert dort die Palettengabel.
Beim Ausfahren der Gabel zum Einlagern der Palette liest ein Laser-Scanner automatisch die Barcode-Nummer des Stellplatzes, die am Regal befestigt ist und gibt ein optisches oder akustisches Signal, wenn ein falscher Standort angefahren wurde oder wenn die Gabel blockiert.
Bei Bedarf kann ein Drucker angeschlossen werden, um ein Wegeprotokoll auszudrucken.
Die Stellplatzauswahl kann auf Wunsch nach folgenden Gesichtspunkten erfolgen:

- *Verteilung der Paletten auf die einzelnen Regalgänge nach Risikogesichtspunkten,*
- *Verteilung der Paletten innerhalb eines Regalganges unter Berücksichtigung verschiedener Kriterien, wie z.B. des Brandrisikos, des Palettengewichtes, der Notfall-Kommissionierung,*
- *Berücksichtigung des first-in – first-out-Prinzips,*
- *Berücksichtigung von Quarantäne-Situation unter Beachtung von Chargen- und Kontrollnummern,*
- *Wegeoptimierung vor allem bei Stoßbelastung,*
- *Beachtung von ABC-Kriterien zur Wegereduzierung.*

Die Entnahme erfolgt in ähnlicher Weise, wobei der vom Mikrocomputer erstellte Entnahmebeleg eine andere Farbe hat und für noch nicht freigegebene Artikel (Quarantäne) kein Etikett und Beleg ausgedruckt werden kann.

2.2.3.3 ABC Belegungsstrategie

Eine rationelle Lagerplatzbelegung bei chaotischer oder fester Lagerordnung kann unter Umständen durch eine mehrstufige ABC-Belegungsstrategie erreicht werden.

Rationelle Lagerplatzbelegung durch mehrstufige ABC-Belegungsstrategie

A-Artikel werden dabei grundsätzlich Lagerflächen, Regalzeilen und Stellflächen mit günstigen Wegezeiten zugeordnet (Abb. 82, Skizze 1).

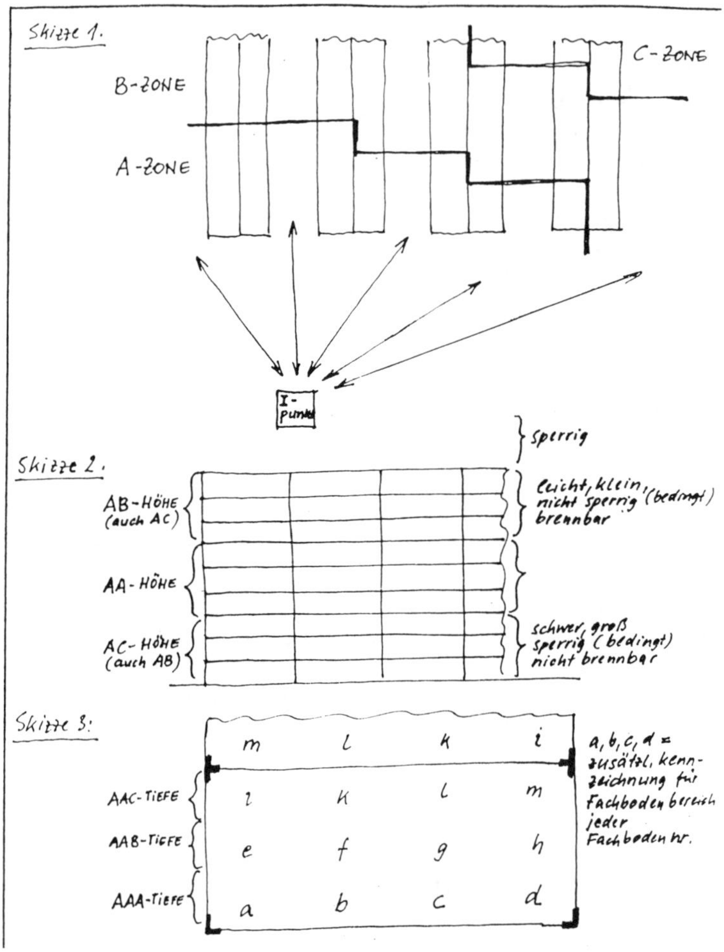

Abbildung 82:
ABC-Belegungsstrategien

In diesen Bereichen kann erneut nach ABC-Kriterien untergliedert werden, wobei neben der Wegeoptimierung noch Greifzeitunterschiede und Orientierungszeitunterschiede berücksichtigt werden können, z.B. bei Fachbodenregalen AA-Artikel in den günstigsten Greifbereich zwischen 90 cm und 140 cm Höhe einlagern (siehe Abb. 82, Skizze 2).

Bei bestimmten Lagergütern lohnt sich darüber hinaus noch die Einteilung des Regalfachbodens nach ABC-Kriterien. Sinnvoll ist dies vor allem dann, wenn, wie in Gemeindewerken üblich, vor allem Ersatzteile und Klein- und Kleinstmengen von Gegenständen und Teilen unterschiedlichster Größe mit aufsteigender Nummernfolge oder chaotisch gelagert werden. Nach dem gleichen Schema könnte aber auch in den Restelagern der Kontrollabteilungen von Porzellan- und Keramikwerken gearbeitet werden.

AAA-Artikel würden dabei auf der Gangseite des Fachbodens stehen und unmittelbar gegriffen werden können, während AAB-Artikel in der Mitte und AAC-Artikel im hinteren Bereich des Fachbodens stehen und nur nach vorübergehender Entnahme der davor stehenden Artikel oder Behälter gegriffen werden können (siehe Skizze 3).

Vollen Nutzen kann man aus derartigen Belegungsstrategien dann ziehen, wenn der Zeitbedarf für jede Einlagerungs-, Umlagerungs- und Auslagerungs-Konstellation errechenbar ist, was sorgfältig aufgebaute Planzeitwertsysteme voraussetzt.

Vereinfachte Belegungsstrategien und Beachtung weiterer Einflußgrößen im Bedarfsfall

In vielen Fällen kann jedoch mit vereinfachten (entfeinten, abgemagerten) Anwendungsformen dieser mehrstufigen ABC-Belegungsstrategie gearbeitet werden.

> Selbstverständlich müssen beim Festlegen individueller Belegungsstrategien neben ABC-Kriterien auch noch XYZ-Kriterien, Saisoneinflüsse, Risikosituationen (Ersatzteillagerhaltung im Kernkraftwerk), verfügbare EDV-Unterstützung und andere Einflußgrößen beachtet werden.

→ Aufgabe 19

2.3 Innerbetrieblicher Transport

Die Wahl der Transportmittel ergibt sich als Konsequenz einer optimalen Materialfluß-Lösung

Jeder innerbetriebliche Transport ist unproduktiv und trägt nur mittelbar zur Werterhöhung des Materials bei. Man sollte daher bestrebt sein,

- Transporte weitgehend zu vermeiden und auf ein Minimum zu beschränken.

Hierin liegt eine Hauptaufgabe neuzeitlicher Materialflußplanung. Gänge und Regale sind daher so anzuordnen, daß je nach Transporthäufigkeit und Materialvolumen die Summe der Transportwege möglichst niedrig ist (Prinzip des Transportkostenminimums).

Wenn man Wert auf einen optimalen Materialfluß legt, müssen aber nicht nur die kürzesten Transportrouten festgelegt, sondern auch zweckmäßige Transport- bzw. Fördermittel eingesetzt werden.[1]

Die Transportmittelwahl verlangt die Beachtung technisch-wirtschaftlicher Grundsätze

Der Materialflußbogen erleichtert die System-Projektierung

Wie für die Auswahl der Lagereinrichtungen gelten auch hier ähnliche Grundsätze, wie systematische Planung der Transportvorgänge und Wegezeiten entsprechend dem Materialumschlag[2] und eine Anpassung an die spezifischen betrieblichen Gegebenheiten. Dabei müssen nicht nur die Anschaffungskosten kritisch betrachtet werden, sondern auch die dadurch entstehenden Einsparungen und die später anfallenden Betriebskosten. Um diese Untersuchungen zu erleichtern, wurden vom Verein Deutscher Ingenieure (VDI) und vom Ausschuß für wirtschaftliche Fertigung (AWF) Materialflußbögen entwickelt. Formular Nr. 14 zeigt als Anwendungsbeispiel eine Untersuchung des Materialflusses von Halterungen von der Materialannahme bis zur Fertigung einschließlich dem Transport des Leergutes.[3]

1 Vgl. A. Fackelmeyer, Technische Materialflußsysteme in Betrieb und Lager – innerbetrieblicher Transport, in: K.H. Engel, Hrsg., Handbuch der neuen Techniken des Industrial Engineering, a.a.O., S. 1086.

2 Vgl. dazu auch H . Nestler, Materialflußuntersuchungen in Fertigungsbetrieben, Düsseldorf 1974, S. 26 ff. und die dort zit. Fachliteratur.

3 Vgl. Chr. Wachs, Lagertechnik und Materialfluß, München o.J., S. 28.

Hierzu VDI-Richtlinie „Materialfluß-Untersuchungen" VDI 3300

Kostenstelle: 253	VDI/AWF-Materialflußbogen Nr. 1	Blatt Nr. 1 / gehört zu
Bearbeiter: X / Datum: 27. Januar 1974	Gegenstand der Untersuchung: Materialfluß der Halterungen zur Fertigung	Jetziges Verfahren / Verschlag

Lfd. Nr.	Vorgang	✚ Bearbeiten	Bewegen: O Handhaben	Bewegen: > Transportieren	□ Prüfen	D Aufenthalt	▲ Lagerung	Fördermenge: Zahl	Fördermenge: Einheit	Entfernung in m: ⟷	Entfernung in m: ↕	Fördermittel	Arbeitskräfte: Zahl	Arbeitskräfte: Lohn bzw. Lohn-Gr.	Arbeitskräfte: Art	Fortschrittzeit	Einzelzeiten in 1/100 min: ✚ Bearbeiten	Einzelzeiten: Bewegen: O Handhaben	Einzelzeiten: Bewegen: > Transportieren	Einzelzeiten: □ Prüfen	Einzelzeiten: D Aufenthalt	Einzelzeiten: ▲ Lagerung	Bemerkungen
1	2	3	4	5	6	7	8	9	10	11	12	13	14	15	16	17	18	19	20	21	22	23	24
1	Halterg. Nr. 9255 entladen		o					4	Boxp.	5		Handgabelhubwagen	1	C	TA	800		800					Herausstellen auf Rampe
2	Eingangsktr. + Sortieren				□			4	Boxp.			von Hand	1	C	TA	1820				1020			Kontr. + Sortieren nach Typen
3	Transport in Fertig.-Gebäude			>				4	Boxp.	240		Gapelstapler	1	C	TA	3020			1200				Entfernung 30 m
4	Aufenthalt am Aufzug					D		4	Boxp.							3360					340		Warten, da abgesetzt
5	Transport in Untergeschoß			>				4	Boxp.	56	20	Handgabelhubwagen	1	C	TA	4300			940 (510)				Gesamtzeit (2 Fahrten nur Aufzug mit Aufzug)
6	Gutekontrolle				□							von Hand	1	3	Ang.	22300				18000			3 Std. Stichprobenkontrolle
7	Transport zum Stapelplatz			>				4	Boxp.	120		Gabelstapler	1	C	LA	22950			650				Übernahme der Lagerverwaltung
8	Einstapeln in Regale		o					80	Kart.			von Hand	1	C	LA	23720		770					Stapler steht
9	Leer-Paletten Transport			>				4	Boxp.	110		Gabelstapler	1	C	LA	24280			560				27,5 m Entfernung abgestellt
10	Lagerung der Halterungen						△																Ø 2 Wochen Lagerdauer
11	Entnahme und Beladen		o					80	Kart.			von Hand	1	C	LA	24600		320					gem. Ziehkarte nur 80 (nur 10 Kart. ger.)
12	Transport zur Bereitstellung			>				80	Kart.	110		Gabelstapler	1	C	LA	26680			2080				10 Kart. auf Pal., 80 ger.
13	Umpacken f. Fert.-Abtlg.		o					80	Kart.			von Hand	1	C	LA	26880		200					10 Kart. in Boxpal., 80 ger.
14	Bereitstellung					D		4	Boxp.							27420					540		10 Kart. in Boxpal., 80 ger.
15	Transport zur Fertigung			>				4	Boxp.	100	44	Handgabelhubwagen	1	C	LA	29500			2080				10 Kart. in Boxpal., 80 ger.
16	Einstapeln in Regale		o					80	Kart.			von Hand	1	C	LA	29910		410					10 Kart. in Boxpal., 80 ger.
17	Entnahme zur Fertigung		o					80	Kart.	1,8		von Hand	1	C	HA	31910		2000					1 Kart. in Boxpal., 80 ger.
18	Leer-Kart. sam. in Boxpal.		o					80	Kart.			von Hand	1	C	HA	32135		225					80 Kart. in 2 Boxpal., (in 10 Tagen)
19	Transport Leer-Kart. in Boxpal.			>				80	Kart.	50	16	Handgabelhubwagen	1	C	TA	33185			1050				Transport auf Bereitstg.
	Summe/Übertrag		7	7	2	2	1			791	80					33185		4725	8560	19020	880		Nr. + 2 Wochen Lagerdauer

Zu beziehen durch Beuth-Vertrieb GmbH, Berlin und Köln

Formularbeispiel Nr. 14: VDI/AWF – Materialflußbogen

Die klassische Einteilung der Transportmittel erfolgt nach technisch-konstruktiven Merkmalen

Die moderne Fördertechnik verfügt seit jeher über eine große Mannigfaltigkeit ihrer Mittel, die in jüngster Zeit durch die fortschreitende Automatisierung noch wesentlich gesteigert wurde. Es kann daher hier nur ein grober Überblick gegeben werden, wobei wir der klassischen Einteilung der Transportmittel in Flurfördermittel, flurfreie Fördermittel (Hebewerkzeuge) und Stetigförderer folgen:[1]

(1) Flurfördermittel:
Man versteht unter Flurfördermitteln nicht kontinuierlich, sondern intermittierend arbeitende Transportmittel, wie Handkarren, Hubwagen und Stapler. Die einfachsten Hilfsmittel in einem Lager sind Handkarren, die beim Transport geringer Mengen oder bei der Zusammenstellung von Transporteinheiten eingesetzt werden. Der Hubwagen genügt beim Transport zu ebener Erde. Soll das Gerät die einzelnen Transporte nicht nur in der Ebene, sondern auch in der Höhe vollbringen, so ist ein Stapler notwendig. Eine Übersicht über die Typenvielfalt gibt DIN 15 140.

(2) Flurfreie Fördermittel:
Unter flurfreien Fördermitteln versteht man alle sich nicht am Boden bewegenden Transportmittel. Es fallen somit unter diesen Begriff Drehkrane, Portalkrane, Laufkran, Hängekrane usw. Sie werden überall dort eingesetzt, wo die Ware dicht gestapelt werden muß und Verkehrswege einzusparen oder große Lagerhöhen auszunutzen sind.

(3) Stetigfördermittel:
Es handelt sich hierbei um zumeist ortsfeste, in einigen Fällen aber auch bewegliche Einrichtungen, die das Fördergut kontinuierlich von der Aufnahme- zur Entladestelle fördern. Stetigförderer finden vor allem dort Verwendung, wo große Förderleistungen und ein ununterbrochener Materialfluß verlangt werden. Typische Beispiele für Stetigförderer sind Rutschen, Rollenbahnen, Kreisförderer. – Eine Übersicht über die Benennung für Stetigförderer gibt DIN 15 201.

1 Vgl. H. Lahde, Neues Handbuch der Lagerorganisation und Lagertechnik, a.a.O., S. 448 ff.

In der Praxis wird ein großer Teil dieser Transportmittel miteinander kombiniert. Wie notwendig dabei eine Abstimmung der Förderkapazität der einzelnen Transporteinheiten ist, beweisen die folgenden maximalen Leistungswerte der angegebenen Fördermittel:[1]

Die kapazitative Harmonisierung der Transportmittel ist notwendig

Rollenbahn	720 Paletten/Stunde
Tragkettenförderer	450 Paletten/Stunde
Hängebahn	425 Paletten/Stunde
Etagenförderer	300 Paletten/Stunde
Verschiebewagen	160 Paletten/Stunde
Verschiebehubwagen	110 Paletten/Stunde

Wird bei der Planung nicht das schwächste Glied in der Kette der Leistungen berücksichtigt, so ist mit keinem optimalen Materialfluß zu rechnen, evtl. sogar mit Störungen. Natürlich sollte eine weitgehende Harmonisierung der Teilkapazitäten angestrebt werden.

3. Lagerhaltung

Die Aufgaben der Lagerhaltung im Beschaffungs- bzw. Vorratslager ergeben sich aus dem Beschaffungsvollzug mit der Erfüllung des Kaufvertrages durch den Lieferanten. Dazu kommt die Vorratshaltung und die Versorgung des Fertigungsbereiches mit Materialien. Die hiermit verbundenen materiellen Prozesse (Materialannahme, Materialprüfung, Materialein- und -umlagerung, Materialausgabe) müssen im Lager zahlenmäßig registriert und ausgewertet werden. Da sich diese Vorgänge der Bestandsfortschreibung und -überwachung von den technisch-orientierten Aufgaben der eigentlichen Materiallagerung klar unterscheiden und einen besonderen Schwerpunkt der Verwaltungstätigkeiten im Lager bilden, sollen sie als Materialrechnung gesondert unter Punkt 3.2 dieses Abschnittes behandelt werden.

Die mit der Materiallagerung auf der einen und mit der Materialrechnung auf der anderen Seite verbundenen Tätigkeiten lassen sich eindeutig voneinander unterscheiden

1 Vgl. Chr. Wachs, Lagertechnik und Materialfluß, a.a.O., S. 26.

3.1 Lagerungsablauf

Der Lagerungsablauf umfaßt alle Vorgänge von der Materialannahme bis zur Materialausgabe

Auch wenn man in der Praxis eine Fülle unterschiedlicher ablauforganisatorischer Regelungen findet, so vollzieht sich der Lagerungsablauf im Wareneingangs- bzw. Beschaffungslager doch im Regelfall in folgenden Schritten:

(1) Materialannahme und Identitätsprüfung

(2) Materialprüfung (Quantitäts- und Qualitätsprüfung)

(3) Materialein- und umlagerung

(4) Materialauslagerung bzw. -ausgabe

Vor allem Materialannahme und Materialprüfung sind Aufgabenkomplexe, die ineinander übergehen und für die es in der Praxis sehr unterschiedliche Regelungen der Kompetenzen und Abgrenzungen gibt.

3.1.1 Materialannahme und Identitätsprüfung

Eine funktionsfähige Wareneingangssteuerung ist für jedes Unternehmen „lebenswichtig"

Jedes Unternehmen braucht eine funktionsfähige Wareneingangssteuerung. Diese Stelle ist verantwortlich für

- eine schnelle und korrekte Materialannahme und -kontrolle sowie Weiterleitung der Lieferung an die Materialprüfstelle, das Lager, die Fertigung oder an den Vertrieb
- eine fehlerfreie, aktuelle und vollständige Information aller in Betracht kommenden Stellen über den erfolgten Materialeingang

Auch bei dezentraler Anlieferung sollte der Informationsfluß zentral gesteuert werden

Bei der Frage, ob der Materialeingang zentral oder dezentral erfolgen sollte, schlägt das Pendel ganz eindeutig zugunsten des zentralen Materialeingangs aus. Jedoch läßt sich der zentrale Materialeingang von einer gewissen Unternehmensgröße an nicht mehr verwirklichen. Auch kann er wirtschaftlich ungerechtfertigt sein, wenn z.B. durch eine Zentralisierung des Materialeingangs zusätzlich innerbetriebliche

Transporte notwendig werden. Dennoch sollte die Wareneingangsinformation zentral gesteuert werden.[1] Nur so kann der große Informationsbedarf zuverlässig und gezielt bewältigt werden. Auch brauchen die Unterlagen (Bestelldurchschlag usw.) nur einmal vorhanden sein.

Jede eingehende Lieferung durchläuft im Wareneingang zumindest folgende Bearbeitungsschritte:

- Annahme
- Identitätskontrolle
- Erfassung
- Weiterleitung

der Materialien. Dabei kann es sich um Fremdlieferungen, Umlagerungen und Ersatzlieferungen handeln.

Die Identifikation der eingehenden Lieferung ist eine erste große Vorprüfung und kann zu Ergebnissen führen, die einer schnellen Entscheidung bedürfen

Die Annahme selbst besteht in dem Entladen der Lieferfahrzeuge und der körperlichen Entgegennahme der angelieferten Materialien. Dabei wird anhand der Begleitpapiere (z.B. Lieferschein, Frachtbrief, Ladeschein usw.) die Berechtigung der Lieferung, die Kollizahl und Verpackung überprüft (erste große Vorkontrolle).

Können die Materialien nicht identifiziert werden, weil sie z.B. ohne Begleitpapiere oder ohne hinreichende Kennzeichnung eintreffen, so ist der Einkauf (und der Anforderer) zu benachrichtigen. Der Einkauf ist auch sofort bei Überlieferung, die eine bestimmte Überlieferungstoleranz übersteigt, und bei Teillieferungen sowie bei Terminabweichungen zu informieren. Erforderlichenfalls sind auch die Disposition und die Fertigung zu verständigen. Weist eine Lieferung Transportschäden auf, so muß je nach Art und Ausmaß des Schadens sowie der Dringlichkeit des Bedarfs zusammen mit den betreffenden Stellen über das weitere Vorgehen entschieden werden.

Jede Lieferung ist belegmäßig zu erfassen

Jeder Wareneingang wird mit einer Wareneingangsmeldung festgehalten, die in mittleren und größeren Unternehmungen als Unterlage für folgende Stellen dient:

1 Vgl. E.K. Duschek, Organisation des Wareneingangs – Wareneingangsprüfung, in: Material-Management, Heft 5, Emmendingen 1977, S. 153.

- Fertigungssteuerung bzw. Vertrieb (Meldung der Material-Verfügung)
- Einkauf (Erledigung des Bestellvorganges)
- Rechnungsprüfung (Zahlungsfreigabe)
- Lagerbuchhaltung

Es müssen daher mehrere Papiere zum selben Wareneingang hergestellt werden. Dafür stehen mit Umdrucksätzen, Schreibautomaten, EDV und nicht zuletzt mit einer einfachen Bestellkopie vereinfachte Verfahren zur Verfügung.

Ein Beispiel aus der Praxis soll verdeutlichen, wie bei Verwendung konventioneller bürotechnischer Hilfsmittel die Abwicklung im Wareneingang stark rationalisiert werden kann.

Praxisbeispiel zur belegmäßigen Abwicklung im Wareneingang

Beispiel 51:
Bei der Krupp MAK Maschinenbau GmbH, Kiel, enthält der Bestellschreibsatz als Kopie ein ORMIG-Blatt, das nach Bestellschreibung zur Information an den Wareneingang geht und dort nach Bestellnummern abgelegt wird. Nach Wareneingang werden auf dem ORMIG-Original Lieferdatum, Liefermengen und sonstige Liefervermerke eingetragen. Von dieser so erstellten Wareneingangsmeldung werden im Abzugsverfahren Kopien zur Information der beteiligten Stellen (Fertigungssteuerung, Rechnungsprüfung, Einkauf, Lager) hergestellt. Bei Teillieferungen kann das ORMIG-Original wiederholt benutzt werden.

Die erstellten Wareneingangspapiere begleiten das Material von der Annahme bis zum endgültigen Einlagerungsort.

Abb. 83 zeigt den Funktionsablauf im Wareneingang. Dabei ist berücksichtigt worden, daß zu den bereits genannten Funktionen in der Regel auch die Aufgabe der Quantitätsprüfung (Zählen, Messen oder Wiegen der eingehenden Materialien) tritt.[1]

1 Vgl. IBM, COPICS – Einkaufs- und Wareneingangssteuerung, a.a.O., S. 34.

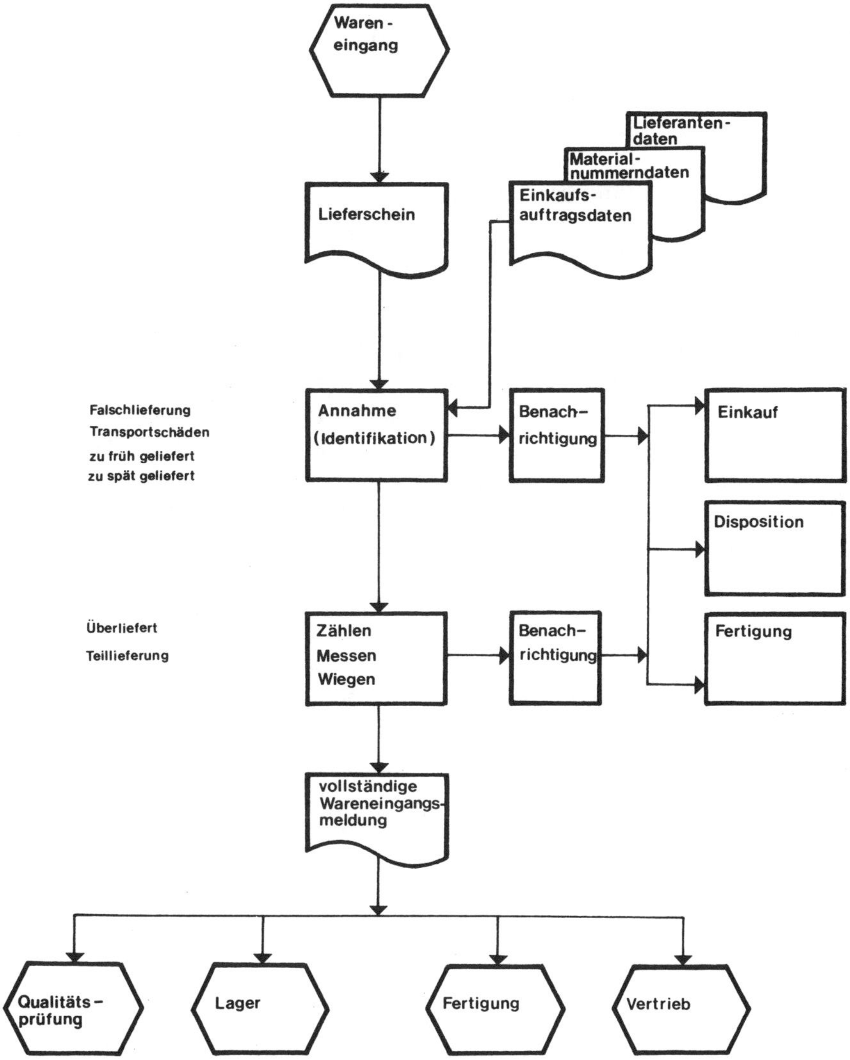

Abbildung 83:
Funktionsablauf im Wareneingang

3.1.2 Materialprüfung

Zur eigentlichen Materialprüfung gehört die Quantitäts- und Qualitätsprüfung

Nach der reinen Materialannahme, mit der die formellen Notwendigkeiten erledigt werden, erfolgt vor der Weiterleitung an das eigentliche Lager in der Regel eine Materialprüfung. Dabei unterscheidet man grundsätzlich zwei Prüfschritte:

(1) Die quantitative Prüfung

(2) Die qualitative Prüfung

Entsprechend ist die Zuständigkeit häufig geteilt: Die quantitative Materialprüfung ist Aufgabe des Wareneingangs, die qualitative Prüfung ist eine Angelegenheit des Qualitätswesens, wobei es sich in aller Regel um eine Stabsstelle des Fertigungsbereichs oder eine Stabsstelle, die der Unternehmensführung direkt unterstellt ist, handelt. Damit sind zwei Abteilungen an einer Prüfung beteiligt, was leicht zu Verzögerungen im zeitlichen Ablauf der Prüfvorgänge und zu Konflikten über die Frage der Verantwortung führen kann. Um das zu vermeiden,

Die Gesamtverantwortung für die Materialprüfung sollte beim Wareneingang liegen

> sollte der Leiter des zentralen Wareneingangs die Gesamtverantwortung für eine vorschriftsmäßige und zeitgerechte Vereinnahmung, Prüfung und Weiterleitung der Materialien haben.

Die Materialfreigabe für die Fertigung oder den Versand kann erst nach Abschluß der Prüfverfahren erfolgen.

3.1.2.1 Die quantitative Prüfung

Eine Vereinfachung der Quantitätsprüfung ist bei den sehr zahlreichen Wareneingängen notwendig

Die quantitative Prüfung ist eine einfache Zähl-, Meß- oder Wiegekontrolle des Materialeingangs. Der eigentliche Prüfort ist unabhängig vom Ort der Qualitätsprüfung; sie wird häufig in einem Arbeitsgang mit der Identitätskontrolle durchgeführt. Erforderlich sind:

(1) Vergleich zwischen gelieferten Materialmengen und den Bestellmengen.

(2) Vergleich zwischen den gelieferten Materialmengen und den in den Begleitpapieren aufgeführten.

Zweifellos stellt die Quantitätskontrolle bei den sehr zahlreichen Wareneingängen ein gewisses Problem dar. Es ist daher erforderlich, das Prüfverfahren zu vereinfachen.

Als Kriterien für zweckentsprechende Vorgehensrichtlinien kommen dabei u.a. in Betracht:

- Die ABC-Methode:
  Bei den hochwertigen A-Materialien erfolgt eine Vollkontrolle, bei den geringwertigen C-Materialien eine Teilkontrolle.
- Die Zuverlässigkeit der Lieferanten:
  Informationen über Mengenabweichungen in der Vergangenheit liefert die Lieferantenkartei.
- Die Verpackungsart:
  Bei der Lieferung in geschlossenen Packungen unter Angabe der Stückzahl je Verpackungseinheit kann auf die Prüfung des Inhalts der Packungen ganz oder teilweise verzichtet werden.

Der generelle Verzicht auf eine Quantitätsprüfung kann handels- und steuerrechtliche Folgen haben

Wird auf eine Quantitätsprüfung ganz verzichtet und werden die „gelieferten" Mengen aus den Lieferpapieren einfach in den eigentlichen Wareneingangsschein übernommen bzw. der Lieferschein in einen Wareneingangsschein umfunktioniert, so können sich folgende negative Konsequenzen ergeben:[1]

- Es besteht keine Möglichkeit für eine Mengen-Mängelrüge.
- Es erfolgt die Bezahlung von nicht gelieferten Materialien.
- Der Ist- und Soll-Bestand stimmen nicht überein.

Auch wenn aufgrund der beim Lieferanten oft durchgeführten Ausgangskontrolle Mengenabweichungen nicht häufig vorkommen, sollte auf eine Quantitätsprüfung aus den genannten grundsätzlichen und auch aus steuerrechtlichen Gründen

1 Vgl. F. Rupprecht/J. Cordts, Das Lager, a.a.O., S. 125.

nicht verzichtet werden, da über jeden Wareneingang ein Journal geführt werden muß, das in aller Regel in Form von Kopien der Wareneingangsscheine besteht.

3.1.2.2 Die qualitative Prüfung

Die Qualitätsprüfung im Wareneingang dient der Qualitätssicherung der Fertigerzeugnisse unter Beachtung des Wirtschaftlichkeitsprinzips

Die Qualitätsprüfung ist der wichtigste Teil der Materialprüfung. Mit ihrer Hilfe soll die Qualität der Einkaufsteile sichergestellt werden, die notwendig ist, um die Qualität der Fertigprodukte zu garantieren. Es besteht daher trotz der im Kaufvertrag festgelegten Qualitätsanforderungen die Notwendigkeit, evtl. Qualitätsmängel so früh wie möglich zu erkennen. Dabei gilt es, Umfang und Methoden der Prüfung unter Wirtschaftlichkeitsgesichtspunkten zu bestimmen.

Funktionen der Qualitätskontrolle sind:
- Festlegung der Prüfvorschriften
- Erstellung der Prüfberichte
- Fehleranalyse

Voraussetzung für eine einwandfreie und wirtschaftliche Qualitätsprüfung ist die Erstellung von Prüfvorschriften und Prüfplänen.

Die Prüfvorschriften stellen Informationen bereit über

- die Qualitätsnorm der Materialnummer
- die Toleranzen
- den Umfang der Prüfung
  (100 %, 5 % einer jeden Lieferung usw.)
- das Prüfverfahren
  (chemische Analysen, metallurgische Methoden usw.)
  u.a.m.

Für den Kontrollierenden ist es vorteilhaft, wenn ihm die Prüfvorschriften in Form von Prüfplänen schriftlich an die Hand gegeben werden. Durch Abzeichnung der Prüfpläne wird darüber hinaus die Verantwortung für den Prüfvorgang festgelegt.

Die Fertigmeldung der Prüfarbeiten löst dispositive Entscheidungen und Tätigkeiten aus

Wenn die Prüfarbeiten beendet sind, werden die Ergebnisse in einem Abschlußbericht zusammengefaßt. Die Fertigmeldung von Prüfarbeiten löst eine Anzahl damit zusammenhängender Tätigkeiten aus:[1]

1 Vgl. IBM, COPICS, Einkaufs- und Wareneingangssteuerung, a.a.O., S. 58.

- Verbuchung und Freigabe der unbeanstandeten Lieferung/Teile; Benachrichtigung der Transportabteilung zur Einlagerung/Weiterleitung
- Reklamation fehlerhafter Einzelteile/Lieferung beim Lieferanten; Korrektur der Disposition
- Löschung der Bestellung im Einkauf bei fehlerfreier Gesamtlieferung oder Fortschreibung bei Teillieferung bzw. Reklamation
- Überprüfung der Rechnung und Anweisung zur Zahlung; Berichtigung des Rechnungsbetrages bei fehlerhafter Lieferung
- Ausstellung einer Lastschrift bei Zusatzkosten (Rücksendung fehlerhafter Teile, Nacharbeit usw.)
- Fortschreibung der Lieferantenbeurteilung (vgl. Abb. 84, Seite 459)

Bei fehlerhafter Lieferung muß über die weiteren Maßnahmen von der Fertigungssteuerung (Arbeitsvorbereitung), der Disposition, dem Einkauf und der anfordernden Abteilung entschieden werden. Grundsätzlich stehen vier Möglichkeiten zur Wahl:

- Annahme
- Rückgabe an den Lieferanten
- Nacharbeit
- Schrott

Eine Annahme fehlerhafter Teile kommt nur in Frage, wenn die Art des Fehlers keine Auswirkung auf die Qualität des Erzeugnisses hat.

In den meisten Fällen wird man die fehlerhafte Lieferung an den Lieferanten zurückschicken, damit er diese ausbessert oder ersetzt. Der Versand an den Lieferanten wird durch die Lagerverwaltung gesteuert. Der Einkauf bzw. die Disposition übernimmt die Überwachung der Ersatzlieferung.

Für eine Nacharbeit im eigenen Betrieb wird man sich entschließen, wenn die Fehler nur geringfügig sind und/oder die Teile sehr schnell benötigt werden. Dabei muß sichergestellt sein, daß der Lieferant damit einverstanden ist, die Nacharbeitskosten übernimmt und Werkstattkapazitäten frei sind.

Die Überwachung und Steuerung des Nachbearbeitungsauftrages entspricht dann der für einen normalen Werkstattauftrag.

In vereinzelten Fällen können alle oder einige fehlerhafte Teile nur verschrottet werden. Wenn die beim Verschrotten anfallenden Kosten durch den Schrottwert nicht gedeckt werden, muß vom Lieferanten eine Zusage zur Übernahme der Kosten erwirkt werden.

Die meisten Qualitätsprobleme machen schnelle Reaktionen notwendig, damit weitere Lieferungen vom Lieferanten angehalten oder bestehende Lagerbestände entfernt und vorhandene Werkstattbestände überprüft werden.

Die Fehleranalyse dient der Beurteilung
- des Prüfverfahrens
- der Lieferanten

Im Zusammenhang damit sollte die Fertigmeldung, der Prüf- oder Reklamationsbericht auch dazu dienen, die Prüf-Prüfergebnisse der Vergangenheit je Materialnummer und Lieferant fortzuschreiben. Mit diesen Daten kann die Leistungsfähigkeit der Lieferanten und das eingesetzte Prüfverfahren beurteilt werden. So können gute Ergebnisse in der Vergangenheit dazu führen, daß die Prüfhäufigkeit herabgesetzt wird.

Ein Beispiel für eine typische Fehleranalyse, wie sie für die Lieferantenbeurteilung bei EDV-Einsatz ausgeführt werden kann, zeigt Abb. 84.[1]

Ein monatlicher Bericht kann auch an den Lieferanten versandt werden, um ihm zu helfen, die Qualität seiner Lieferungen abzuschätzen.[2]

1 Vgl. IBM, COPICS – Einkaufs- und Wareneingangssteuerung, a.a.O., S. 65.

2 Vgl. dazu vom Verf. „Materialwirtschaft – aber wie?", a.a.O., S. 233 ff.

Qualitätskontrolle - Übersicht über die Lieferungen von einem Lieferanten — Periode 201 - 221

Lieferaten-nummer	Liefe-rungen	Prüfungen	Eingegangene Menge	Ange-nommen	Fehlerhaft	Rück-sendung	Nach-arbeit
0001	2	2 %	32000	100 %	0 %	0 %	0 %
0320	63	5 %	251831	91 %	1 %	8 %	0 %
0412	1	10 %	400	100 %	0 %	0 %	0 %
0505	1	5 %	40000	100 %	0 %	0 %	0 %
0660	108	1 %	127388	99 %	0 %	1 %	0 %
0805	2	5 %	6713	100 %	0 %	0 %	0 %
	Liefe-rungen						
Gesamtsumme	177		458332	434717	2325	20583	1432
Gesamtprozentsatz				95 %	1 %	4 %	1 %

Abbildung 84:
Informationen der Qualitätskontrolle für die Lieferantenbeurteilung

3.1.3 Materiallagerung

Der Materialausgabe als letzte Ablaufphase des Materialflusses vorgeschaltet ist in den meisten Fällen die Materiallagerung. Dieser Bearbeitungsschritt umfaßt alle Tätigkeiten, die sich auf die Einlagerung und Umlagerung der Einsatzstoffe innerhalb der einzelnen Lagerorte beziehen, damit diese für die Fertigung bereitstehen. Der Umfang der hierbei entstehenden Materialbewegungen hängt zum Teil davon ab, ob die Materialien nach abgeschlossener Eingangsprüfung in den Verfügungsbereich des Lagers gelangen oder ob die Materialprüfung noch aussteht.

Der Umfang der Materialbewegungen im Einlagerungsbereich ist abhängig von den ablauforganisatorischen Regelungen im Bereich der Materialannahme und -prüfung

Wenn das für die Einlagerung zuständige Lager die Materialien erst nach Abschluß sämtlicher Prüfvorgänge erhält, können diese direkt an ihrem endgültigen Lagerplatz eingelagert werden. Eine Unterbrechung des Materialflusses ergibt sich nur, wenn der Lagerzugang noch vom Lagerpersonal im Hinblick auf die mengenmäßige Übereinstimmung mit den Eintragungen auf dem Einlagerungsbeleg (Wareneingangsschein) überprüft wird. Diese zweite Quantitätsprüfung wird bisweilen als notwendig angesehen, um eine klare Abgrenzung der Verantwortlichkeit für später auftretende Mengendifferenzen zu erreichen.

Werden qualitätsmäßig ungeprüfte Materialien angeliefert, so werden diese häufig zunächst getrennt von den übrigen Materialien gelagert, um sicherzustellen, daß an die Fertigungsstellen nur einwandfreie Materialien abgegeben werden. Im Zusammenhang damit treten gewöhnlich zusätzliche Umlade- und Transportvorgänge im Lagerbereich auf. Der innerbetriebliche Transport zum endgültigen Lagerplatz wird erst dann durchgeführt, wenn die Qualitätsprüfstelle die Freigabe durch ihren Prüfvermerk erteilt hat.

Umlagerungsvorgänge im Lagerbereich können einmal aufgrund technischer (z.B. durch das Umschichten und Wenden von Holz), zum anderen infolge räumlich-organisatorischer (z.B. durch die Umlagerung vom Hilfs- in das Hauptlager) Gegebenheiten auftreten.

Auch ungeplante Eingänge sind belegmäßig zu erfassen und zu prüfen

Handelt es sich bei den bislang genannten Materialeingängen um das Ergebnis einer früheren Bestellung und waren sie insoweit „geplant" und im Lager „vorgemerkt", so gelangen Materialien auch unerwartet in das Lager. Beispiele dafür sind:

- Rückgabe früher entnommener Materialien aus der Qualitätsprüfung
- Rückgaben aus der Fertigung, da beispielsweise der Ausschuß niedriger war als erwartet
- Rückgaben aufgearbeiteter Teile
- Rückgabe von Materialien, die infolge einer technischen Änderung nicht mehr benötigt werden.

Rückgaben dieser Art verlangen eine Entlastung der betreffenden, zuvor belasteten Kostenstellen mit Rückgabescheinen, die vom Lager quittiert werden.

Darüber hinaus sollten die zurückgegebenen Materialien, bevor sie in das Lager gelangen, geprüft werden, um die Wiederausgabe technisch überholter oder fehlerhafter Materialien zu vermeiden und um diese nicht als Bestand zu führen.

3.1.4 Materialausgabe

Vereinzelt erfolgt die Übergabe der Materialien an die anfordernden Stellen unmittelbar nach ihrem Durchlauf durch Materialannahme und Materialprüfung. Hauptsächlich sehen die ablauforganisatorischen Regelungen jedoch nur Entnahmen aus den einzelnen Lagern vor. Es gelten hier die gleichen Grundsätze wie beim Materialeingang, nämlich

Die Materialausgabe ist belegmäßig zu erfassen

> eine eindeutige, aktuelle und richtige Erfassung beim Ausgang der Materialien an die Verbrauchsstellen und der Rücksendungen an die Lieferanten.

Bei der Abwicklung der Materialausgaben ist analog zu den Materialeingängen eine Informationsunterlage (Materialentnahmeschein oder EDV-Entnahmelochkarte u.a.) zu erstellen, die den Informationsansprüchen der sie auswertenden Stellen, vor allem der Lagerbuchhaltung, Rechnung tragen sollte.

Bei der Überbrückung des Weges zwischen Lager und Verbraucher ist zu unterscheiden, ob die Materialien vom Lager abgeholt oder an den Ort der Verwendung gebracht werden. Diese unterschiedlichen ablauforganisatorischen Regelungen werden durch die Bezeichnungen „Holsystem" und „Bringsystem" gekennzeichnet.

Ablauforganisatorisch ist zwischen dem
- Holsystem und
- Bringsystem
zu unterscheiden

Das Holsystem kann nur dann vorteilhaft sein, wenn

- die zurückgelegten Wegstrecken kurz sind
- sich mehrere Werkstätten einer Arbeitskraft zum Abholen des Lagermaterials bedienen
- Wartezeiten im Lager gesteuert werden können (z.B. durch die Einrichtung von Ausgabezeiten)

In Klein- und Mittelbetrieben sind diese Voraussetzungen noch am ehesten gegeben. In Großunternehmen ist das Bringsystem die übliche Form der Materialauslagerung; bei Fließfertigung ist sie die einzig mögliche ablauforganisatorische Regelung.

Das KANBAN-System geht von Implementierung des Holprinzips aus

In dem in Japan entwickelten KANBAN-System wird allerdings als grundlegendes Prinzip der Materialflußsteuerung die Holpflicht herausgestellt: Das benötigte Material ist von der verbrauchenden Fertigungsstufe aus der vorgelagerten Stufe abzuholen bzw. der Auftrag zur Abholung an das Transportsystem selbständig zu erteilen.

Vorteile des Bringsystems

Die Vorteile des Bringsystems gegenüber dem Holsystem bestehen darin, daß

- bessere Möglichkeiten einer zeitlichen und räumlichen Abstimmung der Materiallieferungen zu den Verbrauchsorten und damit einer wirtschaftlichen Nutzung der vorhandenen Transportmittel und des Lagerpersonals gegeben sind.

Doch nicht jede Entnahme aus den Lagern kann geplant werden. Nicht nur zur Fertigung gehörende Abteilungen haben laufend zusätzliche Anforderungen. Auch aus dem Betrieb selbst kommen Anforderungen wegen nicht vorausgesehener Umstände. Beispiele für ungeplante Entnahmen sind:

- Material für Mehrverbrauch
- Ersatz für Ausschuß
- Auffüllen der Handlager
- Entnahmen für Reparaturen
- Entnahmen für besondere Qualitätskontrollen
- Entnahmen der Entwicklungsabteilung
- Entnahmen des Einkaufs, um Lieferanten Muster für die Angebotsabgabe zur Verfügung zu stellen.

Ungeplante Entnahmen machen Maßnahmen zu ihrer Begrenzung erforderlich

Durch jede dieser ungeplanten Anforderungen, die natürlich der Genehmigung bedürfen, entstehen für das Lager Störungen im planmäßigen Arbeitsablauf. Zur Vermeidung bzw. Verringerung solcher Verlustquellen sind daher Maßnahmen erforderlich. So kann z.B. daran gedacht werden, den Zulieferdienst des Lagers auch für ungeplante Entnahmen einzusetzen, indem er während seiner turnusmäßigen Rundfahrt die Anforderungen einsammelt und bei der jeweils nächsten Rundfahrt die angeforderten Materialien ausliefert.[1]

1 Vgl. M. Bliesener, Planung, Einrichtung und Steuerung des Zentrallagers einer (Werkzeug-)Maschinenfabrik, in: G. Bretschneider, Einkaufsleiter-Handbuch, a.a.O., S. 806.

3.2 Materialrechnung

Die Materialrechnung bzw. Lagerbuchführung dient der rechnerischen Erfassung der Materialbewegungen und -bestände im Lager. Sie ist

Die Materialrechnung ist eine
- Hilfsrechnung
  und
- Kontrollrechnung

– zum überwiegenden Teil eine Hilfsrechnung für andere Bereiche des Rechnungswesens (Geschäftsbuchhaltung, Betriebsbuchhaltung, Kalkulation, Statistik und Planungsrechnung)

  und

– für die Materialwirtschaft im wesentlichen eine Kontrollrechnung.

Alle Möglichkeiten der Auswertung der Materialrechnung für Kontrollzwecke basieren auf

(1) der Ermittlung der Bestände

(2) der Ermittlung der Zu- und Abgänge

Durch die Bestandsermittlung (Bestandsrechnung) werden ermöglicht

- im Zusammenhang mit der Vorgabe von Bestellpunkt- bzw. Meldebeständen die termingerechte Bestellauslösung
- mit Hilfe der Sollgrößen der Lagerhaltung (Lagerreichweite, Sicherheits- und Höchstbestände) die Überwachung der Ist-Bestände
- Die Erarbeitung statistischer Kennzahlen und Richtwerte der Vorratspolitik (durchschnittlicher Lagerbestand, Umschlagshäufigkeit, Lagerreichweite)

Die Ermittlung der Zu- und Abgänge dient vor allem der Feststellung und Kontrolle des Materialverbrauchs.

Die Materialrechnung hat zwei Seiten, eine Mengenrechnung und eine Wertrechnung

Die Materialrechnung ist in erster Linie eine Mengenrechnung. In der Lagerwirtschaft werden Bedarfs- und Verbrauchsangaben fast ausschließlich in Mengeneinheiten gemacht. Darüber hinaus ist aber auch eine wertmäßige Rechnung erforderlich, um einen Vergleichsmaßstab für alle Materialarten zu haben. Die Geschäfts- und Betriebsbuchhaltung sowie die Kalkulation rechnen ausschließlich mit Werten.

Betrachtet man die Materialrechnung im zeitlichen Ablauf, so kann eine laufende Materialrechnung und eine Stichtagsmaterialrechnung unterschieden werden.

3.2.1 Die laufende Materialrechnung

Ziel der laufenden Materialrechnung ist die genaue Erfassung aller Materialbewegungen

In der laufenden Materialrechnung, der eigentlichen Lagerbuchführung, werden die Materialbewegungen (Zu- und Abgänge) auf der Grundlage der entsprechenden Belege (Entnahmebescheinigungen usw.) nach Tag, Art und Menge erfaßt. Die Materialbestände und Verbrauchsmengen können so durch Skontration laufend ermittelt werden.

Formen der Verbrauchsrechnung sind:
- Fortschreibungsmethode
- Befundrechnung
- Rückrechnung

Die Fortschreibungsmethode ist heute weitgehend Grundlage der Materialrechnung, da sie den Vorteil einer genauen Erfassung der Verbrauchsmengen für die entsprechenden Leistungen (Kostenträger) bei den verschiedenen Kostenstellen hat. Darüber hinaus ist bei permanenter Inventur der rechtliche Zwang zur Bestandsfortschreibung gegeben.

Eine andere Methode der Verbrauchserfassung ist die Befundrechnung. Bei diesem Verfahren werden die Verbrauchsmengen nach der einfachen Formel

● Verbrauch = Anfangsbestand + Zugänge − Endbestand

ermittelt. Dabei setzt eine genaue Verbrauchsermittlung eine körperliche Bestandsaufnahme (Inventur) in Form von Zählen, Messen, Wiegen voraus.

Da mit der Befundrechnung eine Zurechnung des Verbrauchs auf einzelne Kostenträger bzw. -stellen nicht möglich ist, kommt sie in erster Linie nur bei geringwertigen Materialien zum Einsatz, für deren genaue Erfassung und Verbuchung die mit der Fortschreibungsmethode verbundenen hohen Kosten nicht zu verantworten sind.

Eine dritte, nur selten anwendbare Methode der Verbrauchserfassung ist die Rückrechnung oder retrograde Methode. Bei dieser Methode geht man vom Fertigerzeugnis aus und berechnet – rückwärts schreitend – für die einzelnen Materialkomponenten den Verbrauch.

Bei der Organisation der Lagerbuchhaltung ist grundsätzlich davon auszugehen, daß es sich hier – wie bei einer normalen Buchhaltung – um eine Kontenführung handelt. Es wird daher im wesentlichen von der Anzahl der zu buchenden Belege abhängen, ob die manuelle Karteiführung oder die Bestandsrechnung mit EDV am wirtschaftlichsten ist.
Das verbreitetste Organisationsmittel der Lagerbuchführung ist wohl die Lagerkartei. Das sind je nach Lagerorganisation und dispositiven Zwecken

Als Organisationsformen der Lagerbuchhaltung kommen in Betracht:
- Die manuelle Karteibuchführung
- Die maschinelle Buchführung mit EDV

– Lagerfachkarten
– Lagerbestands- bzw. Magazinkarten
– Lagerdispositionskarten

Bei Lagerfachkarteien befinden sich die Karteikarten unmittelbar im oder am Lagerfach. Die Verbuchung erfolgt ohne jede Belegorganisation durch das Lagerpersonal. Grundsätzlich enthalten sie nur Mengenangaben. In der Mehrzahl der Fälle werden sie neben einer zentralisierten Lagerbestandskartei geführt, um eine doppelte buchmäßige Bestandsüberwachung zu ermöglichen.[1]

Die Lagerkarte gibt es in vielen Varianten von der einfachsten Lagerfachkarte bis hin zur Dispositionsunterlage

In der Regel ist die Lagerfachkarte eine mehr oder weniger stark vereinfachte Lagerkarteikarte, damit sie durch das häufig mangelhaft geschulte Lagerpersonal bei der Ein- und Auslagerung der Materialien ohne zeitliche Verzögerung zu ergänzen sind. Jede Komplizierung würde die Brauchbarkeit der Lagerfachkarte verringern. Daher werden Lagerfachkarten auch nur vereinzelt (z.B. bei geringwertigen Materialien) als einzige Bestandsunterlage geführt.

1 Vgl. J. Göldner, Ablauforganisation der industriellen Lagerwirtschaft, a.a.O., S. 117.

Ermeto

Rohrverschraubung

für 18 mm ø Rohr

Verschraubung

GE 18

dispo

Tag	Fach Nr.			Bestand	Tag	Fach Nr.	Bestand
16.5.77	5	B	17	220			
	5	C	1	185			
	5	C	13	73			
17.5.77	5	C	13	273			
19.5.77	5	B	17	200			
	5	C	13	235			
25.5.77	5	C	1	160			
	5	B	17	160			
	5	C	13	219			
2.6.77	5	C	13	201			
2.6.77	5	B	17	150			
10.6.77	5	B	17	145			
	5	C	1	145			
	5	C	13	160			

dispo-vollsicht-kartei Bestell Nr. 8-662 Nachdruck verboten

Lagerfachkarte

Formularbeispiel Nr. 15:
Lagerfachkarte

Bestimmte Grunddaten treten in beiden Unterlagen (Lagerfach- und Lagerbestandskarte auf, wobei die Lagerbestandskarte durch die Ergänzung mit Dispositionsdaten bis hin zur Dispositionsunterlage ausgebaut werden kann.

Formularbeispiele für Magazin- und Lagerdispositionskarten haben wir im vierten Abschnitt auf den Seiten 263 bzw. 268 abgedruckt. Zum Vergleich hierzu wird eine Lagerfachkarte wiedergegeben.

Schwierigkeiten beim Einsatz manueller Lagerbuchhaltungen werden auftreten, wenn die Menge der zu erfassenden Materialbewegungen sehr groß ist. In diesem Fall ist zu prüfen, ob der Arbeitsaufwand für die Verbuchung und Bestandsinformation eines jeden lagerfähigen Materials zu betreiben ist. Als kostenreduzierende Möglichkeiten bieten sich an:

Die manuelle Lagerbuchführung bietet Möglichkeiten zur Rationalisierung

- Führung der Lagerkartei ohne Abgangsbuchungen; Bestandsermittlung durch Befundrechnung
- Sammelbuchungen bei Kleinmaterialien
- „optische" Bestandsüberwachung bei geringwertigem Gemeinkostenmaterial, d.h., ein buchhalterischer Bestand tritt nicht auf. Die gesamte Eingangsmenge wird gleich in den Verbrauch eingebucht.

Weitere Probleme bei der manuellen Bestandsfortschreibung treten auf, wenn die vorhandenen Informationen und Auswertungsmöglichkeiten für die Lösung der in der Materialwirtschaft auftretenden Fragen nicht mehr ausreichen und die Auskunftsbereitschaft nicht mehr gewährt ist.

Die maschinelle Lagerbuchführung wird notwendig, wenn manuell
- das Mengenproblem (Zahl der Buchungen) und
- das Informationsproblem (Auskunftsbereitschaft)
unlösbar wird

Es überrascht daher nicht, daß heute immer mehr Unternehmungen dazu übergehen, die im Lagerbereich anfallenden Bewegungen maschinell zu verarbeiten. In diesen Fällen beinhalten die Belege in der Regel keine anderen Daten als die manuell bearbeiteten. Es ist nur notwendig, daß die Ein-, Aus- und Umlagerungsbelege ablochfähig gestaltet werden. Mittels der EDV können dann u.a. folgende Kontroll- und Dispositionsunterlagen zur Verfügung gestellt werden:[1]

Die möglichen EDV-Auswertungen sind vielfältig

1 Vgl. IBM, MAS-Anwendung „Lagerbestandsführung und Bestellrechnung", System 34, S. 12 ff. und Musterliste 2.

- Alle körperlichen (Zu- und Abgänge) und buchmäßigen (Reservierungen, Bestellungen) Lagerbewegungen in Form von Bewegungslisten

- Für jede Materialposition Angaben über
  - Lagerbestand
  - Datum der letzten Bewegung
  - Letzter Einkaufspreis
  - Reservierter Bestand
  - Umschlagshäufigkeit
  - Reichweite

  Diese Angaben werden für jede Materialposition in Form eines Artikelkontos ausgedruckt.

- Bestandslisten, sortiert nach
  - Artikeln, deren Meldebestand unterschritten ist
  - Artikeln, deren Sicherheitsbestand unterschritten ist
  - bestimmten, ausgewählten Artikelgruppen
  - Artikeln, die seit einem vorgegebenen Datum nicht bewegt wurden
  - Lagerort

Werden bei EDV-Einsatz für bestimmte Artikel Informationen über Bestände, Preise oder fortgeschriebene Werte sofort benötigt, so können diese über ein Datensichtgerät direkt an den Arbeitsplatz gebracht werden. Bei einer Anfrage aus der Fertigung oder bei einer Kundenanfrage kann daher vom Lager über die Verfügbarkeit bestimmter Teile unmittelbar Auskunft erteilt werden.

Für die Bewertung der Materialbewegungen stehen mehrere Möglichkeiten zur Verfügung

Für die Bewertung der Lagerbewegungen und -bestände stehen verschiedene Verfahren zur Verfügung:

(1) Bewertung mit Durchschnittseinstandspreisen

(2) Bewertung mit letzten Einkaufspreisen

(3) Bewertung mit festen Verrechnungspreisen

(4) Bewertung nach dem Niederstwertprinzip

Voraussetzung für die Bewertung mit Durchschnittspreisen ist die Erfassung der Einstandswerte. Sie kann im Einkauf oder in der Rechnungsprüfungsstelle erfolgen. Der Durchschnittspreis errechnet sich dann nach folgender Formel:

Formel für die Berechnung des Durchschnittspreises

$$DP_{neu} = \frac{(LBST_{alt} \cdot DP_{alt}) + (ZUGMGE \cdot EPREIS)}{LBST_{alt} + ZUGMGE}$$

Dabei bedeuten:

DP_{neu} = Durchschnittspreis (neu)
DP_{alt} = Durchschnittspreis (alt)
$LBST_{alt}$ = Lagerbestand (alt)
ZUGMGE = Zugangsmenge
EPREIS = Einstandspreis

Beispiel 52:

Zahlenbeispiel zur Berechnung des Durchschnittspreises

Zugangs-menge	Abgangs-menge	Einstands-preis	Bestands-menge	Bestands-wert	Durch-schnitts-preis
			50	250.–	5,–
200		6.–	250	1.450,–	5.80
	100		150	870.–	5.80
300		6.20	450	2.730,–	6.07

Nach handels- und steuerrechtlichen Vorschriften ist eine Bewertung der Lagerbestände wenigstens einmal am Ende eines Geschäftsjahres notwendig. Eine jährliche Bewertung ist aber – wie auch aus der im Anhang abgedruckten „Arbeitsanweisung zur Verantwortung der Lagerleiter" ersichtlich ist – für den Informationsbedarf der Materialwirtschaft nicht ausreichend. Zur Überwachung der Kapitalbindung werden in kürzeren Zeitabständen Informationen über die Lagerbestandswerte benötigt. Auch hier ist die Leistungsgrenze der manuellen Lagerbuchhaltung schnell erreicht. Hingegen können – wie in dem in Abb. 85 dargestellten Fall – bei maschineller Erfassung der Warenzu- und -abgänge

FIRMEN-NR. 1 INVENTUR-LISTE 03.01.84 SEITE 1
A Z B SCHROEDER GMBH LISTEN-NR: 086 LAG75/ 86V0

LO	PG	ARTIKELNUMMER	BEZEICHNUNG -1- -2-	INV-DATUM	INV-BESTAND	ME	BEW-BASIS	BKZ	BEW-%	BEW-PREIS	PE	INVENTUR-WERT
1	1	1101	AUTO-STEREO MW-UKW	03.01.84	320	ST	134,30	1	1,00-	132,96	1	42.547,20
1	1	1102	AUTOSUPER LUXUS	03.01.84	201	ST	163,00	1	1,00-	161,37	1	32.435,37
1	1	1103	AUTO-SUPER KÖLN	03.01.84	211	ST	110,91	1	1,00-	109,80	1	23.167,80
1	1	1104	WOLFSBURG HI-FI	03.01.84	191	ST	110,40	1	1,00-	109,30	1	20.876,30
1	1	1105	AUTO-SUPER HAMBURG	03.01.84	206	ST	181,02	1	1,00-	179,21	1	36.917,26
1	1	1106	FRANKFURT STEREO	03.01.84	167	ST	242,20	1	1,00-	239,78	1	40.043,26
1	2	1201	LAUTSPRECHER SET	03.01.84	211	SE	125,69	0	0,00	125,69	1	26.520,59
1	2	1202	LAUTSPRECHER	03.01.84	271	ST	14,43	0	0,00	14,43	1	3.910,53
1	2	1203	LAUTSPRECHER KUGEL 10 W	03.01.84	316	ST	18,66	0	0,00	18,66	1	5.896,56
1	2	1204	VERKEHRSFUNK-DECODER	03.01.84	294	ST	121,28	0	0,00	121,28	1	35.656,32
1	2	1205	MOTORANTENNE 12 V	03.01.84	360	ST	33,23	0	0,00	33,23	1	11.962,80
1	2	1206	MOTORANTENNE SUPER	03.01.84	290	ST	42,65	0	0,00	42,65	1	12.368,50
1	3	1301	GARNITUR BRILLANT	03.01.84	311	SE	79,13	0	0,00	79,13	1	24.609,43
1	3	1302	GARNITUR UNIVERSAL	03.01.84	256	SE	71,33	0	0,00	71,33	1	18.260,48
1	3	1303	GARNITUR UNIVERSAL-SUPER	03.01.84	340	SE	69,45	0	0,00	69,45	1	23.613,00
1	3	1304	STRETCHBEZUG KARO ROT	03.01.84	548	SE	23,53	0	0,00	23,53	1	12.894,44
1	3	1305	STRETCHBEZUG KARO BLAU	03.01.84	410	SE	26,92	0	0,00	26,92	1	11.037,20
1	3	1306	GARNITUR UNIVERSAL KARO DESSIN	03.01.84	270	SE	25,14	0	0,00	25,14	1	6.787,80
1	4	1401	REIFEN SCHLAUCHLOS 145-SR 13	03.01.84	150	ST	39,91	2	2,00-	39,11	1	5.866,50
1	4	1402	REIFEN SUPER STAHL 165-SR 13	03.01.84	205	ST	54,65	2	2,00-	53,56	1	10.979,80
1	4	1403	REIFEN SCHLAUCHLOS 165-SR 14	03.01.84	234	ST	41,20	2	2,00-	40,38	1	9.448,92
1	4	1404	RALLYE STAHL 175-SR 14	03.01.84	160	ST	64,12	2	2,00-	62,84	1	10.054,40
1	4	1405	REIFEN DIAGONAL 165-SR 14	03.01.84	204	ST	35,92	2	2,00-	35,20	1	7.180,80
1	4	1406	REIFEN TEXTIL 175-SR 14	03.01.84	268	ST	44,62	2	2,00-	43,73	1	11.719,64
1	5	1501	ÖL HOCKENHEIM HD 10/50	03.01.84	1865,0	LT	4,66	0	0,00	4,66	1	8.690,90
1	5	1502	ÖL MONTE CARLO HD 10/40	03.01.84	2986,0	LT	4,03	0	0,00	4,03	1	12.033,58
1	5	1503	ÖL NÜRBURG HD 20/50	03.01.84	2792,0	LT	3,61	0	0,00	3,61	1	10.079,12
1	5	1504	ÖL NORMAL HD 20	03.01.84	1182,0	LT	3,12	0	0,00	3,12	1	3.687,84
1	5	1505	ÖL SUPER HD 30	03.01.84	1586,5	LT	3,25	0	0,00	3,25	1	5.156,13
1	6	1601	KABEL 0,5	03.01.84	8855,00	M	0,71	0	0,00	0,71	1	6.287,05
1	6	1602	FEDERRINGE	03.01.84	403	DZ	2,80	0	0,00	2,80	1	1.128,40
1	6	1603	GUMMIRINGE	03.01.84	32	PK	12,80	0	0,00	12,80	1	409,60
1	6	1604	DICHTUNGEN	03.01.84	42	PK	17,11	0	0,00	17,11	1	718,62
1	6	1605	ABDECKPLANE (PLASTIK)	03.01.84	2610,00	QM	1,15	0	0,00	1,15	1	3.001,50
1	6	1607	FIBERMATTE	03.01.84	779,00	QM	3,00	0	0,00	3,00	1	2.337,00
1	6	1609	ICH HELFE MIR SELBST REPARATURHANDBUCH	03.01.84	1000	ST	10,00	0	0,00	10,00	1	10.000,00
1	7	1701	LACK VW PERL WEIß	03.01.84	716,000	KG	31,90	0	0,00	31,90	1	22.840,40
1	7	1702	LACK FORD SEVERINGROT	03.01.84	479,900	KG	32,36	0	0,00	32,36	1	15.529,56
1	7	1703	LACK OPEL AZURBLAU	03.01.84	399,000	KG	32,39	0	0,00	32,39	1	12.923,61
1		**SUMME LAGERORT								**		559.578,21
		*** GESAMTSUMME FIRMA								***		559.578,21

PROGRAMMENDE NORMAL

Abbildung 85:
Inventurbewertungsliste

die Inventurzahlen automatisch aktualisiert werden.[1] Es ist sodann jederzeit zu ersehen, in welchen Bereichen und bei welchen Artikeln eine besonders hohe Kapitalbindung vorliegt, so daß Maßnahmen zum Abbau überhöhter Bestände gezielt eingeleitet werden können.

Die aktualisierbare Inventurbewertungsliste gibt Auskunft über die Kapitalbindung im Lager

In der in Abb. 85 beispielhaft wiedergegebenen Liste sind die Lagerbestände nach dem durchschnittlichen Einstandspreis bewertet und entsprechend den Gesetzesvorschriften für die Bilanz ausgewiesen.

Mit der Bewertung des Materialverbrauchs zu Festpreisen soll eine sichere Kalkulationsgrundlage erreicht werden. Verrechnungspreise können daher auch über mehrere Jahre hinweg auf gleicher Höhe gehalten werden. Die Differenzen zum Einstandspreis sind buchhalterisch zu erfassen.

Die Bewertung zu Festpreisen erleichtert die betriebliche Leistungskontrolle

3.2.2 Die Stichtagsmaterialrechnung

Die Nachteile der laufenden Materialrechnung liegen in der lediglich buchmäßigen Feststellung von Bestand und Verbrauch.

Handels- und steuerrechtliche Vorschriften verlangen die Jahresinventur

Durch Diebstahl, Schwund, Fehlbuchungen usw. können die tatsächlichen Bestände von den buchmäßigen abweichen. Handelsrechtliche (§ 40 HGB) und steuerrechtliche (§ 160 AO) Gesetze sehen daher die Aufnahme der Ist-Bestände durch körperliche Bestandsaufnahme an einem bestimmten Stichtag vor. Dabei können maschinell erstellte Inventurzähllisten viel Arbeit nehmen. Diese können, nach Lagerort, Produktgruppen und Artikelnummern sortiert, ausgedruckt

1 Vgl. TAYLORIX, TIMOS 11 Auftragsabwicklung, Stuttgart (o.J.), S. 21.

```
FIRMEN NR:   1                     INVENTUR-ZAEHL-LISTE                 SEITE    1
A Z B SCHROEDER GMBH               LISTEN-NR:  84          LAG75/ 84 V02.0/03.01.84

INVENTUR-DATUM: .. .. ..
```

ARTIKELNUMMER	BEZEICHNUNG -1- -2-	LO	PG	ME	ZAEHLMENGEN
1101	AUTO-STEREO MW-UKW	1	1	ST	320
1102	AUTOSUPER LUXUS	1	1	ST	201
1103	AUTO-SUPER KÖLN	1	1	ST	211
1104	WOLFSBURG HI-FI	1	1	ST	191
1105	AUTO-SUPER HAMBURG	1	1	ST	206
1106	FRANKFURT STEREO	1	1	ST	167
1201	LAUTSPRECHER SET	1	2	SE	211
1202	LAUTSPRECHER	1	2	ST	271
1203	LAUTSPRECHER KUGEL 10 W	1	2	ST	316
1204	VERKEHRSFUNK-DECODER	1	2	ST	294
1205	MOTORANTENNE 12 V	1	2	ST	360
1206	MOTORANTENNE SUPER	1	2	ST	290
1301	GARNITUR BRILLANT	1	3	SE	311
1302	GARNITUR UNIVERSAL	1	3	SE	256
1303	GARNITUR UNIVERSAL-SUPER	1	3	SE	340
1304	STRETCHBEZUG KARO ROT	1	3	SE	548
1305	STRETCHBEZUG KARO BLAU	1	3	SE	410
1306	GARNITUR UNIVERSAL KARO DESSIN	1	3	SE	270
1401	REIFEN SCHLAUCHLOS 145-SR 13	1	4	ST	150
1402	REIFEN SUPER STAHL 165-SR 13	1	4	ST	205
1403	REIFEN SCHLAUCHLOS 165-SR 14	1	4	ST	234
1404	RALLYE STAHL 175-SR 14	1	4	ST	160
1405	REIFEN DIAGONAL 165-SR 14	1	4	ST	204
1406	REIFEN TEXTIL 175-SR 14	1	4	ST	268
1501	ÖL HOCKENHEIM HD 10/50	1	5	LT	1 865,0
1502	ÖL MONTE CARLO HD 10/40	1	5	LT	2 986,0
1503	ÖL NÜRBURG HD 20/50	1	5	LT	2 792,0
1504	ÖL NORMAL HD 20	1	5	LT	1 182,0
1505	ÖL SUPER HD 30	1	5	LT	1 586,5

Abbildung 86:
Inventurzählliste

werden. Es braucht dann – wie Abb. 86 veranschaulicht[1] – bei der körperlichen Bestandsaufnahme nur noch die tatsächlich vorhandene Menge eingetragen werden.

Aussagefähige Informationen über Inventurdifferenzen lassen sich durch das Ausdrucken einer Liste erreichen, in der nur Artikel aufgeführt werden, die eine Differenz des körperlichen Bestandes zum Buchbestand aufweisen. Der prozentuale Vergleich filtert schnell die Artikel heraus, bei denen besonders hohe Differenzen aufgetreten sind. Dadurch wird die Abweichungsanalyse erleichtert.

Inventurdifferenzlisten liefern aussagefähige Informationen

Gleichwohl kann die am Ende des Geschäftsjahres durchzuführende Stichtagsinventur auf große praktische Schwierigkeiten stoßen, da die Versorgung des Betriebes aus Abgrenzungsgründen während der Inventur unterbrochen werden muß.

Die permanente Inventur hat gegenüber der Stichtagsinventur manche Vorteile, ist aber nur unter bestimmten Voraussetzungen anwendbar

Die Stichtagsinventur wird daher häufig durch die permanente Inventur ersetzt, wenn das Finanzamt dazu die erforderliche Zustimmung gibt. Bei dieser Art der Inventur wird die körperliche Bestandsaufnahme auf das ganze Jahr verteilt. Sie kann auf diese Weise ohne Betriebsunterbrechung von Fachkräften durchgeführt werden. Allerdings ist sie an die Voraussetzung geknüpft, daß die Lagerbuchführung alle Bewegungen lückenlos nach Tag, Art und Menge belegmäßig erfaßt und die sich aus der Fortschreibung ergebenden Bestände ausweist.

Die im Zusammenhang mit der Planung und Durchführung der Inventur auftretenden Probleme werden in allen Unternehmungen auf irgendeine Weise gelöst, weil man sich den handels- und steuerrechtlichen Vorschriften „beugen" muß. Es ist aber hervorzuheben, daß

Fehler in der Bestands- und Dispositionsrechnung können durch kurzfristige Inventuren aufgedeckt werden

> eine mehrfache körperliche Aufnahme wichtiger Materialien innerhalb eines Jahres auch aus dispositiven Gründen vertretbar sein kann.

Da die in der Bestandsfortschreibung geführten Mengen häufig zu bedarfs- und bestellauslösenden Entscheidungen – wie beim Bestellpunkt- bzw. Meldebestandsverfahren –

1 Vgl. TAYLORIX, a.a O., S. 20.

führen, können die Ergebnisse der Disposition nur richtig sein, wenn die in dieser Rechnung berücksichtigten Bestandsmengen richtig sind!

→ Aufgabe 20

4. Lagerkontrolle

Zur kritischen Überprüfung der Lager- und Transportmittelnutzung sind Kennzahlen von Bedeutung

Wie wir in diesem Abschnitt versucht haben zu skizzieren, läßt sich die Lagerwirtschaft wesentlich rentabler gestalten, wenn man alle Möglichkeiten einer Rationalisierung ausnutzt, die im Bereich des Lagers und des innerbetrieblichen Transportwesens liegen. Zur kritischen Überprüfung und zur Gewinnung von Vergleichsmaßstäben mit anderen Unternehmungen der gleichen Branche und Unternehmensgröße ist auch hier die Kenntnis bestimmter Kennzahlen von Bedeutung.

Die Ermittlung der Kennzahlen zur Lagerkontrolle kann nur zum Teil durch eine analytische Aufbereitung der relevanten Daten der Lagerbuchführung erfolgen. Weitgehend ist es erforderlich, besondere Berechnungen anzustellen.

Es sollen hier nur die Kennzahlen vorgestellt werden, die sich auf die in diesem Abschnitt unter Punkt 2 behandelten sachlichen Voraussetzungen einer wirtschaftlichen Lagerhaltung beziehen.[1] Die Kennzahlen zur laufenden Kontrolle der Lagerdisposition (Vorratshaltung) wurden im vierten Abschnitt unter Punkt 7 zusammengefaßt.

1 Vgl. VDI-Richtlinie 2488: Ermittlung von Lagerkennzahlen zur Flächen- und Raumnutzung.

4.1 Kennzahlen der Lagernutzung

Die wichtigsten Kennziffern zur Ermittlung und Kontrolle der Lagernutzung sind:

- $\text{Flächennutzungsgrad} = \dfrac{\text{genutzte Lagerfläche}}{\text{vorhandene Lagerfläche}}$

- $\text{Raumnutzungsgrad} = \dfrac{\text{genutzter Lagerraum}}{\text{vorhandener Lagerraum}}$

- $\text{Höhennutzungsgrad} = \dfrac{\text{tatsächliche Nutzhöhe}}{\text{mögliche Nutzhöhe}}$

Die größte Lagernutzung ermöglicht die Blocklagerung, bei der die Materialien auf Paletten gestapelt und ohne große Zwischenräume in Gängen angelagert werden (Lagerraumnutzung liegt bei etwa 80 %).

Die ungünstigste Lagernutzung ist anzutreffen, wenn kleine und große, flache und sperrige Materialien in den selben Regalen gelagert werden, weil sie nach der Zeichnungsnummer zusammengehören.

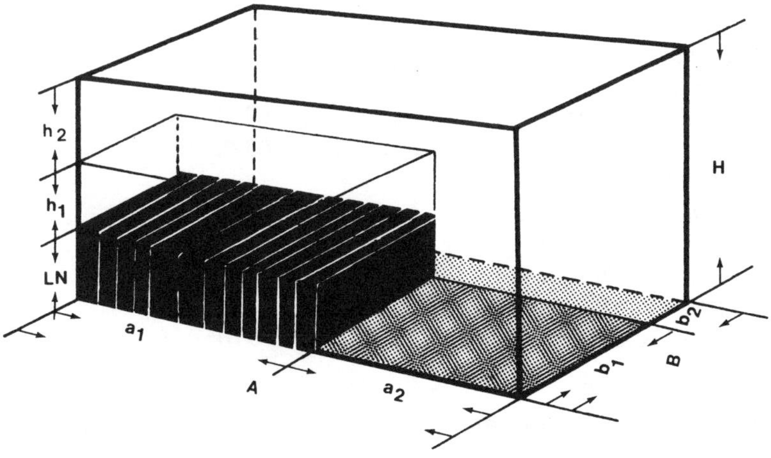

Abbildung 87: Lagernutzungsgrad

Abb. 87 verdeutlicht, wie Lagerräume sinnvoll genutzt werden können.

Dabei bedeuten:[1]

A = Gesamtlänge des Regallagers
a_1 = Summe der Regalbreiten
a_2 = Summe der Gänge zwischen den Regalen
B = Gesamtbreite des Regallagers
b_1 = Länge der Regale
b_2 = Breite des Manipulierraums (Bedienungsraum)
H = Gesamthöhe des Lagerraums
h_1 = genutzte Höhe des Lagers durch Regale
h_2 = ungenutzte Höhe des Lagers über den Regalen
LN = effektive Lagernutzung (Füllgrad der Regalfelder)

In der Praxis ist die Berechnung der Lagerfläche und des Lagerraums noch etwas komplizierter, da jeweils die verfügbare Kapazität Ausgangspunkt der Berechnung sein muß, die „unproduktiven" Teile demnach von der „technischen" Kapazität in Abzug gebracht werden müssen. Ein Zahlenbeispiel soll den Rechengang verdeutlichen.

Allgemeines Beispiel zur Berechnung des Raumnutzungsgrades

Beispiel 53:
Der Raumnutzungsgrad für eine Lagerhalle mit Büro ist wie folgt zu berechnen:

1. Berechnung des gesamten Innenraumes der Lagerhalle (= „technische" Kapazität)
20 m breit, 50 m lang, 5 m hoch
20 x 50 x 5 .... 5.000 m^3

2. Berechnung des nicht nutzbaren Raumes

6 Pfeiler	*8 m^2*	
1 Waschraum	*10 m^2*	
Büroraum	*18 m^2*	
Umschlagspunkt für Materialien	*16 m^2*	
Abstellraum für Transportmittel	*6 m^2*	
Toter Raum vor Türen und Fenstern	*5 m^2*	
63 m^2 x 5 m	*63 m^2*	*315 m^3*
3. Verfügbarer Nutzraum		*4.685 m^3*

1 Vgl. RKW, Wirtschaftliche Lagerführung – ein wichtiges Instrument der Unternehmenspolitik, Frankfurt 1973, S. 11.

Angenommen der vom gelagerten Material eingenommene Raum umfaßt 2.240 cbm, dann ergibt sich ein Raumnutzungsgrad:

$$\frac{2.240}{4.685} = 47,8\ \%$$

Bei der Analyse der Ergebnisse sollte man sich immer vor Augen halten, daß für den gesamten Lagerraum Kapital aufgewendet wurde.

4.2 Kennzahlen der Transportmittelnutzung

Der Nutzungsgrad der Transportmittel kann mit Hilfe folgender Kennzahlen berechnet und überwacht werden:

- $\text{Einsatzgrad} = \dfrac{\text{Einsatzzeit}}{\text{Arbeitszeit}}$

- $\text{Ausfallgrad} = \dfrac{\text{Stillstandzeit}}{\text{Einsatzzeit}}$

- $\text{Nutzungsgrad (bezüglich Menge)} = \dfrac{\text{transportierte Menge}}{\text{Transportkapazität}}$

Die analytische Überprüfung des gesamten Transportsystems kann durch einen Beobachtungsbogen, wie ihn Formularbeispiel Nr. 16 zeigt, unterstützt werden.[1] Dieser umfaßt 42 Möglichkeiten unzweckmäßiger Materialtransporte. Durch eine Kontrolle mit diesem Beobachtungsbogen ist es daher durchaus möglich, Stellen im Betrieb zu entdecken, an denen erhebliche Einsparungen erzielt werden können.

1 Vgl. BKS, Der innerbetriebliche Materialtransport – Ein Ansatzpunkt für Kostensenkungen, Velbert 1963, S. 30.

Materialtransporte, Überblick und Kontrolle

Abteilung: Gesamtbetrieb Gebäude: 14
Betrieb: Buffalo Datum: 23. 4. 1962
Leitung: Daley

Ursachen, durch die vielleicht Verluste durch unzweckmäßige Materialtransporte entstehen	bestehender Zustand	zur Verbesserung wird gebraucht				
		Aufmerksamkeit der Aufsicht	Aufmerksamkeit der Leitung	genaue Untersuchung	Kapitalinvestition	Bemerkungen
1. Verzögerung in den Materialtransporten						
2. Überflüssiges Material						
3. Ungenutzte Maschinen wegen Materialmangel	×	×		×		verspätete Anlieferung von Presse
4. Lange Transporte	×			×		Malerwerkstatt an das Fließbandende verlegen
5. Gegenverkehr und kreuzender Verkehr						
6. Handtransporte	×	×		×		Werkstatt braucht bei der Bohrmaschine Flaschenzug
7. Veraltete Transportmittel						
8. Unzweckmäßige Transporteinrichtungen						
9. Unzugängliche Transporteinrichtungen						
10. Unausgeglichene Arbeitsfolge						4000-lb-Gabelstapler
11. Überflüssige Transporteinrichtungen	×	×		×		der Schmiede nicht voll ausgenutzt
12. Hindernisse beim Materialfluß						Schalter von der Presse laufend defekt
13. Material, welches direkt auf dem Boden gestapelt wird						
14. Zu kleine Arbeitsplätze für die Materialverarbeitung						
15. Nicht ordnungsgemäße Lagerung	×	×		×		mehr Regale erforderlich
16. Überfüllte Gänge						
17. Überfüllte Arbeitsplätze						
18. Überfüllte Lagerplätze	×	×				Ursache für Verzögerung?
19. Stillstände von Gabelstaplern und Werkseisenbahn						
20. Hand-Ladeverfahren						
21. Verschwendung von Lagerraum						
22. Überflüssige Gänge						
23. Unzweckmäßig zerteilte Arbeitsvorgänge						
24. Schlechte Placierung der Liefergebiete						
25. Fehlende Normung der im Betrieb gebräuchlichen Behälter						
26. Fehlen eines einheitlichen Ladeverfahrens						
27. Überflüssige Unterhaltungskosten für Transportmittel						
28. Nochmalige Transporte						
29. Transporte innerhalb der Fertigungszeit						etwa 23 Arbeitskräfte verlieren je 0,5 Std. je Tag
30. Arbeitskräfte, die für Material und Lieferung verantwortlich sind	×	×	×	×		
31. Schlecht organisierte Transporte						
32. Hohe indirekte Löhne						
33. Fehlende Unterlage für das angelieferte Material						
34. Übermäßiges Lagergeld						
35. Unerklärliche Verzögerungen						
36. Wartezeit						
37. Unübersichtliche Aufsicht	×	×		×		Blick auf die Hauptabteilung
38. Überflüssiger Schrott						
39. Gefährliches Heben mit der Hand						
40. Falsch geleitetes Material						
41. Ungeschickte, gefährliche selbsterfundene Einrichtungen						
42. Fehlen der Normung der Transportmittel						
Anderes						

Vorschlag:
Überprüfung des gesamten Transportsystems! Entweder durch eigenen Fachmann oder Fremdspezialisten.

Formularbeispiel Nr. 16:
Beobachtungsbogen zur Überprüfung des Transportsystems

FRAGEN ZUR SELBSTKONTROLLE UND VERTIEFUNG

1. Aus welchen Gründen ist es schwierig, den Lagerbegriff eindeutig zu definieren?

2. Welche Lagerarten lassen sich unterscheiden? Versuchen Sie die einzelnen Kriterien miteinander zu kombinieren!

3. Ergänzen Sie Abb. 81, indem Sie die für die Lagerstufen typischen Funktionen eintragen!

4. Welche Fragen sind für die Lagerplanung in der Hauptsache zu untersuchen?

5. Warum wird der Lagerstandort wesentlich von der Größe des Lagers bestimmt?

6. Was ist unter materialflußgerechter Planung eines Lagers zu verstehen und inwieweit hat dieser Grundsatz Bedeutung für die Lagerbauart?

7. Warum wird in der Praxis angestrebt, dem Ideal der Transportgleichung nahezukommen?

8. Ein Lieferant stellt von runder auf eckige Verpackung um. Können sich daraus Folgerungen für die Lagereinrichtung ergeben?

9. Welche besonderen Vorteile besitzen bewegliche Lagereinrichtungsgegenstände gegenüber festen?

10. Welche Nachteile sind mit der Lagerordnung nach dem Festplatzsystem verbunden?

11. Erläutern Sie das Prinzip der „chaotischen" Lagerung!

12. Wie ist ein Hochregallager zu dimensionieren?

13. Wie erfolgt bei EDV-geführten Systemen die Vergabe der Palettenstellplätze? Gehen Sie im Rahmen Ihrer Erläuterung vom Praxisbeispiel 50 aus!

14. Primär nach welchen Kriterien wird im Rahmen der ABC-Belegungsstrategie die Platzauswahl getroffen.

15. Warum sollte eine eingehende Materialflußuntersuchung der Transportmittelplanung vorangehen?

16. Nennen Sie die wesentlichsten Unterschiede zwischen Flurfördermitteln und Stetigförderern!

17. Welche Funktionen erfüllt die Lagerhaltung beim Lagerungsablauf im Wareneingangslager?

18. Halten Sie die Verwendung des Lieferscheins als Wareneingangsbeleg für zweckmäßig?

19. Der Materialfluß vom Wareneingang bis zur Einlagerung ist in der Praxis sehr unterschiedlich geregelt. Nennen Sie zumindest fünf Möglichkeiten ablauforganisatorischer Gestaltung!

20. Welche Möglichkeiten der Rationalisierung gibt es bei der Quantitäts- und Qualitätsprüfung? Könnte man Ihrer Meinung nach auf eine Quantitätsprüfung ganz verzichten, weil Mengenabweichungen relativ selten vorkommen?

21. Inwieweit sind die Ergebnisse der Qualitätsprüfung für die Lieferantenbeurteilung von Interesse?

22. Warum ist bei der Einlagerung zwischen „geplanten" und „ungeplanten" Eingängen zu unterscheiden?

23. Erläutern Sie die Vorteile des Bring- gegenüber dem Holsystem!

24. Wie könnte man unnötige Suchwege im Lager bei der Materialausgabe sparen?

25. Welche Aufgaben hat die Materialrechnung?

26. Wann kann es empfehlenswert sein, zur Verbrauchsermittlung die Befundrechnung und nicht die Fortschreibungsmethode einzusetzen?

27. Beschreiben Sie die wesentlichsten Unterschiede zwischen den auf den Seiten 263, 268 und 466 abgebildeten Lagerkarten und stellen Sie die besonderen Einsatzgebiete heraus!

28. Sofern sich der Übergang von der manuellen zur maschinellen Lagerbuchführung noch nicht „lohnt", wie kann der Beleganfall reduziert werden?

29. Welche Kontroll- und Dispositionsunterlagen können bei EDV-Einsatz abgerufen werden?

30. Hat die Stichtagsinventur nur handels- und steuerrechtliche Bedeutung?

31. Welche Vorteile bietet die permanente Inventur gegenüber der Stichtagsinventur und an welche Voraussetzungen ist sie geknüpft?

32. Welche Bedeutung haben die Kennzahlen der Lagernutzung für die praktische Unternehmensführung?

33. Welche Probleme ergeben sich bei Berechnung des Lagerraumnutzungsgrades?

34. Warum ist die Verwendung eines Beobachtungsbogens bei der Überprüfung des innerbetrieblichen Transportsystems besonders wertvoll?

Die Antworten ergeben sich aus vorstehendem Text (Sechster Abschnitt)!

Anhang

Arbeitsanweisung zur Verantwortung der Lagerleiter

1. Voraussetzungen

- Fähigkeiten, die Mitarbeiter anzuleiten, anzulernen, auszubilden und zu führen.
- Verantwortungsbereitschaft
- Gute Umgangsformen.
- Kontaktfähigkeit zu den Mitarbeitern der anliefernden Bereiche, der Kontrollstellen und der empfangenden Bereiche.
- Vierjährige Erfahrung in Lagerbereichen.
- Teilekenntnisse und Materialkenntnisse
- Kenntnisse über die Kosten, die die Vorräte verursachen.
- Kenntnisse über den Nummern-Schlüssel und die Bedeutung der Vor- und Endnummern.
- Kenntnisse über Buchungsvorgänge in Bezug auf Mengen- und Rechnungszugang.
- Kenntnisse über Zeichnungen.
- Kenntnisse über den Aufbau der Arbeitspläne.
- Grundkenntnisse über den Einsatz der Datenverarbeitung im Materialsektor.

2. Verantwortung für den Einsatz der Mitarbeiter

- Die Dienstaufsicht im Bereich wahrnehmen.
- Den Personaleinsatz entsprechend der vorhandenen Arbeitsmenge organisieren. Freie Mitarbeiter dem Abteilungsleiter melden.
- Die notwendigen Arbeiten unter Berücksichtigung der Dringlichkeit verteilen.
- Die vorhandenen Mitarbeiter im Bedarfsfall an Brennpunkten einzusetzen, um den unterschiedlichen Arbeitsanfall termingerecht mit vertretbarem Zeitaufwand zu bewältigen.
- Dafür sorgen, daß die Mitarbeiter ihren körperlichen und geistigen Fähigkeiten entsprechend eingesetzt werden.
- Die Mitarbeiter über Unfallverhütungsvorschriften belehren.

- Die Urlaubswünsche der Mitarbeiter in Abstimmung mit dem Abteilungsleiter koordinieren.
- Vorschläge für die Beurteilung der Mitarbeiter machen.
- Neue Mitarbeiter anleiten, anlernen und ausbilden.
- Auszubildende informieren.

3. Verantwortung für die Leistung der Mitarbeiter

- Die Leistungen nach Arbeitsanweisung erfassen.
- Die Monatsprämien errechnen.
- Dafür sorgen, daß nach den für den Bereich geltenden EM-Arbeitsanweisungen gearbeitet wird.
- Dafür sorgen, daß die interne Organisation des Bereichs ständig verbessert wird.
- Dafür sorgen, daß die Ziele des Bereichs erreicht werden.

4. Verantwortung für Lagerordnung und Raumausnutzung

- Dafür sorgen, daß ein zweckmäßiger Materialfluß beim Aufbau des Lagers berücksichtigt wird.
- Dafür sorgen, daß eine übersichtliche Lagerordnung erhalten/wieder hergestellt wird.
- Dafür sorgen, daß die Einlagerung und die Ausgabe durch gute Kennzeichnung erleichtert wird.
- Dafür sorgen, daß bei hochwertigen Teilen/Materialien keine Verluste durch Beschädigung, Rost usw. entstehen.
- Dafür sorgen, daß die vorhandenen Räume bestmöglich genutzt werden (Nutzungsgrad in qm und in cbm).
- Investitionsvorschläge zur besseren Nutzung der vorhandenen Räume machen.
- Anregungen geben zur Humanisierung/Verbesserung der Arbeitsplätze.

5. Verantwortung für Inventur und Werte

- Die permanente Inventur organisieren, durchführen lassen und überwachen/kontrollieren.
- Die Stichtagsinventur organisieren, durchführen lassen und überwachen.
- Inventurdifferenz klären.

- Diebstähle verhindern durch Überwachung der Mitarbeiter; durch Überwachung, daß sich keine unberechtigten Personen im Lager aufhalten.
- Wertvolle Teile/Materialien unter Verschluß halten.
- Einlagerung und Ausgabe von Material-Teilen stichprobenartig kontrollieren.
- Zu- und Abgangsbelege stichprobenartig kontrollieren.

6. Verantwortung für die Höhe der Vorräte, für die Qualität der Teile/Materialien und für die Kosten

- Bei Engpässen auf Ausweichmaterial/Ausweichteile hinweisen.
- Auf Falschlieferungen beim Transport hinweisen und Lager-Nummer-Änderung bei APL beantragen.
- Disponenten auf „alte Ausführung" und „neue Ausführung" hinweisen, um Schwierigkeiten in der Montage zu vermeiden.
- Doppelnummerierungen erkennen und durch den Abteilungsleiter beseitigen lassen.
- Anregungen geben zur Beseitigung doppelter Vorratshaltung, wenn unterschiedliche Teile mit unterschiedlicher Nummer die gleichen Funktionen erfüllen könnten.
- ATB einschalten, wenn Teile-Nummer bzw. End-Nummer nicht stimmt.
- Ersatzteilebestellungen überprüfen und berichtigen.
- Die Kontrolle einschalten, wenn Teile falsch gefertigt oder Arbeitsgänge ausgelassen worden sind.
- Änderung von Arbeitsplänen beantragen, um Vereinfachung des Arbeitsablaufs zu erreichen oder um die Nummer zu berichtigen.
- Anregungen geben, die durch Vermeidung von Umpackarbeiten zur Reduzierung von Personalkosten führen sollen.
  Ziel: Transportgerechte Einheiten vom Lieferanten bis zur Fertigung bzw. von der Fertigung bis zur Montage.
- Überbestände und Lagerhüter erkennen und an den Abteilungsleiter melden.
- Verschrottungsaufträge überprüfen.
- Abrufaufträge bei „Billigteilen" auslösen.
- Teile kontrollieren und Prüfbericht schreiben.

Stellenbeschreibung für Zentraleinkäufer (im Bereich Gruppenorganisation)

(ohne Sonderregelung für den Lebensmittelbereich und die Leiter der Einkaufshäuser)

1. Zielsetzung

Der Zentraleinkäufer soll durch günstigen Einkauf und den Aufbau eines umsatzfördernden Sortiments für die Verkaufshäuser die Leistungsfähigkeit der Firma in seiner Branche steigern.

Der Zentraleinkäufer soll für das Unternehmen neue Märkte erschließen und das Sortiment rechtzeitig an neue Verhältnisse anpassen.

2. Unterstellungsverhältnisse

Der Zentraleinkäufer ist dem für ihn zuständigen Herrn der Einkaufsabteilung unterstellt.

Der Zentraleinkäufer ist unmittelbarer Vorgesetzter des Einkäufers und/oder Substituten im Zentraleinkauf.

3. Zuständigkeit

a) Der Zentraleinkäufer ist gegenüber den Lieferanten seiner Branche Repräsentant der Firma. Sein Verhalten und seine Maßnahmen müssen dem Ansehen der Firma dienen. Der Zentraleinkäufer ist zuständig für alle Verhandlungen und Vereinbarungen, sowiet sie ihrem Wesen nach zentral erfolgen müssen.

b) Der Zentraleinkäufer ist zuständig für die Sortimentsgestaltung.

c) Der Zentraleinkäufer ist im Bereich des Gruppenlagers zuständig für die Lagerreichweite, Qualität und Sortierung der Ware, Lagerpräsenz und rechtzeitigen Wareneingang.

d) Gegenüber den Filialen und Anschlußkunden ist der Zentraleinkäufer in allen Einkaufsangelegenheiten Stab.

4. Delegationsbereich

Der Zentraleinkäufer

\+ entscheidet über Vormusterungsreisen und trifft bei den Lieferanten eine Vorauswahl über die der Vormusterkommission vorzulegenden Artikel und fordert die Industrie regelmäßig auf, die neuesten Kollektionen rechtzeitig vor Beginn der Vormusterung zu übersenden,

gibt der einschlägigen Industrie Anregungen zur Entwicklung neuer Artikel oder zur Verbesserung bereits geführter Artikel,

führt alle erforderlichen Verhandlungen mit den Lieferanten und vereinbart die Konditionen,

\+ entscheidet über die Zusammensetzung der Vormusterkommission und achtet auf den Wechsel der Teilnehmer,

legt nach Anhören der Vormusterkommission das zu listende Sortiment fest (Führung der Standardartikel ist für die Filialen verbindlich, soweit die Geschäftsleitung im Einzelfall nicht anders entscheidet und die Einkaufsleitung informiert),

schlägt die Artikel und die Preise für die zentralseitig durchgeführten Werbungen vor,

legt die Termine für die Vormusterungen und Gemeinschaftseinkäufe fest,

\+ führt die Gemeinschaftseinkäufe durch und sorgt für deren pünktlichen Beginn und geregelten Ablauf (er führt die Aufsicht mit Befugnissen, die dem sogenannten „Hausrecht" entsprechen), schlägt die Höhe der zu den Dispositionszeitpunkten zu verwendenden Limitanteilen der Einkaufsleitung vor,

kontrolliert im Auftrage der Einkaufsleitung die Limitübersichten und notwendigen Dispositionsunterlagen der Filialeinkäufer anläßlich der Gemeinschaftseinkäufe,

überwacht die Liefertermine und die Zuverlässigkeit der Lieferanten in bezug auf Pünktlichkeit und mustergetreue Auslieferung,

führt Warenkontrollen anhand der Kontermuster durch und verschafft sich ergänzend dazu ein Bild über die Beurteilung der Ware durch die Filialeinkäufer,

berät die Filialen bei der Vorbereitung von Einkaufsreisen,

\+ kauft im Rahmen des sich aus der IBEP (integrierte Betriebsergebnisplanung) ergebenden Limits für das eigene Lager ein,

bietet die von ihm gekaufte Ware den Filialen an,

\+ entscheidet über die Zuteilungen bis zu 3 % des Jahres-Limits der betreffenden Abteilung,

schlägt notwendigenfalls darüber hinausgehende Zuteilungen der Einkaufsleitung vor,

schließt – falls die Marktlage es erfordert – durch Filialbestellungen nicht gedeckte Käufe ab bis zur Höhe eines Betrages, der von der Einkaufsleitung für jeden Zentraleinkäufer einzeln festgelegt wird,

führt Filialbesuche durch zur Kontaktpflege und zur Information über die Lager im Verkauf und erstattet über den Besuch Bericht in der vorgeschriebenen Form,

gibt Situationsberichte über den Markt seiner Branche und zeigt Entwicklungstendenzen auf,

entscheidet über eigene Geschäftsreisen im Inland,

berät die Abteilung Aus- und Weiterbildung bei der Vermittlung von qualifizierten Bewerbern für Abteilungsleiter-Positionen,

berät die Abteilung Aus- und Weiterbildung bei der Planung von Fachlehrgängen.

5. Verhältnis zu den Einkäufern der ausländischen Partnerfirmen

Der Zentraleinkäufer nimmt die Marktkenntnisse der ausländischen Einkäufer, wo immer dies für die Firma nützlich ist, in Anspruch. Entsprechend berät er die ausländischen Einkäufer bei ihren Käufen im Inland.

6. Abgrenzung zu anderen Zentraleinkaufsbereichen

Der Zentraleinkäufer ist gehalten, sich über die Sortimentsentwicklung fachlich „benachbarter" Bereiche ständig zu informieren. Stellt er fest, daß sich Sortimentsüberschneidungen ergeben, ist die Entscheidung der Einkaufsleitung über die Führung der betreffenden Artikel einzuholen, damit unnötige Doppelführung vermieden wird.

7. Verhältnis zum Verkaufsleiter

a) In allen Fällen, in denen kein Verkaufsleiter für eine Branche bestellt ist, gilt für den zuständigen Zentraleinkäufer die Stellenbeschreibung für den Verkaufsleiter

b) Für den Zentraleinkäufer ist der Verkaufsleiter Stab. Der Verkaufsleiter unterstützt den Zentraleinkauf mit den aus der ständigen Beobachtung des Verkaufs gewonnenen Anregungen und Erfahrungen

8. Verhältnis zum Fachgeschäftsführer

Für den Zentraleinkäufer ist der Fachgeschäftsführer Stab. Er berät den Zentraleinkäufer insbesondere bei der Auswahl der Werbeware.

9. Verhältnis zur Rechtsabteilung

Der Zentraleinkäufer soll vermeiden, daß der Firma rechtliche Schwierigkeiten entstehen. Deshalb hat er sich in allen Rechtsfragen des Rates der Rechtsabteilung zu bedienen.

Sobald bei einem Geschäftsvorgang die Rechtsfragen gegenüber den waren-technisch-kaufmännischen Fragen in den Vordergrund treten, ist die Rechtsabteilung für die Bearbeitung zuständig.

Die Übernahme von Preisbindungsverpflichtungen ist der Rechtsabteilung und der Einkaufsleitung gemeinsam vorbehalten.

10. Vertretung

Der Einkäufer im Zentraleinkauf ist uneingeschränkter Vertreter des Zentraleinkäufers. Sind jedoch mehrere Einkäufer vorhanden, ist der Vertreter von der Einkaufsleitung namentlich festzulegen. Ist kein Einkäufer vorhanden, jedoch mehrere Substituten, so ist der Vertreter des Zentraleinkäufers ebenfalls von der Einkaufsleitung namentlich festzulegen.

Der Substitut (Vertreter) entscheidet in all den Fällen, die im Delegationsbereich nicht mit einem + versehen sind. In den mit einem + bezeichneten Fällen hat er die Entscheidung der Einkaufsleitung einzuholen.

Rahmenvertrag für Produktionsmaterial und Handelswaren

Rahmenvertrag

zwischen

rw
rotring-werke
Riepe KG
Kieler Straße 301-303
2000 Hamburg 54

und der Firma ....

....

– nachstehend kurz Lief. (Lieferant) genannt –

1. Auftragsabwicklung
2. Kapazität und Planmenge
3. Lieferzeit
4. Preise
5. Konditionen
6. Umsatzbonus
7. Qualität und Qualitätskontrolle
8. Verpackung/Versand
9. Rechnungserstellung und Zahlung
10. Vertrags-Laufzeit
11. Gerichtsstand und Erfüllungsort

1. Auftragsabwicklung

rw verwendet für Bestellungen das bekannte Bestellformular. Auf diesem Formular erscheinen lediglich Bestellmenge, Material-Nummer und Liefertermin. Alle übrigen Bedingungen des Auftraggebers ergeben sich aus einer speziellen Preisliste und diesem Liefervertrag. Lief. bestätigt die Bestellungen von rw auf einer Durchschrift des Bestellformulars durch Firmenstempel und Unterschrift.

2. Kapazität und Planmenge

Die unverbindlichen Planmengen für das folgende Jahr wird Lief. jeweils im Oktober mit einer Liste für Planmengen von rw bekanntgegeben. Eine überarbeitete Liste mit den unverbindlichen Planzahlen, für das laufende Jahr wird Lief. jeweils im Mai des laufenden Jahres von rw bekanntgeben. Für Lieferungen (Ausnahme sind die Ersatzteile usw.) erhält Lief. vierteljährlich Festaufträge.

Lief. wird nach den genannten Planmengen seine Kapazität ausrichten. Ist dieses nicht möglich, so wird Lief. 3 Wochen nach Erhalt der Planzahlen schriftlich widersprechen.

Bei dem Wegfall eines Artikels ist dieses Lief. mindestens 4 Monate vorher von rw mitzuteilen.

Die Kapazität kann nach einer Vorlaufzeit von max.:

6 Monaten um 20 %
12 Monaten um 30 %

erhöht werden.

Lief. erklärt sich jedoch bereit, sofern dieses von seiten der Materialbevorratung, Personallage etc. zu ermöglichen ist, obengenannte Vorlaufzeiten auf ein Minimum zu verkürzen.

Zubehörteile: Lieferungen müssen in Losgrößen von 1.000 Stück von Lief. gefertigt werden, um wirtschaftlich zu sein. Kleinere Mengen sind Sonderfertigungen und benötigen einen Preisaufschlag. Um diesen Preisaufschlag zu umgehen, müssen die Bestell- bzw. Abrufmengen von rw mit Lief. rechtzeitig abgestimmt werden, damit evtl. eine rationelle Fertigung durch Bedarfszusammenfassung beider Häuser erreicht werden kann.

3. Lieferzeit

Die Lieferzeit beträgt 12 Wochen innerhalb der vereinbarten Kapazität. Bei kurzfristig auftretendem Bedarf seitens rw wird Lief. bemüht sein, mit verkürzter Lieferzeit zu liefern.

Lief. sichert rw zu. Vormaterial für einen durchschnittlichen 3-Monatsbedarf auf eigene Kosten vorrätig zu haben und wird bemüht sein, nach plötzlichem unvorhergesehenen Lieferzeitenanstieg der Vorlieferanten Ausgleich zu schaffen. Wenn unvorhergesehene Schwierigkeiten in der Fertigung von Lief. auftreten sollen, wie Maschinenschaden bzw. -ausfall, unverhältnismäßig großer Ausschuß o.ä., muß Lief. die rw sofort verständigen, um die Lieferfolge nach Dringlichkeit und bestmöglicher Liefermöglichkeit abzusprechen.

4. Preise

Die Preise der Artikel, die rw von Lief. bezieht, sind in einer speziellen Preisliste festgehalten und stellen Festpreise für mindestens 12 Monate dar, die für alle Aufträge, die bei Lief. eingehen, gültig sind.

Falls von einer Partei eine Preiskorrektur für erforderlich gehalten wird, muß darüber vorher verhandelt werden.

Eine neue Preisvereinbarung wird mindestens 12 Monate gültig sein.

5. Konditionen

Soweit in diesem Vertrag nicht behandelt, gelten die Einkaufsbedingungen von rw, die als Anlage beigefügt sind. Liefervertragsbedingungen haben Vorrang vor allgemeinen Einkaufsbedingungen.

6. Umsatzbonus

rw erhält einen Umsatzbonus von 1 % auf den Jahresumsatz. Die Abrechnung erfolgt jeweils im Januar des folgenden Jahres nach der Fakturierung des abgelaufenen Jahres.

7. Qualität und Qualitätskontrolle

Lief. beliefert rw mit Lieferungen nebst Zubehör für verschiedene Serien. Das Grundmaterial der Lieferungen wird nach vorliegenden Zeichnungen und vorliegenden Qualitätsmerkmalen gefertigt.

Lief. verpflichtet sich, die an rw zu liefernde Ware gemäß den Lief. vorliegenden Qualitätsmerkmalen von rw zu prüfen und bei Gutbefund in Form eines Prüfzertifikates den jeweiligen Lieferungen beizufügen.

rw prüft eingehende Warensendungen nach den bestehenden Qualitätsmerkmalen nach statistischer Qualitätskontrolle „AQL" (siehe entsprechende Qualitätsbeschreibungsblätter).

Lief. sichert Lieferung in den von rw angegebenen Qualitätsmerkmalen zu.

8. Verpackung/Versand

Die Lieferungen werden von Lief. in Tiefziehtabletts eingelegt und diese in Umkartons zu je 10 Tabletts gestapelt. Die Umkartons werden mit der Materialnummer und Menge stirnseitig beschriftet. Ein Artikel wird jeweils separat in einem Karton geliefert. rw gibt nach der Konfektionierung die Tabletts an Lief. kostenfrei zurück.

Lief. liefert an rw „frei Haus", „inkl. Verpackung".
Die Wahl des Versandweges bzw. Trägers steht Lief. frei. Zwischen rw und Lief. wird der für beide Teile vorteilhafteste Weg jeweils abgestimmt und festgelegt.

9. Rechnungserstellung und Zahlung

Lief. wird an rw Monatsrechnungen präsentieren. Diese werden am 24./25. eines Monats ausgestellt und beinhalten Lieferungen ab Datum-Rechnungserstellung des Vormonats bis Datum-Rechnungserstellung des laufenden Monats.

rw zahlt nach Erhalt der Monatsrechnung innerhalb 14 Tagen mit 3 % Skonto oder 30 Tagen netto.

10. Vertrags-Laufzeit

Der Vertrag wird auf unbestimmte Zeit abgeschlossen. Er kann von jeder Partei mit 6 Monaten zum Monatsende gekündigt werden. Verpflichtungen aus Festaufträgen sind von beiden Parteien zu erfüllen.

11. Gerichtsstand und Erfüllungsort

Gerichtsstand und Erfüllungsort ist Hamburg.

(Firmenstempel und Unterschrift)

Rahmenvertrag für Hilfs- und Betriebsstoffe

Rahmenvertrag

Zwischen der Firma rotring-werke, Riepe KG,
2000 Hamburg 54, Kieler Straße 303
– nachstehend kurz rw genannt –

und der Firma ....

....

– nachstehend kurz Lief. (Lieferant) genannt –

wird folgender Rahmenvertrag geschlossen:

1. Die Firma ..... Lief. .... liefert zu den als Anlage beigefügten rw Einkaufsbedingungen folgende Artikel:
   Kugellager, Simmerringe, Sicherungsringe, Gehäuse, Nadellager usw. ....

2. Grundlage für die Berechnung sind die vereinbarten Preise und Rabatte:
   gemäß Preisliste ./. Rabatt siehe Liste ....
   ....

3. Als Zahlungs- und Lieferkonditionen gelten für diesen Rahmenvertrag unsere Bedingungen, soweit nichts anderes vereinbart wurde.
   frei Haus, einschl. Verpackung
   14 Tage nach Rechnungseingang ./. 3 % Skonto, 30 Tage netto

4. Umsatzbonus:

ab	10.000	2 %
ab	20.000	3 %
über	25.000	Verhandlung

5. Die Bestellungen können telefonisch, mit unseren Bestellformularen oder mit handgeschriebenen Artikellisten erfolgen.

6. Die Anlieferung erfolgt frei Haus, incl. Verpackung und Versicherung.

7. Die an einem Bestelltag aufgegebenen Artikel müssen geschlossen angeliefert werden. Ausnahmen bedürfen unserer ausdrücklichen Bestätigung.

8. Die Lieferung erfolgt mit Lieferschein und ist bei Anlieferung der Wareneingangsstelle zu übergeben. Die Anlieferungsstelle ist:
   Werk II, Schnackenburgallee 45, 2000 Hamburg 54 .....
   ....

9. Die Berechnung für alle innerhalb dieses Rahmenvertrages getätigten Lieferungen erfolgt monatlich mit einer Gesamtrechnung.

   9.1. Die Rechnung ist in chronologischer Reihenfolge der Lieferungen aufzustellen.

   9.2. Sämtliche vorgeschriebenen Bestelldaten müssen genau und vollständig angegeben sein. Anders lautende Rechnungen werden von uns nicht anerkannt.

10. Dieser Vertrag hat eine unbegrenzte Laufzeit und kann jeweils mit monatlicher Frist zum Monatsende gekündigt werden.
    Bis zu einer eventuellen Einigung über einen neuen Vertrag liefert . . . . Lief. . . . .
    für eine einmonatige Übergangszeit zu den bisherigen Vertragsbedingungen.

11. Aus diesem Rahmenvertrag wird keine Verpflichtung zum Kauf abgeleitet.

12. Die Außerkraftsetzung eines Vertragspunktes beeinträchtigt die Gültigkeit des Gesamtvertrages nicht.

13. Gerichtsstand und Erfüllungsort ist Hamburg.

Artikel- und Rabattliste

lose SKF-Lager und -Teile davon sowie Wälzkörper mit Ausnahme von Stahlkugeln, Güteklasse VI + VII	45 %
Timken-Lager (Kegelrollen in Zollabmessungen)	33 %
Ausländische Wälzlagerfabrikate	netto
Gehäuse	35 %
Nadellager (INA, SKF, Dürkopp, FHG)	37 %
Wellendichtringe	43 %
Filz- und Festringe und Pannhülsenschlüssel	netto
O-Ringe	netto
Keilriemen	35 %
Nilosringe und Seegeringe	netto

Bonus-Ausschüttung per 31. Oktober jedes Geschäftsjahres:

ab	DM 10.000,–	2 %
ab	DM 20.000,–	3 %
über	DM 25.000,–	nach Verhandlung

Übungsteil

Aufgabe 1: Beschaffungspolitik

Stellen Sie in Form eines Kataloges die beschaffungspolitischen Grundsätze zusammen, die zweifelsfrei zwecks zielorientierter Vorgehensweise des Einkaufs geklärt werden sollten. Unterscheiden Sie dabei zwischen

a) Entscheidungen marktbezogener Art, die der Einkauf im wesentlichen unabhängig von innerbetrieblichen Gegebenheiten treffen kann, und

b) güterbezogenen Grundsätzen, bei denen die Interessen des Einkaufs mit denen anderer Bereiche kollidieren (können).

Aufgabe 2: Stellenbildung im Einkauf

In der Firma Wersi-Electronic, Hausenbach, einem führenden Hersteller elektronischer Musikinstrumente und kundenspezifischer Industrie-Elektronik, war der mit fünf Mitarbeitern besetzte Einkauf nach dem reinen Objektprinzip gegliedert, das heißt, jedem Einkaufssachgebiet waren bestimmte zusammenhängende Materialgruppen zugeordnet. Für diese hatte der zuständige Einkäufer alle Aufgaben von der Bearbeitung der Bedarfsmeldung bis zur Verwaltung der Wareneingänge und die Rechnungsprüfung wahrzunehmen. Die damit verbundene Aufgabenvielfalt und der durch die Expansion des Unternehmens ausgelöste steigende Anfall von Routinetätigkeiten ließen für die eigentliche einkäuferische Tätigkeit immer weniger Zeit. Die Einstellung eines weiteren Mitarbeiters wurde in Erwägung gezogen.

Zum Mengengerüst:	ca. 4.800 Bezugsteile
	ca. 800 Bestellungen/Monat
	ca. 750 aktive Lieferanten

Im Jahre 1985 wurde eine Umstellung des Einkaufs nach den neuesten Erkenntnissen vorgenommen.

a) Entwickeln Sie einen Organisationsvorschlag für den aufgezeigten Problemfall, der den neuesten Erkenntnissen entspricht.

b) Stellen Sie Ihren Organisationsvorschlag in Form eines Organigramms dar.

Aufgabe 3: ABC-Analyse (Verbrauchswertanalyse)

Erstellen Sie eine ABC-Analyse aufgrund folgender Daten:

Materialposition (Stück/Preis pro Stück)

1 (5000/-,26), 2 (40/60,50), 3 (800/2,50), 4 (1200/3,55), 5 (5720/52,45), 6 (15000/2,67), 7 (21000/-,05), 8 (1700/22,50), 9 (17800/-,15), 10 (600/10,50)

Aufgabe 4: Eigenfertigung oder Fremdbezug

In einem Anwendungsfall waren folgende Angaben gegeben:
Jahresproduktion 6.000 Stück (Gußteile)
Absatz gesichert für 3 Jahre
Einkaufspreis für Preßteile 3,– DM/Stück
Werkzeuge für die Preßteile 45.000 DM
Werkzeuge halten für über 100.000 Stück

Ist Eigenfertigung der Gußteile oder Fremdbezug von Preßteilen wirtschaftlicher?

a) Zu welchem Ergebnis kommen Sie aufgrund der nachstehenden Kostenvergleichsrechnung, die zu vervollständigen ist (freie Kapazität ist vorhanden).

Kostenarten (variabel)	Kosten DM/Jahr Methode	
	Gußteil	Preßteil
Material	10.800	
Fertigungslohn	8.100	
60 % Lohnnebenkosten	4.860	
Werkzeuge, Energie und Hilfsstoffe	3.900	
Vergleichskosten		
Ergebnisänderung		

b) Wie ist zu erklären, daß der Einkauf zu einem anderen Ergebnis kam? Vgl. Sie dazu die abgebildeten Kostenkurven (HK = Herstellkosten).

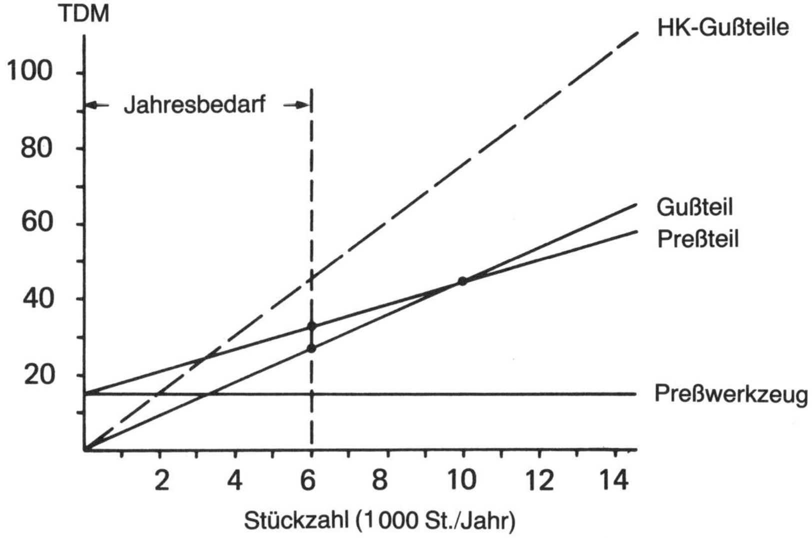

Abbildung 88:
Eigenfertigung oder Fremdbezug bei freier Kapazität

c) Angenommen der Absatz übersteigt die technisch mögliche Fertigungskapazität von 6000 Stück/Jahr. Die erforderliche Investition ruft Mehrkosten in Höhe von ca. 10.000 DM/Jahr hervor. Erläutern Sie die veränderte Entscheidungssituation und formulieren Sie einen Lösungsvorschlag.

Stellen Sie den Kostenausgleich graphisch dar.

Aufgabe 5: Stücklistenauflösung nach Dispositionsstufen

Die Erzeugnisse E1 und E2 weisen folgende Struktur auf:

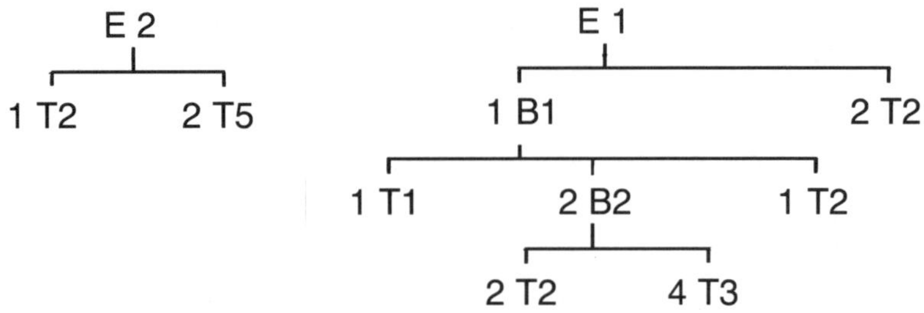

Der Primärbedarf für E1 und E2 ist laut Produktionsplan wie folgt verteilt:

Perioden / Erzeugnisse	4	5	6	7	8	9
E_1	15	20	30	40	55	45
E_2	30	40	45	60	55	50

Für T2 entsteht bei E1 ein Ersatzteilbedarf von jeweils 10 ME/Periode.
Für die Baugruppe B1 ist in den Perioden 7 und 8 jeweils ein Ersatzteilbedarf von 5 ME vorzusehen.
Die Vorlaufverschiebung jeder Stufe beträgt jeweils 1 Periode.

Ermitteln Sie den Bruttoproduktionsbedarf (ohne Zusatzbedarf für Ausschuß) für B1 und T2.

Aufgabe 6: Exponentielle Glättung 1. Ordnung und Ermittlung der Gesamtvorhersage bei einer festgelegten Lieferbereitschaft

Gegeben sind folgende tatsächlichen Verbrauchswerte:

Periode	1	2	3	4	5	6
Bedarf	90	110	100	105	95	100

a) Ermitteln Sie mittels der exponentiellen Glättung 1. Ordnung die Prognosewerte für die Perioden 2 bis 6 für
$\alpha = 0.1$
$\alpha = 0.2$
$\alpha = 0.5$

b) Stellen Sie die Ergebnisse graphisch dar.

c) Ermitteln Sie die Gesamtvorhersage für $\alpha = 0.2$ bei einer festgelegten Lieferbereitschaft von 97.72 %.

Aufgabe 7: Nettobedarfsrechnung (Einführungsaufgabe)

Neben anderen Teilen enthält das Erzeugnis E1 3 Stück der Materialposition T2. Der Primärbedarf verteilt sich auf 6 Perioden (20; 25; 22; 25; 20; 24 Stück in der Reihenfolge der Perioden).
Der Zusatzbedarf beträgt pro Periode 5 Stück von T2. Zu Beginn der 1. Periode liegt ein verfügbarer Lagerbestand von 110 Stück T2 und ein Bestellbestand von 60 Stück vor. Mit Eingang der Bestellung wird in der 4. Periode gerechnet.

– Führen Sie anhand dieser Daten die Nettobedarfsrechnung durch. Achten Sie auf einen systemgerechten Aufbau!

Aufgabe 8: Nettobedarfsrechnung in mehreren Ablaufschritten

Führen Sie eine Nettobedarfsrechnung für die Baugruppe B8 sowie für das in dieser Baugruppe jeweils dreimal enthaltene Teil T6 durch.

Gegeben sind folgende Daten:

Periode	1	2	3	4	5	6	7	8	9
Bedarfe B8	45	53	112	174	256	260	211	179	102
Werktage	140	150	160	170	180	190	200	210	220

Außerdem liegen für B8 vor:
Ersatzteilbedarf (für den Markt) je Periode
aus Vorhersageroutine: 11 ME
Reservierungen für folgende Perioden:

2. Periode : 27 ME
4. Periode : 14 ME
5. Periode : 9 ME

Der aktuelle Lagerbestand beträgt 204 ME
Für Ausschuß bei der Produktion sind 10 % anzusetzen.
In Periode 3 existiert eine offene Bestellung über 100 ME.
Die Mindestlosgröße soll 300, die maximale Losgröße 600 ME betragen.
Vorlaufverschiebungen jeder Stufe zwei Perioden
1 Periode = 10 Werktage

Aufgabe 9: Gleitende Bestellpunktrechnung-Dispositionsliste

Ihnen liegt die als Formularbeispiel Nr. 17 abgedruckte Dispositionsliste der Elster AG., Mainz, vor.

a) Versuchen Sie, für die Sachnummer 05070164 die Berechnung des Bestellpunktes für die abgelaufene und für die neue Periode nachzuvollziehen. Der Sicherheitsbestand, der hier in Annäherung an die absolute Abweichung ermittelt wird, ist dabei als gegeben anzunehmen. Der Prognosebedarf wird für jeweils 3 Monate (Prognosemethode 3) ermittelt.

b) Welche Bedeutung hat für den Disponenten die Spalte „Abweichung".

c) Stellen Sie die in der Dispositionsliste ausgewiesenen dispositiven Informationen zusammen.

```
****************************************************************************************************************
*  ELSTER AG          * V E R T E I L E R *                                * SORTIERUNG :          * DATUM  =05.06.84 *
*  PROGRAMM           *MATERIALWIRTSCHAFT *          PROGNOSE-RECHNUNG     * WERK, DISPONENT      * UHRZEIT=15:18:51 *
*  STODIS31/01        *                   *          GESAMT-PROGNOSE       * REFERENZNR.          * SEITE   =     14 *
****************************************************************************************************************

REFERENZ-NR.:  902  SACH-NR.:  05070164   KLEENEX KIMTEX ART. 7165            DISPONENT 17ME : 011      BESCH.SCHL.:  EB

S Y S T E M P A R A M E T E R   A L T E  P R O G N O S E          N E U E  P R O G N O S E    ABWEICHUNG
SERVICEGRAD IN %           0,00  -MASCHINELL             53,7              53,4                0,3-
ABC-KLASSE                    A  -MANUELL                 0,0
KLASSE BEDARFSVERLAUF         X  -BESTELLPUNKT           24,3              22,5                1,8-
GUELTIGES AUSWKZ MAN/MASCH    0  -SICHERHEITSBESTAND      6,4               4,7                1,7-
WIEDERB.ZEIT IN TAGEN        30
PROGNOSEMETHODE               3  -BISH.PLANBEDARF         3,5 -AUFGELAUF.IST   90,0           86,5

                                 -LAGERBESTAND           19,0 -LAGERWERT     1.867,72
```

Nr. 17 (1)

```
REFERENZ-NR.:  931  SACH-NR.:  06005104   SPIRALBOHRER 0,5 DIN 338-            DISPONENT 17ME : 011      BESCH.SCHL.:  EC

S Y S T E M P A R A M E T E R   A L T E  P R O G N O S E          N E U E  P R O G N O S E    ABWEICHUNG
SERVICEGRAD IN %           0,00  -MASCHINELL              0,0               3,5                3,5
ABC-KLASSE                    C  -MANUELL                 0,0
KLASSE BEDARFSVERLAUF         Z  -BESTELLPUNKT            0,0               4,1                4,1
GUELTIGES AUSWKZ MAN/MASCH    0  -SICHERHEITSBESTAND      0,0               3,0                3,0
WIEDERB.ZEIT IN TAGEN        30
PROGNOSEMETHODE               3  -BISH.PLANBEDARF         0,2 -AUFGELAUF.IST   10,0            9,8

                                 -LAGERBESTAND            4,0 -LAGERWERT        5,30

REFERENZ-NR.:       SACH-NR.:  06005105   SPIRALBOHRER 0,6 DIN 338-            DISPONENT 17ME : 011      BESCH.SCHL.:  ED

S Y S T E M P A R A M E T E R   A L T E  P R O G N O S E          N E U E  P R O G N O S E    ABWEICHUNG
SERVICEGRAD IN %           0,00  -MASCHINELL              0,4               0,3                0,1-
ABC-KLASSE                    C  -MANUELL                 0,0
KLASSE BEDARFSVERLAUF         Z  -BESTELLPUNKT            0,4               0,4                0,0
GUELTIGES AUSWKZ MAN/MASCH    0  -SICHERHEITSBESTAND      0,3               0,3                0,0
WIEDERB.ZEIT IN TAGEN        30
PROGNOSEMETHODE               3  -BISH.PLANBEDARF         0,0 -AUFGELAUF.IST    0,0            0,0

                                 -LAGERBESTAND           20,0 -LAGERWERT       25,04

REFERENZ-NR.:  933  SACH-NR.:  06005106   SPIRALBOHRER 0,7 DIN 338-            DISPONENT 17ME : 011      BESCH.SCHL.:  EC

S Y S T E M P A R A M E T E R   A L T E  P R O G N O S E          N E U E  P R O G N O S E    ABWEICHUNG
SERVICEGRAD IN %           0,00  -MASCHINELL              0,0               0,0                0,0
ABC-KLASSE                    C  -MANUELL                 0,0
KLASSE BEDARFSVERLAUF         Z  -BESTELLPUNKT            0,0               0,0                0,0
GUELTIGES AUSWKZ MAN/MASCH    0  -SICHERHEITSBESTAND      0,0               0,0                0,0
WIEDERB.ZEIT IN TAGEN        30
PROGNOSEMETHODE               3  -BISH.PLANBEDARF         0,0 -AUFGELAUF.IST    0,0            0,0

                                 -LAGERBESTAND           10,0 -LAGERWERT       11,53
```

Formularbeispiel Nr. 17:
Dispositionsliste

Aufgabe 10: Bestellterminrechnung

Als Materialdisponent verwalten Sie ca. 2.000 Materialpositionen. Der Bearbeitungszyklus beträgt 10 Tage. Sie bearbeiten am Fabrikkalendertag 320 eine Position mit folgenden Werten:

Verfügbarer Lagerbestand:	1.500 Stück
Bestellbestand	
– Restmenge:	500 Stück
– Liefertermin:	Tag 356
Sicherheitszeit:	6 Tage
Verbrauch:	50 Stück/Fabriktag
Wiederbeschaffungszeit:	25 Tage
Einlagerungszeit:	5 Tage

a) Führen Sie eine Bestellterminrechnung durch!

b) Ist die noch zu liefernde Restmenge richtig terminiert?

Aufgabe 11: Optimale Bestellmengenbestimmung mit Hilfe der Andlerschen Formel

Für eine Materialposition sind Ihnen folgende Angaben gegeben:

Jahresbedarf	J	=	20.000 Stück
Bestellkosten	BK	=	60 DM je Bestellung
Einstandspreis	EP	=	12 DM je Stück
Lagerhaltungskostensatz	LHS	=	20 %

a) Ermitteln Sie die optimale Bestellmenge näherungsweise auf tabellarischem Wege. Nehmen Sie als Bestellhäufigkeit 5, 10, 15, 20 usw. bis 50 an.

b) Überprüfen Sie das tabellarisch ermittelte Ergebnis mit Hilfe der Andlerformel.

c) Stellen Sie den Verlauf der Gesamtkostenkurve graphisch dar.

Aufgabe 12: Bestellmengenermittlung mit Hilfe der Andlerschen Formel (Beweisführung)

a) Führen Sie rechnerisch den Beweis, daß bei stark schwankendem Bedarf nicht mehr mit der Andlerformel gerechnet werden darf. Gehen Sie dabei von den in Tabelle 14 festgehaltenen Angaben aus. Fassen Sie die Monatsbedarfe zum Jahresbedarf zusammen.

b) Begründen Sie, warum die Lagerhaltungskosten erheblich höher liegen als bei Anwendung der gleitenden wirtschaftlichen Bestellmengenrechnung.

Aufgabe 13: Bestellmengenoptimierung nach dem Kostenausgleichsverfahren

Die Drägerwerk AG, Lübeck setzt für die Losgrößenoptimierung bei Fremdbezugsteilen das Kostenausgleichsverfahren ein, das hier begrifflich dem Stück-Perioden-Ausgleichsverfahren gleichgesetzt wird. Es wird in diesem Anwendungsfall die Lagerhaltungskosten der ersten Verbrauchsperiode eines Loses außer Ansatz gelassen.

a) Führen Sie die Bestellmengenoptimierungsrechnung unter Zugrundelegung des erwähnten Ansatzes und nachfolgender Daten durch:

Periode	1	2	3	4	5	6	7	8	9	10	11	12
Bedarfe	220	320	90	420	200	90	20	100	50	30	20	70

Einstandspreis	EP	=	10 DM je Stück
Lagerhaltungskostensatz	LHS	=	24 %
Bestellkosten	BK	=	100 DM je Bestellung

b) Wie würde sich das Ergebnis ändern, wenn man von der Annahme ausginge, daß während einer Periode ein gleichmäßiger Lagerabgang erfolgt? (verbal)

Aufgabe 14: Bestellmengenoptimierung nach dem Stück-Perioden-Ausgleichsverfahren

Ermitteln Sie die optimale Bestellmenge unter Zugrundelegung folgender Daten:

Periode	1	2	3	4	5	6
Bedarfe	10	2	15	8	20	0

Einstandspreis	EP	=	80 DM je Stück
Lagerhaltungskostensatz	LHS	=	24 %
Bestellkosten	BK	=	100 DM je Bestellung
Fabriktage			240 im Jahr
Periodenlänge			20 Fabriktage
Ist-Eindeckungstermin			Fabriktag 1259

Der Ist-Eindeckungstermin fällt in die 1. Bedarfsperiode.

Aufgabe 15: Mathematische Bestimmung des Sicherheitsbestandes

Folgende Daten sind gegeben:

Periode	1	2	3	4	5	6	7	8	9	10	11	12
Verbrauch	80	92	103	90	102	94	107	109	93	105	118	95

a) Ermitteln Sie die nominelle und absolute Abweichung je Periode vom arithmetischen Mittel.

b) Berechnen Sie den Sicherheitsbestand für einen festgelegten Servicegrad von
   - 84.13 %
   - 94.52 %
   - 99.18 %.

c) Wie ist – ausgehend von den Daten – die Wahrscheinlichkeit zu beurteilen, einen Bedarf nicht decken zu können?

Aufgabe 16: Preisanalyse

Ein metallverarbeitender Industriebetrieb hat mit einem seiner Lieferanten als Preisbasis vereinbart:

- für die Aluminiumlegierung 226 – eine Umschmelzlegierung – 1,95 DM/kg
- für Öl 25,– DM/100 Liter.

Einen Folgeauftrag rechnet der Lieferant wie folgt ab:

Ihr Auftrag v. 17. 4.   Nr. 51/59491400

			DM/kg	DM Gesamt
2.208	Motorgehäuse			
	4264 004 508		4,97	1.033,76
	Mtz	139,360 kg	2,76	384,63
	Ötz	139,360 kg	30,80	42,92

Analysieren Sie die Teuerungszuschläge (Mtz und Ötz). Dabei sind folgende Tagesnotierungen zugrunde zu legen:

- Metall : 4,25 DM/kg
- Öl : 63,50 DM/100 Liter

Es ist ein Einschmelzverlust (Abbrand) von 20 % einzukalkulieren.
Beim spezifischen Schmelzpunkt werden 0.8 Liter Öl benötigt, um 1 kg Aluminium zu schmelzen.

Aufgabe 17: Lieferantenbeurteilung

Ein Industriebetrieb führt jährlich eine Beurteilung seiner A-Lieferanten nach dem nachstehend abgedruckten Bewertungsschema durch:

Lieferantenbeurteilung			
Lieferant:	immer 9 – 7	häufig 6 – 4	selten 3 – 1
1. liefert einwandfreie Qualität			
2. hält Liefertermine ein			
3. treibt vernünftige Preispolitik			
4. beachtet Versand-anweisungen			
5. beantwortet Anfragen prompt			
6. bestätigt Bestel-lungen prompt			
7. beantwortet Mah-nungen umgehend			
8. bearbeitet Mängel-rügen schnell			
9. hilft in Notfällen			
10. nützliche Vertreterbesuche			

Formularbeispiel Nr. 18:
Bewertungsbogen zur Lieferantenbeurteilung

Wie beurteilen Sie den Bewertungsbogen?

Aufgabe 18: Einkaufsbedingungen

Überprüfen Sie die als Formularbeispiel Nr. 19 abgedruckten Einkaufsbedingungen im Hinblick auf preiswirksame Bestandteile.

Einkaufsbedingungen

1. Bestellung und Bestellannahme:
Für die Ausführung unserer Bestellung erkennt der Lieferant unsere Einkaufsbedingungen an, auch wenn dies nicht ausdrücklich erklärt wird oder die Geschäftsbedingungen des Lieferanten sogar Gegenteiliges besagen. Änderungen sind nur mit unserem ausdrücklichen Einverständnis möglich. Eine Bestätigung unserer Bestellung ist mit verbindlicher Preis- und Lieferterminangabe unverzüglich an uns zu richten.

2. Lieferzeit:
Der Lieferant sichert die Lieferung der bestellten Ware oder Leistung präzise zu dem vereinbarten Termin zu. Die vereinbarten Liefertermine dürfen nur mit unserer ausdrücklichen Zustimmung überschritten werden, andernfalls wir – unbeschadet unseres Anspruches auf Schadenersatz – zum Rücktritt vom Kaufvertrag berechtigt sind.

3. Versandvorschriften:
Die Lieferungen müssen fracht- und verpackungsfrei an die umseitig bezeichnete Versandanschrift erfolgen. Alle Packstücke sind äußerlich mit Materialnummer und Stückzahl zu bezeichnen. Die Gefahr des Versandes trägt bis zur Übergabe in unserem Werk der Lieferant. Jeder Sendung ist ein Lieferschein 2fach mit Angabe unserer Bestellnummer und – soweit vorhanden – unserer Materialnummer beizufügen. Anlieferungen dürfen nur
Montag – Donnerstag von 7.00 – 14.00 Uhr
Freitag von 7.00 – 12.00 Uhr erfolgen.

4. Eingangsprüfungen:
Für Stückzahlen, Maße und Gewichte einer Lieferung sind die von uns bei der Eingangsprüfung ermittelten Werte maßgebend. Mehr- oder Minderlieferungen gegenüber der Bestellmenge oder Abrufmenge sind nur bei Sonderanfertigungen statthaft bis zu +/– 5 %.

5. Mängelrügen und Gewährleistung:
Der Lieferant garantiert einwandfreie Qualität der gelieferten Ware oder Leistung, soweit vorhanden, nach unseren Qualitätsbeschreibungsblättern. Eine etwaige Rücksendung beanstandeter Ware erfolgt auf Rechnung und Gefahr des Lieferanten.

6. Rechte Dritter:
Der Lieferant sichert zu, daß Rechte Dritter an der gelieferten Ware nicht bestehen. Er hält uns von etwaigen Ansprüchen Dritter frei.

7. Zeichnungen und Werkzeuge:
Zeichnungen, Textvorlagen, Berechnungen, Modelle und Werkzeuge bleiben unser Eigentum. Sie dürfen, auch wenn der Lieferer sie nach unseren Angaben selbst angefertigt hat, weder anderweitig verwendet oder dritten Personen zugänglich gemacht werden.

8. Bezahlung:
Die Bezahlung erfolgt nach unserer Wahl nach dem vollständigen Empfang der bestellten Ware oder Leistung innerhalb 14 Tagen unter Abzug von 3 % Skonto oder innerhalb 60 Tagen netto.
Bei Zahlung durch Wechsel übernehmen wir die Kosten.

9. Erfüllungsort und Gerichtsstand:
Erfüllungsort für alle Verpflichtungen aus diesem Vertrag ist der Ort der in der Bestellung angegebenen Versandanschrift. Für Rechtsstreitigkeiten wird, soweit gesetzlich zulässig, ohne Rücksicht auf den Streitwert, die Zuständigkeit des Amstsgerichts Hamburg-Altona vereinbart.

Formularbeispiel Nr. 19:
Einkaufsbedingungen

Aufgabe 19: Lagerortbezeichnung

In einem Industrieunternehmen sind die Lagerorte der Artikel im Lagerbereich wie in Abb. 89 gekennzeichnet:

a) Erläutern Sie die Abbildung.
b) Welchem Artikel würden Sie die dem Ausgangspunkt am nächsten liegenden fixen Lagerorte zuweisen?

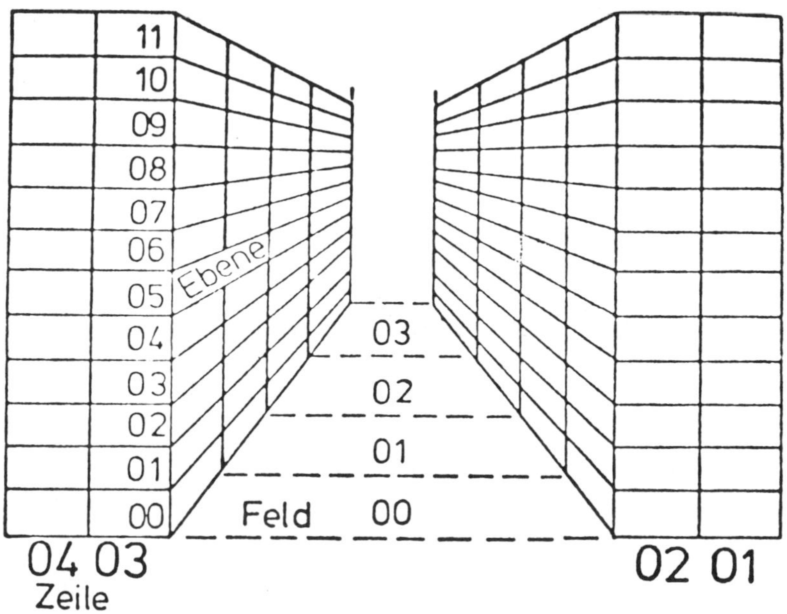

Abbildung 89:
Lage im Lagerbereich

Aufgabe 20: Auswertung der Inventurergebnisse

Abweichungen zwischen Ist-Beständen und Soll-Beständen können auf eine Fülle von innerbetrieblichen und außerbetrieblichen Einflüssen zurückgeführt werden. Stellen Sie diese in Form einer Prüfliste zusammen.

Aufgabe 1: Beschaffungspolitik

a) Im Rahmen der marktbezogenen Politik sollte u.a. zweifelsfrei geklärt werden,
   - ob grundsätzlich im freien Wettbewerb gekauft wird oder Einschränkungen aus der Lage des Unternehmens heraus zu beachten sind,
   - ob die Vorteile einer Preis-Mengen-Strategie genutzt werden sollen,
   - ob selbständig Marktchancen wahrgenommen werden,
   - unter welchen Voraussetzungen Eigenfertigung zu bevorzugen ist,
   - nach welchen Kriterien die Wahl des optimalen Lieferanten zu treffen ist,
   - ob Lieferantenbeziehungen systematisch zu pflegen sind und ein partnerschaftliches Verhältnis mit den Lieferanten anzustreben ist,
   - welche Bedingungen für den Abschluß von Gegengeschäften erfüllt sein müssen.

b) Im Rahmen der güterbezogenen Politik sollte u.a. zweifelsfrei geklärt werden,
   - ob qualitative Höchstanforderungen gestellt werden müssen oder die Grenzqualität angestrebt werden kann,
   - wer über Kosteneinsparungen ohne Funktionseinbuße und Kosteneinsparungen mit Funktionseinbuße entscheidet,
   - wie Verbesserungen vorzuschlagen sind,
   - welche Serviceleistungen vom Lieferanten im kaufmännischen Bereich (Beratung, Garantien, Mitarbeit bei der Wertanalyse) und im technischen Bereich (Anfertigung von Werkzeugen, Ersatzteillagerung, Mitarbeit bei der Qualitätskontrolle) gefordert werden sollten,
   - ob der Einkauf, der Bedarfsträger oder der Einkauf zusammen mit dem Bedarfsträger die Garantie- bzw. Gewährleistungsfristen zu überwachen hat,
   - wie genau eine Spezifikation sein muß, damit ein Angebotsvergleich zweifelsfrei möglich ist,
   - welche Mitwirkungsmöglichkeiten der Einkauf beim Zustandekommen der eigenen Normen und Spezifikationen hat.

Aufgabe 2: Stellenbildung im Einkauf

a) Es wurde für das Fertigungsmaterial folgende materialgruppenorientierte Aufgabentrennung nach gestaltenden und verwaltenden Tätigkeiten vorgenommen:

Die zwei im gestaltenden Einkauf tätigen Mitarbeiter sind für alle Aktivitäten verantwortlich, die bis zum Vertragsabschluß bzw. Bestellerteilung anfallen. Der Anstoß zur Bestellung geht immer von ihnen aus. Nur der gestaltende Einkauf kennt die Vorgänge und Zusammenhänge, die zu einer Bestellung führen. Dies gilt auch für Abrufaufträge. Zwei Mitarbeiter im verwaltenden Einkauf haben die ganze Routine der Einkaufsgruppe übernommen. Die von ihnen zu verwaltenden Materialgruppen sind variabel und nicht vollkommen identisch mit denen der Mitarbeiter im gestaltenden Einkauf.
Zuständig für die Karteiführung ist der gestaltende Einkauf, da die Informationen in dieser Kartei allein dem Produkt (Einzelteil) dienen. Sie richten sich in erster Linie auf Freigabeklauseln (Index, Material, Toleranzen usw.). Vorgaben aus der Technik werden hier gespeichert und gleichzeitig auch die in Frage kommenden Lieferanten. – Hilfs- und Betriebsstoffe, Investitionsgüter und Dienstleistungen werden nach wie vor von einer Person bearbeitet.
Alle Mitarbeiter sind gleichberechtigt. Gruppenleiter ist ein Mitarbeiter des gestaltenden Einkaufs. Dieser ist dem Leiter der Materialwirtschaft direkt unterstellt. Da die Stellenneugliederung Leistungsreserven freisetzte, brauchte kein weiterer Mitarbeiter eingestellt zu werden.

b)

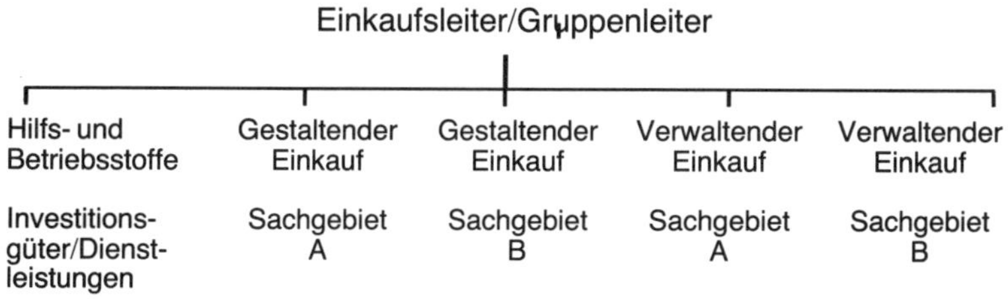

Aufgabe 3: ABC-Analyse (Verbrauchswertanalyse)

Pos.	Menge	Stückpreis	Gesamtpreis	Rang
1	5.000	0,26	1.300,–	9
2	40	60,50	2.420,–	7
3	800	2,50	2.000,–	8
4	1.200	3,55	4.260,–	5
5	5.720	52,45	300.014,–	1
6	15.000	2,67	40.050,–	2
7	21.000	0,05	1.050,–	10
8	1.700	22,50	38.250,–	3
9	17.800	0,15	2.670,–	6
10	600	10,50	6.300,–	4

Rangfolge

Pos.	Menge	Wert		
5	5.720	300.014,–	A-Materialien	75,32 %
6	15.000	40.050,–	B-Materialien	19,66 %
8	1.700	38.250,–		
10	600	6.300,–		
4	1.200	4.260,–		
9	17.800	2.670,–		
2	40	2.420,–	C-Materialien	5,02 %
3	800	2.000,–		
1	5.000	1.300,–		
7	21.000	1.050,–		
	68.860	398.314,–	=	100 %

Aufgabe 4: Eigenfertigung oder Fremdbezug

a) Eigenfertigung ist um insgesamt 5.340 DM/Jahr billiger:

Kostenarten (variabel)	Kosten DM/Jahr Methode I Gußteil	II Preßteil
Material	10.800	18.000
Fertigungslohn	8.100	–
60 % Lohnnebenkosten	4.860	
Werkzeuge, Energie und Hilfsstoffe	3.900	15.000
Vergleichskosten	27.660	33.000
Ergebnisänderung zu Methode 1	–	5.340

b) Der Einkauf ging von den Herstellkosten als Kriterium aus, was unzulässig ist, da die fixen Kosten der Betriebsbereitschaft als Periodenkosten von der Entscheidung nicht beeinflußt werden. Es sind bei vorhandenen freien Kapazitäten nur die variablen Kosten zu berücksichtigen.

c) Es muß investiert werden, so daß mit den Mehrkosten in Höhe von ca. 10.000,– DM/Jahr die Eigenfertigung zu belasten ist. Eine Proportionalisierung dieser Fixkosten ist nicht zulässig. Ab einer Produktionsmenge von 6000 Stück/Jahr ist somit die Alternative „Preßteile" um 4.660,– DM/Jahr (10.000,– ./. 5.340,–) kostengünstiger (vgl. Abb. 90).

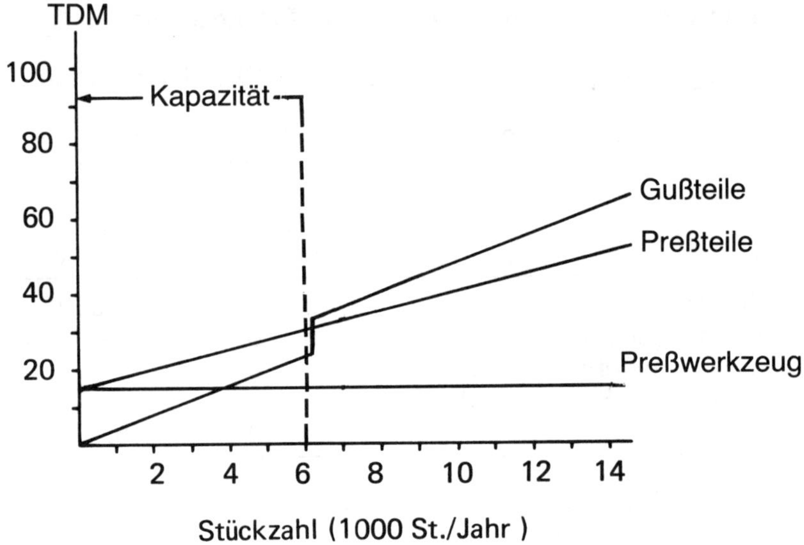

Abbildung 90:
Eigenfertigung oder Fremdbezug bei zusätzlichen Investitionen – Kostenkurven

Aufgabe 5: Stücklistenauflösung nach Dispositionsstufen

Für Baugruppe B 1

	Erzeugnis E1									Erzeugnis E2						
Periode	1	2	3	4	5	6	7	8	9	3	4	5	6	7	8	9
Stufe 0 Primärbedarf				15	20	30	40	55	45		30	40	45	60	55	50
Stufe 1 Sekundärbedarf B1				15	20	30	40	55	45							
Vorlaufverschiebung			15	20	30	40	55	45								
Ersatzteilbedarf							5	5								
Gesamtbedarf B1 (=Bed.f.Aufl.)			15	20	30	40	60	50								

Für Teil T2

Periode	1	2	3	4	5	6	7	8	9	3	4	5	6	7	8	9
Stufe 0 Primärbedarf				15	20	30	40	55	45		30	40	45	60	55	50
Stufe 1 Sekundärbedarf T2				30	40	60	80	110	90		30	40	45	60	55	50
Vorlaufverschiebung			30	40	60	80	110	90		30	40	45	60	55	50	
Ersatzteilbedarf T2				10	10	10	10	10	10	0	0	0	0	0	0	
Bedarf T2 Stufe 1			30	50	70	90	120	100	10	30	40	45	60	55	50	
Stufe 2 Sekundärbedarf T2 (B1 Auflösung)			15	20	30	40	60	50								
Vorlaufverschiebung		15	20	30	40	60	50									
Sekundärbedarf anderer Stufen			30	50	70	90	120	100	10							
Bedarf T2 Stufe 1+2		15	50	80	110	150	170	100	10							
Stufe 3 Sekundärbedarf T2 (B2 Auflösung)		60	80	120	160	240	200									
Vorlaufverschiebung	60	80	120	160	240	200										
Sekundärbedarf anderer Stufen		15	50 30	80 40	110 45	150 60	170 55	100 50	10							
Gesamtbedarf T2	60	95	200	280	395	410	225	150	10							

Aufgabe 6: Exponentielle Glättung 1. Ordnung und Ermittlung der Gesamtvorhersage bei einer festgelegten Lieferbereitschaft

a)

Monat	Tatsächlicher Bedarf T_i	Prognose V_{i+1} $\alpha = 0.1$	Prognose V_{i+1} $\alpha = 0.2$	Prognose V_{i+1} $\alpha = 0.5$
1	90	0	0	0
2	110	90	90	90
3	100	92	94	100
4	105	93	95	100
5	95	94	97	103
6	100	94	97	99

b)

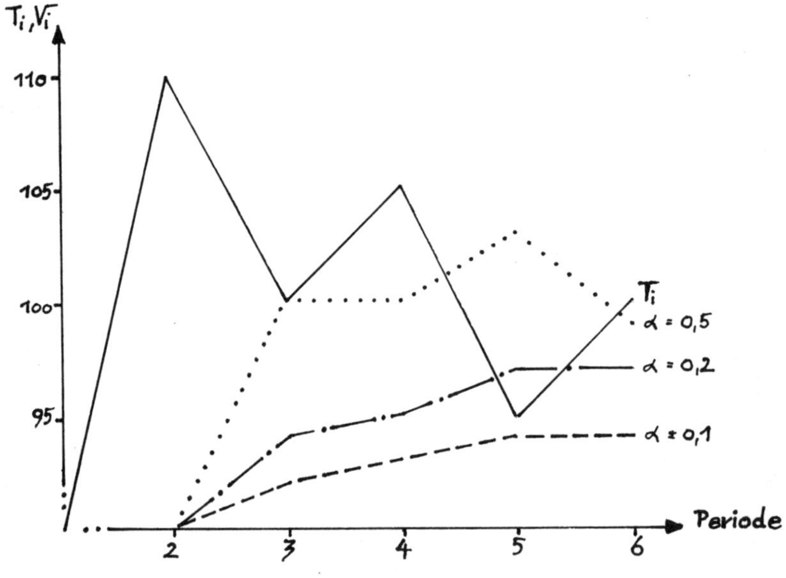

c) Gesamtvorhersage bei festgelegter Lieferbereitschaft

Monat	Tatsächl. Bedarf T_i	Prognose V_{i+1}	Absoluter Fehler $\lvert D_{i+1} \rvert$	Prognose MAD_{i+1}	Gesamt-prognose L_{i+1}
1	90	0	0	0	0
2	110	90	20	0	0
3	100	94	6	20	144
4	105	95	10	17	137
5	95	97	2	16	137
6	100	97	3	13	129

Aufgabe 7: Nettobedarfsrechnung (Einführungsaufgabe)

	Periode	1	2	3	4	5	6
	Primärbedarf E1	20	25	22	25	20	24
	Sekundärbedarf T2	60	75	66	75	60	72
+	Zusatzbedarf T2	5	5	5	5	5	5
=	Bruttobedarf	65	80	71	80	65	77
./.	Lagerbestand	110	45	0	0	0	0
./.	Bestellbestand				Eing. 60	0	0
	Nettobedarf	0	35	71	20	65	77

Aufgabe 8: Nettobedarfsrechnung in mehreren Schritten

Werktage	130	140	150	160	170	180	190	200	210	220
	12	1	2	3	4	5	6	7	8	9
1 Periodenbedarf B8		45	53	112	174	256	260	211	179	102
+ Ersatzteilbedarf (aus Vorhersageroutine)		11	11	11	11	11	11	11	11	11
2 Zwischensumme 1		56	64	123	185	267	271	222	190	113
3 + Reservierungen			27		14	9				
4 Zwischensumme 2		56	91	123	199	276	271	222	190	113
5 ./. Lagerbestand		204	148	57						
6 Zwischensumme 3		–	–	66	199	276	271	222	190	113
7 ./. Bestellbestand		–		100						
8 Zwischensumme 4		–	–	–	165	276	271	222	190	113
9 + Ausschuß 10 %		–	–	–	17	28	27	22	19	11
10 Zwischensumme 5		–	–	–	182	304	298	244	209	124
11 Losgrößenbildung min. 300 max. 600					486		542		333	
12 Vorlaufverschiebungen von 2 Perioden bei Bestellung von B8			486		542		333			
13 Bedarf des in B8 enthaltenen Teiles T6			1458		1626		999			
14 Vorlaufverschiebungen von 2 Perioden bei Bestellung von Teil T6	1458		1626		999					

Aufgabe 9: Gleitende Bestellpunktrechnung/ Dispositionsliste

a)
$$BP_{(alt)} = \frac{53,7}{3} \cdot 1 + 6,4 = 24,3$$

$$BP_{(neu)} = \frac{53,4}{3} \cdot 1 + 4,7 = 22,5$$

b) Die Abweichungen sind für den Disponenten ein Indiz für die Güte der Prognoserechnung: Mit wachsender Abweichung muß der Disponent die Sachnummer besonders kritisch beobachten.

c) ABC-Status
XYZ-Status
Wiederbeschaffungszeit
Lagerbestand
Lagerwert

Aufgabe 10: Bestellterminrechnung

a) TESOL = 320 + 25 + 5 + 6 + 10 = 366

$$TEIST = 320 + \frac{1500}{50} = 350$$

d.h. TEIST $<$ TESOL

Es ist zu liefern am:

TLSOL = 350 − 6 − 5 = 339

Der Soll-Liefertermin liegt vor dem Wiederbeschaffungszeitpunkt (320 + 25 = 345).

b) Die noch zu liefernde Restmenge ist zu spät terminiert und sollte auf den Werktag 339 (s.o.) umterminiert werden.

Aufgabe 11: Optimale Bestellmengenbestimmung mit der Andlerschen Formel

a)

Nr	Bestell-haeufigkeit	Bestell-menge	Bestell-kosten	Durchsch. Lager-bestand	Lagerhal-tungs-kosten	Gesamt-kosten
	A	B	C	D	E	F
1	5	4000	300	2000	4800	5100
2	10	2000	600	1000	2400	3000
3	15	1333	900	667	1601	2501
4	20	1000	1200	500	1200	2400
5	25	800	1500	400	960	2460
6	30	667	1799	334	802	2601
7	35	571	2102	286	686	2788
8	40	500	2400	250	600	3000
9	45	444	2703	222	533	3236
10	50	400	3000	200	480	3480

b)

$$X_o = \sqrt{\frac{200 \cdot 20.000 \cdot 60}{12 \cdot 20}} = 1000$$

c) Graphische Darstellung der Gesamtkosten in Abhängigkeit von der Bestellmenge:

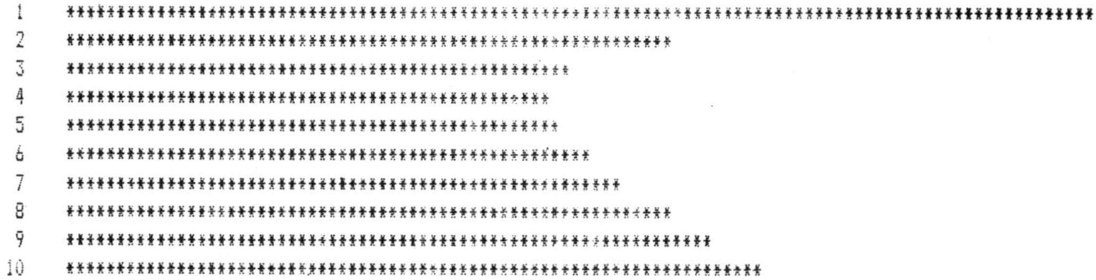

Aufgabe 12: Bestellmengenermittlung mit Hilfe der Andlerschen Formel (Beweisführung)

$$X_o = \sqrt{\frac{200 \cdot 282 \cdot 60}{10 \cdot 24}} \approx 119 \rightarrow 120$$

In Periode 1 werden Lagerhaltungskosten in 1/2 Höhe veranschlagt.

(Rechnung auf der nächsten Seite)

Kosten im Jahresverlauf

Monat	Bedarf (Stck.)	Bestellmenge (Stck.)	Lagerdauer (Per.)	Lagerhaltungskosten (DM/Per.)	Lagerhaltungskosten Kum. (DM)	Bestellkosten (DM)	Restmenge (Stck.)
1	80	120	0,5	80 · 0,5 · 0,2 = 8,–	8,–	60,–	40
2	25		1,5	25 · 1,5 · 0,2 = 7,50	15,50		15
3	10		2,5	10 · 2,5 · 0,2 = 5,–	20,50		5
4	5		3,5	5 · 3,5 · 0,2 = 3,50	24,–		0
5	40	120	0,5	40 · 0,5 · 0,2 = 4,–	4,–	60,–	80
6	2		1,5	2 · 1,5 · 0,2 = 0,60	4,60		78
7	50		2,5	50 · 2,5 · 0,2 = 25,–	29,60		28
7			3,0	28 · 3,0 · 0,2 = 16,80	46,40		28
8	40	120	0,5	40 · 0,5 · 0,2 = 4,–	4,–	60,–	108
9	15		1,5	15 · 1,5 · 0,2 = 4,50	8,50		93
10	10		2,5	10 · 2,5 · 0,2 = 5,–	13,50		83
11	5		3,5	5 · 3,5 · 0,2 = 3,50	17,–		78
11			4,0	78 · 4,0 · 0,2 = 62,40	79,40		78

Summe der Lagerhaltungskosten = 24,– + 46,40 + 79,40 = 149,80
Summe der Bestellkosten = 3 · 60,– = 180,– DM

b) Die im Vergleich zur gleitenden wirtschaftlichen Bestellmenge höheren Lagerhaltungskosten sind im wesentlichen darauf zurückzuführen, daß es in der Regel zu Restbeständen kommt. Diese haben ihre Ursache in der Ermittlungsweise der optimalen Bestellmenge, die – losgelöst von den tatsächlichen Periodenbedarfen – als konstant angenommen wird.

Aufgabe 13: Bestellmengenoptimierung nach dem Kostenausgleichsverfahren

a)

Monat	Bedarf	Bestell-menge	Lager dauer (Monat)	Lagerhaltungs-kosten	Summe kumuliert	Bestell-kosten
1	220	630	–	–	–	100,–
2	320		1	320 · 1 · 0,2 = 64,–	64,–	–
3	90		2	90 · 2 · 0,2 = 36,–	100,–	–
4	420	730	–	–	–	100,–
5	200		1	200 · 1 · 0,2 = 40,–	40,–	–
6	90		2	90 · 2 · 0,2 = 36,–	76,–	–
7	20		3	20 · 3 · 0,2 = 12,–	88,–	–
8	100	270	–	–	–	100,–
9	50		1	50 · 1 · 0,2 = 10,–	10,–	–
10	30		2	30 · 2 · 0,2 = 12,–	22,–	–
11	20		3	20 · 3 · 0,2 = 12,–	34,–	–
12	70	–	4	70 · 4 · 0,2 = 56,–	90,–	–
				Gesamtkosten	278,–	300,–

b) Die kumulierten Lagerhaltungskosten würden die Bestellkosten früher überschreiten, so daß es tendenziell zur Festlegung kleinerer Bestellmengen käme. Eine Verringerung der Lagerhaltungskosten bei gleichzeitiger Erhöhung der Bestellkosten – es müßte häufiger bestellt werden – wäre die Folge.

Aufgabe 14: Bestellmengenoptimierung nach dem Stückperiodenausgleichsverfahren

$$\text{Lagerhaltungskosten/ Stück und Tage} = \frac{80 \cdot 24}{100 \cdot 240} = 0{,}08 \text{ DM} = \text{SLHK}$$

$$\text{optimale Stück-Tage} = \frac{100}{0{,}08} = 1250 \text{ Stück-Tage}$$

Periode	Bedarf	Tagediff.	Lager-dauer	Stück-Tage	Summe kumuliert	Optimale Stück-Tage
–	–	1259	–	–	–	1250
1	10	1260 – 1259	1	10	10	
2	2	1280 – 1259	21	42	52	
3	15	1300 – 1259	41	615	667	
4	8	1320 – 1259	61	488	1155	
5	20	1340 – 1259	81	1620	2775	
6	0					

Ergebnis: Optimale Bestellmenge = 35 Stück

Aufgabe 15: Mathematische Bestimmung des Sicherheitsbestandes

a)

Periode	Verbrauchs-menge	Abweichungen nominell	vom Mittel absolut
1	80	−19	19
2	92	− 7	7
3	103	+ 4	4
4	90	− 9	9
5	102	+ 3	3
6	94	− 5	5
7	107	+ 8	8
8	109	+10	10
9	93	− 6	6
10	105	+ 6	6
11	118	+19	19
12	95	− 4	4
	Ø = 99	+/−Ø	Ø = 8.33 = MAD

b) Sicherheitsbestand bei einem
- Servicegrad von 84.13 % : BS = 8,33 · 1,25 = 10,4 → 11
- Servicegrad von 94.52 % : BS = 8,33 · 2,00 = 16,7 → 17
- Servicegrad von 99.18 % : BS = 8,33 · 3,00 = 25 → 25

c) Gesamtprognose ist bei einem
- $SG_{84,13}$: L = 99 + 11 = 110
- $SG_{94,52}$: L = 99 + 17 = 116
- $SG_{99,18}$: L = 99 + 25 = 124

Zu einer Unterdeckung wäre es bei einem $SG_{84,13}$ und $SG_{94,52}$ jeweils einmal (Periode 11) gekommen.

Aufgabe 16: Preisanalyse

Metall:

	4,25 DM/kg Tagesnotierung
−	1,95 DM/kg Basispreis
	2,30 DM/kg Preisdifferenz

$$2{,}30\ \text{DM/kg} \cdot 139{,}360\ \text{kg} \cdot 1{,}2 = 384.63\ \text{DM}$$

Öl:

	63,50 DM/100 Liter Tagesnotierung
−	25,− DM/100 Liter Basispreis
	38,50 DM 100 Liter Preisdifferenz

$$\frac{38{,}50\ \text{DM}}{100\ \text{l}} \cdot 139.360\ \text{kg} \cdot 0.8/\text{l/kg} = 42.92\ \text{DM}$$

Ergebnis:
Die in Rechnung gestellten Teuerungszuschläge sind korrekt berechnet.

Aufgabe 17: Lieferantenbeurteilung

Positive Argumente:
- Beurteilungskriterien sind festgelegt und für alle A- Lieferanten in gleicher Weise anwendbar.
- Punktbewertung zwingt zur kritischen Lieferantenanalyse.
- Vergleichbarkeit über einen längeren Zeitraum.
- Grundlage für Lieferantenpolitik, -erziehung usw.

Negative Argumente:
- Beurteilungskriterien haben unterschiedliches Gewicht.
- Objektivität bei der Punktbewertung nicht sichergestellt.
- Beurteilungskriterien und Bewertungsmaßstäbe sind auslegungsbedürftig (Was heißt „vernünftige" Preispolitik, „nützliche" Vertreterbesuche, „häufig" usw.?).

Aufgabe 18: Einkaufsbedingungen

Preiswirksame Bestandteile der Einkaufsbedingungen sind in erster Linie die Angaben unter den Punkten

- Versandvorschriften,
- Eingangsprüfungen,
- Mängelrügen und Gewährleistung,
- Zeichnungen und Werkzeuge,
- Bezahlungen.

Aufgabe 19: Lagerortbezeichnung

a) Die rechte Zeile ist mit einem geraden, die linke Zeile mit einem ungeraden Zweisteller versehen. Die Felder der Zeile sind vom Gangeingang her, von 00 ausgehend, aufsteigend mit einem zweistelligen Nummernteil bezeichnet.

In jedem einzelnen Fall sind die Ebenen aufsteigend mit zweistelligen Nummernteilen versehen, deren Reihenfolge der Zahlengeraden entspricht, also 00, 01, 02 usw.

b) Dem Artikel, dessen Quotient „Anzahl der Entnahmen" durch „Anzahl der Lagereinheiten" am größten ist.

Aufgabe 20: Auswertung der Inventurergebnisse

1. Innerbetriebliche Einflüsse:
   - Bestellfehler
   - Erfassungsfehler
   - Buchungsfehler
   - Ausschuß
   - Schwund
   - nicht erfaßte Entnahmen (ungeplante)
   - nicht erfaßte Rückgaben an das Lager
   - u.a.m.

2. Außerbetriebliche Einflüsse
   - Nichteinhaltung der Liefermenge durch den Lieferanten
   - mangelhafte Qualität
   - Fehler in den Lieferpapieren
   - mangelhafte Materialkennzeichnung
   - u.a.m.

Die Prüfliste muß im Einzelfall den tatsächlichen betrieblichen Bedingungen angepaßt werden.

Literaturverzeichnis:

Andler, K.	Rationalisierung der Fabrikation und optimale Losgröße, Dissertation, Stuttgart 1929
Arnolds, H./Heege, F./ Tussing, W.	Materialwirtschaft und Einkauf, zweite Auflage, Wiesbaden 1980
ADV/ORGA	Materialdispositionssystem (advor-220), Wilhelmshaven (o.J.)
Baumgarten, H.u.a.	Rationelle Vorratshaltung – Betriebswirtschaftliche Aspekte, Frankfurt 1975
Benz, H.	Rationeller Einkauf – Optimale Lagerhaltung; Leitfaden zur Beschaffungsplanung, Frankfurt 1970
BKS	Der innerbetriebliche Materialtransport – Ein Ansatzpunkt für Kostensenkungen, Velbert 1963
Bliesener, M.	Planung, Einrichtung und Steuerung des Zentrallagers einer Werkzeug-Maschinenfabrik, in: G. Bretschneider, Hrsg., Einkaufsleiter-Handbuch, München 1974
Blom, F.	Beschaffungsmarktforschung, Fachbuchreihe: Praxis für Materialwirtschaft und Einkauf, Bd. 2, Hrsg.: H. Strache, Nürnberg 1982
BME	Materialwirtschaft heute und morgen, Düsseldorf 1976
ders.	Materialwirtschaft heute und morgen – Ziele und Möglichkeiten. Frankfurt o.J. (1976)
ders.	Integrierte Materialwirtschaft – eine unternehmerische Herausforderung für Heute und Morgen, Frankfurt o.J. (1983)
Boje, A.	Moderne Einkaufs-Organisation – 700 Beispiele aus der Praxis, München 1967
Bretschneider, G.	Das Einkaufshandbuch, in: G. Bretschneider, Hrsg., Einkaufsleiter-Handbuch, München 1974
Busch, H.-F.	Einführung in das Materialmanagement, Hrsg.: BME, Wiesbaden (o.J.)
Dörsch, W.	Organisatorische Eingliederung der Rechnungsprüfung, in: G. Bretschneider, Hrsg., Einkaufsleiter-Handbuch, München 1974
ders.	Das Einkaufshandbuch, in: Der Graduierte Betriebswirt, Wiesbaden, Juli 1976
ders.	Einkaufsabwicklung, Hrsg.: BME, Wiesbaden (o.J.)
Dörsch W./ Strache H.	Einkaufsvorbereitung, Hrsg.: BME, Wiesbaden (o.J.)
Fackelmeyer, A.	Materialfluß – Planung und Gestaltung, Düsseldorf 1966

ders.	Technische Materialflußsysteme in Betrieb und Lager – innerbetrieblicher Transport, in: E.H. Engel, Hrsg., Handbuch der neuen Techniken des Industrial Engineering, zweite Auflage, München 1972
Falz, E.	Einkauf als unternehmerische Aufgabe, in: A. Degelmann, Hrsg., Einkaufsleiter-Handbuch, München 1965
ders.	Einführung in die Probleme der Versorgung/Vorratshaltung, in: H. Baumgartner u.a., Rationelle Vorratshaltung, Frankfurt 1975
Grochla, E.	Grundlagen der Materialwirtschaft – Das materialwirtschaftliche Optimum im Betrieb, dritte Auflage Wiesbaden 1978
Grochla, E., Hrsg.	Handwörterbuch der Organisation, Stuttgart 1973
Grochla, E., u.a.	Erfolgsorientierte Materialwirtschaft durch Kennzahlen, Baden-Baden 1983
Grupp, B.	Bildschirmeinsatz im Einkauf, Stuttgart/Wiesbaden 1981
Grupp, B.	Materialwirtschaft mit Bildschirmeinsatz, Wiesbaden 1983
Hartmann, H.	Materialwirtschaft – aber wie? 15 Praxisfälle von Bedarfsermittlung bis Einkaufen, Fachbuchreihe: Praxis für Materialwirtschaft und Einkauf, Band 4, Hrsg.: H. Strache, Nürnberg 1983
Heinen, E.	Industriebetriebslehre – Entscheidungen im Industriebetrieb, siebte Auflage, Wiesbaden 1983
Horvath, P.	Materialwirtschaft, in: K.H. Engel, Hrsg., Handbuch der neuen Techniken des Industrial Engineering, zweite Auflage, München 1972
IBM	IMPACT – Wirtschaftliche Lagerhaltung mit wissenschaftlichen Methoden, Sindelfingen 1963
ders.	COPICS – Lagerverwaltung und -steuerung, Sindelfingen 1972
ders.	COPICS – Bedarfsvorhersage, Sindelfingen 1973
ders.	COPICS – Einkaufs- und Wareneingangssteuerung, Sindelfingen 1973
ders.	Bestandsführung und Bedarfsplanung – Anwendungsbeschreibung, Lizenzprogramm Nr. 5702-M52, Sindelfingen o.J.
ders.	MAS-Anwendung „Lagerbestandsführung und Bestellrechnung", System 32, Musterliste Großhandel, Sindelfingen o.J.
Industrie- und Handelskammer Koblenz	Der vernachlässigte Einkauf – Ungenutzte Gewinnmöglichkeiten in mittelständischen Industrieunternehmen? Koblenz 1977
Kaeseler, W.	Zeitgemäße Materialwirtschaft-Maßnahmen und Instrumente zur kurzfristigen Bestandssenkung, Essen 1972

Kirsch W. u.a.	Betriebswirtschaftliche Logistik – Systeme, Entscheidungen, Methoden, Wiesbaden 1973
Klamroth, S.	Recht im Einkauf, 2. Auflage, Lage/Lippe 1982
Kleine, O./ Melzow, W.	Disponieren in der modernen Beschaffung – Bedarfsermittlung, mathematische Bestellmengenrechnung, Elektronische Datenverarbeitung, Frankfurt 1972
Köckmann, P.	Integrierte Materialwirtschaft – Bedeutsames Instrument der Unternehmensführung, Ratingen 1976
ders.	Leistungsverbesserung der Beschaffung durch rationelle Arbeitsmittel, Frankfurt o.J.
ders.	Logistik kontra Lager, Bad Wörishofen 1982
Koerdt, H.	Die Logistik in den Streitkräften – Theorie und Praxis, in: Betriebswirtschaftliche Forschung und Praxis, Herne, Januar 1977
Korndörfer, W.	Allgemeine Betriebswirtschaftslehre – Aufbau-Ablauf-Führung-Leitung, dritte Auflage, Wiesbaden 1974
Kosiol E. u.a.	Einkaufsplanung und Produktionsumfang, Berlin 1956
Kowarik, R.	Organisation der Materialwirtschaft, Hrsg.: BME, Wiesbaden (o.J.)
Krähe, Arbeitskreis der Schmalenbach gesellschaft	Unternehmensorganisation – Aufgaben- und Abteilungsgliederung in der industriellen Unternehmung, vierte Auflage, Opladen 1963
Lahde, H.	Neues Handbuch der Lagerorganisation und Lagertechnik, München 1967
Mellerowicz, K.	Unternehmenspolitik, Bd. II. Freiburg 1963
ders.	Planung und Plankostenrechnung, Bd. 1, dritte Auflage, Freiburg 1972
Mentzel, K.	Optimale Lagerhaltung, in: G. Bretschneider, Hrsg., Einkaufsleiter-Handbuch, München 1974
Mertens, P.	Industrielle Datenverarbeitung, Band I, Administrations- und Dispositionssysteme, zweite Auflage, Wiesbaden 1972
Mertens, P., Hrsg.	Prognoserechnung, zweite Auflage, Würzburg 1975
Micheli, F., de	Grundlagen und Methoden der Materialwirtschaft, in: K. Brankamp, Hrsg., Handbuch der modernen Fertigung und Montage, München 1975
Naddor, E.,	Lagerhaltungssysteme, Frankfurt 1971
Nestler, H.	Materialflußuntersuchungen in Fertigungsbetrieben, in: VDI, Hrsg., Reihe Materialfluß im Betrieb, Band 25, Düsseldorf 1974
Oeldorf/Olfert	Materialwirtschaft, 3. Auflage, Ludwigshafen 1983
Olivier, G.	Material- und Teiledisposition – Die mathematischen Methoden für ein Programmsystem, Bonn 1977

Pack, L.	Optimale Bestellmenge und optimale Losgröße, Wiesbaden 1964
Pahlitzsch, W.	Industrielle Lagerwirtschaft, Wiesbaden (o.J.)
Poth, G.	Praxis der betrieblichen Warenverteilung/Marketing Logistik, Düsseldorf 1970
Reddewig, G./ Dubberke, A.	Einkaufsorganisation und Einkaufsplanung, Wiesbaden 1959
REFA	Methodenlehre der Planung und Steuerung, Teil 1, München 1974/5
ders.	Methodenlehre der Planung und Steuerung, Teil 3, München 1974/5
RKW	Wirtschaftliche Lagerführung – ein wichtiges Instrument der Unternehmenspolitik, Frankfurt 1973
Rembeck, M./ Eichholz, G.P.	Leitfaden für die industrielle Beschaffungsmarktforschung mit Beispiel, Frankfurt 1967
Rump. H.	Rechtsfragen im Einkauf, in: A. Degelmann, Hrsg., Einkaufsleiter-Handbuch, München 1965
ders.	Zusammenarbeit zwischen Arbeitsvorbereitung und Einkauf, Frankfurt 1975
Schäfer, E.	Betriebswirtschaftliche Marktforschung, Essen 1955
Schmid, J.	Einsatz der Pendelkarte zur Bestellanforderung, in: G. Bretschneider, Hrsg., Einkaufsleiter-Handbuch, München 1974
Schroeder, R.	Praktische Einführung in die Nomographie, zweite Auflage, München 1965
Schutz, W.	Methoden der mittel- und langfristigen Prognose – Eine Einführung, München 1975
Schwab, H.	Materialwirtschaft, Aufgaben und Definitionen, Schriftenreihe: wissen und beraten, Heft 6, Hrsg., BME, Frankfurt 1978
Schwarz, E.	Betriebsorganisation als Führungsaufgabe, fünfte Auflage, München 1972
Sell, J.	Erfolgschancen im Materialbereich – Anregungen aus der Praxis, Bad Wörishofen 1972
Soom, E.	Optimale Lagerbewirtschaftung in Industrie, Gewerbe und Handel, Bern 1976
Stark, H.	Beschaffungsplanung und Budgetierung, Hrsg.: BME, Wiesbaden (o.J.)
Steinbrüchel, M.	Die Materialwirtschaft der Unternehmung, Bern 1971
Stefanic-Altmayer, K.	Die günstigste Bestellmenge beim Einkauf, in: Sparwirtschaft, Heft 10, 1927
Strache, H.	Preise senken – Gewinn einkaufen. Das Handbuch für Einkauf und Materialwirtschaft, dritte Auflage, Lage 1975
ders.	Preisarbeit – Arbeitstechnik im Einkauf, Fachbuchreihe: Praxis für Materialwirtschaft und Einkauf, Bd. 1, Hrsg., H. Strache, Nürnberg 1981

Straub, F.	Grundsätze der industriellen Beschaffungspraxis, in: G. Bretschneider, Hrsg., Einkaufsleiter-Handbuch, München 1974
Strothmann, K.H.	Beschaffungspolitik im Wandel – Ergebnisse einer Primärhebung, Leinfelden-Echterdingen 1976
TAYLORIX	TIMOS 11 Auftragsabwicklung, Stuttgart o.J.
Trux, W.R.	Einkauf und Lagerdisposition mit Datenverarbeitung – Bedarf, Bestand, Bestellung, Wirtschaftlichkeit, zweite Auflage, München 1970
Türke, D.	Das KANBAN-System aus Japan oder wie man fast lagerlos fertigt, Nürnberg 1983
UNIVAC	UNIS/90; Univac-Industrie-System für die SPERRY UNIVAC-Serie 90 – Allgemeine Beschreibung
VDI	Elektronische Datenverarbeitung bei der Produktionsplanung und -steuerung IV – Materialbestands- und -bestellrechnung, Düsseldorf 1974
Wachs, Chr.	Lagertechnik und Materialfluß, München o.J. (Seminarunterlagen)
Zeigermann, J.R.	Elektronische Datenverarbeitung in der Materialwirtschaft, Stuttgart 1970
Zemke, W.	Wertanalyse, in: BIE, Hrsg., Lehrwerk industrielle Beschaffung, Band 12, Frankfurt 1969

Zeitschriften

Beschaffung aktuell, Hrsg., v. BME, Frankfurt

Der Einkäufer – Die Materialwirtschaft
– Eine schweizerische Fachzeitschrift für das Material-Management
Hrsg. v. DEK-Verlag, Basel

Einkäufer am Markt – Die Ideenblattei für den modernen Einkäufer
Hrsg. v. Rustra-Verlag, Nürnberg

Materialwirtschaft im Unternehmen, Hrsg. v. Rustra-Verlag, Nürnberg

Stichwortverzeicnis